FASZINATION FLIEGEN

100 Jahre Luftfahrt

Mike Riedner (Hrsg.)

Motorbuch Verlag Stuttgart

Herausgeber: Mike Riedner
Schutzumschlaggestaltung: Gunda Koß

Verlag und Herausgeber bedanken sich bei folgenden Firmen, Institutionen und Personen für die großzügige Unterstützung mit Bild- und Fotomaterial: Air Canada, Air France, Avions Marcel Dassault, Beech Aircraft, Bell Helicopter, Dr. Stefan Blumenthal, Boeing, Günter Brinkmann, British Aerospace, British Airways, Bundesamt für Flugsicherung, Cessna, Delta Airline, Deutsche Lufthansa, Dornier, Fokker, Flughafen Frankfurt Main AG, Flughafen Schipol, Gates Learjet, General Dynamics, Hans Giger, Fred Gütschow, Helga Hillebrand, Hubschraubermuseum Bückeburg, Japan Air Lines, Lockheed, MBB, McDonnell Douglas, Rudolf Metzler, Manfred Momberger, PanAm, Piper, Werner Schwipps, Saab Scania, SAS, Singapore Airlines, Swissair, Brian Trodd Publishing, Rolf Wurster; sowie besonders dem Deutschen Museum in München und der Redaktion der FLUG REVUE in Stuttgart.

Dieses Buch ist all jenen gewidmet, die durch ihre Leistungen und ihren Mut die Fliegerei voranbrachten – und sei es unter Einsatz ihres Lebens.

ISBN 3-613-01398-3

1. Auflage 1991

Satz: Fotosatz Alber, 7127 Pleidelsheim
Repro: Die Repro, 7146 Tamm
Gesamtherstellung: Neue Stalling, 2900 Oldenburg

Printed in Germany

INHALT

VORWORT

Der Weg zum Mond führt über den Flecken Drewitz in der Mark Brandenburg. Nach jahrlangen Vorarbeiten probierte unweit des Dorfes im August 1891 der Ingenieur und Maschinenfabrikant Otto Lilienthal seinen Flug-Gleiter aus. Das fragile Gespinst aus Weidenruten und Baumwolle, in seiner Form den Vogelschwingen nachempfunden, trug ihn fünfzehn Meter weit. Der Flug dauerte nur wenige Sekunden, doch mit ihm beginnt die Eroberung des Weltraums.

Schon vor Lilienthal hatte es Versuche gegeben, den Traum vom Fliegen wahrzumachen. Die griechische Sage berichtet von Ikarus und seinen Schwingen aus Wachs und Federn; von Leonardo da Vinci stammen Skizzen von Fallschirmen und Fluggeräten; August Berblinger, der Schneider von Ulm, versuchte mit seinem Flügelschlag-Apparat die dritte Dimension zu erobern. Lilienthal jedoch war der erste, der sich systematisch mit dem Problem des Menschenfluges vertraut machte. Und deshalb fängt mit seinen Luftsprüngen, dem Ergebnis nimmermüder Experimente, die Geschichte der Luftfahrt an.

Die Fortsetzung schrieben andere: Die amerikanischen Brüder Wright, denen im Dezember 1903 in den Sanddünen von Kitty Hawk der erste Motorflug gelang, oder der Franzose Louis Blériot, der sich mit seiner »Blériot IX« 1909 über den Ärmelkanal wagte. Danach kam der Krieg. Aus Pionieren wurden Produzenten, aus Einzelstücken Großserien, aus Sportgeräten Kriegsmaschinen. Was blieb, war die Faszination des Fliegens.

Zu der Zeit zwischen den beiden großen Kriegen gehört das Flugzeug mindestens so sehr wie der Charleston oder ein Billionenschein. Wagemutige Piloten, zumeist ehemalige Militärflieger, suchten neue Perspektiven. Brauchten Seefahrer und Entdecker noch Jahrhunderte, um die Grenzen der bekannten Welt zu verschieben, tilgten die Helden jener Zeit im Handumdrehen die letzten weißen Flecken auf den Landkarten. Stärkere Motoren und neue Erkenntnisse über Methoden und Werkstoffe im Flugzeugbau erlaubten Langstreckenflüge über Meere und Kontinente hinweg; Dornier-Flugboote überquerten den Atlantik, und der Postflieger Charles Lindbergh schaffte den direkten Sprung von der Neuen in die Alte Welt.

Die ersten Fluggesellschaften entstanden, die Flugzeuge wurden immer größer und leistungsfähiger, bald schon war das Flugzeug nicht mehr aus dem Personen- und Postverkehr wegzudenken. Nutzen aus den Fortschritten in Technik und

Sicherheit der 20er und 30er Jahre zogen in erster Linie die Militärs. Zahlreiche Flugzeugtypen, ursprünglich für zivile Aufgaben entstanden, wurden bei den Luftwaffen ihrer Länder eingesetzt.

Denn inzwischen herrschte wieder Krieg. Aus Flugzeugen wurden Waffen, aus Piloten Befehlsempfänger. Einmal mehr erwies sich der Krieg als Vater aller Dinge. Die immer neuen Anforderungen an Reichweite, Traglast und Geschwindigkeit führten geradewegs ins Zeitalter der Düsenclipper.

Heute ist, statistisch gesehen, das Fliegen die sicherste Fortbewegungsmöglichkeit überhaupt – und das, obwohl der Luftverkehr in den letzten Jahren stark zugenommen hat. Die Zuwachsraten im Weltluftverkehr stellen allerdings die Flugzeugbauer vor immer neue Aufgaben: Umweltfreundlich und komfortabel soll das Flugzeug des nächsten Jahrtausends sein – die Anforderungen eines weltumspannenden Verkehrssystems sind längst nicht mehr von Einzelkämpfern zu bewältigen. Der Techniker am Computerbildschirm hat den Tüftler am Reißbrett abgelöst, Teamarbeit statt Pionierleistungen ist gefragt.

Teamarbeit ist auch das Leitthema dieses Buches. Die besten Kenner ihres Sachgebiets haben sich zusammengefunden, um die Geschichte des Jahrhunderts der Luftfahrt zu dokumentieren. In 16 Kapiteln versuchen sie, die Faszination des Fliegens einzufangen. Sie informieren über Maschinen und Konstrukteure, Triebwerke und Bauweisen, Flughäfen und Fluggesellschaften. Allerdings: Es ist vermessen zu glauben, jeden Aspekt oder alle technischen Entwicklungen dieses Jahrhunderts zwischen die Seiten eines Buchdeckels pressen zu können. Manches bleibt ungesagt, vieles kann nicht in allen Einzelheiten beschrieben werden, doch die Meilensteine und Wegbereiter in der Geschichte der Luft- und Raumfahrt werden in diesem Band präsentiert.

Nicht mehr und nicht weniger.

Viel Spaß beim Flug durch unser Jahrhundert.

Verlag und Herausgeber

1 Die Anfänge

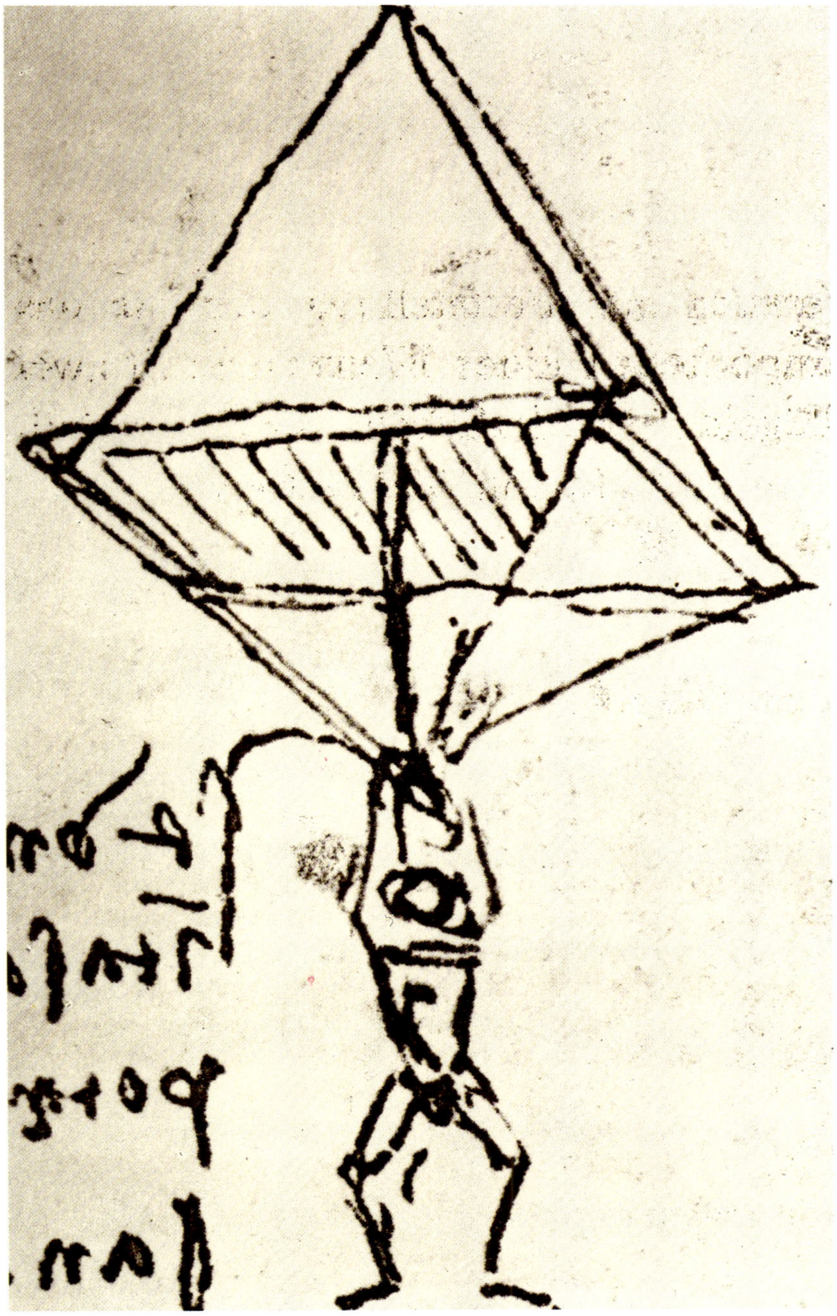

WERNER SCHWIPPS

Geboren am 2. August 1925 in Haidemühl in der Mark Brandenburg, Segelflieger von Jugend an, besuchte die Lehrerbildungsanstalt Cottbus. einberufung zur Luftwaffe im Jahre 1943, Ausbildung zum Flugzeugführer.
Auf Wehrdienst und viereinhalbjähriger Gefangenschaft in Rußland folgte das Studium der Politischen Wissenschaften und Geschichte im damaligen Westberlin. Danach Rundfunkredakteur beim Sender Freies Berlin sowie bei der deutschen Welle, dem deutschen Auslandsrundfunk in Köln. Seit 1985 arbeitet er als freier Autor in Köln. Er ist verheiratet und hat drei erwachsene Kinder.
Mit der Geschichte der frühen Luftfahrt, insbesondere mit Leben und Werk Otto Lilienthals, ist Werner Schwipps aus Neigung seit mehr als drei Jahrzehnten forschend und schreibend befaßt. Seine wichtigsten Publikationen sind die Biographie „Lilienthal" (2. Auflage 1986), „Schwerer als Luft" (1984), „Der Mensch fliegt" (1988) sowie in gemeinsamer Autorenschaft mit Günter Schmitt der Band „Zwanzig Kapitel frühe Luftfahrt" (1990).
Die Erfahrungen aus der Entwicklungsgeschichte der Luftfahrt sieht er am besten in dem Satz des Franzosen Ferdinand Ferber zusammengefaßt:

Eine Flugmaschine erfinden heißt garnichts,
sie bauen nicht viel;
sie versuchen ist alles.

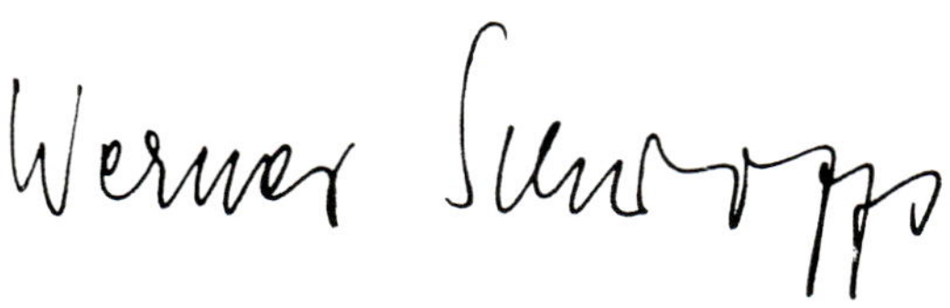

»In Tausenden von Liedern und Gesängen aller Zeiten und Sprachen erklingt die Sehnsucht des Menschen, wie ein Vogel von Flügeln sich tragen zu lassen. Wir möchten, daß der Körper die Freiheit unserer Seele teile und dem Fluge unserer Gedanken folgen könnte. Wenn wir nun sehen, mit welcher Leichtigkeit die gefiederte Welt sich durch die Luft bewegt, wo es keiner Straßen bedarf, wo überall Weg und Steg ist, wo kein Gebirge, kein Wasser uns hemmend entgegentritt, so ist es kein Wunder, wenn wir die Vogelwelt darum beneiden. Aber nicht nur die Befriedigung unserer persönlichen Gelüste macht uns die Nachahmung des Vogelfluges erstrebenswert. Der Fortschritt der gesamten Kultur ist in hohem Grade davon abhängig, ob es dem Menschen jemals gelingen wird, das Reich der Lüfte in eine allgemeine, viel benutzte Verkehrsstraße zu verwandeln.«

Mit diesen Sätzen begann der deutsche Flugpionier Otto Lilienthal vor 100 Jahren, im November 1894, einen vielbeachteten Vortrag vor der Polytechnischen Gesellschaft zu Berlin. Und man weiß nicht recht, was man mehr bewundern soll: die Bildhaftigkeit, mit der Lilienthal den uralten Menschheitstraum, wie der Vogel fliegen zu können, in Worte kleidete, oder seine Vision von einem künftigen Luftverkehr als dem Beginn einer neuen Kulturepoche.

Flugsagen und Legenden

In allen Kulturkreisen zeugen Märchen und Sagen von der Flugsehnsucht des Menschen. Und nicht selten geht es darum, mit Hilfe künstlich hergestellter Flügel große Entfernungen zu überwinden; sei es, um der Geliebten nahe zu kommen, sei es, um sich einer Verfolgung zu entziehen oder der Knechtschaft zu entfliehen.

Die bekannteste aller Flugsagen erzählt von Dädalus und Ikarus, Vater und Sohn, die sich durch die Kunst des Fliegens aus der Gefangenschaft befreien. Ikarus kommt im Fluge, obwohl gewarnt, der Sonne zu nahe: Das Wachs, das die Flügelfedern zusammenhält, schmilzt, und der Jüngling stürzt ins Meer und versinkt. Sein Schicksal bewegt bis auf den heutigen Tag die Menschen und ist häufiges Motiv für Maler und Bildhauer. Mehr als alle anderen Flugsagen hat die Ikarussage dazu beigetragen, den Fluggedanken wachzuhalten, und nicht von ungefähr sprechen wir auch heute noch

Eine Flugsage aus Griechenland, die bis heute die Menschheit bewegt: Der jugendliche Ikarus mißachtet den Rat des Vaters, kommt im Fluge der Sonne zu nahe und stürzt mit versehrten Flügeln ins Meer

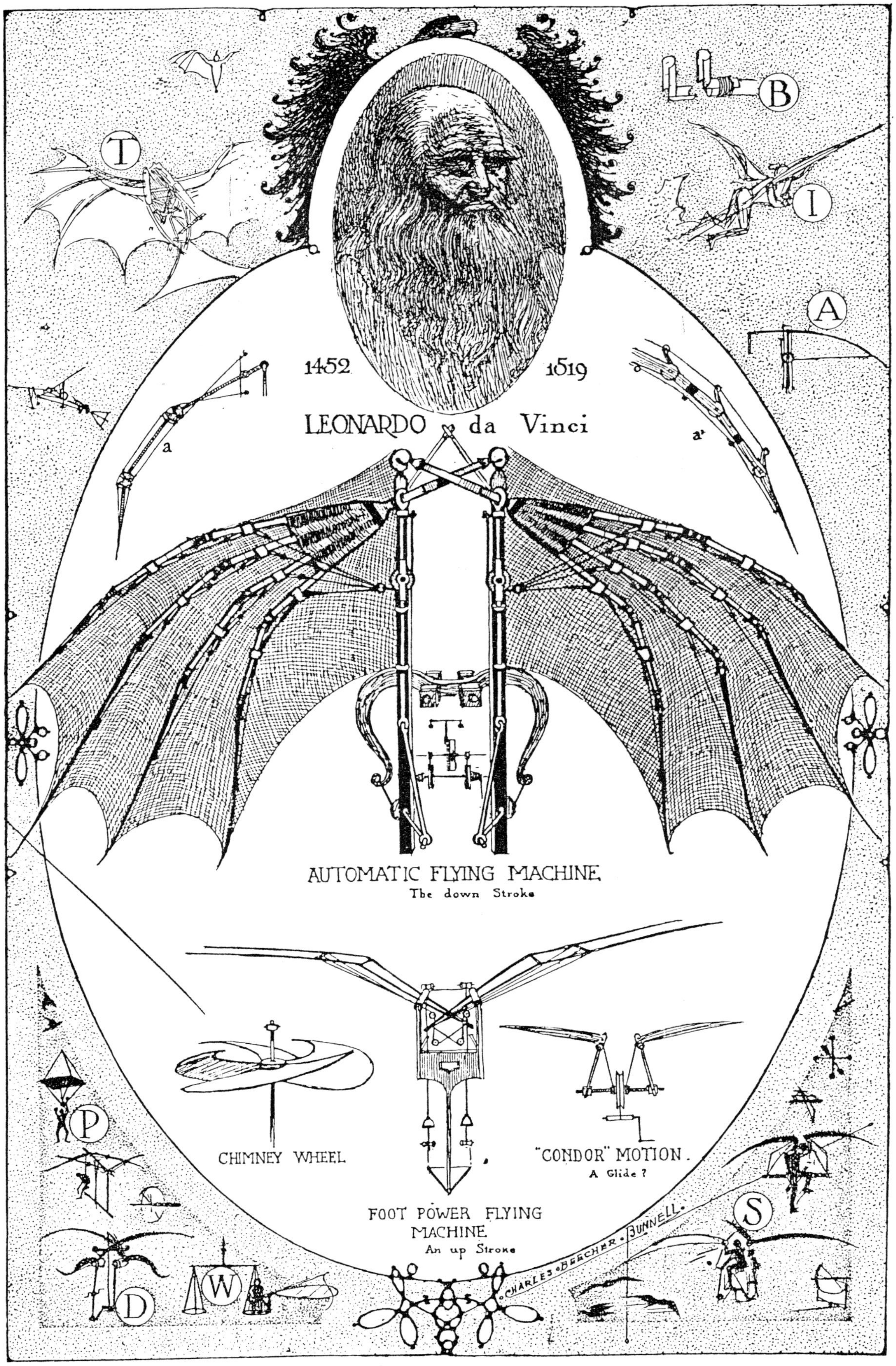

Leonardo da Vinci, universaler Künstler und Wissenschaftler der Renaissance, hat schon zur Zeit der Entdeckung Amerikas das Flugproblem bearbeitet. Er hat zahlreiche Skizzen und Manuskripte hinterlassen, die erst zu Ende des vorigen Jahrhunderts bekannt wurden, zu spät, um die Entwicklung der Flugtechnik noch beeinflussen zu können.

von flugbegeisterten jungen Menschen als den Jüngern des Ikarus.

Auch im germanischen Kulturkreis ist das Flugmotiv in Götter- und Heldensagen, aber auch in Märchen und selbst in Volksliedern in vielfältiger Weise enthalten. Die Sage von Wieland dem Schmied ist dabei in ihrer Aussagekraft der Ikarussage vergleichbar. Auch Wieland entflieht mit Hilfe künstlicher Flügel der Gefangenschaft, erhebt sich mit der Kraft seiner Armmuskeln hoch über alle Mauern.

Es ist oft darüber nachgedacht worden, ob solchen Flugsagen nicht reale Experimente zugrunde gelegen haben könnten. Und als Beweis für solche Thesen wird angeführt, daß Wieland beispielsweise als ein tüchtiger und berühmter Schmied die Handfertigkeit besessen haben müßte, sich aus Eisen ein Flügelpaar schmieden zu können. Man kann aber auch meinen, daß es gerade sein Sachverstand gewesen sei, der ihn davon abgehalten hätte, zu glauben, daß Flügel aus Eisen zum Fliegen taugten, oder daß seine Muskelkraft dazu ausreichte, solche Flügel zu bewegen.

Eine andere Variante von Flugsagen macht ganz deutlich, daß sie der reinen Phantasie des Menschen entsprungen sind. Es geht dabei um die Verwendung flugbegabter Tiere für fliegende Gespanne. Mit Hilfe abgerichteter Vögel lassen sich darin Menschen hoch in die Luft, ja in ferne Länder tragen. Und noch im Jahre 1801 plädierte in Wien ein gewisser Jakob Kaiser dafür, Luftballons durch gezähmte Adler im Gespann lenken zu lassen. Er schlug dazu vor, die abgerichteten Vögel wie Pferde in ein Zaumzeug zu stecken.

Bleiben noch die Legenden von angeblichen Flugversuchen zu erwähnen, die vom Beginn unserer Zeitrechnung an bis ins Mittelalter hinein in China und Arabien, aber auch in Europa stattgefunden haben sollen. Es gibt eine Vielzahl solcher Legenden, die zunächst mündlich überliefert waren und dann irgendwann einmal aufgeschrieben oder im Bild verewigt wurden. Man kann nicht ausschließen, daß tatsächlich irrwitzige Jünglinge immer wieder einmal versucht haben, sich mit künstlichen Schwingen todesmutig von Türmen oder Bergkanten in die Tiefe zu stürzen. Als Beiträge zur Entwicklung der Flugtechnik können solche Experimente aber nicht gewertet werden.

Leonardo da Vinci

Der erste, der das Flugproblem technisch-wissenschaftlich durchdacht hat, war Leonardo da Vinci (1452–1519) in Mailand und Florenz. Leonardo zählt zu den größten Männern der abendländischen Kulturgeschichte, dessen einzigartige Begabung sowohl als Maler und Bildhauer wie als vielseitiger Ingenieur ihn zu Erkenntnissen führte, mit denen er seinen Zeitgenossen um hunderte von Jahren voraus war.

Das Flugproblem hat Leonardo durch viele Jahre hindurch beschäftigt. Er wollte es, wie 400 Jahre später der Ingenieur Otto Lilienthal in Berlin, durch genaues Studium des Vogelfluges und seine Nachahmung mit mechanischen Mitteln lösen. Aus der Anatomie des Vogelkörpers, insbesondere der Flugorgane, leitete Leonardo zahlreiche Erkenntnisse für mechanisch zu bewegende Flügel für den Menschenflug ab. In seinen nachgelassenen, weit verstreuten Skizzen und Aufzeichnungen darüber finden sich fledermausartig gestaltete Flügel für Gleitflugapparate, ebenso wie Entwürfe für Schwingenflieger mit bewegten Flügeln und auch schon Schraubenflieger.

Das sorgfältige Studium dieser Entwürfe führt zu dem Ergebnis, daß Leonardo gewisse Erkenntnisse und Konstruktionselemente, die sich später bei Lilienthal finden, quasi schon vorausgedacht hat. Ein Beispiel dafür ist ein Flügelschlagapparat, bei dem der innere Teil des Flügels als tragender Teil starr gebaut ist, während die äußeren Teile beweglich für den Flügelschlag eingerichtet sind. Diese äußeren Teile können wie ein Fledermausflügel zusammengelegt und entfaltet werden. Die Versuchsperson sollte im Zentrum des Apparates hängen, durch Körperverlagerung den Schwerpunkt verändern und damit den Apparat steuern. Es ist frappierend: aber auf die gleiche Weise hat Lilienthal seine Gleitflugapparate gesteuert und seine Flügelschlagflugzeuge angelegt. Schließlich hat Leonardo auch an ein kombiniertes Seiten- und Höhensteuer gedacht, das am Schwanz angebracht war und durch Kopfzug betätigt werden sollte.

Hat Lilienthal die Entwürfe des Leonardo gekannt, Anregungen daraus empfangen oder sie gar kopiert? Diese Frage drängt sich angesichts der Ähnlichkeit mancher Entwürfe auf, doch Leonardos Skizzen sind in seinem Gesamtwerk, in den verschiedenen »Codices«, weit verstreut und waren noch längst nicht alle zu Lebzeiten Lilienthals bekannt. Zwar hatte die Zeitschrift für Luftschiffahrt des Deutschen Vereins zur Förderung der Luftschiffahrt in Berlin einiges davon veröffentlicht, dies aber zu einem Zeitpunkt, als Lilienthal seine entscheidenden Erkenntnisse über die Mechanik des Vogelfluges längst gewonnen und seine Schlußfolgerungen für den Menschenflug daraus gezogen hatte.

Die Bedeutung Leonardos als eines genialen Vordenkers wird nicht dadurch geschmälert, daß die Praktiker der Flugtechnik nicht auf seinen Erkenntnissen aufgebaut haben. Noch heute faszinieren seine Entwürfe aus der Renaissance, der Zeit der Entdeckung Amerikas. Ob sie als Fluggerät für den Gleit- und den Schwingenflug allerdings tauglich gewesen wären, bleibt umstritten. Manche Historiker und auch Techniker glauben, daß Leonardos Kenntnisse zumindest zum Bau tauglicher Gleitfluggeräte ausgereicht hätten. Der Wahrheit am nächsten kommt wohl die Einschätzung des britischen Luftfahrthistorikers Gibbs-Smith: »Einige der

Eine „Charliere", die als unbemannter Versuchsballon dienen soll, wird mit Wasserstoffgas gefüllt. Zeitgenössische Darstellung aus Frankreich.

Flugmaschinen Leonardos sind vorstellbar, ganz wenige denkbar, die meisten aber völlig utopisch und jenseits alles Möglichen.«

Der Ballon: Mit »Luft« fliegen

War es vielleicht überhaupt ein Irrtum, die Lösung des Flugproblems in der mechanischen Nachahmung des Vogelfluges zu suchen, mit einem Fluggerät, das schwerer als die umgebende Luft sein mußte? Oder sollte sich der Flugwunsch des Menschen nicht viel leichter auf eine Art verwirklichen lassen, die als Flugprinzip »Leichter als Luft« bekanntgeworden ist?

Diese Fragen stellten sich im 18. Jahrhundert in dem Maße, wie es gelang, die Fesseln der damaligen Geisteswissenschaften zu sprengen und naturwissenschaftliche Erkenntnisse zu gewinnen. Nicht von ungefähr wurden diese Fragen zuerst und besonders intensiv in Frankreich sowie in den damaligen italienischen Republiken diskutiert. Zwar gab es für das Flugprinzip »Leichter als Luft«, verkörpert im Ballon, kein natürliches Vorbild, aber die Physik hatte entsprechende Kenntnisse als Voraussetzung dafür vermittelt.

Und tatsächlich wurde der Ballon, der zuallererst mit nichts anderem als erwärmter, und dadurch leichter gewordener Luft aufstieg, das erste taugliche Fluggerät. Er blieb es länger als 100 Jahre lang.

Am 21. November 1783 fuhren in Paris der Physiker Pilâtre de Rozier und der Marquis François Laurent d'Arlandes als erste Menschen mit einem Heißluftballon der Brüder Joseph Michel (1740-1810) und Etienne Jaques Montgolfier (1745-1799) auf. Aber die Naturwissenschaft hatte inzwischen auch Gase kennengelernt, die leichter als Luft waren und sich deshalb ebenfalls für die Ballonfahrt eigneten. So kam es, daß nur zehn Tage nach dem Start der ersten »Montgolfiere« ebenfalls in Paris die erste bemannte Auffahrt eines mit Wasserstoff gefüllten Ballons, einer »Charliere«, stattfand. In der Gondel waren der Physiker Jacques Alexandre César Charles (1746-1823), führendes Mitglied der Akademie der Wissenschaften in Paris, sowie der ältere der Brüder Robert, die als Mechaniker bei der Herstellung des Ballons behilflich gewesen waren.

Die Berichte über diese ersten bemannten Ballonauffahrten hatten in Europa, aber auch in Nordamerika großes Aufsehen erregt und einen Taumel der Begeisterung ausgelöst. Die ersten Aufstiege in Deutschland führte danach der Franzose Jean Pierre Blanchard (1753-1809) aus. Blanchard, der 1785 den Ärmelkanal überquert hatte, ließ sich im gleichen Jahr gegen Geld in Frankfurt am Main sehen, im folgenden Jahr in Hamburg, Leipzig und Nürnberg, 1788 dann in Braunschweig und Berlin. Von Frankfurt aus fuhr er mit dem Ballon bis Weilburg. Bei der Rückfahrt spannten ihm begeisterte Bürger die Pferde aus und zogen selbst den Wagen im Triumphzug zum Theater. Johann Wolfgang von Goethe schrieb später: »Wer die Entdeckung der Luftballone miterlebt hat, wird ein Zeugnis geben, welche Weltbewegung daraus entstand, welcher Anteil die Luftschiffer begleitete, welche Sehnsucht in so viel tausend Gemütern hervordrang, an solchen längst vorausgesetzten, immer geglaubten und immer unglaublichen gefahrvollen Wanderungen teilzunehmen, wie frisch und umständlich jeder einzelne glückliche Versuch die Zeitungen füllte, zu Tagesheften und Kupfern Anlaß gab, welchen zarten Anteil man an den unglücklichen Opfern solcher Versuche genommen.«

Die Charliere wurde zum Vorbild für alle späteren gasgefüllten Ballons. Die Hülle des kugelförmigen Ballons bestand aus gummierter Seide und besaß am unteren Ende einen Füllansatz. Blanchard war auf die Idee gekommen, ein riesiges Netz über die Hülle zu legen, an dessen Endleinen unter dem Ballon das sogenannte Schiffchen, die Gondel für die Ballonfahrer, angeknüpft war. Es war auch sein Einfall, feinen Sand als Ballast mitzuführen, der in kleinen Portionen

Jean Pierre Blanchard, erfolgreichster Ballonfahrer der Frühzeit in Europa (oben). Erste Auffahrt des bemannten Heißluftballons der Brüder Montgolfier am 21. November 1783 in Paris (rechts).

abgeworfen wurde, wenn der Ballon steigen sollte. Wollte man ihn zum Sinken bringen, konnte mittels einer Zugschnur oben am Ballon ein Ventil geöffnet werden, durch das ein Teil des Traggases ausströmte.

Nach dem Begeisterungstaumel setzte bald Ernüchterung ein. Es hatte sich nur zu schnell herausgestellt, daß die Erwartungen zu hoch gesteckt gewesen waren. Der Ballon blieb in der Luft jeder Willkür des Windes ausgesetzt und konnte in horizontaler Richtung nicht gesteuert werden. Er fuhr dorthin, wohin der Wind ihn trieb, nicht berechenbar und vorherstimmbar. Oder, wie Lilienthal es formulierte: »Wir überzeugen uns immer mehr und mehr, daß der Ballon das bleiben wird, was er ist: ein Mittel, sich hoch in die Luft zu erheben, aber kein Mittel zur praktischen und freien Luftschiffahrt.«

Obwoh die Akademie zu Lyon schon im Jahre 1784 einen hohen Preis für geeignete Vorschläge zur »Lenkung von Aerostaten« ausgeschrieben hatte, blieben bis zur Schwelle des 20. Jahrhunderts alle Versuche erfolglos, ihn lenkbar zu machen, also durch mechanische Steuervorrichtungen zum Lenkballon oder Luftschiff weiterzuentwickeln. Das ganze 19. Jahrhundert hindurch blieb der Ballon hauptsächlich ein Mittel der Schaustellerei. Luftschiffer, wie sich die berufsmäßigen Ballonfahrer nannten, lockten mit ihren Auffahrten Zehntausende, in den Großstädten oft Hunderttausende an und waren so populär wie heute manche Fußballspieler und Fernsehstars. Auch Frauen nahmen sich der Luftschiffer-Schaustellerei an und ließen sich fähnchenschwingend vor zahlendem Publikum in die Luft tragen. Um den Nervenkitzel zu erhöhen, kamen Fallschirmabsprünge aus der Ballongondel hinzu.

Versuche, Ballonauffahrten für wissenschaftliche Zwecke zu nutzen, blieben vereinzelt, bis in den 90er Jahren des vorigen Jahrhunderts der Deutsche Verein zur Förderung der Luftschiffahrt in Berlin eine ganze Serie wissenschaftlicher Auffahrten unternahm. Es ging dem Verein um die »Erforschung der Physik der Atmosphäre«, das heißt, es fanden Reihenmessungen der Temperatur und des Luftdrucks in unterschiedlichen Höhen statt. Die Vereinsauffahrten führten bis in 9000, ja sogar 10000 Metern Höhe und die Insassen oft an den Rand des Höhentodes wegen mangelnden Sauerstoffs und großer Kälte.

Noch vor der Jahrhundertwende begann der Verein auch damit, sportliche Ballonfahrten für seine Mitglieder zu orga-

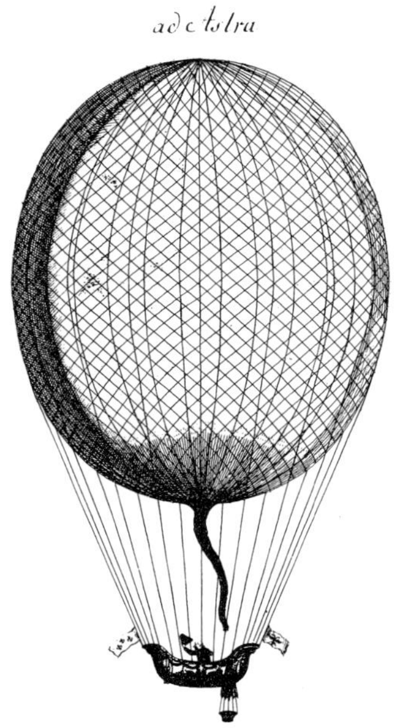

Kupferstich von der Ballonauffahrt des Jean Pierre Blanchard am 3. Oktober 1885 in Frankfurt am Main, der ersten Ballonfahrt in Deutschland.

nisieren. Dadurch gewann der Ballon viele neue Freunde in Deutschland. Eine ähnliche Entwicklung gab es auch in anderen Ländern. Vom Jahre 1906 an fanden alljährlich internationale Ballonfahrt-Wettbewerbe, die sogenannten Gordon-Bennett-Wettfahrten statt, benannt nach dem US-amerikanischen Zeitungsverleger Gordon Bennett, der den Wettbewerb ausgeschrieben hatte.

Auf sportlichem Gebiet wie auch in der Meteorologie hat der Ballon seine Bedeutung bis heute erhalten. Unbemannte Wetterballons steigen bis zu 50 Kilometer hoch, um die unterschiedlichen Luftströmungen und ihre Geschwindigkeit sowie Temperaturen und Luftfeuchtigkeit in großen Höhen zu messen. Und im Luftsport ist inzwischen auch der Heißluftballon zu neuen Ehren gekommen.

Erste Flugzeugprojekte

Eine wichtige Rolle für die Bewahrung des Fluggedankens und seine Verbreitung hat in den Kulturstaaten gerade während des Ballonzeitalters die Literatur gespielt. Namhafte Romanciers nahmen sich dieses Themas an, lange bevor die Techniker es zu bewältigen lernten. Der alte Mythos des Ikarus, die Loslösung von der Erde und Eroberung des Luftreiches, wurde in neuen, zumeist phantastischen Geschichten und Romanen wiederbelebt. Die Literatur war der Technik dabei meilenweit voraus, denn sie ließ ihre Luftreisenden auch bereits das Weltall erobern.

Der französische Schriftsteller Jules Verne (1828-1905), der mit seinen technisch-utopischen Zukunftsromanen Leser in vielen Ländern faszinierte, steht für viele andere Autoren seiner Zeit. Neben seinen Hauptwerkten »Von der Erde zum Mond« und »Die Reise um die Erde in achtzig Tagen« hat er auch ausgesprochene Luftfahrt-Romane veröffentlicht. Der Band »Fünf Wochen im Ballon« erschien 1863, »Klipper der Wolken« im Jahre 1886.

Waren der Phantasie in diesen utopischen Flug-Romanen keinerlei Grenzen gesetzt, so galt das auch für die Flugprojekte des 19. Jahrhunderts. Und es war den Zeitgenossen nicht immer leicht, zu entscheiden, ob sie es bei solchen Projektemachern mit Scharlatanen oder mit ernstzunehmenden Technikern zu tun hatten. Hier soll schon aus Platzgründen nur an einige von ihnen erinnert werden:

Vom Engländer Sir Georg Caylay (1773-1857) stammt die erste moderne Konfiguration eines Flugapparates. Caylay hat viele Jahre lang Untersuchungen über den Luftwiderstand angestellt und mit Flugmodellen experimentiert. Er gilt mit Recht als der erste Wissenschaftler, der die naturwissenschaftlichen Erkenntnisse der damaligen Zeit für die Flugtechnik einzusetzen verstand. Am Ende baute er manntragende Gleiter, in die er erst ein Kind und dann seinen Kutscher gesetzt haben soll. Auswirkungen auf die Entwicklung der Flugtechnik hatten die Arbeiten Caylays aber erst, nachdem seine schon 1809 und 1810 erfolgten Veröffentlichungen in den 70er Jahren des vergangenen Jahrhunderts in England und in Frankreich nachgedruckt worden waren.

Das erste Flugpatent der Geschichte erhielt im Jahre 1842 der Engländer William Samuel Henson (1805-1885) für ein Motorflugzeugprojekt, das Personen und Waren befördern sollte. Das Patent erregte Aufsehen, doch gelang es Henson weder, ein Modell des konzipierten Flugapparates mit kleinem Motor zum Fliegen zu bringen noch die finanziellen Mittel für einen Großversuch zusammenzubringen. Um den

„Himmelswagen" aus der Flugzeughandschrift des Melchior Bauer aus dem Jahre 1764. Die Flugmaschine sollte einen Berg hinunterrollen und sich bei ausreichender Geschwindigkeit in die Luft erheben (umstehend).

Ferner von dieser Wagen eigenschaften.

Wan er nun gantz fertig ist, so ist er etwan 45. oder 50. pfund schwer, und trägt in der lufft einen menschen, und noch dar zu 100. pfund: Den es ist auß geprüft, das er ohngefehr in solcher größe, 300. pfund schwer trägt, durch schnellen flug: den es fliegen ja steine und eisen, wen sie von was getrieben werden; und dieser schwebende Wagen, wird ja von dem beweglichen flügeln gezogen.

Das man also meiner meinung nach, wen ich nicht irre, in künfftigen zeiten, über die antichristischen und abgöttischen völcker, örter, und stät, welche wider das rechte christliche reich rebellieren wollen; feuer, schwefel, und steine centner weise werfen wird, wie auch der heilige* Johanes im göttlichen gesichte, zu einem vorbild gesehen hat:

Und wird also in der gantzen welt, keine herrschaft vor dem antichristischen theil und haufen mehr übrig bleiben; und müssen alle zu dem wahren christo laufen; wer von solchen völckern, die alle** ärgernisse aus erden auß rotten, sicher sein wil. *offenb. 16.17. bis. 21. C. 20.9. ps. 11.6. Hes. 38.22. **Matt. 13.40. bis. 43.

Ferner vom bauen.

Es wird aber das holtz zu dem Wagen bau, auß solchen dänen, fichten, oder kiefern, mit keilen gespält, welche bäume aber gantz mager erwachsen, keine schädlichen äste, krumme, noch wendischen wuchs haben dürfen.

Auß denselben, schneidet man, etwan 7. ellen lange klötze, und zerspält sie, in etwan arm starcke latten, läßt sie dürre werden, und richt sie hernach in vierecktige, längliche zu, etwan

Und, so sieht der Wagen von vornen zu, — Daß gleichen auch von hinden.

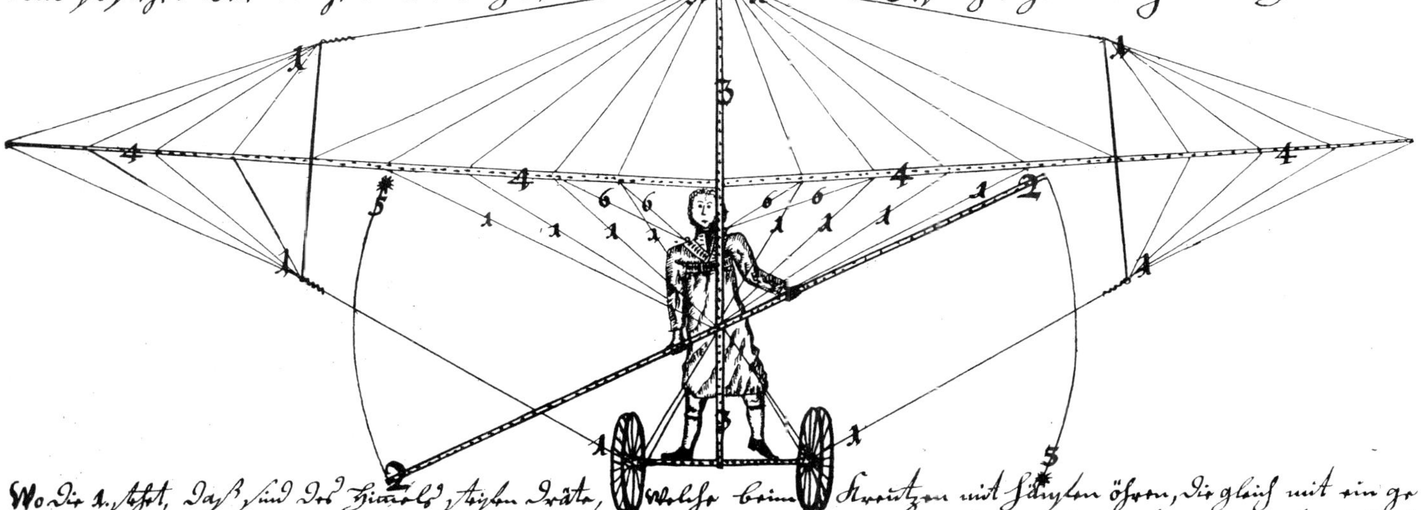

Wo die 1. steht, daß sind des himels, steifen dräte, welche beim creutzen mit häckchen öhren, die gleich mit ein gebunden werden, wen man die zusamen gefügten küppen um bindet: das also die, steifen dräte darinn, unten und oben befestiget werden können, 2. die flügel, 3. die himels säulen, welche gleich, sind zwei mast bäumen, die also den gantzen himel steif und auß gebreitet halten können; 4. der himel, 5. der flügel weg hinauf und niederschlagen im bewegen, 6. die schnüren am brust gürtel, welche dem menschen oben am himel, wieder alles fallen, feste halten. Es kan auch der Wagen in der lufft nicht um kippen, weil er oben leichte, auch der himel enden ein wenig aufwärts gebogen sind, und alles schwere unten hänget; wie man auch an allen was, fliegt zum vorbilde und exempel sieht; nemlich, das die flügel oben, und der cörper unten hänget. Den hie ist der himel, anstat zwei auß gebreiteter, steifen, flügel brauchbar.

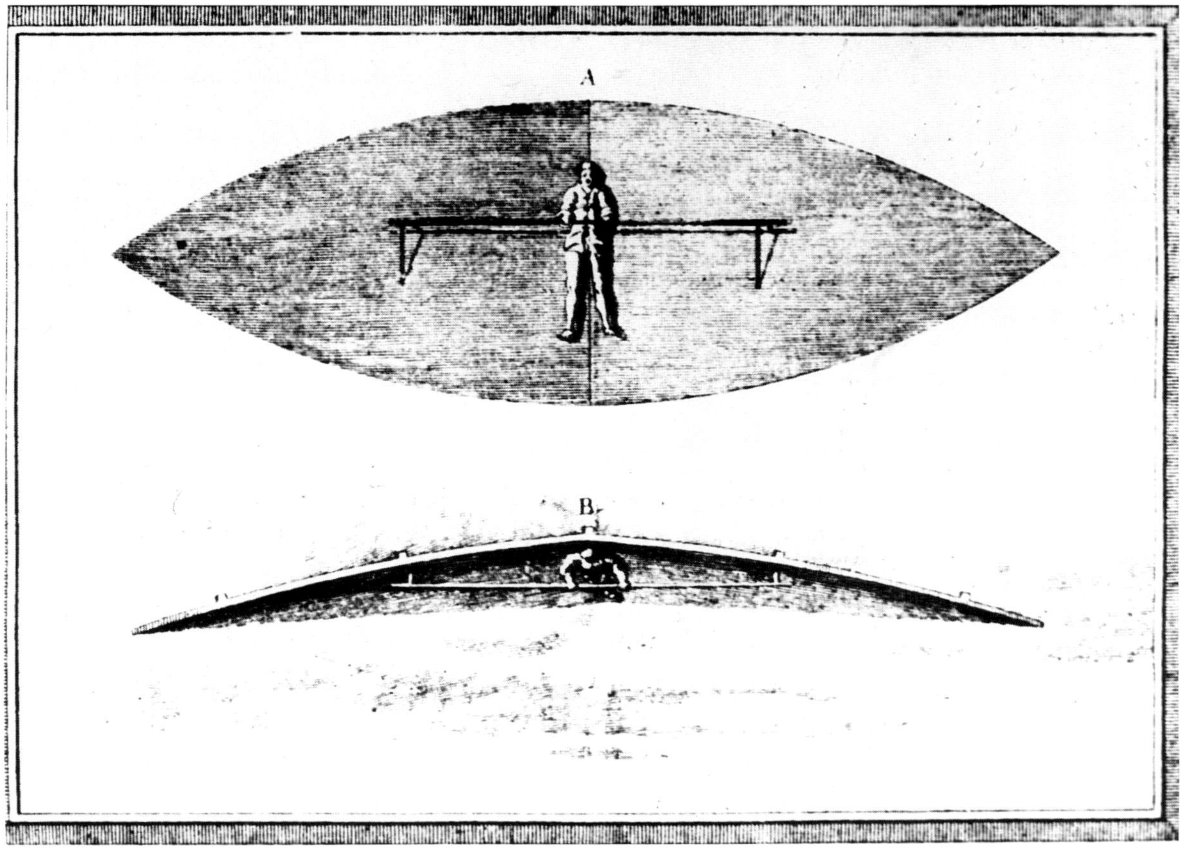

Entwurf eines Schwingenflugzeuges von Karl Friedrich Meerwein, Baumeister in Emmendingen, aus dem Jahre 1785, in elliptischer Form mit zugespitzten Enden.

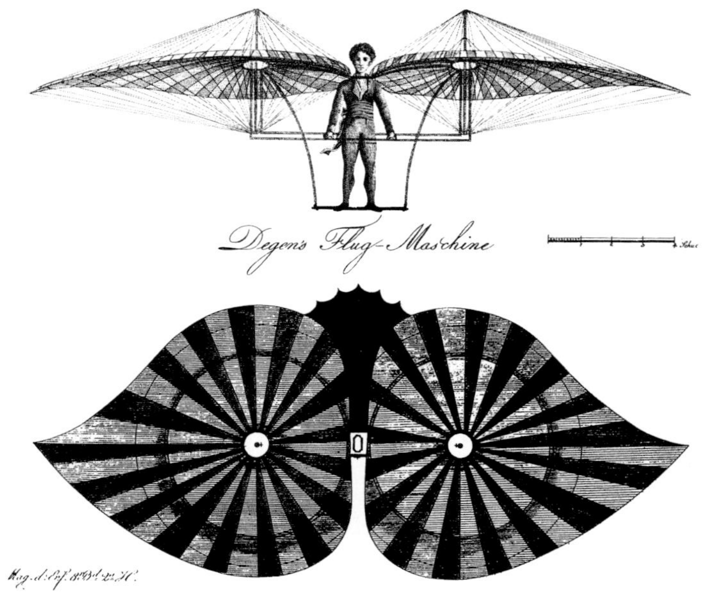

Jakob Degens Flugmaschine, abgebildet und ausführlich beschrieben in der „Zeitung für die elegante Welt" vom 30. August 1808.

Spott seiner Landsleute hingegen brauchte er danach, wie viele andere Flugtechniker der Frühzeit auch, nicht besorgt zu sein.

Im Jahre 1866 wurde in England die erste flugtechnische Vereinigung der Welt, die Royal Aeronautical Society of Great Britain, gegründet. Von ihr sagte Otto Lilienthal, der ihr Mitglied geworden war, in einem Vortrag im Jahre 1873: »Dem Aeronautischen Vereine in London gebührt das Verdienst, daß er sich zuerst freigesagt hat von dem unfruchtbaren Experimentieren mit dem Luftballon, um nur darauf zu sinnen, wie man trotzdem eine anwendbare Luftschiffahrt begründen könne... Die Engländer sind eben zu praktisch, um nicht zu merken, daß der Luftballon einen unausrottbaren Fehler haben muß, wenn in der Zeitepoche der großen Erfindungen während 100 Jahren keine durchgreifenden Nutzanwendungen gemacht werden konnten.«

Aber auch in Frankreich, dem Mutterland der Ballonfahrt, wurde in der zweiten Hälfte des 19. Jahrhunderts intensiv auf flugtechnischem Gebiet gearbeitet. Die überragende Persönlichkeit war dabei Alphonse Pénaud (1850-1880), der nur 30 Jahre alt wurde. Pénaud baute 1871 ein kleines Motorflugmodell, das er »Planophore« nannte, und das zum Urtyp des Flugmodellbaus schlechthin wurde. Es war das erste freifliegende Modell eines Propellerflugzeuges und demonstrierte auf überzeugende Weise die Möglichkeiten eines Fluges mit einem Gerät »Schwerer als Luft«. Im Jahre 1876 erhielt Pénaud ein Patent auf einen Flugapparat, von dem es hieß, daß er einen oder mehrere Passagiere durch die Luft befördern könnte. Pénaud nannte ihn »Aéroplane«, und der wurde zum Vorbild für den späteren Flugmaschinenbau, nicht nur in Frankreich. Doch der Entwurf kam um zwei oder drei Jahrzehnte zu früh, um verwirklicht werden zu können.

Betrachten wir die Entwicklung in Deutschland, oder richtiger: im deutschsprachigen Raum, so ragen unter denjenigen, die wichtige Denkanstöße gegeben und selbst experimentiert haben, die folgenden Namen hervor: Melchior Bauer, Carl Friedrich Meerwein, Jakob Degen, Albrecht Ludwig Berblinger und August Wilhem Zachariae. Sie lassen sich unter dem Begriff der Vorläufer zusammenfassen, deren Schicksal es war, ihrer Zeit zu weit voraus zu sein, als daß sie erfolgreich hätten sein können.

Melchior Bauer, von dessen Lebensumständen wir nicht viel mehr als das Geburtsjahr 1733 und den Geburtsort Lehnitzsch bei Altenburg in Thüringen wissen, hat im Jahre 1764 eine sogenannte Flugzeughandschrift veröffentlicht. In ihr unterbreitet er die Idee, aus Tannenholz, gewirkter Seide und Messingdraht eine Flugmaschine zu bauen. Beigefügt hat er sieben Konstruktionszeichnungen, die ihn technisch als klaren Geist ausweisen. Ein großes Modell, nach diesen Zeichnungen gebaut, stand in der im Zweiten Weltkrieg zerstörten Deutschen Luftfahrt-Sammlung am Lehrter Bahnhof in Berlin ausgestellt, und es hat durch die Kühnheit seiner Konstruktion beeindruckt — wenngleich es sich niemals hätte in die Lüfte erheben können.

Carl Friedrich Meerwein (1737-1810), Baumeister in Emmendingen in Baden, hat 1784 in einer Schrift mit dem Titel »Die Kunst zu fliegen nach der Art der Vögel« ebenfalls den Entwurf eines Flugapparates veröffentlicht, der halb Gleitflugzeug, halb Schwingenapparat ist. Mit einem solchen Flugzeug soll Meerwein zunächst in Emmendingen und 1785 im hessischen Gießen Versuche angestellt haben. Der Zeichnung entnehmen wir, daß der »Flugmensch« unter den Flügeln hängen und mit seiner Muskelkraft Flügelschläge ausführen sollte.

Der aus der Schweiz stammende Wiener Uhrmacher Jakob Degen (1761-1848) ist mehr als alle anderen Vorläufer durch zeitgenössische Abbildungen bekanntgeworden. Degen baute 1807 einen Schwingenapparat mit herzförmigen Flügeln aus Rohr und Bambus mit kleinen Klappen aus gefirnißtem Papier. Jeder Flügel soll 3500 solcher Klappen gehabt haben, die sich beim Aufschlag öffneten, um die Luft hindurchstreichen zu lassen, beim Niederschlag aber schlossen. Bei Versuchen in der Wiener Universität soll es ihm gelungen sein, sich durch Flügelschlag bis an die Decke eines Saales zu erheben, allerdings mit Hilfe eines Gegengewichts von 40 Kilogramm. Daraus kann geschlossen werden, daß es ihm gelang, mit Muskelkraft die Hälfte des Gesamtgewichts von Versuchsperson und Flugmaschine zu heben.

Albrecht Ludwig Berblinger (1770-1829), der Schneider von Ulm, hat vier Jahre später Degens Flugmaschine nicht nachgeahmt, wie es lange Zeit hieß, sondern sie mit großer Wahrscheinlichkeit zu einem Gleitflugzeug weiterentwickelt. Er übernahm die äußere Konfiguration, setzte aber geschlossene Tragflächen an die Stelle der Flügelklappen. Daß er auf den verwegenen Gedanken kam, damit im Jahre 1811 die Donau überfliegen zu wollen und sich durch die Einladung hoher Persönlichkeit selbst in Zugzwang versetzte, den Plan auch auszuführen, ließ ihn zur tragischen Figur werden. Er fiel ins Wasser und wurde ungerechtfertigter Weise zur Zielscheibe für Hohn und Spott bis in unsere Tage, woran auch die Versuche zu seiner Ehrenrettung nicht viel zu ändern vermögen.

August Wilhelm Zachariae (1769–1823) war Mathematiklehrer an der Klosterschule zu Roßleben in Thüringen und hat noch vor Berblinger die Idee des Gleitfluges gegen die Idee des Auffliegens gesetzt. Bereits im Jahre 1807 vertrat Zachariae in seiner Schrift »Die Elemente der Luftschwimmkunst« die Ansicht, daß der Mensch mit Hilfe von Flugapparaten imstande sein werde, den passiven Gleitflug des Vogels nachzuahmen, indem er von einem erhöhten Punkt abspringt und zu einem tiefer gelegenen Punkt hinabgleitet. Ganz ähnlich hat es acht Jahrzehnte später Otto Lilienthal formuliert — und realisiert.

Die Schule Lilienthals

Im November 1894 sagte der Ingenieur und Maschinenfabrikant Otto Lilienthal (1848-1896) in einem Vortrag vor dem Berliner Architekten-Verein: »Fliegen heißt: Sich mit einer Flugmaschine vom Boden in die Luft zu erheben. Das können wir nicht! Fliegen heißt ferner: Von einer Bergspitze zu einer anderen gleich hoch gelegenen Bergspitze durch die Luft sich hinüberzubewegen. Das können wir auch nicht! Fliegen heißt aber auch: Sich von der Spitze eines Hügels ins Tal durch die Luft herabzulassen. Das aber können wir, und hierbei haben wir Gelegenheit, zu lernen und zu üben und schließlich auch die anderen Arten des Fliegens, das horizontale und ansteigende Fliegen nach und nach auszubilden und somit wirklich zu erfinden.«

Und er führt weiter aus: »Wer in der Flugfrage vorwärtskommen will, der muß bescheiden sein und nicht gleich über alle Berge fliegen wollen, sondern erst einmal von den Bergen herunterzufliegen versuchen«. Er nennt es zweckmäßig, mit sehr simplen, verhältnismäßig einfach herzustellenden Flugapparaten zu beginnen und zunächst auf jeden Bewegungsmechanismus, jede Art von Antriebskraft zu verzichten. Der schräg abwärts gerichtete Gleitflug sei diejenige Bewegung durch die Luft, mit der die praktischen Übungen nicht nur begonnen werden sollten, sondern begonnen werden müßten, um zunächst Erfahrungen im Abfliegen, der Stabilität des Fluges sowie dem Landen zu gewinnen.

1. Berblinger's unglückliches Unternehmen als Luftfliger in seiner Positur. 2. das Ufer der Donau, mit Zuschauer. 3. die glückliche Rettung des Luftfligers, von den Fischern. 4. Ulm.

Mißglückter Gleitflugversuch des Schneiders Albrecht Ludwig Berblinger am 31. Mai 1811 von der Adler-Bastei am Donauufer in Ulm.

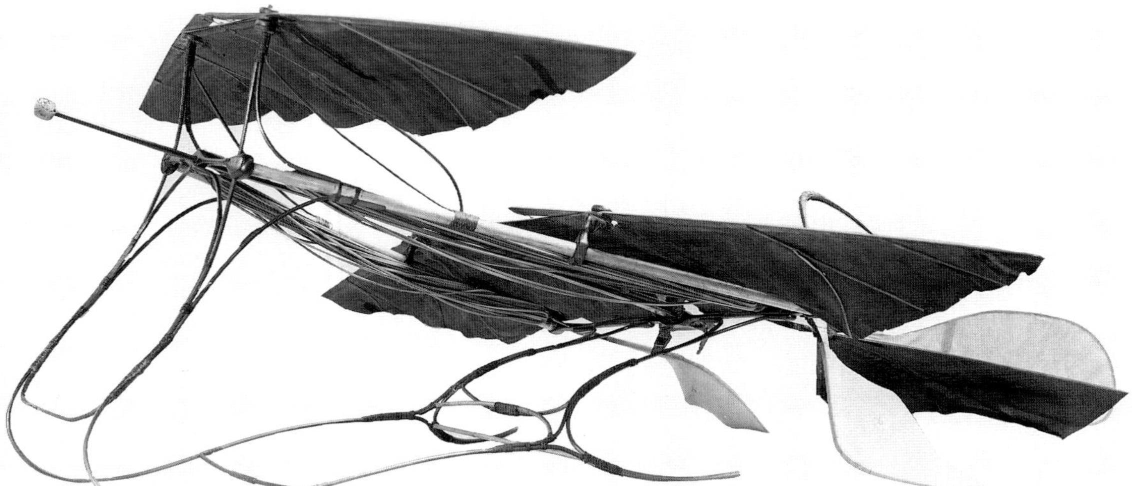

Großes Drachenflug-Originalmodell des Wiener Ingenieurs Wilhelm Kress, das zwischen 1877 und 1880 entstand.

Zu diesem Zeitpunkt ist Lilienthal bereits ein erfahrener Praktiker, hat Hunderte von Gleitflügen schon ausgeführt: an natürlichen Erhebungen in der Umgebung Berlins und an seinem künstlich aufgeschütteten kegelförmigen Flughügel, dem »Fliegeberg« in Lichterfelde. Und er hat dabei – in den Rhinower Bergen – vielfach Flugweiten bis zu 250 Metern erzielt. Seine Flüge waren in Momentfotografien festgehalten worden, er selbst hatte in Wort und Schrift regelmäßig und ausführlich darüber berichtet, und Aufsätze über ihn waren in Zeitungen und in Fachzeitschriften im In- und Ausland erschienen.

Es mag deshalb auf den ersten Blick irritieren, daß er im gleichen Vortrag davor warnte, die bisher erzielten Erfolge für mehr zu halten, als sie seien. Die Momentfotografien, die ihn hoch schwebend in der Luft zeigten, könnten leicht den Eindruck erwecken, als wäre das Flugproblem bereits gelöst, sagte er. Das sei aber keineswegs der Fall, vielmehr wären seine Gleitflüge für den freien Flug des Menschen nicht

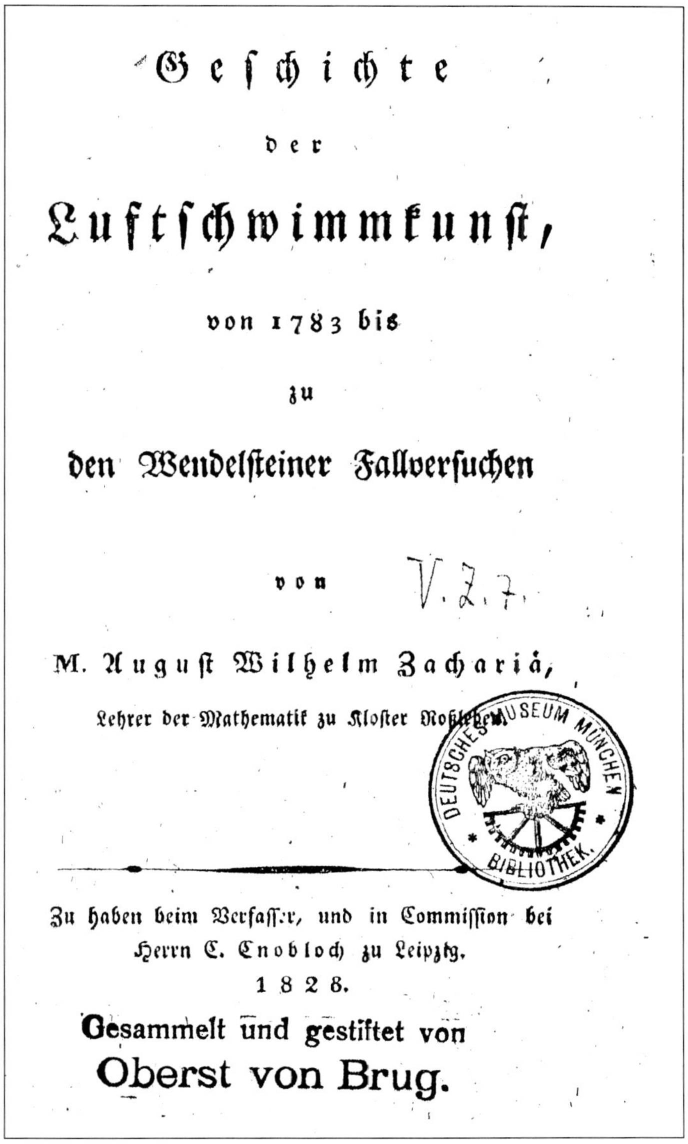

Geschichte

der

Luftschwimmkunst,

von 1783 bis

zu

den Wendelsteiner Fallversuchen

von

M. August Wilhelm Zachariä,

Lehrer der Mathematik zu Kloster Roßleben.

Zu haben beim Verfasser, und in Commission bei Herrn C. Cnobloch zu Leipzig.
1828.

Gesammelt und gestiftet von
Oberst von Brug.

Veröffentlichung von August Wilhelm Zachariae aus dem Jahre 1826 über angestellte Gleitflugexperimente am Wendelstein im Unstruttal in Thüringen.

mehr, als was die ersten unsicheren Kinderschritte für den aufrechten Gang des Menschen bedeuteten. Der betretene Weg aber, fügte er hinzu, scheine der richtige zu sein.

Heute sehen wir in der Begrenzung seiner Zielsetzung den eigentlichen Schlüssel zum Erfolg, schrittweise vorzugehen, mit dem Machbaren zu beginnen, im Gleitflug die notwendigen Erfahrungen für kühnere und weitergehende Schritte zu sammeln: Das kennzeichnete seine »Fliegemethode«, die Anhänger in zahlreichen Ländern fand und als die »Schule Lilienthals« in die Fluggeschichte eingegangen ist. Nur sieben Jahre nach seinem Todessturz gelangen in den USA den Brüder Wilbur und Orville Wright, die wie er mit Gleitflügen begonnen hatten, die ersten Motorflüge. Es ist nicht zuviel gesagt, daß mit Otto Lilienthal die Zeit der wissenschaftlichen Erforschung des Flugproblems und der planmäßigen Entwicklung der Flugtechnik begann. Man kann auch sagen: die Zeit war reif dafür, und Otto Lilienthal hat erkannt, daß das Flugproblem folgerichtig nur über den Gleit- und Segelflug zu lösen war.

Erforschung des Flugproblems

Lilienthals Grundlagenforschung erstreckte sich mit mehreren Unterbrechungen über mehr als zwei Jahrzehnte. Das wissenschaftlich-technische Rüstzeug dafür erwarb er durch das Studium der Mechanik und des Maschinenbaus an der renommierten Berliner Gewerbe-Akademie von 1868 bis 1870. Und schon als Student experimentierte er, assistiert vom jüngeren Bruder Gustav (1849-1933), der die Bauakademie besuchte, mit Schlagflügelapparaturen und flügelschlagenden Modellen.

Sein weitgestecktes Ziel war, das Geheimnis des Vogelfluges zu entschlüsseln, indem er die Mechanik des Flügelschlags ergründete. Folgerichtig begann er, den Kraftaufwand beim Flügelschlag zu messen, merkte aber bald, daß ihm eine wichtige Komponente, die Vorwärtsbewegung, dabei fehlte. Die Jahre 1873 und 1874 waren deshalb mit langen Versuchsreihen an vorwärtsbewegten Versuchsflächen ausgefüllt. Die Flächen unterschieden sich in Form und Bauart und wurden an einem Rotationsapparat auf ihren Luftwiderstand hin untersucht, auch schon unter verschiedenen Anstellwinkeln. Und schon im Sommer 1874 konnten die Brüder Lilienthal als gesichertes Ergebnis ihrer Messungen ansehen, daß unter allen denkbaren Flügelformen die dem Vogelflügel ähnliche, schwach gewölbte Fläche die günstigsten Werte aufwies. Der Nachweis war erbracht, daß die Natur im Vogelflügel auf phantastische Weise die beste aerodynamische Form einer tragenden Fläche herausgebildet hatte.

Im Verein zur Förderung der Luftschiffahrt, dessen Mitglied er 1886 mit seinem Bruder geworden war, hat Otto Lilienthal die Ergebnisse der Untersuchungen und die daraus abgeleiteten Theorien in drei großen Vorträgen zuerst unterbreitet und danach im Jahre 1899 in seinem Buch »Der Vogelflug als Grundlage der Fliegekunst« veröffentlicht.

Der Verein, in dem er fortan die »aviatische Richtung« repräsentierte, hatte damals etwa 200 Berliner und auswärtige Mitglieder. Davon konnten vielleicht 20 oder 30 als »Aviatiker«, also als Anhänger der Flugmaschine und damit des Flugprinzips »Schwerer als Luft« gelten. Alle anderen aber hingen nach wie vor dem Prinzip »Leichter als Luft« an, setzten auf lenkbar gemachte Ballons, auf das Luftschiff als künftiges Luftverkehrsmittel.

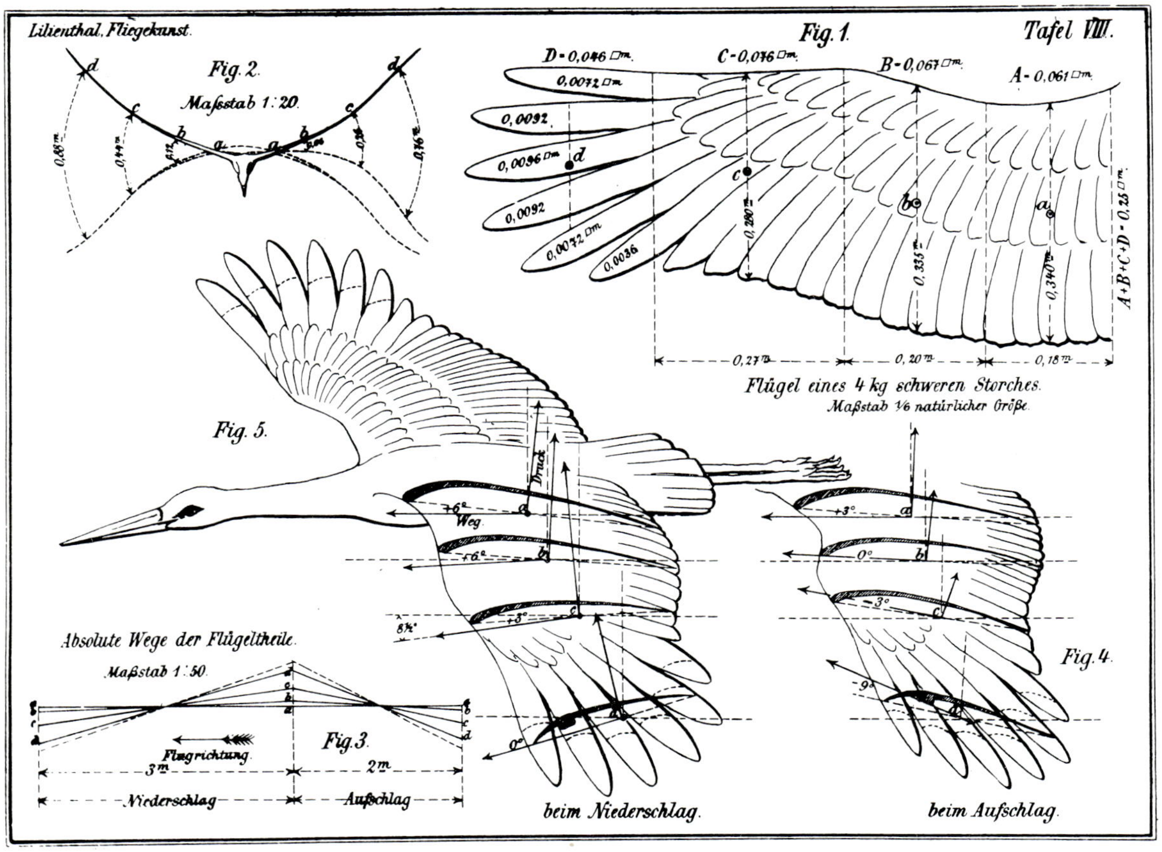

Der Storch war Lilienthals Vorbild für die Verwirklichung des Menschenfluges und deshalb sein bevorzugtes Beobachtungs- und Untersuchungsobjekt. Darstellung solcher Untersuchungsergebnisse im Buch über den Vogelflug.

Otto Lilienthal bei Gleitflugübungen im Sommer 1891 am Windmühlen- oder Spitzberg zwischen Derwitz und Krielow an der Bahnstrecke von Berlin nach Magdeburg.

So kann es nicht verwundern, daß Lilienthals Buch nur von den wenigen Flugtechnikern im In- und Ausland lebhaft diskutiert wurde, in der Öffentlichkeit aber fast ganz unbeachtet blieb. Die erhaltene flugtechnische Korrespondenz weist aber aus, daß die Fachleute größtenteils schon damals in dem Werk die wichtigste flugtechnische Veröffentlichung des 19. Jahrhunderts gesehen haben. Mit seinen selbstentwickelten Meßinstrumenten hatte Lilienthal im Rundlauf eine Güte der Messungen erreicht, von der später der berühmte Aerodynamiker Professor Ludwig Prandtl (1875–1953) sagte, daß sie erst durch die modernen Arbeiten im Windkanal hätten übertroffen werden könnten. Lilienthal nannte damals Widerstand, was wir heute als Resultierende aus Auftrieb und Widerstand bezeichnen. Und er gab seine gefundenen Werte für die verschiedenen Flugprofile mit unterschiedlichem Anstellwinkel nicht nur in Zahlenkolonnen wieder, sondern stellte sie grafisch als Polardiagramme dar, die noch heute manchmal als Lilienthal-Polare bezeichnet werden.

Sein Buch über den Vogelflug schloß er mit 30 Merksätzen für die Konstruktion manntragenden Fluggerätes sowie die Aufnahme praktischer Gleitflugübungen. Die wichtigsten Aussagen sind:

– Die Konstruktion brauchbarer Flugvorrichtungen ist nicht unter allen Umständen abhängig von der Beschaffung starker und leichter Motoren.

Steuervorrichtungen an den Flügelspitzen von Lilienthals größtem Gleiter mit 8,8 m Spannweite und 20 m³ Flügelfläche, dem sogenannten Vorflügelapparat von 1895.

– Bei Wind mit Geschwindigkeiten von über zehn Metern in der Sekunde ist der anstrengungslose Gleitflug mittels geeigneter Tragflächen vom Menschen ausführbar.
– Ein Flugapparat, der mit möglichster Arbeitsersparnis wirken soll, hat sich in Form und Verhältnis den Flügeln der gutfliegenden größeren Vögeln anzuschließen.
– Tragfähige Apparate, hergestellt aus Weidenruten mit Stoffbespannung, bei zehn Quadratmeter Tragefläche lassen sich bei einem Gewicht von zirka 15 kg anfertigen.

Planmäßige Entwicklung

Als das Buch über den Vogelflug erschien, ist Lilienthal, inzwischen über 40 Jahre alt, bereits von der Theorie zur Praxis übergegangen. Er hatte erste manntragende Flügelpaare gebaut und mit ihrer Erprobung begonnen. Auch hierbei ging er systematisch, das heißt schrittweise vor, beginnend mit Stehübungen im Wind. Das erste Resultat hierbei war, wie er selbst berichtet, daß der wohl berechnete und leicht gebaute Apparat nach einem kräftigen Windstoß mit dem Boden in Berührung kam und zertrümmert nach Hause getragen werden mußte. Schwerlich wird sich jemand die Hebelwirkung des Windes so stark vorgestellt haben, sagte er.

Als er die Stehübungen ausreichend beherrschte, übte er Absprung und Landung mit dem Flügelpaar in seinem Garten von einem Sprungbrett aus, das er nach und nach auf zwei Meter Höhe brachte. Hierbei hatte er bei sechs bis sieben Meter weiten Sprüngen bereits das Gefühl, als ruhe der Körper in der Luft mit seinem Gewicht auf dem tragenden Apparat. Der Aufstoß auf den weichen Erdboden war nicht allzu stark, so daß er einen solchen Sprung 50 bis 60mal an einem Abend wiederholen konnte.

Nachdem er auf diese Weise mehrere Wochen lang die Handhabung des Flugapparates geübt hatte, vertraute er sich mit ihm im Sommer 1891 im Sprung dem freien Wind an: am Windmühlenberg bei Derwitz nahe der Bahnstation Groß Kreutz westlich von Potsdam.

Der sanft abfallende Hügel gestattete den Absprung von verschieden großen freiliegenden Höhen. Das Endergebnis an dieser Stelle war, wie er dem Verein zur Förderung der Luftschiffahrt berichtete, daß an der höchsten vorhandenen Absprungstelle von fünf bis sechs Metern sich ein etwa 20 bis 25 Meter weiter Luftsprung ausführen ließ, und zwar sowohl bei Windstille wie auch bei Winden verschiedener Stärke.

Der französische Luftfahrtpionier Ferdinand Ferber (1862-1909) würdigte die Derwitzer Gleitflüge mit den Worten: »Den Tag, an welchem Lilienthal im Jahre 1891 seine ersten 15 Meter in der Luft durchmessen hat, fasse ich auf als den Augenblick, seit welchem die Menschen fliegen können.«

Der in Derwitz verwendete Apparat hatte die Gestalt ausgebreiteter Vogelflügel. Die Spannweite betrug siebeneinhalb Meter, die Tragfläche zehn Quadratmeter. Das Gestell bestand aus Weidenruten, wobei auf jeder Seite zwei stärkere Ruten als Holme von der Flügelwurzel bis zur Spitze durchliefen. Darüber waren in Flugrichtung dünnere gekrümmte Ruten als Rippen gelegt. Die Bespannung bestand aus Schirting mit Lacküberzug, das Gewicht betrug 18 kg. Hinter den Flügeln waren eine vertikale und eine horizontale Schwanzfläche angebracht, die stabilisierend wirkten.

Der Derwitzer Gleiter Lilienthals war ein Holmflügelapparat mit einer kreuzweisen Verbindung vor der Brust. Sein Gleitwinkel betrug 1:5.

Hängegleiter mit einer Einrichtung für den Flügelschlag aus dem Jahre 1893. Mit Flügelschlägen, von einem Kohlensäuremotor bewirkt, wollte Lilienthal die Gleitflüge verlängern.

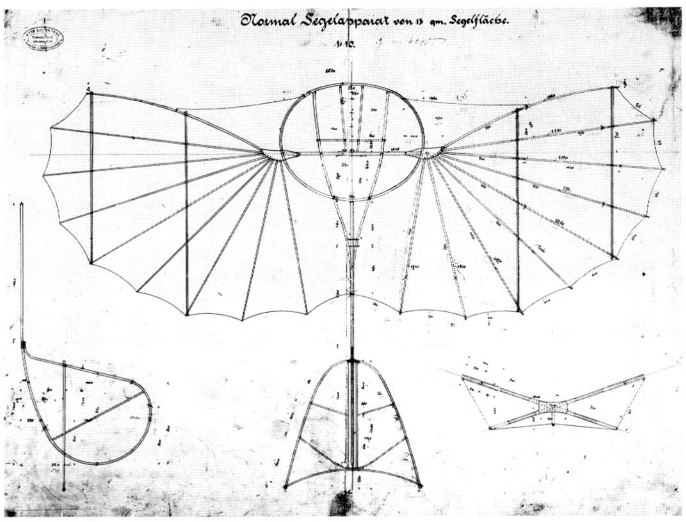

Lilienthals Standardeindecker, der „Normal-Segelapparat" mit 13 m² Tragfläche aus dem Jahre 1894, dessen Fledermausflügel zusammengefaltet werden konnten. Die Flügelwölbung wurde durch ausgeschobene Profilleisten bewirkt.

In den Rhinower Bergen etwa 100 km nordwestlich Berlins gelangen Lilienthal schon im Sommer 1893 Gleitflüge bis zu 250 m Weite und 30 Sekunden Dauer, auch die ersten Kurvenflüge.

Lilienthal berichtete: »Um den Apparat zu halten, legte man die Unterarme in zwei gepolsterte Einschnitte am Gestell, während man mit den Händen gleichzeitig zwei entsprechende Griffe umfaßte. Hierdurch hatte man den Apparat vollkommen in seiner Gewalt und konnte sich in der Luft sicher mit den Armen auf denselben stützen; aber es war auch möglich, im Augenblick der Gefahr sowohl den Apparat zu lösen als auch aus demselben sich herabfallen zu lassen.«

An diesem Grundaufbau hat Lilienthal bis zu seinem Tode festgehalten, jedoch den starren Holmflügel 1893 durch fledermausartige Faltflügel ersetzt. Bei ihnen wurde die Flügelwölbung durch aufgeschobene profilgebende Holzschienen bewirkt. Das versetzte Lilienthal in die Lage, an einem Gleiter nacheinander unterschiedliche Wölbungsgrade auszuprobieren. Außerdem ließ sich der zusammengefaltete Flugapparat leichter transportieren und unterstellen.

Er hat 18 verschiedene Flugapparate bis 1896 konstruiert und erprobt, als Eindecker und als Doppeldecker geflogen und mit Vorrichtungen für Flügelschläge ausgestattet. Mit Flügelschlägen wollte er zunächst nichts anderes als den Gleitflug verlängern. Aber es fehlte am geeigneten Flugmotor, und alle Experimente mit einem eigenen Kohlensäuremotor scheiterten.

Gescheitert sind letztlich auch alle Versuche, mechanische Steuervorrichtungen zu entwickeln. Lilienthal experimentierte mit Flügelverwindung und mit kleinen Steuerflächen auf den Flügelspitzen. Weil er aber die Hände nicht frei hatte,

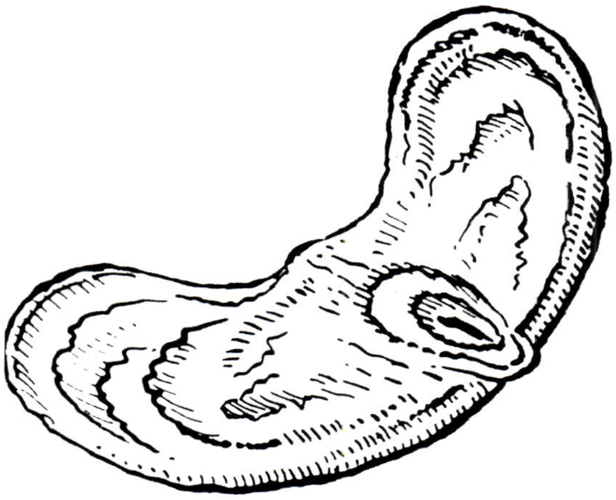

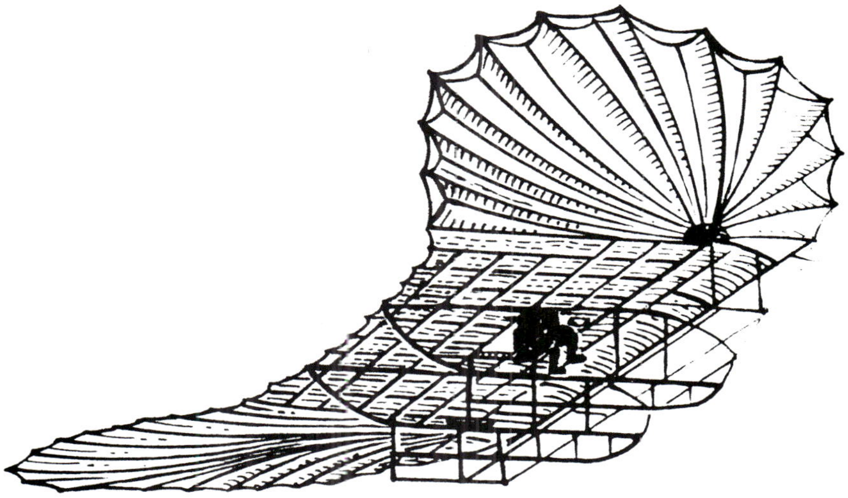

Der Zanonia-Flugsamen einer südostasiatischen Kürbispflanze ist durch seine hervorragenden Gleitflugfähigkeiten bekanntgeworden und hat viele Flugtechniker der Frühzeit inspiriert.

Gleiter des Igo Etrich aus Oberaltstadt in Böhmen, 1905 als „Nurflügelapparat" in der Form des Zanoniasamens erbaut. Aus ihm ging 1909 die berühmte „Etrich-Taube" hervor.

Gleiter „Hawk", 1896 von Percy S. Pilcher in Großbritannien nach dem Vorbild des Lilienthalgleiters erbaut. Das Fahrwerk dient nicht dem Start und der Landung, sondern soll den Transport am Boden erleichtern.

Noch vor dem Ersten Weltkrieg wurde Otto Lilienthal in Berlin-Lichterfelde vom Verein Deutscher Flugtechniker und einer Bürgerinitiative seines ehemaligen Wohnortes dieses Denkmal gesetzt.

um diese Einrichtungen zu betätigen, blieben die Versuche unbefriedigend. So benutzte er am Ende immer noch die gleiche unzulängliche Methode, das Gleichgewicht im Fluge durch Verlagerung des Schwerpunktes zu erhalten.

Ende 1894 konstruierte Lilienthal seinen »Normal-Segelapparat« von 13 Quadratmetern Fläche, seine ausgereifteste Flugzeugkonstruktion. Während alle anderen Gleiter Unikate waren, wurden vom Normal-Segelapparat wenigstens neun Exemplare gebaut. Acht davon hat er zum Preis von je 500 Mark an Flugtechniker in verschiedene Länder, auch nach Rußland und in die USA verkauft.

Mit einem der bewährten Normal-Segelapparate ist Lilienthal am Sonntag, dem 9. August 1896, am Gollenberg bei Stölln nordwestlich von Berlin abgestürzt. In zehn bis 15 Metern Höhe wurde der Eindecker um die Mittagszeit von einer Sonnenbö gepackt, erst hochgeschleudert und dann auf den Boden geschmettert. Lilienthal starb tags darauf in einer Berliner Klinik, 48 Jahre alt. Er hatte den dritten Halswirbel gebrochen.

Hängegleiter des Franko-Amerikaners Octave Chanute in Form eines Vielfachdeckers, der im Sommer 1896 in den Sanddünen des Michigansees erprobt wurde.

Der amerikanische Ingenieur A.M. Herring mit dem modifizierten Nachbau eines Lilienthalgleiters nach Zeichnungen, die ihm Otto Lilienthal geschickt hatte.

2 Die ersten Fluggeräte

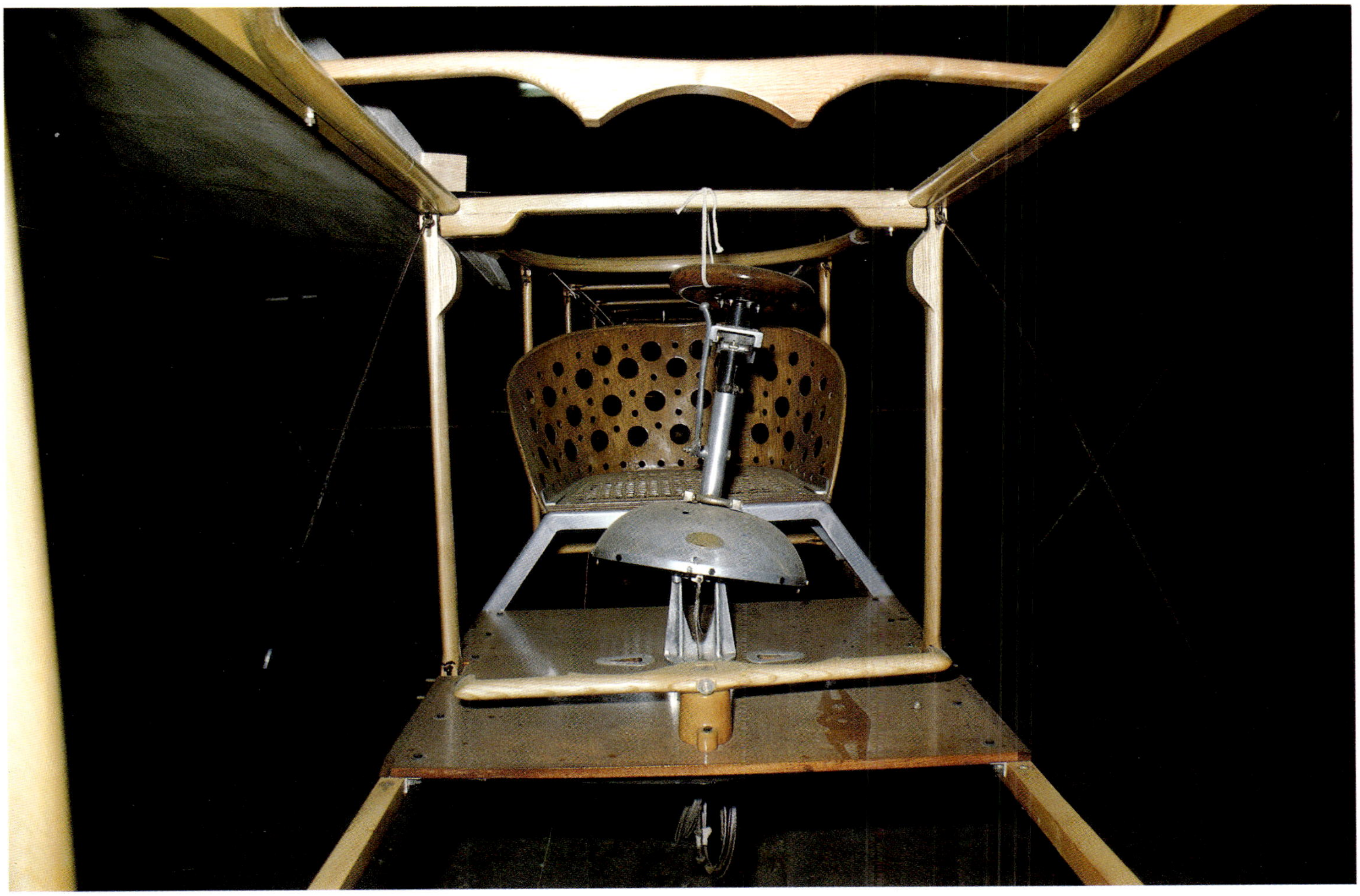

WERNER SCHWIPPS

Anmerkung des Autors zu diesem Kapitel:

„Die Verwendung von Motoren und die Entwicklung technischer Fertigkeiten brachten die Fliegerei in den Jahren nach der Jahrhundertwende mit großen Schritten voran."

Auch für den Beginn des Motorfluges gilt, was für die früheste Flugtechnik festgestellt worden ist: Viele hatten Anteil daran, einige haben wichtige Beiträge dazu geleistet, doch nur ganz wenigen war der große Erfolg beschieden.

Von den Namen, die sich aus diesem Abschnitt der Fluggeschichte erhalten haben, müssen in Großbritannien der Ingenieur Horatio F. Phillips (1845-1924) sowie der expatriierte amerikanische »Kanonenkönig« Sir Hiram Steven Maxim (1840-1916) genannt werden. In Frankreich machten sich Clément Ader (1841-1921) und in Österreich Wilhelm Kress (1836-1913) einen Namen. Und in den USA sind neben den Brüdern Wright vor allem Prof. Samuel P. Langley (1834-1906), der Ingenieur Augustus M. Herring (1867-1926) sowie der deutschstämmige Gustav Weißkopf (1874-1927) zu nennen. In Deutschland experimentierten der Hannoveraner Karl Jatho (1873-1933) sowie Gustav Koch (geb. 1843) und Alois Wolfmüller (1864-1948) mit Motorflugapparaten.

Von keinem der genannten Flugtechniker kann freilich zweifelsfrei gesagt werden, ihm seien Motorflüge vor den Brüdern Wright gelungen, auch wenn Lokalpatriotismus oder Nationalstolz manchmal dazu verleiten, es so darzustellen. Die Brüder Wilbur (1867-1912) und Orville Wright (1871-1943) zeichnet ohnehin aus, daß ihren ersten Motorflügen mehrjährige kontinuierliche Entwicklungsarbeit vorausging, und daß sie ihren Motorflugapparat danach ebenso kontinuierlich und systematisch weiterentwickelt haben.

Der »Wright-Flyer«

Wie Lilienthal haben die Brüder Wright zunächst drei Jahre lang mit Gleitflugzeugen experimentiert. Sie wählten die Form des Doppeldeckers mit rechteckigen Tragflächen, vertrauten sich dem Apparat in liegender Stellung an und hatten somit die Hände frei, um mechanische Steuervorrichtungen zu betätigen.

Nachdem sie im Gleitflug die notwendigen Erkenntnisse für die zweckmäßige Konfiguration des Apparates wie der Steuerflächen sowie über die Einhaltung der Stabilität im Fluge gewonnen hatten, konzentrierten sie sich auf die Konstruktion eines ausreichend starken und relativ leichten Flugmotors. Mitte Dezember 1903 war die große Motorflugmaschine fertig, und am 17. Dezember gelangen damit die ersten Motorflüge auf ebenem Boden.

Der Motorflugapparat war dem bisher verwendeten Gleitflugapparat sehr ähnlich, doch mit einem Gewicht von 272 kg um ein Vielfaches schwerer gebaut. Der wassergekühlte Vierzylinder-Benzinmotor leistete 12 PS. Wilbur war damals 36, Orville 32 Jahre alt. Der erste sachkundige Be-

Wilbur (links) und Orville Wright, Fahrradmechaniker aus Dayton im US-Bundesstaat Ohio, haben die „Schule Lilienthals" mit den ersten Motorflügen im Dezember 1903 zum Erfolg geführt.

Drei Jahre lang haben die Brüder Wright in den Sanddünen von Kitty Hawk den Gleitflügel à la Lilienthal geübt und dabei funktionsreife Steuereinrichtungen entwickelt, bevor sie den „Wright-Flyer" bauten.

richt über die geglückten Motorflüge in Kitty Hawk an der amerikanischen Ostküste erschien, von Carl Dienstbach verfaßt, bereits Anfang des Jahres 1904 in Europa, und zwar in der deutschsprachigen Zeitschrift »Illustrierte Aeronautische Mitteilungen«, herausgegeben von Hermann Moedebeck.

Danach wurde der »Wright-Flyer« stetig verbessert, stiegen die Flugleistungen der Brüder Wright von Jahr zu Jahr an, was der Öffentlichkeit aber weitgehend verborgen blieb. Die Brüder waren übereingekommen, jegliche weitere Information zurückzuhalten, bis ihre Motorflugmaschine durch Patente geschützt und die Nutzung der Patente gesichert war. Das führte dazu, daß in Europa das böse Wort von den »lügenden Brüdern« anstelle der fliegenden Brüder aufkam.

Dem Spuk wurde ein Ende gesetzt, als Wilbur Wright im Jahr 1908 mit dem Flugapparat nach Frankreich herüberkam und bei Schauflügen demonstrierte, was der Wright-Doppeldecker zu leisten vermochte. Mitte November flog Wilbur eine halbe Stunde lang und legte dabei 50 Kilometer Distanz zurück. Nur eine Woche später blieb er die dreifache Zeit, eineinhalb Stunden lang, in der Luft. Wilbur feierte Triumphe, sein Flugzeug war unübertroffen, und die Franzosen zeigten sich davon ebenso begeistert wie die anderen Europäer.

Ein Jahr später, im September 1909, feierte Orville Wright die gleichen Triumphe in Deutschland. In Berlin, auf dem Tempelhofer Feld, zeigte er die ersten wirklichen Motorflüge in Deutschland, und der Andrang des Publikums zu seinen täglichen Schauflügen nahm beängstigende Formen an. Orville blieb zwei Stunden in der Luft, nahm Passagiere mit und gewann in dem 41 Jahre alten Korvettenkapitän Paul Engelhard (1868-1911) seinen ersten deutschen Flugschüler.

Die Wrights starteten damals noch auf einer hölzernen Gleitschiene, auf der der Flugapparat durch den Fall eines zentnerschweren Gewichtes vorwärts geschleudert wurde und die notwendige Startgeschwindigkeit erhielt. Der Vierzylinder-Motor leistete jetzt 25 PS und war neben dem zwischen den Tragflächen sitzenden Piloten eingebaut. Dazwischen war noch Platz für den Flugschüler oder einen Passagier. Der Motor trieb über Ketten zwei große Holzpropeller hinter den Tragflächen an, sogenannte Druckpropeller, die sich gegenläufig drehten.

Wright-Doppeldecker wurden fortan von neugegründeten Gesellschaften auch in Frankreich und in Deutschland gebaut. Und sie dominierten bei fast allen Flugwettbewerben der ersten Jahre. Der Wettbewerb zwischen den verschiedenen Systemen des Motorflugs und damit auch die weitere Entwicklung war erst einmal entschieden. Die von vielen Flugtechnikern in Erwägung gezogene Hubschraube als Antrieb war technisch noch nicht ausgereift, und der Bau flügelschlagender sogenannter Schwingenflugzeuge hat sich bis heute nicht befriedigend lösen lassen. Allein der sogenannte

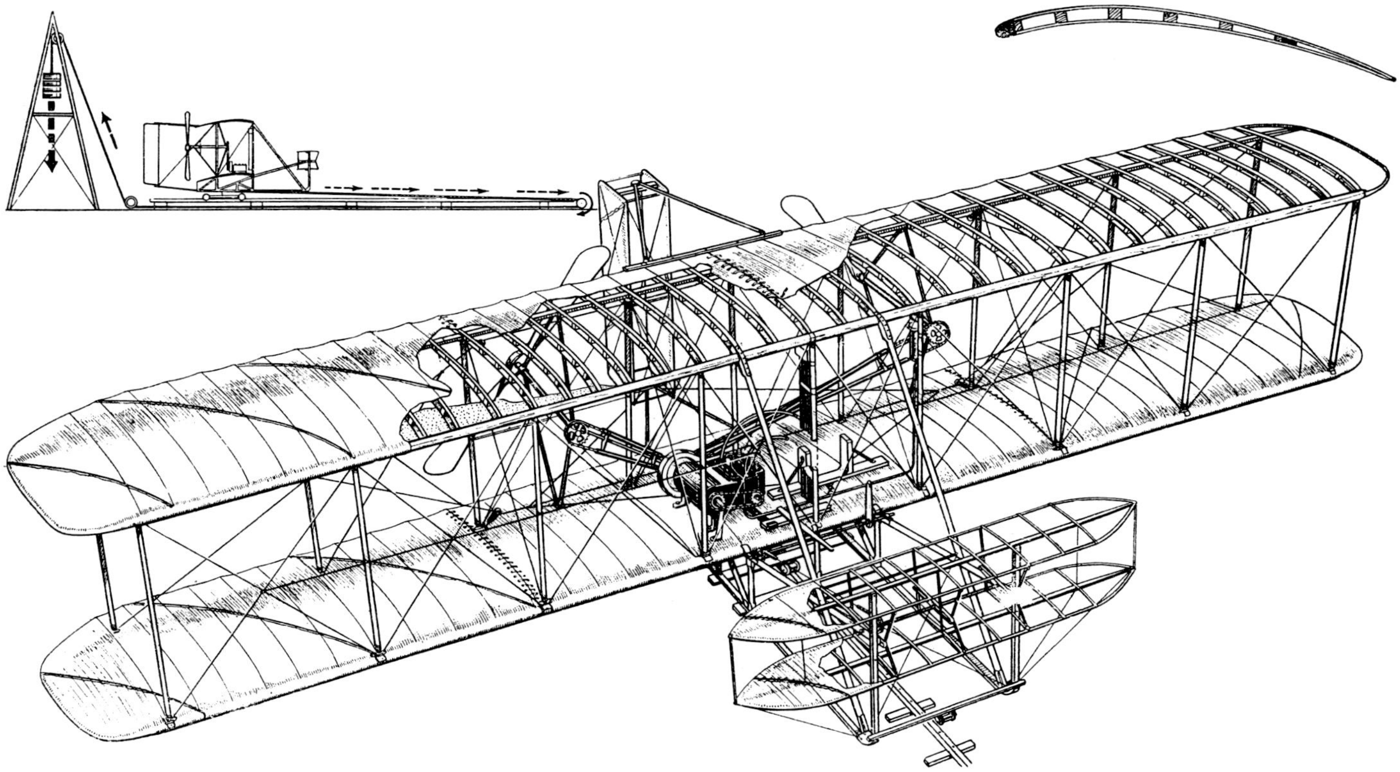

Der Wright-Flyer hatte zwei Druckpropeller hinter den Tragflächen und wurde mit Hilfe eines Fallgewichtes auf einer Holzschiene in die Luft katapultiert. Er landete auf Holzkufen.

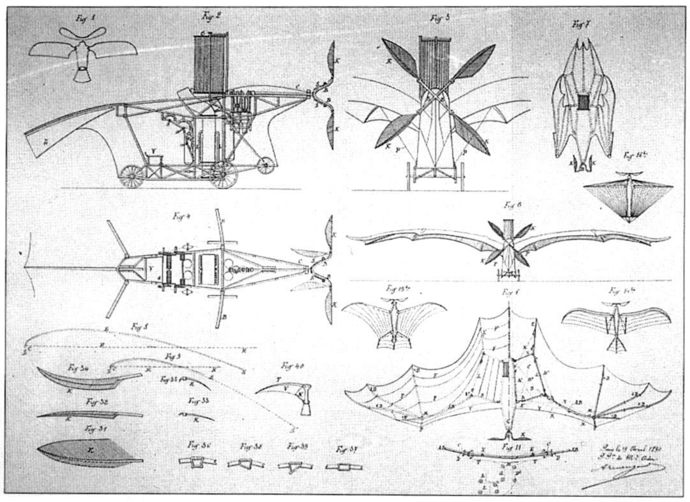

Entwurfzeichnungen für ein Motorflugzeug von Clement Ader in Frankreich, dessen „Éole" im Jahre 1890 das erste ausgeführte Motorflugzeug war, das sich aus eigener Kraft erheben sollte – aber nicht flog.

Drachenflieger hat seine Tauglichkeit bewiesen und blieb bestimmend für die nächsten Jahrzehnte. Die Frage war jetzt nur noch, ob die Entwicklung mehr auf den Eindecker oder auf den Doppeldecker hinauslaufen würde, auf den vorn gelagerten Zugpropeller oder den hinter den Tragflächen angebrachten Druckpropeller.

Motorflüge in Europa

Der Schwerpunkt der fliegerischen Entwicklung in Europa lag im ersten Jahrzehnt unseres Jahrhunderts, ja eigentlich bis zum Ersten Weltkrieg in Frankreich. Dort war am 23. Oktober 1906 dem Brasilianer Alberto Santos-Dumont (1873-1932) in der Nähe von Boulogne mit einer eigenwilligen Doppeldecker-Konstruktion der erste Motorflug in Europa gelungen. Der Flug wurde in die Rekordliste der ein Jahr zuvor gegründeten Fédération Aéronautique Internationale (FAI) aufgenommen.

Die erste Flugzeugfabrik gründeten noch im gleichen Jahr die Brüder Gabriel (geb. 1880) und Charles Voisin (1882-1912) in Billancourt nahe Paris. Die Voisins produzierten eine ganze Reihe erfolgreicher Motorflugzeuge nach eigenen Entwürfen und in Zusammenarbeit mit vermögenden Kunden. Allen Maschinen gemeinsam war das weit nach vorn ragende kastenförmige Leitwerk, und alle waren Doppel-

Karl Jatho aus Hannover stellte zunächst mit einem Dreidecker, dann mit einem Doppeldecker mit französischem Buchet-Motor im Jahre 1903 Flugversuche auf der Vahrenwalder Heide an.

decker mit Druckpropellern. Auch die ersten Wasserflugzeuge kamen aus der Werkstatt der Brüder Voisin.

Einer der ersten Kunden war der Bildhauer Léon Delagrange (1873-1910), für den die Voisins unter Beibehaltung des Kastendrachenprinzips zur normalen Anordnung von Tragflächen und Leitwerk übergingen. Dem ehemaligen Autorennfahrer Henry Farman (1874-1958) gelangen danach mit einem Voisin-Apparat die ersten Kreisflüge, mit denen er einen von den französischen Industriellen Ernest Archdeacon (1863-1957) und Henry Deutsch de la Meurthe (1846-1919) gestifteten Preis von 50000 Francs gewann. Farman wurde einer der bekanntesten Wettbewerbspiloten in Europa und später selbst ein erfolgreicher Flugzeugfabrikant.

Als im August 1909 die erste Flugwoche in der Nähe von Reims stattfand, hatten die französischen Flugtechniker gegenüber den Brüdern Wright bereits erheblich an Boden gutgemacht, nicht zuletzt deshalb, weil sie gute Motoren bauten und nun auch mit schnellen und wendigen Eindeckern antraten. Neben 15 Doppeldeckern waren bereits acht Eindecker am Start, letztere ausschließlich aus französischer Produktion. Schon vorher hatte Louis Blériot (1872-1936) mit einem Eindecker den Ärmelkanal von Calais nach Dover überflogen und damit den Preis der britischen Tageszeitung »Daily News« in Höhe von 1000 Pfund Sterling gewonnen.

Der Blériot-Eindecker hatte Flügelverwindung für die Querlagensteuerung sowie Ruder für die Höhen und Seitensteuerung, und er wurde zum Vorbild für eine ganze Generation von Eindeckern beispielsweise der Firmen Deperdussin, Morane-Saulnier, Nieuport, Hanriot, Borel und Ponnier. Der Deperdussin-Eindecker »Monocoque« wurde in großer Stückzahl für die französische Fliegertruppe angekauft, und es wurden daraus eigene Deperdussin-Luftgeschwader aufgestellt. Die einsitzige Morane-Saulnier erregte durch weite Überlandflüge Aufsehen, die 1912 in Etappen, im Jahr darauf bereits nonstop bis nach Berlin führten. Alle Geschwindigkeitsrekorde aber brach der kleine Renneindecker von Edouard Nieuport (1875-1911) mit seinem berühmten, an der Vorderkante fast spitz zulaufendem Flügelprofil.

Auch die Entwicklung und der Bau leistungsfähiger Wasserflugzeuge sind in Frankreich durch Preisstiftungen und regelmäßige Wasserflug-Wettbewerbe planmäßig gefördert worden. Und auch hierbei holten die Franzosen im Wettbewerb mit den USA, wo Glenn H. Curtiss (1878-1930) die ersten tauglichen Flugboote gebaut hatte, mit mächtigen Schritten auf. Das Flugboot von Lévêque wurde neben dem Wasser-Doppeldecker von Maurice Farman (1877-1964), dem Bruder von Henry Farman, zum erfolgreichsten Wasserflugzeug des Jahres 1913 in Europa.

In Dänemark experimentierte damals Jacob Christian Ellehammer (1871-1946) mehr recht als schlecht mit Zwei- und Dreideckern. Auch der Engländer Samuel Franklin Cody (1861-1913), Gewinner des British Empire Michelin Cups von 1910 mit einem dem Wright-Flyer ähnlichen Doppeldecker, konnte die Entwicklung im Flugwesen nicht wesentlich beeinflussen. In Wiener Neustadt aber entwickelte der junge Igo Etrich (1879-1967) einen Tauben-Eindecker, der zu einem der erfolgreichsten Flugapparate wurde.

Wilhelm Kress aus Wien mit seinem Tandem-Dreidecker bei Experimenten 1901 an der Tullnerbach-Talsperre (links).

Armand Zipfel aus Frankreich kam im Januar 1909 als erster Aviatiker zu Flugvorführungen nach Berlin, doch gelangen ihm mit seinem Voisin-Doppeldecker nur Luftsprünge (unten).

Flugtechniker in Deutschland

Das erste fliegerische Großereignis in Deutschland war die Internationale Berliner Flugwoche vom 26. September bis 3. Oktober 1909 auf dem neu angelegten Flugplatz Johannisthal bei Berlin. Aber dieses »Wettfliegen der ersten Aviatiker der Welt« fand praktisch ohne deutsche Piloten statt. Lediglich Hermann Dorner (1882-1963) trat mit einem selbstkonstruierten Eindecker an, aber die Leistungen waren so jämmerlich, daß es nicht einmal zum Anfängerpreis für ihn reichte. Als unmittelbar danach, vom 3. bis 10. Oktober, in Frankfurt am Main eine Fliegerwoche anläßlich der Internationalen Luftschiffahrts-Ausstellung (ILA) stattfand, zog sich dort August Euler (1868-1957) mit recht achtbarem Ergebnis als Lokalmatador gegen die Übermacht der ausländischen Aviatiker aus der Affaire. Der Ingenieur Hans Grade (1879–1946) aus Magdeburg aber, auf dem damals viele Hoffnungen ruhten, trat weder zum einen noch zum anderen Wettbewerb an, sondern bereitete sich auf dem Flugfeld »Mars« bei Bork i. d. Mark südwestlich von Berlin um die Bewerbung für den »Lanz-Preis der Lüfte« von 40 000 Mark — in Goldwährung wie alle Preisgelder vor dem Kriege — vor.

Der Flugtechnik in Deutschland war in der Person des Mannheimer Industriellen Karl Lanz (1873-1921) ein Mäzen erwachsen. Ausgeschrieben war der Preis für einen Flug um zwei Wendemarken, die einen Kilometer auseinander standen, in Form einer liegenden Acht. Bedingung war aber auch, daß die verwendete Flugmaschine in allen ihren Teilen, den Motor eingeschlossen, in Deutschland konstruiert und hergestellt sein mußte. Dadurch war beispielsweise August Euler ausgeschlossen, der Voisin-Doppeldecker in Lizenz nachbaute und mit französischen Motoren ausstattete.

Hermann Dorner war, wie wir gesehen haben, noch nicht so weit, um sich mit Aussicht auf Erfolg bewerben zu können, und weit und breit war kein anderer deutscher Pilot und Konstrukteur in Sicht, der die Bedingungen hätte erfüllen können. So blieb es Hans Grade vorbehalten, den Lanz-Preis am 30. Oktober 1909 in Johannisthal zu gewinnen.

Grade, Dorner und Euler sind damals oft als glänzendes Dreigestirn der frühen Motorflugtechnik apostrophiert worden. Umso erstaunlicher ist, daß es bis heute für alle drei an einer Biographie fehlt. Lediglich über Grade ist im Jahre

1909 flog Kapitän Ferber mit diesem Doppeldecker eine Strecke von vier Meilen.

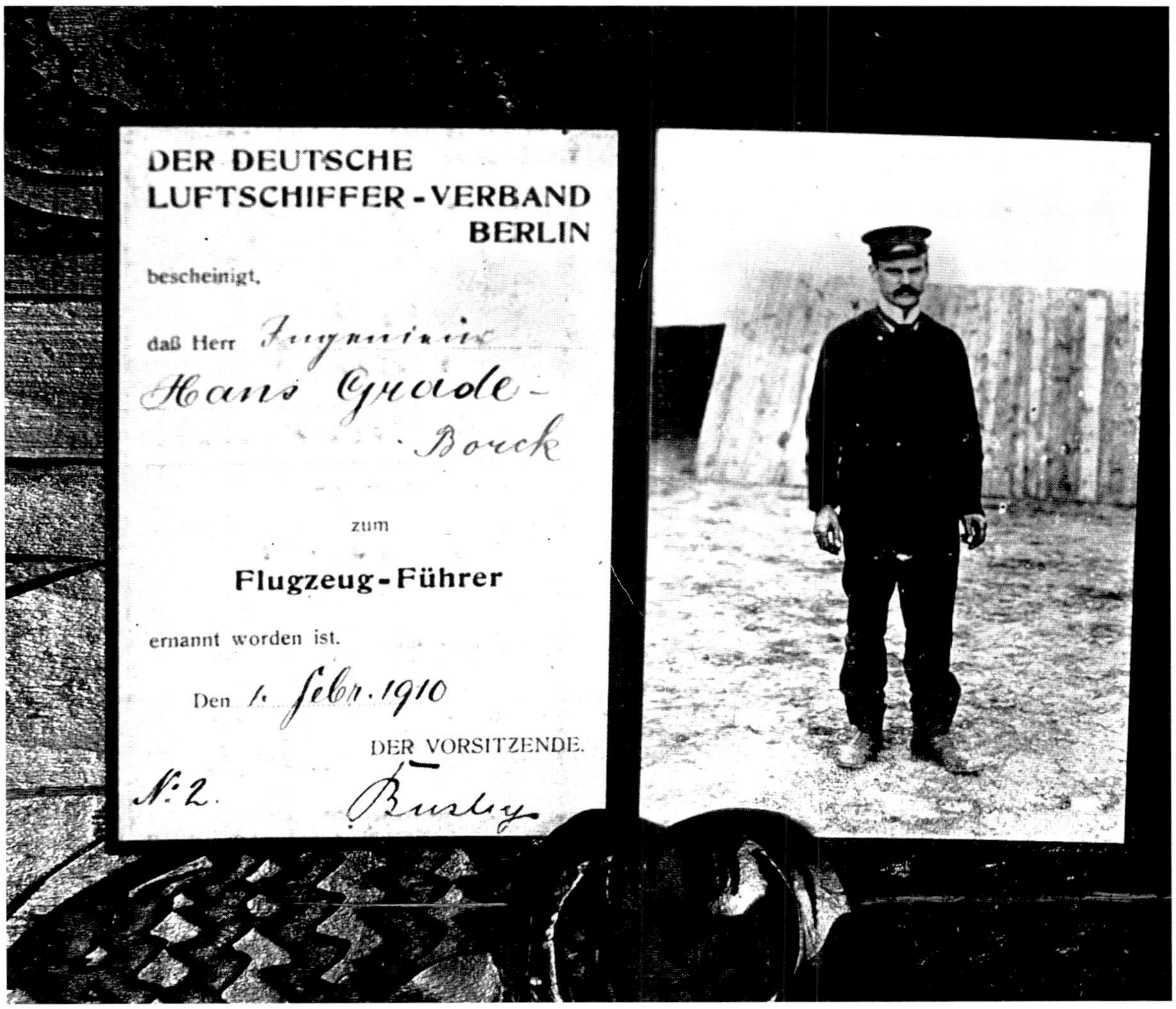

DER DEUTSCHE
LUFTSCHIFFER-VERBAND
BERLIN

bescheinigt,

daß Herr Ingenieur
Hans Grade-
Borck

zum

Flugzeug-Führer

ernannt worden ist.

Den 1. Febr. 1910

DER VORSITZENDE.

N: 2.

Flugzeugführerschein für Hans Grade aus Bork, am 1. Februar 1910 vom Deutschen Luftschiffer-Verband als Nr. 2 ausgestellt. Die Nr. 1 wurde am gleichen Tag an August Euler in Griesheim bei Darmstadt vergeben.

Dieses Werbeplakat für eine Flugwoche in Johannisthal, das den Magistrat von Berlin in altväterlicher Pose persifliert, fand soviel Anklang, das es abgewandelt noch mehrfach für Flugereignisse verwendet wurde.

1939 eine Lebensbeschreibung erschienen, die den Anspruch einer ernsthaften flugtechnischen Würdigung aber nicht erfüllt.

Hans Grade

Der Ingenieur Hans Grade, Absolvent der Technischen Hochschule in Berlin-Charlottenburg, hatte im Jahre 1908 in Magdeburg zunächst einen Dreidecker von acht Metern Spannweite gebaut und mit einem 36 PS leistenden Sechszylinder-Zweitaktmotor eigener Fabrikation ausgestattet. Der Dreidecker war in herkömmlicher Bauweise angelegt, also mit vorn liegendem Motor und sogenanntem Spatenpropeller. Mit ihm gelangen Grade auf dem Magdeburger Anger Geradeausflüge über mehrere 100 Meter.

Im Juni 1909 begann Grade mit dem Bau eines Eindeckers von zehn Metern Spannweite und einem Vierzylinder-Motor mit einer Leistung von 25 PS. Auffallend war der tief unter der Tragfläche liegende, aus einer Art Hängematte bestehende Sitz. Der Steuerknüppel hing in Form eines Krückstockes von oben herab.

Nach dem Gewinn des Lanz-Preises zeigte Grade damit Schauflüge in Hamburg und Bremen, in Breslau und Magdeburg. Am Ende des Jahres hatte er soviel Geld beisammen, daß er in Bork mit dem Bau einer Flugzeugfabrik, den »Hans Grade Flieger-Werken«, beginnen konnte. Im folgenden Jahr wurde auf dem firmeneigenen Flugplatz auch eine Flugschule in Betrieb genommen.

Im ganzen haben die Grade-Werke bis zum Ersten Weltkrieg die für damalige Verhältnisse stattliche Zahl von etwa 80 Eindeckern gebaut und verkauft. An der Fliegerschule wurden rund 100, insgesamt auf Grade-Eindeckern in Deutschland rund 300 Piloten ausgebildet. Die leichten Grade-Eindecker waren damals die meistverwendeten Schulflugzeuge. Grade verbesserte seinen Apparat in vielfältiger Hinsicht, verwendete auch stärkere Motoren, blieb aber der leichten Bauweise und der äußeren Konfiguration treu. Das Interesse der Militärbehörden, die sehr schnell zum größten Auftraggeber wurden, konnte er damit freilich nicht gewinnen. Und weil Militäraufträge ausblieben, ging es von 1913 an mit dem Werk kontinuierlich abwärts.

Hermann Dorner

Hermann Dorner war einer der ersten Diplom-Ingenieure in der Flugtechnik. Er hatte an der Technischen Hochschule in Charlottenburg Schiffbau studiert. Mit Gleitflugübungen hatte er schon im Jahre 1908 in der Nähe von Berlin begonnen, und sein erstes Motorflugzeug wurde gerade zur großen Flugwoche im Oktober 1909 fertig. Es war ein Eindecker mit Gitterrumpf und hinten liegender Luftschraube von 2,8 Meter Durchmesser, die wie bei den Wrights über eine Kette angetrieben wurde. Die Tragfläche betrug 25 Quadratmeter, und der luftgekühlte Vierzylinder-Motor leistete 24 PS.

Im September 1910 gründete Dorner in Johannisthal die »Dorner Flugzeug GmbH« und baute mehrere Eindecker mit dem noch unverkleideten Gitterrumpf. Der Apparat war nun als Zweisitzer mit Doppelsteuerung ausgelegt, so daß er auch für Schulzwecke taugte.

Doch Hermann Dorner hatte Pech. Anfang Juni 1911 stürzte der Apparat nach einem Höhenrekordflug ab, wobei beide Insassen den Tod fanden. Es zeigte sich auch, daß Dorner zwar ein tüchtiger Konstrukteur und Fluglehrer, aber ein miserabler Geschäftsmann war. Er verzettelte sich nach dem Urteil eines kompetenten Zeitgenossen zu sehr im Vielerlei der Aufgaben. Als dann auch noch erhoffte Bestellungen der Militärverwaltung ausblieben, gab er schon im Frühjahr 1913 auf und beschränkte sich fortan darauf, Lehrer an der Luftfahrtschule zu sein.

August Euler

Im Gegensatz zu Grade und Dorner setzte August Euler in Frankfurt am Main als erfahrener Geschäftsmann darauf,

Flugwettbewerbe erfreuten sich in der Frühzeit in großen Städten außerordentlichen Zuspruchs. Besonders privilegierte Zuschauer durften bis an den Startplatz vorrücken.

gleich mit bewährten Flugmaschinen auf den Markt zu kommen. Zu diesem Zweck erwarb er von den Brüdern Voisin in Billancourt die Lizenz zum Nachbau des französischen Voisin-Doppeldeckers. Er sparte damit Entwicklungskosten und war bereits zur ILA im Sommer 1909 mit vier tauglichen Flugmaschinen präsent.

Euler war ein bekannter Radsportler und Autorennfahrer gewesen, bevor er sich der jungen Flugtechnik zuwandte. Seine Flugmaschinenfabrik errichtete er am Rande des Truppenübungsplatzes Griesheim bei Darmstadt. Zu den Militärbehörden hatte er ein gutes Verhältnis, und so durfte er den Übungsplatz als Flugfeld nutzen. Und da er an den noch immer schwerfälligen Voisin-Doppeldeckern manche konstruktive Veränderung vornahm, gab er seine Maschinen, wie es damals häufig der Fall war, bald als eigene Konstruktionen aus.

Euler hat sich wie Grade und Dorner und die meisten anderen Aviatiker der Frühzeit das Fliegen selbst beibringen müssen. Er entwickelte sich zu einem bemerkenswert guten Piloten und Fluglehrer. Und er erwarb eine Vielzahl von Flugpatenten, obwohl ihm jede technische Vorbildung fehlte. Eine ganz besondere und wohl die stärkste Begabung bewies er aber als Unternehmer und führender Repräsentant der entstehenden Flugzeugindustrie.

In Griesheim hatte er am Jahresende 1909 die Prüfungsflüge für das »Flugmaschinenführer-Zeugnis« abgelegt und daraufhin am 1. Februar 1910 das Flugzeugführerzeugnis Nr. 1 in Deutschland erhalten. Die Nr. 2 wurde am gleichen Tage an Hans Grade vergeben, der ein Mehrfaches der verlangten Leistungen bei seinen Schauflügen schon öffentlich erbracht hatte. Im Herbst 1910 flog Euler mehr als drei Stunden lang und war damit eine zeitlang Inhaber des deutschen Dauer- und Distanzrekordes.

Ein Flugunfall, der glimpflich ablief. Der Pilot Benno König blieb 1911 mit einem Flugschüler am Gestänge eines Zeltes hängen. Personen kamen nicht zu Schaden.

Mehrere deutsche Flugzeugfabriken begannen ihre Tätigkeit mit dem Nachbau erprobter französischer Konstruktionen. Hier ein Farman-Doppeldecker der Firma Albatros.

Die gerade erst fertiggestellte erste Taube von Rumpler wird vor der Werkhalle für den Probeflug vorbereitet.

Als Fluglehrer hat Euler bis Ende 1913 nach eigenen Angaben 74 Piloten ausgebildet, zumeist Offiziersflieger, aber auch den Prinzen Heinrich v. Preußen, einen Bruder des Deutschen Kaisers. Die Verkäufe an die Militärbehörden in Preußen und im Königreich Bayern entwickelten sich anfangs zufriedenstellend, doch hatte Euler zu lange an der altmodischen Voisin-Bauart mit hinten liegendem Motor und Druckpropeller festgehalten. Das Werk hatte er 1912 von Griesheim nach Frankfurt-Niederrad verlegt, wo auch ein firmeneigenes Flugfeld entstanden war. Im Werk waren damals rund 100 Arbeiter und Angestellte beschäftigt, womit er zu den größten Flugzeugfabrikanten in Deutschland gehörte.

Sehr früh schon hat Euler an organisatorischen Zusammenschlüssen im Flugwesen an führender Stelle mitgewirkt. Im Jahre 1911 entstand die »Konvention Deutscher Flugzeug-Industrieller«, deren Vorsitzender er lange Zeit war. Nur ein Jahr später wurde er in den Verwaltungsrat der National-Flugspende berufen, der über die Vergabe der mehr als sieben Millionen Mark Spendengelder zu entscheiden hatte. Ende November 1918, nach Beendigung des Weltkrieges, wurde er als Leiter des neugeschaffenen Reichsluft-Amtes im Range eines Unterstaatssekretärs nach Berlin berufen.

Die National-Flugspende

Regelmäßige Flugwochen in Berlin-Johannisthal, in München und an anderen Orten sowie Überlandflug-Wettbewerbe fanden damals großen Widerhall in der Bevölkerung. Sie trugen auch dazu bei, die Qualität der Flugmaschinen sowie die Leistungsfähigkeit der Piloten ständig zu verbessern. Das herausragende Ereignis des Jahres 1911 war der Deutsche Rundflug, der in vier Wochen in dreizehn Etappen über

Melli Beese, die erste deutsche Fliegerin. In Johannisthal betrieb sie eine Flugschule und betätigte sich auch als Konstrukteurin. Bei Ausbruch des Weltkrieges wurde sie ein Opfer chauvinistischer Gesinnung.

Wesentliche Impulse für die Entwicklung der deutschen Flugzeugindustrie gingen von der „Allgemeinen Luftfahrt-Ausstellung (ALA)" 1912 in Berlin aus. Hans Grade stellte einen Renneindecker mit Rumpfverkleidung und Achtzylindermotor aus.

insgesamt 1854 Kilometer führte. Start und Ziel war Berlin, und die Summe der zur Verfügung stehenden Preise betrug fast eine halbe Million Mark.

Zum Start ins Johannisthal, der einem Volksfest gleichkam, waren bei Tagesanbruch rund 600 000 Berliner auf den Beinen. Die Zeitungen berichteten in Extrablättern über den Verlauf und die Ergebnisse regionaler Flugveranstaltungen an den einzelnen Etappenorten. Nur drei Piloten durchflogen alle 13 Etappen, und Sieger wurde der Bayer Benno König (1885-1912) auf einem Albatros-Doppeldecker der Bauart Voisin-Farman.

Der wesentliche Anstoß für den Aufschwung der Flugtechnik in Deutschland aber ging von der National-Flugspende aus. Nach der ILA des Jahres 1909 in Frankfurt am Main fand im April 1912 in Berlin die zweite große deutsche Luftfahrtausstellung statt, die Allgemeine Luftfahrzeug-Ausstellung (ALA). Im Anschluß daran rief ein sogenanntes Reichskomitee zur Förderung der Flugtechnik unter dem Vorsitz des Prinzen Heinrich v. Preußen zu einer Spendenaktion auf. Dem Komitee gehörten namhafte Vertreter des Staates, der Wirtschaft und der Wissenschaft an.

Der Aufruf fand ein überwältigendes Echo, und innerhalb weniger Monate gingen mehr als sieben Millionen Mark Spenden ein: Gelder aus Industrie und Wirtschaft, in großem Maße aber auch aus Kreisen der Bevölkerung, oft in kleinen Beträgen. Über die Verwendung hatte es in dem Aufruf geheißen, sie sollten der Weiterentwicklung von Flugmaschinen, der Ausbildung von Piloten und der Fürsorge für verunglückte Flieger oder deren Angehörigen dienen. Daran knüpften viele frühe Aviatiker die Hoffnung, sie würden einen Teil ihrer Aufwendungen erstattet bekommen oder könnten wenigstens mit Zuschüssen für künftige Projekte rechnen. Diese Hoffnungen blieben unerfüllt, vielmehr dominierten bei der Vergabe fast ausschließlich militärische Belange. Der deutsch-französische Dualismus kam auch in der Flugtechnik zur Geltung und bestimmte die weitere Entwicklung in Europa.

Nutznießer der National-Flugspende war somit in erster Linie die Fliegertruppe. Sie erhielt ausgebildete Piloten, konnte neue Flugplätze anlegen und weitere Flugzeuge beschaffen. Aber auch die Industrie profitierte, einmal durch die zusätzlichen Bestellungen, zum anderen aber dadurch, daß der Hauptanteil der für besondere Flugleistungen ausgeschriebenen Prämien und hohen Geldpreise in ihre Kassen floß.

Bis zum Ende des Jahres 1912 hatte die preußische Heeresverwaltung insgesamt 139 Flugzeuge abgenommen, 79 Doppeldecker und 60 Eindecker. An der Spitze der Lieferfirmen standen die Rumpler- und die Albatros-Werke in Johannisthal. Für die Bayerische Fliegertruppe waren bis dahin 23 Doppeldecker von den Otto-Flugmaschinen-Werken in München sowie von den Euler-Werken beschafft.

Man muß bedenken, daß ein wirklicher Luftverkehr damals noch in weiter Ferne lag und deshalb lediglich Heer und Marine als größere Auftraggeber in Betracht kamen.

Flugbeförderung von Post durch Gradeflieger von Bork nach Brück über zehn Kilometer Entfernung im Jahre 1910. Die Sondermarke, vom Verkehrsverein in Bork als Privatdruck herausgegeben, ist heute philatelistische Rarität.

Das war nicht nur in Deutschland so, sondern in allen damaligen Industriestaaten. Also richteten sich die Flugzeugfirmen bei der Entwicklung neuer Maschinen nach den Anforderungen und Belangen der Militärbehörden.

Selbst bei den Flugwettbewerben spielten militärische Gesichtspunkte zunehmend eine Rolle. Das Kriegsministerium setzte Preise für die kürzeste Start- und Landestrecke, damals noch Anlauf und Auslauf genannt, für die größte Steigfähigkeit und für fotografische Übungen aus. Auch Übungen im Bombenabwurf fanden schon statt als eindeutige Vorkehrung für künftige kriegerische Auseinandersetzungen. Das Flugzeug war auf dem Wege, Waffe zu werden.

Die Flugleistungen deutscher Piloten und Maschinen stiegen im Jahre 1912 rapide an. Fast jede Woche wurde ein neuer Rekord gemeldet. Der Flugplatz Johannisthal, häufig die Wiege der Flugtechnik in Deutschland genannt, wurde zum Zentrum des Flugwesens. Elf Flugzeugfabriken hatten sich hier niedergelassen, und 16 Flugschulen wurden am Platz betrieben.

Zu den populärsten Piloten jener Zeit gehörten Hellmuth Hirth (1886-1938), Fabrikantensohn aus Heilbronn, und die Bildhauerin Melli Beese (1886-1925) aus Laubegast bei Dresden. Hirth errang große Wettbewerbserfolge mit den von den Rumpler-Werken in Lizenz gebauten Tauben-Eindeckern des Österreichers Igo Etrich. Die »Taube« wurde das bekannteste Flugzeug der Vorkriegszeit und zum Synonym für Flugmaschinen schlechthin. Sie bestach durch elegante Linienführung und ihre hervorragenden Flugeigenschaften. Hellmuth Hirth beendete fast jeden Wettbewerb, an dem er teilnahm, als Sieger und konnte schon im Jahre 1913 ein Buch mit dem bezeichnenden Titel »20000 Kilometer im Luftmeer« veröffentlichen.

Amélie Beese, genannt Melli, hat als erste deutsche Fliegerin schon von 1911 an mit Rekordflügen von sich reden gemacht. Danach gründete sie eine eigene Flugschule in Johannisthal und entwickelte die Melli-Beese-Taube. Da die Flugschule den militärischen Anforderungen nicht entsprach, wurde ihr das Recht verweigert, Piloten auf Kosten der National-Flugspende auszubilden. Da sie durch die Ehe mit dem französischen Flieger Charles Boutard (1884-1952) die französische Staatsbürgerschaft erworben hatte, wurde sie nach Kriegsausbruch enteignet und interniert.

Rekordflüge vor dem Kriege

Im Jahre 1913 fanden in Deutschland weit mehr Flugwettbewerbe als in den vergangenen Jahren statt. Die Entwicklung der Flugtechnik war zum nationalen Anliegen geworden. Geld stand ausreichend zur Verfügung, und auch die Großindustrie hatte sich inzwischen dem Flugzeugbau zugewandt. Die Gothaer Waggonfabrik, sowie die Firmen Siemens und AEG begannen, Flugzeuge zu entwickeln und zu produzieren. Vor allem anderen aber bewirkten die großen Preise der National-Flugspende für Fernflüge über 1000 Kilometer, daß Piloten und Maschinen innerhalb Jahresfrist Anschluß an den internationalen Leistungsstand fanden. Junge, noch unbekannte Piloten drängten nach vorn und übertrafen bald ihre Lehrmeister.

Die größte Leistung im Streckenflug vollbrachte im Spätsommer und Herbst 1913 der Flieger Viktor Stoeffler (geb. 1887). Mit einem Doppeldecker der Aviatik-Werke in Mülhausen im Elsaß flog Stoeffler zunächst von Mülhausen nach Warschau und legte dabei 1150 Kilometer zurück — im Alleinflug in acht Stunden. Wenig später errang er den höchsten Preis der National-Flugspende, 100000 Mark, für die

Aufruf zur National-Flugspende des deutschen Volkes im Anschluß an die ALA 1912. In wenigen Monaten wurden über sieben Millionen Mark gezeichnet, die vorwiegend zur Förderung des Militärflugwesens eingesetzt wurden.

Modell eines künftigen Verkehrsflugzeuges aus dem Jahre 1912. Fast gleichzeitig stellten die Firmen Rumpler und Etrich solche Tauben-Limousinen für drei Passagiere vor. In Serie gebaut wurden sie jedoch nicht.

Euler-Militärdoppeldecker, Typ „Gelber Hund", der 1912 an die Bayerischen Fliegertruppe geliefert wurde. Das Höhenruder ist nach hinten gerückt.

Metall-Eindecker von Dr. Fritz Huth aus Berlin, eine Stahlrohrkonstruktion mit Aluminiumbeplankung. Militärische Gesichtspunkte gewannen zunehmend Oberhand im Flugzeugbau.

Flugwochen und Flugtage gehörten in Johannisthal zu den Höhepunkten des fliegerischen Geschehens in der Vorkriegszeit. Auch zahlreiche Flugzeugfirmen und Flugschulen hatten sich hier angesiedelt.

Aviatik-Werke, indem er innerhalb 24 Stunden im Zickzackflug über Deutschland mehr als 2000 Kilometer zurücklegte – mit einigen Zwischenlandungen, um zu tanken.

Ebenso groß waren die Fortschritte im Dauerflug. Anfang Februar blieb der Mecklenburger Bruno Langer (1893-1914) mit einem »Roland«-Pfeildoppeldecker der Luft-Fahrzeug-Gesellschaft in Johannisthal bereits 14 Stunden lang ununterbrochen in der Luft. Und nur wenige Tage danach flog der Elsäßer Karl Ingold (geb. 1880) auf einem Aviatik-Doppeldecker 16 Stunden lang. Im Juni schraubte dann der junge Rumpler-Pilot Gustav Basser (geb. 1894) den Dauerweltrekord auf 18 Stunden Flugzeit. Aber auch das war noch nicht das letzte Wort. Im Juni erhöhte Werner Landmann (geb. 1892) auf Albatros-Doppeldecker auf fast 22 Stunden, und im Juli gelang dem aus Ostpreußen stammenden Albatros-Piloten Reinhold Boehm (geb. 1890) ein Flug über 24 Stunden. Boehms Rekord hatte danach 13 Jahre lang Bestand und wurde erst 1927 durch den Ozeanflug des Amerikaners Charles Lindbergh übertroffen.

Ähnlich rasant war die Entwicklung im Höhenflug. Otto Linnekogel (1891-1924) flog Ende März 1914 mit einem Rumpler-Eindecker 6300 Meter, Anfang Juli sogar 6700 Meter hoch. Aber auch dieser Rekord fiel nur wenige Tage später, als der Westfale Heinrich Oelerich (1877-1953) mit einem Doppeldecker der Deutschen Flugzeug-Werke in Leipzig-Lindenthal die Höhe von 8150 Metern erreichte.

Am Vorabend des Ersten Weltkrieges waren mit Ausnahme des noch immer von Frankreich gehaltenen Geschwindigkeitsrekordes alle wesentlichen Weltrekorde in deutscher Hand. Die Berichterstattung in den Zeitungen nahm breiten Raum ein, und die Namen der Rekordflieger waren damals in aller Munde. Die Anforderungen der Heeresverwaltung wie neue aerodynamische Erkenntnisse hatten von 1913 an eine weitgehende Vereinheitlichung der Flugzeugtypen über

Blériot-Kunstflugeindecker, mit dem der französische Flieger Adolphe Pégoud 1913 in Johannisthal waghalsige Kunstflugfiguren, darunter mehrere Loopings in Folge, vorführte und damit das verwöhnte Berliner Publikum begeisterte.

die Grenzen hinweg zur Folge. Die Ähnlichkeit unter den Eindeckern und Doppeldeckern ging soweit, daß ernsthaft die Frage aufgeworfen wurde, ob es in Zukunft überhaupt noch möglich sein werde, im Kriegsfalle Freund und Feind am Himmel zu unterscheiden. Bei fast allen Flugzeugtypen lagen jetzt Motor und Propeller vorn, während das Leitwerk mit den Steuereinrichtungen nach hinten gerückt war. Bei der Fliegertruppe blieben die Doppeldecker in der Überzahl, weil die Militärbehörden mehr auf große Reichweite und Tragfähigkeit setzten als auf die größere Geschwindigkeit der Eindecker. Der wassergekühlte Sechszylinder-Mercedes-Motor von 100 PS Leistung wurde quasi zum Standardmotor für Militärflugzeuge in Deutschland.

Bei Kriegsbeginn verfügte die Preußische Fliegertruppe über 218, die Bayerische über 43 Militärmaschinen, Schulflugzeuge eingeschlossen. Und im ganzen waren bis dahin 817 zivile Flugzeugführerscheine vom Deutschen Luftfahrer-Verband (DLV), vormals Luftschiffer-Verband, ausgegeben worden. Von den Inhabern hatten knapp 200, die auf Kosten der National-Flugspende ausgebildet worden waren, auch schon die Feldpilotenprüfung abgelegt. 75 deutsche Piloten hatten bis zu diesem Zeitpunkt, der das Ende der Frühzeit der Flugtechnik markiert, bei Flugunfällen den Tod gefunden.

Der letzte zivile Wettbewerb vor Kriegsbeginn war der Dreiecksflug Berlin – Leipzig – Dresden vom 30. Mai bis 5. Juni 1914. Das Dreieck war in sieben Tagen dreimal zu umfliegen. Es siegte einer der älteren Piloten, Max Schüler (1888–1978) aus Berlin, auf einem Renneindecker der Deutschen Flugzeug-Werke mit 150 PS-Benz-Motor. Der Dreiecksflug verlief, obwohl das Wetter nicht sehr günstig war, ohne nennenswerten Unfall ab und verband die drei Großstädte auf eine vorher nicht gekannte Weise miteinander. Oskar Ursinus (1877-1952), Herausgeber der Fachzeitschrift »Flugsport«, sah darin einen Beweis für die Möglichkeit, »endlich den Traum der Menschheit vom Luftverkehr in die Wirklichkeit zu übersetzen.«

3 Der Erste Weltkrieg

DR. STEFAN BLUMENTHAL

Er wurde 1947 in Stuttgart geboren. Nach seiner Schulzeit in Immenstaad/Bodensee und Summerhill/England erlangte er 1966 den Gesellenbrief als Maschinenbauer. Anschließend besuchte er das Wirtschaftsgymnasium in Ravensburg und studierte dann Psychologie an der Universität Mannheim. Nach langjähriger Forschungstätigkeit promovierte er 1987 zum Doktor der Humanbiologie an der Universität Ulm.
Seine Beziehungen zur Luftfahrt begann schon sehr früh, als er als 6jähriger Bub in den zerbomten Dornierwerken am Bodensee auf „Schatzsuche" war. Aber auch die fliegerischen Aktivitäten seiner Vorfahren, Flugtage und Flüge mit der Lufthansa in den 50er Jahren, hinterließen bei ihm unauslöschbare Eindrücke. Schon als Schüler, später als Student, begann er leidenschaftlich Historisches über die Luftfahrt zu sammeln und verfügt heute über ein umfassendes Archiv zur Geschichte der Aviatik. Er ist Autor verschiedener Artikel, insbesondere über die Anfänge des Flugsport in Deutschland. Sein neuestes Buch „Grüße aus der Luft", das im Motorbuch Verlag erschienen ist, schildert die hundertjährige Geschichte der Luftfahrt anhand alter Ansichtskarten.
In seiner knapp bemessenen Freizeit widmet er sich seiner Familie, seinen fünf Kindern und, wenn es die Zeit noch erlaubt, seiner „heimlichen Liebe", der Luftfahrt.

Vom Flugapparat zur Kriegsmaschine

Die Geschichte der Fliegerei war mit vielerlei Hoffnungen verbunden. Zunächst wurde sie euphorisch besungen und war von der Idee beseelt, dazu auserkoren zu sein, die engen menschlichen Grenzen eines Nationalstaates zu überwinden. Die Hoffnung über die Luftfahrt zur Völkerverständigung und dadurch zum ewigen »Völkerfrieden« zu finden, war am Anfang unseres Jahrhunderts weit verbreitet. Es gab jedoch auch andere Propheten, die schon sehr früh die Gefahr und die Macht erkannten, mit der die neue Technik verbunden war. William Le Queux schrieb 1910 einen visionären Roman, in dem die Deutschen durch eine Luftinvasion in England einfallen. Bereits 1909 hatte der italienische Offizier Guilio Douhet luftstrategische Gedanken veröffentlicht, in der er die Luft als weiteres Schlachtfeld beschrieb, auf welchem der Feind vernichtet werden müsse. Aber auch in Frankreich befaßte sich Hauptmann Ferdinand Ferber mit Gedanken des Luftkampfes, und in England wurde die Luftaufklärung durch Hauptmann Bertram Dickson propagiert.

So nimmt es kein Wunder, daß das Militär sehr schnell auf diese technische Revolution aufmerksam wurde und versuchte, sie für ihre Belange auszuschlachten. Im Jahre 1907 hatten die USA die erste militärische Fliegerdivision eingerichtet, die 1909 mit einem Flugzeug der Gebrüder Wright ausgerüstet wurde. Hier wurden nun Flugversuche, Fallschirmabsprünge und Bombenabwürfe erprobt. 1912 bestückte man ein Flugzeug mit einem Maschinengewehr, um damit über dem College Park in Maryland auf eine Zielscheibe zu feuern.

In Europa ging es zunächst nicht so schnell. In England, vor allem jedoch in Frankreich, hatte das Militär das Flugzeug als Kriegswaffe erkannt, und so wurde aufgerüstet. In Deutschland verlief die Entwicklung etwas anders. Hier hatte man das Flugzeug zwar zur Kenntnis genommen, als dritte Waffengattung wurden die Luftstreitkräfte jedoch erst viel später, im Jahre 1916, akzeptiert. Deutschlands Militär setzte in diesen Jahren auf den Ausbau seiner Flotte, und wenn man überhaupt etwas mit der Luft zu tun haben wollte, so sah der Generalstab in erster Linie für Luftschiffe einen Verwendungszweck. Für diese hatte sich Graf Ferdinand von Zeppelin einen Namen gemacht und das Militär davon überzeugt, daß seine Luftschiffe die größere Reichweite, die größere Steigfähigkeit und, worauf es vor allem ankam, die größere Nutzlast zu tragen imstande waren als kleine zer-

Eine der ersten Kriegspostkarten, auf denen eine unbewaffnete deutsche Taube als „Feindesschreck" dargestellt wurde.

Ein von den Franzosen erbeutetes deutsches Flugzeug (Taube), das 1916 im französischen Armeemuseum ausgestellt wurde.

brechliche Flugzeuge. Bei verschiedenen Kaisermanövern und sonstigen Wettbewerben traten Luftschiff und Flugzeug gegeneinander an, und im Regelfall dominierte das Luftschiff. Lediglich bei Aufklärungsaufgaben, für die Wendigkeit gefragt war, konnte das Flugzeug überzeugen. Es verwundert daher nicht, wenn einige Generäle die Meinung vertraten, daß die Aufgabe des Fliegers die Beobachtung sei und nicht der Kampf.

Um Erfahrung mit diesem neuen Kriegsinstrument zu sammeln, hatte der deutsche Generalstab am 1. Oktober 1912 die drei Festungsflugabteilungen Metz, Straßburg und Darmstadt aufgebaut – eine allgemeine Skepsis herrschte jedoch vor. Diese »Offiziersflieger« hatten ein recht angenehmes Leben. Sie machten Flüge über Stadt und Land und ließen sich von der Bevölkerung nach der Landung enthusiastisch feiern. Diese Begeisterung, die die Bevölkerung und die jungen Flieger bei der Eroberung der Luft ergriff, war geprägt von dem Gefühl, neue Leistungen zu erbringen und stand im krassen Widerspruch zu den Ereignissen, die im Jahre 1914 in ganz Europa vor sich gingen. Es wurde allgemein aufgerüstet, Allianzen, Nichtangriffspakte und Waffenbrüderschaften zwischen den verschiedenen Ländern Europas geschlossen und damit ein Potential zur Vernichtung geschaffen. Vertraglich standen sich Großbritannien, Frankreich, Rußland, Italien und Serbien auf der einen, die Mittelmächte Deutschland, Österreich-Ungarn und später die Türkei auf der anderen Seite gegenüber. Als dann am 28. Juni 1914 in Sarajewo die Schüsse auf den österreichischen Thronfolger Franz Ferdinand fielen, begann ein Krieg, an den trotz des Säbelrasselns kaum jemand geglaubt hatte und der nun nicht mehr aufzuhalten war.

Bei Kriegsausbruch besaß das deutsche Heer 232 Flugzeuge und zwölf einsatzbereite Luftschiffe. Diese waren in 49 Fliegerabteilungen gegliedert, denen ca. 500 Offiziere als fliegendes Personal (Flugzeugführer und Beobachter) zur Verfügung standen. Die Flugzeuge, meist veraltete Tauben, Albatros-Doppeldecker oder Otto-Doppeldecker waren noch völlig unbewaffnet. Frankreich war weitaus besser gerüstet. Die Fliegertruppe besaß hier ca. 400 Flugzeuge und fünf lenkbare Luftschiffe. Auch jene Flugzeuge waren bunt zusammengewürfelt. In erster Linie handelte es sich um die Blériot und den Morane-Saulnier-Eindecker sowie um die Voisin-Farman und den Breguet-Doppeldecker. England, das seit 1912 über ein Royal Flying Corps verfügte, hatte zu diesem Zeitpunkt etwa 180 einsetzbare Flugzeuge, die sich

Marine-Luftschiff (Zeppelin) L11 bei der Eskorte eines deutschen Kriegsschiffes. Die L11 unternahm von Nordholz aus zahlreiche Kriegsfahrten nach England.

Zeppelin-Luftschiff im Luftkampf mit einem feindlichen Luftschiff. Phantasiezeichnung eines zeitgenössischen Künstlers.

ebenfalls aus den unterschiedlichsten englischen und französischen Typen zusammensetzten.

Ähnlich war es mit den Offizieren und Mannschaften bestellt. Deutschland rekrutierte wo möglich sogenannte ‚Herrenflieger': junge Piloten, die bereits vor Kriegsausbruch einen zivilen Flugführerschein besaßen. Daneben wurden junge Offiziere aus den anderen Waffengattungen für das Flugwesen verpflichtet. Als Beobachter waren hier besonders Kavallerieoffiziere gefragt, die bereits Erfahrung in der Aufklärung am Boden hatten. Französische Piloten, zumeist einfache Soldaten, wurden in den Anfangsjahren des Krieges noch dem Beobachter unterstellt. Diese enge Verbindung zwischen Flugzeugführer und Beobachter, zwischen »Emil und Franz«, wie sie in Deutschland genannt wurden, war ausschlaggebend für eine erfolgreiche Aufklärungsarbeit – und hierin sah man zunächst auch in beiden Lagern die Hauptaufgabe der Fliegertruppe. Es galt, Kenntnis von den feindlichen Aufmarschplänen zu bekommen, Artillerieangriffe anzuweisen und sich dadurch Vorteile zu verschaffen. In den ersten Kriegswochen blieben die Flieger noch weitgehend unbehelligt. So galt es bei den deutschen Fliegern als besonders reizvoll, über der französischen Hauptstadt Paris Erkundungsflüge durchzuführen. Diese Flüge wurden mit solcher Präzision durchgeführt, daß das Pariser Publikum die deutschen Flugzeuge als »Fünf-Uhr-Taube« titulierte. Um diese Zeit wurden die Stühle aus den Kaffeehäusern auf das Pflaster gestellt, damit die Schaulustigen es bequem hatten. Ganz Findige vermieteten sogar Dachplätze und Ferngläser. Eine damalige Zeitungsnotiz lautete: »Mit deutscher Pünktlichkeit zeichnet sich um halb sechs Uhr am Pariser Himmel der Umriß einer deutschen Taube ab; diese Zeit ist für die Pariser daher ihre Taubenzeit. Die Zeitungen haben einen stehenden Titel für das Ereignis. Darunter heißt es etwa: die gestrige Taube erschien um 5.25 Uhr vom Nordwesten her...

Hoffnung ist die Mutter der Geduld. Um fünf Uhr werden die freien Plätze der Stadt belebt, und alle Köpfe recken sich in die Höhe. Unternehmungslustige Leute sind darauf verfallen, aus der täglichen Taube ihren Nutzen zu schlagen, und es sind ein paar neue Berufe entstanden. Auf den ruhigen Nordhängen des Montmartre vermietet man Sitzplätze, von denen aus man den Flug der deutschen Taube bequem

Voisin-Doppeldecker. Dieses Flugzeug hatte einen Schubpropeller, damit der Beobachter nach vorne ein freies Schußfeld hatte.

verfolgen kann, und täglich von fünf Uhr an füllen sich diese Plätze. Auf den Straßen verkaufen die Händler Abbildungen der deutschen Tauben, auf denen die Einzelheiten besonders hervorgehoben werden... alles reißt sich um die Operngläser, um die feindlichen Flugzeuge nur recht genau betrachten zu können. ,Den Teufel merkt das Völkchen nie, und wenn er sie beim Kragen hätte!'«

Dieses Schauspiel wurde jedoch allmählich gefährlich, da bald kleinere Bombenangriffe erfolgten. Als am 30. August zum zweiten Male Bomben auf Paris fielen, stand auf einem Flugblatt, das mit der Bombe abgeworfen wurde: »Die deutschen Armeen stehen vor Euren Toren – Ihr könnt Euch nur noch ergeben! Leutnant von Hiddessen!«. Die Anfänge der psychologischen Kriegsführung waren geboren.

Bei der Aufklärungsarbeit wurden nach und nach neue Hilfsmittel eingesetzt. Zunächst benutzte man Brieftauben, um dringende Nachrichten zu übermitteln, später wurde auch vereinzelt Bordfunk erprobt. Die Aufklärungsarbeit zeigte teilweise spektakuläre Erfolge. Als General von Moltke den deutschen Truppen befahl, ostwärts entlang der Marne vorzurücken, wurde dies durch alliierte Aufklärungsflieger beobachtet, die französichen Bodentruppen griffen daraufhin die deutsche Flanke an und konnten so den deutschen Vormarsch auf Paris stoppen. Ausschlaggebend waren Aufklärungsflieger auch bei der berühmten Schlacht von Tannenberg an der Ostfront. Hier waren es zwei deutsche Flieger: Oberleutnant Körner, der die Meldung von anrückenden russischen Truppen über dem Armeekommando

Der bekannte Vorkriegsflieger Védrines beschoß bereits im September 1914 von einem Blériot-Eindecker mit einem Maschinengewehr ein deutsches Flugzeug.

abwarf, und Leutnant Canter, der sich bis zum General von Hindenburg durchschlug und persönlich Meldung erstattete. Die Schlacht von Tannenberg konnte durch diese Information gewonnen werden.

Besondere Bedeutung für die Aufklärung erlangte das Luftbildwesen. Wichtig hierfür waren die Kameras mit extrem langen Brennweiten. Die meist aus großen Höhen gewonnenen Bilder wurden im Fotowagen oder im Dunkelkammerzelt vergrößert und zu Reihenbildern aneinandergesetzt. So konnte man beispielsweise sehr präzise das Grabengelände der Front oder eine Festungsanlage begutachten.

Breguet 14.B2. Bekanntester französischer Bomber, der bereits mit Duraluminiumholmen versehen war. Zur besseren Beobachtung war der hintere Platz mit Fenstern ausgestattet.

Je länger der Krieg dauerte, desto weniger konnte es ausbleiben, daß die Flugzeuge bewaffnet wurden. Engländer und Franzosen verfügten schon recht früh über tragbare Maschinengewehre. Es kam dann auch am 5. Oktober 1914 zum ersten Abschuß eines deutschen Aviatik-Eindeckers durch ein französisches Flugzeug. Bis zu diesem Zeitpunkt hatte man sich mit Gewehren, Fléchettes (Fliegerpfeilen) und teilweise sogar mit Backsteinen beholfen, die der Flieger einfach von oben herab durch die Tragflächen des feindlichen Flugzeuges warf. Oberstleutnant Siegert schreibt über diese Zeit: »Das Frühjahr 1914 war noch erfüllt von einem ausgedehnten Schriftwechsel über die Möglichkeit oder Zweckmäßigkeit der Anbringung eines Säbels im Flugzeug. Zu den ersten Flügen gegen den Feind gab man uns eine Selbstladepistole mit verlängertem Lauf in die Hand. Es klingt heute wie Fliegerlatein, wenn ich erwähne, daß ich persönlich zu Flügen gegen Belfort im August 1914 als einzige Waffe einen Karabiner mitführte, dessen Schaft ich mit einem Grammophontrichter umnagelt hatte, um bei Begegnung mit feindlichen Flugzeugen wenigstens durch das vorgetäuschte Kaliber Furcht und Schrecken zu erregen. Später fanden Leuchtpistolen, dänische Madsen-Musketen und 25schüssige Mauser-Gewehre Verwendung. Aber schon der Sommer 1916 sah Flugzeugkämpfe mit einem täglichen Eisatz von mehreren hundert Maschinengewehren auf beiden Seiten. Auch die Kanone gliederte sich in die Flugzeugwaffen ein.« Das Maschinengewehr in der Luft wurde, ähnlich wie am Boden,

Eine frühe französische Fliegerbombe (Wurfmine). Bomben dieses Typs waren mit Aufschlagzündern konstruiert.

Der berühmte Fokker E1-Eindecker. Mit einer Maschine dieses Typs erzielten Leutnant Immelmann und Leutnant Bölcke ihre großen Erfolge.

die wirksamste Waffe gegen den Feind. Zuvor galt es jedoch ein Problem zu lösen: Das Maschinengewehr so anzubringen, daß bei einer Gewehrgarbe der eigene Propeller nicht zerschossen wurde.

Die einfachere Lösung bestand darin, Flugzeuge mit Schubpropeller zu konstruieren, in denen der Beobachter vorne ein freies Schußfeld hatte. Die technisch kompliziertere Lösung galt dem Schießen durch den Propellerkreis. Als erster hatte Franz Schneider 1913 ein Patent eingereicht, bei dem das Gewehr synchron mit dem Propeller verbunden war. Die deutsche Heeresverwaltung hatte daran jedoch kein Interesse gezeigt. Mehr Erfolg hatte der Franzose Raymond Saulnier, der 1914 ein Patent für ein Unterbrechergetriebe anmeldete. Dabei war jedoch die Zuverlässigkeit des Maschinengewehres so mangelhaft, daß laufend die Propellerblätter durchschossen wurden. Mit einer denkbar einfachen Lösung meisterte, der durch die Mittelmeerüberquerung bekannt gewordene, Roland Garros dieses Problem. Er brachte stählerne Schutzplatten an seinem Propeller an, die kugelabweisend wirkten. Damit gelang ihm am 1. April 1915 sein erster Luftsieg. Bereits am 18. April ereilte ihn jedoch das Schicksal. Er wurde über den deutschen Linien abgeschossen, konnte noch notlanden und kam mit dem Leben davon, sein Flugzeug fiel jedoch den Deutschen in die Hände. Saulniers Patent ging in verbesserter Version dann bei Fokker in Serie und sicherte Deutschland über Monate hinaus die Luftüberlegenheit, wozu auch die entsprechenden von Fokker entwickelten Flugzeuge beitrugen.

Durch die wachsende Zahl feindlicher Aufklärungsflugzeuge kam das Militär zur Erkenntnis, daß kleinere schnellere Jagdflugzeuge benötigt wurden, um die Aufklärungsflugzeuge des Gegners zu vernichten, ehe diese in der Lage seien ihre gewonnenen Informationen an die Bodentruppen weiterzugeben. So setzte nun zwischen der Flugzeugindustrie der Entente und der Mittelmächte ein Wettkampf ein. Ziel waren Konstruktion und Produktion immer stärkerer, leistungsfähigerer und damit auch todbringenderer Flugzeuge.

Die Flugzeuge und ihre Piloten

Das erste Jagdflugzeug mit synchronisiertem Maschinengewehr, also mit einem Gewehr, das zwischen den Propellerblättern durchschießen konnte, war der Fokker-Einsitzer E I, den der junge Holländer Antony Fokker in Schwerin für die deutsche Heeresleitung baute. Fokker hatte sich schon vor dem Krieg in Johannistal einen Namen gemacht, als er seinen Eindecker »Spinne« der Öffentlichkeit präsentierte. Geschäftstüchtig wie er war, schaute er sich schon damals bei der Konkurrenz um. In erster Linie interessierte ihn das schnellste Sportflugzeug, der französische Morane-Saulnier-Eindecker. Dessen Vorlagen kamen ihm nun nach Kriegsausbruch zugute. Durch Verbesserungen an Tragflächen und Rumpf fertigte er ein Flugzeug, das stabiler und wendiger war als sein Vorbild. Es wurde mit einem 100 PS-Oberursel-Umlaufmotor bestückt, der der Maschine eine Geschwindigkeit von 140 km/h verlieh. In 15 Minuten ereichte sie 2000 Meter. Die Gipfelhöhe betrug 4800 Meter. Bewaffnet war die E I mit ein bis drei Maschinengewehren.

Der französische Morane-Saulnier-Eindecker hatte nur einen 80 PS Le-Rhône-Motor, dieser verlieh dem Flugzeug jedoch eine Geschwindigkeit von 150 km/h, da das Flugzeug keinen Stahlgitterrumpf besaß und deshalb leichter war. Allerdings stieg die Maschine nicht so schnell und so hoch wie die deutsche. Im Luftkampf war damit der Fokker-Eindecker den Maschinen der Alliierten überlegen, und es begann in den Jahren 1915/16 eine etwa zehnmonatige Luftüberlegenheit der Deutschen, die als »Fokker-Scourge« (»Fokker-Geißel«) in die Geschichte des Ersten Weltkrieges eingegangen ist. In dieser Zeit wurden etwa 425 Maschinen dieses Typs gebaut, die erst dann überholt waren, als den Alliierten im Frühjahr 1916 neue Flugzeuge zur Verfügung standen.

Wie sah es nun jedoch mit den Piloten aus? Zu Anfang des Krieges mangelte es an allen Ecken und Enden. Zunächst wurden auf deutscher Seite altgediente Zivilflieger herangezogen. Als erster erhielt im September 1914 Charles Ingold das Eiserne Kreuz. Kurz darauf folgten Hirth, Vollmoeller, Schlegel, Friedrich, Sedlmayer, Lindpainter, Züst, Reichard und Caspar. Die allgemeine Kriegsbegeisterung war so groß, daß diese Namen schnell bekannt wurden und Schlagzeilen machten. Hellmuth Hirth und Ernst Schlegel wurden sogar für hervorragende Leistungen bei der Aufklärung, so für Flüge über Paris, zu Leutnants befördert.

Adolphe Pégoud, der französische Meisterflieger, der vor dem Kriege durch seine waghalsigen Kunstflüge berühmt war. Bis zu seinem Tod (August 1915) hatte er sechs Abschüsse erzielt.

Leutnant Hellmut Hirth, der Meisterflieger der Vorkriegszeit, wurde als zweiter Zivilflieger mit dem Eisernen Kreuz ausgezeichnet.

Neben den moderneren Doppeldeckern bestand die Hälfte des gesamten deutschen Flugparks in den ersten Monaten des Krieges aus Tauben, in erster Linie Rumpler-Tauben. Diese Flugzeuge waren sehr gutmütig und wiesen eine große Eigenstabilität auf, waren jedoch bei den Piloten nicht so beliebt, da sie mit 100 km/h recht langsam flogen, und ihre großen taubenähnlichen Tragflächen die Sicht nach unten versperrten. Die Aufklärungsarbeit wurde dadurch sehr erschwert und die Piloten verunsichert, da das Flugzeug nicht bewaffnet war. Ein weiterer Grund, weshalb es noch keinen richtigen Luftkampf gab, lag sicher auch darin, daß die Zivilflieger auf beiden Seiten sich von sportlichen Veranstaltungen vor dem Krieg zum Teil kannten, befreundet waren, und so eine Hemmschwelle entstand, da der Gegner seine Anonymität verlor.

Ein Beispiel dafür ist die Freundschaft zwischen Roland Garros und Hellmuth Hirth. Beide waren in ihren Heimatländern als »Meisterflieger« bekannt und hatten sich auf internationalen Wettbewerben, wie 1913 auf dem Flugwettbewerb in Como oder dem Flugmeeting in Wien, große Rennen geliefert. Noch im August 1914 nahmen beide am internationalen Flug London – Paris – London teil, wobei Hirth von Garros ein Morane-Saulnier-Eindecker zur Verfügung gestellt wurde. Anschließend wurden zusammen englische und französische Flugzeugfabriken besichtigt, und Garros sowie der Konstrukteur Saulnier besichtigten dann auf Einladung von Hirth in Süddeutschland und Berlin größere Motoren- und Flugzeugwerke. In Berlin kamen sie vier Tage vor Kriegsausbruch an. Garros verließ den Potsdamer Bahnhof am Freitagnachmittag, Sonnabend erfolgte die Kriegserklärung.

Die alten Flieger machten jedoch sehr bald der jungen Garde Platz: Piloten, die erst Anfang des Krieges ihre Ausbildung erhielten. Auf deutscher Seite war hier einer der ersten Leutnant Max Immelmann, der einen kurzen aber unvergeßlichen Siegeslauf hatte. Erst im März 1915 bestand er seine Pilotenprüfung und wurde zur Fliegerabteilung 62, der auch Bölcke angehörte, abkommendiert. Am 1. August 1915, auf seinem dritten Feindflug, nun bereits mit dem neuen Fokker-Eindecker, zwang er ein englisches Flugzeug nieder. Er entwickelte dabei eine Methode, ein feindliches Flugzeug anzugreifen, die als »Immelmann-Turn« in die Fluggeschichte eingegangen ist. Dabei wird die Maschine hochgezogen und zur Seite gedreht, bis das Flugzeug in entgegengesetzter Richtung weiterfliegt. Immelmann wurde durch seine Erfolge

Leutnant Max Immelmann, Deutschlands großer Fliegerheld in den Anfangsjahren des Krieges.

beim Gegner gefürchtet, aber auch bewundert, so daß sie ihm den Beinamen der »Adler von Lille« verliehen. Am 18. Juni 1916, er hatte bereits 15 Luftsiege auf seinem Konto, war er wieder in einen Luftkampf verwickelt, als plötzlich sein Fokker-Eindecker auseinanderbrach. Eine Untersuchung ergab, daß das Maschinengewehr nicht mehr synchron gearbeitet und so den Propeller zerschossen hatte. Sein Tod wirkte in Deutschland wie ein Schock. Die Menschen wollten nicht glauben, daß »ihr Immelmann« nicht mehr am Leben war.

Auf französischer Seite glänzte zunächst Adolphe Pégoud, der durch seine Siege eine unvergleichliche Popularität gewann. Pégoud, der bereits vor dem Kriege die Menschen zu Hunderttausenden durch seine Kunstflüge und Loopings zu Begeisterungsstürmen hingerissen hatte, (auch in Berlin), erhielt als erster den Titel »As«, da er zu diesem Zeitpunkt (April 1915) bereits fünf Siege verbuchen konnte. Als er dann im August 1915 starb, kam es einer nationalen Tragödie gleich.

Der zweite große Fliegerheld der Deutschen in den ersten beiden Kriegsjahren war Oswald Bölcke. Wenige Tage vor Kriegsausbruch legte er seine Pilotenprüfung ab und war in den ersten Monaten als Erkundungsflieger tätig. Als Jagdflieger hatte er am 6. Juli 1915 seinen ersten Abschuß. Bölcke hatte seine Kampftaktik von den Raubvögeln abgesehen. Er stürzte sich von großen Höhen auf seine Gegner und schoß erst im letzten Augenblick aus nächster Nähe. Als Staffelführer war es für ihn dabei besonders wichtig seine Erfahrungen und seine Erfolge an die Piloten seiner Staffel weiterzugeben. Er erreichte durch Schulung und Kameradschaft eine in der Armee bisher noch nicht dagewesene Verbundenheit der Staffelangehörigen. Obwohl er Disziplin forderte, wurde er von seinen Fliegern verehrt und geliebt. So erfolgreich wie Bölcke war im Jahre 1916 kein anderer Flieger. Am 2. September errang er seinen 20. Luftsieg, am 8. Oktober seinen 30. und bereits am 26. Oktober gelang ihm sein 40. und letzter Abschuß. Zwei Tage darauf stieß sein Albatros-Doppeldecker bei einem Luftkampf mit dem Flugzeug seines Freundes Erwin Böhme zusammen, wobei ein Teil seiner Tragfläche brach. Steuerlos geworden stürzte er ab.

Während 1915 Jagdeinsitzer als Eindecker an die Front kamen, wurden 1916 fast ausschließlich einsitzige Doppeldecker als Jagdflugzeuge gebaut. Die deutsche Heeresverwaltung gab dem Doppeldecker in erster Linie den Vorzug, da er eine weit höhere Tragfähigkeit und Zuverlässigkeit besaß, als beispielsweise die Taube, die mit 200 kg Nutzlast gerade eine Treibstoffmenge für sechs Stunden Flugzeit befördern konnte. Eines der bekanntesten Jagdflugzeuge aus dem Jahre 1916 war die Albatros DI beziehungsweise DII, die einen Sperrholzrumpf besaß und mit einem 160 PS Daimler Reihenmotor ausgerüstet war. Bei einem Fluggewicht von 888 kg konnte eine Höchstgeschwindigkeit von 175 km/h und eine Höhe von 6000 Meter erzielt werden. Die Bewaffnung bestand aus zwei Maschinengewehren, die auf der Rumpfoberseite neben den Zylindern des Motors eingebaut und miteinander gekoppelt waren. Oswald Bölcke verunglückte mit einer Maschine diesen Typs.

Diesem Flugzeug standen auf französischer Seite der Nieuport 17-Doppeldecker mit 110 PS Le Rhône-Motor und auf englischer Seite der Sopwith-Camel-Doppeldecker mit 130 PS Clerget-Motor gegenüber. Diese Flugzeuge waren in ihren Leistungen dem Albatros DII etwas überlegen. Sie erreichten Geschwindigkeiten von bis zu 185 km/h, hatten nun ebenfalls synchronisierte Maschinengewehre, außergewöhnlich gute Steiggeschwindigkeiten und erreichten ebenfalls Höhen bis zu 6000 Meter. So konnte es nicht ausbleiben, daß die Alliierten Mitte des Jahres 1916 die Luftherrschaft errangen und erst 1917 wieder abgaben.

Nieuport 17. Eines der wendigsten und beliebtesten Jagdflugzeuge der Alliierten. Die abgebildete Maschine ist mit dem Emblem von Charles Nungesser verziert.

Sopwith F.1 „Camel". Dieses äußerst manövrierfähige Flugzeug bekam seinen Beinamen durch die höckerartige Verkleidung der Maschinengewehre.

Dabei taten sich nun junge Piloten hervor, die unter den Alliierten einen ebenso legendären Ruf bekamen wie Bölcke für die deutsche Bevölkerung. Auf englischer Seite ist zunächst Albert Ball zu nennen. Ball war ein Draufgänger, ähnlich wie Immelmann, der keinen Kampf scheute. Erst im Februar 1916 kam er zu einer Flugstaffel nach Frankreich, wo ihm ein Nieuport-Jagdaufklärer zugeteilt wurde. Mit dieser Maschine errang er auch die meisten seiner 47. Siege. Am 22. Mai 1916 schoß er eine Albatros DI ab — sein erster Luftsieg. Ball war in erster Linie ein Einzelkämpfer und konnte sich nie so richtig mit dem Staffelfliegen anfreunden. Er entwickelte eine Methode feindliche Flugzeuge zu bezwingen, indem er den Gegner unterflog und dabei mit seinem Maschinengewehr, das bei ihm auf der oberen Tragfläche befestigt war, aus nächster Nähe senkrecht nach oben schoß. Für seine Erfolge wurde er hoch dekoriert. Knapp ein Jahr später am 7. Mai 1917 tauchte er bei einem Luftkampf in eine Wolke ein und stürzte ab. Was tatsächlich geschehen war, konnte nie endgültig geklärt werden, offiziell wurde dieser Luftsieg Lothar von Richthofen zugesprochen.

Unter den französischen Jagdfliegern war es Georges Guynemer, der durch seine Verwegenheit, seine Jugend und sein Draufgängertum die Herzen der Franzosen eroberte. Er begann als Mechanikerlehrling auf dem Flugplatz von Pau und schaffte es, eine Flugausbildung zu absolvieren. Dann im Juli 1915 hatte er zum ersten Mal Gelegenheit einen Luftsieg zu erringen. Zunächst flog er mit Nieuport-Maschinen, später mit dem SPAD-Doppeldecker und erhöhte bis September 1917 seine Abschußliste auf 54. Wie verwegen er flog, ist dadurch dokumentiert, daß er in dieser Zeit siebenmal abgeschossen wurde. Diese Tollkühnheit forderte ihren Preis. Seine Gesundheit verschlechterte sich durch die monatelange nervliche Belastung zusehends, und am 11. September 1917 kehrte er von einem Feindflug nicht mehr zurück. Sein Flugzeug wurde nie gefunden.

Die deutsche Flugzeugindustrie stand Mitte des Jahres 1916 vor der Aufgabe, eine Maschine zu konstruieren, mit der die Luftüberlegenheit der Alliierten gebrochen werden konnte. Für diese Aufgabe war eine kleine, schnelle und wendige Maschine, die im Luftkampf leistungsfähiger als die

Spad XIII. Ein sehr erfolgreiches französisches Jagdflugzeug. Der abgebildete Typ ist mit den Farben der 22. amerikanischen Jagdstaffel versehen. Die Zahl der Einsätze ist durch aufgemalte Grabsteine am Rumpf markiert.

gegnerischen Flugzeuge sein mußte, notwendig. Das Ergebnis war der Fokker-Dreidecker, eine Maschine, die zunächst alle in sie gestellten Erwartungen erfüllte. Die Spannweite wurde bei diesem Flugzeug auf fast sieben Meter reduziert. Dadurch war die Maschine viel konzentrierter um den Schwerpunkt gelagert, was wiederum bedeutete, daß die Trägheit des Flugzeuges herabgesetzt wurde. Durch die dritte Tragfläche konnte eine Steigleistung auf 5000 Meter in 14,5 Minuten erreicht werden. Der nur 110 PS starke Umlaufmotor verlieh der kleinen Maschine eine Geschwindigkeit von über 170 km/h. Mit diesem Flugzeug gelang es, die deutsche Luftüberlegenheit wieder zurückzugewinnen. Der ursprünglich aus England stammende Sopwith-Dreidecker kam mit seinen Leistungen an die Flugeigenschaften der Fokker DrI nicht heran. Berühmt geworden ist die Fokker auch wegen ihrer roten Lackierung, mit der sie Manfred von Richthofen versah.

Rittmeister Manfred Freiherr von Richthofen ging als größter Luftheld des Ersten Weltkrieges in die Geschichte ein. Als er am 21. April 1918 starb, hatte er bis zu diesem Zeitpunkt 80 anerkannte Luftsiege errungen, mehr als irgendein anderer Flieger des Ersten Weltkrieges. Sein Ruhm ging weit über die Grenzen seines Vaterlandes hinaus und ist auch heute noch ungebrochen. Der junge Ulanenoffizier wurde zunächst Beobachter und legte im Oktober 1915 seine Prüfung als Flugzeugführer ab.

Aber erst 1916, als Bölcke ihn zu einer Jagdstaffel holte, lernte er, was Jagdfliegen bedeutete. Binnen kurzem wurde er Bölckes bester Schüler, und bereits am 17. September 1916 verzeichnete er während eines Staffelfluges seinen ersten anerkannten Sieg. Damit begann sein kometenhafter Aufstieg, der erst 19 Monate später am 21. April 1918 enden sollte. Der Name Richthofen tauchte nun immer häufiger in den Heeresberichten auf.

Schnittmodell einer Albatross DV. Dieses Flugzeug wurde Mitte 1917 an die deutschen Jagdstaffeln ausgeliefert. Das Flugzeug hatte einen Sperrholzrumpf und war mit einem 160 PS Daimler-Motor ausgerüstet.

An seinem 25. Geburtstag, als er bereits soviele Abschüsse wie sein Lehrmeister und großes Vorbild Bölcke hatte, wurde er vom Kaiser zum Frühstück eingeladen, bei welchem er zwischen Hindenburg und Ludendorf sitzen durfte. Bei dieser Gelegenheit sagte er zum Kaiser, daß es schon ein eigenartiges Gefühl sei, Menschen totzuschießen und sich anschließend an den Tisch zu setzen und so zu tun, als sei nichts geschehen. Daraufhin antwortete dieser: »Meine Soldaten schießen keine Menschen tot, meine Soldaten vernichten den Gegner«.

Richthofen wußte, was er seinem Ruf schuldig war, und als er ab Januar 1917 eine eigene Jagdstaffel befehligte, gab es für ihn nur noch seine Kameraden, die er unermüdlich schulte, und deren Taktik er verbesserte. Richthofen zeigte sich aber auch als Individualist. Eine seiner Angewohnheiten bestand darin, daß er für jeden seiner Luftsiege einen silbernen Becher anfertigen ließ, auf dem die wichtigsten Einzelheiten des Kampfes eingraviert waren. Aus irgendeiner Laune heraus kam er auf die Idee, seine »Kiste« knallrot anzu-

Cambrai war ein ständiger deutscher Flugplatz in Nordfrankreich. Die neuen Flugzeuge wurden teilweise zerlegt mit der Bahn angeliefert und dann auf dem Flugplatz zusammengebaut.

Spektakulärer Absturz eines deutschen Doppeldeckers bei Hamlar.

Das Wrack eines englischen Sopwith-Doppeldeckers, der von deutschen Soldaten bewacht wird.

malen, und war bald bei Freund und Feind als »roter Baron« bekannt. Die Franzosen titulierten ihn: »Le diable rouge« (der rote Teufel). Als allerdings die Engländer ein Anti-Richthofen-Geschwader aufstellten, um ihn unschädlich zu machen, ließ er kurzerhand seine gesamte Staffel rot anmalen. Richthofens »fliegender Zirkus« wurde nun umsomehr der Schrecken der Alliierten.

Der Monat April 1917 ging als Blutmonat in die Geschichte ein. Von den 150 in jenem Monat durch deutsche Jagdflieger abgeschossenen britischen Flugzeuge, konnte Manfred von Richthofen allein 21 auf sein Konto verbuchen. Er zählte doppelt soviele Abschüsse wie sein Lehrmeister Bölcke, als er am 21. April 1918 mit seinem roten Fokker-Dreidecker wieder einmal in einen Luftkampf verwickelt war. Bei der Verfolgung des Gegners setzte sich Richthofen hinter diesen und kam dabei zu nahe an die feindlichen Schützengräben heran. Nach Augenzeugenberichten wurde er durch die Kugel eines Maschinengewehres getroffen, und sein roter Dreidecker schlug kurze Zeit später auf. Deutschlands berühmtester Fliegerheld war tot.

Der erfolgreichste französische Jagdflieger hieß Capitaine René Fonck. Auch er begann den Krieg nicht als Flieger, sondern als Pionier, dessen Aufgaben im Ausheben von Schützengräben bestand. Erst im Juni 1915 wurde er Aufklärungsflieger, und in der Luft glänzte er mit couragiertem Fliegen. Es gelang ihm mehrmals, seine angeschossene, schon klappernde Maschine waghalsig zu seinem Stützpunkt zurückzubringen. Am 6. August 1916 errang er seinen ersten bestätigten Luftsieg und im März 1917, nachdem er in einem Luftkampf mit fünf deutschen Albatrossen einen abschießen konnte, wurde er in die berühmte Staffel der »Störche« beordert. Seine besonderen Leistungen in Luftkampf nahmen stetig zu. Zunächst verbuchte er zwei Luftsiege an einem Tag, später gelang es ihm mehrmals, sechs Gegner an einem Tag herunterzuholen. Fonck war ein kühler Taktiker, vor allem jedoch ein Meisterschütze. Seine Treffer saßen, so sagte er, »wie mit der Hand gesetzt« (»comme avec la main«). Am Ende des Krieges zählte er 75 Luftsiege und war hochdekoriert.

Absturz eines deutschen Doppeldeckers ins Wasser.

Bristol F.2B, ein von Deutschen erbeutetes Flugzeug, das von Leutnant Karl Bey (Jasta 5) geflogen und aus Sicherheitsgründen besonders gekennzeichnet wurde.

Hannover CLII, ein leichtes Schlachtflugzeug. Abgebildet ist das Flugzeug von Vizefeldwebel Karl Riedle von der Flieger-Abteilung (A) 275.

Absturzstelle eines britischen De Havilland D.H.4-Doppeldeckers hinter den deutschen Linien.

Er erhielt das »Croix de Guerre«, die englische »Military Medal« und das »Kreuz der Ehrenlegion«.

Nur zwei Luftsiege weniger, nämlich 73, verbuchte Englands erfolgreichster Jagdflieger, Major Eduard Mannock. Auch er kam erst sehr spät (August 1916) zur Fliegerei, nachdem er durch einen Trick bei der ärztlichen Untersuchung einen Sehfehler des linken Auges verbergen konnte. Am 7. Juni 1917 schoß er sein erstes gegnerisches Flugzeug ab und wurde bald darauf zum Staffelführer ernannt. Zeitgenossen berichten von großen Ähnlichkeiten zwischen ihm und Manfred von Richthofen. Beide gaben sich jede erdenkliche Mühe, ihre Piloten aufs beste vorzubereiten und zu schulen. Im März 1918, seine Staffel wurde mit der neuen SE5 ausgerüstet, konnte er in den folgenden drei Monaten 39 gegnerische Flugzeuge abschießen. Am 26. Juli wurde sein Benzintank von Bodentruppen getroffen, und sein Flugzeug explodierte. Mannock wurde nach seinem Tode mit dem »Victoria-Kreuz« ausgezeichnet.

Amerika, das erst im April 1917 in das Kriegsgeschehen eingriff, verehrte auch sehr bald seine Fliegerhelden. Bekanntester war Captain Eduard Rickenbacker. Als Sohn deutscher Emigranten (damals noch Rickenbacher), hatte er große Schwierigkeiten, zu den Luftstreitkräften zu gelangen, da er des öfteren als Spion verhaftet wurde. Schließlich versetzte man ihn im März 1918 zu der »Hat in the Ring«-Staffel, sein Aufstieg begann. Die erste Albatros holte er am

SE5a (Royal Aircraft Factory): Dieses Flugzeug war einer der meistgeflogenen Typen auf alliierter Seite. Die Maschine war mit einem 200 PS Hispano-Suiza-Motor ausgerüstet.

29. April vom Himmel, aber bereits nach seinem fünften Luftsieg mußte er wegen Ohrenentzündung ins Lazarett. Dann, Mitte September 1918 bis zum Waffenstillstand, holte er nach, was er in den vergangenen Monaten versäumt hatte: Ein feindliches Flugzeug nach dem anderen erhöhte seine Abschußliste. Bis zum Ende des Krieges hatte er mit seiner SPAD XIII 26 bestätigte Luftsiege errungen.

Die Vorteile, die deutsche Flieger 1917 durch die Fokker DrI errangen, wurden Ende des Jahres durch die Doppeldecker der dritten Generation, die die Alliierten an die Front brachten, ausgeglichen und überboten. Besonders beim Sturzflug waren diese Baumuster dem deutschen Dreidecker überlegen. Auf französicher Seite glänzte die Nieuport 27, die mit ihren 110 PS Le-Rhône-Motor eine Geschwindigkeit von 190 km/h und eine Gipfelhöhe von 8000 Meter erreichte, sowie die SPAD XIII, die das bevorzugte Flugzeug der besten französischen, aber auch amerikanischen Asse wurde. Der 200 PS Hispano-Suiza-Motor verlieh diesem Flugzeug eine Geschwindigkeit von 208 km/h und ermöglichte eine Höhe von 6400 Meter.

Die Engländer entwickelten die SE5, die hervorragende Sturzflugeigenschaften besaß und mit ihrem 150 PS V8-Motor eine Gipfelhöhe von 6000 Meter erklomm, sowie die Sopwith-Dolphin, die über einen 200 PS Hispano-Suiza-Motor verfügte, der dem Flugzeug eine Geschwindigkeit von 205 km/h und eine erreichbare Flughöhe von 8500 Meter ermöglichte. Diese Leistungen konnten nur mit hochwertigem Material, wie es der alliierten Industrie zur Verfügung stand, erreicht werden.

In Deutschland machte sich der Mangel an Rohstoffen immer mehr bemerkbar, trotzdem gelang es der Flugzeugindustrie, noch Flugzeuge zu konstruieren, die den alliierten Flugzeugen zumindest ebenbürtig waren. Unter anderem die SSW DIV (Siemens-Schuckert-Werke), die mit ihrem 160 PS Siemens-Motor eine Höchstgeschwindigkeit von 190 km/h erreichte, jedoch relativ schwierig zu fliegen war. Die Gipfelhöhe betrug 9000 Meter. Wegweisend hätte auch die Ru DI von Rumpler werden können, sie wurde jedoch Ende 1918 nur noch in wenigen Exemplaren ausgeliefert. Dieses Flugzeug kam mit einem 185 PS BMW-Motor auf eine Geschwindigkeit von 220 km/h, konnte in 13,8 Minuten auf 6000 Meter steigen und erreichte eine Gipfelhöhe von 9600 Meter – Leistungen die kaum ein anderes Flugzeug aufwies.

Absturz von Oberleutnant Eduard Dostler am 21. August 1917 bei Ypern. Dostler hatte bis zu diesem Zeitpunkt bereits 26 eigene Abschüsse erzielt.

Begräbnis von Deutschlands Fliegeras Nr. 1, Manfred von Richthofen, am 24. April 1918 in Vaux sur Somme durch alliierte Truppen.

Der berühmte Fokker Dr.I-Dreidecker. Mit diesem Typ erzielte Manfred von Richthofen die letzten 21 Luftsiege seiner insgesamt 80 Abschüsse.

Schnittmodell der Dr.I. Dieses Flugzeug war vor allem durch seine Wendigkeit erfolgreich. Ausgerüstet mit einem 110 PS Oberursel-Rotationsmotor konnte die Maschine in vier Minuten auf 2000 Meter Höhe steigen. Dienstgipfelhöhe: 7000 Meter.

Das Rückgrat der deutschen Luftstreitkräfte im Jahre 1918 war jedoch die Fokker D VII, eine Maschine, die von vielen Kennern als das beste Jagdflugzeug des Ersten Weltkrieges bezeichnet wurde. Dieser freitragende Doppeldecker war bei den Alliierten so gefürchtet, daß beim Waffenstillstand die Herausgabe »in erster Linie aller Apparate D VII« gefordert wurde. Das Flugzeug war entweder mit einem 160 PS Daimler-Motor, der ihm eine Geschwindigkeit von 185 km/h ermöglichte, oder mit einem 185 PS BMW-Motor, der 200 km/h zuließ, ausgerüstet. Die Gipfelhöhe betrug 8500 Meter. Überdies besaß die Maschine eine überragende Wendigkeit. Als Besonderheit hatte Konstrukteur Reinhold Platz den Tank in Form einer kleinen Tragfläche zwischen den Rädern angebracht, damit die gefürchtete Brandgefahr in den Luftkämpfen verringert wurde. Alle großen »Kanonen«, wie man die führenden deutschen Jagdflieger auch nannte, flogen ein Muster dieses Typs, so auch die Richthofen-Staffel. Bis zum Herbst 1918 hatte die Führung der Luftstreitkräfte 40 Jagdstaffeln mit der Fokker D VII ausgerüstet. Beim Vergleich der alliierten mit den deutschen Flugzeugen zu Ende des Krieges kann, wenn man nur die technischen Neuerungen und Leistungen berücksichtigt, von einer leichten Überlegenheit der deutschen Maschinen gesprochen werden, in Bezug auf die Anzahl und das Material hingegen waren die Ententemächte uneinholbar im Vorteil. Die »Zweite Garde« der Jagdflieger verzeichnete zwar eine etwas geringere Anzahl von Ab-

Gemäß dem Versailler Vertrag durften in Deutschland keine Flugzeuge mehr gebaut werden. Ein Blick in die verlassenen Werkshallen von Fokker zeigen die Agonie jener Zeit.

Fokker D VIII bei einer Belastungsprobe mit 24 Personen auf der Tragfläche. Das Foto wurde von der Firma vertrieben, da es bei diesem Typ mehrere Flächenbrüche gegeben hatte.

schüssen, aber seltsamerweise überlebten all diese Piloten den Krieg. Der Franzose Charles Nungesser, der es auf insgesamt 45 Abschüsse brachte, war, wie Rickenbacker, Rennfahrer gewesen und brachte sich selbst das Fliegen bei. Dieser schillernde Flieger war zunächst ein Aufklärungspilot und wurde mehrmals abgeschossen. Dabei hatte er das Pech, daß seine Verwundungen nicht richtig heilten, und er so mehrmals wieder ins Lazarett mußte, wo durch erneutes Brechen der Knochen versucht wurde, die Verletzungen zu beheben.

Eine Rumpler CI-Staffel der Gebirgs-Übungs-Flieger-Abteilung in Sonthofen.

Charles Nungesser beschreibt seine Kriegszeit als ungeheures Leiden, in der er unter Schmerzen einen Großteil seiner Abschüsse erzielte. Teilweise mußte er sogar aus dem Flugzeug getragen werden, da er nicht mehr imstande war zu gehen. Nungesser machte 1927 nochmals von sich reden, als er versuchte, den Atlantik in Ost-West-Richtung zu überqueren: Er blieb verschollen.

Bei den Briten war es der Kanadier William Bishop, der auf der Liste seiner Abschüsse 72 Flugzeuge verbuchen konnte. Zu Anfang des Krieges diente er noch als Reiter bei den Canadian Mounted Rifles, im März 1917 kam er an die Front nach Frankreich. Seine Abschußliste wuchs sehr schnell. Bereits Anfang Mai hatte er 20 Luftsiege erzielt, Ende 1917 waren es 45. Bishop war ein äußerst disziplinierter Flieger. Zeitweise war er sieben Stunden täglich in der Luft und schoß so einmal innerhalb von zwölf Tagen 25 deutsche Flugzeuge ab. Danach wurde er nach England zurückbeordert und war bis Ende des Krieges als Ausbilder tätig.

Die deutsche Nummer zwei war Ernst Udet, der erfolgreichste Flieger im Geschwader Richthofen. Im Herbst 1914 lernte er bei Gustav Otto in Schleißheim fliegen, wurde jedoch von der bayerischen Fliegerersatzabteilung mit der Begründung, er sei noch zu jung, zurückgewiesen. Erst im Sommer 1915 konnte er bei einer Artillerie-Fliegerabteilung in Habsheim fliegen. Er kam hier im März 1916 zu seinem ersten Sieg, und im Winter 1917 ernannte man ihn zum Führer der Jagdstaffel 37. Nach seinem 20. Sieg wurde er von Richthofen in dessen Geschwader geholt. Im Gegensatz zu so vielen anderen Fliegern blieb ihm das Glück treu. Ernst Udet überlebte den Krieg. Auf seiner Abschußliste sind 62 Flugzeuge verzeichnet, Namen von jungen Piloten, die ebenso wie er vom Fliegen begeistert waren.

Bomber und Luftschiffe

Großflugzeug FF (Flugzeugbau Friedrichshafen) G III a des Königlich Bayerischen Bombengeschwaders Nr. 8 der Obersten Heeresleitung im Fluge.

Riesenflugzeug VGO I (Versuchsbau Gotha Ost). Dieses Flugzeug hatte eine Spannweite von fast 43 Metern und wurde in nur sechs Monaten konstruiert und dann von Hellmut Hirth eingeflogen.

Die Praxis der Jagdfliegerei war im Ersten Weltkrieg entscheidend durch Einzelpersönlichkeiten sowie durch die Entwicklung der Technik beeinflußt. Nicht nur die bereits erwähnten Verbesserungen an den Flugzeugen und Motoren trugen zu einer Änderung des Luftkampfes bei, sondern auch die Entwicklung der Bodenabwehr. Durch leistungsstärkere Artillerie mußten die Luftkämpfe in immer größeren Höhen stattfinden, in Höhen, in denen die Flieger einigermaßen sicher vor der Luftabwehr waren. War ein Luftkampf zu Anfang des Krieges noch in 1000 bis 2000 Meter üblich, so fanden die Kämpfe zu Ende des Krieges in Höhen zwischen 5000 bis 8000 Meter statt.

Neben den Aufklärungs- und Jagdflugzeugen bestand als weitere Gattung die sogenannten G-Flugzeuge (Groß-Flugzeuge). Diese wurden als Bombenflugzeuge konstruiert, die eine große Traglast befördern konnten. Jene zumindest zweimotorige Doppeldecker verfügten über Spannweiten von 20 bis 30 Meter und die Fähigkeit, zirka 600 bis 1000 kg Bombenlast zu tragen. Im Rumpfbug, der sogenannten Kanzel, war der Beobachter untergebracht, der damit ein ausgezeichnetes Sichtfeld zum Anfliegen des Zieles hatte. Besonders die Firma AEG (AEG G II, G III) sowie die Gothaer Waggon-Fabrik (G II, G IV) bauten Flugzeuge dieser Art. Der französische Caudron-Doppeldecker mit Druckschraube, der englische Handley-Page-Bomber sowie das dreimotorige italienische Caproni-Flugzeug gehörten zur Gruppe der G-Flugzeuge.

Ein eigenes Kapitel bildeten die sogenannten R-Flugzeuge (Riesen-Flugzeuge). Den Anstoß zum Bau dieser für damalige Verhältnisse gigantischen Flugzeuge gab der Meisterflieger Hellmuth Hirth. Im April 1914 hatte er sich beim Sternflug nach Monte Carlo in Monaco mit Maybach und Robert Klein von den Bosch-Werken zusammengesetzt, um ein riesiges mehrmotoriges Flugzeug zu bauen, mit dem man 1915 zur Weltausstellung nach San Franzisco den Atlantik überqueren wollte. Der Beginn des Ersten Weltkrieges machte diese Pläne zunichte, doch Graf Zeppelin hörte von den Bemühungen und stellte nun finanzielle Mittel zum Bau dieses Flugzeuges zur Verfügung.

Er war damals von der Idee begeistert, eine 1000 kg-Bombe in das Londoner Hafenbecken zu werfen und glaubte, daß diese riesige Explosionswelle durch anschließende Überschwemmung ungeheuren Schaden anrichten würde. Im September 1914 kamen zum erstenmal die beteiligten Personen zusammen und beauftragten Prof. Baumann aus Stuttgart mit der Konstruktion, während Klein die gesamte- und Hirth die technische Leitung übernahm. Bereits nach sechs Monaten war die VGO I fertiggestellt und konnte von Hellmuth Hirth eingeflogen werden. Die Maschine setzte Maßstäbe. Als größtes Flugzeug der Welt hatte dieser Doppeldecker fast 43 Meter Spannweite und konnte drei Tonnen Zuladung tragen. Angetrieben wurde er von drei 240 PS starken Maybach-Motoren, die dem Flugzeug eine Geschwindigkeit von 120 km/h und eine Reichweite von annähernd 1000 Kilometern verliehen. Jagdflieger hielten von diesen Flugzeugen nicht allzuviel. Manfred von Richthofen schrieb: »Ich kann mich für diese Riesenkähne nicht begeistern. Ich finde sie gräßlich, unsportlich, langweilig, unbeweglich. Mir gefällt mehr ein Flugzeug wie »le petit rouge« (Richthofens Dreidecker). Mit dem Ding ist es ganz egal, ob man auf dem

De Havilland D.H.4. Ein englisches Mehrzweckflugzeug, das vor allem zu Aufklärungszwecken und als Bombenflugzeug Verwendung fand.

Caproni Ca.45. Ein dreimotoriger italienischer Bomber. Der Heckschütze saß bei dieser Maschine in einem Käfig über dem Schubmotor.

Rücken fliegt, es senkrecht auf den Kopf stellt, oder sonst welche Zicken macht, man fliegt eben wie ein Vogel, das ganze Ding ist eben ein fliegender Motor.«

Für England stellte das Riesen-Flugzeug jedoch eine echte Bedrohung dar, und so wurde berichtet, daß durch Verrat die Zeichnungen des ersten Musters an den dortigen Generalstab gelangten — alsbald tauchten dann auch englische Riesenflugzeuge über Deutschland auf.

Eine ebenso große Bedrohung waren für die Engländer in den ersten Kriegsjahren die deutschen Zeppeline. So bombardierte die LZ38 London am 31. Mai 1915 zum ersten Male. 1360 kg Bomben wurden dabei abgeworfen und sieben Menschen getötet. Der Schaden war relativ gering, die psychologische Wirkung hingegen um so größer. Die riesigen Schiffe tauchten praktisch geräuschlos auf, warfen ihre Bomben ab und verschwanden wieder. Zunächst blieben die Engländer dagegen fast machtlos. Das erste deutsche Luftschiff wurde erst im September 1916 über England abgeschossen, die Engländer hatten nun eine spezielle Brandmunition entwickelt. Von den insgesamt 96 Zeppelinen, die im Kriege eingesetzt wurden, gingen 20 durch Gegner und 30 infolge unglücklicher Umstände (meist schlechtes Wetter, Gewitter, Strandung) verloren. Herausragender Luftschiffkapitän war Korvetten-Kapitän Strasser, der die deutsche Lufthoheit über der Nordsee mit den Marine-Luftschiffen über lange Jahre hinweg sicherte.

Als herausragende Leistung kann die Kriegsfahrt des Luftschiffes L59 angesehen werden. Dabei gelang es Kapitänleutnant Brockhold, von Bulgarien aus, fast 3000 km bis in die Nähe von Khartum vorzustoßen. Der Einsatzbefehl lautete, General Lettow-Vorbeck in der deutschen Kolonie Ostafrika zu Hilfe zu kommen. Nachdem die L59 schon zwei Drittel der Fahrstrecke zurückgelegt hatte, wurde sie durch einen Funkruf aus Berlin zurückbeordert. Nach einer 95stündigen Fahrt gelang es dem Luftschiff, wieder zum Ausgangshafen in Jambol zurückzukehren. Diese Erfahrung

Führergondel eines verbesserten Armeeluftschiffes von 1916 (LZ 93) die mit Maschinengewehr und Fallschirmen ausgerüstet war.

Handley Page 0/400. Das abgebildete Großflugzeug mit einer Spannweite von 30 Metern erbeuteten deutsche Truppen.

Deutsches Großflugzeug Gotha G IV, mit dem vor allem die Angriffe gegen England geflogen wurden.

über den Einsatz von Luftschiffen auf großen Strecken sollte später für die Einrichtung des transozeanischen Verkehrs sehr wichtig werden.

Eine weitere Erfindung »leichter als Luft« erwies sich ebenfalls in den ersten Kriegsjahren als sehr erfolgreich – der Drachenballon oder der »Blimp«, wie die Alliierten diesen Fesselballon nannten. Die Aufgabe der »Ballonschiffereinheiten« bestand darin, feindliche Stellungen auszukundschaften und die Beobachtung mittels Telefonverbindung zum Boden an die Artillerie weiterzugeben. Dazu wurde der Ballon an einer Motorwinde auf zirka zwei Kilometer Höhe geschickt. Die immer zahlreicher werdenden Flugzeuge und die Erfindung von Brandmunition machten diese Aufgabe im Laufe des Krieges immer schwieriger, da der Beobachter nicht bewaffnet war, und bei Inbrandschießen des Ballones nur Sekunden Zeit hatte, sich mit dem Fallschirm zu retten.

Wohl in kaum einem Krieg zuvor oder danach sind so unterschiedliche technische Entwicklungen und moralische Auffassungen gleichzeitig vorhanden gewesen wie im Ersten Weltkrieg. Der Säbel im Flugzeug, das Ulanenregiment und der ritterliche Einzelkämpfer in der Luft auf der einen, sowie das Maschinengewehr, Panzerverbände und das Hinmetzeln auf den Schlachtfeldern von Verdun auf der anderen Seite. Natürlich war der Begriff der Ritterlichkeit auch eine persönliche Einstellung, aber Flieger hatten schon damals das Gefühl, etwas Besonderes zu sein. So wird von einer Begegnung zwischen Udet und Guynemer berichtet, bei welcher Udet in Schußposition kam und sah, daß Guynemer Ladehemmung

Deutscher Fesselballon, wie er als Beobachtungs- und Einweisungsstand für die Artillerie gebraucht wurde. Im Hintergrund die Berge bei Sonthofen.

hatte. Ohne auf seinen Vorteil zu achten, salutierte Udet und ließ seinen Gegner davonfliegen. Ähnliche Erfahrungen haben viele andere Piloten auch gemacht. Besonders groß war die Anteilnahme beim Abschuß eines feindlichen Fliegerasses. Hier warfen sowohl die Deutschen, als auch die Alliierten Blumenkränze und Beileidsbekundungen über den feindlichen Stellungen ab. Diese Flieger wurden vom Gegner mit höchsten militärischen Ehren bestattet. Besonders jedoch in den eigenen Reihen wurde das Andenken an die einstigen Kameraden und Staffelführer wachgehalten. Englische Piloten hatten die Angewohnheit, im Offizierskasino den Platz, an dem der gefallene Flieger sonst gesessen hatte, zu seinem Gedächtnis eine Zeitlang freizuhalten.

Für den Ruhm eines Flugzeugführers waren in erster Linie seine Auszeichnungen ausschlaggebend, die wiederum von der Anzahl abgeschossener Flugzeuge abhängig war. Im Jahre 1916 erhielten Immelmann und Bölcke bereits nach acht Abschüssen den begehrten »Blauen Max«, den Orden »Pour le Mērite«. Dieser Orden wurde im Kriege nur an 81 deutsche Offiziere der Luftstreitkräfte verliehen. Manfred von Richthofen benötigte für seinen Blauen Max 1917 bereits 16, Udet 21 Luftsiege.

Bei den Engländern war die begehrte Auszeichnung das »Victoria Cross«. Dieses wurde für besonders couragierte Leistungen vergeben, unter anderem 1915 für den ersten Abschuß eines deutschen Flugzeuges oder für den Abschuß des Zeppelins LZ37 am 7. Juni über Flandern. Die Franzosen ehrten ihre Fliegerasse mit dem »Kreuz der Ehrenlegion«. Renē Fonck erhielt für seinen ersten Sechsfachsieg diesen Orden.

Die Achtung, mit der sich die Gegner in der ersten Zeit des Krieges gegenüberstanden, verblaßte langsam und nahm mit der Anzahl der Toten, die in diesem Krieg bisher nicht gekannte Ausmaße annahm, ab. Zu Ende des Krieges konnte man es sich nicht mehr leisten, »ritterlich« zu sein. Allein in der deutschen Fliegertruppe starben in der Zeit von 1914 bis 1918 11180 Soldaten, davon 3340 Offiziere und 7840 Unteroffiziere und Mannschaften.

Welche Tragik und welche Schicksale mit der Fliegerei im Ersten Weltkrieg verbunden waren, kann wohl kaum ermessen werden. Aus dem Traum vom Fliegen und der Idee der Völkerverbindung war ein Alptraum des Tötens geworden.

4 Die 20er und 30er Jahre

DR. STEFAN BLUMENTHAL

Anmerkung des Autors zu diesem Kapitel:

„Rekordflüge und die Verwendung von Metall im Flugzeugbau sorgten in den 20er und 30er Jahren für große Fortschritte in der Fliegerei. Kontinente rückten enger zusammen, der Atlantik wurde in beiden Richtungen bezwungen."

Erste Wettbewerbe

In Deutschland begann die zivile Luftfahrt nach dem verlorenen Krieg naturgemäß anders als bei den Siegermächten. Alle Flugzeuge, soweit sie die letzten Kriegswirren überstanden hatten, mußten auf Anordnung der Alliierten ausgeliefert oder zerstört werden. Tausende von teilweise neuwertigen Flugzeugen wurden so vernichtet. Der Versailler-Vertrag verbot den Bau bewaffneter Luftfahrzeuge, und durch sogenannte Begriffsbestimmungen wurde die Zivilluftfahrt derart eingeschränkt, daß sie nur noch vereinzelt und mit großen Schwierigkeiten möglich war. In jenen Jahren standen alte Rumpler- oder Albatros-Doppeldecker zur Verfügung, die man vor der Zerstörung gerettet hatte. Vom technischen Standpunkt aus gesehen waren diese Flugzeuge, die noch zumeist in Holzbauweise ausgeführt und mit Leinwand bespannt waren, schon längst überholt.

Bereits 1916, also mitten im Krieg, hatte Prof. Junkers den ersten Metalltiefdecker, die J1, an die Front gebracht. Unter den Fliegern wurde sie als »Blechesel« tituliert. Nun, im November 1918, gelang es Junkers, seine Mitarbeiter für den Aufbau einer deutschen Friedensluftfahrt zu begeistern. So entstand in Dessau in aller Stille ein neuer Flugzeugtyp, der zum Ausgangspunkt aller modernen Verkehrsflugzeuge werden sollte: die legendäre Junkers F13. Sie war ein Ganzmetallflugzeug mit zwei Mann Besatzung und einer Kabine für vier Fluggäste. Diese verspannlose einmotorige Maschine wurde von Junkers bereits in den ersten Monaten des Jahres 1919 für den Markt bereitgestellt, noch ehe der Versailler-Vertrag unterzeichnet war. Sein Flugzeug trat einen Siegeslauf an, nur vergleichbar mit dem der berühmten Ju 52. Bereits 1919 wurde eine Serie von zehn Maschinen in die USA verkauft, und viele Länder innerhalb und außerhalb Europas folgten.

Was Hugo Junkers für die Verkehrsluftfahrt bedeutete, stellte Hans Klemm für den Sportflug dar. Dieser geniale Konstrukteur ging dabei von ganz anderen Überlegungen aus. Seiner Meinung nach war die Flugzeugentwicklung während des Ersten Weltkrieges in eine Sackgasse geraten, da ohne Rücksicht auf Ökonomie ein Wettlauf nach den Prämissen »immer schneller, immer höher und immer leistungsfähiger« geführt wurde. Diese Mißachtung der Kräfteökonomie sah er als Hemmschuh jeder technischen und wirtschaftlichen Weiterentwicklung im Flugzeugbau an. Da zudem durch den Versailler-Vertrag leistungsfähige Flugzeuge und Motoren nicht gebaut werden durften, machte er aus der Not eine Tugend. Sein Flugzeug sollte ein Flügelprofil erhalten, das mit geringstem Widerstand eine maximale Steig- und Schwebefähigkeit verband. Das Ergebnis dieser Bemühung war die L15, die, bestückt mit einem nur 12,5 PS starken Harley-Davidson-Motorradmotor, 1922/23 vielversprechende Flüge unternahm. Den Durchbruch schaffte Klemm aber dann mit der L20, die das meistgeflogene Sportflugzeug der 20er Jahre wurde. Den Motor mit 20 PS hatte Ferdinand Porsche extra für dieses Flugzeug entwickelt. Die Konstruktion des »Leichtflugzeuges L20« und der späteren Folgetypen war aus ökonomischen Gründen in Holz ausgeführt. Hieraus entwickelte sich die sogenannte Sperrholz-Schalenbauweise. Die freitragenden Flügel waren relativ dick gehalten.

Dieses Prinzip, die tragenden Teile im Flügel unterzubringen, benutzte auch ein weiterer Konstrukteur, Dr. Adolf Rohrbach. Als Chefkonstrukteur der Zeppelinwerft in Staaken entwickelte er aus Leichtmetall ein viermotoriges Kabinenflugzeug, die E4/20 Staaken. Leider mußte das Flugzeug auf Anordnung der Ententenmächte nach seinen Erstflügen zerstört werden. Später, vor allem mit seinen Wasserflugzeugen, konnte Rohrbach jedoch seine Konstruktionsprinzipien durchsetzen.

Wesentlichen Anstoß für Innovationen boten Flugwettbewerbe und Rundflüge. Hierbei konnten sich die einzelnen Piloten in Konkurrenz miteinander messen und die verschiedenen Flugzeugfirmen die Überlegenheit ihres Produktes zur Schau stellen. War der Wettbewerb international ausgeschrieben, so galt es, zusätzlich die nationalen Interessen zu vertreten. Ein Wettbewerb, der einen besonderen Einfluß auf die Entwicklung der Fliegerei genommen hat, war das internationale Schneider-Pokal-Rennen, das in den Jahren 1913 bis 1931 ausgetragen wurde.

Jaques Schneider, ein französischer Industrieller, hatte diesen Pokal 1913 für das Land gestiftet, das dreimal innerhalb von fünf Jahren das schnellste Wasserflugzeug des Wettbewerbes stellte. Für Deutschland hatte 1914 die Firma Aviatik ein Flugzeug nach Monaco entsandt, dieses ging jedoch schon bei Versuchsflügen vor dem eigentlichen Rennen zu Bruch. Nach dem Ersten Weltkrieg durfte Deutschland keine Flugzeuge konstruieren, und so fand dieses Rennen vornehmlich zwischen England, Frankreich, Italien und den USA statt. Stand am Anfang noch der Gedanke im Hintergrund, ein hochseetüchtiges Wasserflugzeug zu bauen, ging es nach dem Krieg nur noch um die Geschwindigkeit.

1919 hatte der Italiener Janello mit seinem Savoia-Flugzeug mit einem 200 PS Isotta-Fraschini-Motor zum erstenmal auf dem 330 km langen Rundkurs die 200 km/h-Marke überschritten. 1922 siegte England: Mit einem Supermarine-Flugboot, das mit einem 450 PS-Napier-Motor ausgerüstet war, konnte H.C. Biard in Neapel eine Geschwindigkeit von 238 km/h erreichen. 1923 griffen die USA nach dem Pokal. Leutnant Rittenhouse hatte mit dem Curtiss-Doppeldecker, der von einem 465 PS-Motor angetrieben wurde, eine Geschwindigkeit von 285 km/h erreicht. Das nächste Rennen fand erst 1925 in den USA statt, da die Entwicklungszeit von einem Jahr für neue Flugzeugtypen zu kurz war.

In Baltimore war die PS-Zahl inzwischen auf 510 gestiegen, womit Leutnant Doolittle (USA) mit seinem Curtiss-Flugboot eine Geschwindigkeit von 377 km/h erreichte. Damit hatten die USA den Pokal zum zweitenmal hintereinander gewonnen, und jeder war nun gespannt auf das Jahr 1926: würde die USA endgültig diesen Pokal gewinnen? Es kam jedoch anders. Major de Bernardi mit seinem Macchi M39-Eindecker (800 PS-Fiat-Motor) aus Italien hatte diesmal die Nase vorn. Mit 398 km/h schoß er als erster durchs Ziel.

Als Abschluß der Geschwindigkeitsrekorde für Wasserflugzeuge überschritt Pilot Angello am 23. 10. 1934 zum erstenmal die 700 km/h-Marke. Die italienische Rekordmaschine Macchi-Castoldi MC 72 erreichte an diesem Tage genau 709,209 km/h.

Die Macchi-Castoldi MC 72 wurde auch in Deutschland zum faszinierenden Objekt auf Sammelkärtchen.

Bücker „Bü 131 B" mit einem 105 PS-Hirth-Motor HM 504 A-2. Die „Jungmann" war das beliebteste Sportflugzeug der 30er Jahre.

Klemm L 20. Das verbreitetste Sportflugzeug der 20er Jahre. Mit diesem Typ führte Freiherr von König-Warthausen 1928 seinen Weltflug durch.

Klemm L 25. Eine Weiterentwicklung der Klemm L 20, hier als Wasserflugzeug mit Schwimmern ausgerüstet.

Das zehnte Rennen fand 1927 in Venedig statt. Hier waren wieder viele Neukonstruktionen am Start. Insbesondere die verspannten Eindecker mit ihren dünnen Tragflächen taten sich hervor. Ebenfalls wurde mit Spannung das Duell zwischen Sternmotor und Reihenmotor erwartet. Es kam leider nicht zustande, da bei einem Trainingsflug der Pilot Schofield mit seinem Flugzeug Crusader, das einen »Bristol« Sternmotor (800 PS) hatte, verunglückte. Nachdem einige Maschinen ausgefallen waren, setzte sich der englische Supermarine Eindecker S5 unter Führung von Leutnant Webster durch, der eine Geschwindigkeit von 453 km/h erreichte. Sein 900 PS starker Napier-Reihenmotor verbrauchte 230 l/h.

England trug somit das nächste Rennen im Jahre 1929 aus. Am Start standen je drei englische und italienische Flugzeuge. Die Franzosen und die USA hatten ihre Meldung kurz zuvor zurückgezogen. Auch Deutschland besaß von den Dornier-Werken einen beachtenswerten Entwurf, der jedoch wegen finanzieller Schwierigkeiten nicht ausgeführt werden konnte. Erneut gelang es diesmal England, das Rennen für sich zu entscheiden. Fliegeroffizier Waghorn konnte mit seinem neuen Supermarine S6 erstmals die 500 km/h-Marke überbieten und kam mit 528 km/h durchs Ziel. Das Flugzeug war mit einem 1900 PS starken Rolls-Royce-Motor ausgerüstet. Nun hatte England zum zweitenmal den Pokal gewonnen, und die endgültige Entscheidung sollte 1931 in Southhampton fallen. Der Hauptkonkurrent Italien war kurz vor dem Rennen ausgeschieden, da Pilot Bellini bei Probeflügen auf dem Gardasee tödlich verunglückte. So war es für Leutnant Boothmann ein leichtes, den Pokal mit seiner Supermarine S6B endgültig nach England zu holen. Das verbesserte Rolls-Royce-Triebwerk hatte nun schon 2350

Staaken E 4/20, eine bahnbrechende Konstruktion von Adolf Rohrbach. Leider mußte dieses Flugzeug auf Anordnung der Ententemächte zerstört werden.

Das Ganzmetall-Flugboot Rohrbach „Robbe" (Ro VII). Dieses Flugzeug wurde beim Deutschen Seeflug 1926 eingesetzt.

Vikers Vimy: Aufnahme vom Abflug der Mannschaft Alcook/Brown, die 1919 als erste von Neufundland aus den Atlantik überquerten.

PS, und eine Durchschnittsgeschwindigkeit von 547 km/h reichte für den Gewinn. Am selben Tag konnte mit diesem Flugzeug noch außer Konkurrenz ein neuer Geschwindigkeitsrekord von 610 km/h erzielt werden. Ausgehend von diesen Erfahrungen entwickelten das Team Supermarine, Konstrukteur Mitchell und Rolls-Royce in späteren Jahren die berühmte Spitfire.

Ab 1925, nachdem die Versailler Bestimmungen gelockert wurden, richtete auch Deutschland wieder Flugwettbewerbe aus. Die erste überregionale Flugveranstaltung war der Deutsche Rundflug um den »BZ-Preis der Lüfte«. Der deutsche Aero-Club als Organisator hatte diesen Rundflug ausgeschrieben, um damit die allgemeine Betriebssicherheit der Flugzeuge zu testen und zu erhöhen. Für den Start am 31. Mai 1925 in Berlin-Tempelhof hatten sich über 90 Piloten in die Meldeliste eingetragen, mit einer Fülle von Neukonstruktionen. Der Flug führte in fünf Tagesetappen quer durch Deutschland, wobei die Flieger am Abend immer wieder nach Berlin zurückkehren mußten. Entsprechend ihrer PS-Zahl wurden die Flugzeuge in drei Kategorien eingeteilt. Der Flug wurde ein voller Erfolg, wenn auch unter Schwierigkeiten. Von den 50 gestarteten Teilnehmern, unter ihnen auch bekannte Piloten aus dem Krieg, gelang es nur 20, die 5260 km lange Strecke strafpunktfrei zurückzulegen. Besonders bewährt hatten sich die Klemm L20 sowie die Udet U10. Sieger des BZ-Preises in der Gruppe A (bis 40 PS) wurde Bruno Loerzer, in Gruppe B (bis 80 PS) Hochmut und in Grupp C (bis 120 PS) Kaptlt. Ritter auf Casper CT. Als größtes Hindernis hatte sich bei diesem Rundflug die Unzuverlässigkeit der Motoren herausgestellt.

Ein Jahr später, im Juli 1926, fand als nächster großer Wettbewerb der Deutsche Seeflug in Warnemünde statt. Diesmal kämpften Wasserflugzeuge um Preise in Höhe von 400000 Mark. Ziel war es, zu einem seetüchtigen, leistungsfähigen Flugzeug für den Seeflugverkehr zu gelangen. Achtzehn Maschinen wurden gemeldet, und auch hier waren neue Konstruktionen, so die Flugzeuge von Ernst Heinkel oder die Flugboote von Adolf Rohrbach, zu sehen. Aber auch Dornier und Junkers hatten Flugzeuge gemeldet. Der Wettbewerb stand unter einem unglücklichen Stern. Viele der Flugzeuge, die die vier Etappen zu bewältigen hatten, erlitten Bruch und wurden beschädigt, so beispielsweise das Rohrbach-Flugboot sowie eine Heinkel HD24. Auf der Strecke nach Norderney ertrank Pilot Haas und zwei Tage später Wesemann auf LFG V61. Zum Schluß blieben nur noch drei Maschinen übrig. Gesamtsieger im Hauptwettbewerb, im Zuverlässigkeitspreis und in der Zusatzausschreibung wurde Wolfgang von Gronau auf Heinkel He-V, der damit 250000 Mark an Preisgeldern gewann.

Junkers F 13. Das erste deutsche Verkehrsflugzeug nach dem 1. Weltkrieg. Abgebildet ist das Bordflugzeug des Dampfers „Stuttgart", der 1927 eine Polarfahrt unternahm.

Die Atlantikflüge

Seit jeher bedeutete der Atlantik eine große Herausforderung für die Menschen, und für die Pioniere der Luftfahrt sollte dies nicht anders sein. Als nach dem Ersten Weltkrieg in England und in den USA eine Schar ehemaliger Piloten arbeitslos wurde, versuchte diese zunächst durch Umbau alter Kriegsflugzeuge, kleine Luftdienstunternehmen zu gründen. Aber das Abenteuer, sich auch in der Luft einen Weg zwischen der alten und der neuen Welt zu erobern, blieb. Das Gefühl, ein neuer Kolumbus werden zu können, beflügelte die Phantasie jener Männer gewaltig.

Die kürzeste Strecke zwischen Neufundland und Irland beträgt zirka 3000 km und verläuft so weit nördlich, daß kaum Schiffe nach einer eventuellen Notwasserung bei einer Rettung zur Verfügung stehen würden. Es lag also nah, sicherheitshalber den Versuch mit einem Flugboot zu wagen. So starteten am 16. Mai 1919 drei Curtiss-Flugboote der amerikanischen Marine mit dem Auftrag, den Atlantik zu überqueren. Der Flug sollte von Neufundland mit Zwischenstation auf den Azoren nach Europa führen. Über 40 amerikanische Zerstörer waren in gleichmäßigen Abständen bis nach Portugal postiert worden. Zunächst verlief alles reibungslos, die Flugboote kamen jedoch vor den Azoren vom Kurs ab und zwei von ihnen mußten notwassern. Der Flugzeugführer Albert C. Read schaffte es, die Azoren zu erreichen. Zehn Tage später flog er weiter in Richtung Portugal und landete ohne weitere Komplikationen in Lissabon – die erste Flugüberquerung des Atlantiks war gelungen.

Junkers W 33 „Bremen". Mit diesem einmotorigen Ganzmetall-Tiefdecker glückte Hermann Köhl, Freiherr von Hünefeld und Major Fitzmaurice die erste Ost-West-Atlantiküberquerung.

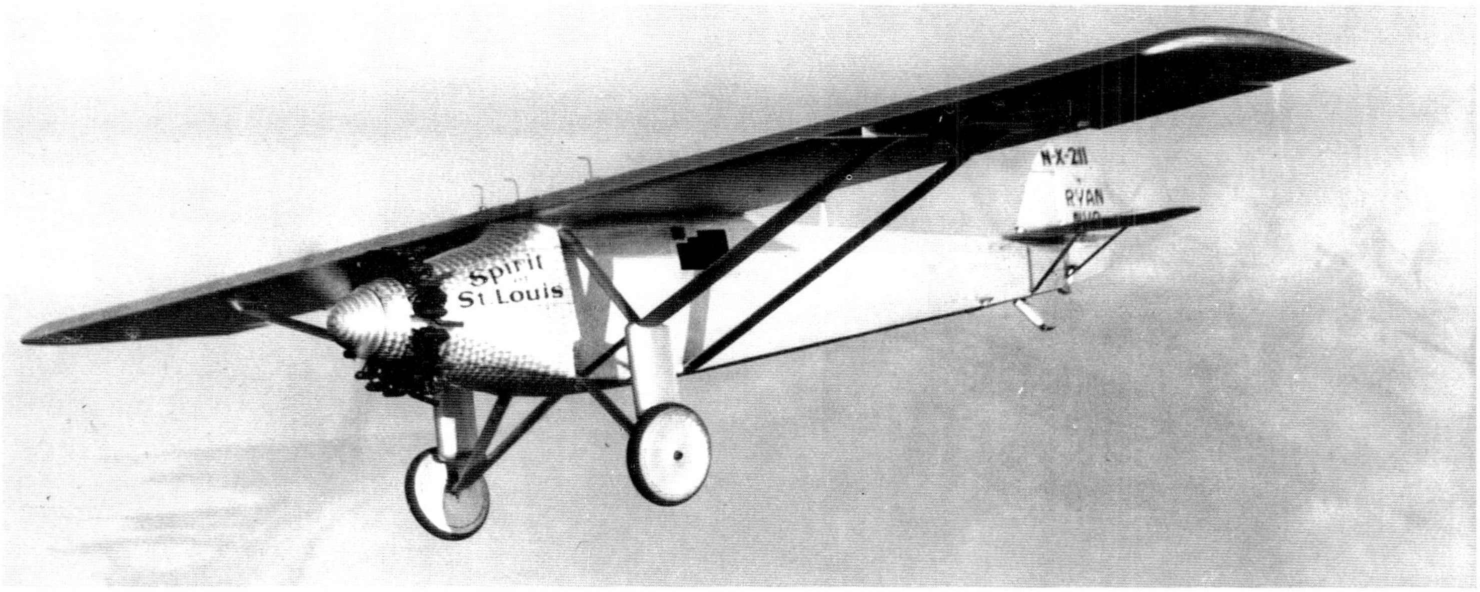

Die legendäre „Spirit of St. Louis", mit der Charles Lindbergh 1927 Non-stop in 33 Stunden und 39 Minuten von New York nach Paris flog.

Bereits 1913 hatte Lord Northcliff, Inhaber der »Daily Mail«, einen Preis von 10 000 englischen Pfund für den »Privatpiloten« gestiftet, der als erster den Atlantik zwischen den USA und Irland überqueren würde. Dieser Preis spornte viele Piloten an, sich an dieser Aufgabe zu messen. So versuchten am 14./15. Juni 1919 John Alcook und Arthur Brown den Flug von Neufundland aus nach Irland. Sie hatten dafür einen Vickers-Vimy-Bomber umgebaut und mit Zusatztanks ausgerüstet. Das Flugzeug war dadurch so überladen, daß sie nur mit Mühe starten konnten. Wolken- und Nebelbänke erschwerten ihnen die Navigation, so gerieten sie ins Trudeln und wären dabei fast abgestürzt. Trotz starker Probleme mit dem Motor gelang es ihnen schließlich, nach 16 Stunden und 28 Minuten auf einer Moorwiese in Irland zu landen. Der erste Nonstopflug über den Atlantik ging damit in die Geschichtsbücher ein. Alcook und Brown erhielten den Scheck über 10 000 Pfund und wurden in den Adelsstand erhoben.

Preise für Atlantikflüge lockten weiterhin, so ein mit 25 000 Dollar dotierter Preis für einen Flug von New York nach Paris, aber es vergingen noch über sieben Jahre, bis sich Kandidaten für diese Aufgabe meldeten. In erster Linie lag es daran, daß die Strecke zwischen den beiden Metropolen doppelt so lang war wie die schmalste Stelle des Atlantiks, die Alcook und Brown durchflogen hatten. Im Jahre 1926 begannen sich mehrere Piloten auf eine erneute Atlantiküberqerung vorzubereiten. Unter ihnen war auch ein junger Flieger: Charles Lindbergh. Er hatte bisher als Flugakrobat

Die Ozeanflieger Clarence Chamberlin und Charles Levin nach ihrem Atlantikflug von New York nach Berlin 1927. Abgebildet ist der Empfang beim amerikanischen Botschafter in Berlin.

Nach dem Ersten Weltkrieg fanden viele amerikanische Piloten Anstellung in kleinen Unternehmen, die für den Luft-Transport per Post zuständig waren – auch Charles Lindbergh war ursprünglich Postflieger.

und Postflieger seinen Lebensunterhalt verdient, nun aber Geschäftsleute für seine Idee begeistern können. In zweimonatiger Arbeit entstand sein Flugzeug, die »Spirit of St. Louis«, und am 20. Mai 1927 um 7.54 Uhr war es soweit: Lindbergh startete in New York und nahm Kurs in Richtung Paris. Stunden voller Anspannung und Monotonie sollten vor ihm liegen. Er versuchte, sich durch alle möglichen Tricks wach zu halten und geriet in eine Art Trance, in der er wie im Traum flog. Endlich, nach 27 Stunden glaubte er, Boote im Atlantik auszumachen. Alsbald tauchte Irland vor ihm auf. Nach einer Flugstrecke von 4800 km stellte er fest, daß er nur fünf Kilometer vom berechneten Kurs abgewichen war. Lindbergh steuerte nun auf Frankreich zu und erreichte in der Nacht Paris. Nachdem er den Eifelturm umflogen hatte, landete er nach 5810 km und einer Flugzeit von 33 Stunden und 39 Minuten in Le Bourget. Die jubelnden Menschenmassen durchbrachen die hier aufgestellten Absperrungen, und um ein Haar wäre er von den begeisterten Parisern erdrückt worden. Zum ersten Mal bezwang ein einzelner Flieger den Atlantik im Nonstopflug.

Zwei Wochen später gelang es Clarence Chamberlin und Charles Levine, von New York bis kurz vor die Tore Berlins zu fliegen. In 43 Stunden legten sie annähernd 6300 km zurück und stellten damit einen neuen Langstreckenrekord auf. Im Jahre 1927 glückte noch ein weiterer Atlantikflug vom Ausgangsort New York. Richard Byrd, der im Mai 1926 als erster den Nordpol überflogen hatte, schaffte es nun, mit vier Mann Besatzung ebenfalls den Atlantik zu überqueren. Er landete an der Küste von Frankreich.

Nachdem nun viele Flieger bewiesen hatten, daß der Atlantik in West-Ost-Richtung erobert werden konnte, erwartete die Welt voll Spannung, welchem Piloten der erste Ost-West-Flug glücken würde. Dieser Flug war um einiges komplizierter, da die Flieger nicht mit der Erddrehung, sondern ihr entgegen fliegen mußten, und somit die Zeitverschiebung sowie schlecht vorhersagbare Wetterprognosen als zusätzliche Probleme auftauchten.

Nachdem es in Deutschland Ende der 20er Jahre mit der Luftfahrt wieder bergauf ging, hatte der »Pour le Mérite«-Flieger Hermann Köhl, damals Nachtflugleiter der Luf thansa, Pläne entwickelt, um den Atlantik zu bezwingen. Zu ihm gesellte sich der Flugenthusiast Freiherr Günther von Hünefeld. Sie entschieden sich für die von den Junkerswerken gebaute W33-»Bremen«. Dieser Flugzeugtyp hatte sich schon bei der Lufthansa bewährt. Mit vereinten Kräften packte man das Vorhaben an, für dessen Start Irland ausge-

Der Sport- und Segelflieger Wolf Hirth zur Zeit seiner größten Flugerfolge Anfang der 30er Jahre.

Dornier Do „Delphin" über der Hafeneinfahrt von Lindau. Der Bodensee-Aero-Lloyd führte mit diesen Flugzeugen Rund- und Streckenflüge am Bodensee durch.

Das Riesenflugboot Dornier Do X vor der Skyline von New York im Jahre 1931. Die Mannschaft wurde bei dieser Gelegenheit von Präsident Hoover empfangen.

wählt wurde. Hier trafen Köhl und v. Hünefeld den Kommandanten des Fliegerlagers Baldonnel Major James Fitzmaurice, der bereits im September 1927 einen Versuch zur Atlantiküberquerung unternommen hatte. Als Navigator konnte er sehr gute Dienste leisten, und so beschloß man, zu dritt das Wagnis zu unternehmen.

Am 12. April war es dann soweit, die Wetterlage schien günstig, und die »Bremen« startete um 5.10 Uhr morgens. Der Start wäre fast eine Katastrophe geworden, da im letzten Augenblick ein Schaf über die Startbahn lief und nur durch beherztes Eingreifen von Fitzmaurice, der die Maschine kurz hochzog, ein Unglück verhindert wurde. Der Flug verlief zunächst programmgemäß, dann jedoch kam die Bremen in ein Tiefdruckgebiet mit Sturm, Regen und Böen, was die allerletzte Kraft der Mannschaft erforderte. Stundenlang tobte dieser Sturm, und es war kaum möglich, den Kurs zu halten. Gleichzeitig bedeutete dies, daß wesentlich mehr Benzin verbraucht wurde als vorausgeplant. Am kommenden Morgen bemerkten sie plötzlich Land unter sich. Es war eine schnee- und eisbedeckte Landschaft, ab und zu durch ein Waldstück unterbrochen. Nach 36,5 Stunden Flug entdeckte die Besatzung endlich einen Leuchtturm. Da das Benzin zu Ende gehen drohte, beschlossen Köhl, v. Hünefeld und Fitzmaurice, hier zu landen. Es war Greenly Island an der nördlichen Spitze von Labrador. Der erste Ost-West-Flug über den Atlantik war vollbracht.

Werbeprospekt der Deutschen Lufthansa für Bäderflüge zur Nord- und Ostsee. Abgebildet ist ein Dornier „Wal"-Flugboot.

Dieser Beweis fliegerischen Könnens entfachte in Deutschland wahre Begeisterungsstürme. Junge Flieger drängten hinaus in die Welt, um die letzten noch unbekannten Gebiete zu erobern, aber auch der Atlantik hatte seine Anziehungskraft noch nicht verloren. Wolf Hirth, der jüngere Bruder von Hellmuth Hirth, unternahm 1930 mit seiner kleinen Klemm L20 einen Flug, der ihn mit Zwischenstation in England, den Orkney-Inseln, Island, Grönland, Labrador und Quebec nach den USA führen sollte. Der Flug verlief zunächst einwandfrei, und Hirth gelang es – unter anderem fast 1000 km über offenem Meer – bis nach Island zu kommen. Dort erfuhr er,

Fokker-Hochdecker. Mit diesem Flugzeug führte 1924 eine niederländische Mannschaft einen vielbeachteten Flug von Holland nach Indonesien durch.

daß die dänische Regierung entgegen früherer Zusagen auf einem Landegeld von 10000 Kronen für Grönland bestand. Da er diese Summe nicht aufbringen konnte, mußte er seinen Weiterflug aufgeben, er war aber immerhin der erste Flieger, der Island mit einem Landflugzeug erreichte.

Kurz darauf gelang es Wolfgang von Gronau, mit einem Dornier-Wal ebenfalls auf der Nordroute nach Nordamerika zu fliegen.

Viele weitere Atlantiküberquerungen folgten, besonders erwähnenswert sind hier jedoch die Flüge von Miss Amelia Earhart. Bereits 1922 erlangte sie ihren Pilotenschein und stellte einen Höhenrekord von 4300 m für Frauen auf. Als Pilotin konnte sie jedoch kein Geld verdienen, und so ergriff sie spontan die Gelegenheit, als man ihr 1928 anbot, ihren Job als Sozialarbeiterin an den Nagel zu hängen, um bei einem Transatlantikflug mitzufliegen.

Die »Friendship«, ein dreimotoriges Wasserflugzeug, startete am 17. Juni 1928 von Neufundland aus. Mit von der Partie waren Wilmer Stultz als Pilot und Lou Gordon als Copilot. Amelia Earhart wechselte sich zwar ab und zu mit Lou Gordon ab, Stultz saß jedoch hauptsächlich am Steuerknüppel. Der Flug verlief problemlos bis zum Schluß, wo aufgrund von schlechten Sichtverhältnissen Irland überflogen wurde und die »Friendship« erst an der Küste von Wales nach 20 Stunden und 40 Minuten landete. Das Echo auf diese Atlantiküberquerung war unbeschreiblich. Die beiden Piloten verblaßten völlig neben der Begeisterung, mit der Amelia Earhart empfangen wurde. Parallelen zu Lindbergh waren durchaus angebracht, und die Presse feierte sie enthusiastisch und titulierte sie als »Lady Lindy«. Es mischten sich jedoch auch chauvinistische Töne darunter, so zum Beispiel, daß man genausogut an ihrer Stelle ein Schaf hätte mitflie-

Bücker-Jungmann. Dieses Flugzeug hat bis in die heutige Zeit seinen Reiz nicht verloren. Abgebildet ist eine Maschine mit bundesdeutscher Kennung.

gen lassen können. Die Kritiker strafte Amelia Earhart jedoch Lügen, als sie Mitte Mai 1932 mit einer Lockheed Vega von Neufundland aus als erste Frau im Alleinflug den Atlantik überquerte und in Londonberry landete.

Von der Bezwingung des Atlantiks durch einzelne Piloten bis zur Aufnahme eines Liniendienstes durch eine Luftfahrtgesellschaft dauerte es noch ein paar Jahre. Zwei Meilensteine im Transozean-Verkehr verdienen der Erwähnung: Zunächst die Bezwingung des Süd- und Nordatlantiks durch die Dornier-Flugschiffe, allen voran das größte Flugschiff der Welt, die Do X. Am 31. Januar 1931 startete dieser Koloß mit einer Spannweite von 48 Metern unter Führung von Flugkapitän Friedrich Christiansen zu einem Rundflug nach Südamerika, dann nach New York und zurück nach Berlin. Um die 30 Tonnen Leergewicht in die Luft zu bekommen, war das Flugschiff mit zwölf Motoren à 640 PS ausgerüstet. Der Fernflug wurde zu einem wahren Triumpf. Jubelnd wurde die Do X im Hafen von New York begrüßt und die Mannschaft von Präsident Hoover im Weißen Haus empfangen.

Die zweite Meisterleistung war ein Formationsflug, den der italienische Luftfahrtminister Balbo im Jahre 1933 durchführte. Mit 25 Flugbooten vom Typ Savoia-Marchetti SM55X startete er am 1. Juli von Rom aus zur Weltausstellung nach Chicago. Mit mehreren Zwischenlandungen erreichte er sein Ziel und konnte Ende des Monats auf einer anderen Route nach Rom zurückkehren.

Für die Verkehrsfliegerei ist der Flug des deutschen Landflugzeuges Focke Wulf FW200 »Condor« von Berlin nach New York und zurück erwähnenswert. Am 10. August 1938 starteten Flugkapitän Henke und seine Mannschaft und erreichten New York non-stop nach 24 Stunden und 56 Minuten. Der Rückflug dauerte nur knapp 20 Stunden. Die vier 720 PS-Motoren verliehen dem Flugzeug eine Geschwindigkeit von über 320 km/h. Die Luftbrücke über den Nordatlantik war damit endgültig errichtet.

Die Weltflüge

Die allgemeine Aufbruchstimmung, die nach dem I. Weltkrieg herrschte, gab der Fliegerei Anstoß, Höchstleistung zu erbringen, denn in der Luft galt es noch, die Welt zu erobern. Für England war es besonders interessant, eine Verbindung zu seinen Kolonien auf dem Luftweg zu erreichen. Nachdem der australische Premierminister einen hohen Preis für das erste Flugzeug, das seinen Kontinent erreichen würde, ausgesetzt hatte, ging ein regelrechtes Wettrennen los. Eine englische, zwei australische und eine französische Mannschaft beteiligten sich daran. Der französische Pilot Etienne Poulet startete zuerst und kam zunächst bis Persien, wo er mit Motorschaden liegenblieb. Mitten in der Wüste mußte er sich gegen Angriffe von Nomaden zur Wehr setzen, während sein Mechaniker den Motor reparierte.

XV. Deutscher Luftfahrertag 1931 in Augsburg. Die Flugzeuge sind am Start versammelt. Im Vordergrund eine BFW (Messerschmitt) M 23 b.

Vier Wochen später starteten die Gebrüder Ross und Keith Smith mit einem Vickers-Vimy-Bomber, einem Flugzeug desselben Typs, mit dem kurz zuvor der Atlantik überquert worden war. Mit vielen Schwierigkeiten und bei extrem schlechten Wetterbedingungen konnten sie Karatschi erreichen und erfuhren dort, daß die französische Mannschaft nur noch einen Vorsprung von 24 Stunden hatte. Sie setzten nun alles auf eine Karte, und in Burma gelang es ihnen, Poulet und seinen Copiloten einzuholen. An diesem Abend tauschten die beiden Besatzungen ihre Erfahrungen aus und starteten am nächsten Morgen gemeinsam nach Rangun. Die restliche Strecke bis nach Sydney war noch von zahlreichen Schwierigkeiten gepflastert, da keine Flugplätze mehr zur Verfügung standen, und deshalb die Zwischenlandungen auf Feldern, Rennbahnen oder ähnlichem erfolgen mußten. Ross und Keith Smith schafften es jedoch: praktisch mit dem letzten Tropfen Benzin kamen sie am 10. Dezember 1919 in Darwin ab. Sie hatten für die Strecke 28 Tage benötigt, wurden geadelt und erhielten den Preis von 10000 Pfund. Diese großartige Leistung rief überall Bewunderung und Begeisterung hervor, ein Flug »Rund um die Welt« war es jedoch noch nicht gewesen.

Nachdem die amerikanische Marine 1919 als erste mit ihren Flugbooten den Atlantik überqert hatte, war es General Patrick, der Oberbefehlshaber der Luftstreitkräfte, der diese Scharte für seine Waffengattung ausgleichen wollte. Mit militärischer Präzision wurde ein Flug um die Welt geplant, der in 72 Etappen mehr als 41 000 km betragen sollte. Vier Douglas »World Cruiser« wurden extra zu diesem Zwecke konstruiert. Es handelte sich um einmotorige 400 PS starke Doppeldecker, die jeweils von zwei Mann Besatzung geflogen wurden, und deren Räder je nach Bedarf gegen Schwimmer ausgetauscht werden konnten. Am 6. April 1924 starteten diese vier Maschinen in Seattle zu dem großen Abenteuer. Bereits in Alaska prallte die Führungsmaschine gegen einen Berg, die Piloten konnten sich jedoch retten. Die anderen drei Flugzeuge setzten den Flug fort und wurden überall, in Japan, China oder Indien mit großem Menschenauflauf empfangen.

Paris erreichten sie am Nationalfeiertag (14. Juli). Eine zweite Douglas hatte auf dem Flug zwischen den Orkney-Inseln und Island einen Ölpumpenbruch und versank im Atlantik. Erfolgreich wurde der Weltflug von den beiden restlichen Flugzeugen beendet. Die Besatzungen L. Smith/L. Arnold mit der »Chicago« und E. Nelson/J. Harding mit der »New Orleans« kamen in Seattle nach 175 Tagen am 28. September 1924 wieder an. Begrüßt wurden sie von über 50000 begeisterten Amerikanern, sie hatten eine Strecke von 44340 km in einer Flugzeit von 371 Stunden und 11 Minuten zurückgelegt.

Trotz aller Erfolge bis zum Jahre 1928 hatte es noch kein Flieger geschafft, den Pazifischen Ozean von Amerika nach Australien zu bezwingen. Zwar erreichten Maitland und Hegenberger 1927 zum erstenmal von Oakland aus Hawaii,

Der Flughafen Böblingen in den 30er Jahren. Zu sehen sind eine Junkers G 24 der Lufthansa, eine Klemm L 26 IIa sowie in der Halle die Klemm L 25 von Wolf Hirth.

immerhin 3900 km übers offene Meer. Von dort nach Australien zählte man noch 8700 km, wobei es lediglich eine Zwischenlandungsmöglichkeit auf den Fidschi-Inseln gab. Die Chance, eine so kleine Inselgruppe im Pazifik zu finden, glich fast der Suche nach der Nadel im Heuhaufen. Die einzige Möglichkeit, einen solchen Flug nicht als Selbstmörder zu beenden, bestand im Einsatz eines Peilgerätes, das den Fliegern jeweils vom Landeort aus Signale entgegenstrahlte. Den Nachteil dieses Gerätes machte allerdings die nur geringe Reichweite von zirka 1000 km aus.

Unter diesen schwierigen Voraussetzungen begaben sich am 31. Mai 1928 der australische Pilot Charles Kingsford-Smith und drei Begleiter auf den gefährlichen Weg. Ihr Flugzeug, die »Southern Cross«, war ein Fokker Hochdecker, der mit drei Wright-Whirlwind-Sternmotoren von je 200 PS ausgerüstet war. Die erste Etappe bis nach Hawaii verlief völlig problemlos, bereits nach 27,5 Stunden landeten sie dort. Das Peilgerät hatte großartig funktioniert. Dann, am 4. Juni, erfolgte der Start zur zweiten Etappe. Auch hier spielte sich zunächst alles programmgemäß ab – nach drei Stunden jedoch fiel der Peilsender aus, und von nun an war die »Southern Cross« allein auf ihren Navigator angewiesen. Das Wetter verschlechterte sich, und der rechte Motor fing an zu stottern. In dieser Situation fiel das Vertrauen der Mannschaft auf den Nullpunkt. Sie bewegten sich nun schon fast $1^{1/2}$ Tage in der Luft, und nichts als der unendliche Ozean unter ihnen – da tauchte plötzlich gegen Nachmittag eine Insel am Horizont auf – es war Suva, und Kingfort-Smith gelang die Landung. Fast taub und völlig erschöpft gönnten sich die Flieger zwei Tage Pause, um dann zur letzten Etappe nach Australien zu starten. Wieder gerieten sie in einen Orkan, der Kompaß fiel aus – aber Australien war zu groß, als daß man es hätte verfehlen können. Am Samstag, den 10. Juni, erreichten sie Brisbane und hatten damit als erste Menschen den Pazifik nach Australien überquert.

Aber auch in Deutschland gab es genug junge Piloten, die sich nach dem spektakulären Flug von Köhl, Hünefeld und Fitzmaurice anschickten, die Welt zu umfliegen. Einer von ihnen, der junge Freiherr von König-Warthausen, kam auf die abenteuerliche Idee, mit seiner nur 20 PS starken Klemm L20 zu einer Reise um die Welt zu starten. Am 11. August 1928 hob er in Berlin ab und flog nach Moskau über Baku bis Teheran – eine Strecke von 6000 km. Sein kleines Flugzeug wurde vom Sturm und Regen sehr geschüttelt, und er kam nur mit Mühe und einigen Notlandungen weiter. Auf seinem Weiterflug von Teheran mußte König-Warthausen zwischen Isfahan und Schiras abermals notlanden, nur diesmal mitten im Gebirge. In 2850 m saß er fest, und machte sich auf, Hilfe zu holen. Erst nach Tagen konnte er eine Expedition zusammenstellen, die das Flugzeug zu Tal brachte. Dann ging es jedoch weiter nach Indien.

In der Grenzstadt Karatschi erreichte ihn die Nachricht, daß er für seinen bisherigen Flug den Hindenburgpokal 1928 zuerkannt bekommen hatte. Nun erwachte sein Kampfgeist, und er setzte seinen Flug um den zweiten Hindenburgpokal fort: über Indien, Siam, China und Japan. Er flog über Gebirge und Dschungel, Urwald und Meer, und überall fand er Fliegerfreunde, die ihn herzlich begrüßten und ihm aus der Not halfen. Er wurde Staatsmännern und Königen vorgestellt und hoch geehrt. In den USA begegnete

Die XF6B-1 von Boeing war ursprünglich als Sturzkampfbomber geplant, doch schließlich wurde 1933 nur ein Prototyp des Metall-Doppeldeckers gebaut.

er dem Luftschiff Graf Zeppelin auf seinem Weltflug. Bei der Fahrt zum Flugplatz in El Paso erlitt er jedoch einen Autounfall, der ihn wochenlang ans Bett fesselte. Anfang Oktober nahm er das Rennen wieder auf, um bis zum 1. November auf deutschem Boden zu sein. Leider sollte es nicht ganz klappen. Kurz vor dem Ziel lief die Zeit aus, und der Hindenburgpokal für 1929 wurde nicht ihm, sondern Wolf Hirth für seine Europaflüge zugesprochen. König-Warthausen kehrte nach 16 Monaten nach Deutschland zurück, nachdem er 27 Länder überflogen hatte.

Ein anderer Weltflug fand zwischen dem 23. Juni und dem 1. Juli 1931 statt. Der Amerikaner Wiley Post hatte sich in den Kopf gesetzt, die Erde in möglichst kurzer Zeit zu umrunden. Seine Lockheed Vega, ein 420 PS starker Hochdecker, trug den Namen »Winnie Mae«. Das Flugzeug wurde mit Blindfluginstrumenten und einem speziellen Instrument seines Navigators Harald Getty ausgerüstet, mit dem gleichzeitig die Geschwindigkeit sowie der Windabdrift gemessen werden konnte. Der Flug über den Atlantik verlief planmäßig, nach Zwischenstation in England wurden sie in Berlin von einer stürmischen Menge empfangen. Weiter ging es über Moskau nach Nowosibirsk, dann über die Behringstraße nach Kanada. Teilweise mußten die Flieger auf überschwemmten Flugplätzen landen, und Behelfsstartbahnen

Lockhead Vega. Mit einem Flugzeug diesen Typs führte Willy Post 1931 seinen spektakulären Weltflug aus. Die Maschine war mit einem 420 PS-starken Pratt & Whitney Wasp-Motor ausgerüstet.

wurden eingerichtet, aber nach einer Rekordzeit von 8 Tagen, 15 Stunden und 51 Minuten landeten sie wohlbehalten in New York. Sie brachten eine Flugstrecke von 24945 km hinter sich und unterboten den Weltumrundungsrekord des Luftschiffes Graf Zeppelin um mehr als 12 Tage.

Ein Weltflug besonderer Art wurde 1932 von Wolfgang von Gronau durchgeführt. Er wählte dafür das Dornier-Wal-Flugboot, das bereits Ammundsen zu einem Polflug diente, und flog damit am 22. Juli von Sylt in Richtung Amerika. Am 27. Juli landete von Gronau bereits in Montreal. Er wurde dann jedoch in Detroit wegen festgefressenen Kolben zu einem längeren Aufenthalt gezwungen. Endlich, Anfang September, traf er in Japan ein. Im Land des Lächelns wurden die Flieger von japanischer Gastlichkeit und Geishas verwöhnt. Auch China und Hongkong gehörten zur Route sowie der Flug nach Java. Bevor die Crew jedoch Indien erreichte, mußte sie im Indischen Ozean SOS funken und notwassern, da ein Motor heißgelaufen war. Stundenlang umkreisten Haie das Flugzeug, bis ein Dampfer sie ins Schlepptau nahm. Nach der Reparatur in Rangun machten sie sich auf nach Karatschi, Bagdad und Athen. Am 10. Oktober landete die Mannschaft wohlbehalten auf dem Bodensee. Der erste Weltflug eines Seeflugzeuges hatte nach 44000 Kilometern seinen erfolgreichen Abschluß gefunden.

Auf ganz besondere Leistungen soll in diesem Zusammenhang noch eingegangen werden, und zwar auf den Anteil, den die Frauen bei den Weltflügen hatten. Berühmte Fliegerinnen, unter ihnen auch viele Deutsche, haben sich Anfang der 30er Jahre darangemacht, unsere Erde zu umrunden, so auch Marga von Etzdorf, die 1931 einen erfolgreichen Langstreckenflug von Berlin nach Tokio durchführte. Sie benötigte dazu elf Tage. Noch im selben Jahr, am 4. Dezember 1931, war es Elly Beinhorn, die mit einer Klemm L 26 zu einem Weltflug startete. Ähnlich enthusiastisch und entsprechenden Gefahren ausgesetzt wie drei Jahre zuvor König-Warthausen, flog sie über Istanbul, Bagdad nach Persien und mußte hier wegen verunreinigtem Benzin notlanden. Hilfe bekam sie unerwartet von den zwei amerikanischen Piloten Moye Stephens und Richard Halliburton, die sich mit ihrer Maschine dem »Fliegenden Teppich«, ebenfalls auf einem Weltrundflug befanden. Aber Elly Beinhorn war auf der Jagd nach dem Hindenburgpokal, und so ging die Reise weiter über Indien nach Bangkok bis Australien. Sie-

Mit der DC-3 präsentierte Douglas ein Metall-Flugzeug, das Geschichte machen sollte – auch bei der Berliner Luftbrücke wurde es viele Jahre später eingesetzt.

ben Stunden flog sie dabei über die Timorsee, die von Haifischen nur so wimmelt. Diese Leistung hatte zuvor – außer Amy Johnson, die 1930 bis nach Australien geflogen war – noch keine Fliegerin vollbracht. Nun setzte sie den Flug fort nach Neuseeland und fuhr dann mit dem Schiff nach Panama, wo ihr »Vogel« wieder zusammengebaut wurde.

Elly Beinhorn wählte diesmal nicht den kürzesten Weg, sondern flog quer durch Südamerika bis hinunter nach Buenos Aires, unendlich lang an der Steilküste vorbei, dann stundenlang über dichtem Urwald und den Kordilleren. Bei 15 Grad Kälte flog sie in ihrer offenen Maschine über die Anden und mußte dabei Höhen zwischen 4000–5000 m überwinden. Hier geriet sie in Fallböen, und nur mit letzter Anstrengung erreichte die tapfere Fliegerin die andere Seite des Gebirges. Nach einer weiteren Notlandung erhob sie sich wieder in die Lüfte. Kurz vor Buenos Aires kamen ihr scharenweise Maschinen entgegen, die sie begrüßen wollten. In der Hauptstadt von Argentinien erwartete Elly Beinhorn eine jubelnde Menge. Von Bahia aus kehrte sie dann samt ihrer Klemm auf der »Cap Norte« nach Bremerhaven zurück.

Von hier flog sie nach Berlin weiter und landete dort am 26. Juli 1932. Für diese Weltumkreisung wurde ihr der Hindenburgpokal 1932 zugesprochen.

Eine weitere Pilotin, Jean Batten, machte 1934 von sich reden, als sie in knapp 15 Tagen von England nach Australien flog und kurz darauf in umgekehrter Richtung wieder retour. 1935 gelang ihr ein Flug von England nach Dakar und weiter über den Südatlantik nach Brasilien. Mit 61 Stunden und 15 Minuten stellte Jean Batten einen neuen Weltrekord für diese Strecke auf.

Diese Rekordflüge waren nicht einfach, im Gegenteil, die einzelnen Piloten setzten dabei ihr Leben aufs Spiel. Besonders dramatisch verlief der Weltflug, den Amelia Earhart 1937 antrat. Ihre neue Lockheed Elektra, ein zweimotoriges Passagierflugzeug, konnte 320 km/h erreichen. Mit den eingebauten Zusatztanks hatte sie eine Reichweite von 6500 km. Am 1. Juni startete sie von Miami in Richtung Osten über Puerto Rico nach Brasilien. Von hier aus überwand sie den Atlantik. Die Küste Afrikas hinter sich lassend, flog sie nach Karatschi, Bangkok und Australien. Am 30. Juni landete sie in Neu-Guinea und hatte damit bereits 35 000 km zurückgelegt. Nun folgte der schwierigste Teil des Fluges, nämlich weitere 11 500 km über den Pazifik mit Zwischen landungen auf Howland Island und Hawaii.

Das Flugzeug war in Funkkontakt mit einer Fregatte vor Howland-Island. Alle halbe Stunde meldete sich Amelia Earhart, so auch zur vereinbarten Ankunftszeit, wo sie laut und deutlich ihre Position durchgab. Die Fregatte konnte jedoch keinen Funkkontakt zu ihr aufnehmen, da anscheinend der Empfänger der »Elektra« ausgefallen war. Um 7.42 Uhr kam ein Hilferuf, daß langsam das Benzin knapp würde. Eine viertel Stunde später gab Amelia Earhart an, daß sie kreise, aber die Insel nicht finden könne. Dann war Funkstille. Um 8.45 Uhr meldete sie sich zum letzten Mal voller Verzweiflung und gab nochmals ihre Position durch — dann verstummte sie endgültig. Eine großangelegte Suchaktion begann, aber Amelia Earhart und die Elektra wurden nie gefunden. Für Amerika war eine Nationalheldin, und für die Fliegerinnen der Welt eine ihrer profiliertesten und couragiertesten Vertreterinnen gestorben.

Die Zeit der großen Langstreckenflüge ging langsam zu Ende. Den Schlußstein setzte Howard Hughes, der aus seinem Vermögen 300 000 Dollar investierte, um 1938 den Rekord des schnellsten Fluges um die Welt für sich zu entscheiden. Sein neues zweimotoriges Lockheed-Passagierflugzeug schaffte die Erdumrundung in nur 3 Tagen, 19 Stunden und 17 Minuten. Alles verlief wie am Schnürchen, und er hatte damit doppelt so schnell die Erde umflogen, als je ein anderes Flugzeug vor ihm. Die Technik und die Navigation waren verläßlicher geworden und das Risiko auf ein Minimum reduziert.

Passagierflugzeug Focke-Wulf FW 200 „Condor", das 1938 den erfolgreichen Non-stop-Retourflug zwischen Berlin und New York durchführte. Abgebildet ist die Mannschaft von Flugkapitän Henke beim Empfang in New York.

Fliegerisches Leben

Waren die 20er Jahre noch den Einzelinitiativen und Bestleistungen einzelner Fliegerpersönlichkeiten vorbehalten, so traten diese in den 30er Jahren nach und nach zurück, und nationale und internationale Wettbewerbe gewannen an Bedeutung. Die technische Entwicklung war soweit fortgeschritten, die Anforderungen inzwischen soweit hochgeschraubt, daß immer mehr die Mannschaftsleistung in den Vordergrund trat. Besondere Glanzlichter bei den Wettbewerben waren ab 1927 die Europarundflüge. Sie berührten fast alle europäischen Länder und führten sogar bis an die Küste von Nordafrika. Der Aero-Club von Frankreich hatte dazu einen Wanderpokal gestiftet, den das Land zugesprochen bekommen sollte, das den Pokal dreimal hintereinander gewinnen würde (ähnlich wie beim Schneider-Pokal).

D-ENDI
WIRTH

De Havilland „Tiger Moth". Beliebtestes Sportflugzeug der 30er Jahre in England. Abgebildet ist eine Maschine mit bundesdeutscher Kennung.

Die Idee, die dahinter stand, war die Förderung der Entwicklung eines mehrsitzigen Sportflugzeuges, das den Ansprüchen eines bequemen Reiseflugzeuges genügen sollte.

Für den ersten Rundflug, am 7. August 1929, wurden 82 Maschinen gemeldet. Am Start in Paris waren dann jedoch nur noch 48 Flugzeuge für die 6200 km lange Strecke erschienen. Der Flug ging über Basel, Marseille, Mailand, Agram, Bukarest, Wien, Prag, Warschau, Posen, Berlin, Amsterdam, Brüssel und zurück nach Paris. Zu Ausfällen kam es bei diesem Rundflug sehr oft. Bereits in Basel machte Wolf Hirth eine Bruchlandung. Ebenso schieden v. Bismarck und Bruno Loerzer aus. Johannes Nehring überschlug sich bei der Landung auf dem Feldflugplatz in Posen. Am Ziel in Paris trafen dann noch 32 Flugzeuge ein. Mit einem ersten (Morzik auf Messerschmitt M23 b/SH13) und einem vierten Platz (Lusser auf Klemm L25 D) konnte die deutsche Mannschaft sehr zufrieden sein. Den zweiten Platz belegte Broard aus England (De Havilland), den dritten Platz Carberry aus Kanada auf Raab-Katzenstein RK25.

1930 war Deutschland Gastgeber der Wettveranstaltung und stellte mit 30 Flugzeugen die Hälfte aller teilnehmenden Maschinen. Die Flugzeuge waren diesmal in Gewichtsklassen eingeteilt. Nach dem Wiegen wurden alle auswechselbaren Teile plombiert. Die Flugstrecke von 7560 km berührte die Länder Frankreich, England, Spanien, Schweiz, Österreich, Polen und Deutschland. Auch in diesem Jahr gab es eine Vielzahl von Ausfällen. 35 Maschinen erreichten Berlin. Fritz Morzik, der Sieger von 1929, hatte auch diesmal mit seiner Messerschmitt M23 C die Nase vorn. Poß und Notz folgten auf den Plätzen zwei und drei mit Klemm 25 E. England kam durch Miss Spooner auf DH Moth auf den vierten Platz.

Der nächste Europaflug fand erst 1932 statt. Abermals ging es von Berlin aus in drei Etappen kreuz und quer durch Europa. Deutschland konnte sich gute Chancen auf den endgültigen Gewinn der Trophäe machen, da zu Abschluß des Fluges Reinhold Poß und Wolf Hirth auf den Plätzen zwei und drei lagen. Die am Schlußtag zu erfolgende Geschwindigkeitsprüfung über eine Strecke von 300 km sollte die Entscheidung bringen. Der Pole Zwirko startete als erster, danach im Abstand von fünf Minuten Poß und Hirth. Wolf Hirths Maschine, die mit dem neuen Achtzylinder HM8 (165 PS) ausgerüstet war, gelang es, Poß zu überrunden und zu dem Spitzenreiter Zwirko auf zwei Minuten aufzurücken. Da, als er gerade zum Angriff übergehen wollte – 15 Minuten vor dem Ziel – brach die Kraftstoffleitung, und Benzin strömte über die Motorhaube. Der Motor fing an zu stottern,

Fliegerisches Leben vor dem Zweiten Weltkrieg. Wohnwagen „Aero-Sport", gebaut von der Wolf Hirth GmbH, dahinter das Segelflugzeug „Minimoa" sowie die typischen Sportflugzeuge der 30er Jahre.

wurde langsamer, und beim Ullsteinturm verstummte er ganz. So konnte Wolf Hirth nur noch im Gleitflug landen. Polen mit Zwirko hatte damit den ersten Platz gewonnen. Deutschland blieb auf den Plätzen zwei und drei mit Poß und Morzik.

Im Jahre 1934 nahm der letzte Europarundflug in Warschau seinen Anfang. Über 9500 km mußten die 34 teilnehmenden Piloten überwinden, aber auch bei diesem Flug fiel die Hälfte der Maschinen aus. Die Strecke streifte diesmal sogar Casablanca und Tunis und führte dann über das Mittelmeer nach Sizilien zurück. Polen belegte in diesem Jahr die beiden ersten Plätze, gefolgt von Seidemann/Deutschland auf einer Me108. Damit hatten Deutschland und Polen je zweimal den Wettbewerb gewonnen, der Entscheidungsrundflug 1936 fand jedoch leider nicht mehr statt.

Neben den Europarundflügen gewannen die Deutschlandflüge immer mehr an Bedeutung. 1931 siegte nach einer 2200 km langen Strecke Dinort vor Wolf Hirth und Adolf Kneip. Ab 1933 gab es eine Staffelbewertung, wobei die inzwischen im NSFK (Nationalsozialistisches Fliegercorps) organisierten Flugsportvereine im Wettkampf miteinander lagen. 1933 und 1934 siegte Hannover, 1935 hieß die Siegermannschaft Danzig und 1937 folgte Stuttgart. Der Deutschlandflug 1938 wurde zur größten Luftsportveranstaltung, die Europa bisher gesehen hatte. 390 Flugzeuge gingen am 22. Mai 1938 an den Start, und am 29. Mai kamen immerhin noch 347 Maschinen nach einer Strecke von 4500 km in Wien-Aspern an. Die Gesamtflugleistung betrug 2,75 Millionen km. Bei diesen Superlativen, auf die im »Dritten Reich« soviel Wert gelegt wurde, interessierte es kaum noch, daß Dresden die Siegermannschaft stellte.

Die Zeit der 30er Jahre war die Zeit, von der Wolfgang von Gronau sagte: »Alle Länder wetteiferten in der Ausschreibung von Wettbewerben und Fliegertreffen mit gemeinsamen Rundflügen. Hierbei überboten sich Clubs und Städte in Fürsorge für die Teilnehmer und die Gastlichkeit. Das Wort Freundschaft und Kameradschaft über die Ländergrenzen hinweg wurde großgeschrieben.«

Die 30er Jahre waren aber auch, neben all diesen Wettbewerben, die Zeit der Privatflieger, die am Wochenende die schönsten Gegenden Deutschlands anflogen, um zum Beispiel Papa Braun in Prien am Chiemsee einen Besuch abzustatten. Ein ganz »alter Hase« wie Otto Thomsen erzählt darüber: »In der Pionierzeit war das Fliegen fast ausschließlich eine private und, wie heute auch noch, durchaus lustbetonte Tätigkeit. Auch ich durfte noch erleben, wie man sich vergnügt in seinen kleinen Vogel klemmte, langsam Gas gab, und immer lustig den ‚Knüppel zwischen die Beene' von einer grasnarbigen Fläche, auf der muntere Schäfchen weideten, zur anderen zwitscherte, und dorten von einem reizenden Monteur (den man schon von früher her kannte) und einem ebenso wohlwollenden Luftaufsichtsmann (der froh war, wieder einmal eine Amtshandlung vornehmen zu dürfen) in Empfang genommen wurde. Häufig kam dann noch der hohe Flughafendirektor persönlich, und man mußte mit ihm, je nach Jahreszeit, eine Schale heißen Kaffee oder ein kühles Blondes genießen. Diese Zeiten sind dahin, und es wäre nutzlos, ihnen nachzuweinen.«

Die politische Landschaft veränderte sich, und nach und nach wurde der Sportflug gleichgeschaltet, in den NSFK eingegliedert und als Vorschule für die Militärfliegerei betrachtet. Deutschland steuerte auf die größte Katastrophe seiner Geschichte zu.

5 Der Zweite Weltkrieg

ALFRED W. KRÜGER

Er wurde am 14. Juli 1925 in Beeskow/Mark geboren, verlebte seine frühe Jugend in Senftenberg/Lausitz und Wernigerode/Harz. Nach dem Tode seiner Eltern kam er 1935 nach Wilhelmshaven, wo er sowohl mit der Seefahrt als auch als Zehnjähriger mit der Luftfahrt in Berührung kam. Nach dem Abitur 1942 trat er folglich als Offiziersanwärter in die Luftwaffe ein und wurde Schlacht-, Überführungs- und schließlich Jagdflieger. Nach kzrzer sowjetischer und US-Gefangenschaft ins zerbomte Wilhelmshaven zurückgekehrt, ging er – der Not gehorchend – als „Moses" Schiffsjunge) beginnend für knapp vier Jahre zur „christlichen Seefahrt". Diesem Intermezzo folgte in der badisch-schweizerischen Grenzecke eine kaufmänische Laufbahn im chemisch-pharmazeutischen Ex- und Import. Hier fand er erstmals nach dem Krieg wieder zeit und Gelegenheit zu Segel- und Motorflug.
Kriegskameraden lotsten ihn 1956 für die folgenden rund dreißig Jahre wieder zur Bundesluftwaffe. Als Fluglehrer und Transporter flog er nahezu alles, was Propeller hatte. Während der letzten 14 Dienstjahre kannten ihn viele zivile Kollegen als Presseoffizier und „ihren Verbindungsmannzur Luftwaffe". In dieser Zeit entstanden sein umfangreiches, historische-technisches Militär- und Luftfahrtarchiv und seine engagierten Aktivitäten in der grenzüberschreitenden Pressearbeit für die Verteidigung und Aerospace. Zu seinen vielfältigen Hobbies zählt er den Modellbau ebenso wie die Fotografie. Seit seiner Pensionierung schreibt und arbeitet er als freier Fachjournalist, -redakteur, -buchautor, -korrespondent und -übersetzer für in- und ausländische Medien auf den Gebieten der Verteidigung, Wehrwirtschaft, Industrie und natürlich der Luft- und Raumfahrt, unter seinem Synonym AWK ist er Insidern längst bekannt.

»Der Vater aller Dinge«

Das Luftfahrzeug nahm — wie schon beschrieben — im Ersten Weltkrieg einen gewaltigen Aufschwung. Eine rasch wachsende, leistungsfähige Luftfahrtindustrie entstand. Das »Flugzeug«, bereits zu Tausenden gebaut und laufend in rasantem Tempo verbessert, wurde zu einer entscheidenden Waffe.

Das Flugzeug veränderte nicht nur das Weltbild der Menschen, forcierte Handel und Verkehr ebenso wie die technische Entwicklung, es revolutionierte vor allem das Wehrwesen und die Kriegführung als Waffe und Waffenträger. Viele, anfangs nicht luftfahrtorientierte neue Techniken und Anwendungsbereiche beflügelten den Luftfahrzeugbau und mehr und mehr Zweige der Zuliefererindustrie. Zuvor unbekannte Navigations-, Nachrichten- und Rettungsgeräte, neue Werkstoffe und Fertigungsverfahren sind Beispiele dafür. Das Flugzeug selbst war wohl die bedeutendste technische Revolution und Evolution jener Zeit.

Zur richtigen Bewertung des sich ab 1. September 1939 ständig ausweitenden, schließlich »totalen« Luftkriegs sei an die 30er Jahre erinnert. Alle Luftmächte modernisierten in dieser Zeit ihre meist noch aus dem Ersten Weltkrieg stammende Ausrüstung. Auch in Deutschland begann das »100000-Mann-Heer« ab Oktober 1933 insgeheim aufzurüsten. Ab März 1935 wuchs die Wehrmacht und Luftwaffe – nicht mehr verdeckt, sondern propagandistisch häufig »bluffend« dargestellt — in einem enormen Aufbauschwung zur stärksten Militär- und Luftmacht in Mitteleuropa auf. Immerhin erhielt die Luftwaffe im Rahmen des Rheinland-Programms bis September 1935 mit 4021 Maschinen schon 94 Prozent des Ausstattungsplansolls, übrigens eine außerordentliche Entwicklungs- und Produktionsleistung der jungen deutschen Luftfahrtindustrie.

Der italienische General und Luftkriegs-Theoretiker Guilio Douhet vertrat die These: »Die Luftherrschaft erobern heißt soviel wie siegen! In der Luft geschlagen zu werden, bedeutet daher, hoffnungslos besiegt zu sein!« Er favorisierte den schweren strategischen Langstreckenbomber.

Im Gegensatz zu Douhet war der französische Marinechefingenieur und als Luftkriegs-Theoretiker weniger bekannte Camille Rougeron 1937 der Auffassung, daß der »schnelle, unbewaffnete Bomber das bessere Luftkriegsmittel ist, um Kampf und Vernichtung ins gegnerische Gebiet zu tragen.« Die Zuladung des Schnellbombers sei zwar im Vergleich zum schweren Bomber begrenzt, aber für die meisten

Luftwaffen der 30er Jahre eher realisierbar, als der wesentlich aufwendigere strategische Bomber.

Der erste Generalstabschef der Luftwaffe, Generalmajor Walter Wever, hielt 1935 den »Bomber für die entscheidende Luftkriegswaffe. Nur der Staat, der über starke Bomberkräfte verfügt, kann von seiner Luftwaffe eine kriegsentscheidende Handlung erwarten!« Die von ihm initiierten, aber 1937 von Göring gestoppten, viermotorigen Ural-Bomber-Projekte Dornier Do-19 und Junkers Ju-89 fanden bemerkenswerterweise ihre gleichzeitige Parallele in der amerikanischen, im Juli 1935 eingeflogenen Boeing Modell 299, später als B-17 »Fliegende Festung« berühmt und gefürchtet. Ein typischer deutscher Schnellbomber war die als »Fliegender Bleistift« bekannt gewordene Do-17, die anfangs schneller als die damals vorhandenen Einsatzjäger war.

Der Ausgang des Zweiten Weltkriegs bestätigte General Wever, obwohl er nicht einseitig auf den schweren Bomber festgelegt war, sondern ihn dem Schnellbomber in der Beschaffung nachordnete. Sein Nachfolger, Generalleutnant Albert Kesselring, und Göring hielten aber den schnellen taktischen Bomber für vordringlicher als das inzwischen fortgeschrittene schwere »Bomber-A-Programm« mit der Heinkel He-119 und H-177. Man glaubte, für einen schweren zwei bis drei Mittelstreckenbomber (wie die Heinkel He-111, Junkers Ju-88 oder Dornier Do-17/215) durch die kapazitiv begrenzte Luftfahrtindustrie bauen lassen zu können.

Ein mittelschwerer Bomber vom Typ Heinkel He 111 H-2. Mit zwei bis drei dieser Flugzeuge glaubte man einen Großbomber ersetzen zu können.

Aus dem Verkehrsflugzeug Heinkel He 111 V4 wurde der Bombertyp (oben) entwickelt. Auffälligster Unterschied: die Kanzel.

1939 war weder die Wehrmacht noch die Luftwaffe als ihr dritter Teil – mochten sie auch noch so stark erscheinen und dargestellt werden – keinesfalls auf einen langen,

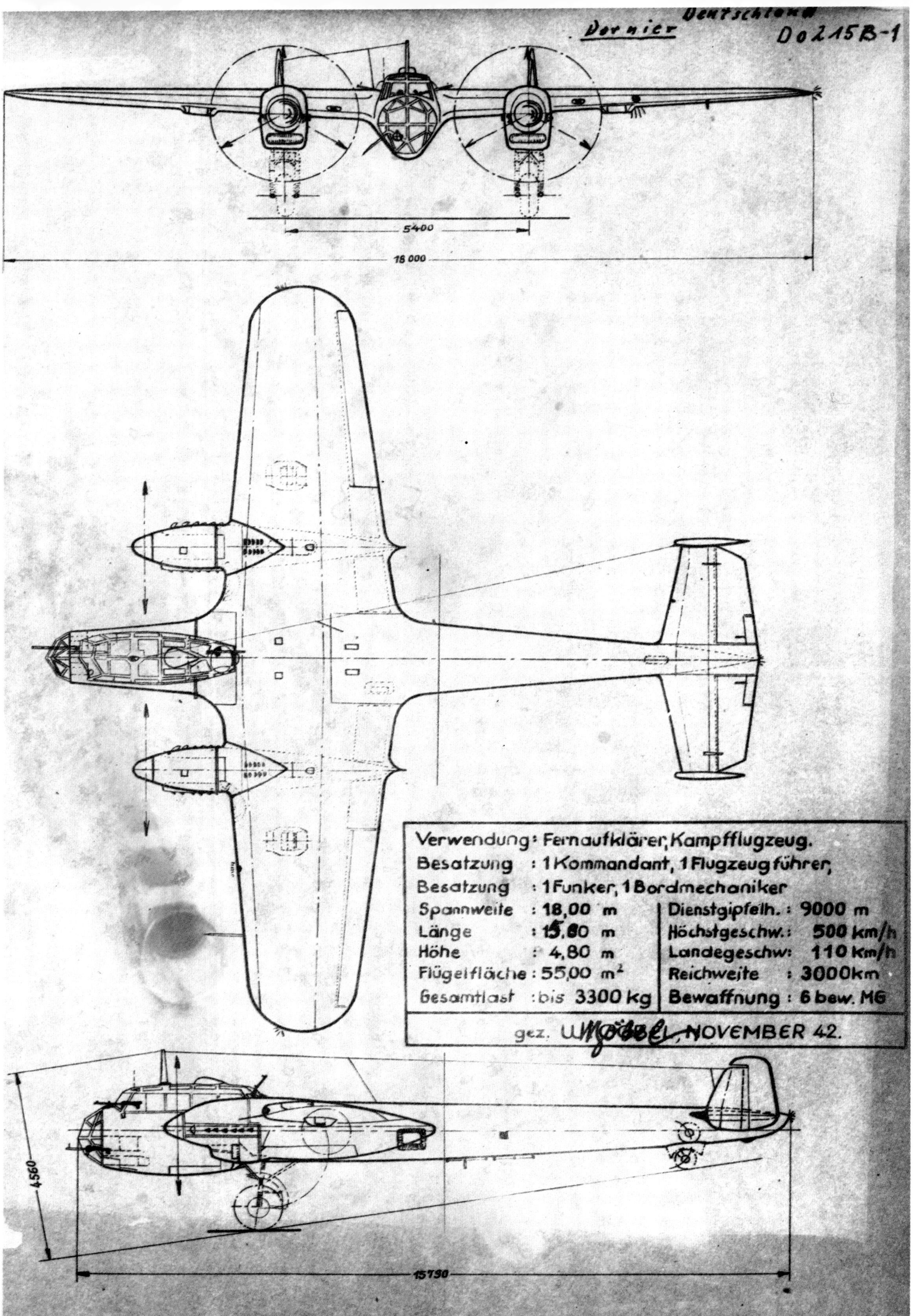
Deutschland
Dornier
Do215B-1
5400
18 000
Verwendung: Fernaufklärer, Kampfflugzeug.
Besatzung : 1 Kommandant, 1 Flugzeugführer,
Besatzung : 1 Funker, 1 Bordmechaniker
Spannweite : 18,00 m
Länge : 15,80 m
Höhe : 4,80 m
Flügelfläche : 55,00 m²
Gesamtlast : bis 3300 kg
Dienstgipfelh. : 9000 m
Höchstgeschw.: 500 km/h
Landegeschw: 110 km/h
Reichweite : 3000 km
Bewaffnung : 6 bew. MG
gez.
NOVEMBER 42.
4560
15790

Konstruktionszeichnungen des Fernaufklärers Dornier Do-215 B-1; gut zu erkennen sind die nach vorne gerichteten MG-Stände in der Kanzel (links). Rechts eine Dornier Do 215 B mit Tarnlackierung.

geschweige denn weltweiten Konflikt ausreichend vorbereitet und ausgerüstet. Nicht grundlos sprach man im doppelten Sinne von der »Risiko-Luftwaffe«. Sicher hatte sie inzwischen eine Stärke erreicht, die für einen angriffslüsternen Gegner ein großes Risiko bedeutete. Mindestens ebenso groß aber war das eigene Wagnis, mit dieser, in Teilen noch veraltet ausgerüsteten und zahlenmäßig unzureichend ausgestatteten Luftwaffe, in einen Krieg zu gehen.

Bei Kriegsbeginn besaßen alle größeren Länder der Welt in ihren Armeen und Marinen Luftstreitkräfte. Das Deutsche Reich wurde nach 1933 wieder zu einer großen Luftfahrtnation und Luftmacht. Göring faßte, im Gegensatz zu anderen Ländern, alle deutschen Luftstreitkräfte in der Luftwaffe nach dem Motto zusammen: »Alles, was fliegt, gehört mir!« Vor und während des Krieges in Deutschland entstanden technische Ideen, Forschungen und Projekte führten zu bahnbrechenden Neuerungen und Fortschritten, die vielfach noch heute die internationale Luft- und Raumfahrt beeinflussen.

Ebenso wie sich für den zivilen Luftfahrtbereich spezielle Einsatzfelder — Verkehrs-, Reise-, Sport- und Segelflugzeug — entwickelten, stellten auch die Militärs dem Flugzeug vielfältige Einsatzaufgaben. Daraus entstanden zwangsläufig für den entsprechenden Einsatzzweck optimierte Flugzeugtypen. Dennoch blieb das Bemühen um ein »Universal- oder Mehrzweck-geeignetes Fluggerät« bis heute relevant. Man

Frontansicht der zweimotorigen Dornierr Do-215: Die rundum verglaste Kanzel sollte dem Bordschützen guten Ausblick bieten, war dadurch aber selbst verletzlich.

begann, das jeweilige Flugzeug seinem Einsatzauftrag entsprechend in einem Pflichtenkatalog zu beschreiben und nach diesen Kriterien zu entwickeln. Daraus entstanden die folgenden, noch heute weitgehend üblichen Unterscheidungen.

Nach dem Einsatzzweck:

- Jagdflugzeug (Jäger, Jagdbomber);
- Kampfflugzeug (Bomber, Schlacht- und Sturzkampfflugzeuge);
- Aufklärungsflugzeuge (Nah-, Fern-, Höhenaufklärer);
- Transportflugzeuge (Transporter, Lastensegler);

Schlank wie eine Zigarre und die vorderen zwei Drittel der Gesamtlänge für den Motor: Messerschmitt Me-209 (oben). Skurriles Projekt: Die mit Zwillingsrümpfen ausgestattete Heinkel He 111 Z.

- Seeflugzeuge (Schwimmerflugzeuge, Amphibien, Flugboote);
- Schul- und Trainingsflugzeuge;
- Hubschrauber (Drehflügler).

Nach der Antriebsart (ein-, zwei- oder mehrmotorig):

- Kolbenmotorflugzeuge (Reihen- und Sternmotoren);
- Strahlflugzeuge (Düsen-, Turbinen- oder Jet-Flugzeuge);
- Raketenflugzeuge (Fest- oder Flüssigstoffantrieb);
- Flugzeuge mit Staustrahl, Pulso oder Mischantrieb (Kolbenmotor/Strahltriebwerk, Strahl-/Raketentriebwerk).

Auf diese verschiedenen Flugzeugarten wird nachstehend näher eingegangen.

Der vielfach unbekannte Umfang der Luftwaffe wird aus ihrer Personalstärke am 15. Februar 1945 deutlich:

– Offiziere, Beamte, Ingenieure	120000
– Unteroffiziere, Mannschaften	1331700
– Hilfspersonal, Flakhelfer	546000
– Zivilpersonal	201000
– insgesamt	2198700

Davon entfielen am 14. Januar 1945 auf die Fliegertruppe:

– Offiziere	26411
– Unteroffiziere, Mannschaften	632486
– insgesamt	658897

Damit gehörten allein der damaligen Fliegertruppe sechsmal mehr Soldaten an als der ganzen heutigen Luftwaffe der Bundeswehr. Die Personalverluste (ohne Flak-, Luftnachrichtentruppe) betrugen bis Kriegsende:

– Tote	44065, davon	6631 Offiziere
– Verwundete	28200, davon	4245 Offiziere
– Gefangene, Vermißte	27610, davon	4408 Offiziere
insgesamt	99875, davon	12284 Offiziere.

In der Luftfahrtindustrie waren von
1914 bis 1918 47938 Personen und von
1939 bis 1945 113515 Mitarbeiter beschäftigt.
Auch dies zeigt die gestiegene Bedeutung des Flugzeugs.

Jagdflugzeuge

Jagdflugzeuge (Jäger/Fighter) hatten schon im Ersten Weltkrieg – als einmotorige Jagdein- oder -zweisitzer – den Gegner am oder vom Himmel zu »jagen«, das heißt, an seinem Einsatzauftrag (Vordringen auf eigenes Gebiet, Bombenwurf, Aufklärung und dergleichen) zu hindern, als Abfangjäger (Interceptor) »abzufangen«, ab- oder zurückzudrängen und möglichst auszuschalten. Daraus entwickelte sich zwangsläufig der Luftkampf mit besonderen, teils auch individuellen Taktiken und Gefechtstechniken (wie beispielsweise dem »Immelmann-Turn«) und entsprechenden Bewaffnungen. Der Luftkampf wurde Mann gegen Mann, quasi »Auge in Auge«, und allgemein noch recht ritterlich ausgetragen.

Der Jagdflieger versuchte, seinen Gegner aus günstigerer (etwa aus der Sonne) oder überhöhter Ausgangsposition heraus zu überraschen, (enger als der andere) auszukurven, den Weg abzuschneiden, sich hinter ihm in gute Schußposition zu bringen, ihn ehestmöglich kampf- und flugunfähig zu machen (»abzuschießen«), dadurch seinen Einsatzauftrag zu vereiteln und zugleich die zahlenmäßige Kampfstärke des Feindes zu schwächen.

Der Jäger hatte ferner eigene Flugzeuge und Verbände in der Luft zu eskortieren (Eskort- oder Begleitjäger), vor Feindangriffen zu schützen (Jagdschutz), die eigene (teilweise räumlich oder zeitlich begrenzte) Luftüberlegenheit oder gar Luftherrschaft zu erringen, damit dem Gegner die Initiative zu nehmen und zugleich eigene Operationen zu sichern und zu unterstützen. Zu seinen Aufgaben gehörte auch, im befohlenen Luftraum zu patrouillieren (»Sperre«) oder bei gegebener Überlegenheit »freie Jagd« zu fliegen, sich dabei geeignete Luft-, Land- oder Seeziele selbst zu suchen und zu bekämpfen.

Zweimal die Bf 109 E-3: Oben die Werknummer 5601 im Flug, unten ein anderes Exemplar, das versuchsweise mit einem Bugrad ausgerüstet wurde, wie es dann bei der Me 262 verwendet wurde.

Bei Flugtagen in England immer dabei: Spitfire in perfekt restauriertem Originalzustand Ende der 80er Jahre (links). Das erfolgreichste amerikanische Jagdflugzeug des Zweiten Weltkriegs war die North American P-51 Mustang, die insgesamt 1988 mal gebaut wurde.

Der nach Generral Mitchel benannte mittelschwere Bomber B-25 von North American wurde in 9816 Exemplaren gebaut.

Eine Spitfire Mk 9 mit Schwimmern: Eine gewisse Ähnlichkeit zu den Flugzeugen für den Schneider-Pokal ist nicht zu verleugnen.

Bei der Bell P-39 „Aircobra" war das Triebwerk nicht vor, sondern hinter der Pilotenkabine untergebracht. Außerdem bot die P-39 als erstes amerikanisches Jagdflugzeug ein einziehbares Fahrwerk.

Diese restaurierte North American Mustang geht heute bei amerikanischen Flugzeugrennen an den Start.

Eine britische Hawker Sea Fury – am Känguruh unschwer als Flugzeug einer australischen Staffel zu erkennen.

Die Hawker Hurricane war das erste britische Jagdflugzeug, das eine Geschwindigkeit von über 300 Meilen pro Stunde (482 km/h) erreichte.

Durchschnittszeichnung durch die Messerschmitt Me-109, einem der bekanntesten deutschen Jagdflugzeuge aus dem Zweiten Weltkrieg – es wurde 30 573 mal gebaut.

Das Jagdflugzeug war dazu auf überlegene Geschwindigkeit, Steigfähigkeit, Kurvenwendigkeit, Höhenleistung, Flugdauer, Überlebensfähigkeit (durch Panzerung, beschußsichere Kunststofftanks, robuste Konstruktion erhöht) und Bewaffnung hin ausgelegt. Aufgrund der geringen Größe des Jagdflugzeugs war dennoch jedes Baumuster ein Kompromiß zwischen geforderten und realen Leistungen. Je nach Kriegslage und Einsatzerfordernis konnten Jäger durch Umrüstungen bedingt als Jagdbomber (»Jabo«) oder Schnellbomber (mit Bordwaffen, Bomben, Raketen) gegen Boden- oder Seeziele eingesetzt werden.

Bei Jagdverbänden der Luftwaffe war der größte taktische Verband das Geschwader. Ihm unterstanden in Friedenszeiten drei Gruppen (je 27 + 9 Reserveflugzeuge, dazu eine Gruppenstabsstaffel je 9 + 3), zusammen 120 Maschinen. Die Jagdgruppen bestanden aus je drei Jagdstaffeln und einer Stabsstaffel (je 9 + 3 Flugzeuge). Die Jagdstaffel setzte sich aus je drei Ketten (3 + 1), später drei Schwärmen (4 + 1), also insgesamt 12 bis 20 Jagdflugzeugen zusammen. Gefechtsmäßig wurde in Rotten (2), Ketten (3), Schwärmen (4) oder im Staffelverband, seltener im Gruppen- oder Geschwaderverband geflogen. Im Laufe des Krieges wurde diese Gliederung und Ausstattung häufig erweitert.

Eine Martin B-26: Bedingt durch die hohe Landegeschwindigkeit war eine längere Schulung der Piloten auf diesem mittelschweren Bomber nötig.

Auch die Focke-Wulf 200 „Condor" wurde im Verlauf des Krieges zum Bomber mit Geschützständen zum Eigenschutz umgebaut.

Die Focke-Wulf 190 erhielt 1942 statt der beiden in den Tragflächen montierten MGs zwei Zwei-Zentimeter-Kanonen, knapp 20 000 Exemplare wurden bis 1945 gebaut.

Bewaffnung

Neben dem möglichst überlegenen Können des Jägerpiloten und den Flugleistungen seines Jagdflugzeugs kam der Bewaffnung für Luftkampf und Bodenzielbekämpfung besondere Bedeutung zu. Hauptwaffen des Jägers sind auch heute noch mehrere, meist starr nach vorn in Rumpf und/oder Tragflächen eingebaute Bordwaffen (Maschinengewehre und/oder -kanonen, später auch ungelenkte Raketen und Lenkflugkörper. Bei einigen Jagdtypen war eine Bordkanone zwischen den V-Zylinderreihen eines Reihenmotors angeordnet und schoß durch die hohle Propellerwelle. Die Waffen waren in Flugzeuglängsachse auf eine bestimmte Zielentfernung justiert. Der Pilot zielte über Visiereinrichtung (später auch Radar) mit dem ganzen Flugzeug und löste die Waffen durch Knopfdruck am Steuerknüppel aus, wenn er den Gegner im »Fadenkreuz« hatte. Den dabei erforderlichen Vorhalt wählte er anfangs aufgrund intensiven Trainings und dabei gewonnener Erfahrung. Ein »gutes Auge« zu haben, war für den Jäger deshalb sehr wichtig. Später halfen kreiselgestützte und Reflexvisiere, den Gegner genau zu treffen.

Jagdbomber (Jabo) erhielten, unter Teilverzicht auf starre Bodenwaffen, Bombenaufhängungen für Bomben leichter und mittlerer Kaliber (50-250 kg) als Außenlasten, die allerdings die Flugeigenschaften und Geschwindigkeit erheblich minderten. Ähnliches galt für Jagdaufklärer oder »Gewaltaufklärer« im Rahmen »bewaffneter« Aufklärung, die anstelle voller Waffenbestückung Reihenbildkameras verschiedener Brennweiten und Formate mitführten.

Zwei- oder mehrsitzige, meist zweimotorige (schwere) Jagdflugzeuge, bei der Luftwaffe Zerstörer genannt, besaßen schwerere Bewaffnung als ein Einsitzer, größere Reichweite, aber naturgemäß geringe Geschwindigkeit. Sie wurden später vielfach als Nachtjäger eingesetzt. Der hinten sitzende Bordschütze (Funker) bediente ein oder mehrere bewegliche, rück/seitwärts gerichtete Waffen. Die starren Maschinengewehre (MG) und/oder -kanonen (MK) im/unter dem Rumpfbug konnten durch zusätzlich in Wannen oder Gondeln eingebaute »Rüstsätze« einsatzbezogen ergänzt werden. Ein anderes Beispiel war die in der Nachtjagd angewandte »Schräge Musik«. Sie bestand aus einer starren, 70 Grad nach vorn oben geneigten, im Rumpf montierten MK-Batterie. Damit konnten die rundum abwehrstarken Bomber durch Unterfliegen aus dem toten oder waffenarmen Winkel heraus erfolgreich angegriffen werden.

Als Wannen- oder Gondelwaffen hatte man zudem starre rückstoßarme Kanonen bis 7,5 cm Kaliber zur Bekämpfung von Panzern und Schiffen in Me-410, Hs-129, Ju-88 oder B-25 eingebaut. Einsatztests führte man mit 280/300 mm Kaliber »Düsenkanonen« (Gerät 104 »Münchhausen«) durch. Die Zahl und Vielfalt solcher Erprobungen und Waffenentwicklungen kann in diesem Rahmen nicht dargestellt werden. Ferner setzte die Luftwaffe »Schießbecher« genannte, einfache Abwurfrohre für raketengetriebene Wurfgranaten (WGr) 210/280 mm Kaliber (auch »Nebelwerfer« oder »Do-Geräte« genannt), unter den Tragflächen oder als Trommelbatterie im Rumpfbug eingebaut ein.

Wie weit ständiges Verbessern und Nachrüsten mit immer neuen Zusatzeinbauten eines Basistyps gehen konnte, beweist die Messerschmitt Me-109 G, im Luftwaffenjargon »Beule« genannt. Unzählige weitere Beispiele belegen den Phantasiereichtum der Entwicklungsingenieure und das Improvisitationstalent der Truppentechniker bei den immensen Anstrengungen, der zuletzt überwältigenden Stärke der alliierten Luftwaffen halbwegs Adäquates entgegenzusetzen.

Deutsche Nachtjäger in der Reichsverteidigung flogen ab 1942 weitgehend in der durch Bodenleitstellen an die Bomberströme herangeführten »Dunkelnachtjagd«. Bordfunkmeß- oder Ultrarotwärmemeßgeräte (heute Radar, Infrarot) dienten zunehmender Zielfindung und -verfolgung, nachdem die Anfangserfolge der »hellen Nachtjagd« (Wolkenaufhellung und Zielbeleuchtung durch Flak-Scheinwerfer im Zielraum) und die »Wilde Sau« (einmotorige Nachtjagd) nachließen. Auch die Fernnachtjagd wurde später von beiden Seiten, meist von einzelnen Maschinen, erfolgreich gegen den oft ungeschützten Flugbetrieb auf feindlichen Heimatbasen durchgeführt. Vielfach fädelten sich die Fernnachtjäger auch in die in lockerer Formation an- oder abfliegenden Bomberströme ein, um dort überraschend Beute zu machen.

Die Jägerentwicklung und -produktion hatte die Luftwaffe anfangs sträflich vernachlässigt. Göring brüstete sich anfangs damit, er wolle »Meier« heißen, wenn Feindflugzeuge ins Reichsgebiet eindringen würden. Bei der Luftwaffe hieß er deshalb später »Obermeier«. Erst 1944 wurde das Jäger-Notprogramm zu Lasten der Produktion anderer Kampfflugzeuge aufgelegt. Es führte trotz immer wirkungsvolleren Bombenkrieg der Alliierten bis Kriegsende zu bemerkenswerten Fertigungszahlen der deutschen Flugzeugwerke.

Kraftstoffmangel, eilige und unzureichende Flugzeugführerausbildung, schließlich das verlustreiche Unternehmen »Bodenplatte« gegen alliierte Flugplätze in den Beneluxländern zur Unterstützung der Ardennen-Offensive am 1. Januar 1945 minderten die Abwehr- und Kampfstärke der Jagdverbände in der Reichsverteidigung ganz erheblich. Jäger mußten nach ihren schweren, verlustreichen Kämpfen gegen die alliierte Übermacht oft auf fremden oder von ihrer eigenen Staffel weit entfernten Plätzen landen, weil nur dort noch »Sprit« zum Auftanken für den nächsten Einsatz vorhanden war.

Abschüsse und Anerkennung

Vielfach wurde gemutmaßt, die von der deutschen Jagdwaffe und den bekannten Jäger-Assen erzielten Abschußzahlen seien übertrieben. Es stellte sich jedoch nach dem Krieg durch Vergleich mit den tatsächlich alliierten Verlustzahlen heraus, daß dem nicht so war. Ein wesentlicher Grund für die hohe Zahl von Luftsiegen einzelner Piloten lag einfach in ihrer langen Einsatzdauer, teilweise vom Beginn bis zum Ende der sechs Kriegsjahre. Alliierte Piloten flogen dagegen in der Regel sehr viel weniger Einsätze, konnten folglich keine gleichhohen Abschußzahlen erzielen. Die USAF zog ihre Piloten nach Absolvierung ihrer »Combat rotation«, die meist nur 50, seltener 100 Feindflüge umfaßte, aus dem Fronteinsatz zurück. Sie gaben ihre Kampferfahrungen jedoch umso eher in der Nachwuchsschulung an junge Flieger weiter.

Zwei deutsche Jagdflieger erzielten über 300, 13 über 200, 103 über 100 Feindabschüsse, wobei man vielfach glaubte, Abschüsse gegen die alliierten Luftwaffen seien schwerer zu erzielen gewesen als gegen sowjetische Piloten. Tatsache ist jedoch, daß hochdekorierte Jagdflieger der Ostfront auch im Westen sehr erfolgreich waren. Insgesamt fielen der deutschen Jagdwaffe im Westen, im Mittelmeerraum und in Nordafrika 25000 alliierte Flugzeuge, im Osten 44000 sowjetische Maschinen zum Opfer. USAF und RAF bezifferten ihre Gesamtverluste mit 41922 Flugzeugen, während das Oberkommando der Wehrmacht (OKW) 36471 Abschüsse meldete (einschließlich Flak und Marine).

Die Anerkennung von Luftsiegen, beziehungsweise gegen Boden- oder Seeziel erzielter Erfolge, war durch den Oberbefehlshaber der Luftwaffe (ObdL) nach ersten Kriegserfahrungen mit Weisung vom 16. April 1941 mit klar umrissenen Begriffsbestimmungen genau festgelegt. Als Grundlage für die Lagebeurteilung, Ordensverleihung und der historischen Wahrheit der Kriegsgeschichte willen war unbedingte Zuverlässigkeit gefordert.

Zur Bestätigung eines Abschusses bedurfte es nicht nur eines einwandfreien Originalzeugenberichts (dies durfte kein Besatzungsangehöriger sein) oder eines Lichtbildbeleges, einer Kampf- und Lageskizze mit genauen, überprüfbaren Ortsangaben und/oder des Aufschlagfundes, sondern auch

Amerikanischer Bomberverband der Third Air Division am 11. April 1945 über der Region Donauwörth – vier Wochen später war der Krieg zu Ende.

Boeing B-17 „Flying Fortress" beim Bombenabwurf über Deutschland. Gegen Ende des Krieges erfolgten diese Einsätze rund um die Uhr.

Über Merseburg wurde diese B-17 von deutschen Jagdflugzeugen tödlich getroffen – der komplette Bug wurde abgerissen.

Bei einem Tagesangriff auf ein Munitionslager bei Oranienburg trennte eine Bf 109 durch Kanonenbeschuß den Flügel dieser B-17 fast chirurgisch vom Rumpf.

Wieder über Merseburg wurde diese B-17 am 30. November 1944 schwer getroffen und steht in hellen Flammen.

Eine Focke-Wulf 190 attakiert einen amerikanischen B-17-Verband während des Anflugs auf Bremen am 29. November 1943.

der schriftlichen Abschußmeldung des siegreichen Piloten und eines Gefechtsberichtes seiner Einheit. All dies war auf dem Dienstweg zur Stellungnahme den Vorgesetzten vorzulegen und von diesen zu prüfen. War nicht zweifelsfrei nachzuweisen, daß das Feindziel völlig zerstört, verbrannt oder im Ausland interniert, also für den Gegner verloren war, wurde der Abschuß nicht bestätigt, folglich auch kein Orden verliehen.

Die erfolgreichsten, mit dem Ritterkreuz mit Eichenlaub, Schwertern und Brillanten ausgezeichneten deutschen Jagdflieger und Nachtjäger waren (Luftsiege):
- Generalleutnant Adolf Galland (104);
- Oberst Gordon M. Gollob (150);
- Oberst Hermann Graf (212);
- Major Erich »Bubi« Hartmann (352);
- Hauptmann Hans-Joachim Marseille (158);
- Oberst Werner Mölders (115);
- Major Walter Nowotny (258);
- Oberst Helmut Lent (110, NJ);
- Major Hein-Wolfgang Schnaufer (121, NJ).

Einziger Träger des Goldenen Eichenlaubs mit Schwertern und Brillanten war der Kommodore des berühmten Schlachtgeschwaders (SG) 2, Oberst Hans-Ulrich Rudel, der als erfolgreichster Flieger der Luftkriegsgeschichte 519 Panzer, drei große Kriegsschiffe, 70 Landungsboote, 800 Fahrzeuge, 150 Artilleriestellungen, vier Panzerzüge, zahlreiche Brücken und Nachschubverbindungen zerstörte, neun Luftsiege errang und 30mal selbst abgeschossen wurde.

Von der Tragart des Ritterkreuzes abgeleitet wurde im Luftwaffenjargon der Begriff »Halsschmerzen«, womit ein Jagdflieger gemeint war, dessen Erfolge ihn als sicheren Anwärter für diese Auszeichnung auswiesen. Nicht selten allerdings erfolgte eine Verleihung posthum.

Triebwerke

Besonders für das Jagdflugzeug ist die Geschwindigkeit ein entscheidender Leistungsparameter. Neben der Flugzeugaerodynamik und anderer Kriterien, etwa dem Triebwerk-Leistungsgewicht = PS/kg, wurde die Geschwindigkeit durch die Antriebsleistung bestimmt. Die PS- und Schubstärken der Hochleistungs-Flugtriebwerke für Start-, Marschflug- und Kampfleistung stiegen im Laufe der Kriegsentwicklung um das Drei- bis Vierfache ihrer Leistung zu Beginn des Weltkonflikts, teilweise bis über 3000 PS beziehungsweise 1500 kp. Deutscherseits steigerte man die Kampfleistung mit kurzzeitiger Notleistung, einer auf wenige Minuten begrenzten Leistungssteigerung, durch Einspritzung von Wasser und/ oder energiereicher und in Höhen über elf Kilometern sauerstoffreicher Zusatzstoffe (GM-1, MW-50, EW-30/50) zum Flugbenzin, etwa wie Methanol und Äthanol. Aller-

Zwei Consolidated B-24 während einer Mission über Truk Island am 29. Juli 1944 – die aufgemalten Bomben stehen für die Anzahl der Einsätze, die vordere Maschine fliegt gerade Nummer 36.

Eine B-17 D „Flying Fortress“ (oben) ist mit laufenden Propellern fertig zum Start; darunter ein Blick in die riesige Montagehalle für die Produktion der B-24.

dings litt darunter die Motorlebensdauer, zumal Deutschland im Vergleich zu den unerschöpflichen Ressourcen auf alliierter Seite bald nicht mehr über genügend Rohstoffe für hochwarmfeste Hartlegierungen verfügte.

Allgemein lag auch die Oktanzahl deutschen Flugbenzins niedriger als auf alliierter Seite. Später erhielten Flugmotoren Abgasturbolader zur Steigerung der Antriebs- und Höhenleistung. Die Heinkel He-119, Bell P-59/63 und andere waren durch eine Fernwellenübertragung der Motorleistung auf die Luftschraube gekennzeichnet. Bei der zweimotorigen Dornier DO-335 lag der zweite Motor in Rumpfmitte hinter dem Führersitz und trieb den hinteren Druckpropeller über Fernwelle an. Damit minderte man den Luftwiderstand des Zweimotorers auf die Stirnfläche eines Triebwerks und schuf damit eines der schnellsten je gebauten Propellerflugzeuge. Die größten deutschen Motoren- und Triebwerkhersteller waren damals Daimler-Benz, (DB-601/603/605), Junkers Motoren AG (Jumo-211/213) und die Bayerischen Motorenwerke (BMW 132/801(803).

Auf dem Gebiet der damals völlig neuartigen Technologie der Luftstrahl- und Raketentriebwerke war Deutschland anderen Ländern um Längen voraus. Die ersten Serienturbinen bauten Junkers (Jumo-109-004) und BMW (109-003), das erste einsatzfähige Flüssigkeitstriebwerk für Raketenjäger die Firma Walter (HWK 109-509). So kam es zum Einsatz der ersten Strahl- und Raketenflugzeuge der Welt bei der deutschen Luftwaffe. Wenn diese epochalen Flugzeuge auch den Kriegsausgang nicht mehr beeinflußten, so markieren sie doch den Beginn des heutigen Jetzeitalters und der modernen Raumfahrt.

Bordausrüstung

Im Verlauf des Krieges wurden alle Einsatzflugzeuge mit Sprechfunkgeräten zur Bord-Bord- und Bord-Boden-Bordverständigung und -führung ausgerüstet. Die bekanntesten Luftwaffengeräte waren unter anderem die Funkgeräte (FuG) 10 (KW), FuG-16/17 (MW/Jägerführung/Zielanflug), FuG-101 (Höhenmesser), Blindlandegerät B1-2, Peil-G 5/6 und FuG-25/25 a »Zwilling/Erstling« (IFF-Kenn) sowie andere Navigations- (FuG-125) »Hermine)-, Feuerleit-, Waffenricht- und -zündanlagen und Instrumente. Für den Funksprechverkehr der Jäger mit den Bodenstellen waren »Kür-

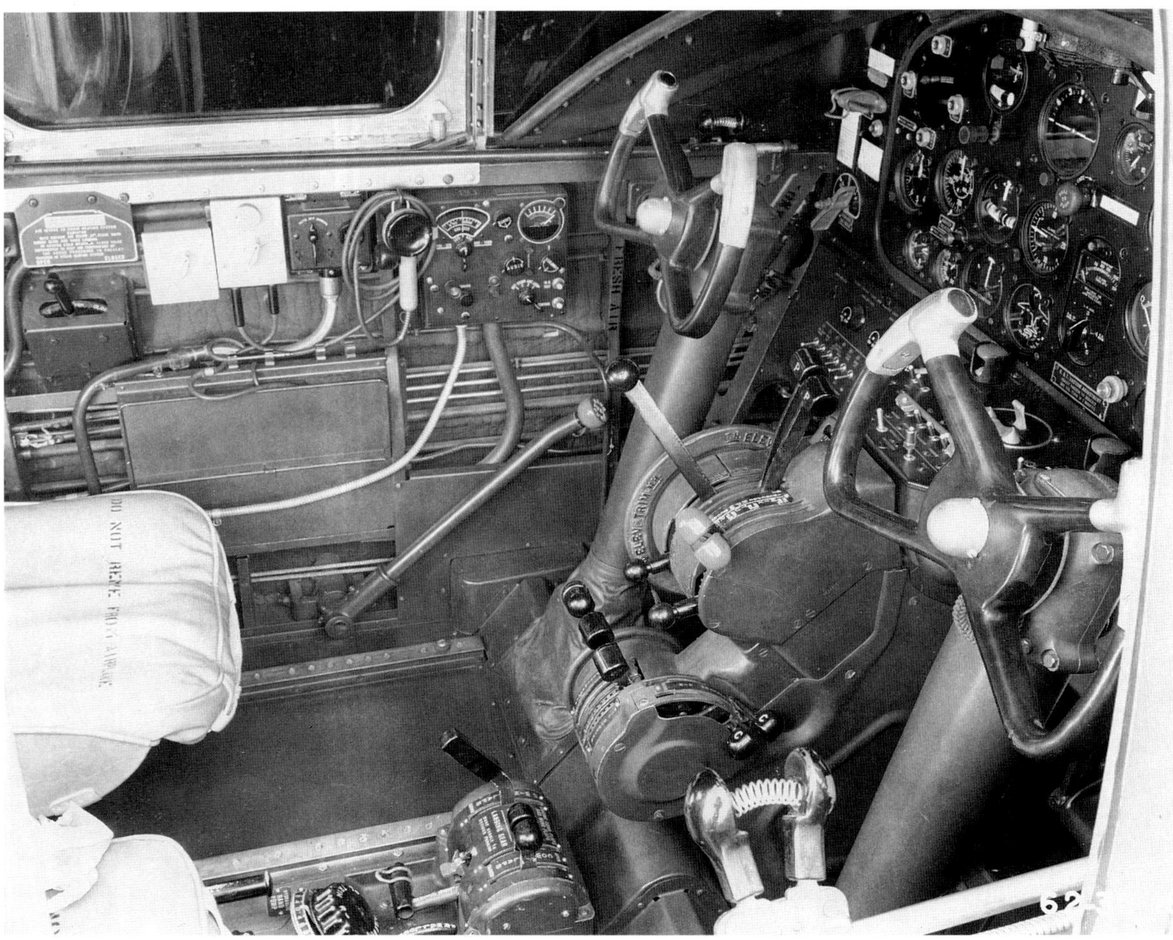

Ein Blick in das Cockpit eines B-25-Bombers der A- oder B-Version, von denen insgesamt 159 gebaut wurden.

zel«-Deckworte üblich, wie zum Beispiel: »Äquator« (in den Wolken), »Autobahn« (Kurs zum nächsten Flugplatz), »Auto« (2-mot-Feindbomber), »Dickes Auto« (4-mot-Feindbomber), »habe Durst« (Brennstoffmangel), »Feuerzauber« (Feindbombenabwurf), »Gartenzaun« (eigener Flugplatz), »Indianer« (Feindjäger), »Kirchturm« (Flughöhe), »Kurier« (Feindflugziel), »Lucie-Anton« (Landung), »Pauke-Pauke« (Angriff), »Pferd lahmt« (Motorschaden), »Quelle« (Standort), »Rutsch« (Bauchlandung), »Viktor« (Verstanden), »Zigeuner« (Feindtiefflieger/Nachtjäger).

Die B-25 „Mitchell" war in ihrer J-Ausführung für den Erdkampf mit sage und schreibe 18 MGs ausgerüstet, außerdem befanden sich acht 12,7-cm-Kanonen unter den Flügeln.

Mobile oder ortsfeste Funkmeßgeräte mit großen Parabol- oder Gitterantennen für die Bodenflugzeugabwehr (Flak) und Jägerführung waren beispielsweise »Freya«, »Jagdschloß«, »Mammut«, »Wassermann« und das bekannteste »Würzburg«. Mit ihnen konnten Zielentfernung-, Richtungs- und Höhenwinkel gemessen werden. Der Zusatz »Riese« bezeichnete das entsprechende Großgerät. Deutsche Radargeräte wurden beispielsweise beim britischen Großangriff auf Hamburg ab Juli 1943 durch Abwurf zahlloser »Düppel« (nach ihrem deutschen Erfinder, auf englischer Seite »Window« benannte, auf halbe Radarwellenlänge zugeschnittene Stanniolstreifen) zeitweise völlig ausgeschaltet. Düppel erzeugten auf der Braun'schen Röhre des Meßfunker-Sichtgeräts unzählige Streifenechos (»Schnee«) und machten ein Ab-

1943/44 wurden 60 Maschinen des B-25-Bombers zu Schulungszwecken umgebaut und blieben bis 1959 bei der US Air Force in Dienst.

lesen der sonst angezeigten Meßwerte unmöglich. Das Radargerät war blind gemacht worden. Die Alliierten hatten mit dem H2S (auf deutscher Seite nach seinem ersten Fundort »Rotterdam« genannten) Panorama-Bordradar- und Navigationsgerät für Blindflug- und Bombenwurf großen Erfolg.

Der Kriegsverlauf

Jagdflugzeuge spielten auf allen Kriegsschauplätzen eine entscheidende Rolle beim Schutz des Luftraums über eigenem Territorium und dem Gefechtsfeld. Damit ermöglichten sie eigene Luft-, Land- und Seeoperationen möglichst ohne oder mit nur geringer Feindeinwirkung aus der Luft. Je weiter sich die Fronten ausdehnten und die Bomberreichweiten vergrößerten, desto wichtiger wurden auch Flugdauer und Eindringtiefe der Jäger. Hier lag eine der Hauptschwächen deutscher Jagdeinsitzer, die trotz Außentanks kaum länger als zwei Stunden in der Luft bleiben konnten, während die amerikanischen Begleitjäger P-38 »Lightning«, P-47 »Thunderbolt« und P-51 »Mustang« nicht nur die Bomber auf dem Hin- und Rückflug stundenlang begleiteten, sondern sich häufig auch über Feindgebiet bei »freier Jagd« tummeln konnten.

Japanische und alliierte Jagdflugzeuge waren den deutschen in dieser Beziehung überlegen. Früh hatten diese Länder aufgrund ihrer geographischen Lage Fernjäger entwickelt, um Bomberverbände über große Entfernungen eskortieren oder weiträumige Seeoperationen, auch von Flugzeugträgern aus, unterstützen zu können. Längere Flugdauer erreichte man neben von vornherein größerer Innenbetankung durch außen mitgeführte Zusatzkraftstoffbehälter unter dem Rumpf oder den Tragflächen, die allerdings bei Feindberührung abgeworfen werden mußten.

An den ersten »Blitzsiegen« der Wehrmacht 1939 bis 1941 hatten Luftwaffe und Jagdflieger entscheidenden Anteil. Alles schien zunächst die im spanischen Bürgerkrieg 1936-39 gemachten Erfahrungen der »Legion Condor« zu bestätigen, führte dann jedoch zu verhängnisvollen, nicht wieder gutzumachenden Fehlentscheidungen der deutschen politischen und militärischen Führung, an ihrer Spitze Hitler als »Führer« und inzwischen auch Oberster Befehlshaber der Wehrmacht. In der Luftwaffe nannte man ihn den »Gröfaz«, da er sich selbst als »größten Feldherrn aller Zeiten« sah.

Schon bei der Versorgung der um den norwegischen Erzhafen kämpfenden Fallschirm- und Gebirgsjäger General Dietls wurden Schwachpunkte der deutschen Luftrüstung offenkundig. Den Jagd-, Kampf- und Transportflugzeugen der Luftwaffe fehlte es an der nötigen Reichweite für Langstreckeneinsätze. In der folgenden Luftschlacht um England trat dieser Mangel noch deutlicher zutage. Deutsche Jäger erreichten die aus Südengland nordwärts ausweichenden oder zurückverlegten RAF-Jäger auf ihren Plätzen nicht mehr, mußten Luftkämpfe oft wegen Spritmangels abbrechen oder wurden frühzeitig durch Radar erfaßt und von der britischen Luftabwehr mit ihren »Hurricanes« und »Spitfires« abgefangen und in beiderseits verlustreiche Luftkämpfe verwickelt. Auch der Gesichtspunkt, daß über der Insel abgeschossene britische Piloten, sofern nicht kampfunfähig, bald wieder in die nächste Maschine steigen konnten, deutsche Flugzeugführer aber in Gefangenschaft kamen, verursachte beträchtliche Personalnachwuchsprobleme. Ähnliches erlebten die alliierten Piloten später über den von Deutschen besetzten Ländern und über dem Reichsgebiet. Die USA und das Commonwealth konnten aber Tausende junger Piloten ungestört nachschulen.

Der Erfolg blieb dem »Adler-Unternehmen« auch deshalb versagt, weil die deutschen Bomber wichtige militärische Einrichtungen und Rüstungsproduktionsstätten in Mittel- und Nordengland nicht nachhaltig genug lahmlegen konnten, zumal sie mangels eigenen Jagdschutzes schwere Verluste erlitten und schließlich fast nur noch nachts gegen London eingesetzt wurden. Es gelang auch nicht, die britische Insel über See von ihren Versorgungslinien abzuschneiden.

Neben der technischen Überlegenheit der Jagdflugzeuge und dem Können ihrer Besatzungen war ihre zahlenmäßige Stärke und die Möglichkeit ihrer flexiblen Zusammenfassung an den Kampfschwerpunkten entscheidend für die Erringung der Luftüberlegenheit oder -herrschaft. Beides verlor die deutsche Luftwaffe im Kriegsverlauf immer mehr, da die Jägerproduktion die Frontverluste, auch nach dem 1944 gestarteten »Jäger-Notprogramm«, nicht ausgleichen konnte. Hinzu kamen wachsende Engpässe an Treibstoff und Nachschub. Gegen Kriegsende waren die alliierten Luftwaffen der deutschen nicht selten im Verhältnis 20:1 und mehr überlegen.

Eine interessante, aus der Not geborene Improvisation der Luftwaffe waren die »Huckepack«-Gespanne nach dem Beispiel der Short »Mayo/Mercury«. Versuche fanden bereits in den 30er Jahren mit DFS-230/Klemm Kl-35, Fw-56 und zuletzt mit der Me-109 statt. Bei diesen »Mistel« Jäger-Bomberkombinationen trug der unbemannte, mit einer 3800 kg Hohlladung im Bug beladene Bomber ein aufgesetztes Jagdflugzeug als beider Führerflugzeug. Der Jägerpilot klinkte den dann kursgesteuerten Bomber als teures Verlustgerät aus und lenkte ihn im 30 Grad-Bahnneigungsflug ins etwa drei Kilometer entfernte Ziel. Damit war es möglich, außer Reichweite der Bodenabwehr um stark geschützte, wichtige Punktziele zu bleiben. Man kann diese Entwicklung als Vorläufer heutiger Abstandswaffen bezeichnen. 1944/45 erfolgten solche »Mistel«-(Verzweiflungs-)Einsätze noch gegen Invasionsschiffe im Kanal und auf Oder-, Neiße- und Rheinbrücken.

Bomber und Transporter

Kampfflugzeuge (Bomber) dienten als Träger der offensiven Luftkriegführung im Konfliktfall zur schnellstmöglichen Zerschlagung des gegnerischen Kräftepotentials. Die Luftwaffe war dazu in der ersten Kriegsphase – gegen schwächere Gegner – erfolgreich in der Lage. Im weiteren Kriegsverlauf ging diese Fähigkeit mehr und mehr verloren. Man unterschied – wie erwähnt – zwischen schweren und strategischen Langstreckenbombern und leichten bis mittelschweren, taktischen Kurz- und Mittelstreckenbombern. Neben ihrer Selbstschutzbewaffnung führten sie Abwurfwaffen (Bomben, Torpedos, Minen, Wasserbomben, später auch funklenkbare und Gleit- oder Raketenbomben) mit, die sie je nach Kampfauftrag im horizontalen Hoch-, Bahnneigungs-, Sturz- oder Tiefflug (»Heckenspringen«) abwarfen. Die Bombenzuladung bestand wahlweise aus Panzerspreng-, Spreng-, Minen-, Splitter-, Brand-, Flamm- oder anderen Spezialbomben verschiedenster Kaliber.

Für den gezielten, anfänglich bodensichtabhängigen Bombenwurf gab es ständig verbesserte optische Zielgeräte, die

Eine Focke-Wulf Fw-191 V kurz vor der Fertigstellung – gut zu erkennen ist die riesige Öffnung für den Bombenabwurf.

Die Douglas XB-19 fiel vor allem durch die riesigen Dimensionen ihrer Tragflächen auf (oben).
Ab 1940 baute Junkers den Ju-86 P-1-Höhenbomber, der mit zwei Jumo 207 A-1-Triebwerken mit je 880 PS ausgerüstet war.

im Kriegsverlauf durch wetterunabhängigere und genauere Funkmeß- und Zielgeräte unterstützt oder ersetzt wurden. Mit dem alliierten H2S-Panorama-Bordradar war es ab Mitte des Krieges möglich, Bombenlasten ganzer Pulks ohne Erdsicht durch eine geschlossene Wolkendecke und bei Nacht recht zielgenau abzuwerfen. Dadurch war die Flak- und Jagdabwehr erheblich erschwert.

Die Bodenabwehr suchte der Feindeinwirkung überwiegend durch Flugabwehrkanonen bis 15 cm Kaliber (Flak), nachts zeitweise unterstützt durch Flakscheinwerfer, Horch-, später Funkmeßgeräte, durch Einnebeln des Zielgebiets, Sperrballons oder Scheinziele entgegenzuwirken.

Kampfverbände nutzten zunehmend Abwurfmittel zur Zielbeleuchtung (Leuchtbomben) und Markierung (»Tannenbäume«). Vorausfliegende Pfadfinder setzten sie für die nachfolgenden Bomberströme über dem Zielgebiet ab und erleichterten dadurch den vor allem nachts nicht immer in engen geschlossenen Verbänden, sondern lockeren »Bomberströmen« angreifenden Bombern die Zielfindung, insbesondere bei Flächenbombardierungen.

Ju-86 im Flug. Gut sichtbar sind die großen Klappen am Flügelende, die bei Start und Landung den Auftrieb vergrößern.

Die Kanzel des Höhenbombers Ju-86 P-1 mit der Werknummer 0-439 DD-FZ.

Deutsche Kampfflugzeuge waren nach den Einsatzerfahrungen der »Legion Condor« im spanischen Bürgerkrieg 1936-39 zunächst als schnelle mittlere, überwiegend zweimotorige Bomber hauptsächlich zur wirksamen taktischen Unterstützung ausgelegt und eingesetzt. Ihre während der anfänglichen Feldzüge gegen Polen und Frankreich genutzte technische und zahlenmäßige Überlegenheit bestärkte die Verantwortlichen zu lange in dieser einseitig angelegten und damit falschen Konzeption.

Der erste Generalstabchef der Luftwaffe, Generalmajor Walter Wever, hatte – obwohl vom Heer kommend – nicht nur »taktische«, sondern sehr wohl auch weiterreichende »strategische« Einsatzvorstellungen von modernen deutschen Luftstreitkräften. Er kam am 3. Juni 1936 beim Absturz seiner Heinkel He-70 »Blitz« in Dresden-Klotzsche ums Leben. Sein Nachfolger favorisierte primär den taktischen, erst in zweiter Linie den mittelschweren oder schweren Bomber (»Bomber-A«). Die unter Wever angelaufene Entwicklung und Erprobung viermotoriger Bomber wurde eingestellt und mit dem »Bomber-B«-Programm erst kurz vor Kriegsende, also zu spät, wieder aufgegriffen. Umbau und Einsatz der als Verkehrsflugzeug entwickelten Focke-Wulf Fw-200C als Langstreckenbomber und -aufklärer blieb ein Behelf. Praktisch über die gesamte Kriegsdauer konnte die Luftwaffe nur die schon zu Kriegsbeginn verfügbaren zweimotorigen Kampfflugzeuge, wenn auch in verbesserten Versionen, einsetzen. Die Kosten für die Forschung, Entwicklung und Flugzeugbeschaffung beliefen sich 1944 auf zwölf Milliarden Reichsmark. Hierbei muß man bedenken, daß damalige Kampfflugzeuge nur den hundersten oder gar nur den tausendsten Teil heutiger Strahlkampfflugzeug kosteten.

Als viermotoriges Flugzeug war die Junkers Ju-89 als schwerer Bomber ausgelegt.

Bewaffnung

Deutsche Kampfflugzeuge (vornehmlich Ju-88, He-111, Do-17/215) waren anfangs relativ schwach mit Defensivwaffen ausgerüstet. Sie mußten der wachsenden Jägergegenwehr wegen laufend vermehrt werden. Dadurch nahmen Geschwindigkeit, Zuladung und Reichweite ab. Dieses Handicap ließ sich durch leistungsstärkere Triebwerke nur be-

Eine B-17 bei einem Lufttag in England Ende der 80er Jahre. Die Luftschlacht um England wird so gut wie in jedem Jahr in Erinnerung gerufen.

Eine britische Avro „Lancaster". Der viermotorige Bomber wurde vor allem bei Nachtangriffen eingesetzt.

dingt ausgleichen. Der Not gehorchend verbesserte man die ursprünglichen Basismuster in zahlreichen Varianten durch immer neue Zu- und Nachrüstungen. Man muß an dieser Stelle auf die Konzeptionslosigkeit der Führung, die wachsende Einwirkung des alliierten Luftkrieges und immer akuter werdende Materialengpässe hinweisen, um die begrenzten Möglichkeiten der durchaus hochleistungsfähigen und sehr innovativ denkenden und arbeitenden deutschen Herstellerwerke zu verstehen, die trotz aller Schwierigkeiten große Stückzahlen bauten.

Die anfangs wenigen, vereinzelt noch offenen Abwehrstände gegen Jägerangriffe in Rumpfbug-, ober- und unterseite wurden zahlen- und kalibermäßig ständig verstärkt. Neben MG-Lafetten in Seitenfenstern, Bordkanonen in der Bodenwanne kamen selbst starre Waffeneinbauten im Heck zum Einbau, um den durch das Leitwerk gegebenen toten Schußwinkel für die hinteren Abwehrstände zu verringern oder abzudecken. Im Gegensatz zu den zweimotorigen Kampfflugzeugen wurden für viermotorige Bomber von vornherein Zwillings- oder Vierlingswaffen in Heckständen hinter dem Leitwerk vorgesehen, die Bordwaffen zunehmend automatisiert, schließlich aus Sichtkuppeln heraus auch ferngesteuert. Zusätzlicher Panzerschutz für Besatzung, Triebwerk und Tanks bedingte weitere Gewichtszunahme.

Beide Seiten führten ab Kriegsmitte schwere, teils funk- oder nachgesteuerte Gleitbomben ein. Bei der Luftwaffe waren »Fritz-Y«/PC.1400 kg, Hs-293 und BV-246 »Hagelkorn« gegen stark geschützte Punktziele und Schiffe noch erfolgreich zum Einsatz gekommen, so beispielsweise bei der Versenkung des italienischen Schlachtschiffs »Roma«. Die RAF griff mit sechs Tonnen schweren »Tall Boy« das Schlachtschiff »Tirpitz«, mit Zehntonnen-»Grand Slam« vor allem U-Bootbunker und große Verkehrszentren an. Für den verheerenden Angriff der 617. RAF-Staffel auf die Eder-, Möhne- und Sorpe-Talsperren in der Nacht zum 15. Mai 1943 hatte Barnes Wallis insgeheim zylindrische Rollbomben entwickelt, die – im Bombenschacht der »Lancaster« in Rotation versetzt – genau 30 Meter über der Stauseeoberfläche abgeworfen, über Torpedonetze und andere Schutzeinrichtungen »springend« – auf die Staumauer prallten und an der Mauerbasis detonierten. Viele Millionen Kubikmeter aufgestauten Wassers richteten in den Flußtälern katastrophale Verwüstungen an. Man wollte so die Energieversorgung für die Rüstungswerke im Ruhrgebiet lahmlegen, traf aber vornehmlich die nachts von den Wassermassen überraschte Bevölkerung, unter der es große Opfer gab.

Sturzkampfflugzeuge

Die »Stukas« genannten Bomber (Ar-81, Ha-137, Hs-123, He-118, Ju-87/88, Do-217) gab es in vielen damaligen Luftstreitkräften, weil präzise Zielgeräte für den Horizontalangriff noch fehlten. Der berühmte Kunstflieger Ernst Udet, »Pour-le-Merite«-Jagdflieger des Ersten Weltkriegs und späterer Generalluftzeugmeister der Luftwaffe, hatte diese Idee aus den USA mitgebracht, durfte mit Hitlers Genehmigung sogar das erste Konzeptionsmuster, eine Curtiss F11C-2

Eine Martin B-25 „Marauder"; Flugzeuge dieses Typs wurden von der US Air Force vorwiegend in Fernost eingesetzt.

Die viermotorige Hawker Siddeley „Shackleton" konnte als Seeauklärungs- und U-Boot-Bekämpfungsflugzeug 24 Stunden lang in der Luft bleiben.

Hawk II (Goshawk), kaufen, um damit »offiziell« Kunstflug vorführungen zu machen. Ein weiterer »Stuka«-Impuls kam von Junkers, der seine Erfahrungen aus dem Ersten Weltkrieg in eine, wegen des Bauverbots für Deutschland 1927/28, in Schweden entwickelte und von der Flygindustrie AB in Malmö gebaute K.47 umsetzte.

Treffsicherheit auf Punktziele, vor allem nahe der vorderen Kampflinie eigener Truppen, versprach seinerzeit nur der steile, manchmal fast senkrechte Sturzangriff. Dabei visierte der Pilot — wie beim Jäger — das Ziel mit dem ganzen Flugzeug an und zog nach Auslösen der Bombe in niedriger Höhe so schnell und steil wie möglich wieder hoch, um der Bodenabwehr wenig Ziel zu bieten. Ein Schwenkträger brachte die Bombe außerhalb des Propellerkreises. Luftbremsen verhinderten ein Überschreiten höchstzulässiger Sturzgeschwindigkeit. Für das rechtzeitige Hochziehen bei größter physischer Belastung des Piloten sorgte eine Abfangautomatik. Luftwaffen-Stukas waren in den ersten »Blitz«-Feldzügen als Schwerpunktwaffe sehr erfolgreich, verloren aber mit wirksam werdender Jagd- und Bombenabwehr bald ihre anfängliche Bedeutung.

Schlachtflugzeuge

Der unmittelbaren Erdkampfunterstützung dienten eigens dafür entwickelte und mit verstärkter Panzerung sowie großkalibrigen Kanonen mit panzerbrechender Munition umgerüstete Schlachtflugzeuge. Zu dieser Kategorie gehörten bei der Luftwaffe die Typen Henschel Hs-123 und Hs-129, Junkers Ju-87 G und Focke-Wulf Fw-190 G.

Aufklärungsflugzeuge

Den Kampfflugzeugen/Bombern rechnete man auch die oft typengleichen Fernaufklärer (vor allem Focke-Wulf FW-200 C, Heinkel He-177, Junkers Ju-290/390) zu. Sie flogen Augen-, Bild- und später auch Funkaufklärung über Land und See, überwachten Rüstungs- und Verkehrszentren, Flugplätze, Nachschubwege oder Truppenbewegungen und dienten im Atlantikkrieg den U-Bootrudeln als Fühlungshalter an alliierten Convoys. In Krisenlagen mußten sie Personal und Material transportieren oder auch weit im feindlichen Hinterland Agenten und Material für Widerstandsgruppen absetzen. Nah- und Heeresaufklärer kamen mit leichteren, auch der Artilleriebeobachtung, Verkehrsüberwachung und verwandten Heeresaufgaben dienenden Flugzeugen wie der Henschel-126, Focke-Wulf Fw-189 »Uhu« zum Einsatz. Als Flugboote (Dornier Do-18/24/26, Blohm & Voß BV-138/222/238 oder Schwimmerflugzeuge an Bord von Kriegsschiffen (Arado Ar-95/196, Heinkel He-59/60/114/115) nahmen sie zudem den Seenotrettungsdienst wahr. Für die »bewaffnete Aufklärung« führten sie Bord- und Abwurfwaffen mit. Auch zum Minenlegen kamen sie zum Einsatz.

Transportflugzeuge

Für den schnellen, weitreichenden Lufttransport von Personal, Ersatzteilen, wichtigen Versorgungsgütern oder zum Einsatz von Fallschirmjägern wurden große, besonders tragfähige, robuste, jedoch langsamere Transporter an Brenn-

Die XB-15 war Boeings erster Entwurf eines viermotorigen Bombers. Obwohl die Konstruktion vor der des B-17-Bombers begonnen wurde, flog die XB-15 erst zwei Jahre nach dieser.

punkten der Kriegsschauplätze herangezogen. Bei der Luftwaffe waren dies Junkers Ju-52/3 m, Ju-252/352, Ju-90/290/390 oder Fw-200, daneben auch die vorgenannten Flugboote. Im Krieg requierierten die Streitkräfte auch fast alle Zivil- und Verkehrsflugzeuge für diese Aufgaben. Auf dem Rückflug von Versorgungseinsätzen wurden häufig Urlauber mitgenommen und Verwundete in die Heimat evakuiert.

Der erste Transportverband der Luftwaffe war im Oktober 1937 aus der Kampfgruppe zur besonderen Verwendung entstanden. Die Bezeichnung »Kampfgruppe« rührte daher, daß die Ju-53/3 m in der Aufbauzeit als Behelfsbomber diente. Durch Teilung und Auffüllung ging daraus bis August 1938 die KG. z. b. V. 2 hervor. Entsprechend ihren Erstaufgaben, dem Transport der neu gebildeten Fallschirmtruppe, paßte sich ihre Gliederung und Ausrüstung der eines Fallschirmjägerbataillons mit Stab und vier Kompanien an. Die KG. z. b. V. bestand daher, abweichend von anderen Luftwaffenverbänden, aus einem Stabsschwarm mit fünf sowie vier Staffeln zu je zwölf Junkers Ju-52/3 m. Alle danach aufgestellten Transportverbände waren bis 1944 gleich, dann als Transportgeschwader und -gruppen mit drei Staffeln mit je 16 Flugzeugen gegliedert. Nur die Me-323-Staffeln hatten sechs »Giganten« im Inventar.

Die Transportverbände der Luftwaffe haben Ungewöhnliches geleistet und schwere Verluste erlitten, so gingen allein beim Luftlandeunternehmen »Merkur« auf Kreta über 170 Maschinen verloren. Der Mangel an Transportraum und immer verlustreichere Versorgungsflüge an allen Fronten überschatteten schließlich den Niedergang der Luftwaffe. Namen, die mit der Transportfliegerei eng verbunden sind, wie Narvik, Stalingrad und Nordafrika gingen in die Kriegsgeschichte ein.

Lastensegler

Für Transportsondereinsätze von Sturm- und Luftlandetruppen, Waffen, Fahrzeugen und Kampfausrüstung standen Lastensegler oder Sturmgleiter zur Verfügung. Deutscherseits waren diese die zehnsitzige DFS-230, die größere Gotha Go-242 (später als zweimotorige Go-244 eingesetzt) und der »Gigant« Messerschmitt Me-321, der im Laufe des Krieges mit sechs Sternmotoren als Me-323 motorisiert als erstes Großraumflugzeug der Welt gilt. Mit seinem zehnrädrigen Geländefahrwerk konnte dieser langsame, leichtgebaute, nur aus Stahlrohr, Bespannstoff und Sperrholz gefertigte Riesenvogel von Behelfsplätzen aus (notfalls mit Startraketenhilfe) operieren. 55 Meter Spannweite, teils bis 20 Tonnen Zuladung beziehungsweise 120 vollausgerüstete Soldaten machten diesen »Leukoplastvogel« zum damals größten Flugzeug der Welt. Mit ihm konnten sogar Geschütze samt Zugmaschine und Panzer lufttransportiert werden.

Hubschrauber

Der Drehflügler war im militärischen Einsatz noch sehr jung und fand erst gegen Kriegsende vereinzelt als Transport- und Verbindungsluftfahrzeug Verwendung. Sein Vorläufer war der Tragschrauber (Autogyro) Cierva C.30. Daher wundert es nicht, daß Versuche als Trag- und Schlepptragschrauber (Focke-Achgelis Fa-330 »Bachstelze«) für den U-Boot-Einsatz stattfanden. Fortgeschrittene Hubschrauberentwicklungen gab es damals bereits in den USA (Sikorsky) und in Deutschland, wo schon 1936 mit der Focke-Wulf Fw-61 Weltrekorde aufgestellt wurden. Die Baumuster von Flettner (Fl-282/285) und Focke-Achgelis (FA-223 »Drache«) waren vielversprechende Entwicklungen, mit deren Erfahrungen später rasche Fortschritte in diesem Technologiebereich möglich waren.

Triebwerke

Die Bombermotoren glichen weitgehend denen in Jagdflugzeugen, es waren flüssigkeitsgekühlte Kolbentriebwerke mit zwölf oder mehr Zylindern oder luftgekühlte Stern- und

Aus Bombern des Typs B-29 wurden auch die amerikanischen Atom-Bomben auf Hiroshima und Nagasaki abgeworfen und damit das Ende des Zweiten Weltkriegs herbeigeführt.

Doppelsternmotoren mit neun, 14 und 18 Zylindern. Diese Motoren erhielten im Kriegsverlauf weitgehend Abgasturbolader zur Steigerung der Höchst- und Höhenleistung. Für den Nachteinsatz wurden an den Abgasstutzen Flammenvernichter erforderlich, um eine Blendung der Besatzung und frühzeitiges Erkennen durch Nachtjäger zu vermeiden.

Zur Widerstandsminderung und damit Leistungserhöhung baute man zum Beispiel bei der Heinkel He-177 je zwei Daimler-Benz DB-605 zu einem Doppeltriebwerk DB-610 zusammen, das über Getriebekupplung eine Luftschraubenwelle antrieb. Zum Spar- und Reichweitenflug konnte ein Motor abgeschaltet werden. Allerdings gab es beim DB-610 in der He-177 Kühlprobleme, die zu Motorbränden führten und diesem ansonsten hochmodernen Bomber mit großer Reichweite, Geschwindigkeit, Zuladung und Abwehrbewaffnung den Spitznamen »Reichsfeuerzeug« einbrachten.

Der Kriegsverlauf

Vorab sei auf einen für die späteren Ereignisse bedeutsamen Umstand hingewiesen. Die Ausweitung der Rüstungsproduktion und Waffenpotentiale in allen Bereichen darf den objektiven Leser nicht über die ebenfalls großen Verluste an allen Fronten und erhebliche Finanzierungs- und Rohstoffmängel im Reich hinwegtäuschen. Schädlich wirkte sich zudem die fehlende langfristige Kriegsplanung aus. Häufige Programm- und Projektänderungen verschärften die wachsenden Probleme und führten auf manchen Rüstungsgebieten zur Überforderung der Industrie. Immer wieder kam es zu einschneidenden Maßnahmen, die man am besten mit den Begriffen »Schieben, Strecken und schließlich Streichen« von Planungen, Entwicklungen sowie bereits angelaufenen Bauvorhaben charakterisiert. Lieferverzögerungen und -ausfälle waren häufig die Folge. Nachschub- und Transportprobleme überspannten letztlich den Bogen verbleibender Möglichkeiten.

Schon bei der nicht verhinderten Evakuierung des britischen Expeditionskorps und eingekesselten französischen Truppen aus Dünkirchen traten neben gravierenden Führungsfehlern auch Mängel in der Luftrüstung deutlich zutage. Waren die deutschen Flugzeuge anfangs den Gegnern leistungsmäßig überlegen, so reichte bereits in der Luftschlacht um England die Flugdauer, Reichweite und Waffenzuladung nicht aus, um die Flugplätze des RAF-Jägerkommandos oder die britischen Rüstungszentren nachhaltig lahmzulegen. Wurden dennoch entferntere Ziele – dann meist einzeln und ohne Jagdschutz – angegriffen, waren die Verluste schließlich so hoch, daß der Kampf um die Insel nur noch nachts mit schwachen Kräften weitergeführt werden konnte. Auch Ziele wie Coventry und andere Industriestädte hatten nicht die erhoffte nachhaltige Langzeitwirkung.

Als es der Sowjetunion nach den großen Anfangserfolgen der Wehrmacht im Ostfeldzug in einer enormen Kraftanstrengung gelang, ihre wichtigen Rüstungs- und Versorgungszentren hinter den Ural zu verlegen, rief man wieder, aber erneut zu spät, nach dem »Ural-Bomber«, danach auch

Oberer Gefechtsstand eines B-29-Bombers. Nach dem Zweiten Weltkrieg wurde die B-29 zur B-50 weiterentwickelt, die ab 1947 flog.

nach einem »Amerika-Bomber«, wie man diese Fernstkampfflugzeuge bezeichnete. Zwar gab es in der Luftwaffe Kampfflugzeuge und Flugboote mit größerer Reichweite, sie stammten jedoch sämtlich aus von Zivilprogrammen abgeleiteten Entwicklungen und blieben ein Provisorium. Das »Bomber-B«-Programm, die vier- und sechsmotorige Junkers Ju-290/390 wie auch spätere Strahlbomberprojekte erreichte nur vereinzelt noch das Versuchsstadium oder die Truppenerprobungsphase.

Schon in den 30er Jahren entwickelten die Vereinigten Staaten viermotorige Langstreckenbomber. Für die US-Armee- und Luftwaffe (USAAC/USAF) standen sie ab Mitte des Krieges zu Zehntausenden zur Verfügung. Churchill initiierte 1940 in England seine »Bomber Policy«, nach der das RAF-Bomberkommando ab 1942 mit seinen »Halifax«- und »Lancaster«-Viermots verheerende »1000-Bomber-Raids« gegen das Reich durchführte.

Der militärische Laie Hitler hatte 1941 sogar alle nicht binnen kurzer Zeit realisierbaren Rüstungsforschungs- und Entwicklungsvorhaben einstellen lassen. Viele erfolgversprechende Projekte und Programme – um hier nur die Strahlflugzeugentwicklung zu nennen – wurden derart um Jahre verzögert. Zwar hatte es an phantastisch-visionären Ideen und Vorstellungen in der politischen und teils auch in der militärischen Führung keinen Mangel; an konkreten, realistischen – also: machbaren – langfristig angelegten Kriegszielen und -planungen fehlte es von Anfang an. Und wenn es sie gab, wurden sie nicht konsequent genug verfolgt. Auch den Gegner und seine nach Amerikas Kriegseintritt gewaltigen Potentiale und Ressourcen hatte Hitler, der schließlich die ganze Welt gegen sich hatte, gründlich unterschätzt. Das rächte sich bitter.

Als die Bedrohung des Deutschen Reiches selbst immer offensichtlicher wurde, unternahm man auf allen Ebenen immense Anstrengungen, die frühere technische Überlegenheit zurückzugewinnen. Doch es war »zu spät«, wie der erfolgreiche Kampfflieger Werner Baumbach nach dem Krieg schrieb. Rohstoffmängel, der alliierte Bombenkrieg und immer zahl- und verlustreichere Rückzüge an allen Fronten kündigten das rasche Ende des »1000jährigen Reiches« an.

Eine „Stuka" Ju-87: Markant sind die beiden unter den Tragflächen montierten Kanonen.

Bei der Würdigung der Leistungen der Luftwaffe mit schließlich über anderthalb Millionen Soldaten, davon knapp 600000 Mann bei der Fliegertruppe, dürfen die bereits erwähnten Opfer nicht vergessen werden.

Strahl- und Raketenflugzeuge

Die Wiege der im Zweiten Weltkrieg erstmals eingesetzten Strahl- und Raketenflugzeuge stand in Deutschland. Erst ab Kriegsmitte nahmen solche neuartigen Kampfflugzeugentwicklungen auch in den USA, in England und in der Sowjetunion Gestalt an. Damit wurden zugleich die ersten Meilensteine auf dem Wege ins Düsenzeitalter gesetzt. Auf diese ersten, epochemachenden Flugzeuge wird nachstehend, nach Triebwerksart getrennt, eingegangen. Einzelne Baumuster waren mit Mischantrieb (Kolbentriebwerk/Raketen- oder Strahlantrieb) geplant und ausgerüstet.

Strahlflugzeuge

Zwar war man auf beiden Seiten der Kriegführenden vor und nach Kriegsbeginn über die Entwicklungstrends einigermaßen im Bilde, doch erst 1943 brachte die englische Luftaufklärung erste genauere Hinweise auf die in Deutschland entwickelten Strahlflugzeuge. Die deutsche Strahlturbinenentwicklung und der anfangs von alliierten Piloten in Gefechtsberichten ungläubig als »Flugzeug ohne Propeller« bezeichnete »Düsenjäger« hatten gegenüber der auf alliierter Seite begonnenen Entwicklung einen ein- bis dreijährigen Vorsprung.

Heinkel He-178

Das erste, von einer Strahlturbine angetriebene Flugzeug der Welt flog Flugkapitän Erich Warsitz als Chefpilot Heinkels am 27. August 1939 in Rostock mit der Heinkel He-178 V1. Sie war mit einer Heinkel S-3 B-Radialturbine ausgerüstet. Die erste erfolgreiche offizielle Flugdemonstration am 1. November 1939 beeindruckte weder den Generalluftzeugmeister Ernst Udet noch die anwesenden Vertreter des Reichsluftfahrtministeriums (RLM) sonderlich, Ausdruck der Fehleinschätzung des zu erwartenden Kriegsverlaufs sowie der Ahnungslosigkeit gegenüber den in dieser neuartigen Technologie schlummernden militärischen Möglichkeiten. Doch Heinkel und von Ohain (Konstrukteur des Triebwerks) machten trotzdem weiter.

Nach dem Blitzsieg in Polen hielt man solch revolutionär Neues nicht mehr für notwendig. Hinzu kam wohl auch,

Die Junkers Ju-87 wurde besonders an der Ostfront zur Bekämpfung von Panzerverbänden und anderen Bodenzielen eingesetzt.

Auch im Krieg kann es fast idyllische Motive geben: Ju-87 vor Sonnenuntergang in der Ukraine.

daß Udet, wie übrigens auch Göring, Milch und andere maßgebliche Luftwaffenoffziere als berühmte Weltkrieg I-Flieger offensichtlich immer noch Probleme hatten, moderne Entwicklungen richtig zu verstehen und einzuschätzen. Dieses Phänomen war bereits bei der Einführung des ersten

Bodenmannschaft beim Transport einer Sprengbombe. Im Hintergrund: Ju-87-Staffel.

Versuchsweise wurde die Ju-87 als D-3-Version auch mit zwei Zusatzkabinen für den Transport von zwei mal vier Personen ausgestattet.

freitragenden, mit einer geschlossenen Kabine und Einziehfahrwerk ausgestatteten Jagdeinsitzers, der Bf-109, erkennbar geworden.

Dieses, von Professor Willy Messerschmitt Mitte der 30er Jahre präsentierte revolutionäre Flugzeug schien den alten »Pour-le-Merite«-Piloten anfangs fremd, fast unheimlich, da sie sich vorstellten, in einer engen, verglasten Kabine eingepfercht zu sitzen, den Fahrtwind zu vermissen und die Geschwindigkeit nicht mehr nach dem Surren der Spanndrähte der alten Doppeldecker abschätzen zu können. Immerhin war es dann doch Udet, der mit diesem Flugzeug beim Zürcher Flugmeeting 1936 der ausländischen Konkurrenz auf und davon flog, allerdings sein Flugzeug auch »hinschmiß« – es hatte ja Einziehfahrwerk.

Als auch die Bayerischen Motorenwerke (BMW) und die Junkers Flugmotorenwerke (Jumo) mit Turbinenprojekten begannen, beauftragte das RLM dann doch Heinkel und Messerschmitt mit der Entwicklung von »Düsenflugzeugen«.

Heinkel He-280

Die Heinkel H-280 V1 war – noch vor der Me-262 – das erste zweistrahlige Turbinenflugzeug der Welt, das mit Werkpilot Schäfer am 2. April 1941 den Jungfernflug machte. Bei späterer Triebwerkserprobung mit vier Schmidt-Argus As-014 Pulso-Schubrohren ging der Prototyp wegen Vereisung zu Bruch. Dabei rettete sich Testpilot Schenk, erstmals in der Luftfahrtgeschichte, mit dem druckluftbetätigten Heinkel-Schleudersitz. Obwohl die Flugtests der neuen He-280 V-Muster vielversprechend verliefen, kam es wegen mangelnder Fertigungskapazität bei Heinkel und dem dafür vorgesehenen Lizenzbauer Siebel nicht zum Serienbau dieser hoffnungsvollen He-280, sondern später der Me-262. Intrigen und Animositäten gegen den eigenwilligen Ernst Heinkel spielten dabei auch eine Rolle. Messerschmitt hatte damals die besseren Karten. Dies hatte sich bereits bei der Entscheidung über die Großserienfertigung der Me-109 zu ungunsten der He-112 gezeigt.

Heinkel He-162 »Salamander«

Im Rahmen des 1944 anlaufenden »Jäger-Notprogramms« stand für die »Volksjäger« genannte Heinkel He-162 V1 die

Der schnellste Bomber des Zweiten Weltkriegs: Der viermotorige Turbo-Bomber und -Aufklärer Ar 234C.

erste 600 kp BMW 109-003 A-Axialturbine für den Einbau auf dem Metallrumpf mit Holzflügeln zur Verfügung. Auch heute noch kaum zu glauben ist, daß Heinkel nur 77 Tage vom Auftragseingang bis zum Erstflug brauchte, den Werkpilot Peter am 6. Dezember 1944 in Wien-Schwechat ausführte. Rund 100 He-162 A-0/A-1 Vor- und Serienflugzeuge mit der 920 kp Turbine BMW 109-003 E wurden noch an die Luftwaffe ausgeliefert und beim Jagdgeschwader (JG) 1 in Leck/Holstein bis zur Kapitulation eingesetzt.

Messerschmitt Me-262

Die ebenfalls zweistrahlige Messerschmitt Me-262 V1 (Werkprojektnummer P.1065) war im April 1941 fertig, die Jumo 109-004-Triebwerke fehlten aber noch. Aus Zeitnot begann die Flugerprobung mit dem zuverlässigen Kolbenmotor Jumo-210 G im Rumpfbug. Damit startete Chefpilot Dipl-Ing. Fritz Wendel am 18. April 1941 zum Erstflug. Die Erprobung verlief zufriedenstellend. Vorsichtshalber flog man auch nach Einbau der ersten, noch nicht ganz betriebssicheren Jumo 109-004 mit dem Jumo-210 G weiter. Dies erwies sich am 25. März 1942 bei einer Notlandung nach Schaufelbrüchen in beiden Turbinenwerken als glücklicher Umstand. Am 18. Juli flog Wendel die Me-262 V3 mit den ersten Serien-Jumo-004, die jedoch noch lange Sorgen machten und den vorbereiteten Serienbau verzögerten. Hier zeigte sich einmal mehr, daß die deutsche Motorenindustrie unter dem Mangel an Rohstoffen für hochwarmfeste Triebwerksteile litt, was die Leistung, Standfestigkeit und Lebensdauer deutscher Flugtriebwerke schon länger beeinträchtigte.

Zur Beschleunigung des ab 1943 geplanten Serienbaus flogen bekannte Jagdflieger wie Wolfgang Späte und Johannes Steinhoff die Me-262. Auf ihr Urteil legte man großen Wert. Auch Adolf Galland äußerte sich nach einem Testflug begeistert über den »Vogel, der wie von Engeln geschoben« überaus schnell war. Sie überzeugten Reichsmarschall Göring, ihren Oberbefehlshaber, ab Januar 1944 monatlich 60 Maschinen bauen zu lassen.

Eine am 26. November 1943 vor Hitler in Insterburg/Ostpreußen mit der Me-262 V6 durchgeführte Flugdemonstration zog jedoch eine ebenso unerwartete wie folgenschwere Entscheidung des »Führers und Obersten Befehlshabers« nach sich. Beeindruckt von den Flugleistungen schlug er alle vorgetragenen Bedenken in den Wind und forderte kategorisch, die Me-262 zum Blitzbomber »Sturmvogel« umzubauen und zur Zerschlagung der sich andeutenden Invasion am Kanal einzusetzen. Dort kam es dann trotzdem nur zum sporadischen Einsatz einzelner Düsenflugzeuge. Diese Konstruktionsänderung verzögerte den Serienbau erneut. Der alliierte Bombenkrieg behinderte die inzwischen dezentralisierte Serienfertigung zudem erheblich, mit der Folge, daß zu wenige Maschinen zu spät ausgeliefert wurden. Die Me-262 flog damals bereits über 160 km/h schneller als die noch in der Testphase stehende britische Konkurrenz Gloster »Meteor«.

Trotz aller Schwierigkeiten fertigte Messerschmitt noch 1433 Maschinen dieses ersten in Großserie gebauten und operationell eingesetzten Düsenjägers der Welt. Ab Oktober 1944 flogen damit die »Turbo-Jagdgruppe Nowotny« in Achmer, das JG. 7 unter Steinhoff und zuletzt der Jagdverband (JV) 44 mit vielen erfolgreichen, aber bei Göring in Ungnade gefallenen Jagdpiloten gegen die alliierte Übermacht. Folgeprojekte der Me-262 als Aufklärer, Schnellbomber, Nachtjäger und »Heimatschützer« (als Interzeptor mit Zusatzraketentriebwerk) kamen nur teilweise über das Reißbrettstadium hinaus.

Aus der Ju-52 weiterentwickelt: die dreimotorige Ju 252, ein recht häßliches Flugzeug, dem auch keine große Karriere beschieden war.

Arado Ar-234

Nach dem Mißerfolg in der Luftschlacht um England und der rapide sinkenden deutschen Überlegenheit verlangte Hitler einen schnellen Turbobomber und -aufklärer. 1941 begann Arado mit der Projektierung des einsitzigen, zweistrahligen Fernaufklärers E-370. Als Ar-234 »Blitz« hatte er 840 kp Jumo 109-004-Triebwerke, nach dem notfalls (mit R-Geräten) raketenunterstützten Start abwerfbares Fahrwerk und hydraulisch ausfahrbare Landekufen. Die Ar-234 V 4 und V 5 flogen schon erfolgreiche Bildaufklärung über England. Die vierstrahlige Ar-234 V 6 als Prototyp der A-Serie bekam 800 kp BMW 109-003 A in Einzel-, die V 8 in Zwillingsgondeln unter den Flügeln. Für die B-Serie als damals schnellster Bomber des Zweiten Weltkriegs wurde der Rumpf zur Aufnahme eines Einziehfahrwerks umkonstruiert. Der Pilot erhielt ein Lotfe-Bombenzielfernrohr, mit dem drei 500 kg-Bomben unter dem Rumpf und an den Triebwerkgondeln zielgenau abgeworfen werden konnten.

1944 lieferten Arado und Lizenzwerke 210, von den Piloten gern geflogene Maschinen ab. Weitere Erprobungen erfolgten mit neuen Tragflächen, einem Hybridantrieb und einer zweisitzigen Aufklärer-, Bomber- und Nachtjagdversion. Ferner war an einen Allwetterjäger mit verschiedenen Turbineneinbauten gedacht. Die erste Ar-234 fiel den Alliierten am 24. Februar 1945 in die Hände. Die Ar-234 fand als Beute in Ost und West starke Beachtung und manche Nachahmung.

Junkers Ju-287

Interessant war auch Junkers erstes, von Dipl.-Ing. Wocke ab 1943 – quasi aus dem »Baukasten« – entworfenes Versuchsmuster Ju-287 mit erstmals negativer Flügelpfeilung. Dazu setzte er vorhandene Baugruppen (He-177-Rumpf, Ju-388-Leitwerk, B-24 »Liberator«-Bug- und Ju-352-Hauptfahrwerk) zusammen und hängte vier 900 kp Jumo 109-004 C an die vorderen Rumpfseiten und unter die Tragflächen. Nach dem Erstflug am 16. August 1944 folgten weitere Tests bei der Erprobungsstelle der Luftwaffe in Rechlin, wo der Prototyp Ju-287 V1 später zerbombt wurde.

Das Bomber-Versuchsmuster Ju-287-V2 erhielt einen neukonstruierten Rumpf, Einziehfahrwerk und sechs 800 kp BMW 109-003 A-1, davon zwei Gondelpaare vorn seitlich am Rumpf. Hierbei wurde erstmals von der bei späteren Überschallflugzeugen üblichen »Wespentaille« nach der Flächenregel Gebrauch gemacht, über die Anwendung bereits patentierter Möglichkeiten der »Boundary Layer Control« (Grenzschichtbeeinflussung) und über schwenkbare Triebwerke nachgedacht. Zum Serienbau kam es nicht, wohl aber zur Auswertung und Nutzung der mit der Ju-287 gemachten Erfahrungen durch die Alliierten.

Focke-Wulf Fw/TA-283

Der Bau des von Prof. Kurt Tank konzipierten Pfeilflügeljägers Fw/Ta-283 mit einer 1300 kp He-S-011 war weit fortgeschritten und für den Truppendienst Ende 1945 vorgesehen. Die Ähnlichkeit dieses fortschrittlichen Turbojägers mit der späteren Mikoyan MiG-15 ist unverkennbar.

Messerschmitt P.1011

Das Projekt Me-P-1079 wurde bereits 1941 als »Bordjäger« für schwere Fernbomber in 17 Versionen angedacht und initiiert. Der Prototyp P.1011 besaß zur Erprobung optimaler Tragflächenpfeilungswinkel eine zwischen 35 und 45 Grad verstellbare Flügelpfeilung, Bugrad, eine 900 kp Jumo 109-

004 B-Turbine und freien Gasaustritt erlaubende Heckform. Die Amerikaner fanden die P.1011 1945 in Oberammergau fast fertig vor. Offensichtlich diente sie dem späteren Versuchsflugzeug Northrop X-5 als Vorbild.

Heinkel He-343

Von diesem Zerstörer und Schnellbomber waren bis Ende 1944 drei Versuchsmuster mit je vier 1105 kp Jumo 109-004 C im Bau. Eigentlich war es eine um ein Viertel vergrößerte, als Mitteldecker ausgelegte Ar-234 C und sollte in der Serienversion vier 1300 kp He-S-011 A-Turbinen erhalten. Zur Flugerprobung kam es nicht mehr.

Caproni N.1/CC.2

Die Italiener Caproni und Campini bauten im August 1940 das Versuchsflugzeug N.1/CC.2, in dessen Radialturbine der Verdichter von einem Kolbenmotor angetrieben wurde. Nach wenigen Versuchen wurde das Projekt jedoch aufgegeben, da andere Entwicklungen weiter fortgeschritten und erfolgversprechender waren.

Gloster E.28/39, G.40 »Meteor Mk.1«

In England arbeitete Frank Whittle schon seit 1928 an seiner »W-1« Gasturbine für Flugzeuge, doch erst am 15. Mai 1941 brachte er seine 500 kp-Radialturbine »W.2/7000« mit der Gloster E.28/39 in die Luft, die damit 500 km/h und 7500 m Höhe erreichte. Erster alliierter, operationeller Strahljäger (hier »Jet« genannt) war nach dem V-Muster Gloster G.40 (Erstflug Mai 1941) die zweistrahlige »Meteor Mk.I« /P.05, DG 206) im letzten Kriegsjahr. Sie flog erstmals am 5. März 1943 mit zwei 680 kp Halford-H.1-Radialturbinen. Von 20 Maschinen der Vorserie mit 773 kp Welland-I-Triebwerken kamen 16 noch zur 616. RAF-Staffel, eine als Muster in die USA. Diese »Meteor« wurden in den letzten Kriegsmonaten von der Insel aus hauptsächlich gegen die deutschen V-1-Flugbomben eingesetzt. Von der »Meteor Mk.III« mit 908 kp Rolls-Royce-»Derwent I«-Turbinen baute Gloster noch 1945 280 Stück. Der zweite englische Serien-Jet, die De Havilland DH-100 »Vampire« (E.6/41) mit einer »Goblin«-Turbine kam zwar 1943 zum Erstflug, jedoch erst 1946 zu den RAF-Staffeln.

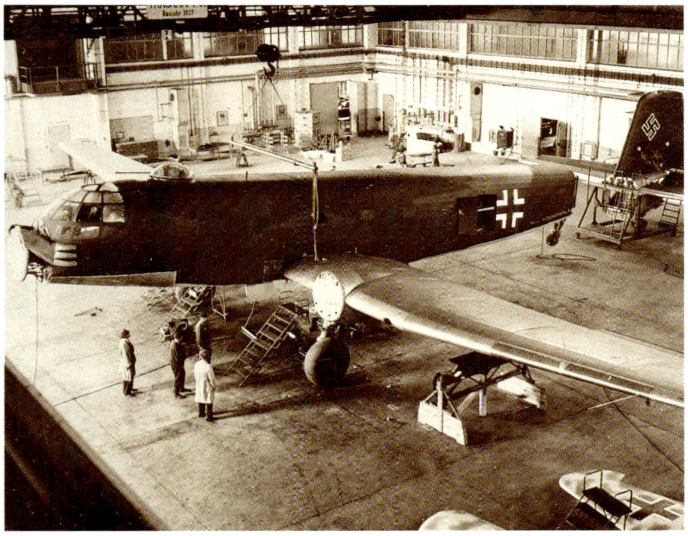

Die Junkers Ju-352A-1, Werknummer 100030, bei der Endmontage im Werk Fritzlar.

Nach Kriegsende in leicht desolatem Zustand von alliierten Truppen gefunden: Messerschmitt Me-261.

Yokosuka MXY-7 »Ohka«

Japans bemannte Flugbombe für »Kamikaze«-Einsätze, die MXY-7 »Ohka« (Baka) hatte ihren Erstflug im Frühherbst 1944, im September lief die Serienproduktion als »Ohka Modell 11« an. Das Gerät mit drei Feststoffraketen Typ 4 kam von Trägerflugzeugen Mitsubishi G4 M2 (alliierter Codename »Betty«) aus zum Einsatz. Bis März 1945 wurden 755 Stück gefertigt, ihnen folgten 50 des kleineren Modells 022, bei dessen 267 kp Turbine ein 110 PS-Motor als Verdichterantrieb diente. Das Folgemodell 033 besaß eine 475 kp-Turbine, einen 1200 kg-Sprengbug und wurde von Bombern G8 N1 (»Renzan«) auf Einsatzhöhe gebracht. Der Gleitangriff dieser »Suicid«-Bomben aus 8000 m Ausklink-

Mistelgespann aus Dornier Do-217K V3 (unten) und DFS 228 V1.

höhe reichte über 80 km Zielentfernung mit 370 km/h Geschwindigkeit und endete mit triebwerksbeschleunigtem 50 Grad Zielsturz mit über 900 km/h Aufschlaggeschwindigkeit im Ziel. Zweistrahlig war der Jagdbomber-Prototyp Nakajima »Kikka« ausgelegt, dem die Me-262 als Vorbild diente. Er kam aber nicht mehr zum Einsatz.

Bell XP-59 A »Airacomet«

In den USA baute General Electric 1941/42 Frank Whittles Radialturbine nach. Mit ihr machte der erste amerikanische Twin-Jet XP-59 A am 1. Oktober 1952 den Flugtest. Erster truppenreifer Strahljäger war die Lockheed P-80 »Shooting Star«, die nach ihrem Erstflug 1953 aber erst 1955 an USAF-Staffeln geliefert wurde und sich im Koreakrieg bewährte.

Projekte

Wie weit die Gedanken der Junkers-Konstrukteure schon damals reichten, belegt das Junkers EF-009 »Hubjäger«-Projekt. Es sollte mittels zehn kleiner, kranzförmig am Rumpfbug angeordneter Strahlturbinen senkrecht von einer Rampe starten, mit 77 m/sek steigen, in Angriffshöhe horizontal 900 km/h erreichen und im Gleitflug mit 160 km/h auf einer Kufe landen. Der Pilotensitz war – der voraussehbaren hohen physischen Beanspruchung wegen – liegend angeordnet, der vier Meter spannende Flügel als Integral-Kraftstofftank geplant. Auch hier ist eine Ähnlichkeit mit dem späteren amerikanischen Versuchsjäger Lockheed XFV-1 »Pogo« und der Ryan X-13 »Vertijet« kaum zu leugnen.

1945 sollte die Junkers EF-128 »Wally« als Allwetterjagdeinsitzer mit Funkmeßausrüstung (Radar) und 1300 kp HeS-011 noch in Serie gehen. Zum Bau und Einsatz kam es nicht.

Nach dem Lippisch LP-10 Nurflügel-Zerstörerprojekt (aus der Me-265 abgeleitet) der Wiener Luftfahrtforschungsanstalt aus dem Jahre 1942 sah der Entwurf des LP-11 Schnellbombers zwei 890 kp Jumo 109-004 B-Turbinen, Delta-Mitteldeckerflügel und Bugradfahrwerk vor. Professor Dr. Alexander Lippisch galt als Spezialist für Delta-Flügelkonfigurationen, die auch seine Folgeentwürfe charakterisierten. Lippisch arbeitete nach 1945 – wie viele deutsche Wissenschaftler, Ingenieure und Techniker – lange Jahre in den USA, danach in der Bundesrepublik an interessanten, zukunftsträchtigen Projekten weiter.

Staustrahlflugzeuge

Am 7. März 1942 fand der erste 15 Minuten-Testflug Flugkapitän Sprembergs mit dem auf dem Rücken einer Dornier Do-17 Z montierten, 5,5 m langen Staustrahltriebwerk von Dr. Eugen Sänger statt. Mit größeren, bis zehn Meter langen, auf eine Do-217 E gesetzten Versuchstriebwerken wurden im Bahnneigungsflug 720 km/h erreicht. Sängers Staustrahler von 1,5 m Durchmesser waren unter anderem für das Unterschall-Jägerprojekt Skoda Sk-P.14 vorgesehen.

Nach dem Kriege arbeitete Professor Dr. Sänger in Frankreich an der Entwicklung der Nord Aviation 1500 »Griffon II« mit, die mit Mischantrieb (Staustrahl/Axialturbine) mit 2330 km/h einen Geschwindigkeits-Weltrekord aufstellte. Schließlich bilden Sängers Arbeiten die Grundlage des aktuellen Raumflugprojekts »Sänger II« von MBB/DASA. Damals schon geplante, fortschrittliche Hybridantriebe gewinnen neuerdings Bedeutung für künftige Vorhaben im Grenzbereich zwischen Luft- und Raumfahrt. Bis Kriegsende arbeiteten deutsche Flugzeug- und Triebwerkbauer an vielen

Projekten mit Turbinen-, Staustrahl- und Pulsorohr- sowie Misch- und Hybridantrieben, die nach 1945 beispielsweise in Argentinien, Ägypten, Spanien und anderen Ländern weitergeführt und teilweise realisiert wurden.

Focke-Wulf wählte das Staustrahlprinzip für das Projekt seines Senkrechtstart-Triebflügeljägers, bei dem kleine, an den Rotorblattenden angeordnete Staudüsen das Rumpfdrehmoment ausgleichen sollten. Das Pfeilflügeljäger-Vorhaben FW-Ta-283 mit zwei Lorin-Triebwerken von 1,35 m Durchmesser, 2,7 m Länge und Walter-Startraketen kam über die fortgeschrittene Konstruktionsphase nicht mehr hinaus.

Dipl.-Ing. Schmid entwickelte seit 1930 Rückstoßantriebe mit pulsierender (Resonator) Verbrennung. Das im Pulos/Schmidt-Rohr elektrisch gezündete Kraftstoff-Luftgemisch arbeitete durch »Druckwellenzündung« selbsttätig weiter, der Verbrauch lag allerdings sehr hoch. 1941 erreichte Schmidt damit 450 kp Schubleistung.

Staustrahl- und Pulso-Antriebe funktionieren nur bei Staudruck, der im Stand und beim Anlassen Preßluft erzeugte. Der Verbrennungsdruck im Rohr schloß vorne angeordnete Ventilklappen und stieß verbranntes Heißgas rückwärts wieder aus. Die abströmende Gassäule öffnete die Klappenventile und saugte vorne Frischluft an, die mit eingespritztem Kraftstoff verwirbelt wurde. Bei abgestimmter Rohrlänge entstanden so mit 45-50 Hertz pulsierende Resonanzdruckwellen. Frisch zugeführtes Gasgemisch entzündete sich dann selbst an heißen Restgasen. Im Prinzip eigneten sich alle Flüssigkeitsbrennstoffe wie Benzin, Roh- und Teeröl für diese Antriebsart. Es wurden sogar Versuche mit Feinstkohlenstaub und Wassereinspritzung zur Schuberhöhung durchgeführt.

Nach Parallelversuchen bei Argus mit »schwingender« Verbrennung flog am 30. April 1941 ein Laborgerät von 120 kp Schub, das in eine Gotha Bo-145 eingebaut war. Für die Fieseler Fi-103 (V-1) wurde das billige, aber lärmstarke 420 kp Schmidt-Argus As-014 Pulsorohr gebaut. 2000 V-1 kamen monatlich aus dezentralisierter Produktion und ab August 1944 zum Einsatz. Die notwendige Startbeschleunigung auf 320 km/h erfolgte über eine 55 m lange Schlitzschienenrampe. Die V-1-Fluggeschwindigkeit lag bei rund 700 km/h. Bemerkenswerterweise erprobte Flugkapitän Hanna Reitsch die Fi-103/FZG-76 »Reichenberg« als bemannte Flugbombe für später geplante »Suicid«-Einsätze. Sie wurde für diese gefährlichen Testflüge mit dem Eisernen Kreuz ausgezeichnet. 1944 bis Herbst 1945 baute Ford in den USA 1200 Flugbomben nach dem Vorbild in England gefundener V-1-Reste als »Jet-Bomb-2« nach. Zum Einsatz kamen sie nicht.

Das Heinkel-Projekt He-P.1080 stellte eine Fortentwicklung der P.1070 mit zwei 1900 kp Sänger-Staustrahler dar. Die 1944 auf dem Reißbrett fertige Junkers EF-126 »Lilly« beruhte auf der Fi-103/V-1. Als Abfangjäger war sie mit zwei As-014 geplant, während der nach dem Jäger-Notprogramm geplante Abfangjäger Ju EF-127 »Dolly« mit einem 1700 kp HWK-Raketentriebwerk, Dreirad-Startwagen und Landekufe ausgelegt war.

Einen Deichselschlepp- oder Mistel-Jagdeinsitzer sah der Rammjägerentwurf Messerschmitt Me-328 A (P.1079/17) mit zwei 300 kp As-014 vor, während die Me-328 B als bemannte Flugbombe zum Katapult- oder Wagenstart mit gleichem Antrieb konzipiert war. Der Pilot sollte kurz vor dem »Zielsturz« aussteigen. Die noch vor Kriegsende gebauten sieben V-Muster zerlegten bei Testflügen meist aufgrund starker Zellenvibrationen.

Beim einsitzigen Katapultstartjäger LP-12 aus dem Jahre 1944 sollte das Staustrahltriebwerk wegen des immer prekärer werdenden Treibstoffmangels Braunkohlenbriketts mit Paraffingemisch »verheizen«, quasi ein »Brikettvergaser zur Luft«, der immerhin für eine Geschwindigkeit von 2400 km/h projektiert war.

Der daraus abgeleitete, kleine Delta-Überschalleinsitzer LP-13 wies als konstruktive Merkmale einen riesigen Buglufteinlaß von zwei mal einen Meter Breite/Höhe mit Gasaustritt und Strahlklappensteuerung in der Flügelhinterkante sowie ein zusätzliches HWK-Raketentriebwerk im Heck vor. Eine verwandte Technologie demonstriert derzeit – als quasi »letzter Schrei« – die McDonnell Douglas F-15 S/MTD »Eagle« (Short Take-Off and Landing/Manoeuvre Technology Demonstrator). Auch die nächste Generation bereits fliegender amerikanischer »Stealth«-Jäger für das Jahr 2000 und danach (ATF/F-22/F-23) nutzt diese »State-of-the-Art«-Technologie.

Der LP-13-Pilot saß im ebenfalls deltaförmigen Seitenleitwerk. Als »Treibstoff« war Kohlengrus und Dieselöl vorgesehen. Ein Maßstabsmodell flog im Mai 1944 in Wien. Die LP-15 »Diana« sollte ein Jagdeinsitzer aus dem »Baukasten« (Baukomponenten der Me-163, He-162 und Ju-286) mit einer 1300 kp He-S-011 Turbine werden. Ein 1:25-Modell flog noch 1945. Als Weiterentwicklung der Me-163 galt das Lippisch-Projekt von 1944 LP-20 mit einer Jumo 109-004 C Strahlturbine.

Triebwerksvergleich

Bei Vergleich der bei Kriegsende hergestellten deutschen Axialturbinen-Strahltriebwerke BMW 109-003, Jumo 109-004 und Heinkel He-S-011 mit kleinen Stirnflächen (aber höherem spezifischen Kraftstoffverbrauch) mit den alliierten Jet-Triebwerken fällt auf, daß in England und den USA damals Radialturbinen mit größerem Querschnitt bevorzugt wurden. Die deutschen Serienturbinen mit anfangs 700-900 kp (7-10 kN), später 1100-1300 kp (12-13 kN) waren schubstärker als die alliierten.

In Deutschland wurden von 1938-45 neben 265000 Kolbenmotoren 7000 Strahltriebwerke produziert; auf alliierter Seite stellte die Industrie von 1939-45 150000 Rolls-Royce »Merlin«, 60000 Bristol »Hercules/Centaurus« und über 200000 Wright Stern-Kolbenmotoren her.

Die zeitliche Turbinen-Entwicklungsdifferenz machen diese Zahlen deutlich: Erste Prüfstandläufe des 1300 kp Heinkel He-S-011 Triebwerks anfangs 1942, Serienfertigungsbeginn des 900-1000 kp Junkers Jumo 109-004 B im Februar 1942, Flugerprobungsbeginn des 1000 kp Rolls-Royce »Derwent I« in einer »Meteor« im April 1944.

Außer in den erwähnten Beispielen haben zahlreiche deutsche Erkenntnisse, Erfindungen, technische Neuerungen, Projekte und Erfahrungen aus der Kriegszeit den stürmischen internationalen Fortschritt in allen Bereichen der Luft- und Raumfahrt nach 1945 wesentliche und weit in die Gegenwart reichende, vereinzelt sogar in die Zukunft weisende Impulse gegeben.

Raketenflugzeuge

Eigentlich schreibt man dem chinesischen Mandarin Wan Hu die Erfindung der »Pulverrakete« zu. Der Freiburger Mönch Berthold Schwarz (eigentlich Konstantin Anklitzen) hatte um 1300 das »Schwarzpulver« und seine Treibwirkung entdeckt. Der indische Maharadscha Haidar Ali schlug die Engländer 1780 mit 1200 Raketengeschützen in die Flucht. Konkretere Experimente mit Pulver (Feststoff)- und Flüssigtreibstoffraketen als aus moderner Sicht wirklich nutzbarem Antrieb begannen allerdings erst im 19. Jahrhundert. Hermann Ganswindt theoretisierte 1890 über Pulverraketen zum Verlassen der Erde. Man ging (wie bei der Turbinenentwicklung dem physikalischen Gesetz Isaak Newtons von »Actio = Reactio« (m1 v1 = m2 v2), dem Rückstoßprinzip, nach.

Der Russe Konstantin Eduardowitsch Ziolkowski (1857-1935) veröffentlichte vor und nach der Jahrhundertwende Schriften über Metalluftschiffe, vogelähnlichen Flugmaschinen, die er »Aeroplan« nannte, »Die Erforschung der Welträume mit rückstoßgetriebenen Apparaten«, »Das Raketenflugzeug« und studierte den Luftstrahl- und Propellerturbinenantrieb. Er gilt als Vater des »Sputnik«. In den USA ist es Prof. Dr. Robert Goddard, der an der Clark-Universität Versuche mit »Stufenraketen« macht, aber erkennt, daß Raketen flugerfolge nur außerhalb der Atmosphäre mit ihrem großen Luftwiderstand möglich seien. Der Franzose Rene Lorin läßt sich 1908 einen Reaktionsantrieb für Flugzeuge patentieren. Des moderneren »Jules Verne« Hans Dominiks (1812-1945) vorausgesehenen Zukunftsprojekte wurden schneller Realtität, als er selbst dachte. Johannes Winkler konstruierte 1932 sein Flüssigkeitsraketentriebwerk HWR-2.

Fundamentale Forschungen und Raketenversuche unternahmen in Deutschland Prof. Hermann Oberth, der »theoretische«, Rudolf Nebel, der »praktische« Vater der Raumfahrt und Wernher von Braun (der Vater des Mondfluges) und andere. Die praktische Entwicklung der Rakete als Flugzeugantriebsmittel hat Max Valier wesentlich beeinflußt. Er kam am 17. Mai 1930 bei einem Raketenschlittenversuch ums Leben. Fritz Stamer flog am 11. Juni 1928 auf der Wasserkuppe auf einer Lippisch-Ente erstmals mit Raketenkraft. Fritz von Opel folgte am 30. September 1929 mit dem von Ingenieur Hatry konstruierten, von 16 Pulverraketen mit insgesamt 900 kp Schubleistung angetriebenen Segelflugzeug RAK-3 auf dem Flugplatz Frankfurt-Rebstock. Viele andere Namen, die diesen Weg bereitet oder begleitet haben, müßten genannt werden.

Heinkel He-176

Es war Flugkapitän Erich Warsitz vorbehalten, die Heinkel He-176, das von Wernher von Braun angeregte und erste wirkliche, als solches konstruierte Raketenflugzeug der Welt zu fliegen. Der offizielle Erstflug mit einem 500 kp Walter HWK 109-203 Flüssigkeitsraketentriebwerk erfolgte am 20. Juni 1938 in Peenemünde, dabei erreichte das Flugzeug 750 km/h. Generalluftzeugmeister Ernst Udet und andere RLM-Verantwortliche fanden zwar Interesse an diesem schnellen »kleinen Vogel«, konnten sich aber nicht gegen ihre Oberen durchsetzen. Es dauerte allerdings auch noch einige Zeit, bis dieses Triebwerk betriebssicher zu handhaben war.

Messerschmitt Me-163

Das erste einsatzfähige Raketenflugzeug der Welt war der von Dr. Alexander Lippisch aus der DFS-194 entwickelte Objektschutz- und Abfangjäger Me-163, in der Luftwaffe auch »Kraftei« genannt, obwohl dieser Spitzname eigentlich den später erwähnten »R-Geräten« zukam. Der gepfeilte Nurflügler startete — nach geschleppten Gleitversuchen — erstmals im Sommer 1941 mit dem 750 kp Walter HWK R-II-203 B mit einem abwerfbaren Startfahrwerk und landete auf einer einziehbaren Federkufe. Der bekannte Segelflieger Heini Dittmar erreichte mit der Me-163 V4 (KE+SW) am 2. Oktober 1941 eine Horizontalgeschwindigkeit von 1003 km/h und war damit der erste Mensch überhaupt, der die 1000 km/h-Schwelle überschritt.

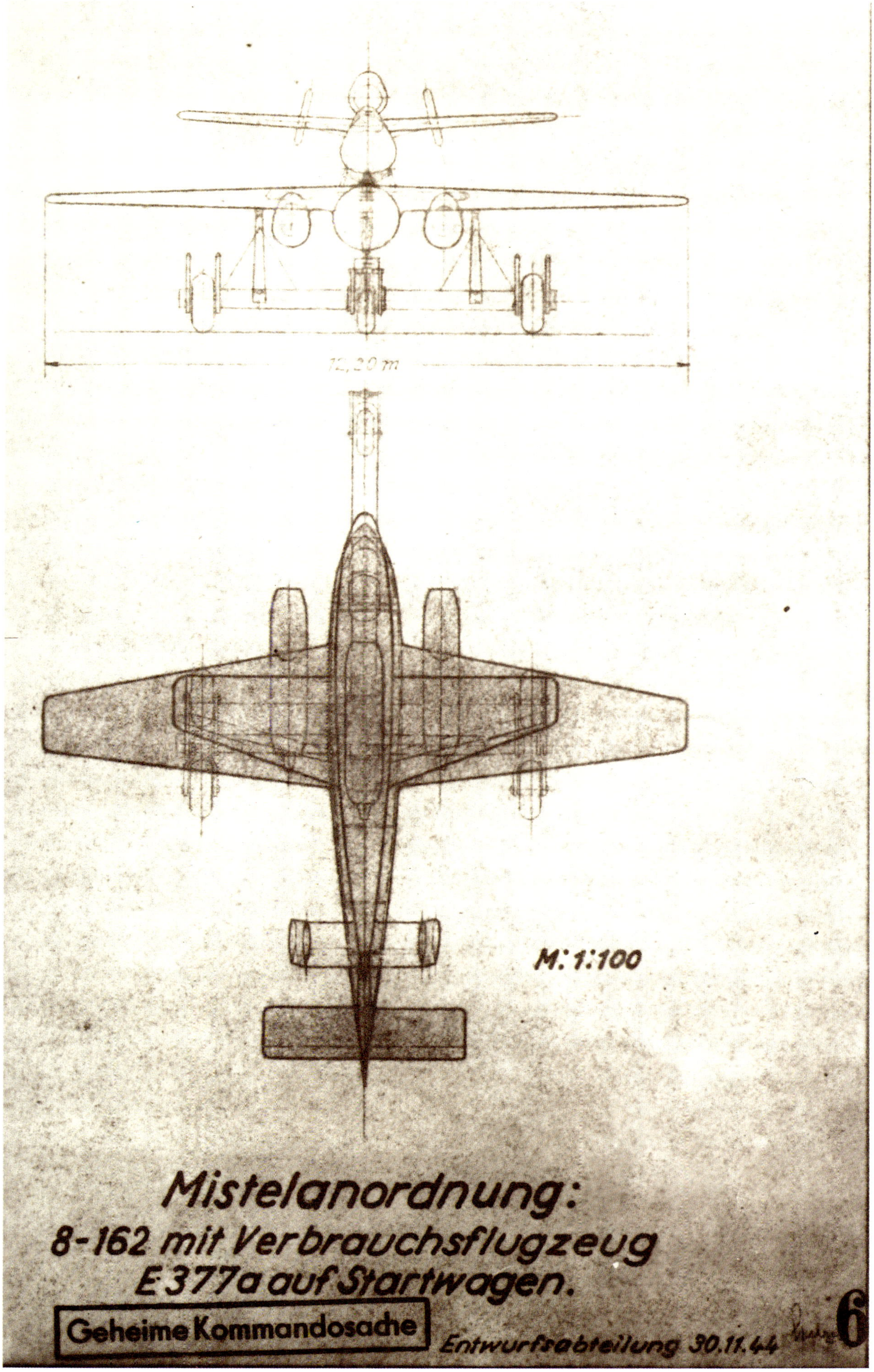

1944 geheime Kommandosache: Mistelprojekt mit Startwagen, der am Boden zurückbleiben sollte.

Der sehr aggressive C-Stoff (Hydrazinhydrat) war bei Berührung mit dem T-Stoff (Wasserstoffsuperoxyd) auch ohne Katalysator hochexplosiv. Die Betankung konnte nur in Schutzanzügen erfolgen. Manche Maschine fiel dabei Handhabungsfehlern zum Opfer.

Mangels damals noch fehlender, präziser Jägerführung und des anfangs nur für 3-5 Minuten Flugzeit reichenden Treibstoffs bracht der Me-163-Einsatz beispielsweise zum Schutz der kriegswichtigen Leuna-Werke keinen durchschlagenden Abwehr-, allerdings bei den alliierten Bomberbesatzungen bemerkenswerten moralisch-psychologischen Überraschungserfolg. Bald fielen jedoch die alliierten Begleitjäger dann über die »Kometen« her, wenn ihr Treibstoff — nach ein bis zwei schnellen Angriffen in die Bomberpulks hinein — verbraucht war, und sie in schnellem aber antriebslosen Gleitflug ziemlich wehrlos zum Startplatz zurücksegelten. Auch später beigeordneter Jagdschutz brachte keine nennenswerten Erfolgssteigerungen.

364 Me-163 B wurden mit zwei 30 mm MK-108 in den Flügelwurzeln gebaut. Sie kamen beim Erprobungskommando 16 in Bad Zwischenahn und beim JG.400, dem ersten Raketenflugzeuggeschwader der Welt, unter Major Wolfgang Späte, einem ebenfalls bekannten früheren Segelflieger, zum Einsatz. Auch Versuchseinsätze mit einer vertikal nach oben gerichteten SG-500 »Jagdfaust«-Bewaffnung in den Tragflächen wurde noch durchgeführt. Damit sollte ein wirkungsvoller Angriff auf dichte Bomberformationen durch Unterfliegen möglich werden.

Junkers Ju-248

Junkers führte das Me-263-Folgeprojekt als Ju-248 V1 mit 1700 kp HWK 109-509 C-Triebwerk, größerem Treibstoffvorrat aber geringerem Verbrauch und bis zu 15 Minuten Brenndauer, weiter. Zu mehr als ersten Gleitversuchen kam es aber nicht mehr.

Die Japaner machten erst ab 7. Juli 1945 mit der Mitsubishi J8 M1 »Shusui« (als Me-163-Lizenz) den Erstflug, während sowjetische Versuche mit dem eigenentwickelten Raketenflugzeug Beresniak-Isajew BI-1 1941/42 aufgegeben wurden.

DFS-228 »Eber«

Die Deutsche Forschungsanstalt für Segelflug (DFS), die auch für den Entwurf der DFS-194 verantwortlich war, arbeitete an dem schon recht weit fortgeschrittenen Projekt des unbewaffneten Höhenbildaufklärers DFS-228. ER sollte von einer Do-217 K im »Mistel«-Huckepackschlepp auf zehn Kilometer Höhe gebracht werden, dann mit eigenen 1600 kp Walter HWK 109-509 S Raketentriebwerk weiter auf 22 km steigen, nach 700 km Gleitstrecke seine Sicherheitshöhe von 12 000 m erreichen und dann weitere 300 km bis zur Landung zurücklegen. Vor Kriegsende bestellte das RLM noch zehn Prototypen, die aber nicht mehr alle fertiggestellt wurden. Die DFS-228 gilt als Urahn der strategischen Höhenaufklärer Lockheed U-2/TR-1, die heute noch weltweit Aufklärungsflüge in Flughöhen durchführen, die selbst für moderne Flugabwehrlenkwaffen kaum erreichbar sind. Das noch 1945 begonnene, für Geschwindigkeiten um 2000 km/h ausgelegte Projekt DFS-346 wurde unter anderem von den Sowjets nach dem Kriege weiterentwickelt.

Bachem Ba-349 »Natter«

Der Segelflugkonstrukteur Dipl.-Ing. Erich Bachem aus dem württembergischen Waldsee, damals Technischer Direktor bei Fieseler, entwickelte 1944 im Rahmen des »Jäger-Notprogramms« den billigen, hölzernen Objektschutz- und Abfangjäger BP-20 als Verlustgerät. Als Bewaffnung war eine Wabenbatterie von 24 »Föhn« (Kaliber 7,5 cm)- oder 33 R 4 M »Orkan« (5,5 cm)-Luftkampfraketen im Bug vorgesehen. Nach unbemannten Teststarts mit vier 1000 kp Schmidding-Raketenmotoren mißglückte im März 1945 der erste bemannte Vertikalstart mit 1500 kp HWK 109-509 A-1 von einem 25 m hohen Abschußgerüst. Dabei flog in 500 m Höhe infolge eines technischen Mangels das Kabinendach weg, beim folgenden Absturz fand Oberleutnant Lothar Siebert den Fliegertod. Aus minutenschnell erreichter Einsatzhöhe von zehn bis elf Kilometern sollte die »Natter« im Sturzflug einen »Gießkannenschuß« in Bomberpulks hineinfeuern, danach Pilot und Triebwerk am Fallschirm landen. Die erste fertige Abschußbasis bei Kirchheim/Teck wurde zwar vor den nahenden Alliierten gesprengt, doch erbeuteten Amerikaner und Sowjets einige der 40 fertiggestellten Geräte.

Verschleißjäger

Interessant waren zweifellos auch Heinkels »Verschleißjäger«-Projekte He P.1077 »Romeo« und P.1078 »Julia« sowie des Ringflügel-Senkrechtstartjägers »Wespe«, schließlich die Kleinstjäger-Entwürfe »Rammer« des Zeppelinbaues Friedrichshafen.

Weitere deutsche Raketenflugzeug-Projekte und -entwicklungen wurden mit dem Schwinden vorrangiger Einsatzbedeutung zurückgestellt oder ganz aufgegeben, als leistungsfähigere »Luftstrahlturbinen« und »Staustrahl-Pulso-Aggregate« zur Verfügung standen.

Nahe den Junkers-Werken fanden vorrückende alliierte Truppen am 10. April 1944 dieses Mistel-Gespann aus Junkers Ju-88 und Focke-Wulf 190 (oben). Genannt „Ameisenbär", was die äußere Erscheinung wohl ziemlich traf: die Dornier Do-35 mit Zug- und Schubpropeller war seinerzeit das schnellste Kolbenmotor-getriebene Flugzeug.

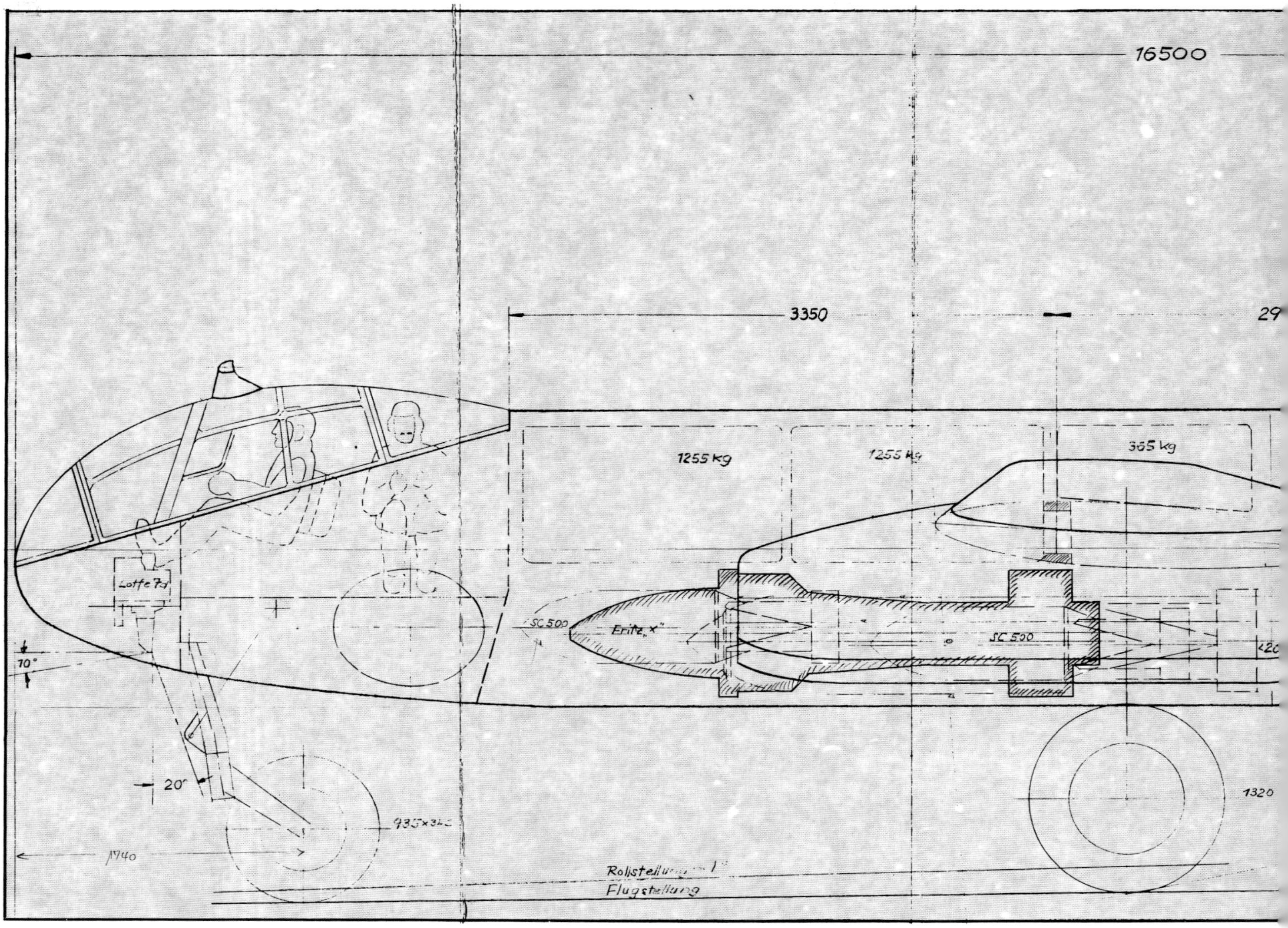

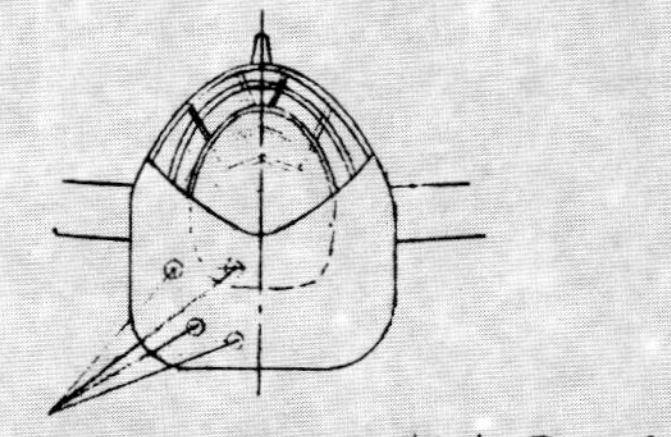

Waffenanordnung 4 MK 103 im Rumpf
bei Verwendungszweck Zerstörer

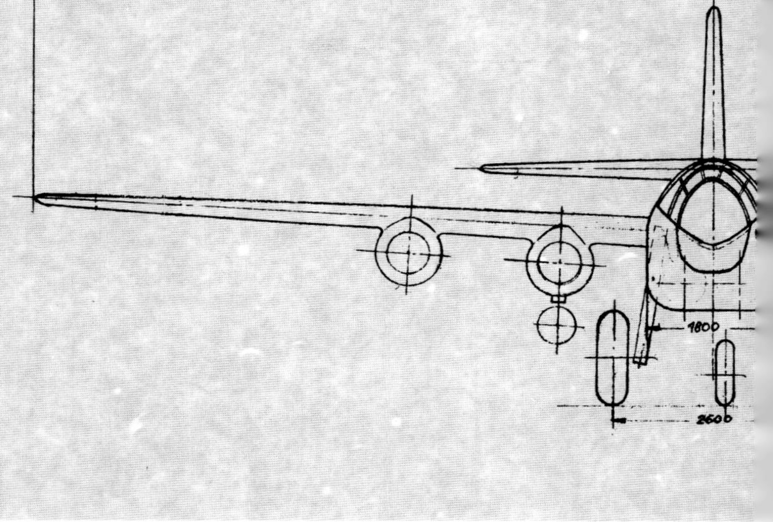

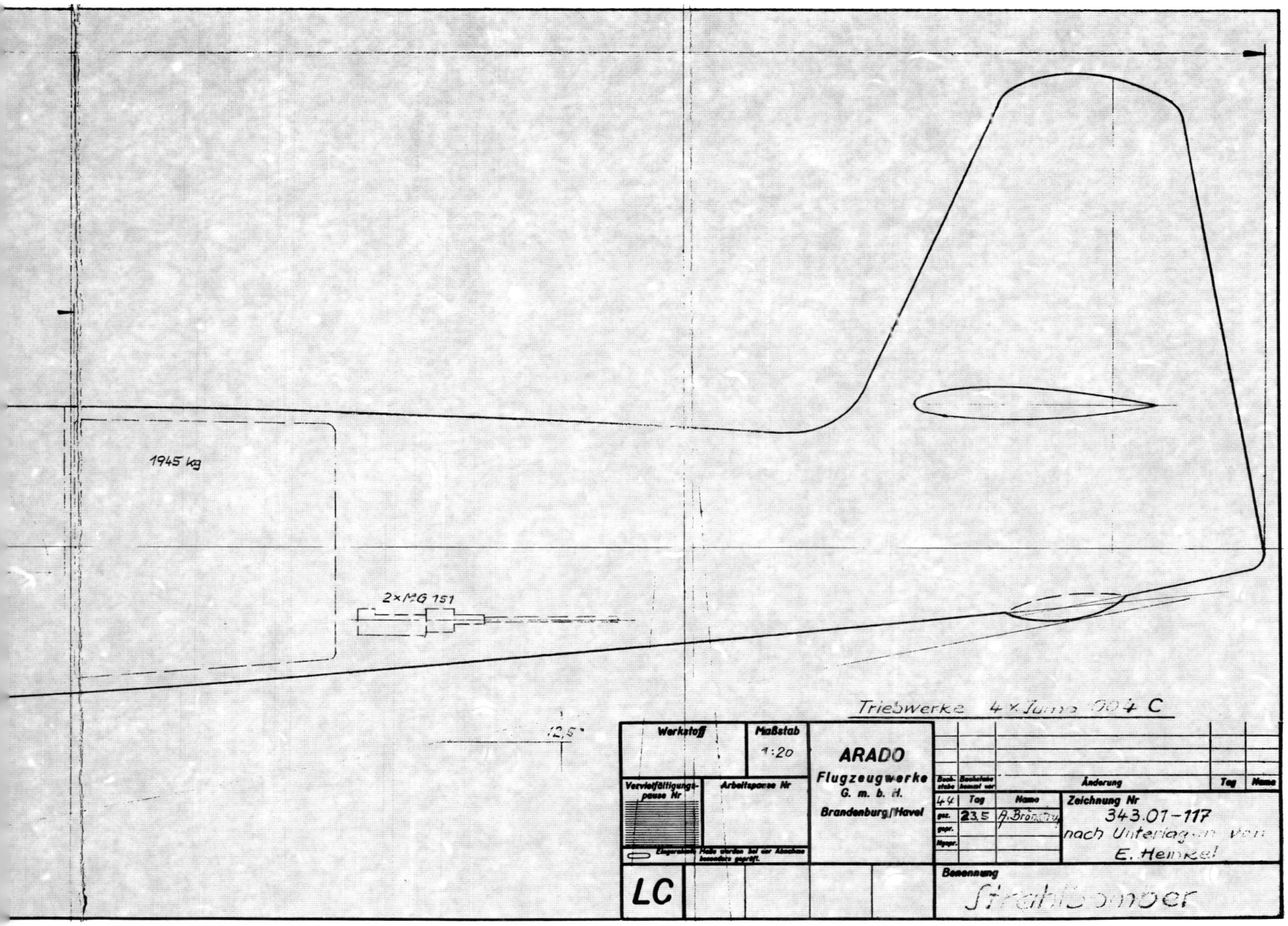
1945 kg
2×MG 151
12,5°
Triebwerke 4×Jumo 004 C
Werkstoff
Maßstab
1:20
ARADO
Flugzeugwerke
G. m. b. H.
Brandenburg/Havel
Vervielfältigungspause Nr
Arbeitspause Nr
Änderung
Tag
Name
44
Tag
Name
gez.
23.5
A. Brönstrup
gepr.
Zeichnung Nr
343.01-117
nach Unterlagen von
E. Heinkel
LC
Benennung
Strahlbomber

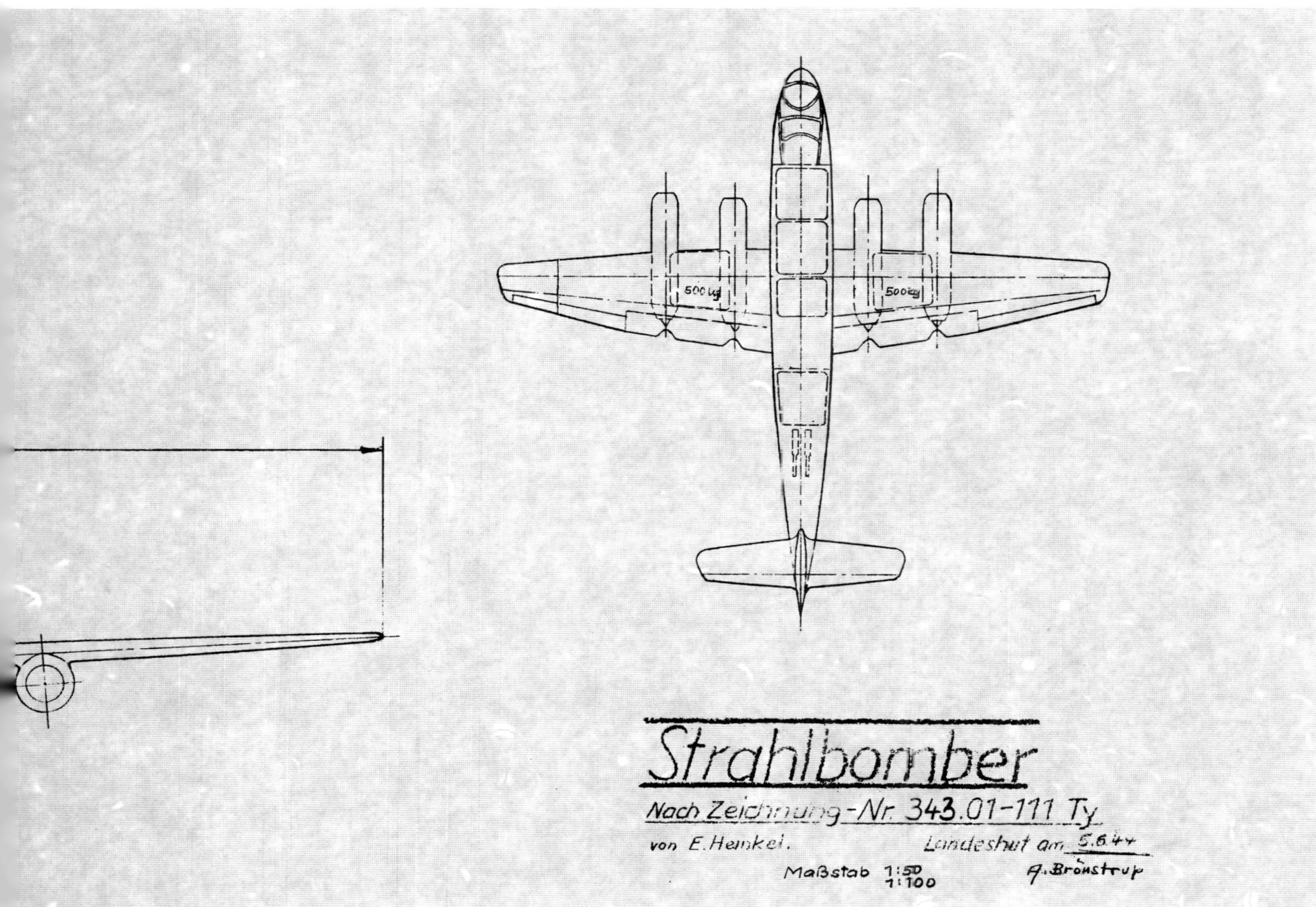
500 kg
500 kg
Strahlbomber
Nach Zeichnung-Nr. 343.01-111 Ty
von E. Heinkel.
Landeshut am 5.6.44
Maßstab 1:50
1:100
A. Brönstrup

Raketen- und Lenkwaffen

Die Weiterentwicklung von Raketenwaffen und Lenkflugkörpern trieb man aber weiter voran. Außer den bereits genannten seien hier noch kurz folgende in Entwicklung stehende oder bereits eingesetzte Waffen aufgeführt:

– Bordraketen: RZ.65/73, drallstabilisiert, 65/73 mm; Wurfgranaten WGr.21/28 raketengetrieben, 21,4/28 cm; »Panzerblitz« (fliegende Panzerfaus/Panzerschreck) 80/88/90/130 mm; X-4 »Ruhrstahl« (Gerät 8-344) steuerbar, 22,2 cm; X-7 »Rotkäppchen«, Hs-117 »Schmetterling« (auch FlaRak), Hs-298.

– Flugabwehrraketen: C-2 »Wasserfall«; »Taifun«; LFA.25/55 »Feuerlilie«; Me E-4 »Enzian«; RB R-3 »Rheintochter«; FlaRak-Werfer »Föhn« (83 x 7,3 cm).

– Gleit- und Lenkbomben: »Fritz-X«, nachgesteuerte PC-1400 Panzersprengbombe gegen Schiffsziele; Hs-293 (1. Lenkgleitbombe, raketengetriebene »Abstandswaffe« gegen Schiffsziele); BV-246 »Hagelkorn« (Vorläufer heutiger »Stand-Off-Missiles«/Abstandswaffen).

– Lufttorpedos: LT-10 »Friedensengel«; LT-11/P »Schneewittchen«; BV-143/P (mit HWK 109-501).

– Die Boden-Boden-Raketen A-4 (V-2) und »Rheinbote« waren Heeresgeräte.

Walter »R-Geräte«

Die von Hellmuth Walter, Kiel (HWK), schon seit 1929 entwickelten »R-Geräte« HWK 109-500 »Kraftei« (ihrer ovalen Form wegen so genannt) entwickelten schließlich 500 kp Schub und dienten lange Zeit als Starthilfe für Flugzeugstarts mit Überlast.

Erst in den 50er Jahren erlebte das verbesserte und leistungsstärkere Flugzeug-Raketentriebwerk eine Wiedergeburt in Höhen-, Überschall- und Hyperschallflugzeugen. Charles »Chuck« Yeager durchbrach mit der Bell X-1 die Schallmauer. Mehrfache Schallgeschwindigkeit erreichten dann die Douglas D-558-2 »Skyrocket« und X-3 »Stiletto«. Mit der North American Aviation (NAA)/NASA X-15, die in Vorbereitung der Raumfahrt der Erforschung der »Hitzemauer« diente, wurde schließlich die bislang größte Geschwindigkeit eines bemannten Flugzeugs mit siebenfacher Schallgeschwindigkeit und 100 km Gipfelhöhe erflogen.

6 Vom Kolbenmotor zum Strahltriebwerk

HANS GIGER

Hans Giger wurde am 11. Juni 1914 in Wartau im St. Galler Oberland in der Schweiz geboren, wo er auch die Primar- und Sekundarschule besuchte. Danach absolvierte Giger eine Lehre als Flugzeug-Mechaniker und studierte anschließend Maschinenbau. Ein Diplomabschluß als Maschinenbau-Ingenieur stand am Ende des Studiums.
1936 machte Giger die Offiziers- und Militärpiloten-Ausbildung und wurde 1938 beim schweizerischen Bundesamt für Militärflugplätze angestellt, das für die Logistik der schweizerischen Fliegertruppe verantwortlich ist. Bis 1969 war Giger als Werkspilot in verschiedenen Führungschargen tätig und dabei, bis zu seiner Pensionierung, Direktor des Amtes.
1978 trat Giger als Initiator und Förderer des Museums der schweizerischen Fliegertruppen in Dübendorf in Erscheinung, das er auch heute noch aktiv mitgestaltet. 1979 gründete er den zivilen „Verein der Freunde des Museums der schweizerischen Fliegertruppe", welcher heute das Museum betreibt und auch für den Ju-52-Betrieb verantwortlich ist.
Von Giger erschienen bisher die Broschüre „Der Flugzeug-Antrieb" (1982) und das Buch „Kolben-Flugmotoren" (1986/1990).
Giger, der verheiratet ist und einen Sohn sowie eine Tochter hat, lebt in Buochs am Vierwaldstättersee.

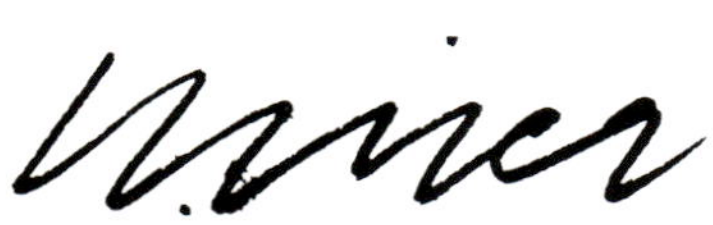

Der Wunsch, sich im Luftstrom nach eigenem Willen und nicht nur nach dem Wind frei bewegen zu können, erforderte einen motorischen Antrieb. Seine Realisation beherrschte fortan das Streben von Ingenieuren – und Fantasten. Nur durch die jeweilige, rechtzeitige Verfügbarkeit von immer stärkeren, wirtschaftlicheren und leichteren Motoren konnten die Flugzeughersteller immer bessere und leistungsfähigere Flugzeuge bauen. Die Entwicklung und der Bau der Flugzeugantriebe standen immer mit an der Spitze der jeweiligen Technik, und in keiner Weise der Entwicklung und dem Bau von Flugzeugen nach, obwohl in der Literatur und im aktuellen Geschehen fast nur vom Flugzeug gesprochen wird.

So bedeuten eben 100 Jahre Luftfahrt auch 100 Jahre Motorenbau.
Schon bevor es Flugmotoren für den Antrieb von Luftfahrzeugen »leichter als Luft«, also von Ballonen und Luftschiffen gab, wurden alle damals bekannten Antriebssysteme erprobt.

Zu Beginn wurden handgetriebene Ruder und primitive Propeller verwendet. Mitte des 19. Jahrhunderts erprobten der Franzose Griffard und die Engländer Henson und Strinfellow, unabhängig voneinander, dampfmaschinen-angetriebene Propeller. 1872 verwendete der deutsche Paul Hänlein einen Leuchtgasmotor von 3,6 PS und mehr als 230 kg Gewicht zum Antrieb des Propellers, 1881 versuchten die Gebrüder Tissander und Maj. Renard, allesamt Franzosen, dasselbe mit einem Elektromotor von gleicher Leistung und gleichem Gewicht. Etwa zur gleichen Zeit schufen, unabhängig voneinander, der Engländer Hargrave und der Franzose Tatin Preßluftmotoren, um den Propeller anzutreiben. Alle diese und verschiedene andere, noch weniger erfolgreiche Versuche konnten jedoch die ihnen zugedachte Aufgabe nicht lösen. Das Gewicht der Antriebe war zu groß und die Leistung zu klein, um auch nur mittlere Windgeschwindigkeiten zu überwinden.
Nikolaus Otto erfand 1876 den Viertaktmotor, bei welchem Treibstoff im Innern des Motors unter Druck verbrennt und ein Teil der dadurch frei werdenden Energie durch den Kurbeltrieb in eine drehende Bewegung umgeformt wird.

1883 wurde durch Gottlieb Daimler und 1885 durch Karl Benz dieser Ottomotor zum schnellaufenden Verbrennungsmotor weiterentwickelt. Damit wurde ein befriedigender Antrieb auch für Luftfahrzeuge möglich.

Um 1900 entstanden die ersten Prall-Luftschiffe, die mit Ottomotoren in der Luft bewegt wurden. Doch diese ersten-Motoren waren noch aus Stand-Schiffs- und Automotoren

Daimler D IIIa-Sechszylinder mit 160 PS (1916).

BMW IIIa mit 165 PS von 1917.

LeRhone-Neunzylinder-Flugmotor von 1914 mit 210 PS.

abgeleitet; sie waren – in Relation zu ihrer Leistung – zu schwer und zu schwach für die damaligen Luftschiffe.

1899 lieferte Gottlieb Daimler den ersten geeigneten Motor von 16 PS und 325 kg für ein Zeppelin-Luftschiff. In der Folge wurden dann die Luftschiffmotoren in Leistung und Gewicht verbessert. Als Lieferanten von Luftschiffmotoren traten in Deutschland die Firmen Daimler, Körting, NAG und Maybach, in Österreich Austro-Daimler, in Frankreich Chenu, Panhard-Levassor, Clément-Bayard und Dansette-Gillet, in Italien Fiat und Isotty-Fraschine und in England Wolseley auf.

Die Anforderungen an die Luftschiff-Motoren waren etwa:

– Leistungen von 70 bis 250 PS;
– guter Massenausgleich und damit ruhiger Lauf;
– ein Treibstoffverbrauch von nicht mehr als 300 g/PS/h;
– gute Zugänglichkeit und Auswechselbarkeit empfindlicher Teile während des Flugs;
– eine hohe Betriebssicherheit;
– und eine hohe Sicherheit gegen Feuerausbruch.

Doch alle diese Motoren wiesen wegen ihrer soliden Konstruktion Einheitsgewichte von sechs bis zehn kg/PS auf und erwiesen sich für die um die Jahrhundertwende in verschiedenen Ländern im Bau befindlichen Flugzeug-Projekte als zu schwer und unbrauchbar.

Hiero H230 von 1917 mit 230 PS.

Renault 12F von 1917 mit stolzen 300 PS.

Deshalb wurden in allen Ländern, wenn auch vorläufig ohne staatliche Förderung, Flugmotoren entwickelt. Welche Fortschritte dort erzielt wurden, läßt sich am augenfälligsten in zeitlichen Abschnitten erläutern.

Bis 1908 (Die ersten Flugmotoren)

Ein möglichst geringes Leistungsgewicht war die höchste Bedingung der ersten Flugzeugbauer, denn die zerbrechlichen Apparate, welche sie bauten, waren nur für kurze Flüge bestimmt. Da jedoch auf dem Markt keine geeigneten Motoren

Ein 150 PS-Motor der italienischen Firma Isotta-Fraschini, die neben Flugmotoren auch Luxus-Automobile baute.

existierten, und die Motoren-Firmen sich auch vorläufig nicht interessiert zeigten, waren die Flugzeugbauer gezwungen, ihre Motoren selbst zu konstruieren.

Der Deutsch-Amerikaner Gustav Weisskopf soll 1901 in den USA für seinen selbstgebauten Flugapparat einen eigenen Vier-Zylinder-Standmotor gebaut haben.

C.M. Manly baute 1903 einen Fünf-Zylinder-Sternmotor von 50 PS und 85 kg für seinen Auftraggeber Prof. Langley. Das Flugzeug hatte keinen Erfolg, und der Manly-Motor wurde vergessen.

So war der erste Motor, welcher wirklich zum Erfolg führte, der liegende Vier-Zylinder-Motor, den die Gebrüder Wright für ihren »Flyer I« bauten. Der Motor leistete 12 PS und wog 100 kg, sein Leistungsgewicht betrug 8,4 kg/PS. Bis 1908 konnten die Wrights den Motor in stehender Bauform auf 30 PS und 109 kg steigern.

Doch bald entstanden in Frankreich die ersten »echten« und leichten Flugmotoren. 1906 baute Levavasseur den »Antoinette«, einen V8 von 25 PS und 72 kg, dessen Leistung und Gewicht 1907 auf 50 PS und 95 kg stieg.

1907 gelang den Gebrüdern Seguin der Bau des Sieben-Zylinder »Gnôme«-Umlaufmotors von 50 PS und 79 kg. Der Gnôme-Motor erregte damals großes Aufsehen, vor allem wegen seines kleinen Leistungsgewichts von 1,5 kg/PS und seines ruhigen Laufs.

Gegenüber den Luftschiffmotoren wurde jetzt das kleine Einheitsgewicht und die Vibrationsfreiheit besonders wichtig, wogegen ein geringer Treibstoffverbrauch wegen der damaligen kurzen Flüge eher unwichtig war.

Rolls-Royce „Kestrel"-Triebwerk von 1972 mit 490 PS.

Pratt & Whitney baute in den USA ab 1926 Sternmotoren; dies ist der Typ R 1830 mit 750 PS.

Neben diesen wohl berühmtesten Motoren aus der Anfangszeit wurden auch in anderen Ländern einige Konstruktionen bekannt. Doch es gab nur wenige Pioniere, die sich ernsthaft mit dem Bau von Flugmotoren befaßten. Ein wirtschaftliches Interesse an der Fliegerei gab es nicht. Damit fehlte auch eine systematische Förderung der Entwicklung von Flugmotoren.

1909 bis zum Beginn des 1. Weltkrieges

Die flugsportlichen Erfolge der Jahre 1908/09 veranlaßten immer mehr Idealisten, vereinzelt auch Motoren-Firmen, Flugmotoren für sportliche Zwecke zu bauen.

Der Argus AS 410-Sechszylinder stammte aus Deutschland.

In den Jahren 1909/10 wurden fast in allen größeren Städten Europas Flugwettbewerbe mit Preisen veranstaltet. Vergleichsfliegen und Luftfahrtausstellungen wurden organisiert. Private Wettbewerbe für bessere Flugzeuge und bessere Motoren wurden ausgeschrieben. All das förderte die Entwicklung des Flugwesens sehr, aber immer noch auf privater Basis. Mit Ausnahme der Flugzeuge der Gebrüder Wright und von Curtiss waren fast ausschließlich französische Flugzeuge mit französischen Motoren unter den Siegern der Wettbewerbe. Erst als dann ab 1910 in den meisten Staaten das Militär ein gewisses Interesse für die Verwendung des Flugzeuges für seine Zwecke zeigte, nahmen auch Firmen der Automobil- und der Schiffsbaubranche die Entwicklung von echten Flugmotoren auf.

Aber auch jetzt wurden von den meisten Flugzeugbauern noch Motoren französischer Herkunft verwendet. Erst durch Preisausschreiben und Aufträge von Seiten der Regierungen, vor allem in England und Deutschland, wurde die Entwicklung einheimischer Flugmotoren vorangetrieben.

Das „Goblin"-Jet-Triebwerk von deHavilland entstand Ende des Zweiten Weltkriegs und wurde im „Vampire"-Jagdflugzeug montiert.

Der Jumo (Junkers Motorenwerke) 213 leistete 1942 schon 1400 PS.

Dennoch fehlte der Glaube an die Zukunft der Fliegerei für den zivilen, kommerziellen Bedarf. Und so ist die Bemerkung von F.T. Jane aus dem Jahre 1913 verständlich: »...except as a war machine, the aeroplane is of little interest for us anyone«.

Die luftgekühlten Rotationsmotoren verdrängten nun immer mehr die schweren, modifizierten Schiffs- und Automotoren. Beim wassergekühlten Motor trugen das Kühlsystem und das Kühlwasser zum hohen Einheitsgewicht bei und waren oft die Quelle von Störungen. Die luftgekühlten Renault V8- und die Anzani-Motoren waren längst nicht so anfällig wie die konventionellen Umlauf-Motoren.

Obwohl *Deutschland* beim Bau von Luftschiffmotoren führte, war das Interesse am Bau von Flugmotoren im Vergleich zu Frankreich eher gering. Erst private und später auch staatliche Ausschreibungen brachten den Flugmotorenbau in Gang. So setzte der Industrielle Dr. Karl Lanz 1909 einen Preis für einen Flug mit einem deutschen Flugzeug und deutschem Motor in geschlossener Rundbahn von 1000 Metern aus. Den Wettbewerb gewann Hans Grade mit einem von ihm selbst gebauten Flugzeug und einem ebenfalls selbst gebauten, luftgekühlten 24 PS-Zweitakt-Motor.

1910 bestellte das Kriegsministerium für seine Fliegerschule fünf Flugzeuge, nämlich:

— 2 Albatros-Farman mit 50 PS-Gnôme-Motor;
— 1 Aviatik-Farman mit 55 PS-Argus-Motor;
— 1 Etrich mit 50 PS-Austro-Daimler-Motor;
— 1 Wright mit NAG-Wright-Motor (Lizenz).

Deutschland war also zu dieser Zeit antriebsseitig noch immer weitgehend vom Ausland abhängig.

1911 wurden dann die Firmen Argus, Daimler und NAG (Neue Automobil-Gesellschaft) zu ausschließlichen Lieferanten von Motoren für Heeresflugzeuge.

Im April 1912 wurde der »Kaiserpreis für den besten deutschen Motor« ausgeschrieben und mit 125000 Mark dotiert. Die Motoren mußten vollständig in Deutschland gefertigt sein und zwischen 50 PS bei 1450 U/min und 115 PS bei 1350 U/min leisten. Das Eigengewicht sollte 5 kg/PS inklusive Kühlwasser, Öl und Benzin für einen siebenstündigen Betrieb nicht übersteigen. Jetzt setzte eine breite Entwicklung ein. Es beteiligten sich 26 Firmen mit 43 Motoren, 17 wassergekühlte Vier- oder Sechs-Zylinder-Motoren erfüllten die Bedingungen. Kein luftgekühlter Motor war dabei. Als Sieger gingen der »FX«-Motor der Firma Benz und der »E6F« der Firma Daimler hervor.

England besaß in der Zeit vor dem Ersten Weltkrieg eine hochentwickelte und leistungsfähige Motorenindustrie. Trotzdem setzte das Interesse am Flugwesen »schwerer als Luft« relativ später ein als in Frankreich. Als dann der Flugzeugbau auch in England eine gewisse Breite erreichte, wurden wie in Deutschland fast ausschließlich ausländische, vor allem französische Flugmotoren, verwendet.

1909, als in Frankreich schon einige Firmen erfolgreiche Motoren in Serien produzierten, konnten lediglich vier englische Firmen am 1. internationalen Aero-Salon in Paris ihre Motoren ausstellen.

In der Folge wurde durch verschiedene Wettbewerbe von privater Seite versucht, den Flugmotorenbau in England anzukurbeln.

Das Conway 43-Triebwerk von Rolls-Royce kam in der Vickers VC-10 zum Einsatz.

– Am 30. September 1909 wurde der Alexanderpreis von 1000 Pfund Sterling durch den Privatmann E.O. Alexander ausgeschrieben für einen Motor, der 24 Stunden lang 35 PS leisten würde. Die Firmen Green, Wolseley und Humber führten ihre Motoren vor, von denen aber keiner die Bedingungen erfüllte. Ein Green-Motor konnte kurzfristig mithalten.
– 1911 wurde der Alexander-Preis erneut ausgeschrieben, diesmal für Motoren, die während 24 Stunden 40 bis 70 PS leisteten. Auch diesmal ging ein Green von 60 PS als Sieger hervor.
– 1912 wurde der Michelin-Wettbewerb ausgeschrieben, wobei wieder ein Green, diesmal mit einer Leistung von 100 PS, gewann.

Trotz dieser Wettbewerbe und dem Erscheinen englischer Motoren in englischen Flugzeugen dominierten die in England in Lizenz gebauten Motoren der Typen Gnôme und Anzani.

1913 stifteten nun endlich auch das Kriegsministerium und die Admiralität einen Preis von 5000 Pfund für den Sieger und je 100 Pfund für alle Motoren, welche die Prüfung bestanden. 40000 Pfund wurden für Bestellungen von geeigneten Motoren britischer Herkunft bereitgehalten, die mindestens vier Zylinder hatten und 90 bis 200 PS leisteten. Das Betriebsgewicht inklusive Wasser, Öl und Treibstoff für sechs Stunden durfte 5 kg/PS nicht übersteigen.

Von 27 gemeldeten Firmen wurden 16 zugelassen, unter ihnen die Britisch-Anzani- und die British-Gnôme-Gesellschaft, ferner Beardmore mit Lizenz Austro-Daimler und die Dudridge mit Lizenz Salmson. Unter den englischen Motoren war ein Argyll mit Schiebersteuerung nach Patent McCollum.

SNECMA M53-Fan-Triebwerk mit 6500 oder 9000 kg Schub.

In *Frankreich* produzierten 1908 schon eine große Anzahl Firmen Flugmotoren. An der ersten Flugmotorenausstellung in Paris stellten bereits sieben Firmen wassergekühlte Motoren aus, so unter anderem:
– Antoinette V 8 von 50 PS;
– Clement-Bayard liegender Sieben-Zylinder-Sternmotor;
– ENV V 8 (Lizenz der englischen ENV-Sindicate).

Acht Firmen stellten luftgekühlte Motoren aus, unter anderem:
– Robert-Esnault-Pelterie, Sieben-Zylinder-Fächermotor, 20 PS;
– Anzani Drei-Zylinder-Fächermotor, 35 PS;
– Gnôme-Umlaufmotor, Sieben Zylinder, 50 PS.

1910 brachten die Gebrüder Seguin den Sieben-Zylinder mit 70 PS sowie den 14-Zylinder mit 140 PS heraus und eröffneten mit ihren Konstruktionen neue Wege im Flugmotorenbau.

Auch in Frankreich wurde der Bau von Flugmotoren durch Wettbewerbe und durch Veranstaltungen stark gefördert. Einige der wichtigsten Ereignisse waren:
– 29. Juni 1909, Blêrot überquert mit einem Drei-Zylinder-Anzani-Fächermotor den Ärmelkanal;
– bei der ersten Flugwoche in Reims 1909 erreichen H. Farman mit »Vivinus« – Latham mit »Antoinette« – Paulhan mit »Gnôme« je zwei Stunden Flugdauer;
– 1910 Luftfahrtausstellung Paris – Renault stellt den luftgekühlten V 8-Motor von 60 PS mit Reduktionsgetriebe aus. Dies erlaubt die Drehzahl wesentlich zu erhöhen;
– 1911 – Motoren-Wettbewerb durch die »Ligue-National Aêrienne«. Sieger werden: Klasse I bis 35 PS: Nieuport Zwei-Zylinder, 35 PS; Klasse II über 75 PS: Labor Aviation, 74 PS;
– 1911 – Salmson (Canton-Unnê) produziert neue, wassergekühlte Sternmotoren mit gleichlaufenden Pleueln: Sieben-Zylinder, 80 PS; Neun-Zylinder, 110 PS;
– Grand Prix des Avion. Erstmals nehmen auch Le Rhône 7, 9, 14- und 18-Zylinder von 50 bis 160 PS teil;
– 1913 – Flugmotoren-Wettbewerb durch Automobilclub: Sieger wurden die Salmson-Motoren;
– 1913 – Internationale Luftfahrtausstellung Paris. Es wurden eine Anzahl neuer Motoren gezeigt:
✶ Gnôme Neun-Zylinder, 100 PS, Monosoupape;
✶ Gnôme 18-Zylinder, 200 PS, Monosoupape;
✶ Salmson 14-Zylinder, 180 PS, wassergekühlt;
✶ Renault V-12-Zylinder, 100 PS, luftgekühlt;
✶ Dion-Bouton V 8, 80 PS, luftgekühlt.

Die luftgekühlten Motoren verdrängten jetzt die wassergekühlten Motoren, trotz ihrer geringeren Zuverlässigkeit, immer mehr.

In *Italien* entwickelten sich der Flugmotorenbau, wie auch der Flugzeugbau langsamer als in anderen westlichen Ländern:
– 1908 – Motorenausstellung Paris. Nur Fiat nimmt mit dem AS 8/75 teil;
– 1909 – Circuito di Brescia, es nehmen auch italienische Flugzeuge mit italienischen Motoren teil, die Miller 50 und 100 PS, der Rebus 30 PS und der Itala 60 PS;
– 1909 – erste Esposizione di Aviazione in Mailand. Es nehmen teil: Fiat »AS 8/75«, Isotta-Fraschine M1, Bianchi 70 PS, Rebus 55 PS, Ercole 35 PS und der Colorni 35 PS.

Bis 1914 verwendete die italienische Fliegerei fast ausschließlich ausländische Flugzeuge (Brêguet, Farman, Albatros Curtiss). Das Kriegsministerium bevorzugte den Ankauf der Flugzeuge samt Motoren im Ausland, da in Italien eine

General Electric baute das YJ93-Triebwerk 1963 für die XB-70 „Valkyrie" von North American.

entsprechende Industrie fehlte, behinderte aber mit dieser Maßnahme eben gerade den Aufbau einer solchen.

1912 schrieb das Kriegsministerium einen Wettbewerb aus, dotiert mit 100000 Lire für in Italien hergestellte Motoren (auch solche in Lizenz gebaute) von 60 bis 85 PS, maximal 2,3 kg/PS für Reihenmotoren und 1,8 kg/PS für Umlaufmotoren.

10 Motoren wurden geprüft, ein Umlaufmotor (vermutlich LUCT), ein Anzani sowie ein Fiat haben die Bedingungen erfüllt.

1914, bei Kriegsbeginn, besaß Italien fast nur Flugzeuge mit französischen Motoren. Lediglich der Fiat »A-10«, Sechs-Zylinder, 120 PS und der Isotta-Fraschine »V-4«, Sechs-Zylinder, waren als brauchbare, italienische Motoren vorhanden. So lud das Kriegsministerium in Anbetracht der politischen Lage die Autofirmen Fiat, Isotta-Fraschine, SPA und Itala ein, Flugmotoren für den Serienbau zu entwickeln.

In *Österreich* stieg das Flugfieber aufgrund der zunehmenden Flugerfolge in Frankreich. Flugveranstaltungen und Flug-Wettbewerbe mit französischen Flugzeugen sowie französischen Piloten förderten die eigene Fliegerei. Doch vorläufig waren die meisten Flugzeuge noch mit ausländischen Motoren ausgerüstet.

Der Flugmotorenbau in Österreich und Deutschland begann fast gleichzeitig. Bei Austro-Daimler entwickelte deren Chef-Konstrukteur Ferdinand Porsche 1909 den ersten Vier-Zylinder-Motor, dem bald der Sechs-Zylinder »AD6« mit 120 PS folgte. Von diesem Motor erwarb die englische Firma Beardmore die Lizenz.

1911 übernahm die Firma Werner & Pfleiderer, Wien, den Bau eines Vier-Zylinder-Motors von 85 PS, dessen Konstrukteur Otto Hieronimus schon 1908/09 einen Vier-Zylinder von 50 PS schuf. Die Motoren erschienen unter den Namen »Hiero«.

In der *Schweiz* beeinflußte das westliche Nachbarland Frankreich die Flugbegeisterung vor allem im französisch sprechenden Teil sehr früh. So entwickelten die Genfer Dufaux schon 1908 einen Zehn-Zylinder-Doppelkolbenmotor in einem Stahlrohrrahmen für ihr selbst gebautes Flugzeug. Die Werkzeugmaschinenfabrik Oerlikon baute 1910 den Vier-Zylinder-Boxermotor von 50 bis 60 PS in einer kleinen Serie.

In *Rußland* bestand vor dem Ersten Weltkrieg praktisch keine Flugmotoren-Industrie. Das gesamte Motorenmaterial stammte aus dem Ausland, vor allem aus Frankreich. Aber auch der Argus 100 PS wurde in einigen Flugzeugen eingebaut.

In *Amerika (USA)* setzte aufgrund der frühen Erfolge der Gebrüder Wright die Entwicklung von Flugmotoren auf breiter Basis ein. Von 1909 bis 1912 versuchten sich an die 60 Motorenbauer mit zum Teil fantastischen Modellen im

Fan-Großtriebwerk CF-6 von General Electric.

Flugmotorenbau. Doch nur wenige setzten sich durch und errangen Erfolge.

So errang schon 1909 ein Curtiss-Flugzeug mit einem Curtiss-Motor wähend der ersten Flugwoche in Reims mehrere Siege.

Andere erfolgreiche Motoren waren: Der Aeromarine 100 PS, der Hall-Scott 80 PS, die Motoren von Kemp, Maximotors, Strutevant und Wright.

Der erste Weltkrieg

Nun wurde der Bedarf an guten und starken Motoren in allen Ländern groß.

Anfänglich standen jedoch nur Konstruktionen aus der Vorkriegszeit zur Verfügung, und der »Flugsport« von 1916 schrieb über jene Zeit bei Kriegsbeginn: »Alles was sich drehte, wurde gekauft.«

Durch Verfeinerung der wassergekühlten Reihenmotoren und Erhöhung des Verdichtungsgrades konnte deren Leistungsgewicht wesentlich gesenkt werden. Die Flugzeugkonstrukteure gaben denn auch dem wassergekühlten Motor wegen seiner kleineren Stirnfläche immer mehr den Vorzug. – Aber die Piloten, welche Fronteinsätze flogen, fühlten sich im beschuß-unempfindlicheren, luftgekühlten Umlaufmotor sicherer. So konnte der luftgekühlte Motor vor allem in der ersten Hälfte des Weltkriegs vom wassergekühlten Motor noch nicht verdrängt werden.

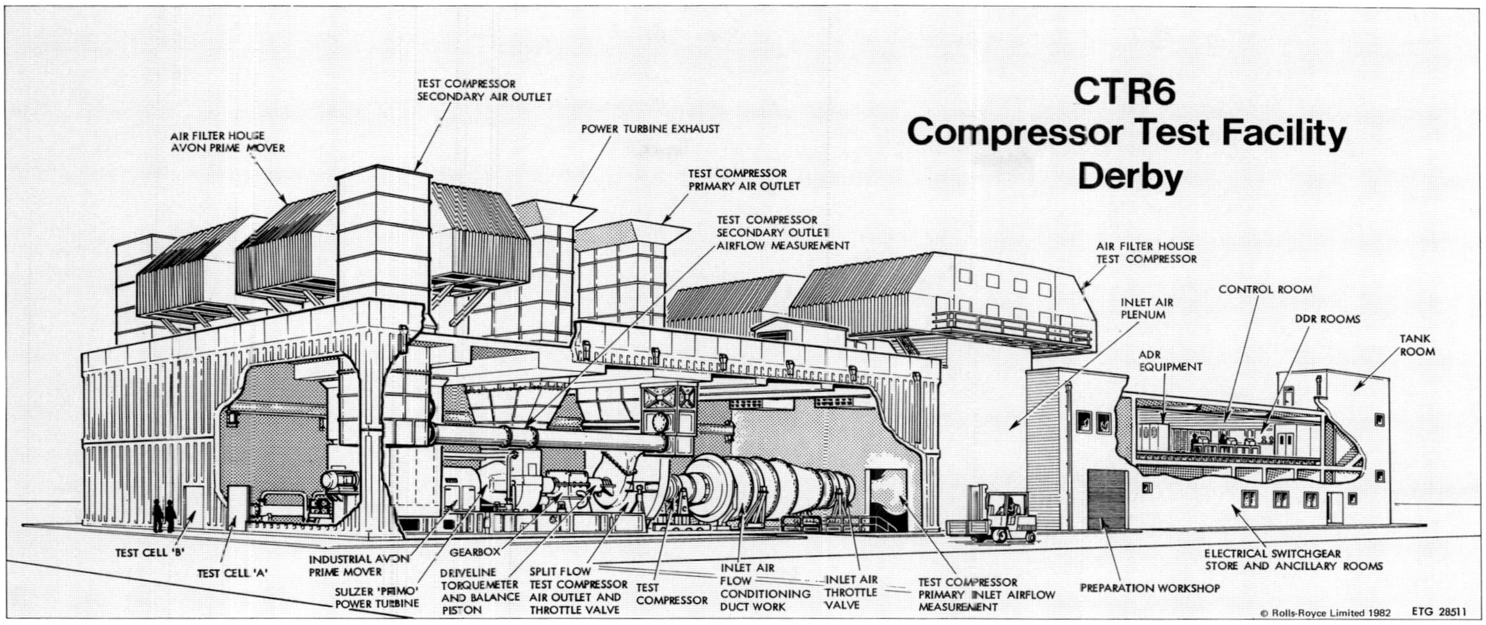

Das 1984 in Betrieb genommene Triebwerks-Testgebäude von Rolls-Royce im mittelenglischen Derby.

Der vielzylindrige, ein- und mehrreihige Motor, etwa nach der Bauart des Antoinette von 1906 und mit höherer Drehzahl dank dem Untersetzungsgetriebe wie beim Renault und beim Hispano, gewann immer mehr an Bedeutung. Die folgenden Entwicklungstendenzen sind zu erkennen:

— Vermehrte Verwendung von Aluminium für Kolben und Gehäuse;
— Übergang von zwei auf vier Ventile;
— Einführung von zwei Zündsystemen.

Durch die enorme Nachfrage nach Flugzeugen mit immer zuverlässigeren, stärkeren und sparsameren Motoren von Seiten der Militärs aller Staaten, wurde die Entwicklung sehr gefördert. So waren die Entwicklungsschritte in den Jahren 1914 bis 1918 in allen Staaten enorm. Dazu trugen viele Faktoren bei, nämlich:

— Die Forderungen der Militärs und der Flugzeugfirmen;
— die an der Front demonstrierte Leistungsfähigkeit des gegnerischen Materials;
— bei Überlegenheit des einen mußte der andere unverzüglich mit einer noch besseren Ausführung antworten;
— die enorm vielen Einsätze der Flugzeuge erlaubten die kurzfristige Gewinnung von Betriebserfahrung und Dauerfestigkeit.

So argumentierte Jane 1917: »The aeroengine is the child of war«.

Deutschland: Aufgrund der unbefriedigenden Erfahrungen mit den Motoren des 1. Kaiserpreises wurde Ende 1913 der »2. Kaiserpreis« ausgeschrieben. 140000 Mark sollten je zur Hälfte dem besten luft- und dem besten wassergekühlten Motor zuerkannt werden. Für weitere zehn Motoren standen noch je 4000 Mark zur Verfügung. Für die Reihenmotoren wurden Sechs-Zylinder verlangt, eine Bauform, die bis Kriegsende mit wenigen Ausnahmen Standard für die deutschen Motoren blieb. Das Heer verlangte 125 PS und die Marine 200 PS.

15 Firmen meldeten 35 Motoren, davon neun Umlaufmotoren, wobei Oberursel die Lizenz des »Gnôme« schon vor dem Kriege erwarb.

1916 traten auf der gegnerischen Seite Flugzeuge auf, welche mit dem 150/180 PS Hispano-Suiza-Motor HS41 ausgerüstet waren. Dieser V8-Motor lief dank dem Untersetzungsgetriebe bis 2000 Touren und war als Folge davon bedeutend leichter als die deutschen Motoren, was dem Gegner vorübergehend eine gewisse Überlegenheit gab.

Doch in Deutschland wurden jetzt immer stärkere und höhentauglichere Antriebe gefordert. Durch Erhöhung der Verdichtung von 1:4 auf 1:4,6, sowie durch Schaffung der überdimensionierten und überkomprimierten Motoren, aber auch durch den Bau von V8- und V12-Motoren standen Deutschland wieder ebenbürtige Konstruktionen zur Verfügung, wie:

— Argus AS III, 180 PS, Sechs-Zylinder;
— Benz IV Sü, 225 PS, Sechs-Zylinder;
— BMW IIIa, 190 PS, Sechs-Zylinder;
— Daimler D IIIa, 160 PS, Sechs-Zylinder;
— Daimler D IIIavü, 180 PS, Sechs-Zylinder;
— Maybach IVa, 240 PS, Sechs-Zylinder;
— Oberursel UR II, 120 PS, ?-Zylinder;
— Siemens SH IIIa, 160 PS, Elf-Zylinder.

Das Rolls-Royce/SNECMA Olympus 593-Turbojet-Triebwerk kommt in der Concorde zum Einsatz.

England: In der ersten Hälfte des Ersten Weltkriegs wurden neben den rein englischen Motoren der Firmen Beardmore, Green, Sunbeam und Wolseley weiterhin hauptsächlich die in England in Lizenz gebauten Anzani, Austro-Daimler, Salmson, Gnôme, Clerget, Renault und Curtiss verwendet.

Im Frühjahr 1916 zeigte sich ein großer Mangel an starken Motoren. Der einzige englische Sechs-Zylinder-Motor, der 120 PS Beardmore wurde mit einer größerern Bohrung auf 160 PS gebracht. Dann wurde durch die Konstruktionsgemeinschaft B.H.P. (Sir William Beardmore, F.D. Halford und F.C. Pullinger) der »Adriatic« mit 240 PS entwickelt. Der Motor wurde bei Golloway, Ltd. mit Stahlzylindern gebaut. Parallel zu Golloway erhielt die Firma Siddeley-Deasy den gleichen Auftrag, aber mit Aluminium-Zylinderblöcken. Daraus entstand der »Puma«, der tausendfach gebaut wurde.

Ab März 1917 wurden in einem großen Motorenbau-Programm 19700 Motoren bestellt:
- Sunbeam Acht-Zylinder, 200 PS »Arab«;
- BHP-Siddeley-Deasy, 200 PS »Puma«;
- Hispano-Suiza, 200 PS »HS 41« (Lizenz);
- Rolls-Royce »Falcon«, 200 PS und »Eagle«, 250 PS;
- RAcF, luftgekühlter Acht-Zylinder, 150 PS (Lizenz Renault);
- Clerget, Neun-Zylinder, 130 PS (Lizenz);
- Le Rhône, Neun-Zylinder, 130 PS (Lizenz).

Frankreich: Zu Beginn des Ersten Weltkriegs waren fast ausschließlich die folgenden Konstruktionen im Gebrauch:
- Gnôme-Monosoupape B, Neun-Zylinder, 100 PS;
- Le Rhône C, Elf-Zylinder, 100 PS;
- Renault R80, V8, 80 PS;
- Salmson R9, Neun-Zylinder, 153 PS;
- Clerget 7Z, Sieben-Zylinder, 80 PS.

Die Umlaufmotoren mit ihrem relativ niederen spezifischen Gewicht und der Luftkühlung gaben den französischen Flugzeugen zu Beginn des Ersten Weltkriegs eine ge wisse Überlegenheit. Mit fortschreitender Kriegserfahrung wurden jedoch die Umlaufmotoren immer unbeliebter. Die große Störanfälligkeit, die kurzen Überholintervalle, der übergroße Treibstoff- und Schmierstoff-Verbrauch, sowie die teilweise schlechte Kühlung, speziell bei den Doppelstern-Motoren, machten diese Motoren unbeliebt. Aber auch die Piloten schätzten sie immer weniger, je stärker und schwerer sie wurden. Bei raschen Flugmanövern machte sich der Einfluß der großen Kreiselkräfte immer unangenehmer bemerkbar.

Rolls-Royce-Triebwerks-familie mit IAE V 2500 (oben), Trent (unten,) RB 524-211 (rechts) und TAY (links).

Mit dem Erscheinen des 150 PS »HS 41« Hispano-Motors und seinem Nachfolgemuster, dem 300 PS »HS 42«, speziell die Versionen mit Untersetzungsgetriebe, gewannen die wassergekühlten Motoren in Frankreich wieder die Oberhand. Dieser erste, brauchbare Schnelläufer mit Drehzahlen bis über 2000 U/min erreichte Einheitsgewichte, welche den Stern- und Umlaufmotoren nicht nachstanden.

1916 wurden an zwölf französische, je eine englische, italienische, amerikanische und eine russische Firma Lizenzen für den HS 41 erteilt.

Die Direktion der Militärluftfahrt unterstützte die technische Entwicklung der Hispano- und der Renault-V-Motoren massiv.

Im Laufe des Krieges wurden bei allen Firmen neue, stärkere Modelle, aber auch Motoren neuer Firmen wie Peugeot oder Lorraine-Dietrich gebaut. Zumeist wurden sie auch in großer Zahl nach England, Italien, USA und Rußland geliefert.

Im Gegensatz zu Deutschland erhielten die Höhenmotoren einen speziellen Höhenvergaser.

Italien: Aufgrund des durch das Kriegsministerium vor dem Krieg ausgeschriebenen Wettbewerbes brachten Fiat, Isotta-Fraschini und SPA einige neue, starke Motoren heraus. Trotzdem wurde der Bau ausländischer Motoren in Lizenz fortgesetzt.

Am Ende des Krieges baute Fiat noch den überstarken Zwölf-Zylinder »A-14« in Serie.

Österreich: Die Firmen Austro-Daimler und Werner-Pfleiderer (später unter dem Namen Warcholowski-Eissler & Co), bauten Sechs- und Acht-Zylinder-Motoren. Sie wur-

Das CFM-56 verrichtet seinen Dienst beispielsweise in der Boeing 737.

CFM-56 bei der Endkontrolle.

den in verschiedenen Firmen im ganzen K.&K.-Reich, also auch im heutigen Ungarn und der Tschechoslowakei, nachgebaut.

Beide Firmen lehnten sich in ihren Konstruktionen an die bewährte, deutsche Standardform des stehenden Reihenmotors an.

In der zweiten Hälfte des Weltkriegs wurden bei Austro-Daimler der Sechs-Zylinder auf 225 PS, der »V12« auf 345 PS und bei den Industriewerken der »Hiero« auf 240 PS gesteigert, sowie ein neuer Sechs-Zylinder von 350 PS fertiggestellt.

Der Mangel an Rohstoffen und hochlegierten Stählen verhinderte die Produktion im großen Stil.

Rußland war zu Beginn des Ersten Weltkrieges hauptsächlich auf Lieferungen aus dem Ausland angewiesen. Daneben entwickelte sich aber eine eigene Motorenindustrie, die vor allem Salmson-Motoren in Lizenz baute. Trotzdem blieb das Zarenreich bis zum Kriegsende auf die Lieferung von Flugzeugmotoren und Ersatzteilen von seinen Alliierten angewiesen.

Eigene Motorenkonstruktionen wurden im Westen nicht bekannt.

USA: In den Jahren 1914 bis 1916, das heißt bis zum Kriegseintritt der USA, wurden die Sechs-Zylinder und die V8 von Curtiss, die V8 von Hall-Scott, die Sieben-Zylinder von Giro und die Sechs-Zylinder von Wright in großen Mengen für das US-Army-Air Corps, wie auch für England und Rußland gebaut.

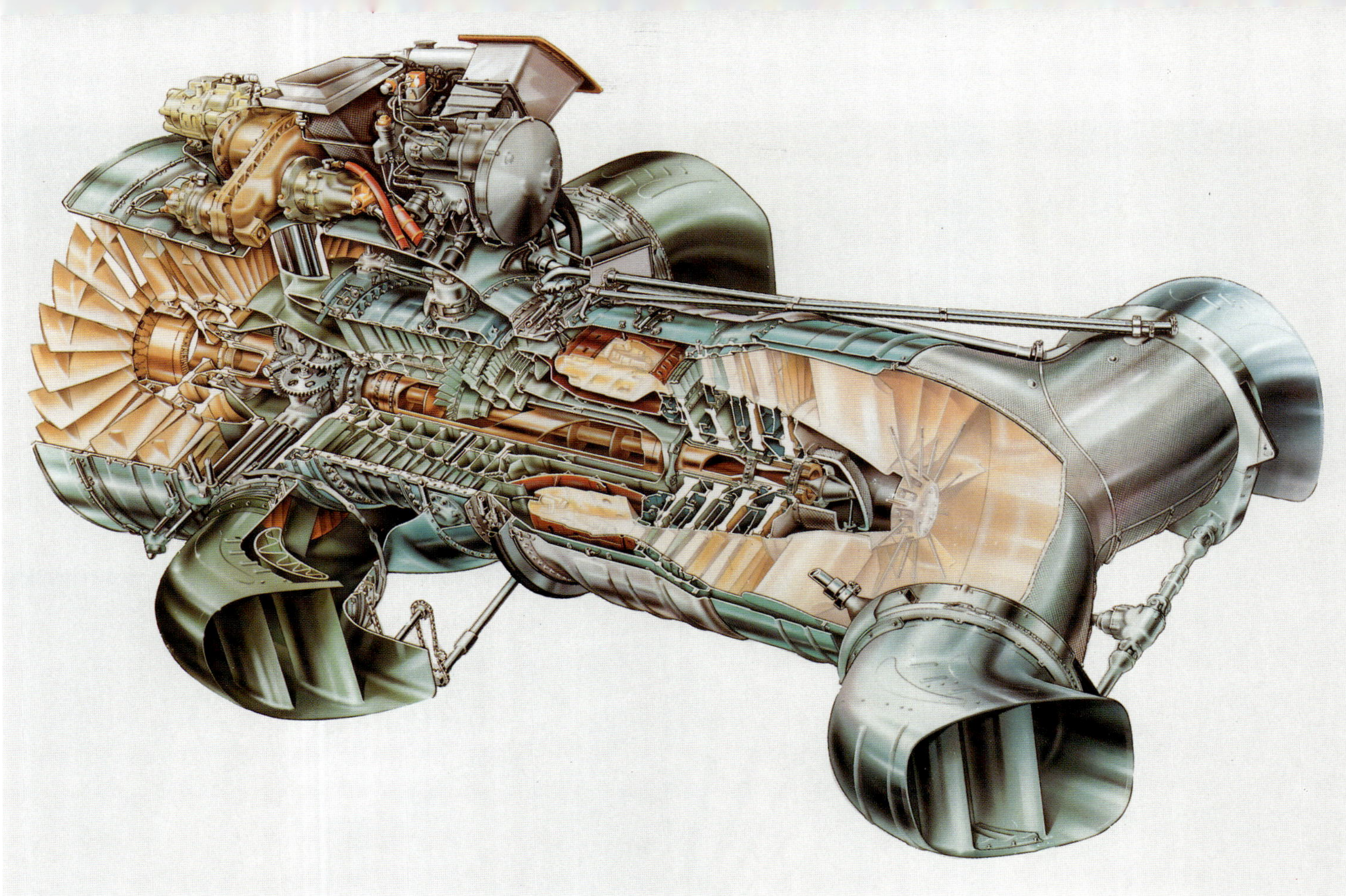

Für den Sea Harrier: Rolls-Royce Pegasus 104.

Die Firma Curtiss baute den »V12« mit 250 PS, Wright die HS41 und HS42 in großen Mengen in Lizenz.

Mit fortschreitendem Kriegsgeschehen empfand die amerikanische Armee das Fehlen eines geeigneten, starken Motors immer mehr als Mangel. So wurde 1917 der Bau eines dementsprechenden Motors, des »Liberty« durch die Armee veranlaßt und gefördert. Damit wurde, wenn auch spät, der beste Motor jener Zeit realisiert. Die Art und Weise, wie das Projektteam ausgelesen, die Spezifikation für den Motor zusammengetragen und die Projekt- und Bauarbeiten in unwahrscheinlich kurzer Zeit vorangetrieben wurden, veranlaßt uns heute noch zur Bewunderung. Der Motor wurde bis Kriegsende noch in 13 500 Exemplaren gebaut.

Die übrigen Länder produzierten zum Teil Lizenz-Motoren von Frankreich oder Deutschland. Eigene Motorkonstruktionen, sofern es solche gab, erreichten keine Bedeutung.

Die Krisenzeit 1919 bis 1939

Mit dem am Ende des Ersten Weltkrieges von den Alliierten diktierten Friedensvertrag wurden Deutschland und Österreich der Bau und die Einführung von Flugzeugen und damit von Motoren untersagt.

Auf Seiten der alliierten Staaten (Frankreich, England, Italien und USA) fing für den Flugzeugmotorenbau eine schwere Zeit an. Empfindliche Einschränkungen der Militärausgaben veranlaßten viele Firmen, den Flugmotorenbau auszusetzen. Neue Militärflugzeuge wurden anfänglich so gut wie nicht gebaut; gute, leistungsfähige Motoren lagen in großer Zahl auf Halde. Zudem mußte Deutschland zirka 2500 Motoren als Reparationsleistungen an die Alliierten abliefern.

So ging es vorläufig darum, die bewährten Motorenmodelle an die neuen Bedürfnisse anzupassen, – der zivile Luftverkehr steckte noch in den Kinderschuhen.

In diesen Zeitraum fielen einige internationale Flugwettbewerbe, wie die »Schneider Trophy« (Schneider Cup). Für diese wurden bewährte Motorenmuster mit allerlei Finessen, Sonderkonstruktionen und Sondertreibstoffen auf höchste Leistung gebracht. Natürlich gaben diese Wettbewerbe, aber

Pegasus 11-Triebwerk unter voller Leistung im Prüfstand im englischen Shoeburyness.

CT-58 von General Electric.

auch die vielen in dieser Zeit durchgeführten Langstreckenflüge, wertvolle Impulse für den regulären Flugmotorenbau.

Der schon im Weltkrieg entbrannte Kampf zwischen dem schlanken, wassergekühlten und defektanfälligeren Reihenmotor und dem eher plumpen, luftgekühlten und robusten Sternmotor schwelte weiter. Es war denn auch faktisch entschieden, daß der Reihenmotor mit seiner kleineren Stirnfläche zum Antrieb von Jagdflugzeugen und der Sternmotor zum Antrieb von Bomben- und Transportflugzeugen eingesetzt werden sollte.

In dieser Zeit wurden allerlei Prototypen und Zubehörgeräte entworfen und gebaut, von denen einige später den Motorenbau maßgeblich beeinflußten.

Der *Diesel-Motor* wurde seit seiner Erfindung im Jahre 1897 im Fahrzeug- und im Schiffsbau verwendet, aber erst 1922 begann Junkers mit der Entwicklung eines Flugdieselmotors. 1928 erschien der »Jumo 204«, der erste brauchbare Flugdiesel.

Anfang der 30er Jahre wurde nach den großen Erfolgen von Junkers in fast allen Industrieländern an der Entwicklung von Flugdieselmotoren gearbeitet. Doch mit dem Ausbruch des Zweiten Weltkrieges stellten die meisten Firmen ihre Bemühungen ein.

In Deutschland wie in England wurde an der Entwicklung des *Schieber-Motors* gearbeitet, welcher die vielen bewegten Teile des klassischen Ventil-Motors reduzieren und einen besseren Gaswechsel ermöglichen sollte. In Deutschland wurde der Flachschieber erprobt, aber wieder fallengelassen. In England wurde der Hülsenschieber nach McCollum weiterentwickelt, wie er später bei den englischen Schieber-Motoren sehr erfolgreich wurde.

Unterdessen wurde in fast allen Staaten, auch wegen des rapiden Aufbaus der deutschen Luftwaffe, die Aufrüstung der Luftflotten forciert.

In dieser Zwischenkriegszeit wurde vielerorts auch mit alternativen Antriebssystemen experimentiert, besonders mit Raketen- und Gasturbinenantrieben.

Fast gleichzeitig und unabhängig voneinander erhielten 1931 in England Frank Wittle und 1935 in Deutschland Hans Joachim Pabst von Ohain Patente für *Strahltriebwerke*. Beiden Triebwerk-Ideen lag ein Zentrifugalgebläse zugrunde.

Das Wittle-Triebwerk wurde ab 1935 bei der Firma Power Jets, Ltd. entwickelt und gebaut. 1941 erfolgte der Erstflug auf der Gloster E28/39.

Das Triebwerk von Ohain wurde von der Firma Heinkel weiterentwickelt und machte 1939 auf der He178 seinen Erstflug.

Offenbar wurde Ohain bei der Verwirklichung seiner Idee effizienter unterstützt als Wittle. Die beiden Erfinder legten mit ihren weitsichtigen Arbeiten den Grundstein für die nach dem Krieg weltweit erfolgte, rasante Entwicklung der Turbo-Strahlantriebe.

Deutschland: Durch den Waffenstillstand wurde den Deutschen vorerst ein absolutes Verbot zum Bau von Flugmotoren für militärische Zwecke auferlegt. 1922 erfolgte dann eine Lockerung, welche die Entwicklung von Motoren für Sport- und kleine Verkehrsflugzeuge erlaubte. Ende 1930 wurde dann das Verbot ganz aufgehoben.

Verschiedene Flugzeug- und Motorenfirmen waren aber schon vor dieser Zeit im Ausland tätig. Die Firmen BMW, Daimler-Benz, Junkers und Siemens befaßten sich ab 1923/24 und Argus ab 1927 wieder mit dem Flugmotorenbau. Mit dem Aufbau der neuen Luftwaffe wurde die Entwicklung einer neuen Generation von luft- und wassergekühlten Motoren bis 2000 PS, einem Einheitsgewicht unter 0,5 kg/PS, und mit Aufladegebläsen für Flüge auf 10000 m/s eingeleitet. 1929 wurde dieses Programm noch als Ausschreibung für Motoren mit hängenden Zylindern von 20 bis 30 Liter Hubraum konkretisiert.

Als dann 1933 mit der Bildung des Reichsluftfahrtministeriums die Aufstellung einer Luftmacht von 4000 Flugzeugen bis Ende 1935 verlangt wurde, begann bei den deutschen Flugmotoren-Firmen eine ungeheure Aktivität und Ausdehnung der Werkskapazität. So gewann Deutschland wieder den Anschluß an den Flugmotoren-Standard der übrigen Staaten.

Die hauptsächlichsten Lieferanten waren Argus »AS 410«, »BMW 132, 323«, Daimler-Benz »BB 601«, Junkers »Jumo 210, 211«.

England: In der Zwischenkriegszeit wurden die erfolgreichen Motoren weiterentwickelt und zum Teil für zivile Bedürfnisse angepaßt. Es entstanden auch neue Modelle wie die Bristol »Jupiter«, »Pegasus« und »Hercules«, der Napier »Lion« und »Dagger«, die Rolls-Royce »Kestrel« und »Merlin« und der Armstrong-Siddeley »Chettah«.

1936 wurden große Anstrengungen zur Verstärkung der Royal Air-Force eingeleitet. Es wurde unter anderem die Organisation der sogenannten »Shadow Factorys« aufgestellt. Hauptsächlich Automobilhersteller wurden verpflichtet, Vorbereitungen zu treffen, um im Kriegsfall unverzüglich bewährte Flugmotoren in Lizenz zu bauen, beziehungsweise Zubehörteilt fabrizieren zu können.

Bei Bristol wurde unter der Leitung von Sir Roy Fedden der von McCollum im Jahre 1909 patentierte Hülsenschieber weiterentwickelt. Er wurde dann im »Pegasus« und im »Hercules« und später bei anderen Motoren verwirklicht.

Frankreich: Langsam wurden auch hier, wenn auch nicht besonders gesteuert durch den Staat, neue, stärkere Motoren gebaut. So bei Anzani, Clerget, Farman, Gnôme et Rhône, Hispano-Suiza, Lorraine-Dietrich und Renault. Von den meisten dieser Firmen wurden vom Ausland Lizenzen erworben.

Doch gegen Ende dieses Zeitabschnittes sank die Motorenproduktion, vermutlich eine Folge der zu dieser Zeit an die Macht gelangten Volksfront-Regierung. Die Flugzeugindustrie wurde größtenteils verstaatlicht und die Firmenleitung ausgewechselt.

Italien: In den Nachkriegsjahren entstanden bei Fiat und Isotta-Fraschine einige epochemachende Motoren, so bei Fiat die »A 24 R«, »AS 5«, »A 30 RA« und der »A 33 RC«. Der »AS 6« bestand aus zwei hintereinander geschalteten »AS 5« und rüstete das Weltrekord-Flugzeug, den MC 72 Macci-Eindecker, aus. Bei Isotta-Fraschini erschienen die verschiedenen Asso-Modelle, von denen sich der »Asso 750 R« auf den berühmten Distanzflügen von General Balbo auf Savoia-Flugbooten sehr bewährte.

In den 30er Jahren wurde vom Kriegsministerium empfohlen, die Entwicklung und den Bau von luftgekühlten Sternmotoren, wie sie in England von Bristol, in Frankreich von Gnôme et Rhône und in den USA von Wright und Pratt & Whitney so erfolgreich gebaut wurden, zu forcieren.

Dieser Aufforderung folgte Fiat mit der Entwicklung und dem Bau solcher Sternmotoren und Isotta-Fraschini mit der Lizenznahme des Gnôme et Rhône »K 14«.

Schon 1924 kamen mit Alfa Romeo und Piaggio zwei namhafte Flugmotorenfirmen hinzu, wobei beide mit der Lizenznahme des Bristol »Jupiter« begannen. Alfa baute anschließend den Armstrong-Siddeley »Lynx«, sowie den Bristol »Mercury« und »Pegasus« in Lizenz. Piaggio übernahm zusätzlich noch die Lizenz der Gnôme et Rhône-Motoren.

Japan: Über den Flugmotorenbau bis Anfang der 20er Jahre sind keine zuverlässigen Angaben erhältlich. Erst ab den Jahren 1924/25 gibt es in »Jane« Angaben über Motorenfirmen und über die von diesen gebauten Motoren. Es scheint, daß praktisch alle Firmen mit kleinen Serien in den Flugmotorenbau eingestiegen sind und danach, unter Mitnahme bewährter Baugruppen derselben, eigene Modelle entwickelten.

Die folgenden Firmen bauten Flugmotoren:

– Aichi Tokei Denki KK, Tokio, produzierte ab 1926 Lorraine-Dietrich-Motoren;

– Nakajima Aircraft Works baute 1926 Lorraine-Dietrich 12 F und Bristol »Jupiter« in großer Zahl in Lizenz. Sie entwickelte später aus diesen eigene Motortypen;

– Kawasaki Dockvard, Co, Ltd, Hyogo baute ab 1926 den BMW VI in Lizenz. Daraus leitete die Firma eigene Typen ab, den Typ 95 mit 800 PS und den Typ 98 mit 900 PS. Beide Typen wurden in großer Zahl gebaut;

– Mitsubishi Jukogyo Kabushiki Kaisha, Nagoya besaß Lizenzen von Hispano-Suiza, Armstron-Siddeley und Junkers. Ab 1934 wurden der HS 12 X und der 12 Y in Lizenz gebaut.

Das T64-416 stammt ebenfalls von General Electric aus den USA.

Es ist bemerkenswert, wie schnell und erfolgreich diese Firmen aus diesen Lizenz-Motoren den Anschluß an den westlichen Standard vollzogen.

Tschechoslowakei: Nach dem ersten Weltkrieg entstand die heutige Tschechoslowakei, und mit ihr wurden aus den ehemaligen österreichischen Lizenznehmern leistungsfähige und vielseitige Flugmotoren-Firmen. Dabei waren vor allem drei Firmen besonders produktiv und brachten eigene Muster auf den Markt:

– Ceskomorarska Kolben-Danek, Prag (früher Breitfeld-Danek);
– AVIA Akciova Spolecnost pro Prumsyl Letecky, Prag;
– A. S. Walter, Tovarny na Automobily a Letecky Motory.

aber auch einige weitere Firmen bauten Flugmotoren, wenn auch in bescheidenerem Ausmaß.

In den 30er Jahren entwickelte sich die tschechische Flugmotoren-Industrie zu einem der größeren Flugmotorenproduzenten in Europa.

Neben vielen rein tschechischen Konstruktionen wurden aber auch eine Anzahl Motoren westlicher Firmen gebaut. Andererseits wurden auch einige Lizenzen tschechischer Motoren ins Ausland vergeben.

UdSSR: Die Sowjetunion machte seit Ende des Krieges enorme Anstrengungen zum Aufbau einer starken Flugwaffe und damit einer eigenen Flugzeug-Industrie. Viele deutsche Ingenieure, durch die Bestimmungen des Versailler Vertrages arbeitslos, arbeiteten in der russischen Flugzeug-Industrie.

In der Zwischenkriegszeit übernahmen die Sowjets Lizenzen auf folgenden Motoren:

– BMW VI, der als AM30 bezeichnet wurde;
– Bristol »Jupiter« als M15;
– Lorraine-Dietrich »Mizar« & »Agol« als M21 beziehungsweise M31;
– Wright Cyclone R-1820 als M25;
– Hispano-Suiza 12 Y als M100;
– Junkers Jumo 205 Diesel.

Durch diese Lizenznahmen profitierten die Konstrukteure beträchtlich von der Erfahrung der westlichen Länder, vor allem von Frankreich, England, Deutschland und den USA.

In der Regel wurden kleinere Serien der Lizenzmotoren gebaut, um daraus eigene Modelle abzuleiten.

USA: Auch hier lief der Motorenbau, als Folge der Krisenzeit auf kleiner Sparflamme. Lediglich die aufkommende Zivilluftfahrt benötigte neue, stärkere Motoren.

Mit dem Abflauen der Krise warteten dann plötzlich wieder viele Firmen mit zum Teil neuen Modellen auf, die in aller Stille entwickelt und serienreif gemacht wurden.

1926 nahm Pratt & Whitney den Bau von starken Sternmotoren auf. Noch vor 1939 kamen die Motoren R-1340 »Wasp«, der »Hornet«, der R-985 »Wasp-Junior« und der R-1830 »Twin Wasp« auf den Markt.

1930 vereinigten sich die beiden Motorenfirmen Wright, welche die erfolgreichen Motoren R-975 »Whirlwind« und »Cyclone« baute, mit der Firma Curtiss, welche die Motoren »Challenger« und »Conqueror« einbrachte, zur Curtiss-Wright Corporation.

Allison baute unter anderem den V-1710.

Durch den Umstand, daß diese drei »selbständige« Luftwaffen (Army Air Corps, Navy Air Service und Marine Corps) nach eigenem Ermessen Entwicklungen förderten und Material einkauften, entstand eine Konkurrenz unter den Firmen, welche sich auf Entwicklung und Produktion günstig auswirkte. Allison, Pratt & Whitney und Curtiss-Wright waren die größten Motorenproduzenten.

Die übrigen Länder: Die meisten der nicht extra aufgeführten Länder beschränkten sich auf den Lizenzbau bewährter Motoren.

Nur wenigen Firmen gelang die erfolgreiche Entwicklung eigener Konstruktionen, welche jedoch in der Regel nur für den Bedarf im eigenen Land in kleinen Serien gebaut wurden.

Der Zweite Weltkrieg

Mit dem Ausbruch des Zweiten Weltkrieges wurde in allen Ländern die ganze Produktionskapazität in die Kriegswirtschaft einbezogen. Was nicht der Kriegführung diente, wurde eingestellt. So wurde der Bau von Kleinmotoren, soweit diese nicht nur Ausrüstung von Schul- und Verbindungsflugzeugen benötigt wurden, zugunsten starker Motoren aufgegeben. Deren Produktionskapazität, wie auch diejenige anderer, geeigneter Firmen, speziell der Autoindustrie, wurde durch Lizenzgaben oder für die Zulieferung von Zubehör in den Bau von Flugmotoren für Kampfflugzeuge einbezogen.

Die Entwicklung von neuen, noch stärkeren Motoren wurde für den Moment zurückgestellt, da diese nach Ansicht der Militärs doch nicht mehr rechtzeitig vor Kriegsende serienreif würden. Dagegen wurden bewährte Typen durch allerhand Verbesserungen auf bedeutend höhere Leistungen gebracht.

Zur Steigerung der Höhenleistungen wurden jetzt einige Motortypen serienmäßig mit Abgasladern ausgerüstet. Eine Vergrößerung der mechanisch angetriebenen Ladegebläse war nicht mehr effizient, da die dadurch gewonnene Mehrleistung mit zunehmender Höhe durch den höheren Leistungsbedarf zum Teil wieder aufgebraucht würde. Dagegen ging mit dem Abgas wertvolle Energie verloren, die mit dem Abgaslader genutzt werden konnte.

Trotz der schon vor dem Krieg durch Frank Wittle und Pabst von Ohain durchgeführten Versuche mit ihren Strahltriebwerken, und der während des Krieges auf beiden Seiten geleisteten Entwicklungsarbeit sollten die neuen Triebwerke nur noch zum Teil zum Einsatz kommen.

Deutschland war zu Beginn des Zweiten Weltkrieges nicht nur zahlenmäßig überlegen, auch die deutschen Motoren hatten, vielleicht mit Ausnahme des Rolls-Royce »Merlin« und der großen Sternmotoren von Bristol und Pratt & Whitney, mehr Leistung als die Triebwerke der Alliierten.

So wurde zu Beginn vor allem die »Jumo 210, 211«, der »DB 601« sowie die »BMW 132« und der »Bramo 323« in die Flugzeuge der Luftwaffe eingebaut.

Nach dem Motto: »nur was 1941 verfügbar ist«, wurden vorerst Weiterentwicklungen gebremst. Die Luftschlacht über England zeigte dann, daß die »Entwicklungsbremse« ein Fehler war.

Daimler-Benz und Junkers brachten in der Folge ihre »DB 603« und »605« und den »Jumo 213«, BMW den 14-Zylinder »801« heraus. Mit seiner Zwangskühlung unter der geschlossenen Motorhaube, welche als Teil des gesamten Einbauaggregates mitgeliefert wurde, räumte der »801« mit dem alten Vorurteil gegen den »plumpen« Sternmotor auf.

Zu den ungeheuren Anstrengungen, in kurzer Zeit diese Typen weiterzuentwickeln, kamen die Erschwernisse auf dem Gebiet der Rohmaterialien, vor allem der nur mit Rohstoffen aus dem Ausland zu veredelnden Stählen.

Als gegen Ende des Krieges noch größere Motoren verlangt wurden, wurden folgende Doppelmotoren gebaut: »DB 606« (aus 2 DB 601) »DB 610« (2xDB 605), »DB 613« (2xDB 603) sowie der 24-Zylinder-Reihen-Sternmotor »Jumo 222« und der »BMW 802«-18-Zylinder-Sternmotor. Diese Motoren kamen jedoch nur noch in kleinen Serien zum Einsatz. Daneben gab es eine Anzahl Sonderausführungen mit Spezialladern und Abgas-Ladern. Alle diese Motoren waren mit Einspritzpumpen versehen.

DB, Junkers, BMW und Heinkel befaßten sich auch mit der Entwicklung von Strahlturbinen, ein Vorhaben, das wohl vom RLM geleitet, aber immer wieder durch die Forderungen nach mehr Motoren gebremst und auf niedrigere Prioritäten gedrängt wurde. Trotzdem erreichte Deutschland auf diesem Gebiet einen Entwicklungsstand wie kein anderes Land. Junkers baute den Jumo 004 bis Kriegsende noch

Das Pratt & Whitney JT8D-200 Turbofan-Triebwerk ist für den Einsatz in Mittelstreckenflugzeugen konzipiert.

in rund 6000 und BMW seinen 003 noch in 750 Exemplaren. Zu erwähnen sind hier noch die Konstruktionen V1, angetrieben von einem Staustrahl-Antrieb sowie der Me 163, angetrieben von einem Raketentriebwerk.

England: Beim Eintritt in den Krieg verfügte England über eine Anzahl geeigneter Motoren, welche nun dank dem 1936 erstellten »Shadow-Factory-Sheme« unverzüglich in großen Serien gebaut wurden. Rolls-Royce schuf stärkere Versionen des »Merlin« sowie den »Griffon«; Bristol stärkere Versionen des »Hercules« sowie den »Centaurus«; Napier entwickelte den »Sabre« mit Schiebersteuerung wie der »Hercules«.

Trotz der industriellen Vorsorge mußte die Hilfe der USA für den Bau des »Merlin« beansprucht werden. Dieser wurde dort in 55523 Exemplaren als V-1850 gebaut, wovon 37143 für England bestimmt waren.

Parallel zum Motorenbau wurde die Entwicklung des Strahlantriebs auf breiter Basis eingeleitet. Sechs Firmen nahmen an der Entwicklung teil: Armstrong-Siddeley, Bristol, De Havilland, Metopolitan-Vickers und Rolls-Royce. Flugerprobungen wurden während des Krieges mit dem Wittle »WU«, dem »Welland I« von Rolls-Royce, dem »Goblin« von De Havilland und dem »Derwent« von RR unternommen. Einsätze von strahlgetriebenen Flugzeugen gab es praktisch keine mehr.

Frankreich: Die Vorkriegsmotoren Gnôme et Rhône (Sternmotoren), Hispano-Suiza und Renault wurden vorerst weiterproduziert. Außer dem G+R »14R« von 1325 PS und dem Hispano »12Z« von 1500 PS besaß Frankreich keine starken Motoren.

Mit der Besetzung durch die deutsche Wehrmacht mußte die eigene Motorenfabrikation eingestellt werden. Die französischen Fabriken wurden in die deutsche Kriegsproduktion einbezogen.

Italien: Die bewährten Typen Alfa »138«, der Fiat »A30«, »A74« und »A80«, der Isotta-Fraschini »Delta« und die Piaggio »PXII« und »PXXII« wurden gebaut. Da Italien keine starken, wassergekühlten Motoren mehr baute, mußten bei Alfa der DB 601, und bei Fiat der DB 605 in Lizenz hergestellt werden.

Japan: 1939 nahmen die Firmen »Aichi« und »Kawasaki« den Lizenzbau des »DB 601« auf, Kawasaki übernahm zusätzlich die Lizenz des BMW 801. 1939 nahm Mitsubishi nacheinander die Lizenz der Pratt & Whitney »Hornet«, Armstrong-Siddeley »Tiger« und die Pratt & Whitney »Twin Wasp Junior« auf. Nakjima nahm 1937 die Lizenz des Wright »Cyclone GR 1820«.

Aus diesen Lizenznahmen entstanden im Zweiten Weltkrieg einige bedeutende Motoren wie der Mitsubishi »Kasei« und die Nakajima »Homare« und »Mamoru«.

Die *UdSSR* baute zunehmend mehr Lizenzmotoren französischer und amerikanischer Firmen, wenn auch zum Teil mit russischen Änderungen und Anpassungen. Mit dem Beginn des Zweiten Weltkrieges, beziehungsweise mit dem deutschen Einmarsch, wurde die Flugmotoren-Industrie hinter den Ural verlegt. Dabei sollen über ein Dutzend neue Motorenfabriken entstanden sein. Im Krieg wurde dann eine eigene, leistungsfähige Flugmotoren-Industrie aufgebaut. Die Sowjetunion blieb aber dennoch auf beträchtliche Zulieferungen von Flugmotoren seiner Alliierten, vor allem den USA, angewiesen.

USA: Zu Beginn des Zweiten Weltkrieges, Amerika befand sich noch nicht im Krieg, wurde die Flugzeugindustrie zu Gunsten von England, Frankreich und der Sowjetunion stark ausgebaut. Die USA hatten aber nur einen starken flüssigkeitsgekühlten Motor der weiterentwickelt werden konnte, nämlich den Allison V-1710. Dies veranlaßte die Regierung im September 1940, den zu jener Zeit wohl stärksten und erfolgreichsten Motor der Alliierten, den Rolls-Royce »Merlin«, in den USA als V-1650 in Lizenz zu bauen. Bis Kriegsende wurde dieser Motor bei Packard in über 55000 Exemplaren für den Eigenbedarf, aber auch für England gebaut. Dagegen brachten die beiden mit Abstand größten Flugmotorenfirmen in den USA, »Pratt & Whitney« und »Curtiss-Wright« ihre 9-, 14- und 18-Zylinder-Motoren in immer besseren und stärkeren Versionen. Pratt & Whitney produzierte bis Kriegsausbruch ca. 16000 und seit 1939 mehr als 390000 Motoren der Typen »R-2000«, R-2180«, R-2800« und R-4300« zusammen mit den Lizenznehmern in den USA. Curtiss-Wright produzierte bis 1939 mehr als 20000 und seither mehr als 200000 Motoren, vorwiegend »R-1820«, »R-2600« und R-3350«.

Allison baute, wie in Deutschland Daimler-Benz, noch einen Doppelmotor, den »V-3420«.

In diese gewaltige Produktion, welche nicht nur für die USA, sondern auch für die meisten alliierten Länder im Rahmen der »Kriegshilfe« der USA bestimmt war, wurden Dutzende namhafter USA-Firmen eingespannt, so fast die gesamte Auto-Industrie wie auch kleinere Flugmotorenfirmen. Die Anstrengungen der USA im Motorenbau zeigten wieder, wie schon im Ersten Weltkrieg, die großen industriellen Möglichkeiten dieser Nation.

1941 erhielt General-Electric ein komplettes Wittle »W1«-Triebwerk, einen Satz Zeichnungen des »W28«, den Prototyp des Rolls-Royce »Welland« sowie einige Ingenieure von Power Jets Ltd. Hierauf begannen General-Electric, Allison und Westinghouse mit dem Strahltriebwerkbau. Bei G-E und Allison entstanden die Triebwerke »I-14«, »I-16«, »I-35« und »I-40«.

Nach dem 2. Weltkrieg bis heute

Ein PW 2000 von Pratt & Whitney bei der Montage.

Den Achsenmächten Deutschland, Italien und Japan wurde vorerst der militärische Flugzeugbau und damit der Bau von Flugmotoren verboten. Dieses Verbot wurde schließlich 1955 aufgehoben. In den übrigen Ländern wurden noch fast ein Jahrzehnt Kolbenmotoren für militärische wie auch für zivile Verwendung weiterentwickelt und gebaut.

Die kommerzielle Luftfahrt erlebte nun weltweit einen ungeahnten Aufschwung. Dabei kam vorwiegend Flugmaterial aus England und den USA zur Anwendung. Dieses war anfänglich noch mit Kolbenmotoren ausgerüstet.

Die schon während des Zweiten Weltkrieges erfolgten Anstrengungen in Deutschland, England und den USA in der Entwicklung von Strahltriebwerken wurde nun in England und den USA energisch fortgesetzt. Diese wurden jedoch vorerst vor allem für den militärischen Bedarf verwendet.

Als 1952 das Verkehrsflugzeug »Comet I« von De Havilland, angetrieben von zwei Strahltriebwerken, auf den internationalen Flugstrecken erschien, folgten bald auch strahlgetriebene Verkehrsflugzeuge anderer Firmen, speziell aus den USA.

Als Folge der gewaltigen Kriegsproduktion war nun aber bei vielen Firmen die Entwicklungs- und Produktionskapazität zu groß, um bei der stark zurückgegangenen Nachfrage nach neuem Flugmaterial weiterhin voll beschäftigt zu sein. Aber auch der finanzielle Aufwand für die rasante Entwicklung der Strahltriebwerke wurde für viele Firmen nicht mehr tragbar.

Deshalb erfolgen in vielen Ländern Firmen-Zusammenschlüsse, die auch von den Regierungen gefördert wurden. So konzentrierte sich der Motoren- beziehungsweise der Triebwerkbau im wesentlichen wie folgt:

– In Deutschland wurde der Motorenbau der Firmen BMW, Daimler-Benz, Heinkel, Junkers, Klöckner-Humboldt-Deuz und MAN nach verschiedenen Zwischengruppierungen in der neuen Firma »Motoren- und Turbinen-Union« (MTU) vereinigt;
– in England erfolgte die Konzentration ebenfalls schrittweise. 1961 kam Napier zu Rolls-Royce, so daß 1966, nach Eingliederung der Firma Bristol die gesamte englische Motorenindustrie bei Rolls-Royce vereinigt war;
– in Frankreich wurde schon 1945 die neue Firma SNECMA gegründet, in welcher allmählich die gesamte französische Motorenindustrie der Firmen Gnôme et Rhône, Renault, Lorraine-Dietrich und zuletzt 1968 die Firma Hispano-Suiza konzentriert wurde;
– in Italien wurden nach dem Krieg vor allem Lizenz- und Gemeinschafts-Produktionen gefertigt. Die Firmen Fiat und Alfa übernahmen den Hauptanteil;
– in den USA hat eine solche Konzentration nicht stattgefunden. Es sind aber vor allem die Firmen General-Electric und Pratt & Whitney, welche nach wie vor führend im Bau »großer« Triebwerke sind. Daneben produzieren eine ganze Anzahl Firmen Kleinmotoren und Kleintriebwerke.

Die allgemeine Luftfahrt, wie Schul-, Sport-, Reise- und Geschäfts-Flugzeuge hat in der Nachkriegszeit einen gewaltigen Aufschwung erlebt. Und weil der Kolbenmotor wegen seines geringen, spezifischen Verbrauchs gegenüber dem Turbo-Triebwerk noch vorgezogen wird, wurden und werden auch weiterhin Kolbenmotoren bis etwa 450 PS gebaut. Zum Antrieb von Hubschraubern und Geschäftsreise-Flugzeugen wird aber zunehmend das Turbo-Wellen-Triebwerk verwendet.

Die großen Kolbenmotoren

Wohl war nach dem Zweiten Weltkrieg bei Fachleuten klar, daß in nicht allzuferner Zukunft Flugzeuge mehrheitlich mit Turbotriebwerken ausgerüstet sein würden. Doch war der Entwicklungsstand noch nicht erreicht. So wurden vorerst die während des Krieges produzierten, erfolgreichen Kolbenmotoren weiterentwickelt.

In *England* baute man die Rolls-Royce »Merlin« und »Griffon« in neuen Versionen. Rolls-Royce brachte den »Eagle«, den stärksten englischen Motor mit Schiebersteuerung zum Einsatz. Napier entwickelte den »Sabre« weiter und Bristol schuf neue Versionen des »Hercules« und des »Centaurus«.

Frankreich mußte nach jahrelanger, besatzungsbedingter Unterbrechung fast neu beginnen. Die staatliche SNECMA baute einige erfolgreiche Motoren von Gnôme et Rhône vorerst weiter. Hispano-Suiza entwickelte noch zwei neue Motoren, den »24 Z« und den »12 B«.

In den *USA* profitierten die beiden Firmen Pratt & Whitney und Curtiss-Wright von dem jetzt weltweit einsetzenden Luftverkehrsboom, der sich größtenteils auf Motoren der beiden Firmen abstützte. Pratt & Whitney brachte neue Versionen des »R-2800« und des »R-4360« und Wright den »R-2600« und schuf zudem den »R-3350 Turbo-Compound«. Doch in den 60er und 70er Jahren wurden dann auch diese Wunderwerke von Kolbenmotoren durch Strahltriebwerke abgelöst.

Abschließend ist es aber doch interessant festzuhalten, welche Maßnahmen im einzelnen diese enorme Entwicklung der Kolbenmotoren ermöglichte. In Zahlen drückt sich der Fortschritt etwa wie folgt aus:

Jahr	Leistung/ PS	Einheitsgewicht kg/PS	Spez. Verbrauch g/PS/kg	Spez. Leistung PS/kg
1903	12	4	380	4
1910	80	2	240	9
1920	550	1,2	220	12
1930	800	0,7	215	24
1940	1500	0,6	205	38
1950	3000	0,5	195	54

Abgesehen von der fortschreitenden Volumenvergrößerung durch Vermehrung der Zylinder und Vergrößerung der Zylinderinhalte waren maßgebend:

– die Erhöhung der Drehzahl (dank Untersetzungsgetrieben);
– die Aufladung (einschließlich der Turbo-Aufladung);
– die Verbesserung der Zündung;
– die Verbesserung der Gemischaufbereitung;
– die Verbesserung der Treibstoff- und Schmierstoff-Qualität;
– die besseren und wärmefesteren Baumaterialien;
– die Überdruckkühlung;
– die Kommandogeräte für die Motorbedienung.

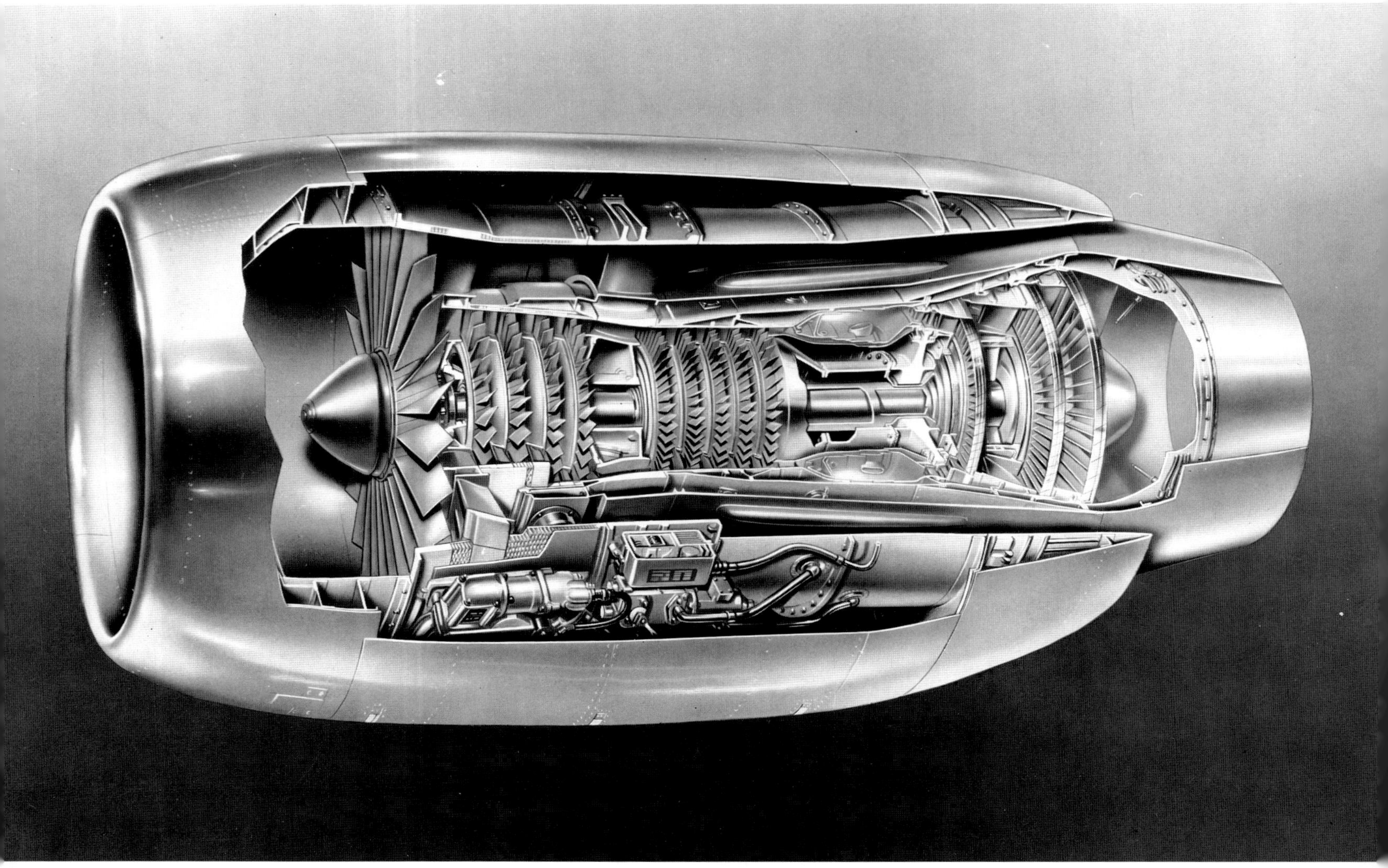

Das „Trent" von Rolls-Royce ist ein Vertreter der Dreiwellen-Triebwerke.

Die kleinen Kolbenmotoren

Wenn die großen Motoren bald durch Strahl- und Wellen-Triebwerke verdrängt wurden, so konnte sich der »kleine« Kolbenmotor unangefochten behaupten. Die Kategorie der kleinen Kolbenmotoren bis zirka 450 PS ist heute zahlenmäßig um ein Vielfaches größer, als die übrigen Flug-Triebwerke. Die Flotte der ein- und zweimotorigen, leichten Flugzeuge ist unübersehbar.
Der Markt für diese Motoren wird fast ausschließlich durch die luftgekühlten Boxermotoren von 100 bis 450 PS der drei amerikanischen Produzenten Avco Lycoming, Franklin und Teledyne-Continental, sowie deren Lizenznehmern beherrscht.

Daneben sind aber eine Anzahl kleinerer Spezialmotoren bis zirka 80 PS entstanden, so unter anderem Motoren der Firmen Limbach (zum Teil als Hufmotor), König (als Zweitakt-Motor), Porsche und Hirth. Aber auch der von Wright in Lizenz gebaute Wankelmotor gehört in diese Kategorie.

Die Turbotriebwerke

Sowohl die Militär-, wie die Zivilluftfahrt verlangten nach immer stärkeren und größeren Flugzeugantrieben. Doch diese Verbesserung mit herkömmlichem Kolbenmotor und Propeller ist nach oben begrenzt:
– der Widerstand eines bestimmten Flugzeugs wächst ungefähr mit dem Quadrat der Geschwindigkeit: die Leistung des benötigten Motors würde aber in der dritten Potenz erhöht werden müssen.

Damit würden das Motorgewicht, der größere Treibstoffinhalt, etwa so wachsen, daß der Großteil der Leistungssteigerung wieder verbraucht würde;
– andererseits sind einer Erhöhung der Geschwindigkeit mit konventionellem Propellerantrieb über zirka 650 km/h

wegen des stark abfallenden Wirkungsgrades Grenzen gesetzt – als Folge der an den Propeller-Blattspitzen erreichten Schallgeschwindigkeit.

Dieser Nachteil war den Aerodynamikern schon längst bekannt und Ursache der Erfindungen von Wittle und Ohain und den intensiven Weiterentwicklungen auf beiden Seiten.

Neben der Möglichkeit, mit dem Strahlantrieb größere Geschwindigkeiten erreichen zu können, war sein erschütterungsfreier Lauf (kein hin- und her bewegter Teile) sowie die bedeutend weniger Einzelteile von Vorteil.

Das Wittle und das Ohain-Triebwerk verwendeten Zentrifugal-Gebläse für das Komprimieren der Luft. Ihr schlechter Wirkungsgrad führte dazu, daß in der Folge fast ausschließlich Axial-Kompressoren verwendet wurden.

Der grundlegende Unterschied zwischen Kolbenmotor und Strahltriebwerk besteht darin, daß sich bei Ersterem die vier Takte zeitlich ablösen, während beim Letzteren dies ein kontinuierlicher Vorgang ist.

Die Turbo-Strahltriebwerke

Im Laufe der Zeit konzentrierte man sich auf die folgenden Triebwerk-Auslegungen:

Es sind aber auch verschiedene Abarten und Kombinationen der gezeigten Varianten entstanden, mit dem Ziel, den Gesamtwirkungsgrad zu verbessern. Dazu trugen unter anderem folgende Maßnahmen bei:

– Erhöhung der Druckverhältnisse (Druck der Luft beim Triebwerkeintritt zum Druck in die Brennkammer) von anfänglich 1:2 auf heute bis 1:30;
– Erhöhung der zulässigen Gastemperatur im heißen Teil (Brennkammer, Turbine) auf heute über 1200 Grad;
– Verbesserung der Brennkammern und der Mischeinrichtungen;
– Optimierung des Nebenstrom-Verhältnisses (Bypass-Verhältnis), das heißt, Gesamtluftmenge zur Menge, welche an der Verbrennung teilnimmt.

Für militärische Verwendung ist in erster Linie ein großer Schub beim Start und zur Beschleunigung im Kampf gefragt. Deshalb sind Triebwerke für militärischen Einsatz in der Regel mit einem Nachbrenner versehen. In das mit Luftüberschuß aus den Turbinen austretende Heißgas wird nochmals Treibstoff eingespritzt und somit nochmals eine Volumenvergrößerung und damit mehr Rückstoß erzeugt.

In jüngerer Zeit wird aus Umweltschutzgründen die Forderung nach wesentlich lärmärmeren Triebwerken erhoben (Stadtnähe und Nachtflugverbot), was wiederum Verbesserungen im Bypassverhältnis, sowie in der Gestaltung der Austrittsdüsen erfordert, das heißt Mischung des Heißgas-Stroms mit dem kühleren Nebenstrom vor dem Austritt aus der Düse. Es ist zu erwarten, daß hier noch mehreres getan werden muß.

Und schließlich wird, ebenfalls aus Umweltschutzgründen, die Forderung nach Rauchfreiheit immer heftiger erhoben. Dies verlangt neue, bessere Brennkammern und damit bessere Durchwirbelung des eingespritzten Treibstoffs und die vollständige Verbrennung in den Brennkammern.

Die internationale Verknüpfung der Triebwerk-Firmen durch Lizenzen, Beteiligungen, Entwicklungs- und Produktionsverbund wurde mit der Zeit so groß, daß heute nicht mehr von unterschiedlichen Konstruktionstendenzen in den einzelnen Ländern gesprochen werden kann, wie noch bei den Kolbenmotoren.

Deutschland: Neben den in der Kriegszeit in Serie gebauten »Jumo 004« und »BMW 003« wurden ebenfalls noch vor Kriegsende eine Anzahl Entwicklungen baureif, so der »He S 11 A«, »BMW 018«, »DB 007« (bereits als Zwei-Strom-Triebwerk), »Jumo 004 H« und »Jumo 012«. Diese konnten aber wegen des Kriegsendes und dem anschließend erlassenen Bauverbot nicht mehr in Serie gebaut werden.

Als Folge des Baustopps stellten deutsche Ingenieure nach dem Krieg ihr Wissen und Können in verschiedenen Ländern in der dortigen Triebwerkindustrie zur Verfügung und trugen wesentlich zum weltweiten Fortschritt im Triebwerkbau bei, so bei SNECMA, Turbomeca, in der Sowjetunion, in Ägypten und in den USA bei Garret, General-Electric und Lycoming.

Nach Aufhebung des Bauverbots nahmen verschiedene Firmen am Lizenzbau des GE »J 79« teil. Später entwickelte sich eine bis heute fortdauernde Zusammenarbeit von MTU mit Rolls-Royce beim »RB 145«, »RB 153«, »RB 193« und schließlich beim »RB 199«, dem Triebwerk für den Tornado. Im weiteren hat MTU Entwicklungs- und Zusammenarbeitsverträge mit Allison, Fiat, General-Electric, Pratt & Whitney, SNECMA und Turbomeca.

England hatte schon während des Zweiten Weltkrieges mit dem Serienbau von Strahltriebwerken begonnen, bei Rolls-Royce mit dem »Welland«, dem »Derwent« und dem »Nene« sowie bei De Havilland mit dem »Goblin« und dem »Ghost«. Andere Firmen entwickelten nun ebenfalls Strahl-Triebwerke, so Bristol die »Viper«, den »Orpheus« und den »Olympus«.

Mit der Vereinigung der englischen Triebwerkindustrie bei Rolls-Royce ging nun auch die Erfahrung, Entwicklungs- und Produktionskapazität an diese Firma über.

»Viper« und »Orpheus« sind, im Gegensatz zu den Triebwerken der »ersten Stunde«, Ein-Strom-Axialtriebwerke und wurden während Jahrzehnten in vielen Ländern in immer besseren Versionen in Lizenz gebaut. Rolls-Royce baute nun den »Avon« mit Axialkompressor, welcher weltweit große

Triebwerksprüfstand von Pratt & Whitney in West Palm Beach in Florida; unter voller Leistung mit eingeschaltetem Nachbrenner ist hier ein F119-PW-100 zu sehen.

Anwendung fand. Der »Olympus«, ursprünglich eine Entwicklung von Bristol, war ein Zwei-Strom-Triebwerk mit zwei Wellen. In der Folge wandte Rolls-Royce diese Auslegung bei allen folgenden Modellen an, so beim »Spey«, beim »Conway« und ihren zahlreichen Ableitungen.

Die Triebwerke »RB 199« (7260 kg) und der »RB 211« (bis 24000 kg) weisen drei Wellen auf. Der RR »Trent« soll 38500 kg Schub erzeugen und ist für künftige, große Verkehrsflugzeuge bestimmt. Ein besonders interessantes Triebwerk ist der (10500 kg) für den Harrier bestimmte »Pegasus«. Bei diesem Typ lassen sich ein Teil des Fanstroms sowie der Heißgas-Strom am Ende des Triebwerks durch seitliche Düsen kontinuierlich zwischen Vortrieb und Auftrieb ableiten.

Zwischen Rolls-Royce und zahlreichen Triebwerkfirmen in verschiedenen Ländern bestehen Zusammenarbeitsverträge, so mit MTU, Japanese-Aero Engines, mit SNECMA und Turbomeca sowie Pratt & Whitney.

In *Frankreich* wurde nach dem Krieg der »Nene« in Lizenz gebaut. Bei SNECMA entstand unter der Leitung des deutschen Ingenieurs Dr. Oestrich, welchem eine Anzahl deutscher Spezialisten zur Seite standen, ein neues Axialtriebwerk, der »Atar 101«. Aus diesem wurde in der Folge eine ganze Familie von Triebwerken abgeleitet, bis hin zu den »Atar 9« mit 7200 kg Schub mit Nachbrenner. Ihm folgte das Fan-Triebwerk »M 53« mit 6500 oder 9000 kg Schub, dann das Zwei-Wellen-Triebwerk »M 88« mit 8500 kg Schub. Zusammen mit General-Electric wurde der »CFM 56« als Zwei-Wellen-Triebwerk mit bis zu 12 000 kg Schub entwickelt.

Zusammen mit SNECMA entwickelte Turbomeca den »Larzac« mit 1350 kg Schub. Turbomeca baute und baut eine ganze Palette kleinerer Strahltriebwerke, so den »Marboré« mit 400 kg Schub, das Fan-Triebwerk »Aubisque« (700 kg) und den »Astafan« (1000 kg). Zusammen mit Rolls-Royce wurde das Fan-Triebwerk »Adour« mit 2300 und 3310 kg gebaut.

Die *UdSSR* verpflichtete nach dem Krieg einige 100 deutsche Triebwerkspezialisten zuerst in Ostdeutschland und später in der Sowjetunion zum Bau von Strahltriebwerken. Unter der Leitung von Dr. Scheibe und Dr. Vogts, beide ehemalige Junkers-Mitarbeiter, mußten das Triebwerk »Jumo 004« auf 1200 kg Schub gebracht und dann das Triebwerk »Jumo 012«, welches am Kriegsende als Prototyp bestand, zur Serienreife gebracht werden.

Im Oktober 1946 wurde die ganze Gruppe, zirka 2000 Menschen mit allen Einrichtungen und Maschinen nach Rußland verbracht, wo sie mit der Entwicklungsgruppe, ehemals BMW, zusammentrafen. Die gesamte Leitung stand unter dem russischen Konstrukteur Nicolai Kusnetow. Unter seiner Leitung entstanden später die großen Zwei-Strom-Triebwerke »NK 8« (12 700 kg) und »NK144« mit mehr als 20 000 kg Schub.

Aber auch eine ganze Anzahl anderer Triebwerke entstanden, so das Lyulka »AL 7F« (10 000 kg), das »Lotarew« (6500 kg), das Solowjew »D30« (12 000 kg), das Tumansik »RD13« und »R31« (6600 beziehungsweise 10 500 kg) sowie die kleineren Triebwerke von Iwtschenkow »AI25«, ebenso natürlich die Weiterentwicklung dieser Triebwerke.

Nachdem die *USA* noch während des Krieges von England die ersten Strahl-Triebwerke, sowie Zeichnungen und Ingenieur-Hilfe erhielt, befaßten sich sofort verschiedene Firmen mit dem Strahltriebwerkbau.

1946 kamen zudem etwa ein Dutzend Triebwerkspezialisten in die USA, vorläufig ins Aerospace Research Labor nach Wright-Patterson, später auch zu den Firmen Garrett, General-Electric und AVCO Lycoming Dr. von Ohain blieb bei Wright-Patterson.

So begannen die folgenden Firmen mit dem Triebwerkbau:

— Allison und General-Electric bauten den »J33« (2500 kg) mit Zentrifugal-Kompressor und den »J35« (2500 kg) mit Axial-Kompressor;

— General-Electric baute den »J47« (2360 kg), den »J73« (4170 kg) und den »J79« (5360/8500 kg) welcher auch die Phantom und den Starfighter antrieb;

— Pratt & Whitney brachte den »J48« (2840 kg);

— Westinghouse baute den »J34« (1475 kg) sowie den »J40« (3280 kg);

— Wright den »J67« (3280 kg);

— Verschiedene andere Firmen bauten Prototypen und brachten kleinere Triebwerke in Serie.

In der Folge setzten sich jedoch nur noch wenige Firmen durch und bauten erfolgreiche Triebwerke:

— AVCO Lycoming mit dem Zwei-Wellen-Fan-Triebwerk »ALF 502« (3040 kg);

— Garrett baut das Zwei-Wellen-Fan-Triebwerk »TFE 731« (1680 kg) und das Drei-Wellen-Fan-Triebwerk »AFT 3« (2470 kg);

— GE brachte nach dem »J79« den »J85« (1590/2270 kg), den »F101« (7750/12 000 kg), den »F400« (4500/7250 kg) und schließlich die Serie »CF6« als Fan-Großtriebwerk mit bis zu 23 000 kg Schub. Zu erwähnen ist die Zusammenarbeit mit SNECMA beim »CFM56«;

— Pratt und Whitney ist seit dem Lizenzbau des RR »NENE« mit zahlreichen Modellen sowohl für den zivilen, wie auch für den militärischen Bedarf zum weltweit größten Lieferanten von Strahltriebwerken geworden. »J52« (4200/5080 kg) und »J57« (6240/8890 kg) wurden für Militärflugzeuge der 60er und 70er Jahre gebaut. »TF30«, Zwei-Wellen-Fan mit Nachbrenner (6080/11 385 kg), »JT8D« für Mittelstreckenflugzeuge (7980 kg), »JT9D« (24 720 kg) für große Verkehrsflugzeuge, »F-100« Zwei-Wellen-Triebwerk für Überschalljäger (10 810 kg mit Nachbrenner) und schließlich baut P & W den Pegasus in Lizenz für die amerikanische Harrier.

Sowohl bei General-Electric wie bei Pratt & Whitney sind heute Großtriebwerke für eine neue Generation von Verkehrsflugzeugen in Entwicklung, welche bis zu 45 000 kg Schub erreichen sollen.

Übrige Länder: Praktisch in allen industrialisierten Ländern werden heute Strahltriebwerke gebaut, in der Regel in Lizenz oder in Zusammenarbeit der vorstehend genannten Firmen.

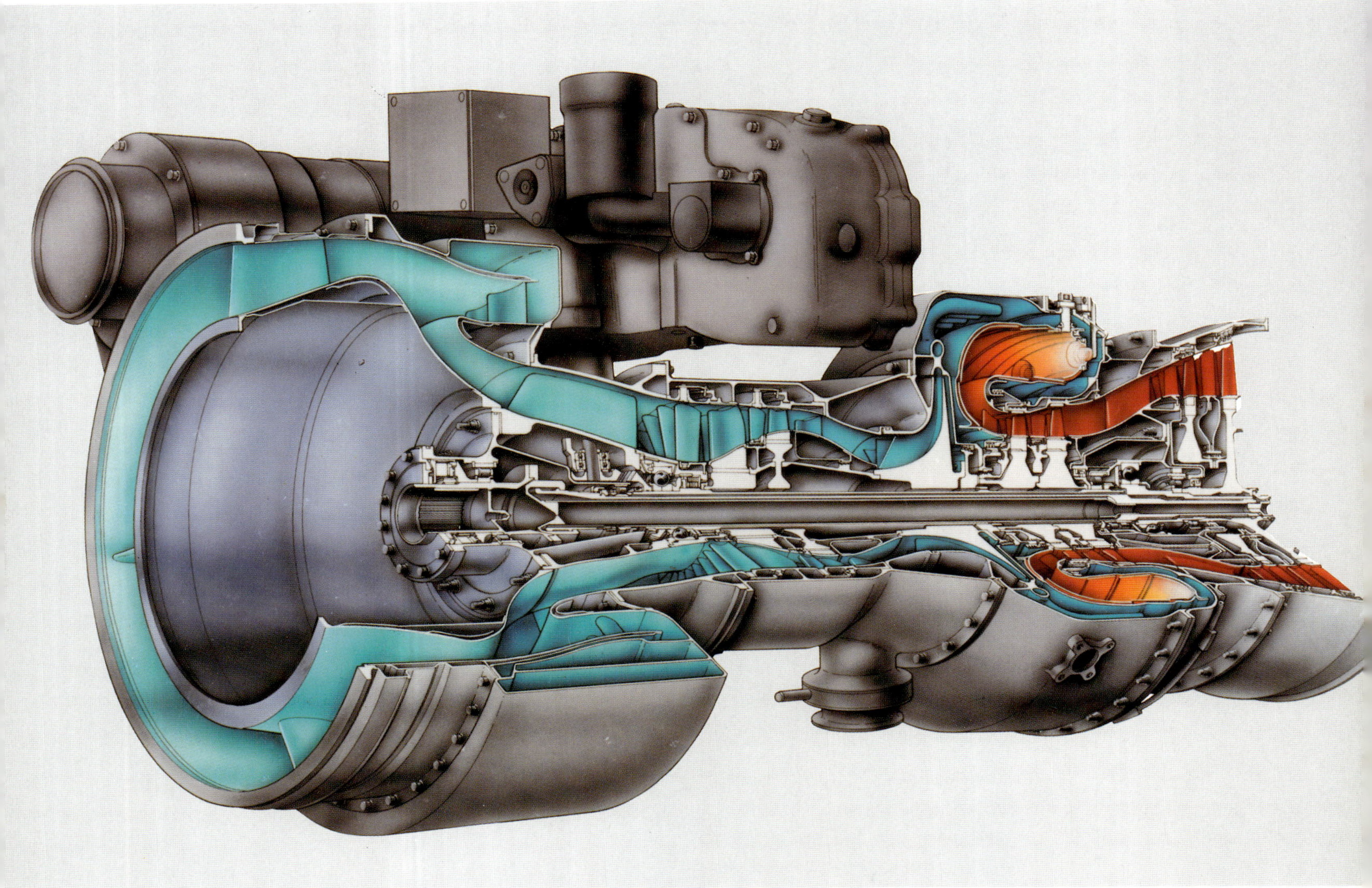

Durchsichtszeichnung durch ein Avco-Lycoming/Pratt & Whitney T800-APW-800-Triebwerk.

Turbo-Prop

Dem Kolben-Flugmotor als Antrieb von Propellern oder Rotoren von Hubschraubern haften einige Nachteile an. Abgesehen von der Möglichkeit, größere Leistungen in einer Einheit zu erzeugen, sind es:
– Die Vibrationen beim Kolbenmotor sind größer als bei der Gasturbine;
– Beim Kolbenmotor beträgt das Gewicht in kg etwa die Hälfte der PS-Zahl und beim Wellen-Triebwerk etwa ein Siebtel der PS-Zahl;
– im weiteren sind beim Turbotriebwerk die Unterhalts-Intervalle um ein vielfaches größer als beim Kolbenmotor und damit die Unterhaltungskosten niedriger.

Aus diesen Gründen wurden schon bald nach dem Erscheinen der ersten Turbo-Strahltriebwerke diese für den Antrieb von Propellern und Hubschrauber-Rotoren umgebaut. Beim Wellen-Triebwerk wird ein Teil der in der Turbine nur teilweise ausgenutzten Energie der heißen Gase in einer bis mehreren, zusätzlichen Turbinen ausgenutzt und deren Leistung zum Antrieb von Propellern oder Rotoren verwendet.

Bei einigen Triebwerken ist die Turbine, welche ihre Leistung an den Propeller abgibt, nicht mit der Turbine gekuppelt, die ihre Leistung an das Haupttriebwerk zum Antrieb des Kompressors nutzt. Wir sprechen von der »Nutzturbine«.

Abgesehen von einigen ganz starken Turbo-Prop mit Leistungen bis zu 6000 Wellen-PS wurden viele kleine Triebwerke mit Leistungen von 150 bis 2000 WPS gebaut. Eine Ausnahme bilden die überstarken russischen »NK12« von Kusnetsow mit 15 000 WPS.

In *Deutschland* wurden verschiedene Hubschraubertriebwerke gebaut, nämlich das KHD »T312« (155 WPS), das

MTU »250« (420 WPS) zusammen mit Allison, das MTU »MTM385« (1230 WPS) in Zusammenarbeit mit Turbomeca und das MAN-Turbo »6022« (365 WPS).

England: Rolls-Royce produzierte unter anderem den »Dart« (3000 WPS). Der »Nimbus« (700 WPS), der »Gnome« (1570 WPS) und der »GEM« (1600 WPS), sind für Hubschrauber gedacht.

Aus dem »Olympus«-Strahltriebwerk entwickelte Rolls-Royce den »Marine-Olympus« mit 30 000 WPS. Verschiedene andere erfolgreiche Strahltriebwerke wurden ebenfalls zu stationären Kraftzentralen umgebaut.

Das TPE 331-14 von Garrett kommt beispielsweise in der Mitsubishi Solitaire zum Einsatz.

Frankreich: Hier ist es vor allem die Firma Turbomeca, welche eine ganze Palette von Turbo-Prop von 500 bis 1800 WPS baut. Allen diesen Triebwerken ist ein Zentrifugalverdichter mit einer oder mehreren vorgeschalteten Axialstufen und einer Ringbrennkammer gemeinsam. Die bekanntesten Modelle sind der »Artouste« (595 WPS), der »Turmo« (bis zu 1520 WPS) sowie der »Makila« mit 2000 WPS. Auch diese

Turbomeca-Triebwerke sind hauptsächlich für Hubschrauber bestimmt.

Die *UdSSR* förderte parallel zur Entwicklung der Strahltriebwerke auch die Wellen-Triebwerke und setzte sie in Verkehrsflugzeugen und in Hubschraubern konsequent ein.

So wurden durch die Entwicklungsgruppen Iwtschenkow, Gluschenko und Kusnetsow zahlreiche Turbopropeller-Triebwerke von 1000 bis 15 000 WPS gebaut.

Durch die Konstrukteure Gluschenko, Solowjew und Isotow entstanden zahlreiche Hubschrauber-Triebwerke von 900 bis 6500 WPS.

In den *USA* wurden sehr viele Propeller- und Hubschrauber-Triebwerke gebaut:

– Allison baute den »250« (560 WPS) in vielen Versionen;

– Lycoming produzierte den »LST101« in verschiedenen Versionen für Propellerflugzeuge und Hubschrauber; die meist produzierten Modell waren der »T53L« (1400 WPS) für Flugzeuge und der »T55« (4560 WPS) für den Hubschrauber;

– Auch Garret baute das Wellen-Triebwerk »TPE331« in vielen Versionen. Das Triebwerk wird auch durch Volvo, Schweden, gebaut;

– General-Electric baute eine ganze Familie von Wellen-Triebwerken, so den »T58« (1900 WPS), den »T64« (3980 WPS), den »T700« (1715 WPS) und den »C17« (1750 WPS) sowohl für Propeller- wie auch für Rotorantrieb;

– Pratt & Whitney baut anfänglich den »T34« (6040 WPS) und den »JTFD« (4870 WPS) für Hubschrauber. Der »PW3005« (5300 WPS) ist sowohl für Propeller- wie für Hubschrauber-Antrieb bestimmt;

– Ebenfalls zur Familie der Pratt & Whitney-Triebwerke gehört der »PT6« in seinen vielen Versionen (508 bis 1900 WPS). Der »PT6« rüstet viele, verschiedene Propeller-Flugzeuge aus und wird von Pratt & Whitney of Canada gebaut. Ebenfalls bei dieser Firma entstehen die »PW115« (1620 WPS) und der »PW120« (2110 WPS).

Verschiedene andere Länder bauten und bauen noch Wellen-Triebwerke in Lizenz oder in Zusammenarbeit mit den aufgeführten Firmen. In einzelnen Fällen gab es Eigenentwicklungen kleinerer Einheiten, ohne daß diese aber Bedeutung erlangten.

Fazit

Wenn wir den geschilderten Ablauf und den Fortschritt im Flugtriebwerk-Bau des vergangenen Jahrhunderts rückwirkend betrachten, so ist folgendes festzustellen:

- Hinter all diesen Hunderten von Motoren- und Turbo-Triebwerk-Entwicklungen steht eine unermeßlich große Arbeit von Planern, Ingenieuren und Industrien. Der Aufwand für die herausgebrachten Produkte ist kaum mit irgend einem Erzeugnis der letzten 100 Jahre zu vergleichen.
- Der Fortschritt dieser Produkte vom zwölf PS starken Wright-Motor bis hin zum Strahltriebwerk »PW4000« mit 45 000 kg Schub ist so groß, wie bei kaum einem anderen technischen Produkt. Die Betrachtung zeigt aber auch, daß trotz der enormen Entwicklung des vergangenen Jahrhunderts wir immer noch, wie zu Gebrüder Wrights Zeiten, unsere Flugzeugantriebe mit Produkten aus Erdöl betreiben, bei den beschränkten Erdölreserven und in Berücksichtigung der Umweltforderungen kann das nicht nochmals 100 Jahre mit dieser Technik weitergehen.
- Wir haben feststellen dürfen, daß mit dem zunehmenden, enormen Aufwand, welcher für die Neuentwicklung eines Triebwerkes notwendig ist, immer mehr Firmen und Staaten zusammenarbeiten, so daß heute in der Triebwerkindustrie eine echte Verknüpfung herrscht, eine Verknüpfung, welche sich heute auch auf anderen, industriellen Gebieten anbahnt.

Das läßt uns hoffen, daß diese internationale Zusammenarbeit und das gegenseitige Verstehen und Vertrauen ganz allgemein immer mehr Platz einnehmen wird.

7 Das Jet-Zeitalter

ALFRED W. KRÜGER

Anmerkung des Autors zu diesem Kapitel:

Im Korea-Krieg verfügten beide gegnerischen Parteien erstmals über mit Jets ausgerüstete Kampfflugzeuge. Wieder einmal brachten militärische Notwendigkeiten die Luftfahrt voran. Doch bald hielt der Düsenantrieb auch im zivilen Luftverkehr Einzug, wo er heute nicht mehr wegzudenken ist: Die Jets machen andere Kontinente in einer Stunde erreichbar.

Düsenjets im Einsatz

Seit August 1910 bis zum Ende des letzten Weltkrieges war Korea von den Japanern besetzt. Auf der Kairoer Konferenz im Dezember 1943 wurde den Koreanern Freiheit und Unabhängigkeit versprochen. Die Jalta-Konferenz der Alliierten im Februar 1945 präjudizierte jedoch mit der Festlegung des 38. Breitengrades die willkürliche Grenze des nach 1945 in sowjetische und US-Besatzungszonen geteilten Korea.

Die Sowjets besetzten Nordkorea am 8. August 1945. Sie bauten ihre Herrschaft und die ursprünglich von den Japanern geschaffene Industrie, Infrastruktur, Verkehrswege, Flugplätze, sowie strategisch und wirtschaftlich wichtige Energiezentren mit Staudämmen und Kraftwerken im Norden entlang der mandschurischen Grenze am Yalu-Fluß systematisch aus.

Am 8. September 1945 hatten die USA Südkorea mit der Hauptstadt Seoul und rund 20 Millionen Einwohner, besetzt. Dieser zunächst unter amerikanischer Militärregierung stehende Landesteil war industriell weniger entwickelt. Südkorea war vornehmlich ein Agrarland mit weiten Reisanbaugebieten und einer Handvoll kleinerer Flugplätze. Ab Juni 1949 gab es nur noch die US-Botschaft in Seoul, sowie die MAAG (Military Advisory and Assistance Group) mit geringen Sicherungskräften in Südkorea.

Nach dem Moskauer Abkommen vom 27. Dezember 1945 zogen sich amerikanisch-sowjetische Verhandlungen zur Beseitigung dieser rigorosen Zweiteilung und Einrichtung einer provisorischen gemeinsamen Regierung monatelang hin und scheiterten 1946 am sowjetischen »Njet«. Eine im selben Jahr beim Moskauer Außenminister-Treffen erzielte Vereinbarung blieb wertloses Papier. 1947 diskutierten die Vereinten Nationen über Vereinigungswahlen im Mai 1948, doch Moskau hatte andere Pläne zur Ausweitung seines Machtbereichs und verweigerte der UN-Wahlkontrollkommission den Zugang nach Nordkorea.

Die von der UNO Mitte November 1947 beschlossenen freien und geheimen Wahlen in Ganzkorea fanden nur in Südkorea am 10. Mai 1948 unter UN-Aufsicht statt. Danach konstituierte sich die demokratische Republik Korea unter dem Präsidenten Singman Rhee.

Zwar waren die sowjetischen Besatzer bis Dezember 1948 unter großem Propagandaaufwand nach und nach abgezogen, hatten dafür aber eine starke, gut ausgebildete und mit sowjetischen Panzern, Geschützen und Flugzeugen modern

Zu Beginn des Koreakrieges flogen noch Propeller-Maschinen (rechts), doch bald wurde das Kampfgebiet in Fernost zum ersten Härtetest der Jet-Jäger: F-86 Sabre bei einem Foto-flug.

Über Korea (unten das seit 1953 geteilte Land in einer Übersichtskarte) trafen die amerikanischen F-86 auf die sowjetische MiG-15 – rechts ein Exemplar in polnischer Bemalung.

ausgerüstete nordkoreanische Satellitenarmee aufgebaut. Am 9. September 1948 installierten sie nach den südkoreanischen Verfassungswahlen nach bewährtem kommunistischen Muster Scheinwahlen und dementsprechend die Volksrepublik Nordkorea mit dem kommunistischen Regime van Kim Ilsong an der Spitze. Das militärische Oberkommando blieb unter Kontrolle des Kreml-Botschafters in der Hauptstadt Pjöngjang.

In der westlichen Welt hatten vor allem die USA nach 1945 ihre Streitkräfte im Vertrauen auf ihre abschreckende strategische und atomare Überlegenheit stark vermindert. In allen sowjetisch beeinflußten Ländern geschah jedoch das Gegenteil. Die erste sowjetische Atomexplosion 1949 brach das bisherige, im wesentlichen amerikanische Kernmonopol und beunruhigte nicht nur die westliche Welt. Man fürchtete sich nun im Konfliktfall vor einer globalen atomaren Auseinandersetzung. Die US-Streitkräfte in Fernost hatten anfangs wegen des langen, leichten Friedensdienstes, aber auch durch einschneidende Haushaltskürzungen einen geringeren Einsatzbereitschaftsgrad und Kampfwert. Auch die Sowjetunion war damals nicht auf einen globalen Konflikt vorbereitet.

Der auslösende Grund für die flagrante nordkoreanische Aggression Südkoreas am 25. Juni 1950 kann – neben andauernden, die Spannung steigernden Grenzverletzungen – in der US-Politik vermutet werden, wonach sich jedes etwa angegriffene Land zunächst selbst verteidigen sollte. Bis jedoch wirksame Auslandshilfe zur Stelle war, wäre der Angegriffene längst überrannt. Der nordkoreanische Einfall schlug bei westlichen Politikern ebenso wie bei der UNO wie ein »Blitz aus heiterem Himmel« ein. Zunächst evakuierten die USA amerikanische Staatsbürger unter militärischem Schutz. Dann entsandte Präsident Truman aufgrund bestehender Hilfsabkommen erste Streitkräfte nach Korea. Binnen 36 Stunden rief der UN-Sicherheitsrat alle Länder der Welt auf, das überfallene Südkorea bei der Abwehr zu unterstützen. Eine Parallele kann man zur Annexion Kuwaits durch den Irak 1990 ziehen. Auch hier hat die UNO, seither durch den inzwischen abgebauten Ost-West-Konflikt und gegenseitigen Vetos im Weltsicherheitsrat weitgehend entscheidungsunfähig, ihre Funktion als Weltfriedensorganisation der freien Völker mit einstimmig gefaßten Beschlüssen wiedergefunden.

Kriegsverlauf

Am 25. Juni 1950, 4.00 Uhr Ortszeit, fielen nordkoreanische Divisionen über die Grenze des geteilten Landes am 38. Breitengrad, der Nahtstelle sowjetisch-amerikanischer Inter-

Einen weiteren Fortschritt bedeutete die F-100 Super Sabre, die im Mai 1953 ihren Erstflug hatte. Bis 1959 wurde die F-100 in verschiedenen Versionen gebaut und exportiert.

essen- und Machtsphären, in Südkorea ein und überrannten das Land bald bis zum letzten südlichen Brückenkopf bei Pusan. In ihrer politischen Propaganda zielten sie auf eine bis dahin nicht erreichte Vereinigung Koreas. Militärisches Ziel war hingegen die Unterwerfung und Besitznahme des südlichen Bruderlandes, vor allem auf dem strategisch traditionellen Landwege.

Seit April 1950 flossen deshalb verstärkt sowjetische Waffenlieferungen mit zahlreichen Panzern, Geschützen, Fahrzeugen und automatischen Waffen für die Volksarmee (NKPA) nach Nordkorea, daneben auch einige Weltkrieg II-Flugzeuge für die rote Luftwaffe (NKAF). Der Stoß über den 38. Breitengrad umfaßte eine Panzer- und neun Infanteriedivisionen, zwei weitere Divisionen verstärkten den Angriffsschwung binnen zwei Wochen. Die fliegerische Einsatzstärke bestand aus rund 150 Flugzeugen, hauptsächlich Yak-3 bis Yak-11 und IL-10. Dem standen sechs schwache, für Grenz- und Sicherungsaufgaben ausgebildete und ausgerüstete südkoreanische Infanteriedivisionen der ROKA und eine Ausbildungsstaffel mit zehn T-6 Trainern der ROKAF gegenüber.

Der Weltsicherheitsrat der Vereinten Nationen verurteilte Nordkorea am 27. Juni als Aggressor und stellte eine UN-Streitmacht auf. Die USA übernahmen als westliche Führungsmacht die Hauptrolle und -lasten im folgenden dreijährigen Krieg. 15 Staaten stellten Bodentruppenkontingente dazu ab, darunter Australien, Belgien, England, Äthiopien, Frankreich, Griechenland, Kanada, Neuseeland, die Niederlande und die Türkei. Die FEAF-Verbände wurden durch die US-Marine, das Marinekorps und kleinere Einheiten der RAF, RAAF, SAAF sowie griechische, thailändische und südkoreanische Piloten sowie Flugzeuge ergänzt, während Dänemark, Indien, Italien und Norwegen Sanitätskräfte abstellten.

Bei der Betrachtung, wie der Koreakrieg bei Existenz einer starken nordkoreanischen Luftwaffe verlaufen wäre, muß berücksichtigt werden, daß die Kommunisten offenbar nicht mit einem US-Eingreifen und der Unterstützung durch die Solidargemeinschaft der freien Welt rechneten. Vor allem unterschätzten sie gewiß die Flexibilität und Beweglichkeit moderner Luftstreitkräfte und deren Wirkung auf feindliche Heerestruppen.

Dazu ein kurzer Blick auf die acht Geschwader der amerikanischen FEAF (Far East Air Force) vor Einrichtung des gemeinsamen UN-Oberkommandos und Beginn der Kämpfe: 1172 Flugzeuge waren in fünf Jagd-, zwei Bomber-, einem Transportverband und kleineren Unterstützungseinheiten vorhanden. Sie waren vornehmlich in Japan, teils in Guam, Okinawa und auf den Philippinen stationiert. Auf Luftverteidigungseinsätze waren sie kaum vorbereitet, sodaß zunächst nur ein leichtes und mittleres Bomber- und acht taktische Jagdgeschwader nach Korea geschickt wurden, während zehn Jagdgeschwader zur Verteidigung Japans, Okinawas und der Philippinen zurückblieben. Bei Kriegsausbruch befanden sich viele Einheiten — fern von ihren Basen — in Manövern und mußten von dort direkt ins Kampfge-

Eine Staffel von F-100 wird von Mustern des selben Typs überflogen (oben). Aus der F-80 „Shooting Star" entwickelte Lockheed das zweisitzige Übungsflugzeug T-33, das in über 30 Länder exportiert wurde.

biet verlegt werden. Gleichzeitig lief ein umfassendes Verstärkungsprogramm an, binnen zehn Tagen standen weitere zwei Bombergruppen im Einsatz. Mit dem Träger USS »Boxer« wurden in vier Wochen 145 F-51 nach Korea transportiert. Um einer möglichen Kriegsausweitung vorzubeugen, waren den UN-Bodentruppen und Luftstreitkräften jedwede Aktionen jenseits der nordkoreanischen Grenze am Yalu-Fluß verboten. Städte, Versorgungs- und Energieeinrichtungen durften erst nach dem chinesischen Einfall angegriffen werden.

Schon am 29. Juni 1950 hatten die Roten Seoul genommen, das südkoreanische Heer war stark abgenutzt und zog sich vor dem anhaltenden Druck aus Norden südwärts verlustreich zurück. Bei Beginn des amerikanischen Eingreifens war Südkorea und seine Truppen kurz vor dem Kollaps. Am 7. Juli übernahm US-General McArthur den Oberbefehl über die UN-Truppen. Er begann am 15. September 1950 eine UN-Gegenoffensive, mit der bis zum 26. Oktober das verlorene Gebiet bis zur nordkoreanisch-chinesischen Grenze bei Chosan zurückerobert wurde.

Daraufhin griff die Volksrepublik China mit über 200000 »Freiwilligen« in den Krieg ein. Diese neue kommunistische Offensive konnten die UN-Truppen erst südlich von Seoul aufhalten. Der Krieg am Boden erstarrte nördlich des 38. Breitengrades. Eine Entscheidung schien nur durch den Luftkrieg möglich. General McArthur – und die amerikanische Öffentlichkeit – forderte deshalb, als nach seiner Meinung einziges Mittel zur Beendigung des beiderseits verlustreichen Krieges, den Luftkrieg gegen Rotchina und seine Ressourcen jenseits des Yalu-Flusses auszudehnen, ja sogar den Einsatz von Atombomben. Präsident Truman gab einen solchen Befehl jedoch nicht. Dies führte zu Differenzen mit der US-Regierung, die ihn am 11. April 1951 ab- und durch General M.B. Ridgeway ersetzte. Die zurückgeworfenen, zunächst unterlegenen UN-Truppen litten unter störenden Luftangriffen ebenso, wie durch die am Boden an Panzern, Artillerie und Infanterie überlegenen Nordkoreaner und Chinesen.

Waffenstillstands-Verhandlungen begannen am 10. Juli 1951 in Karson, sie wurden ab 25. Oktober in Panmunjon fortgesetzt. Doch erst am 27. Juli 1953 kam es zu einem Abkommen, nach dem eben dieser 38. Breitengrad die Grenze zwischen Nord- und Südkorea mit einer vier Kilometer breiten, entmilitarisierten Zone blieb. Verhandlungen beider Parteien über einen Friedensvertrag in Genf vom 26. April bis 20. Juli 1954 scheiterten. Bis zur Gegenwart hat sich an diesem Zustand nichts geändert.

Die Roten Luftstreitkräfte

Die Luftwaffe des kommunistischen Nordkorea (NKAF) verfügte, immer massiver durch Sowjets und Rotchinesen unterstützt und ausgebildet, anfangs nur über veraltete sowjetische »Second Hand«-Weltkrieg II-Flugzeuge, war nach sowjetischem Muster organisiert und in ein Fliegerregiment mit 70 Propellerjägern Yakowlew Yak-33, Yak-9 und Lavochkin La-11, ein Tiefangriffsregiment mit 62 Ilyushin I1-10 »Stormovik« und ein Ausbildungsregiment mit 30 Trainern Yak-18 und leichten Polikarpow Po-2 gegliedert. Nordkoreanische Gefangene sagten aus, daß auf ihrer Seite anfänglich etwa 80 Piloten vorhanden, jedoch kaum mehr als 10 kampferfahren genug waren. Offenbar setzten sie bei Angriffen auf den Flugplatz Kimpo mit 14 Maschinen gegenüber späteren Einsätzen die größte Pilotenzahl der ersten fünf Kriegsmonate ein. Daraus kann man schließen, daß die rote militärische Führung entweder nicht erwartete, mit der amerikanischen

Die Gloster G-40 ging bereits 1941 in die Flugerprobung. Aus diesem Typ entwickelte man die Meteor, den einzigen Jet-Jäger, der von den Alliierten im Zeiten Weltkrieg eingesetzt wurde.

Luftwaffe konfrontiert zu werden, oder aber bei ihren Offensivplanungen den Einsatz von Luftstreitkräften total unterschätzte. Südkorea (ROK) war dem Norden zu Beginn mit ganzen 16 leichten, unbewaffneten Verbindungs- und Schulflugzeugen hoffnungslos unterlegen.

Die USAF 1950

Bei Beginn des Korea-Krieges befand sich die US-Luftwaffe (USAF) auf ihrem Tiefststand seit 1941. Sie verfügte zu dieser Zeit über 48 Einsatzverbände, 20 Jäger-, drei schwere Bomber-, zwölf mittlere Bomber-, ein leichtes Bomber-, sechs Aufklärer- und sechs Transportgeschwader (Wings). Dazu kamen 27 beziehungsweise 20 Wings der Air National Guard und Air Force Reserve. Ihr Bestand an Jet-Frontflugzeugen belief sich Ende Juni 1950 auf 419 North American F-86A »Sabre«, 605 langsamere, aber weiter reichende Republic F-84 »Thunderjet« und 817 Lockheed F-80C »Shooting Star«. Drei nicht voll aufgefüllte Allwetter-Jagdgeschwader waren mit 205 zweisitzigen Propellerjägern North American F-82E/G »Twin Mustang« und den ersten neun Strahlzweisitzern Lockheed F-94A »Starfire« ausgerüstet.

Bei Reserveverbänden oder eingemottet standen veraltete Weltkrieg II-Propellerveteranen zur Verfügung: 1804 North American F-51 »Mustang«, 1349 Republic F-47 »Thunderbolt« sowie 216 F-80A Jets. Von insgesamt 5488, 1950 vorhandenen Jägern, waren zwei Drittel veraltet. Auch die USAF-Bomber stammten aus dem Zweiten Weltkrieg: 1054 leichte Douglas B-26 »Invader«, 1787 mittlere Boeing B-29

WA615
WA615
WH241
WG962

Eine Staffel von Gloster G-41 „Meteor" – ursprünglich sollte das Flugzeug Thunderbolt heißen – stellt die Steigleistung des britischen Jets unter Beweis.

»Superfortress« flogen in Bombergeschwadern oder standen eingemottet in Reservelagern. An Nachkriegstypen waren lediglich 79 schwere strategische Bomber Convair B-36 »Conqueror«, 96 leichte North American B-45 »Tornado« Jetbomber und 258 mittlere Boeing B-50 (verbesserte B-29) vorhanden. Dazu kamen Aufklärerversionen der genannten Baumuster: 111 RF-80, 162 RB-29, 46 RB-26, 28 RB-50 und 13 RB-45.

Die US-Fernostluftflotte

Mit der Far East Air Force (FAEF) gingen die USA in den Korea-Krieg. Zu ihr gehörten damals fünf F-80-Geschwader, drei F-82-, zwei B-26- und je eine RF-80 A- und RB-29-Staffel. Stationiert waren diese Verbände mit der 5. Air Force in Japan (35th FIW/, 8th FBW und 49th FBW), der 13. AF auf den Philippinen (18th FBW) und 20. AF (51st FIW/F-80 C, 4th FAWS/F-82 G) auf Okinawa und einem B-29-Geschwader auf Guam.

Ihr Einsatzflugzeug-Bestand setzte sich aus 365 F-80, 32 F-82, 26 B-26, 22 B-29, 25 RF-80 A, sechs RB-29 und 24 WB-29 zusammen. Bei Kriegsende kamen die moderneren Jets Douglas F3D »Skynight« und die ersten 20 Lockheed F-94 B »Starfire« noch zum Einsatz. Eine wesentliche Verstärkung dieser Kräfte war den USA nicht ohne weiteres möglich, da sie eine die UdSSR abschreckende strategische Bomberflotte, die Luftverteidigung des nordamerikanischen Kontinents nicht vernachlässigen durften. Daher konnten in den ersten fünf Monaten nach Kriegsbeginn lediglich überzählige Weltkrieg II-Maschinen nach Korea gebracht werden.

Die US-Marine ging mit Flugzeugträgern, so der USS »Valley Forge«, die zusammen mit der HMS »Triumph« die 77th Task Force bildete, in den Konflikt und setzte Propellerflugzeuge Chance-Vought F4U-5N »Corsair«, Douglas A-1 »Skyraider«, Grumman F7F-3N »Tigercat«, teils auch noch Grumman F4F »Wildcat« ein, ebenso wie die 33rd MAG des US Marine Corps. Auf den später eingesetzten, auch zum Flugzeugtransport benutzten Trägern USS »Antietam«, »Bataan«, »Bon Homme Richard (CV-31), »Boxer« (CV-21), »Leyte«, »Essex«, »Lake Champlain« (CVA-31), »Oriskany«, »Princeton«, »Philippine Sea« (CV-47), »Sicily« und »Bandoeng Strait« kamen die ersten Jets Grumman F9F »Panther« (VMF-311) an die Front.

Die Commonwealth-Marinen beteiligten sich mit betagten Propellertypen an Bord ihrer Flugzeugträger HMS »Triumph«, »Ocean«, »Glory« und »Theseus« wie Supermarine »Seafire Mk. 47«, Fairey »Firefly Mk I/II« und Hawker »Seafury«. Daneben stellten die englische RAF Gloster »Meteor« Jets, die australische RAAF ihre 77th Squadron mit F-51 »Mustang«, die südafrikanische SAAF die 2nd Squadron »Cheetah« mit F-51, »Meteor« und späer F-86 ab.

Der Luftkriegsverlauf

Schon am ersten Einsatznachmittag, dem 27. Juni 1950, erzielte Lt. William G. Hudson (68th FAWS) in seiner F-82 G den ersten amerikanischen Luftsieg im Koreakrieg, als er ein von sechs Yak-3 abschoß, die den Flugplatz Kimpo und US-Zivil- und Botschaftspersonal aus Seoul ausfliegende C-54 USAF-Transporter angriffen und dabei eine Maschine in Brand schossen. Ihnen folgten acht IL-10, von denen fünf F-82 G des Evakuierungsjagdschutzes drei »Stormoviks« zu Boden schickten. Kurz danach stürzten sich vier F-80 C auf die IL-10 und schossen vier von ihnen ab. Die restlichen Roten flohen zu ihrer Heimatbasis nahe Pjöngjang. Die Amerikaner hatten keine Verluste.

Tags drauf schickten die USA ihrer FEAF Verstärkung zur Unterstützung der hart bedrängten Südkoreaner und UN-Truppen. B-26, F-80 C und F-82 G griffen von Japan aus die über Kimpo und Seoul nach Süden vorstoßenden nordkoreanischen Panzer- und Infanteriekolonnen an. Die südkoreanische Regierung mußte nach Suwon fliehen. Ganz Korea schien bald in kommunistischer Hand. Am 28./29. Juni zerstörten gegnerische Flugzeuge drei Maschinen am Boden, als General McArthur gerade mit seinem Reiseflugzeug landete. Seine Maschine wurde von eilig entmotteten, für die Neuausrüstung der koreanischen Luftwaffe bestimmten F-51 Jägern eskortiert. Abends fielen nochmals vier Yaks unter den Augen von General McArthur den F-51 zum Opfer, die anders als die Jets von vorgeschobenen Plätzen aus starten konnten und sich mit ihrer großen Reichweite im Kampf bewährten. Drei Jagdbomber (FBW)-Geschwader wurden dann anstelle der F-80 mit diesem, aus den USA ausreichend nachgeschobenen Typ umgerüstet. Auch Südkoreaner und Freiwillige aus Australien und Südafrika flogen »Mustangs«.

Nach Stärkung des UN-Brückenkopfes Pusan erhielt die FEAF ab 29. Juli 1950 grünes Licht für Angriffe jenseits des Yalu. Die nordkoreanischen Flugbasen lagen unter ständiger Überwachung der Luftaufklärung und konzentrierten, zeitweise durch Trainerstaffeln verstärkten Angriffen, weshalb es bis zum Jahresende 1950 kaum mehr zu weiteren Luftangriffen auf die UN-Streitkräfte kam. Die wenigen noch verteidigenden Yaks wurden leichte Beute der UN-Jäger. 18 rote Maschinen blieben einsatzbereit, die meisten anderen wurden am Boden zerstört. Lediglich eine B-29 ging am 12. Juli 1951 verloren.

Lockheeds F-90 „Starfire" galt als das erste Allwetter-Jagdflugzeug der USA, außerdem war sie das erste US-Flugzeug mit Nachbrenner.

Ab 20. Juli 1950 hatte die USAF die uneingeschränkte Luftherrschaft über dem Kampfgebiet erreicht. Ihr nachhaltig wirksamer Einsatz hatte schließlich entscheidenden Einfluß auf den Kriegsverlauf und erlaubte General McArthur, unter einem sicheren Schirm, zunächst den Pusan-Brückenkopf zu halten und ab 15. September 1950 mit frischen Kräften im Gegenangriff nach Norden vorzustoßen. Gleichzeitig erfolgte die UN-Landung bei Inchon und im Oktober bei Wonsan im Rücken des Gegners. Ende Oktober standen die UN-Truppen am Yalu. Beispiel mag ein UN-Angriff auf die Brücken bei Pyongtaek sein, bei dem die Kommunisten Stück für Stück 117 Fahrzeuge, 38 Panzer und sieben Halbkettenfahrzeuge verloren. Auch nach dem Eingreifen Rotchinas wurden die roten Angreifer, ihre langen Nachschub- und Versorgungswege und -lager aufgrund nun kurzer Anflugzeiten durch Luftangriffe »rund um die Uhr« von zunächst 206 auf 21,5 Tonnen im Juli dezimiert.

Der rasche UN-Vormarsch führte bald zu eigenen Nachschubproblemen, die jedoch C-47-, C-54- und C-119-Transporter durch Landung oder Abwurf von Personal, Waffen, Munition und Gerät rasch behoben. Schließlich verdankten die UN-Truppen der massiven Luftunterstützung, die dem Gegner die Initiative nahm und sie ihnen zurückgab, daß sie die Kommunisten nach zwei Jahren an den Verhandlungstisch zwangen. Von Juli bis Oktober zerstörten UN-Flieger 110 von 132 Gegnerflugzeugen, deren Rest sich versteckt hielt. Nur zweimal kam es zu nordkoreanischen Rottenangriffen auf UN-Schiffe. Die Bomberverbände waren Anfang August um vier B-29-Geschwader verstärkt worden. Sie zerbombten bis zum Oktober die wenigen nordkoreanischen Rüstungsindustrie- und Befehlszentren, Hafenanlagen, Flugplätze und ein Drittel der anfänglichen Mannschaftsstärke des Gegners so nachhaltig, daß zwei mittlere Bombergruppen aus dem Einsatz zurückgezogen werden konnten. UN-Luftangriffen fielen in dieser Zeit 452 Panzer (76 Prozent insgesamt zerstörten), 75 Brücken, 6000 Fahrzeuge, 1300 Waggons und über 260 Lokomotiven zum Opfer. UN-Aufklärer berichteten laufend über alle ihre Bewegungen. Die UN-Truppen verstärkten und formierten sich neu, ohne bombardiert oder aus der Luft beobachtet zu werden. Der UN-Vormarsch blieb bei Tage ungestört, während die Gegner sich nur nachts unter hohen Verlusten bewegen konnten. Die Rote Front brach zusammen, ihre Reste flohen über den 38. Breitengrad, die südkoreanische Regierung kam nach Seoul zurück.

Kampfflugzeug aus Großbritannien:
Die Gloster Javelin deutete den späteren Trend zu Delta-Flügeln an.

Britisches Projekt aus den Fünfzigern: Die Bristol 188 fiel vor allem durch die fast unförmigen Triebwerke auf.

General Walton Walker, Befehlshaber der UN-Bodentruppen, bestätigte später, daß die UN-Streitkräfte ohne wirksame Unterstützung der Luftwaffe aus Korea vertrieben worden wären. Ohne die Luftherrschaft würde sich das nur knapp vermiedene »Desaster von 1950« wiederholen.

Hätte der Krieg hier mit der Zerschlagung der roten Armeen ein Ende gefunden, wäre die F-86 »Sabre« dort nicht mehr zum Einsatz gekommen. Trotz seiner Schwäche kapitulierte Nordkorea jedoch nicht. Dies und die südkoreanische Forderung veranlaßten die UNO, ihren Vorkriegsplan zur Vereinigung Gesamtkoreas neu zu intervenieren. Doch die Nordkoreaner ließen auf ihrem Gebiet keine Wahlen zu. Nur die Eroberung ihres Landes konnte demnach zur Vereinigung führen.

Die nächste Kriegsphase gründete sich auf die UN-Entschließung, wonach »UN-Streitkräfte sichere Verhältnisse in ganz Korea garantieren« sollten. Die Volksrepublik China drohte mit Kriegseintritt, falls UN-Truppen den 38. Breitengrad überschritten. General McArthur versicherte Präsident Truman, daß eine chinesische Intervention – ohne Luftwaffe – kaum Erfolg habe. Daher rückten die UN-Truppen über den 38. Breitengrad nordwärts vor und nahmen am 19. Oktober 1950 Pjöngjang ein. Während des UN-Vormarschs zur chinesischen Grenze am Yalu-Fluß hatte die FEAF Ende

Die Bell X-1 wird im modifizierten Bombenschacht einer B-29 montiert. Das Mutterflugzeug brachte das Raketenflugzeug auf 9000 Meter Höhe, wo es ausgeklinkt wurde.

Oktober drei F-51-, zwei F-80-, zwei B-26-Geschwader und drei B-29-Gruppen einsatzbereit. Man nahm an, damit jeder Aktion der noch in den Kinderschuhen steckenden rotchinesischen Luftwaffe gewachsen zu sein.

Doch ein neuer Kampfabschnitt begann am 1. November mit dem Eintreffen einer neuen Yak-Staffel der chinesischen Basis Antung vom Flugplatz Sinuiju aus, dem nah nordwärts des Yalu gelegenen nordkoreanischen Hauptquartiers. Drei Yaks griffen eine B-27 an, wurden jedoch von Bordschützen und zwei Jagdschutz fliegenden F-51 abgeschossen. Von einigen den Flugplatz angreifenden F-80 wurde eine von chinesischer Flak jenseits des Yalu getroffen. Eine Schwarm F-51 wurde mit einer Sechserformation von Pfeilflügel-Jets von der anderen (chinesischen) Yalu-Seite kommend konfrontiert, konnte sich aber dem ersten Angriff von MiG-15 durch geschicktes Kurven entziehen.

In der Folgewoche versuchten chinesische Piloten aus Antung immer wieder, aus große Höhe über den Grenzfluß herabstürzend, UN-Flugzeuge anzugreifen und sich rasch auf chinesisches Gebiet zurückzuziehen. Vier Yaks wurden dabei zwar abgeschossen, doch für die MiG-15 waren die FEAF-Jäger zu langsam. Nach fünf solcher »Hit-and-Run« MiG-15-Attacken am 7. November wurde den US-Piloten erlaubt, ihre Gegner wenige Minuten über den Yalu hinweg zu verfolgen, was aber aus politischen Gründen bald wieder verboten wurde.

Am 8. November 1950 kam es zum ersten Luftkampf zwischen Strahlflugzeugen in der Luftkriegsgeschichte. UN-Jagdbomber griffen Flak-Stellungen zur Vorbereitung eines Angriffs von 79 Jabos auf Sinuiju an. Vier MiG-15 gerieten mit vier F-80C aneinander. Lt. Russell J. Brown (51st FIW) gelang dabei der erste MiG-15-Abschuß des Koreakrieges. US-Piloten machten sich trotz dieses Erfolges keine Illusionen über die Leistungsfähigkeit des neuen, schnellen und wendigen Strahljägers aus Rotchina.

Die Pfeilflügel-Mikoyan MiG-15 (NATO-Bezeichnung: Fagot) sowjetischer Herkunft war den ungepfeilten Lockheed F-80C »Shooting Star«, F-84 »Thunderjet« und Weltkrieg II-Propellerveteranen überlegen und brachte den alten UN-Jägern und Bombern Verluste bei. Vor allem mit den MiGs verteidigten die Nordkoreaner und Rotchinesen hartnäckig den Raum am Yalu-Flus, um die Zerstörung ihrer lebenswichtigen Kraftwerke zu verhindern. Die USAF-Piloten nannten dieses Gebiet die »Mig-Alley«. Sie taten sich schwer, hier eine Luftüberlegenheit zu erreichen und die B-26- und B-29-Bomber möglichst verlustfrei zu ihren Zielen zu eskortieren. Schon am nächsten Tag fiel eine RB-29 zwei MiGs zum Opfer. Für die Bomber, die mit Präzisionswürfen Yalu-Brücken zerstörten, um rotchinesische Armeen am Vorstoß nach Süden zu hindern, wurde die »Luft zu eisenhaltig«.

Am 26. November 1950 brach die überraschende rotchinesische Offensive gegen schwache UN-Kräfte los. Wie schon im Juli, trieben diesmal zwei überlegene chinesische Armeen mit zusammen knapp 300 000 Mann die UN-Truppen auf der Halbinsel vor sich her. Nun hatten die UN-Streitkräfte lange Nachschubwege und es mit einer chinesischen Luftwaffe zu tun, die versuchte, ihnen die Luftüberlegenheit streitig zu machen. Noch ein Jahr zuvor war sie praktisch nicht kampffähig. Das chinesisch-sowjetische Abkommen vom Februar 1950 sicherte Peking massive Unterstützung durch Flugzeuge und technisches Personal zu. Der US-Geheimdienst schätzte die rotchinesische Luftwaffe im Dezember 1950 auf 650 Jet-Flugzeuge mit modernen Basen und einem Radarwarn- und Jägerleitkomples in Antung.

Dem stellte die FEAF drei mittlere, zwei leichte Bombergeschwader und 13 Jagdstaffeln entgegen. B-29 flogen von Japan und Okinawa aus, leichte B-26 von Südjapan und F-51- und F-80-Jäger meist von Seoul und Pusan aus. Sie deckten mit ihren Einsätzen ganz Korea ab. Der chinesische Vormarsch und Nachschub konnte infolge ständiger Luftbedrohung (Operation »Strangle«) durch Abriegelungs- (Air Interdiction)- und Tiefangriffe (Close Air Support) nur nachts erfolgen und wurde so Mitte September am 38. Breitengrad gebremst.

Trotzdem begann am 1. Januar 1951 die rotchinesische Frühjahrsoffensive, der die UN-Truppen bis zur Pyongtaek-Linie nachgaben. Seoul fiel am 4. Januar. Wegen anhaltender UN-Luftbedrohung brauchten chinesische Verstärkungskräfte und ihr Nachschub zwei bis vier Monate von Yalu bis zur Front. Im Gegenangriff erreichten die UN-Soldaten im April wieder die Dezember-Frontlinie und vermochten zwei weitere rote Vorstöße abzuwehren. Dabei »nagelten« die FEAF-Einsätze zwei chinesische Armeen im Raum des Hwachon-Stausees regelrecht fest und zwangen sie nach schweren Verlusten zur Flucht. Unter dem Eindruck der alliierten Gegenoffensive am 22. Mai 1951 zeigte sich der Gegner gezwungen, auf das UN-Angebot zu Waffenstillstandsverhandlungen ab 10. Juni einzugehen. Von da an blieben die UN-Truppen defensiv und hielten ihre günstigen Ausgangsstellungen. In 37 Kriegsmonaten warfen B-29-Bombergruppen der 5. FEAF-Luftflotte bei Tag und Nacht 167 000 Tonnen Bomben in 21 000 Einsatzflügen auf wichtige Gegnerziele ab. Dabei gingen 16 B-29 durch Jäger, vier durch Flak und 14 durch Unfälle verloren. Die Bordschützen schossen 33 Jäger (darunter 16 MiG-15) ab. Leicht B-26 bombardierten Punktziele oft im Tiefstflug (30-50 Meter) mit Fallschirmbomben sehr wirkungsvoll.

Chuck Yeager, der als erster Mensch am 14. Oktober 1949 die Schallmauer durchbrach, im Cockpit der Bell X-1A, die 1949 auch einen Höhenrekord schaffte (22 250 Meter).

Vom Ersteinsatz der MiG-15 im November bis zur Einstellung der Kampfhandlungen verloren die Chinesen 840 dieser Jets. Das Verlustverhältnis zur FEAF lag über 10:1. Erkenntnisse und Erfahrungen einer alliierten Strategie übrigens, die auch das Ende des Zweiten Weltkrieges an allen Fronten kennzeichnete.

Glücklicherweise zeigte sich anfangs große Unerfahrenheit bei flüchtig ausgebildeten chinesischen Piloten, die ihre Maschinen nicht voll ausflogen und selten mehr als einen Angriff auf UN-Flugzeuge wagten. Mehr war nach wenigen Monaten raschen Auf- und Ausbaus, auch auf koreanischem Boden, nicht zu erwarten. Die meisten MiG-Jäger waren nördlich des Yalu disloziert – damit sicher auf chinesischem Territorium. Auf koreanischem Boden jedoch bauten die Chinesen 34 Jet-Flugplätze mit mindestens 1,5 km langen Startbahnen. Sie wurden ständig überwacht und immer wieder angegriffen, ehe vorherige Schäden repariert waren. Auf die Unterlegenheit der F-80 C gegenüber der MiG-15 reagierte die USAF sofort mit der Verlegung ihrer neuen »Sabre«-Jäger nach Korea.

Die F-86 »Sabre« im Einsatz

Nach dem Erstflug des Prototyps XF-86 am 1. Oktober 1947 wurden am 8. November 1950 mit der 4th FIW die ersten Serien-F-86 A und die 27th FEW mit F-84 E (als ein-

ziger Geleitjägerverband des SAC) nach Korea verlegt. Zuvor flogen F-82 E Geleitschutz für leichte Bomber. Bald erwiesen sich die F-84 E als zu langsam für den B-29-Jagdschutz, sie wurden deshalb für Jabo-Missionen verwendet.

Die »Sabre«-Piloten aus Wilmington AFB, Delaware, flogen diesen neuen Jet bereits seit 18 Monaten und starteten am 11. November nach San Diego, Kalifornien. Auf der North Island Naval Air Station wurden sie auf den Geleitträger USS »Cape Esperance« und einen Flottentanker verladen. Der Träger verließ die Westküste am 29. November. Das 4. Jagdgeschwader traf am 13. Dezember im japanischen Hafen Yokosaka ein. Ein Geschwaderteil blieb zunächst auf der Johnston AFB westlich Tokio. Geschwaderkommodore (Wing Commander) George F. Smith landete noch gleichtags zu einem Orientierungs- und Einweisungsflug mit einigen Vorausflugzeugen in Kimpo nahe Seoul. Die 4th FIW hatte bis 1945 über 1000 Flugzeuge in Europa abgeschossen. Viele der Weltkrieg II-erfahrenen F-86 A-5-Piloten saßen schon in ihren »Sabre«-Jägern, bevor ihre chinesischen Counterparts überhaupt wußten, wie ein Flugzeug von innen aussieht.

Ihrer erpropten, teils den Deutschen abgeguckten Gefechtstaktik gemäß flogen sie in Viererschwärmen und »Finger-Tip« Staffelung, wobei jeder Flugzeugführer einen bestimmten Sektor sicherte. Im Luftkampf teilten sie sich in Zweierrotten. Während der Rottenführer den Gegner angriff, sicherte sein »Wingman« (»Katschmarek« im deutschen Luftwaffenjargon) nach hinten und warnte ihn beim Angriff einer MiG-15 rechtzeitig genug, seinen Gegner abzuschütteln, ohne dabei den Angriff abzubrechen. Gegen diese professionelle »organisierte Jagd« schienen die Chinesen lange Zeit wie »Amateure«. Auch bei zahlenmäßiger Überlegenheit reichten das fliegerische Geschick und die Kampferfahrung der US-Piloten meist aus.

Ein weiteres Rekordflugzeug war die X-15, die unter der Tragfläche eines B-52-Bombers in die Höhe gebracht wurde, bevor sie ihr Raktetentriebwerk zündete.

Erste Luftkämpfe mit MiG-15

F-86 A »Sabre« flogen am 17. Dezember vormittags ihren ersten Koreaeinsatz. Den zweiten Schwarm mit den Ltn. Pitt, Janeczek und Bryce als Wingman führte der Staffelchef der 336th FIS, Oberstleutnant (LTC) Bruce H. Hinton, um 14.05 Uhr Ortszeit in den Patrouillenraum im Yalu-Gebiet. Sie flogen mit rund 760 km/h Marschgeschwindigkeit, um auf den chinesischen Radarschirmen vorzutäuschen, es handele sich um ältere, langsame US-Flugzeuge. 40 Minuten später entdeckten sie in 9000 Meter Höhe vier entgegenkommende MiG-15, kenntlich am Roten Stern-Emblem und den rechteckigen Balken der CCAF (Communist Chinese Air Force). Die Nordkoreaner hatten als Nationalitätszeichen den Roten

Der Fortschritt der Technik brachte auch bessere Sicherheitssysteme mit sich: Erprobung eines Schleudersitzes in einer „Sabre" der Luftwaffe (links) und als Lebensretter im Ernstfall bei einer mißglückten Landung auf einem US-Flugzeugträger.

Stern auf blauem Kreisgrund. Für die US-Piloten machte dies wenig Unterschied. Die MiGs flogen etwa 2000 Meter niedriger zwischen dem Yalu und den »Sabres«, die bei Feindberührung ihre Zusatztanks abwarfen.

Dem Angriff der F-86 suchten die MiGs durch eine enge Linkskurve zu entgehen. LTC Hinton klemmte sich hinter den Wingman des chinesischen Schwarmführers. Nach 1500 Schuß aus seinen sechs 12,7 mm-Bord-MGs stieg der Pilot aus, als Rauch aus dem MiG-Triebwerk kam. Bald stand das ganze Heck in Flammen, die MiG ging auf den Rücken, trudelte und schlug 15 km südostwärts des Yalu auf. Die anderen drei MiG-15 drückten sofort mit Mach 0,9 weg. Dies Tempo konnten die F-86 nicht mithalten. Trümmer der MiG beschädigten das »Sabre«-Triebwerk, das 20 Meilen vor dem Heimatplatz ausfiel. 12 000 Meter Höhe reichten aber für eine sichere »flame-out«-Notlandung.

Nachdem bereits ein B-29-Bordschütze eine MiG erwischt hatte, war dies der erste Abschuß einer MiG-15 durch eine F-86 A-5 im »Dogfight« (enger Kurvenkampf) an der »MiG-Alley« längst des Yalu. Die Gefechtsberichte der US-Piloten sprachen von unaggressiven, ausweichenden MiG-Piloten, die ihre großkalibrigen Bordkanonen nicht nutzten, obwohl ihre Maschinen schneller flogen und stiegen als die wendigen, recht robusten, mit einem neuen Entfernungsmeß-Radar-Visier ausgerüsteten »Sabre« mit längerer Flugreichweite. Vermutlich lauerten die MiGs nur auf ältere

US-Maschinen und mieden den Luftkampf mit den neuen F-86. Trotz einer damals zahlenmäßigen 3:1-Überlegenheit der Roten hatte die »Sabre« bei diesem Einsatz vier MiGs bestätigt und eine wahrscheinlich abgeschossen, vier weitere beschädigt. Ein Abschußverhältnis von 11:1 war der Moral der MiG-Piloten kaum zuträglich.

Ein Ritter der eher traurigen Gestalt: Dieser Flieger hat zwar einen Fallschirm auf Kniehöhe hängen, doch so recht scheint er der Sache selbst nicht zu trauen.

Weitaus moderner präsentierte sich da sein Kollege in den End-50ern mit Jet-Helm und Druckanzug – der Fallschirm ist mit dem Schleudersitz verbunden.

»Sabre«-Überlegenheit

Sicherlich haben die Erfolge der Piloten der freien Welt einen weiteren Grund: Sie sind trainiert und gewohnt, im Team zu fliegen, eigenständig zu denken, zu entscheiden und schnell und entschlossen zu handeln. Nicht umsonst nennt man sie »Tiger« mit dem richtigen Biß. Bewährt hat sich im Luftkampfteam auch die Mischung von alterfahrenen Spezialisten mit jungen einsatzfreudig rangehenden Piloten. Schon im Zweiten Weltkrieg hatte man oft bemerkt, wie stur und unselbständig sowjetische Piloten waren. Dies fand im Koreakrieg vielfache Bestätigung. Die Erfolge der F-86, auch »Queen of the Skies« genannt, lagen nicht allein in ihrer technischen Qualität, als vielmehr im flexiblen, auf Erfahrung und guter Ausbildung beruhenden Können ihrer Piloten. Weitere Faktoren waren exzellente Führerschaft, Teamgeist und optimale, kluge und entschlossene Nutzung aller sich bietenden Möglichkeiten.

Eine wichtige Rolle spielte auf alliierter Seite das »Debriefing«, die Einsatz-Nachbesprechung sofort nach der Landung, egal, wie erschöpft die Piloten nach Verlassen ihrer Maschine waren. Jeder berichtete aus frischer Erinnerung und unter dem Eindruck eines harten Kampfeinsatzes über jedes Detail des Fluges vom Start bis zur Landung. Dieser intensive Erkenntnis- und Erfahrungsaustausch wurde untereinander diskutiert und vom Nachrichtenoffizier, zusammen mit den Schießkamerafilmen, ausgewertet und als Bericht allen interessierten Verbänden und Stäben zugeleitet.

Diese aktuellen Kampferfahrungen gingen ferner unmittelbar in die Flugausbildung der Nachwuchspiloten ein, wie auch die Flugzeugkonstrukteure sie schnell in Verbesserungen der Flugzeuge umsetzten.

MiG-Luftkampftaktiken

In 32 Monaten des ersten »All-Jet-Luftkriegs der Geschichte«, von November 1950 bis Juli 1953, hatten es die roten MiG-15 meist mit F-86-Jägern zu tun, denen sie vor allem in bezug auf Eindringtiefe von grenznahen Basen aus, Geschwindigkeit und Steigleistungen überlegen waren, während die »Sabre« in niedrigeren Höhen besser waren. Man muß berücksichtigen, daß die Geschwindigkeiten beim Aufeinanderfliegen beider Opponenten bei knapp 2000 km/h lagen und damit an der Grenze menschlicher Erfassungs- und Reaktionsfähigkeit.

MiG-Piloten suchten den Luftkampf mit »Sabre« nur bei eigener numerischer Überlegenheit. Im Kurvenkampf (»Dogfight«) Mann gegen Mann suchten sie ihr Heil zumeist im Entkommen aus dem »Sabre-Luftraum« über die sichere Grenze am Yalu. Wurden sie verfolgt, landeten sie häufig in Panik auf ihren Plätzen in entgegengesetzter Pistenrichtung aufeinander zu, was nicht selten zu haarsträubenden Gefahrensituationen in der Startbahnmitte führte. Ihnen mangelte es an »organisierter« Taktik, sie flogen unorthodox vernehmlich unter Nutzung ihrer guten Steigleistung und wagten meist nur einen Schießanflug. Danach rissen sie auf chinesisches Gebiet aus, wohin ihnen die F-86 nicht folgen durften. Die UN-Piloten erkannten verschiedene Luftkampftaktiken der MiG-Piloten, die sie offenkundig eintrainiert hatten.

1. »Hit-and-Ran«:
MiGs flogen fast ausschließlich jenseits des Yalu Sperre, seltener wagten sie sich weiter auf koreanisches Gebiet vor. Zehn bis zwölf Kilometer hoch patroullierende F-86 suchten sie, von ihren Bodenradarstellungen rechtzeitig gewarnt und geführt, aus höheren Wartepositionen in Viererschwärmen abzufangen und sich dabei in Paar-Rotten auf die UN-Flieger zu stürzen. Danach setzten sie sich routinemäßig nach Norden ab.

2. »Zoom-and-Sun«:
Ab April 1951 wurden die zahlenmäßig immer stärkeren MiGs aggressiver, sie wagten sich öfter über Antung hinaus bis Sinanju vor. Mit verbesserten Hit-and-Run-Verfahren patroullierten sie in großen Pulks 14-15 Kilometer hoch und stürzten sich an der »MiG-Allee« am liebsten aus der Sonne heraus mit nur einem Anflug auf die »Sabre«. Wie üblich zogen sie sich danach schnell über eigenes Gebiet zurück.

3. »Yo-Yo«:
Mitte 1951 erschienen immer mehr MiGs mit besser ausgebildeten und kampferfahrenen Piloten am koreanischen Himmel. Sie riskierten häufigere Flüge bis in den Raum Pjöngjang. Typisch für diese Kampfphase waren ihre »Yo-Yo«-Angriffe. Mindestens 20 MiG starke Pulks kreisten 1500-2000 Meter höher als die F-86 Yalu-Patrouillen und stürzten sich einzeln nacheinander in die »Sabre«-Schwärme und stiegen danach schnell wieder in den Schutz ihrer Pulks zurück.

4. »Pincer-and-Envelopment«:
Von September 1951 bis April 1953 bevorzugten starke MiG-Verbände, in überlegener Zahl gegen kleinere F-86-Schwärme anzutreten. Größere Erfolge blieben jedoch aus, da ihre Treff-Ergebnisse zu schlecht waren. Es kam zu Masseneinsätzen von 180 und mehr MiGs, von denen sich einzelne bis nach Seoul trauten. Diese »Zangen- und Umfassungstaktik« von jeweils 80 MiG starken Pulks begann in zehn Kilometer Höhe beim Überqueren des Yalu nach Südosten. Einige Schwärme trennten sich vom Gros zum Sturz auf die »Sabre« nördlich des Chongchon-Flusses. Spähschwärme zur flankierenden Höhendeckung drangen bis Wonsan vor. Gleichstarke Pulks flogen entlang der Westküste. Aus dem Großverband heraus griffen kleinere Gruppen Chinnampo und die Chodo-Inseln an. Der Rückflug erfolgte nach Versammeln des Verbandes über Pjöngjang in 4000 bis 6000 Meter Höhe der Nachschublinien gen Norden, um sie von UN-Jabos, Bombern und rückkehrende F-86 freizuhalten. Andere MiG-Pulks kehrten über Sinanju zurück, um UN-Flugzeuge so zangenartig zu umfassen und aus Kraftstoffmangel vorzeitig rückfliegende MiGs zu decken.

5. »End-Run«:
Ab Sommer 1952 kamen immer mehr und besser ausgebildete und kampflustigere MiG-Piloten zum Einsatz an der »MiG-Allee«. Sie lockten die F-86 aus ihren Sperräumen, um nachfolgenden MiG-Pulks Angriffe auf UN-Jabos, Aufklärer und Bomber zu ermöglichen, die den roten Bodentruppen arg zusetzten. Chinesische Radarstellungen orteten die grenznah operierenden UN-Flieger und führten die MiGs an sie heran.

6. »Decoy«:
Clevere MiG-Piloten erprobten wirkungsvollere Angriffsverfahren, um mit überlegener Zahl von F-86 Herr zu werden, allein aber flohen sie mit abrupten Manövern, dabei Wolken und ihren Tarnanstrich ausnutzend, über die Grenze. Diese Taktik bestand in einer »Köder«-Rotte, die unterhalb des Gegners die F-86 auf sich zog. Bei deren Angriff stürzten sich große MiG-Pulks von hinten oben auf sie, während die »Köder« sich rasch in Sicherheit brachten.

7. »Jaws«:
Dieses auch »Klammerbiß« zu nennende Verfahren bot den »Sabre« in Linie nebeneinander niedrig fliegende MiG-Schwärme an, deren Tarnanstrich sie kaum gegen den

Etwa 1800 strategische Bomber des Typs Boeing B-47 „Stratojet" entstanden in den fünfziger Jahren, der Erstflug fand bereits 1947 statt.

Zwischen 1954 und 1962 entstand die B-52 „Stratofortress", und noch heute – siehe Golf-Krieg – ist der Bomber, der auch Cruise Missiles transportieren kann, im Einsatz.

Boden abhob. Wenn diese angegriffen wurden, stießen in großer Höhe lauernde MiG-Pulks von rückwärts auf die F-86 nieder, während sich der Lock-Pulk nach oben und unten wegkurvend teilte, um die F-86 in die Zange zu nehmen.

8. »Uppercut«:
Am Yalu Sperre fliegende F-86 wurden mit dieser Methode von einer MiG-Rotte geködert, danach von größeren Pulks aus großer Höhe mit Fahrtüberschuß herunterstürzend von hinten unten angegriffen. Auch diese MiGs mit Tarnanstrich waren über dem Gelände von oben schwer auszumachen.

9. »Stair Case«:
Acht oder mehr MiGs flogen hierbei in einer treppenartig rückwärts in 300 bis 600 Meter Abständen gestaffelten Rotten-Formationen, wobei die erste höhere Rotte als Köder diente, und angreifende F-86 von den Folgerotten von unten hinten angegangen wurden. Bei allen Luftkämpfen vertrauten die MiG-Piloten vor allem auf ihre überlegene, oft 25:1 zählende Stärke und Steiggeschwindigkeit. Dies Kalkül ging jedoch nicht auf. Schließlich lagen für jede abgeschossene F-86-Maschine 14 zerstörte MiGs auf koreanischem Boden.

Acht »Sabre« in 10 700 Meter Höhe trafen um 11.40 Uhr auf vier bodenradargeführte MiG-15 in 12 200 Meter Höhe, die sich sofort auf die F-86 stürzten und mit ihren 23- und 37 mm-Bordkanonen die Maschine von Capt. Lawrence V. Bach abschossen. Danach türmten sie eiligst zurück nach Antung, um ihren ersten Luftsieg über eine »Sabre« zu feiern. Ihre Freude erwies sich als verfrüht. Nachmittags trafen acht F-86 unter Führung von LTC John C. Meyer und LTC

Ein ganzes Waffenarsenal kann im riesigen Rumpf der B-52 verschwinden – und dank Luftbetankung – rund um die Erde zum Einsatz gebracht werden.

Glenn T. Eagleston auf 15 MiG-15, die sie aus überhöhter Position rasch auf 300 Meter über Grund herunterdrückten. Die Rottentaktik funktionierte wie aus dem Bilderbuch, sechs MiGs gingen brennend zu Boden. Danach mieden die Chinesen bis zum Monatsende jede weitere Konfrontation. Die »Sabre« der 4th FIW flogen in diesem Monat 234 Einsätze, täglich zwischen acht und 32mal, von denen 76 Kampfberührung brachten. Sie erzielten acht bestätigte, und zwei wahrscheinliche MiG-Abschüsse bei einem Eigenverlust.

Am 2. Januar mußte die 4th FIW Kimpo räumen und auf die Johnston AFB bei Tokio ausweichen. Von dort aus konnte sie nicht mehr in die Landkämpfe auf der Halbinsel eingreifen. Die verzweifelte Lage der UN-Bodentruppen erforderte energischen Erdunterstützungseinsatz der USAF. Am 14. Januar flog ein F-86A-Vorkommando vom Behelfsplatz Taegu mit einer 45x1750 Meter PSP (Pierced-Steel-Plank)-Stahlplattenpiste versuchsweise Jabo-Einsätze, obwohl Tests in den USA vor Raketensplitterschäden an den Landeklappen und Flügelströmungsabrissen durch die Bombenleitwerke warnten. Dennoch flogen sie 158 Missionen zu viert oder zehnt, um den eigenen Bodentruppen Luft zu verschaffen. Außer Zusatztanks und sechs Bordwaffen konnten nur 12,7 cm-Raketen mitgeführt werden. Bei einem Einsatzradius von 120 Kilometer blieben ihnen lediglich 30 Minuten zur Zielfindung und Angriff, bei 280 Kilometer Eindringtiefe ganze zehn Minuten über dem Ziel. Bis zum 31. Januar wurden 46 Tiefangriffe geflogen, die vorgeschobene Bodenleitoffiziere oder »Moskitos« (T-6 Zielfinder) leiteten. Dazu kamen 104 »bewaffnete Aufklärungen« und acht Jagdschutzmissionen. Im Ergebnis waren die F-86 für den Erdkampf ihrer begrenzten Reichweite, Zuladung und Schwierigkeit bei der visuellen Zielfindung wegen weniger wirksam als langsamere Jamos. Erst zwei Jahre später vermochte die F-86F Jabo-Version diese Mängel auszugleichen.

Ende Januar kam das chinesisch-nordkoreanische Vordringen wie im vorigen Sommer zum Stehen, da seine langen Versorgungswege gegen die andauernden UN-Luftangriffe nicht wirksam genug geschützt werden konnten. Trotz

ihrer numerischen Unterlegenheit eroberten die UN-Bodentruppen am 25. Januar den Flugplatz Suwon zurück, Kimpo am 10. Februar, und rückten auf Seoul und den 38. Breitengrad vor. Beutedokumente besagten, daß die Chinesen McArthurs UN-Truppen nicht ins Meer jagen konnten, weil ihre Luftwaffe außerstande war, den Gegner wirksam zu zerbomben und ihre MiGs versäumten, die Abwesenheit der F-86 in den ersten Monaten 1951 zur Rückgewinnung der Luftüberlegenheit zu nutzen.

Mit dem bis 1951 erhaltenen sowjetischen Weltkrieg II-Fluggerät konnten sie nicht in die von US-Jägern beherrschten Kampfgebiete eindringen. Die MiG-Reichweite war von den chinesischen Basen aus für ein Eingreifen auf dem sich südlich verlagernden Gefechtsfeld zu kurz. Schließlich wußten die Chinesen, daß ihre Schein-»Neutralität« ihre Basen jenseits des Yalu und in der Mandschurei nur so lange vor vernichtenden UN-Vergeltungsschlägen bewahrte, wie sie von dort aus nicht offensiv wurden.

Als Sowjets und Rotchinesen die Zahl ihrer MiGs in Nordkorea weiter verstärkten, rüstete auch die 51st FIW von F-80C auf F-86 um. Bis Mai 1953 erzielten sie ein Abschußverhältnis von 7,7:1.

Mit Millionenfaufwand wurden die B-52 (hier ein Blick ins Cockpit) Mitte der siebziger Jahre modernisiert und, unter anderem, mit elektronischem Zielsystem ausgerüstet.

Zur Vorbereitung ihrer Frühjahr-Offensive bauten die kommunistischen Streitkräfte ein System neuer MiG-Flugbasen vor und hinter dem 38. Breitengrad aus, trainierten ihre Piloten und tarnten die Flugplätze besser. Ihre höhere Kampffähigkeit bewiesen sie am 1. März 1951, als sich neun MiG-15 von oben in einen Verband von 18 B-29 stürzten, und zehn Bomber, davon drei so schwer beschädigten, daß sie in Taegu notlanden mußten. Glücklicherweise wurde die einzige Betonpiste auf dem ansonsten halbfertigen, völlig verschlammten Flugplatz Suwon gerade betriebsbereit.

Nun waren die F-86 dicht genug an der Front, um eine Schlacht über dem Yalu wieder aufzunehmen. Die »MiG-Alley« reichte über 160 Kilometer von Sinuiju am Yalu bis Sinanju am Chongchon-Fluß. In »Fingertip«-Viererschwär-

Schlagzeilen machte die XB-70 „Valkyrie", als der zweite Prototyp 1966 bei einem Fotoflug von einem sie begleitenden Jagdflugzeug berührt wurde und daraufhin vor laufenden Kameras abstürzte.

men lösten sich die »Sabre« alle fünf Minuten für 25-Minutenpatrouillen ab. Meldete ein Schwarm Feindflugzeuge, so kam der nächste Schwarm sofort hinzu. Gekämpft wurde weiterhin in Zweierrotten, wobei der »Wingman« dem angreifenden »Leader« den Rücken frei hielt. Vorteilhaft für die MiG-Gegner war ihre Fähigkeit, Angriffsort und -zeit oder den Abbruch eines Luftkampfes zu wählen. Ihre Radar-Luftüberwachung erlaubte der MiG-Division in Antung (mit rund 75 Flugzeugen einem USAF-Geschwader vergleichbar), rechtzeitig in größere Höhen mit leistungsmäßigen Vorteilen zu kommen.

940 März-Einsätze brachten nur drei MiG-Abschüsse. Bei mehr als zwei Drittel aller Begegnungen wich der Gegner einem Luftkampf aus. Wenn er sich wie am 23. März einmal stellte, kamen 45 F-86 in der wilden Massenkurbelei kaum zum Schuß, ehe sich die MiGs wieder über den Yalu hinweg verdrückten. Probleme gab es durch Vereisung und teils schlecht gewartete Zusatztanks. Bei 410 Tankabwürfen im März lösten sich 25 nicht von der Aufhängung, sodaß solche F-86 A und ihr Wingman aus dem Verband ausscheren mußten.

Im April verstärkten die Chinesen ihre Einsatzaktivitäten in Antung erheblich. Am 3./4. April wurden vier MiG-15 abgeschossen. Am 7. April ging eine B-29 durch die einzige MiG verloren, die den F-86 A-Jagdschutz durchbrechen konnte. Zum größten Luftgefecht des Frühjahrs kam es am 12. April. 39 B-29, von F-84 eskortiert und mit F-86 A-Jagdschutz darüber, wurden beim Angriff auf Eisenbahnbrücken bei Sinuiju von 70 MiGs angegriffen. Drei B-29 gingen verloren, sechs wurden beschädigt, vier MiGs wurden von F-86, zehn von den Bomber-Bordschützen abgeschossen. Die für den Bombengeleitschutz zu langsamen F-84 zählten nur wahrscheinliche Luftsiege.

Inzwischen war der Flugplatz Suwon soweit ausgebaut, daß beide »Sabre«-Staffeln der 4th FIW mit 6er-Schwärmen von dort aus patroullieren konnten. Wenn ein 4er-MiG-

Schwarm sich im Luftkampf teilte, zwei nach unten abschwangen, das andere Paar hochzog, konnten vier F-86 den letzteren folgen und ihnen beim Auseinanderkurven paarweise nachjagen.

Die chinesischen MiG-Piloten hatten kein erkennbares Einsatzkonzept. Mal flogen sie unsinnige Missionen, dann mißachteten sie größere US-Anflüge. Am 9. Mai griffen 312 US-Maschinen den mit 38 Propellerjägern belegten Platz Sinuiju an, während MiGs jenseits des Yalu nicht eingriffen.

Dagegen wurden 36 F-86 A über Funk zusammengerufen. Trotz eines klemmenden Zusatztanks stürzte sich Capt. James Jabara in diese Massenkurbelei und schoß zwei der drei an diesem Tag besiegten MiGs ab. Am 31. Mai fielen 12 MiGs über zwei B-29 noch weit vor der »MiG-Alley« her, doch bevor sie ihr Ziel erreichten, wurden zwei von ihnen durch herbeieilende F-86 A abgeschossen. Ihre Flugzeugführer berichteten, daß MiG-Piloten sich gegenseitig beschossen. Tags darauf fiel eine von vier, die Yalu-Brücken bombardierenden B-29 25 MiGs zum Opfer, die Gegner verloren zwei Jäger durch »Sabres«.

In den ersten fünf Monaten des Jahres 1951 ging keine F-86 A des 4th FIW durch Feindeinwirkung verloren. Bei 3500 Einsätzen wurden 22 MiG-Luftsiege erzielt. Die erste F-86 A fiel am 17. Juni einer überraschenden chinesischen Aktion anheim. Ein uralter stoffbespannter Po-2 Schuldoppeldecker warf nach der, von weiblichen sowjetischen Piloten (»Bed-Check Charlies« genannt) im Zweiten Weltkrieg oft geübten Methode nachts zwei 11,4 kg-Splitterbomben auf geparkte »Sabre« der 335th FIS. Ein Direkttreffer zerstörte die Serialnummer 49-1334, die andere Bombe beschädigte vier F-86 A schwer und weitere vier leicht, und verursachte damit mehr Verluste, als alle MiGs bis dahin zusammen.

Als MiG-Piloten mehr Kampferfahrung gewannen, suchten sie zunehmend Streit mit den die »MiG-Alley« überwachenden F-86 A. In harten Luftkämpfen wurden vom 17.-19. Juni sechs MiGs abgeschossen und zehn beschädigt, allerdings kehrten auch zwei »Sabre« nicht nach Suwon zurück.

Am 28. Juni hätte die 4th FIW fast ihren Gruppenkommandeur verloren, als LTC Eaglestons F-86 A vor die Rohre einer MiG-15 geriet. Von einem 37 mm und zwei 23 mm-Geschossen ihrer Bordkanonen im Rumpf und Heck getrof-

Zwischen 1985 und 1988 stellte die US Air Force 100 strategische Bomber des Typs Rockwell B-1 B in Dienst. Der Bomber – hier in Tarnlackierung – kann bis zu 30 Cruise Missiles aufnehmen.

Bei einem maximalen Startgewicht von 216 Tonnen verlangte die US-Regierung 1981 bei der Bestellung des B 1-B eine Nutzlast von 57 Tonnen.

fen, kam seine Maschine außer Kontrolle, ehe Eagleston sie noch abfangen und langsam heimwärts fliegen konnte. Oberst Hinton hielt ihm dabei andere MiGs vom Leibe. Nach der Bruchlandung in Suwon zeigte die Überprüfung des Wracks große Schäden an Triebwerk und Leitwerk. Dies bewies die hohe Feuerkraft der MiG-15-Bordkanonen einerseits, zugleich aber auch die Robustheit der »Sabre«-Konstruktion.

Bis zum Ende des ersten Kriegsjahres gelang es den MiG-15 nicht, der USAF die Luftherrschaft über Korea zu entreißen. Ihre Frühjahrs-Offensive wurde nur durch sporadische Po-2-Störangriffe begleitet, und lediglich durch einen, von F-51 abgefangenen Angriff etlicher IL-10 und Yak-9 auf eine kleine Insel am 20. Juni unterstützt. Nach Beuteunterlagen gelang nur 30 gegnerischen Maschinen ein Start von neu angelegten Frontflugplätzen.

Sicher eines der faszinierendsten Flugzeuge, das je gebaut wurde: Die Lockheed SR-71 „Blackbird" entstand als Nachfolgemuster für das Aufklärungsflugzeug U-2 und in enger Zusammenarbeit mit der CIA. 1965 stellte die SR-71 einige Höchstleistungen auf.

»Sabre«-Unfälle

Durch Unfälle, wie sie auch im Friedens-Flugbetrieb passieren, gingen 1951 mehrere F-86 A verloren. Zwei »Sabre« kollidierten am 2. Februar über Japan. Beide Piloten retteten sich mit dem Schleudersitz. Am 3. April wurde ein Mechaniker getötet, als er dem Lufteinlaß beim 100 Prozent-Powertest einer F-86 A zu nahe kam, und das Triebwerk nicht schnell genug abgeschaltet werden konnte. Nach den Vorschriften war es verboten, sich dem Lufteinlaß bei laufendem Triebwerk mehr als 7,5 Meter zu nähern. Gleichtags fand eine F-86 A bei Bodennebel ihren Heimatplatz Suwon nicht und stürzte wegen Kraftstoffmangels über Feindgebiet ab. Beim Testflug am 25. Mai stürzte eine F-86 A nach Öldruckverlust ab. Das gleiche Schicksal traf Lt. Thomas Hanson am 5. Juni durch Triebwerksausfall beim Start.

»Sabre«-Kriegsversionen

Mit der verbesserten North American F-86 E/F »Sabre« behielten die UN-Streitkräfte die Luftherrschaft über dem koreanischen Kampfraum und entlasteten die unterlegenen alliierten Bodentruppen entscheidend. Von insgesamt 926 abgeschossenen Flugzeugen der Kommunisten, zuletzt meist MiG-15, entfielen auf das Konto der F-86 814: ein Abschußverhältnis von 10,5:1. Insoweit hat der »Sabre«Jet den Luftkrieg über Korea und damit den Ausgang des Konflikts entschieden.

Die verbesserte F-86 F kam am 19. Februar 1952 nach Korea. F-86 F-10 waren mit neuen A-4 Radarvisieren ausgerüstet. 50 Maschinen hatten bereits den neuen, vergrößerten »6-3«-Flügel, mit dem die Flugzeuge auch in Korea nach-

Sowjetischer Überschall-Bomber der „Blackjack"-Klasse. Deutliche Ähnlichkeit mit der B-1 B ist nicht zu leugnen.

gerüstet wurden. Damit konnten sie die nur mehr in Höhen über 12 700 Meter überlegenen MiG-15 auskurven. Beim gleichzeitigen Abfeuern aller vier 20 mm-T-160-Bordkanonen kam es gelegentlich zu Triebwerksausfällen (Compressor Stall/Flame Out). Aber auch mit zwei Kanonen blieben sie erfolgreich. Vom 1. Januar bis zum Waffenstillstand am 27. Juli 1953 stieg das Abschußverhältnis auf 287:17, 17:1. Für den gesamten Kriegsverlauf betrug die Abschußbilanz 802:56 = 14:1. Die letzte MiG-15 schoß Lt. Sam Young (51st FIW) am 22. Juli ab.

Kriegsverluste

Insgesamt büßte die FEAF rund 2000 Flugzeuge ein, die US Marine 1200, die UN-Armeen einige hundert Leichtflugzeuge. Die Hälfte dieser Ausfälle war kampfbedingt, 50 Prozent davon betrafen die Jagdbomber, die beim Erdkampf der Flakabwehr am meisten ausgesetzt waren. Nordkorea und Rotchina verloren rund 1000 Maschinen durch UN-Flugzeuge, 400 weitere gingen nach Beschädigung bei der Landung zu Bruch; bei der Ausbildung und aus anderen Gründen wurden weitere 1400 Maschinen abgeschrieben. Die größte Verlustrate hatten die MiG-15-Jäger mit 850 allein durch F-86, deren Abschüsse durch Schießkameras bestätigt waren. Der Gesamtverlust der kommunistischen Luftwaffen ist auf 2800 Flugzeuge zu schätzen. Dennoch wurden sie nicht luftüberlegen. Bei Kriegsende besaßen die Roten 1500-2000 MiG-15, die fast nur auf mandschurischen Basen stationiert waren. Die Sowjetunion hatte mindestens 4000 Flugzeuge in den Koreakrieg geschickt. Heute ist die Luftwaffe der Volksrepublik China nach den USA und der Sowjetunion die drittgrößte der Welt.

Schall- und Hitzemauer

Das Jet-Zeitalter mag seinen Ursprung eigentlich schon in früherer Zeit haben, als Forscher und Wissenschaftler nach neuen, anderen Antriebsarten als den Kolbenmotor und Möglichkeiten der Leistungssteigerung der Flugzeuge suchten. Im Laufe der schnellen Entwicklung und Fortschritte der

Im November 1988 der Öffentlichkeit vorgestellt, verkörperte der Northrop B-2-Bomber die technische Maxime des Firmengründers, der schon in den 40ern auf Nurflügel-Projekte setzte.

Luftfahrt untersuchte und erprobte man alle möglich scheinenden Antriebsarten, um vertretbar wirtschaftlich (Kosten :-Nutzen) immer weiter, schneller und höher fliegen zu können. Hatte man in den Anfängen der Flugmaschinen noch über »Blumenpflücken« während des Fluges gewitzelt und sich nach dem Motto »ja nicht zu schnell und nicht zu hoch« richten müssen, so änderte sich das im Laufe der 20er und 30er Jahre auf rasante Weise und während des Zweiten Weltkrieges schließlich in enormen Entwicklungssprüngen.

Nach dem von der Me 209 R im April 1939 mit 755,138 km/h aufgestellten Weltrekord für Landflugzeuge wurde klar, daß der herkömmliche Kolbenmotor für noch schnelleres Fliegen »ausgereizt« war. Schon seit 1935 dachten internationale Fachleute deshalb über Pfeilflügel und Strahltriebwerke bis hin zum Überschallflugzeug als Möglichkeiten der Leistungssteigerung nach. Im Sommer 1938 lief bei Heinkel Pabst von Ohains erste Radialturbine He S3B mit 4,4 kN (450 kp). Mitte 1939 legte das RLM (Reichsluftfahrt-Ministerium) ein Entwicklungsprogramm für Strahltriebwerke fest. Daran beteiligt waren:

– Heinkel, Dr. v. Ohain, He S3B
– BMW, Dr. Oestrich, Weinrich TL
– BMW, Dr. Oestrich, BMW 003
– Junkers, Dr. Franz, Jumo 004
– Heinkel, M.A. Müller, He S30
– Daimler-Benz, Dr. Leist, ZTL

Auch in anderen Ländern begannen ähnliche, dann vor allem kriegsbedingte Anstrengungen, allerdings nicht so schnell und erfolgreich wie in Deutschland. Auch wenn 1940/41 die deutsche politische und militärische Führung keinen längeren Krieg mehr erwartete und weitreichende Projekte zugunsten laufender Produktion absetzte, zeigte sich doch sehr bald immer dringenderer Bedarf an Fluggerät höherer Leistungsfähigkeit. So kamen die vorgenannten Triebwerksprogramme und Flugzeugprojekte bis zu ihrem Höhepunkt 1944/45, initiiert durch den Verlust früherer deutscher Überlegenheit das (zu späte) »Jäger-Notprogramm« wieder in Schwung.

Das Tor zum Schnellflug öffnete sich mit den Erstflügen des Raketenflugzeugs He-176 1938 und des ersten Strahljägers He-178 1939. In England kam Frank Whittle mit seiner Turbine in der Gloster E.27/39 1941 zum Erstflug, etwa gleichzeitig Heinkels He S8 Triebwerk in seiner He-280 V1, dem ersten zweistrahligen Jet der Welt, wenig später der erste Serien-Strahljäger Me-262, bald gefolgt vom ersten Strahlaufklärer und -Bomber, der Ar-234.

Der damals berühmte Segelflieger Heini Dittmar flog bereits 1941 mit der Me-163 A als erster Mensch schneller

Das erste Düsen-Passagierflugzeug der Welt war die britische Comet, die nach einer Serie von Abstürzen aus dem Flugdienst der BOAC zurückgezogen wurde.

als 1000 km/h. Dabei erfuhr er, wie auch die Test- und Einsatzpiloten neuer Strahlflugzeuge in allen Ländern, sehr bald, daß es nicht nur fliegerisch Probleme bei der Annäherung an das Phänomen Schallmauer gab, sondern zusätzlich noch weitgehend unbekannte oder unzureichend beherrschte aerodynamische Abläufe im Bereich der Schallgeschwindigkeit. Die Amerikaner folgten 1942 mit dem Jet-Erstflug der Bell XP-59 A. Kurz danach startete die erste A-4 (V-2) Fernrakete in Peenemünde, die mit Überschallgeschwindigkeit 80 km hoch und 350 km weit flog.

1944 kamen die ersten alliierten Serienjäger Lockheed F-80 »Shooting Star« in die Luft. Mit einer solchen Maschine flog Capt. Boyd am 4. Juni 1947 1004 km/h schnell. Ebenfalls 1944 erschien die Gloster »Meteor«, mit der am 7. November 1945 Capt. Donaldson 976 km/h, dann Testpilot Wilson 991 km/h erreichte. Auch der erste mit negativer Flügelpfeilung gebaute Strahlbomber Ju-287 sowie der »Volksjäger« He-162 hoben 1944 vom Boden ab. Bei der Entwicklung der Ju-287 sprachen Konstrukteure und Forscher erstmals von der »Wespentaille«, der Flächenregel für Überschallflugzeuge, und von Grenzschicht-Beeinflussung am Tragflügel, nach 1945 Entwurfskriterien für viele neue »Supersonic«-Flugzeuge. Für spätere Überschall-Projekte war der Pfeilflügel nahezu unverzichtbar, erstmals mit »veränderlicher Pfeilung« in der Me P.1011 praktiziert.

Daimler-Benz hatte bereits ein »Zweistromstrahltriebwerk« auf dem Prüfstand. Mit Staustrahl- und Raketentriebwerken und -flugzeugen näherte man sich der kritischen Schallgrenze. Nach dem Krieg forschten und entwickelten deutsche Ingenieure und Wissenschaftler auf der Basis ihrer Kriegserkenntnisse und -erfahrungen in Ägypten, Amerika, England, Frankreich, der Sowjetunion und anderswo im Überschallbereich und auf dem Gebiet des Senkrechtstarts weiter.

Überschallflug

Testpilot Carl kam der Schallgrenze auf der Douglas »Skystreak« am 25. August 1947 mit 1047 km/h recht nahe, ebenso Johnson auf der North American F-86 A am 15. September 1948 mit 1073 km/h. J. S. Nash auf F-86 D erreichte kurz darauf 1125 km/h und Barns auf dem gleichen Baumuster 1152 km/h. Ihm folgten Neville Duke auf Hawker »Hunter« mit 1173 km/h und Lithgow auf Supermarine »Swift« mit 1184 km/h.

„Rollouts", wie hier derjenige des Lockheed Tristar, sind für die Flugzeugfirmen immer auch ein guter Anlaß, Selbstdarstellung vor geladenen Gästen aus Wirtschaft, Politik und Industrie zu betreiben.

Als Konkurrenz für Boeing 707 konzipiert, konnte die DC-8 von Douglas jedoch nie deren Stückzahlen erreichen. In Europa flog vor allem die Swissair die DC-8.

Als erstes Flugzeug ging 1952 die Bell X-1 A mit Major »Chuck« Yeager erstmals durch die Schallmauer, die man bei 15 Grad Celsius Standard-Atmosphäre mit 1227,6 km/h (= Mach 1, 341 m/s bei 5 Grad Celsius) angab. Am 3. Oktober 1953 folgte ihm Oberst Frank Everest auf einer North American F-100 A »Super Sabre« mit 1235 km/h. Am 20. August 1954 brachte es Oberst A. Hanes in der F-100 A auf 1323 km/h, der Brite Peter Twiss auf Fairey Delta FD-2 am 10. März 1955 sogar auf 1822 km/h. Auch die Frauen machten mit: Jacqueline Auriol schraubte auf Dassault »Mystere IVA« den Damenrekord am 31. Mai 1955 auf 1151 km/h.

Die Douglas D-558-2 »Skyrocket« erreichte als erstes Flugzeug doppelte Schallgeschwindigkeit, die französische Sud Aviation »Trident II« brachte es mit drei SEPR-Raketen auf 2000 km/h. Danach flog »Chuck« Yeager mit der Bell X-1 B 2640 km/h (Mach 2 = 2456 km/h und Frank Everest trieb die Geschwindigkeitsspitze mit der Bell X-2 »Skyrocket« gar auf 3040 km/h.

1962 schließlich stieg die North American X-15 mit mehrfacher Schallgeschwindigkeit auf fast 100 000 Meter Höhe, und am 1. Januar 1963 setzte die mit einer B-52 auf Starthöhe gebrachte NASA X-15 A-2 die weiterhin gültige absolute Geschwindigkeitsrekordmarke für bemannte Flugzeuge in 75000 Meter Höhe auf 6500 km/h, ehe Joe Walker und Bob White 4265 km/h flogen und die Höchstmarke 1967 schließlich auf 7297 km/h (Mach 7,62) hinauftrieben.

1968 startet mit der sowjetischen Tu-144 das erste »Mach 2«-Verkehrsflugzeug. 1969 begann die britisch-französische Sud Aviation/British Aerospace Corporation »Concorde« der Tu-144 erfolgreich den Rang abzulaufen. Sie fliegt im Gegensatz zur Tu-144 noch heute planmäßig auf Interkontinental-Strecken. 1974 stand dann mit der trinationalen Panavia P-200 »Tornado« das erste Schwenkflügel-Überschallflugzeug am Start, von dem heute rund 1000 Maschinen im Einsatz sind. 1976 schob die erst 1990 außer Dienst, beziehungsweise in die Reserve gestellte Lockhead SR-71 »Blackbird« erstmals die Rekordmarke für selbststartende bemannte Flugzeuge auf eine Einsatzgeschwindigkeit von 3530 km/h. 1977 schließlich stieg die strahlgetriebene Mikoyan E-266 (MiG-25) auf 37650 Meter Rekordhöhe. Nach dieser Zeit setzten die bemannten und unbemannten Fluggeräte der Raumfahrt neue Maßstäbe, die weit jenseits der »Schallmauer« liegen, da die »Fluchtgeschwindigkeit aus der Erdanziehung« um 28000 km/h liegt und damit auch schon jenseits der Hitzemauer.

Stratosphärenflüge

»Immer schneller, weiter und höher« flogen die Luftfahrzeuge in den zurückliegenden 100 Jahren. Sie überwanden Schall- und Hitzemauer und drangen auch in Höhen im Grenzbereich der Erdatmosphäre und darüber hinaus vor. Der Stratosphärenflug ist heute nicht nur im militärischen, sondern ebenso im zivilen Luftverkehr alltäglich. Vor allem, um Kraftstoff (einem der wichtigsten Kostenfaktoren) zu sparen, also wirtschaftlicher — und — umweltfreundlicher zu fliegen, aber auch zur Verlängerung der Flugrouten und verkürzung der Flugzeiten suchen Airlainer immer größere Höhen auf.

Die Stratosphäre

Die Stratosphäre ist der Teil der Erdlufthülle oberhalb etwa 12000 Meter, sie reicht bis rund 60 km Höhe. Mit der Höhe nehmen Temperatur, Sauerstoffgehalt der Luft, sowie Luftdruck und -dichte (logarithmisch) ab. Flugmotoren müssen daher für Höhenflüge »aufgeladen« werden, damit ihre Höhenleistung nicht zu stark gegenüber der am Boden abfällt. Überdies müssen Besatzung und Passagiere durch Druckkabinen geschützt und/oder mit zusätzlichem Sauerstoff versorgt werden. Auch Strahltriebwerke sind als »Luftatmer« nur innerhalb der Erdatmosphäre verwendbar. Außerhalb unserer Lufthülle setzt man Raketentriebwerke ein, in deren Treibstoff der zur Verbrennung erforderliche Sauerstoff enthalten ist. Auftrieb und Luftwiderstand eines Luftfahrzeugs verringern sich mit zunehmender Höhe.

Das britisch-französische Gemeinschaftsprojekt Concorde (Eintracht) ist 20 Jahre nach Indienststellung das einzige Überschall-Passagierflugzeug der Welt.

»Standard-Atmosphäre«

In der Luftfahrt gilt eine international vereinbarte Größe der »Standard-Atmosphäre« (ISA), mit der Flugleistungen und -eigenschaften in eine Vergleichsgröße umzurechnen sind. ISA in Seehöhe meint einen Luftdruck von 1013,5 Hektopascal (HPa, früher Millibar/mb), 1226 kg/m^3 Luftdichte und 15 Grad Celsius Temperatur. Die Lufttemperatur nimmt bis rund elf km Höhe um 6,5 Grad Celsius pro 1000 Meter ab, darüber herrscht eine weitgehend gleichbleibende Temperatur von 56,5 Grad Celsius bis etwa 20 km (isotherme Schicht der unteren Atmosphäre). Der Bodenluftdruck verringert sich jeweils nach dem Halbwertgesetz: In etwa 5,5 km auf die Hälfte, in rund elf km auf ein Viertel, in 16,5 km auf ein Achtel und in zirka 18 km auf ein Zehntel.

Technische Bedingungen

Technisch stellte die Lösung damit verbundener Material- und Konstruktionsprobleme eine großartige Leistung dar. Ein Höhenmotor mußte unter weithin noch unbekannten

Bedingungen arbeiten. Kolbenmotoren verloren beispielsweise schon in 6,4 km Höhe 50 Prozent ihrer Startleistung. Ihnen mußte die mit wachsender Höhe dünner werdende Luft durch ein Verdichtergebläse, heute Lader genannt, vorkomprimiert zugeführt werden, um den Leistungsverlust auszugleichen. Ebenso wurden Kraftstoff-, Zünd- und Kühlanlagen, sowie viele andere Konstruktionsdetails den Bedingungen niedrigen Luftdrucks und tiefer Temperatur angepaßt. Ähnliches gilt für Strahltriebwerke mit ihrer vom Luftdurchsatz abhängigen Schubleistung, wenngleich der Schubverlust weitgehend durch den geringeren Luftwiderstand in der Höhe kompensiert wird.

Physiologische Barrieren

Insbesondere für den Menschen stellt die Stratosphäre – ohne sicheren Schutz – eine völlig neue, tödliche Umwelt dar. Viele Flugpassagiere sind sich sicher auch heute noch nicht bewußt, daß sich ihr komfortabler Kabinensessel, von dem aus sie aus zigtausend Metern Flughöhe die Welt von oben betrachten, tatsächlich in einer hermetisch von der Außenwelt abgeschlossenen, mit großem Aufwand erstellten Druckkabine des Airliners befindet. Diese hält im Regelfall eine etwa 2500 Meter Höhe über Grund entsprechende Atmosphäre aufrecht – also der auf einem mittleren Alpengipfel vergleichbar. Man sollte deshalb auch die vor Flugbeginn von der Stewardess gegebenen Sicherheitshinweise, etwa auf die einem im Notfall automatisch vor die Nase fallenden Sauerstoffmasken, ernst genug nehmen. Durch den konstruktiven Trick, nicht den »Bodenluftdruck« in der Kabine zu halten, sondern den geringeren einer »künstlichen Flughöhe«, bleibt einerseits der Passagiere noch beschwerdefrei, andererseits wird der Differenzdruck zwischen Innen- und Außenatmopshäre und damit die Festigkeitsbelastung der Flugzeugzelle wesentlich verringert.

Die erste physiologische Barriere beginnt ab 4000 Meter Höhe, oberhalb der die Höhenkrankheit einsetzt, ein euphorischer, durch Sauerstoffmangel bedingter Zustand. Mit Beginn der Höhenkrankheit nimmt die Wahrnehmungsfähigkeit des Menschen für Gefahrenmomente und/oder -zustände und sein Reaktionsbewußtsein darauf rapide ab. Ohne sofortige »Sauerstoffdusche« gleitet er binnen kürzester Zeit ins Jenseits. Manche Piloten meinen, dies sei der angenehmste Tod überhaupt, trainieren jedoch die Früherkennung erster Symptome der Höhenkrankheit und ihrer individuellen Wahrnehmungsgrenze regelmäßig durch Druckkammertests während periodisch vorgeschriebener Fliegertauglichkeits-Untersuchungen.

Die zweite physiologische, die Druck-Barriere, beginnt bei etwa 12 000 Meter Höhe und bewirkt Veränderungen im Blut von Mensch und Tier. Dazu gesellen sich oberhalb 9000 Meter – bei schnellem Auf- oder Abstieg – vom Tieftauchen her bekannte, der »Caisson« (Taucher)-Krankheit

Die Boeing 747 SP ist die leicht verkürzte Ausführung des Jumbos, gedacht für sehr weite Flüge, beispielsweise von den USA nach Japan.

Auch der Präsident der Vereinigten Staaten von Amerika fliegt in einem Jumbo-Jet zu internationalen Konferenzen.

verwandte Erscheinungen. Dabei durch plötzlichen Druckabfall freiwerdende Gase, vornehmlich Stickstoff, rufen Embolien hervor. Testpiloten von Höhenforschungs-Flugzeugen steckte man deshalb schon früh in spezielle Druckanzüge, die den Körper mit einer künstlich klimatisierten Druckhülle umgeben und gegen die Kälte schützen. Test- und Strahljägerpiloten sind damit für Flüge über 20 km Höhe ausgerüstet, falls ein Druckabfall im Cockpit eintritt, oder ein Fallschirmabsprung aus großer Höhe erforderlich ist. In noch modernerer Form sind diese Anzüge aus der Raumfahrt bekannt.

Das dritte Problem, die Beschleunigungs-Barriere, ist bis heute nicht voll befriedigend gelöst. Die bei abrupten Richtungsänderungen auf den Piloten einwirkenden Fliehkräfte (gemessen in negativen oder positiven »g« = physikalisches Formelzeichen für Fall- und Erdbeschleunigung (9,91 m/s Quadrat und luftfahrtmedizinisches Vielfache des Körpergewichts) verlagern das Blut im Körper einseitig, etwa beim Abfangen aus dem Sturzflug oder in engen Kurven. Dadurch kommt es zu Bluthochdruck oder -leere im Gehirn, möglicherweise zu Bewußtlosigkeit, häufiger aber zum sogenannten »Blackout«, das heißt, Seh- und Empfindungsstörungen. Abhilfe schaffen hier Anti-g-Anzüge, die für Jetpiloten zur Standardausrüstung gehören. Aus dem Triebwerkverdichter abgezapfte oder Preßluft bläst den Anzug automatisch auf, wenn eine Grenz-g-Zahl im Flug erreicht wird und verhindert weitgehend oder zumindest kurzzeitig ein »Versacken« des Blutes aus Kopf und Oberkörper in die Beine. Für die künftige Raumfahrt denkt man an die Möglichkeit, Astronauten in Tanks mit organischen Flüssigkeiten schwimmen und diese atmen zu lassen, wodurch ihnen längeres Ertragen hoher Beschleunigungen möglich wäre.

Schließlich erlangt beim Flug mit Über- oder Hyperschallgeschwindigkeit die optische Barriere Bedeutung. Ähnlich der normalen Reaktionsverzögerung eines Autofahrers zwischen Gefahrenerkennung und Abwehrmaßnahme reagiert auch die optische Empfindung des Gehirns verzögert auf den Wahrnehmungsreiz der Augennetzhaut. Fliegen zwei Piloten mit hoher Machzahl aufeinander zu, vermögen sie sich nicht schnell genug gegenseitig zu erkennen, das heißt sie wären bereits aneinander vorbeigeflogen — oder zusammengestoßen — ehe sie sich sehen konnten.

Ein Paar ist genug: Nach den Vorbildern 737, 757 und 767 wird auch Boeings zukünftiger Passagier-Jet zwei Triebwerke aufweisen.

Die ersten Höhenflüge

1920 stieg der Amerikaner Schroeder auf einer »Lepere« 10100 Meter, 1923 der Franzose Sadi-Lecointe auf 10750 Meter. In Amerika erreichte A. Soucek 1929 mit normalem Fluggerät, aber mit einem Druckschutzanzug eine Höhe von 11930 Meter. Diese FAI-Rekordmarke Souceks übertraf der Deutsche von Neuenhofen am 26. Mai 1929 auf Junkers W.34 mit 12739 Meter, bis der Amerikaner auf Wright »Apache« 1930 wiederum auf 13157 Meter kletterte.

Erstes amerikanisches Höhenflugzeug mit Druckkabine war die Lockheed XC-35. Der Schweizer Physikprofessor Auguste Piccard und sein Zwillingsbruder Jean wurden 1931/32 durch ihre Ballonaufstiege in die Stratosphäre bis in Höhen von 16940 Meter beziehungsweise 17500 Meter bekannt, nachdem Piccard und Dr. Kipfer am 27. Mai 1931 in Augsburg auf 15781 Meter gestiegen waren. C.F. Uwins brachte seine Vickers »Vespa« am 16. September 1932 auf 13404 Meter. Am 28. September 1933 schraubte der Franzose Lemoine auf Potez 50 den Höhenweltrekord auf 13661 Meter. Neben den sich ständig erhöhenden Geschwindigkeiten gewann nun Flughöhe und -strecke wach-

Als Großtransporter für Menschen und Material in Krisengebiete konzipiert – zuletzt im Golf-Krieg im Einsatz. Die Galaxy von Lockheed.

sende Bedeutung. 1934 erreichte der Italiener Renato Donati auf Caproni Ca.113 14433 Meter, der Franzose Detre holte am 14. August 1936 den Rekord mit 14836 Meter nach Frankreich zurück, ehe die Engländer Adam und Swain (in selbstkonstruierten Druckanzügen) auf Bristol 138 A am 30. Juni 1937 16440 Meter schafften.

Am 30. Januar 1934 hatten die Sowjetrussen P.F. Fedossenko, J.D. Usyskin und A.W. Wassenko in ihrem Stratosphärenballon »Osaoviachim I« 22000 Meter erklommen; kamen aber nach Gondelabriß ums Leben. Unübertroffen wird wohl der am 22. Oktober 1938 vom Italiener Mario Pezzi (im eigenen Druckanzug mit Taucherhelm) auf Caproni Ca.161 bis aufgestellte Höhenrekord von 17083 Meter für ein Motorflugzeug bleiben, da größere Höhen nur von Jets erzielt werden.

Als erster Mensch sprang der Russe Romanjuk am 14. Oktober 1945 in 13108 Meter aus der Stratosphäre mit dem Fallschirm ab. Wladimir Iljushin erreicht mit dem Jet Suchoi T-431 am 14. Juli 1959 28852 Meter, Georgi Mossolow am 28. April 1961 auf E-66 (MiG-21) sogar 34714 Meter Höhe. R. Ostapenko bestätigt die gute Steigleistung sowjetischer Jets am 11. September 1962 auf E-166 mit 22670 Meter, ehe 1967 William Knight in der X-15-2 30000 Meter (und 7300 km/h) sowie A. Fedotow auf E-266 (MiG-25) 30010 Meter schaffen.

Höhenflug-Forschung

Unabhängig voneinander begannen Deutschland und Frankreich 1930 Versuche mit neu entwickelten Höhenkammern als geschlossene, druckdichte Kabinen für Stratosphärenflüge, in denen durch Verdichter der notwendige Luftdruck aufrecht erhalten wurde, und bauten auch eigens dafür bestimmte Höhenflugzeuge. Vier Jahre später startete man in England und Rußland, schließlich auch in den USA mit solchen Versuchen. Ohne diese frühen Forschungen und Erprobungen wäre die heutige Weltluftfahrt kaum vorstellbar. Ohne eine moderne, meist klimatisierte Druckkabine vermag kein bemanntes Luftfahrzeug in größere Höhen, in die Stratosphäre, vorzudringen.

Pionier und Schrittmacher im Höhenflugzeugbau war die Junkers Ju 49. Sie war mit einer neuartigen, integrierten, von Dr.-Ing. Asmus Hansen (DVL) 1926 konzipierten, beheizten, mit Kapok wärmeisolierten und doppelwandigen Zweimann-Druckkabine ausgerüstet, die, von Junker-Mitarbeiter Muttray entwickelt, damals Höhenkammer genannt wurde. Dr. Hansen legte der Notgemeinschaft der Deutschen Wissenschaft auch, damals für fantastisch gehaltene Pläne eines Stratosphärenflugzeugs vor, das den Atlantik in 20 km Höhe und sechseinhalb Stunden überqueren sollte. Patente von Wagner, Hamburg, und von Close, Berlin, beschrieben zu dieser Zeit ebenfalls Vorschläge für Höhenkammern.

Die Höhenmotorentwicklung war das größte und schwierigste Problem. 1927 erreichte Junkers eine Leistungssteigerung durch den Leichtölmotor L-55, einem Zusammenbau

Das sowjetische Gegenstück zur Galaxy ist die Antonow An-22, die gut an ihrem außergewöhnlichen Leitwerk zu erkennen ist.

zweier L-5, der es auf 600 Start-PS und mit Lader sowie einer neuen Kraftstoff-Förderpumpe ausgerüstet in 5000 Meter noch auf 525 PS brachte. Für das viermotorige Nurflügel-Großflugzeug G. 38 reichten die L-55 nicht aus. Da noch kein genügend leistungsstarker Schwerölmotor verfügbar war, baute Junkers aus zwei in V-Anordnung verbundenen L-8 (Sechszylinder-Versuchsreihenmotor) den L-88 von 800 PS bei 1870 U/min, 1:5,8 Verdichtungsverhältnis und günstigem Luftschraubenwirkungsgrad. Darauf griff man für die Ju 49 zurück. Mit Einstufenlader für 6100 Meter Gleichdruckhöhe und Fernleitungsgetriebe leistete der L-88a in 5800 Meter noch 700 PS. Luftdichte Magnete, spezielle Zündkerzen und ein für niedrige Drehzahlen ausgelegter Vergaser schützten gegen verminderte Isolierfähigkeit der Luft in großer Höhe und sorgten für einwandfreie Funktion.

Die Ju 49 (D-UBAZ) war ein Ganzmetall-Tiefdecker in bewährter Wellblechbauweise das erste zweckgerecht ausgestattete Höhenforschungsflugzeug mit einer Entwurfsgipfelhöhe von 14 000 Meter, einem zweistufigen Junkers-Schleudergebläse als Lader des L-88a, 4250 kg Fluggewicht, 28,25 Meter Spannweite, 17,2 Meter Länge, 4,5 Meter Höhe. Mit einer starren Vierblattluftschraube (Verstellpropeller gab es noch nicht) von 5,6 Meter Durchmesser erreichte die Ju 49 am Boden 146 km/h und eine Steiggeschwindigkeit von 3 m/s. Sie flog nach ihrem Erstflug am 2. Oktober 1931 unfallfrei bis 1937 und erreichte 13 000 Meter Höhe.

Bei der Enträtselung der physikalischen und physiologischen Höhenphänomene kam es erst nach dem Zweiten Weltkrieg und durch die Raumfahrtforschung zu größeren Fortschritten. Erinnert sei an die Comet-Unfälle 1953 durch Ermüdungsrisse an Druckkabinenfenstern. Größte Anstrengungen wurden in der Ursachenfindung unternommen. Seither wird jedes Jet-Flugzeug umfassenden Druck- und Lastwechseln zur Ermittlung der Materialermüdungsgrenzen und Streßversuchen über ein Vielfaches seiner konstruktiven Lebensdauer unterzogen.

Höhenflugverkehr

Diese Vorgänge weisen auf den überaus schwierigen, langen Weg hin, der von Technik und Wissenschaft in der Höhenflugforschung, aber auch vom Luftverkehr in allen seinen Bereichen bis heute zurückzulegen war. Vor 60 Jahren noch bedeutete dies absolutes Neuland. Man dachte damals nicht

primär an spektakuläre Höhenrekorde von Militärflugzeugen, sondern vielmehr an den wirtschaftlichen Höhenflug, um bei gleicher Motorleistung in großer Höhe längere Strecken schneller und kraftstoffsparender zurückzulegen. Das Militärflugzeug war in größerer Höhe ohnehin schneller und weniger verwundbar.

Den komplexen Naturgesetzen und technischen Forderungen und Möglichkeiten mußte die moderne Luftfahrt Rechnung tragen. Daher dauerte es verhältnismäßig lange, bis die wichtigsten physikalisch-physiologischen und aerodynamischen Barrieren mit Hilfe neuer Erkenntnisse und Technologien überwunden und Überschallgeschwindigkeiten und größere Flughöhen erreicht werden konnten. Die Militärluftfahrt und bald auch die Raumfahrt trieben hier die Entwicklung voran, die Zivilluftfahrt folgte alsbald nach.

Aus der modernen Kriegsführung trotz Raketen und Cruise Missiles nicht mehr wegzudenken: Flugzeugträger gehören seit dem Zweiten Weltkrieg zu den wichtigsten Kriegsgeräten.

Dadurch erhielt die internationale Luftfahrt immense Impulse, der Massenflugverkehr weitete sich mit rapide steigenden Flugzeug- und Passagierzahlen sprunghaft aus, seit am 2. Mai 1952 die De Havilland DH-106 Comet das Düsenzeitalter im Luftverkehr einleitete. Mit 800 km/h überquerte sie in Reiseflughöhen von 10-12 000 Meter Meere und Kontinente in der Hälfte der von Kolbenmotorflugzeugen benötigten Zeit, ihre vier Strahlturbinen waren fünfmal stärker als die mit Propeller- oder Propellerturbinenantrieb fliegenden und damit überholten Airliner. Zeit und Raum schrumpften immer mehr zusammen. Die

Ein US-Pilot posiert in einer F-104 für ein „Heldenfoto".

British Overseas Airways Corporation (BOAC) warb in den USA für die »Comet« mit dem Slogan: »New Yorker können auf den Bermudas schwimmen gehen und sich zu Hause abtrocknen!« Auch PTL-Maschinen waren kaum schneller als die mit Kolbenmotoren. Mit Luftschrauben ließ sich keine nennenswerte Leistungssteigerung mehr erreichen. Erst in jüngster Zeit beginnen neuartige Propeller aus ökonomischen und ökologischen Gründen wieder interessant zu werden. Hatte die »Comet« noch Platz für 36 Passagiere, so fliegen die heutigen Großraumjets, »Wide Bodies« oder »Jumbos« genannt, mit 400 und mehr Sitzen. Konstrukteure denken bereits an 1000 Sitzplätze in einem Super-Jumbo. Vorläufer heutiger Jumbos war wohl das Nurflügel-Großverkehrsflugzeug Junkers G38 (D-2500) – nach einem Patent aus dem Jahre 1910 (!) – als damals größtes Landflugzeug – für 34 Passagiere, sieben Mann Besatzung und Expreßzugkomfort, das am 29. April 1933 auf den Namen »Generalfeldmarschall von Hindenburg« getauft wurde. Dieser »Riese« hatte 44 Meter Spannweite und wog 24 Tonnen. Die jahrelang den internationalen Luftverkehr dominierende Boeing B-707 nutzte seit ihrem Erstflug am 15. Juli 1954 alle bis dahin gemachten Erfahrungen, aus dem Bau der Jetbomber B-47 und B-52. B-58 »Hustler« und B-70 »Valkyrie« waren erste amerikanische Mach 2- beziehungsweise Mach 3-Bomber. Mit dem ersten Linienflug des vierstrahligen Boeing »Clipper America« mit 111 Passagieren am 26. Oktober 1958, sechseinhalb Jahre nach der »Comet«, begann dann wirklich das Jetzeitalter im Luftverkehr mit einem atemberaubenden Entwicklungstempo. Der B-707 folgten bald die Douglas DC-8, Convair 880/990 und die zwei-

Ein kompletter Flugplatz mit allen technischen Einrichtungen autark auf hoher See: Amerikanischer Flugzeugträger.

strahligen Tupolew Tu-104 (Erstflug 17. Juni 1955), SE-210 »Caravelle« und viele andere größere und kleinere Düsenverkehrs- und Reiseflugzeuge nach.

Die beginnende Revolution am Boden und am Himmel beschrieb der Präsident von Delta Airlines, Collett E. Woolman, vor der Erstbestellung neuer Düsenflugzeuge: »Wir kaufen Flugzeuge für mehrere Millionen Dollar, die wir nicht haben. Wir werden sie auf Flugplätzen einsetzen, die zu klein sind, in einem Flugsicherungssystem, das mit dem Tempo nicht schritthalten kann, und um sie auszulasten, brauchen wir mehr Passagiere, als wir je zuvor befördert haben«. Eddie Rickenbaker, Weltkriegsflieger und Präsident von Eastern Air Lines meinte in weiser Voraussicht: »Mit den Jets dürfte im Luftverkehr in den nächsten zehn Jahren ein größerer Zuwachs zu erzielen sein, als wir in den vergangenen 25 Jahren erreicht haben«! Der Kampf und globale Wettbewerb der Luftverkehrsgiganten untereinander begann, begleitet von vielen Erfolgen, aber auch Pleiten. Natürlich blieben die Militärfliegerei und der Lufttransport nicht hinter diesen weltweiten Fortschritten zurück, sondern gaben immer neue Anstöße.

Obwohl in der Bundesrepublik auch als „Witwenmacher" bekannt, war der Starfighter bei den Luftwaffen-Piloten wegen seiner Flugleistungen sehr beliebt.

Stratosphären-Aufklärung

Der 2. Mai 1960 überraschte die Welt mit der Nachricht vom Abschuß eines der modernsten amerikanischen Höhenaufklärer oder Spionageflugzeugs, der Lockheed U-2 mit Major Francis Gary Powers bei Swerdlowsk durch eine sowjetische Flugabwehrrakete (SA-2 Guideline) in über 20000 Meter Höhe. Seit 1955/56 flogen U-2 unter strengster Geheimhaltung in bis dahin für die Luftabwehr unerreichbare Höhen. Nikita Chruschtschow ließ deshalb beispielsweise den Paris-Gipfel mit Dwight D. Eisenhower platzen. Als Vorgeplänkel im Kräftemessen beider Atommächte führte dies im November 1962 zur Kuba-Krise, der direkten Konfrontation beider Staaten mit der Gefahr eines globalen Nuklearkrieges.

Trotz vervollkommneter Satellitenüberwachung flogen U-2 bis April 1989 weiter. Die letzte Maschine wurde bei der

Nachfolgemuster des Starfighter wurde in Deutschland die F-4 Phantom von McDonnell Douglas, die auch 20 Jahre nach Indienststellung modern wirkte.

NASA außer Dienst gestellt, wobei sie vor dem Transport ins Museum noch 16 Rekorde brach, und unter anderem binnen 12.13 Minuten auf 22 464 Meter stieg. Lockheeds U-2-Nachfolger sind die Aufklärungs-TR-1 »Black Lady« und die zivile Umweltforschungs-ER-2, die 15 Stunden in der Luft bleiben, 11 000 km weit und 23 km hoch fliegen können.

Als die USAF im März 1990 die Lockheed SR-71 »Blackbird« außer Dienst stellte und ins Museum flog (einige werden eingemottet, aber einsatzfähig in Reserve gehalten), ging die Ära des von 1966 an schnellst- und höchstfliegenden

Dokument deutscher Ingenieurkunst: Die Dornier Do-31, der erste funktionstüchtige Senkrechtstarter der Welt.

Verpaßte Chance: Die deutsche VJ-101 R von Messerschmitt-Bölkow-Blohm kam leider nie über das Erprobungsstadium hinaus (oben). Verkaufsschlager: Links zwei leichte Jagdflugzeuge des Typs Northrop F-5, vom dem zirka 2700 Expemplare in über 30 Länder exportiert wurden.

Speziell für die U-Boot-Suche und -Bekämpfung entwickelt: Lockheed S-3 A „Viking" (links oben). Kampfpiloten an ihren Arbeitsplätzen: oben in einer F-16, unten mit noch geöffneter Kanzel in einem Sea Harrier.

Ein Kampfflugzeug aus französischer Produktion: Dassault-Breguet Mirage 50.

Flugzeuge der Welt zu Ende. Gründe dafür lagern in den durch einschneidenden Kürzung des amerikanischen Verteidigungshaushaltes nach der jüngsten Ost-West-Entspannung, hohe Staatsverschuldung, die Aufgabenübernahme durch leistungsfähige Satelliten, aber auch durch die sehr hohen Einsatzkosten. »Blackbirds« flogen zwischen 25-35 km Höhe als einzige während der Hälfte ihrer Missionszeit mehr als dreimal so schnell wie der Schall. Genaue Einzelheiten und Leistungsdaten bleiben geheim. Die Überwachung der Kriegs- und Krisengebiete in allen Teilen der Welt konnten sie ohne Gefährdung durch Luftabwehrraketen oder Abfangjäger ausführen. Ihre optischen und elektronischen Sensoren decken stündlich 260 000 km^2 der Erdoberfläche ab — der Größe der alten Bundesrepublik entsprechend.

Kunstflugpräzision mit Risiko: Elite-Staffel „Red Arrows" der Royal Air Force – in den USA fliegen die „Blue Angels", in Italien die „Frecce Tricolori".

Zwei AV-8B Harrier der US Air Force über Wüstengelände und ein Foto aus dem Cockpit eines Schulflugzeuges der Royal Air Force Pilot School.

Das europäische Gemeinschaftsprojekt Tornado und eine Hawk Mk.1 der Squadron der RAF über Zypern (rechts).

Immerhin flog eine SR-71 des 9. Strategischen Aufklärungsgeschwaders aus Beale AFB, CA, 1974 die Strecke von New YorkLondon in 1:54:56,4 Stunden, also mit 2908,1 km/h. Einige von ihr aufgestellten Weltrekorde dürften lange Bestand behalten. Sie stammt, abgeleitet aus der A-11 (Lockheed Modell A-12) und YF-12 vom berühmten Konstrukteur Clarence L. »Kelly« Johnson aus der geheimen Luftschmiede der USA, den »Skunk Works« in Burbank, Kalifornien. Ihr Erstflug fand am 22. Dezember 1964 auf der »Ranch«, dem geheimen Erprobungsplatz Indian Springs Auxiliary AFB in Nevada statt.

Eine F-15 von McDonnell Douglas, die für VSTOL-Versuche umgerüstet worden ist.

Neue Superlative

In den USA entstand Anfang der 60er Jahre ein neues Transportflugzeug mit 30 Tonnen Nutzlast und 6400 km Reichweite, die Lockheed C-141 Starlifter. Daraus wurde die C-5 Galaxy (80 t), dann folgte aus der UdSSR die Antonow An-124 (80 t), An-124 Ruslan (150 t) und schließlich die AN-

Aus der Rafaele von Dassault-Breguet soll das zukünftige taktische Kampfflugzeug für die französischen Luftstreitkräfte und auch eine Version für die Marine entstehen.

225 Mryia (250 t) als der Welt größte Flugzeuge. Auch der zivile Luftverkehr wartete auf solche »Großraum«-Flugzeuge, denn die Flugpassagierzahlen überschritten weltweit die 100-Millionen-Grenze. Doch noch vor Lockheeds L-1011 TriStar und McDonnel Douglas DC-10 war der Herstellergigant Boeing mit dem Jumbojet B-747 erneut auf dem Markt führend, über 1000 Boeing-Jumbos fliegen mittlerweile.

Damit zeichneten sich zwei Entwicklungstrends dies- und jenseits des Atlantik ab. Die Amerikaner glaubten an die Wide Bodies, die Europäer wollten schneller fliegen. Beide Maximen, Ladekapazität und Geschwindigkeit haben den kostenorientierten Luftverkehr von jeher bestimmt. Beide Wege versprachen künftige Gewinne. Doch dürfte es den Europäern erst mit dem größeren Airbus A-330/340 gelingen, auf diesem Feld Boden gutzumachen, wie die »kleinen« A-300/310/320 bereits zeigten. Weiterhin rapide steigende Passagier-, Fracht- und Luftpostaufkommen in aller Welt lassen keine Verlangsamung dieser Entwicklung erwarten.

Überschall-Luftverkehr

Anfang der 60er Jahre dachte man bei den großen Herstellern in aller Welt über das SST (Super Sonic Transport)-Überschallflugzeug nach. Anders als in den USA begannen im September 1962 Sud Aviation (heute: Aerospatiale) und

British Aircraft Corporation (heute: British Aerospace) ein Milliardenprogramm mit der Planung eines Verkehrsflugzeuges, das doppelt schallschnell fliegen sollte. Es erhielt den Namen Concorde und flog am 2. März 1969 zum ersten Mal. Tatsächlich bedurfte es auch aller Eintracht beider Länder bei der Verwirklichung dieses anspruchsvollen Projekts. Zwar fliegen einige »Concorde« weiter im transkontinentalen Liniendienst Mach 2 schnell, vornehmlich für den betuchten »Jet-Set«, doch kaum kostendeckend. Man kann von der teuersten Fehlplanung in der Zivilluftfahrt sprechen. Prestige war Trumpf. Der große Durchbruch dieses Konzepts gelang ebensowenig, wie mit der sowjetischen, erstmalig am 31. Dezember 1968 startenden Tupolew TU-144, die vorzeitig außer Dienst gestellt wurde.

Trotzdem befassen sich Konstrukteure und Planer in den USA, Europa, Japan und der Sowjetunion mit Folgeprojekten, die über 10000 km mit Mach 2 gleich ökonomisch fliegen sollen wie heutige Großraumjets. Nur auf interkontinentalen Langstrecken könnte ein solcher Superjet wirtschaftlich eingesetzt werden. Man spricht angesichts der relativ geringen Stückzahlen von weniger als 500 von höheren Entwicklungs-

Die futuristisch anmutende F-117, die im Golf-Krieg als „Tarnkappen-Bomber" bekannt wurde – die eigenwillige Formgebung verhindert eine Aufspürung durch feindliches Radar.

und Fertigungskosten in zweistelliger Milliardenhöhe — zuviel für einen Hersteller oder ein einzelnes Land. Dabei wird auch an die Umwelt zu denken sein, denn ohne Überschallknall, der über Land verboten ist, geht es noch nicht.

ATSF (Avion Transatlantische Supersonique Future) nennt Aerospatiale seinen Entwurf einer Super-Concorde, den Briten und Franzosen seit Anfang 1990 näher untersuchen. Inzwischen gesellte sich die Deutsche Airbus, Boeing und McDonnel hinzu, sodaß auch die Japaner und Russen kaum einen Alleingang machen können. Dieser in der Konfiguration seinem Vorläufer ähnliche Zukunftsvogel soll 250-300 Plätze haben, 300 Tonnen wiegen und Mach 2,2 bis 2,5 schnell fliegen. Auch Gulfstream und Sukhoi arbeiten an einem gemeinsamen Projekt für ein Überschall-Geschäftsreiseflugzeug und Mach 2-Liner für 50-60 Passagiere. Für all diese Pläne reichen herkömmliche Triebwerke indes nicht mehr aus.

Bislang sind die Leistungsdaten noch geheim – obwohl die F 117 seit Mitte der achtziger Jahre im Einsatz steht.

Wie ein Insekt auf staksigen Beinen: Die Lockheed F-117, die so kompakt ist, daß sie sogar in den Frachtraum der Galaxy paßt.

Am 19. Februar 1977 schließlich erhob sich der erste Space Shuttle huckepack auf einem B-747 Jumbo in die Luft. Die Raumfahrt drang nun auch mit einem wiederverwendbaren, auf der Erde landenden Luftfahrzeug — auch wenn es noch mit Raketen gestartet wird — über die Atmosphäre hinaus in den Weltraum vor. Längst liegen Pläne für Hyperschallverkehrsflugzeuge für Mach 5 und mehr vor, wie das amerikanische NASP- (National Aero Space Plane), das britische HOTOL-(Horizontal Take-Off and Landing Vehicle) und das deutsche Sänger II-Projekt, als wiederverwendbare, zweistufige Raumtransporter mit Huckepack-Raumgleiter, realisierbar in den Schubladen der großen Hersteller. Auch wird an einer künftigen Generation von Hyperschall-Staustrahl-Triebwerken mit umweltverträglichem Wasserstoff als Brennstoff gearbeitet, einer völlig neuen Technologie, wie sie auch bei Beginn des Höhenfluges erforderlich war. 1993 soll ein Mini-Experimentalflugzeug gebaut werden und ab 1998 fliegen.

Mit diesen Raumjets will man in nicht zu ferner Zukunft (nach 2005) in 30-40 km Höhe binnen weniger Stunden den Globus umrunden, in anderthalb Stunden über den Atlantik oder in zwei Stunden von Los Angeles nach Tokio reisen — etwa nach dem Fahrplan: Frühstück in New York, Mittagessen in London oder Paris, Kaffeetrinken in Singapur, Abendessen und Übernachtung in San Franzisko... Wohl nur die astronomischen Kosten haben bisher schnellere Fortschritte auf diesem Wege verhindert, der gegen den Flugzeugstau helfen soll, ohne die Umwelt noch mehr zu belasten.

8 Vom Zeichenbrett zum CAD
Flugzeugdesign im Wandel

HELGA L. HILLEBRAND

Geboren am 12. Oktober 1961 in Stuttgart. Bis zu ihrem neunten Lebensjahr wuchs sie jedoch in Ludwigsburg-Oßweil auf, einem ländlichen Vorort, wo sie auch die ersten zwei Grundschuljahre absolvierte. Nach dem Umzug nach Stuttgart-Zuffenhausen beendete sie dort die Grundschule und wechselte anschließend auf das Ferdinand-Porsche-Gymnasium, das sie 1981 mit dem Abitur verließ. Ihr Interesse für die Luftfahrt war von Anfang an durch die Technik geprägt. Es folgte eine Ferienarbeit bei der Elektronikfirma Standard Elektrik Lorenz (SEL) im Entwicklungsbereich für Navigations- und Landeanlagen.
Obwohl sie ursprünglich bei der Studienwahl noch zwischen Elektrotechnik und der Luft- und Raumfahrttechnik geschwankt hatte, überwog schließlich doch die Faszination des fliegenden Geräts und sie immatrikulierte sich 1981 an der Universität Stuttgart für die Fakultät Luft- und Raumfahrttechnik.
Mitte 1983 verließ sie die Universität und begann ihre journalistische Laufbahn. Mit einem Volontariat bei der Motor-Presse Stuttgart, schon während dieser Zeit arbeitete sie regelmäßig für die dort erscheinende Luft- und Raumfahrt-Zeitschrift FLUG REVUE, in der sie ab 1985 Technik-Redakteur wurde. Wenig später übernahm sie die Verantwortung für den gesamten Technik-Teil des Heftes, schließlich wurde sie auch zuständig für die Berichterstattung zum zivilen Luftverkehr.
1986 wurde ihr während der Internationalen Luftfahrt-Ausstellung ILA in Hannover der Nachwuchspreis des Luftfahrt-Presse-Clubs (LPC) verliehen.
Im April 1990 verließ sie die FLUG REVUE. Nach einem einjährigen Intermezzo bei der Wissenschaftszeitschrift „bild der wissenschaft" ist sie nun leitender Redakteur in der Bonner Redaktion des „Aerokurier" und arbeitet auch am „Luftwaffen-Forum" mit. Daneben erscheinen ihre Beiträge in diversen in- und ausländischen Publikationen.
Ihr Kommentar zu diesem Kapitel: „Die Luftfahrt hat unser Leben in relativ kurzer Zeit grundlegend verändert. Dahinter verbirgt sich ein faszinierendes Zusammenspiel der zukunftsweisenden Technologien".

Hillebrand

Wie im Automobil-Bau ähneln sich die heutigen Flugzeuge stark. Schuld daran ist weder die mangelnde Phantasie der Konstrukteure noch der Zufall. Vielmehr stehen dahinter die Erfahrungen eines ganzen Jahrhunderts — mit allen Erfolgen und allen Rückschlägen. In den Anfängen basierten die Lösungen auf Probieren, weniger auf wirklichem Wissen. Durch Mißerfolge wurden die unbrauchbaren Ansätze eliminiert. Auch stand nur ein Zweck hinter den frühen Flugversuchen: Der Mensch wollte Fliegen. Wie er das erreichte und mit welchem Aufwand, das war zunächst nebensächlich. Auch die Frage des Nutzens trat erst später auf.

Inzwischen steht bei der Flugzeug-Konstruktion der Zweck im Vordergrund. Heute haben sich zwei grundsätzlich unterschiedliche Einsatz-Bereiche herauskristallisiert: Zum einen die Transportflugzeuge für Passagiere und Fracht, wobei es für die Konstruktion weitgehend unwichtig ist, ob sie zivil oder militärisch eingesetzt werden soll; zum anderen die Flugzeuge für militärische Zwecke.

Diese beiden Arten entwickeln sich, bedingt durch die speziellen Anforderungen, die sie erfüllen müssen, immer weiter auseinander. Die Basisforderungen für ein Transportflugzeug verlangen eine möglichst wirtschaftliche Konstruktion, ein Flugzeug also, das eine große Nutzlast möglichst billig befördern kann. Besonders in der Verkehrsluftfahrt muß der relative Treibstoff-Verbrauch niedrig liegen, denn das verringert nicht nur die Betriebskosten. Es ermöglicht vielmehr auch eine höhere Zuladung oder eine entsprechend größere Reichweite des Flugzeugs.

Bei einem Kampfflugzeug ist der Treibstoff-Verbrauch von sekundärer Bedeutung. Auch die Betriebskosten werden nicht als Hauptkriterium für die Konstruktion angesetzt. Ein Kampfflugzeug zeichnet sich durch Wendigkeit, Manövrierfähigkeit und Geschwindigkeit aus. Hinzu kommt eine ausreichende Nutzlast, um es für eine Verteidigungs- oder Aufklärungsaufgabe auszurüsten.

Die Konstruktion des Flugzeuges muß die unterschiedlichen Anforderungen von Anfang an berücksichtigen. Aus ihnen ergibt sich die Flügel- und Rumpf-Form. Dabei hat gerade die Form der Tragflächen eine herausragende Bedeutung für das Verhalten des Flugzeuges in der Luft. Deshalb hat sich die Flügelform im Lauf der Zeit auch besonders stark verändert, sie wird auch heute noch immer weiterentwickelt. Bei den ersten Flugapparaten versuchte der Mensch mit seinen Konstruktionen den Vögeln möglichst nahe zu kommen, von denen er das Fliegen ja abschauen wollte.

Bei den frühen Flugzeugen war Holz der Hauptwerkstoff beim Bau von Flugzeugen – hier eine französische Blériot XI.

Deshalb verwendete er riesige Flügel, die er wie die Vögel zu bewegen versuchte, teils durch die Kraft der Arme, teils durch eine Fahrrad-ähnliche Übersetzung – ohne Erfolg. Mit starren Flügeln, die in ihrer Form zwar ebenfalls den Schwingen der Vögel ähnlich waren, die aber nicht bewegt wurden, hatte Lilienthal dann Erfolg. Gleitapparate wurden geboren, die in modernerer Form als Hängegleiter die vergangenen hundert Jahre überdauert haben.

Der Wrightsche Motorflugapparat war ein Doppeldecker. Dieses Konstruktionsprinzip wurde – wie meist – aus einer Not geboren: Noch war man nicht in der Lage, freitragende Flächen zu bauen. Eine Anordnung von zwei oder drei Flächen übereinander, die miteinander verstrebt waren, wirkte wie ein Fachwerk beim Hausbau.

Wenige Jahre später begannen die Eindecker ihren Siegeszug. Grundlage dafür waren tragfähige Holme, die die Tragfläche von der Spitze bis zum Rumpf durchziehen und die Biegekräfte aufnehmen, die auf den Flügel wirken. Es gibt Hoch-, Tief- und Mitteldecker. Heutige große Verkehrsflugzeuge sind grundsätzlich Tiefdecker. Bei kleineren Regionalflugzeugen kommt teilweise auch die Hochdecker-Bauweise zum Einsatz. Eine Tragfläche kann einen oder mehrere Holme besitzen. Sie bestanden zu Beginn des Flugzeugbaus meist aus Holz, heute verwenden die Techniker Metall.

Die Flügelform bestimmen die Rippen, die über die gesamte Länge in exakt berechneten Abständen den Querschnitt festlegen. An der Flügelvorderkante sind sie bauchig, werden zur Hinterkante jedoch immer schmaler, was etwas an die Form eines Fisches erinnert. Die Form jeder Rippe bezeichnen die Flugzeugbauer als Profil. Heute gibt es hunderte von festgelegten Profilen. Sie sind vermessen, ihre Auftriebs- oder Widerstandswerte, ihre Dicken, Länge und alle anderen Maße, die zur Übersetzung ihrer Form auf unterschiedliche Flügellängen und -breiten notwendig sind, wur-

Holzrahmen und darüber straff gespannte Leinwand: So flogen auch die Piloten im Ersten Weltkrieg in den Kampf, obwohl es zu der Zeit schon die ersten Metallflugzeuge gab.

Diese Junkers F-13 stand viele Jahre vor dem Eingang des Deutschen Museums in München. Bei einem Bomenangriff wurde sie 1944 völlig zerstört.

Für größere Flughöhen geeignet: Eine Junkers Ju-49 mit Druckkabine.

den erfaßt und genormt. Die meist verwendeten Profile sind heute die NACA-Profile, wobei NACA für die Organisation steht, die diese Formen entwickelt und vermessen hat. Die NACA war die Vorläuferin der heutigen NASA, die Profile haben aber ihren Namen NACA behalten.

Von oben betrachtet hatte der Flügel bis in die Anfangszeit der Jets eine sehr einfache Form. Er war elliptisch oder rechteckig, später leicht trapezförmig und saß rechtwinklig am Flugzeugrumpf. Erst mit den Strahltriebwerken und ihrer höheren Geschwindigkeit erwies sich diese Flügelform und vor allem der rechtwinklige Flügel-Rumpf-Übergang nicht mehr als optimal. Der gepfeilte Flügel wurde geboren: Er sitzt nicht mehr senkrecht am Rumpf, sondern geht leicht nach hinten, als würde das Flugzeug – wie ein Vogel – etwas die Flügel anlegen. Auch hier bedienten sich die Flugzeug-Konstrukteure also beim Vorbild Natur. Je schneller ein Flugzeug fliegen soll, desto stärker sind die Flügel nach hinten – oder in der Fachsprache: positiv – gepfeilt.

Die Idee des positiv gepfeilten Flügels stammt aus Deutschland. Bereits 1935 hatte Dr. Adolf Busemann das Prinzip der Flügel-Pfeilung im Transsonischen, also hohen Unterschall untersucht und veröffentlicht, doch war es in den Wirren des Zweiten Weltkriegs vergessen worden. Erst Mitte Mai 1945 stieß George S. Schairer, Aerodynamiker der amerikanischen Flugzeugfirma Boeing, beim Besuch des amerikanischen Teams unter Dr. Todor von Karman in Deutschland im Luftfahrt-Forschungszentrum Braunschweig, wieder auf diese Idee. Gerade Boeing kam diese Entdeckung zu diesem Zeitpunkt wie gerufen, denn die US Army Air Force hatte gerade Entwicklungsaufträge für einen künftigen Bomber mittlerer Gewichtsklasse vergeben, der erstmals Strahltriebwerke erhalten sollte. Boeing war eines von fünf Unternehmen, die einen solchen Entwicklungsauftrag erhielten. Doch während North American, Convair, Martin und Northrop weiterhin ein Flugzeug mit geraden Tragflächen vorsahen, war Boeing mit den erreichbaren Ergebnissen nicht zufrieden. Die Tragflächenform paßte nicht zu den höheren Geschwindigkeiten. Am 17. Dezember 1947 startete der Bomber B-47 mit gepfeilten Flügeln zum Erstflug – auf den Tag genau 44 Jahre nach dem Flug der Gebrüder Wright. In den darauffolgenden Jahren setzten sich die positiv gepfeilten Flügel bei allen Flugzeugen durch, die im oberen Unterschall fliegen sollten. Heute

Schon vor über 70 Jahren wurde auf Sauberkeit großer Wert gelegt: Bau von Rümpfen für Albatros-C-Typen.

Fließband-Produktion im Zweiten Weltkrieg: Montage von Tragwerk-Mittelstücken für die Dornier Do-217.

steht nicht mehr die Frage, ob, sondern nur noch, wie stark gepfeilt die Flügel sein sollen. Die Pfeilung vermeidet, daß an einigen Stellen der Tragfläche eine Überschall-Strömung oder Verdichtungsstöße entstehen. Der gepfeilte Flügel wird schräg angeströmt, wodurch der Weg entlang der Tragfläche für die Strömung länger wird. Leider wird dadurch aber auch der Widerstand größer und der Auftrieb geringer. Ausgeglichen wird dies durch eine größere Flügelfläche, was mehr Gewicht bedeutet, oder einen höheren Anstellwinkel. Das heißt, der Flügel wird um seine Längsachse um wenige Grad nach oben verdreht am Rumpf angebaut.

Die Erkenntnis, daß eine nach hinten gepfeilte Flügelvorderkante für hohe Geschwindigkeiten notwendig ist, wirkte sich besonders stark bei Überschall-Flugzeugen aus. Es führte dazu, daß das erste Überschall-Verkehrsflugzeug, die britisch-französische Concorde (gebaut von British Aerospace und Aérospatiale) wie zahlreiche Kampfflugzeuge einen Delta-Flügel erhielt. Der Delta-Flügel ist nicht mehr trapezförmig, sondern bildet ein großes Dreieck, das mit einer Kathete direkt in den Rumpf übergeht. Delta- oder Dreieck-Flügel haben eine sehr stark gepfeilte Vorderkante und eine sehr große Fläche, was gleichzeitig das Problem des geringeren Auftriebs zu lösen hilft.

Bei einer anderen Spielart, die ausschließlich für Kampfflugzeuge Verwendung findet, ließen sich die Flugzeugbauer erneut von der Natur inspirieren: Wer schon einmal aufmerksam eine Möve oder einen Falken beobachtet hat, weiß, daß diese Vögel, wenn sie auf ihre Beute hinabstürzen, ihre Flügel fast völlig an den Körper anlegen und sie erst kurz vor dem Erreichen des Ziels wieder abspreizen, wodurch sie sich gleichzeitig abfangen. Dasselbe Prinzip verwenden die sogenannten Schwenkflügler, wie beispielsweise der Tornado. Sie können je nach Flugprofil, also nach Geschwindigkeit, Flughöhe und Aufgabe, die Tragflächen mehr anlegen oder weiter nach vorne aufspreizen. Allerdings ist eine solche Konstruktion sehr aufwendig und lohnt sich nur, wenn tatsächlich ein weiter Geschwindigkeitsbereich abgedeckt werden muß, und der militärische Einsatz es erfordert.

Ebenfalls rein für Militärflugzeuge laufen zur Zeit Versuche mit nach vorne gepfeilten Tragflächen. In Amerika fliegt dazu der Technologie-Demonstrator X-29. Eine negative Pfeilung könnte die Manövrierfähigkeit künftiger Kampfflugzeuge steigern. Außerdem versprechen sich die Konstrukteure davon eine Treibstoff-Einsparung.

Außergewöhnlich angeregt wird die Phantasie der Flugzeug-Konstrukteure immer wieder durch Nurflügler. Ein solches Fluggerät sieht aus, als wären einfach die beiden Teile eines Tragflächen-Paares aneinander gebaut worden, ohne den sonst üblichen Rumpf dazwischen. Auf dem Reißbrett waren solche Konzepte schon häufig, bei prinzipiellen Überlegungen zu neuen Flugzeug-Generationen kommen Nurflügler mit schönster Gleichmäßigkeit als Design-Studien mit auf den Tisch, selbst gebaut wurden schon einige – in Einsatz kamen Nurflügler bisher nicht. Die Idee dahinter ist folgende: Die Flügel tragen am meisten zum Auftrieb eines Flugzeugs bei, der Rumpf bringt hier nur relativ wenig. Andererseits erzeugt der Rumpf den größten Strömungswiderstand. Könnte der Rumpf also eliminiert werden, würde sich ein erheblich besseres Verhältnis von Auftrieb zu Widerstand ergeben. Ein Nurflügler wäre hier also perfekt. Auch diese Form haben übrigens nicht die Ingenieure erfunden. Vielmehr ähnelt sie stark dem Rochen, der sich im

Nur die Steuerknüppel ähneln sich: Blick in die Cockpits der Lockheed Super Constellation (oben) und Junkers Ju 52.

Wasser außergewöhnlich schnell und graziös fortbewegt. Nurflügler könnten gute Frachtflugzeuge oder Bomber abgeben. Dazu müßte ein sehr dickes Tragflächen-Profil gewählt werden, damit im Innern nicht lediglich – wie heute fast in allen Fällen – Treibstoff, sondern auch weitere Nutzlast befördert werden könnte. Natürlich würde sich ein dickes Flügelprofil wieder negativ auf den Strömungswiderstand auswirken, was aber die extrem große Flügel-Auftriebsfläche wieder ausgleichen würde. Sehr futuristische Entwürfe für eine Flugzeug-Klasse des 21. Jahrhunderts sahen bei Boeing sogar vor, daß die Tragflächen an einer Seite hochgeklappt werden könnten und ganze Lastwagen wie bei einer Autofähre in sie hineinführen. Doch solche Konzepte sind noch Utopie.

Doch zurück zu weniger futuristischen Ideen, denn die Konstrukteure sehen – auch ohne ihrer Phantasie sehr freien Lauf zu lassen – noch einige Möglichkeiten, die Tragflächen weiter zu verbessern. Eine davon sind die sogenannten Wing-

Eine Studie aus den 50ern, bei der eine Lockheed Super Constellation zu einem mit Elektronik vollgepackten Horchposten umgerüstet wurde.

lets und Wingtip fences. Dies sind kleine Zusatzflächen, die am Tragflächen-Ende senkrecht auf diesen sitzen. Sie gehen entweder nur nach oben, als wäre der Flügel einfach nur hochgeklappt worden, oder schließen wie dreieckige Pfeilspitzen die Flügel nach oben und unten ab. Erst seit einigen Jahren sind sie im Flugzeugbau üblich. Besonders an den Verkehrsflugzeugen von Airbus gehören sie schon zum gewohnten Bild. Auch die MD-11 von McDonnel Douglas besitzt Winglets.

Winglets waren ebenso wie die seit 50 Jahren verwendeten Grenzschichtzäune, das sind senkrechte Bleche auf der Tragflächen-Oberseite, die ein Abwandern der Strömung entlang des Flügels verhindern, lange Zeit umstritten. Inzwischen haben jedoch Windkanal-Messungen gezeigt, daß Winglets oder Wingtip fences in vielen Fällen einen positiven Einfluß auf den Treibstoff-Verbrauch haben. Allerdings muß ihre Form aerodynamisch genau an den Flügel angepaßt werden.

Ziel für die Zukunft ist es, einen Laminarflügel zu entwickeln. Bei einem solchen Flügel würde die Grenzschicht der Luftströmung ungestört, ohne Wirbel also laminar an der Oberfläche anliegen. Der Widerstand würde sich dadurch um 20 bis 30 Prozent nach heutiger Schätzung reduzieren, was Treibstoff-Einsparungen von immerhin etwa fünf Prozent bringen würde.

Dies zu erreichen stellt sich jedoch als schwieriger heraus, als erwartet. Prinzipiell gibt es deshalb zwei Ansätze zur Problemlösung: eine aktive Beeinflussung der Strömung oder ein neues hochexaktes Flügelprofil. Bei der Deutschen Forschungsanstalt für Luft- und Raumfahrt (DLR) laufen schon seit einigen Jahren Versuche mit einem Laminarprofil. Die Schwierigkeit dabei ist, daß ein solches Profil nur für eine ganz bestimmte Fluglage optimiert werden kann und äußerst präzise gearbeitet werden muß, was bei einer Großserienfertigung schwierig werden könnte. Überdies würden schon geringe Unebenheiten, hervorgerufen durch Schmutz, die Laminarität stören.

Bei der aktiven Beeinflussung der Strömung würde die Flügelvorderkante durch winzige, haarfeine Löcher perforiert. Durch sie könnte die Luft förmlich an die Tragflächen-Oberseite angesaugt werden. Auch ließe sich die Menge der angesaugten Luft, je nach Anströmwinkel und Fluglage, steuern. Versuche hierzu laufen sowohl bei der NASA in Zusammenarbeit mit den großen Flugzeug-Herstellern, wie auch in Europa bei Airbus. Der Nachteil dieser Methode ist die aufwendige, kostspielige Konstruktion. Es läßt sich heute noch nicht absehen, ob sich dieser Aufwand lohnen wird, und ein solches aktives System zur Strömungslaminisierung jemals in den Serieneinsatz geht.

Als letztes Highlight unter den Forschungen zu neuen Tragflächen sei noch der Wölbflügel oder Mission Adaptive Wing erwähnt. Normalerweise wird die Tragfläche auf einen bestimmten Flugbereich hin optimiert. Das ist bei Verkehrsflugzeugen der Reiseflug in etwa 10000 Meter Höhe etwas über Mach 0,8 oder bei 850 bis 900 km/h. In diesem Bereich wird das Flugzeug den größten Teil seiner Flugzeit zubringen, und damit ist er für die Wirtschaftlichkeit ausschlaggebend. Bei Kurzstrecken-Flugzeugen wird die optimale Flughöhe etwas niedriger sein, bei Langstrecken-Maschinen eventuell noch etwas höher. Weniger günstig wirkt sich der darauf ausgelegte Flügel jedoch aus, wenn ein normalerweise für den Langstrecken-Einsatz konzipiertes Flugzeug von einer Fluggesellschaft auf der Kurzstrecke eingesetzt werden muß. Auch in der Start- und Landephase erweist sich der einmal festgelegte Flügel als nicht optimal.

Um diesem Problem entgegenzuwirken, gibt es eine ganze Reihe von Klappen-Systemen, wie Wölb-, Spreiz-, Spalt- und Fowler-Klappen. Sie dienen als zusätzliche Auftriebshilfe, indem sie die Flügelfläche erhöhen, helfen bei der Landung, verhindern einen vorzeitigen Strömungsabriß am Flügel und verändern die Wölbung und/oder die Flügeltiefe. Auch an der Flügelvorderkante gibt es Vorflügel, die im ausgefahrenen Zustand einen Strömungsabriß bei hohem Anstellwinkel verhindern.

Dies alles sind aber nur erste Schritte auf dem Weg zu einem echten Wölbflügel, der sein Profil während des Fluges an den jeweiligen Flugzustand anpassen kann. Dazu müßte er in der Lage sein, die Profilform zu ändern. Versuche an Wölbflügeln laufen schon seit längerem. Auf der zivilen Seite hatte die Deutsche Airbus, damals noch als Verkehrs-

Die NATO besitzt eine Flotte von Frühwarnflugzeugen des Typs E-3A AWACS. Diese Maschinen wurden von Boeing entwickelt und gebaut. Die Kabine ist mit Überwachungsinstrumenten ausgestattet, an denen das Aufklärungspersonal die Sensordaten beispielsweise eines Radars auswertet. Die AWACS-Flotte ist ständig im Einsatz und sorgt für eine rechtzeitige Warnung der fliegenden und Bodenverbände.

flugzeug-Bereich von Messerschmitt-Bölkow-Blohm (MBB), für das Airbus-Zwillings-Programm A330/340 ein Flügelkonzept vorgeschlagen, bei dem eine Formänderung des Flügels durch ein mit der Oberfläche bündiges Klappensystem möglich gewesen wäre. Allerdings konnte sich dieser Vorschlag nicht durchsetzen. Auch Dornier arbeitete an einem Wölbflügel. Für den zivilen Bereich scheint diese Flügelart vorläufig aber noch zu aufwendig in Konstruktion, Fertigung und vor allem in der automatischen Steuerung. Auch befürchten die Airlines einen erhöhten Wartungsaufwand, der die Treibstoff-Einsparungen in der Betriebskostenrechnung leicht wieder aufwiegt.

Viel interessanter scheint der Wölbflügel deshalb für die Militärs zu sein. Was mit dem Schwenkflügel begonnen wurde, könnte mit dem Wölbflügel weitergeführt werden. Deshalb modifizierten die NASA, die US Air Force und Boeing in einem gemeinsamen Programm eine F-111 (die ja Schwenkflügel besitzt) und rüsteten sie mit einem Wölbflügel aus. Die Testflüge begannen am 18. Oktober 1985. Durch verschiedene Stellungen des Schwenkflügels werden dabei unterschiedliche Flugzeugtypen simuliert. Der Wölbflügel läßt sich über eine automatische, computergestützte Steuerung an Vorder- und Hinterkante vom völlig geraden Profil zu einem nach unten gebogenen verstellen. Dadurch erhöht sich die Manövrierfähigkeit, engere Kurven können geflogen werden.

Bisher wurde fast ausschließlich über die Tragflächen des Flugzeugs gesprochen. Das hat seinen Grund, denn die Flugleistungen eines Flugzeuges hängen weitgehend von den Tragflächen ab – zumindest, was die Aerodynamik betrifft.

Zwar haben die Aerodynamiker auch bei der Auslegung des Rumpfes ein Wörtchen mitzureden, sie unterliegen hier aber erheblich größeren Zwängen, denn Fassungsvermögen spielt hier eine bedeutende Rolle.

Verkehrsflugzeuge und Transporter haben deshalb bisher – und wohl auch noch für die nächste Zeit – einen eher klobigen Rumpf, denn seine Breite ist festgelegt durch die Anzahl der Sitze pro Reihe und die Größe der genormten Frachtpaletten und Container. Würde ein Hersteller von diesen Maßen erheblich abweichen, entspräche das Flugzeug nicht mehr den Bedürfnissen und Wünschen der Kunden-Airlines und hätte wohl kaum mit guten Absatzchancen zu rechnen. Um den Kundenwünschen auch wirklich gerecht zu werden, analysieren die Flugzeugfirmen heute den Markt genau, bevor sie sich auf das Risiko einer neuen Flugzeug-Entwicklung einlassen. Schon in der ersten Design-Phase reden die Stammkunden unter den Fluggesellschaften ein gewichtiges Wort mit. So bestimmen eigentlich sie, wie groß das Flugzeug wird, und wie das Layout im Innern des Rumpfes aussehen sollte. Im großen und ganzen ergeben sich so nur geringe Unterschiede, denn Fluggesellschaften sind an revolutionären Neuerungen keineswegs interessiert. Das würde nur die Wartungskosten erhöhen und intensive Umschulungen des Personals erfordern.

Dennoch haben die Aerodynamiker den Rumpf noch nicht ganz aus den Augen verloren. Eine neue Idee, den Widerstand hier erheblich zu senken, sind die sogenannten Riblets. Das sind haarfeine Rillen, ähnlich denen einer Schallplatte. Versuche haben gezeigt, daß ein Strömungskörper – also auch ein Flugzeug – der damit längs der Strömungsrichtung versehen wird, einen geringeren Luftwiderstand aufweist. Bei einem Flugzeug könnten der gesamte Rumpf und die Flügel damit beklebt werden. Das würde den Gesamtwiderstand um immerhin zwei Prozent senken. Bei Airbus läuft deshalb zur Zeit ein Test mit einem Flugzeug. Diese Maschine wurde mit einer hauchdünnen, gerillten Folie beklebt. Daß Einsparungen möglich sind, konnte so bereits nachgewiesen werden. Leider dürfte aber der Serieneinsatz einige Probleme machen: Die Folie darf nicht verschmutzen, ist schwierig zu warten und behindert wahrscheinlich die Inspektion. Ob sich der Aufwand für die Fluggesellschaften lohnen würde, ist auch noch nicht sicher. Die anfänglich großen Hoffnungen der Aerodynamiker sind jedenfalls inzwischen ziemlich getrübt.

Nichts ändern wird sich vorläufig an den bewährten und von den Airlines gewünschten Rumpfformen heutiger Verkehrsflugzeuge. Der Rumpfquerschnitt ist meist oval oder ähnelt – wie bei der Boeing 747 (Jumbo) – einer Acht, da hier praktisch zwei Rümpfe übereinander gesetzt sind, um eine zweistöckige Passagier-Ebene zu erhalten. Dies gilt allerdings nur für Flugzeuge mit Druckrumpf, die für die

Auf diesem gewaltigen Gerüst testete man die Resistenz von B-52-Bombern gegenüber elektronischen Auswirkungen einer Nuklear-Explosion.

Flüge in großen Höhen über einen Druckausgleich verfügen. Bei nicht druckbelüfteten Flugzeugen – meist kleinere Regional-Verkehrsflugzeuge wie die Dornier 228 – kann auch eine Kastenform für den Rumpf verwendet werden. Allerdings geht der Trend inzwischen auch bei den Commutern (Regionalverkehrsflugzeugen) zu einer Auslegung mit Druckrumpf. Der Druckrumpf wird durch einen runden Druckschott abgeschlossen, der schalenförmig nach hinten ausgebeult ist. Vom Cockpit in der Nase des Flugzeugs bis zu diesem Druckschott reicht der druckbelüftete Kabinenbereich.

Als mit der De Havilland Comet das erste Verkehrsflugzeug mit Druckkabine in den Liniendienst ging, ereigneten sich bald nacheinander einige schwere Flugzeug-Abstürze. Anfänglich konnte sich niemand die Ursache dafür erklären, denn die Rumpfstruktur war ebenso wie alle früheren auf Bruchversagen getestet worden. Die Struktur muß dabei mindestens das 1,5fache der maximal möglichen Belastung ertragen, ohne irgendwelche Brüche aufzuweisen. Anschließend wird eine Testzelle solange weiter belastet, bis sie versagt, um die Obergrenze im Versuch zu ermitteln. Diese Testprozedur war auch mit der Comet durchgeführt worden – und dennoch hatte die Struktur offensichtlich versagt.

Der Unglücksursache kam dann ein Flugzeug-Ingenieur auf die Spur: Er versenkte einen Testrumpf in einem Wasserbassin und pumpte ihn mit Luft auf, ließ sie wieder ab und pumpte erneut auf. Relativ schnell kam es zu einem Versagen der Struktur – an einem hinteren Kabinenfenster hatten sich Risse gebildet und schnell fortgesetzt. Die Stelle entsprach der, die anhand der Reste einer abgestürzten Comet zuvor als Bruchstelle lokalisiert worden war. Aus dieser Erfahrung

Zwei Generationen von Verkehrsflugzeugen auf einem Bild: Douglas baute 1935 das zweimotorige Verkehrsflugzeug DC-3, eines der ersten für den Linienpassagierverkehr. Im Januar 1990 rollte bei McDonnell Douglas die MD-11 an den Start.

Die MD-11 kurz vor ihrem Erstflug: Große Winglets an den Flügelspitzen verbessern die Aerodynamik und sparen Treibstoff. Die MD-11 ist das neueste Großraum-Verkehrsflugzeug auf dem Markt. Die ersten Airlines beginnen gerade mit dem Einsatz.

lernten die Flugzeugbauer, daß ein Flugzeug nicht nur eine hohe statische Last ertragen muß, sondern auch großen dynamischen Kräften ausgesetzt ist.

Heute werden Flugzeuge neben dem Bruchversuch auch dem dynamischen Lebensdauer-Versuch unterzogen. Ihm liegen sogenannte Zyklen zugrunde, die jeweils einen vollen Flug mit Rollen am Boden, Starten, Reiseflug, Böen, Sinkflug, Landung und Abrollen sowie mit dem Aufpumpen der Kabine und dem großen Druckunterschied zwischen Außen und Innen bei Flügen in etwa 10000 Meter Höhe simulieren. Bevor das erste Flugzeug in den Liniendienst gehen darf, hat die Testzelle schon ein volles Flugzeugleben im Zeitraffertempo absolviert. Das sind heute rund 20 Jahre. Die entsprechende Anzahl der Zyklen hängt von der vorgesehenen Einsatzart ab, liegt also für ein Kurzstreckenflugzeug höher als bei einem Langstreckenflugzeug.

Als Anfang der 50er Jahre dynamische Tests aufgenommen wurden, gingen die Konstrukteure davon aus, daß sich ein Flugzeug nach etwa zwölf Jahren Einsatz amortisiert haben müsse. Das sogenannte Design life – das ist die Einsatzdauer, auf die das Flugzeug konstruktiv ausgelegt wurde, und während der es wirtschaftlich ohne extreme Aufwendungen für die Instandhaltung mindestens betrieben werden kann – liegt seitdem bei 20 Jahren. Für die Boeing 707 setzten die Boeing-Ingenieure ebenfalls diese 20 Jahre an und

errechneten 20000 Flüge für diesen Zeitraum. Das war Ende der 50erJahre. Die 707 fliegt heute noch.

Auch der Airbus A320 ist auf 20 Jahre ausgelegt. Doch rechnen die Airbus-Konstrukteure bereits mit rund 50000 Flügen in diesem Zeitraum. Und durch den Boom im Luftverkehr sehen sich viele Airlines gezwungen, ihre Maschinen länger zu fliegen, als sie dies ursprünglich geplant hatten. Boeing als der größte Flugzeug-Hersteller rechnet inzwischen mit einer Betriebszeit von etwa 30 Jahren für neue Flugzeuge. Nachdem für die Boeing 737-400 und -500, die beiden neuesten Versionen, die von diesem Typ ausschließlich gebaut werden, die Flugzahl pro Flugzeugleben schon auf 75000 hochgesetzt wurde, bedeutet dies, daß die kommende Flugzeug-Generation im Kurzstrecken-Einsatz wohl auf 100000 Zyklen ausgelegt werden muß.

Insgesamt muß im dynamischen Ermüdungstest das 2,5fache eines normalen Flugzeuglebens nachgewiesen werden, bevor die erste Maschine den Liniendienst aufnimmt. Wenn etwa die Hälfte der Testzyklen gefahren wurde, also etwas mehr als ein Flugzeugleben, wird die Testzelle

Endmontage bei McDonnell Douglas findet im großen Stil statt. Die amerikanische Firma ist der zweitgrößte Hersteller von Verkehrsflugzeugen weltweit. Die MD-11, die ausschließlich in dieser Halle endmontiert wird, ersetzt künftig die alte DC-10.

gründlich durchgecheckt und mit künstlichen, kleinen Schäden versehen, bevor die zweite Hälfte der Erprobung beginnt.

Damit sind wir bei dem heute allgemein üblichen Konstruktions-Prinzip des »fail safe«, wie es in der Fachsprache heißt: Die Konstruktion darf nicht völlig versagen, selbst wenn ein Teilbereich beschädigt ist und seine Aufgabe nicht mehr erfüllt. Dieses Verfahren wurde etwa gleichzeitig mit den dynamischen Lebensdauertests Anfang der 50er Jahre in den Flugzeugbau eingeführt, obwohl uns schon aus viel früheren Zeiten Ansätze einer »fail safe«-Bauweise überliefert sind. So heißt es in den Erläuterungen, die Leonardo da Vince Ende des 15. Jahrhunderts zu seinem Fluggerät aufzeichnete: »Beim Bau der Flügel muß man eine Schnur zur Aufnahme der Belastung anbringen und eine weniger straff gespannte an der gleichen Stelle, so daß beim Bruch der

Die Cockpits von modernen Verkehrsflugzeugen, hier das der MD-11, sehen aufgeräumt aus. Vor dem Sitz des Kapitäns (links) und des Co-Piloten (rechts) befinden sich jeweils drei Displays, auf denen die wichtigsten Informationen zusammengefaßt sind.

einen, infolge der Belastung, die andere zur Übernahme der Funkton der ersten bereitsteht.«

Die konstruktive Ausfallsicherheit muß aber nicht unbedingt durch eine Verdoppelung aller Teile erreicht werden. Es genügt auch, wenn nachgewiesen wird, daß ein Riß sich bei den maximalen statischen und dynamischen Belastungen bis zur nächsten großen Inspektion, wo er entdeckt werden muß, nicht so sehr vergrößert, daß es zu einem Bruch oder sonstigem Versagen der Gesamtstruktur und damit zu einem katastrophalen Unfall kommen kann.

Computer statt Zeichenbrett

Aber nicht nur die Auslegung der Flugzeuge, die Konstruktions-Prinzipien und die Testverfahren haben sich in den vergangenen 100 Jahren verändert und neuen Anforderungen angepaßt. Auch die Arbeit der Konstrukteure selbst, ihre Hilfsmittel und das Berufsbild wandelte sich. Die Flugzeugbauer der ersten Stunde waren Tüftler, häufig verspottet wegen ihrer scheinbar fixen Ideen. Auf Hilfe anderer konnten sie nur selten rechnen, höchstens im engen Familienkreis. Der Wunsch zu Fliegen war ihr Ansporn, sie waren Konstrukteure, Aerodynamiker, Flugzeugmechaniker und Piloten in Personalunion. Ähnlich wie auch im Automobilbau entstanden die ersten Zeichnungen nicht selten auf dem Küchentisch, wurden die Bauteile und Komponenten im Stall oder einem alten Getreideschober gefertigt und das Flugzeug dort auch montiert.

Nachdem das Fliegen gesellschaftsfähig und die Flugzeuge aufwendiger geworden waren, entstanden Flugzeugfirmen. Hier arbeitete nun ein kleines Team von Ingenieuren an der Konstruktion. Den Basisentwurf gab noch jener Flugpionier vor, aus dessen ersten Erfolgen die Firma hervorgegangen war. Gefertigt wurde dann von angelernten Mechanikern anhand der Konstruktionspläne – das meiste von Hand.

Mit immer komplexeren Flugzeugen wurde auch die Konstruktion immer aufwendiger, die Konstruktionsteams immer größer. An großen Reißbrettern entstanden jetzt die Zeichnungen, die die Basis für die Fertigung und Montage der Bauteile bildeten. Jeder Konstrukteur war nur noch für einen eng umrissenen Bereich zuständig. Das verstärkte sich weiter bis heute. Zuerst wird aufgrund der Marktanalysen das Basisdesign ausgewählt, das den Kundenwünschen ent-

Das Experimentalflugzeug X-29, eine Entwicklung der amerikanischen Firma Grumman, zeichnet sich durch nach vorne gepfeilte Flügel aus. Das soll die Manövrierfähigkeit der Maschine erhöhen. NASA und Grumman erprobten das Konzept.

spricht. Damit ist die ungefähre Größe der Maschine, ihre annähernde Spannweite, die Form des Leitwerks und der Installationsbereich für die Triebwerke festgelegt. Die Konstruktion eines Flugzeugs beginnt mit dem sogenannten Strak. Dabei wird aus bestimmten, fest vorgegebenen Querschnitten, die beispielsweise beim Rumpf durch den zum Unterbringen der Container oder die Anzahl der Passagiere erforderlichen Kabinendurchmesser bestimmt sind, eine homogene Form entwickelt. Das gilt auch für die Tragflächen, für die die Aerodynamiker zuvor geeignete Profile ausgewählt haben. Nirgends dürfen bei der äußeren Formgebung Ecken oder sprunghafte Übergänge entstehen, alles muß abgerundet sein und einen weichen, kontinuierlichen Verlauf haben.

Danach beginnt die Detailkonstruktion. Hier wird jede einzelne Niete, jede Schraube, jeder Spant oder Stringer in Größe, Länge, Form und Anzahl festgelegt. Zu jeder Baugruppe muß eine Stückliste erstellt werden, die alle diese Angaben enthält. Es müssen auch die Nummern der Normteile aufgeführt sein, denn in der Luftfahrt sind alle Basisteile und die zugelassenen Werkstoffe in der LN-Norm festgelegt. Endlich muß der Konstrukteur das genaue Gewicht der Baugruppe berechnen und eine genaue Montageanleitung erstellen. Er hat auch zu überprüfen, ob die Teile überhaupt in dieser Form mit Werkzeugmaschinen gefertigt werden können, und ob sie leicht zu montieren sind. Selbst Angaben über Schutzlacke oder zusätzliche Härtungsprozesse bei der Fertigung kommen aus der Konstruktion.

Seit einigen Jahren halten Konstruktions-Computer Einzug in die Büros. Der Konstruktions-Ingenieur steht also nicht mehr am Zeichenbrett und hantiert mit Lineal, Zirkel, Winkel und Tuscheschreiber. Beim CAD (Computer Aided Design) sitzt er jetzt an einem Bildschirm. Über eine Tastatur kann er bestimmte Basis-Elemente, wie Dreiecke, Vierecke, Kreise und Striche aufrufen und über eine Computer-»Maus« positionieren, verschieben oder gar ändern. Teilweise sind dem Computer sogar schon bestimmte Normteile wie Schrauben oder Nieten eingegeben, die der Konstrukteur dann nicht mehr einzeln zeichnen muß. Auch viele Hilfslinien, die die Montage und Positionierung beim Fertigen erleichtern sollen, setzt der Computer selbst.

Je nach Ausbaustufe erstellt der Computer auch die Stückliste für die Baugruppe teilweise alleine. Gearbeitet wird daran, die Fertigungsdaten nach Fertigstellung der Konstruk-

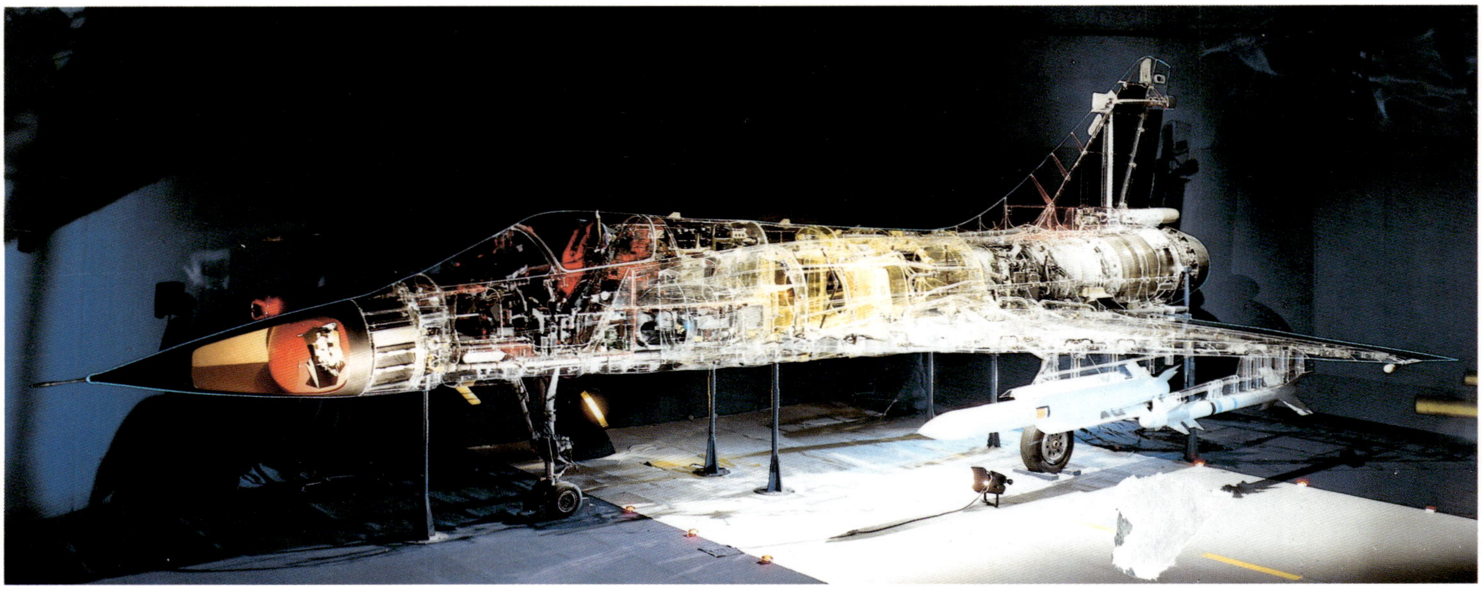

Elektronik sichtbar gemacht: Bei diesem „gläsernen Vogel" haben Techniker alle Strom- und Hydraulikleitungen in einem modernen Kampfflugzeug (Mirage 2000) optisch aufbereitet.

tion direkt über Datenleitung an die computer-gesteuerten Werkzeugmaschinen geben zu können. Auch eine computer-überwachte Lagerhaltung anhand der Konstruktionsstücklisten wäre möglich. Soweit ist es aber bei den meisten Firmen noch nicht.

Bei manchen Detailproblemen oder beim Ändern greifen viele Konstrukteure auch heute noch zu Bleistift und Lineal, und in den Konstruktionsbüros sind immer noch einige Zeichenbretter zu sehen. Sie werden jedoch sicher in absehbarer Zeit verschwinden.

Der Stoff der Flugzeuge

Flugzeuge müssen leicht sein, müssen ungeheure Kräfte ertragen, sollen uns einen festen Boden unter den Füßen geben, während wir in den höchsten Höhen fliegen, sie dürfen nicht ermüden oder rosten. Für den Flugzeugbauer kommen noch die Forderungen nach guter Verarbeitbarkeit der Werkstoffe und möglichst niedrigen Beschaffungskosten hinzu.

Alle diese Forderungen unter einen Hut zu bringen, scheint eigentlich unmöglich. Und sicher ist es immer nur ein Kompromiß, der dabei herauskommen kann. Diesen Kompromiß aber zu optimieren, ist und bleibt das Ziel der Ingenieure. Damit dürfte klar sein, daß gerade auf diesem Gebiet noch immer Forschungen unternommen werden, daß sogar die Werkstoffkunde heute eine der wichtigsten Rollen spielt.

Zu Beginn der Fliegerei bestanden die Flugzeuge aus einem Holz- später aus einem Metallrohrgerüst, das mit Papier oder Leinwand überzogen wurde. Gewiß eine sehr leichte Bauweise, doch auch sehr anfällig gegen Beschädigung und Wettereinflüsse.

Schon bald wurde auf Leichtmetall-Rümpfe übergegangen. Besonders Aluminium-Legierungen erwiesen sich als gut geeignet. Sie sind leicht und trotzdem sehr belastbar, rosten nicht und lassen sich relativ gut bearbeiten. Besonders stark belastete Teile, wie das Fahrwerk oder Stellglieder für die Klappen, werden aus Stahl gefertigt.

Besonders im Luftverkehr stehen die Flugzeug-Hersteller unter dem dauernden Druck, noch wirtschaftlichere Flugzeuge zu bauen. Dies läßt sich am einfachsten dadurch erreichen, daß die Struktur leichter wird. Die Suche nach entsprechenden Werkstoffen führte zu den modernen Composites, im Deutschen als Faser-Verbundwerkstoffe bezeichnet. Diese Materialien bestehen aus einer Kunststoff-Matrix, häufig ist dies Epoxydharz, und eine Matte aus Glas-, Kohlestoff- oder Aramidfasern. Der Werkstoff wird aus mehreren solcher Lagen aufgebaut. Die Richtungen der einzelnen Faserlagen lassen sich entsprechend der Hauptbelastungsrichtung verschieben, denn der Werkstoff verfügt nur in Faserrichtung über eine hohe Belastbarkeit.

Unter den Hersteller von Großraum-Verkehrsflugzeugen setzt Airbus die Composites am stärksten ein. Schon bei der A300-600 gingen etwa vier Prozent des gesamten Strukturgewichts auf Composite-Bauteile zurück, bei der A320 waren es bereits mehr als 15 Prozent, und bei den künftigen A330/340-Flugzeugen wird der Anteil nochmals höher liegen. Vergleicht man nun die Gewichtseinsparungen pro Bauteil, wenn es nicht mehr in Metall, sondern in Composite gefertigt wird, so reduziert sich das Gewicht um 20 bis 25

Moderne Werkstoffe verlangen besondere Fertigungstechniken: Hier ein Mittelteil eines Kampfflugzeuges (F-15). Deutlich sind die Öffnungen für die beiden Triebwerke am hinteren Ende zu sehen.

Prozent. Für die Gesamtstruktur der A320 bedeutet das eine Gewichtsreduzierung um rund 800 Kilogramm. Doch das ist noch nicht alles: Hinzu kommt, daß Strukturen, die gleich für Verbundwerkstoffe konstruiert wurden, mit weniger Einzelteilen auskommen. Wo bei Metall-Bauteilen zusätzliche Unterteilungen erforderlich waren, die vernietet, verschraubt oder verklebt werden mußten, läßt sich dasselbe Bauteil bei Composites in nur einem Stück herstellen.

Dies gilt zum Beispiel für stark geformte Strukturteile. Composites werden in die entsprechenden Bauformen einfach lagenweise hineingelegt und – da sie noch biegsam und weich sind – können sie sich an die Form anschmiegen.

Dazu wird die Bauform mit einer Kunststoff-Plane luftdicht abgeschlossen und die im Innern verbliebene Luft abgesaugt. Die Composite-Lagen – in diesem weichen Zustand Prepregs genannt – nehmen die gewünschte Form an. Anschließend wird die Bauform in großen Öfen, den Autoklaven, bei hohen Temperaturen ausgehärtet.

Noch werden im Verkehrsflugzeugbau keine Primärstrukturen aus Composites hergestellt. Primärstrukturen sind beispielsweise Tragflächen und Rumpf, die bei einem Versagen unausweichlich zu einem katastrophalen Unfall führen würden. Entsprechende Untersuchungen und Tests für den Einsatz der Verbund-Werkstoffe auch in diesem Bereich laufen jedoch. Zur Zeit beschränken sich die Konstrukteure noch auf Rumpfnase, Leitwerk, die Triebwerksverkleidung, Klappen, Türen und viele kleine Bauteile. Die Innenverkleidung der Kabine und die Ausstattung besteht schon seit langem fast ausschließlich aus Kunststoff. Dornier entwickelt zur Zeit für das künftige Regionalverkehrsflugzeug Dornier 328 das hintere Druckschott aus Composite.

Fast ganz aus Glasfaser-verstärktem Verbundwerkstoff wird das Wasserflugzeug Seastar sein, das von der Dornier Composite Aircraft gebaut wird und sich gerade in der Erprobung befindet. Außerdem sind Verbundwerkstoffe bei den Segelflugzeugen schon seit längerem das typische Baumaterial.

Ein anderer neuer Werkstoff, der zur Zeit Einzug in den Flugzeugbau hält und den Composites Konkurrenz macht, besteht ebenfalls aus einer Aluminium-Legierung: das Aluminium-Lithium. Es verbindet die bewährten Eigenschaften des Aluminiums mit dem geringen Gewicht der Composites. Gegenüber herkömmlichen Alu-Legierungen bietet es einen Gewichtsvorteil von etwa zehn Prozent. Außerdem können die Konstruktionen direkt für das neue Material verwendet werden, ohne daß eine Umkonstruktion erforderlich wird.

Mit Laserstrahl wird die relative Festigkeit von Verbundwerkstoffen getestet, wie hier bei Lockheed in Burbank.

Mögliche Einsatzbereiche wären Rumpfbeplankungen, die Stringer im Rumpf, Türen, Druckschotte und vieles mehr. Airbus hat diese Bereiche für die A330/340 im Ermüdungstest, plant jedoch zur Zeit, auch wenn sich die Erwartungen bestätigen, noch nicht den Serieneinbau. Grund dafür ist vor allem der extrem hohe Preis dieses Materials, der rund viermal so hoch ist wie bei herkömmlichen Alu-Legierungen.

Begünstigend für den Vormarsch des Aluminium-Lithiums ist jedoch, daß Composites einige Probleme haben, die noch nicht vollständig gelöst sind. Das eine davon ist der Blitzschlag. Solange die Außenhaut des Flugzeugs aus Metall ist, sitzen die Passagiere in einem Farradayschen Käfig: die hohe elektrische Energie kann ihnen nichts anhaben. Bei einem direkten Einschlag würde zwar die Außenhaut eventuell etwas beschädigt, zu einem Absturz würde dies aber dank der erwähnten fail-safe-Bauweise nicht führen. Sind jedoch große Teile der Außenstruktur aus Kunststoff gefertigt, fällt dieser natürliche Schutz weg.

Es dauerte einige Zeit, bis die Flugzeug-Hersteller diese Gefahr ganz durchschaut hatten. Inzwischen werden an den gefährdeten Stellen des Flugzeugs – denn nicht alle Bereich sind für einen Blitz »anziehend« – dünne Metallbänder, -matten oder -gitter auf die Oberfläche geklebt. Sie kanalisieren die Blitz-Energie entlang der Flugzeughaut und leiten

Festigkeitsprüfung eines Flügels für das Lockheed/Boeing/General Dynamics-Gemeinschaftsprojekt YF-22.

sie ab, ähnlich den Blitzableitern auf den Dächern unserer Häuser. Ein anderes Problem ist, daß Composites Feuchtigkeit aufsaugen. Wie stark dies geschieht, ist noch nicht völlig geklärt, auch nicht, was dies für die Lebensdauer der Bauteile bedeutet. Unter Umständen könnten sich die Einzellagen im längeren Einsatz unter extrem feuchten Bedingungen – etwa im asiatischen Raum – voneinander lösen oder die Fasern aus dem Verbund herausgelöst werden.

Und schließlich ist die Kontrolle von Bauteilen aus Faserverbundwerkstoffen recht schwierig. Im Gegensatz zu Metallstrukturen, bei denen Risse häufig schon von außen mit dem bloßen Auge rechtzeitig vor einem Versagen des Bauteils erkannt weden können, ist dies bei Composites nicht der Fall. Risse sind hier nicht das Problem, denn die Fasern, die überall im Werkstoff verstreut sind, können kleine Risse häufig stoppen.

Dagegen steckt die Gefahr in sogenannten Delaminationen. Darunter verstehen die Flugzeugbauer eine innere Ablösung. Die einzelnen Lagen trennen sich voneinander, das Material verliert seine Festigkeit. Solche Delaminationen sind von außen meist nicht zu erkennen – oder zumindest erst dann, wenn es eigentlich schon zu spät ist. Dabei können sie beispielsweise durch Steinschlag, eine unsachgemäße Behandlung auf Flughäfen und ähnlichem leicht entstehen. Sie können sogar latent bereits bei der Bauteilfertigung eingebaut werden, wenn trotz aller Vorsicht kleine Luftblasen zwischen den Lagen sitzen. Auch die vorher erwähnte Gefahr von Feuchtigkeitsaufnahme kann zum Trennen der Lagen führen.

Trotz dieser Probleme wird der Flugzeugbau auf Composites in Zukunft nicht mehr verzichten können. Verbundwerkstoffe bieten die Möglichkeit, maßgeschneiderte Materialien zu entwickeln. So laufen zur Zeit Entwicklungen für Hochtemperatur-Composites. Sie könnten das schwere Titan bei Überschall-Flugzeugen ersetzen. Dies gilt sowohl für Militärflugzeuge, als auch für den Concorde-Nachfolger, Überschall-Verkehrsflugzeug der nächsten Generation. Viele Materialwissenschaftler rechnen besonders bei den hochtemperaturbeständigen Polymeren mit einem wachsenden Bedarf. Sie werden es wahrscheinlich auch sein, die den Konkurrenzkampf mit dem Aluminium aufnehmen müssen. NASA-Wissenschaftler erwarten eine Verdopplung des weltweiten Markts für diese Materialfamilie. Zur Zeit werden pro Jahr etwa 90 Millionen Kilogramm für rund 2,3 Milliarden Dollar verbaut.

Geht es um noch höhere Temperaturen, wie sie beispielsweise am Hitzeschild von Raumfahrt-Systemen beim Wiedereintritt in die Erdatmosphäre oder im Heißteil der Flugzeug-Triebwerke auftreten, so sind nochmals andere Verbundwerkstoffe notwendig. Auch an diesen modernen Materialien wird gearbeitet: Solche Hochtemperatur-Composites basieren auf keramischen Werkstoffen. Auch kann dann kein Kunststoff mehr als Matrix verwendet werden. Eine metallische Matrix mit keramischer Verstärkung wäre eventuell eine Alternative. Dabei nutzt man die extreme Hitzefestigkeit von Keramiken und versucht durch Zusätze, zum Beispiel Metall, ihre Spröde zu reduzieren.

Die Verwendung von Verbundwerkstoffen macht neue Fertigungsverfahren notwendig. Hier wird ein Teil aus Composite zum Aushärten in einen Autoklaven geschoben. Das weiche Material aus Fasermatten und Kunststoffharz wird unter Druck gebacken.

Jedenfalls dürfte für die Zukunft die Werkstoff-Forschung eine der wichtigsten Disziplinen in der Luft- und Raumfahrt sein, denn die vorhandenen Werkstoffe entscheiden maßgeblich über die Leistungsfähigkeit künftiger Strukturen und der Flugzeuge, für die sie verwendet werden.

Das Gehirn moderner Flugzeuge

Neben den Werkstoffen wird ein anderes Gebiet in den kommenden Jahren die Entwicklung von Flugzeugen tiefgreifend prägen: Die Elektronik. Vergleicht man die Cockpits der neuen Verkehrs- und Militärflugzeuge mit denen der vorherigen Generation, so wird deutlich, welche Revolution sich hier in einem Zeitraum von etwa zehn Jahren ereignet hat. Die Cockpits wirken aufgeräumt, freundlicher und übersichtlich. Die verwirrende Vielzahl hunderter von Schaltern, Knöpfen, Zeigern und Zahlen ist verschwunden. Und doch ist alles vorhanden – und mehr noch: Die Cockpit-Crew hat heute mehr Informationen zu verarbeiten als alle Piloten-Generationen zuvor. Dabei sitzen heute in Verkehrsflugzeugen nur noch zwei Piloten und erfüllen parallel zu ihrer fliegerischen Aufgabe auch noch die Pflichten, die früher Funker und Navigator völlig auslasteten.

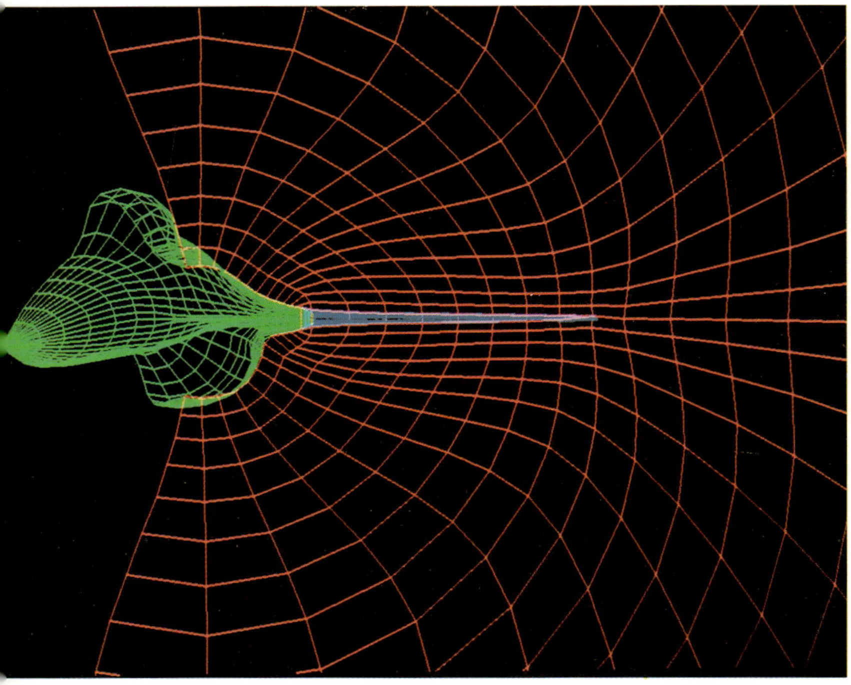

In der Forschung verwendet die NASA heute numerische Simulationen per Großrechneranlage. Damit kann das Verhalten des Flugzeugs während extremer Manöver schon vor den ersten Flügen analysiert werden. Rechts: Cockpit der F-18.

Doch werfen wir einen Blick zurück: Als die Fliegerei ihren Baby-Schuhen entwachsen war, und Überlandflüge möglich wurden, zeigte sich schnell, daß die Orientierung vom Flugzeug aus nicht ganz so einfach ist, wie dies vom Boden aus scheinen mag. Überdies war an Flüge bei schlechten Sichtbedingungen sowieso nicht zu denken.

Ein Pilot mußte sich an markanten Punkten in der Landschaft unter ihm orientieren, die er mit Eintragungen auf seinen Karten verglich – auch diese anfänglich nicht speziell für die Luftfahrt gemacht, sondern für den Landverkehr. So suchte er sich möglichst einen Fluß, eine Straße oder Eisenbahn-Linie, entlang derer er fliegen konnte. Der eigentliche Vorteil des Fliegens, die Möglichkeit, im wahrsten Sinne des Wortes Luftlinie zu fliegen, war so natürlich verspielt – aber der Zeitfaktor hatte damals noch nicht die Bedeutung wie heute.

Dennoch: Auch die Orientierung anhand von Landschaftsmerkmalen hatte ihre Tücken. Kannte sich der Pilot in diesem Gebiet nicht besonders gut aus, konnte er die vorher beschriebenen Punkte leicht verfehlen. Diese Anhaltspunkte allein genügten nicht, hatte er sich einmal verflogen. Schnell konnte er sich ebenso hilflos fühlen wie auf der spiegelnden Fläche des Meeres fernab jedes Landes.

Dies genau war das Stichwort. Was der Seefahrt über einige Jahrhunderte hinweg gute Dienste geleistet hatte, um ihren Weg von Land zu Land um die Welt zu finden, mußte

auch der Luftfahrt nützlich sein. Natürlich konnte ein Flieger keinen großen, schweren Schiffskompaß in sein leichtes Gefährt mitnehmen. So wurden kleine, leichte Luftfahrt-Kompasse die ersten – und für einige Zeit einzigen – Instrumente im Flugzeug-Cockpit.

Wie stark der Einfluß der Schiffahrts-Navigation fast 100 Jahre lang auf die Luftfahrt war, zeigt ein Beispiel: Noch vor wenigen Jahren wurden die militärischen Flugzeug-Navigatoren in der Astro-Navigation unterrichtet, dem typischen Verfahren der Seeleute. Dabei wird anhand der Position bestimmter Gestirne die eigene Position berechnet. Dazu dient ein Sextant. Man fixiert den Stern an und bestimmt so seinen Höhenwinkel relativ zur eigenen Position, ebenso in welcher Richtung er steht. Das wird für einen zweiten Stern wiederholt. Die eigene Position befindet sich im Schnittpunkt der daraus resultierenden Ortslinien. Diese Methode also, die die Navigatoren auch als »Sterne schießen« bezeichnen, wurde auch in der Luftfahrt noch zu einem Zeitpunkt gelehrt, wo längst andere, bordautonome Geräte zur Verfügung standen.

So beispielsweise der Kreisel. Diese Technik gehörte zu einer der ersten, die in die Flugzeuge Einzug hielt. Sobald die Fliegerei das Ziel hatte, regelmäßige Dienste mit dem Flugzeug anzubieten – wie Transport von Briefen und Fracht oder auch den Personenverkehr –, konnten sich die Piloten nicht mehr mit der reinen Sichtfliegerei zufrieden geben. Auch war es immer wieder vorgekommen, daß ein Pilot mit seinem Flugzeug ungewollt in ein Wolkenfeld geriet. Das war – und ist auch heute noch für viele Privatpiloten ohne Instrumentenflugberechtigung – eine große Gefahr. Es ist für jemanden, der das nie erlebt hat, sehr schwer vorstellbar, aber sobald ein Pilot den Sichtkontakt zum Boden verliert, versagt auch sein Orientierungssinn völlig. Ja, er weiß nach kürzester Zeit nicht mehr, ob er steigt oder sinkt, oder gar auf dem Kopf fliegt.

Zu welchen Mitteln der Selbsthilfe Piloten in solcher Situation gegriffen haben sollen, zeigt eine Anekdote: Während der Ausbildung wurde den Piloten im Ersten Weltkrieg und wohl auch noch einige Zeit danach geraten, in einer solchen Situation ihre Hosenträger zu lösen. Daran, ob sie ihnen über das Gesicht fielen oder nicht, konnte der arme, orientierungslose Flieger wenigstens erkennen, ob die Fluglage seiner Maschine noch einigermaßen normal war.

Der Kreisel enthob die Piloten dieses Problems. Er nämlich mißt und zeigt die Fluglage an. Jeder Kreisel funktioniert jedoch nur in einer Ebene. Im Flugzeug ist also ein System von drei Kreiseln erforderlich, um über alle Bewegungen der Maschine genau informiert zu sein.

Die Kreisel arbeiten nach dem Prinzip der Massenträgheit. Wird ein Kreisel bewegt, so dreht sich eine Scheibe im Innern aus ihrer normalen Position, versucht aber wieder in

Eine Tragfläche ist normalerweise nur für eine bestimmte Flugphase optimiert. Zur Zeit erprobt die NASA sogenannte Wölbflügel, deren Profil-Form sich jeder Flugphase anpassen kann. Ein Schwenkflügler des Typs F-111 wurde dafür modifiziert.

ihre Ruheposition zurückzukehren. Die Auslenkung ist ein Maß für die Bewegung, die das Flugzeug ausgeführt hat.

Heute werden Kreisel nicht nur zur Flugzeug-Lagebestimmung herangezogen, vielmehr sind sie ein Hauptbestandteil der Trägheits-Navigationssysteme, mit denen außer der Lageabweichung auch die Geschwindigkeit und Richtung bordautonom, also ohne vom Boden übermittelte Daten, festgestellt wird. Sie werden auch als Strap-down-Systeme bezeichnet. Das Gerät selbst mit dem Kreisel im Innern und der Verarbeitungseinheit ist auf einer Plattform mit Kardanischer Aufhängung befestigt.

Am Anfang waren die Kreisel natürlich noch mechanischer Bauart. Auf einem kleinen Rundgerät gab ein waagerechter Zeiger, der in seiner Mitte befestigt war und die Flügel des Flugzeugs symoblisierte, die Flugzeug-Ablage von der Waagrechten wieder.

Heute sind mechanische Kreisel überholt. An ihre Stelle traten schon vor einigen Jahren optische Kreisel. Es gibt hier zwei Varianten: Laserkreisel sind heute am weitesten verbreitet, Faserkreisel kommen zur Zeit erst neu auf den Markt.

In den dreieckigen Laserkreiseln sendet eine Laserdiode einen Strahl innerhalb des Kreisels aus, der an den Ecken von Spiegeln jeweils umgelenkt wird und nach einem Umlauf von einem optischen Sensor aufgefangen wird. Gleichzeitig wandert ein zweiter Strahl in entgegengesetzter Richtung durch den Kreisel. Durch die Bewegung verändern sich die Phasen der Strahlen zwischen dem Aussenden und Lesen. Aus dem Phasenunterschied läßt sich wieder die Lageabweichung, Richtungsänderung und Geschwindigkeit ermitteln.

Das Prinzip eines Faserkreisels ist ganz ähnlich, mit der Ausnahme allerdings, daß hier keine aufwendige Spiegeloptik erforderlich ist. Stattdessen wird eine Glasfaser von über 100 Metern Länge zu einer Spule gewickelt. Eine miniaturisierte und auf einem Chip integrierte Optik sendet die beiden Strahlen aus und mißt wiederum die Phasenverschiebung. Vorteil des Faserkreisels wird sein, daß er bei gleich großen Stückzahlen billiger herzustellen ist. Auch verfügt er über einen robusteren Aufbau. Allerdings stehen Faserkreisel bei den meisten Firmen noch in der Entwicklung. Die ersten kommen zur Zeit gerade auf den Markt — als vollständige Trägheits-Navigationsgeräte oder reine Drehraten-Sensoren.

Damals, in den Anfängen der Linien-Luftfahrt, waren Kreisel natürlich ganz einfache mechanische Geräte. Einige andere kamen mit der Zeit hinzu. So Kontroll-Anzeigen für Tankinhalt, Propeller-Drehzahl, Motor-Temperatur, Öldruck und vieles mehr. Höhenmesser und Geschwindigkeitssensor wurden integriert. Das Instrumentenbrett wurde immer größer und immer voller. Bald schon zuckten zahlreiche Zeiger in ebensovielen Rundinstrumenten und die Skalen zeigten mehr und mehr Daten an.

Den nächsten großen Schritt bedeuteten die Funknavigations-Verfahren. Der Unterschied zu den Trägheits- oder Strap-down-Systemen liegt darin, daß sie ihre Daten nicht direkt an Bord messen und verarbeiten, also von ihrer

Luftkampf im Simulator: Die Militärbesatzungen von heute üben viele Einsätze am Simulator. Neue Sichtsysteme und aufwendige Bildgeneration sorgen für ein realitätsnahes Bild. Einige Firmen in Amerika und Europa sind auf Militärsimulatoren spezialisiert.

Umgebung und dem Boden völlig unabhängig sind, sondern auf Bodenstationen angewiesen sind. Bei der Funknavigation befindet sich an Bord ein Transponder. Vor dem Start stellt der Pilot die Frequenzen der Bodenstationen entlang seines Flugweges ein. Zur genauen Positionsbestimmung sendet das Bordsystem eine Abfrage per Funk in alle Richtungen ab. Die Bodenstation antwortet mit einem festgelegten Signal nach einer festgelegten Pause. Aus der Laufzeit der Signale, gemessen von dem Zeitpunkt des Aussendens des Frage-Signals vom Flugzeug bis zum Empfang der Antwort der Bodenstation läßt sich leicht die Entfernung zu der Station bestimmen. So »hangelt« sich der Flieger von einer Bodenstation zur nächsten und erreicht schließlich sicher sein Ziel.

Es gibt eine ganze Reihe solcher Streckennavigations-Systeme. Schwierig wird es nur, wenn der Pilot längere Zeit über Meer oder unbewohnte Gebiete fliegt: Dort gibt es keine Bodenstationen, und er ist wieder auf sich selbst gestellt. Deshalb können bodengestützte Funknavigationsverfahren auch nicht die bordautonomen Trägheitsnavigationsverfahren ersetzen. Leider gilt dies auch umgekehrt, denn ein Problem der Strap-down-Systeme ist, daß sich über längere Zeit ein Fehler aufbaut, der bei teuren Anlagen bei ein bis zwei Grad pro Stunde liegt, bei billigen, leichteren Systemen aber auch erheblich höher sein kann. Deshalb müssen Kreiselsysteme nach einigen Stunden »nachgestellt« werden, »upgedatet« wie es in der Pilotensprache heißt. Daten eines Funknavigations-Systems eignen sich dafür sehr gut. So wird der Pilot beispielsweise, bevor er zur Überquerung des

Noch schwieriger als die Darstellung eines Luftkampfes ist die Tiefflugsimulation. Das gilt für Kampf/Jagdflugzeuge ebenso wie bei diesem Simulator für Hubschrauberbesatzungen. Die Detailgenauigkeit der simulierten Außensicht muß sehr hoch sein.

Atlantik ansetzt, die Positionsangaben von Funknavigation und Strap-down-System nochmals vergleichen und gegebenenfalls anpassen.

Die moderne Variante der Streckennavigation gehört eigentlich auch zu den Funknavigationsverfahren, auch wenn sie nicht unter dieser Bezeichnung bekannt ist. Es ist die Satelliten-gestützte Navigation: Das amerikanische Global Positioning System (GPS) dürfte am besten bekannt sein;

Die Kampfflugzeug-Cockpits von morgen sollen etwa so aussehen: Das ganze Paneel ist ein einziger großer Bildschirm, den der Pilot auf Wunsch in Einzelanzeigefelder unterteilen kann. Schon heute arbeitet McDonnell Douglas daran.

Im künftigen Cockpit erhält der Pilot ein aussagefähiges Lagebild, in das die Informationen der einzelnen Sensoren eingearbeitet sind. Der Computer berechnet ihm den sichersten Weg zum Ziel und sagt ihm, wo Gefahren lauern.

auch die Sowjetunion hat mit GLONASS ein entsprechendes System. Bei GPS werden 24 Navstar-Satelliten in 20 000 Kilometer Höhe auf sechs verschiedenen Umlaufbahnen ausgesetzt. Die Umlaufzeit jedes Satelliten beträgt zwölf Stunden. Diese Satelliten senden kontinuierlich ihre eigene Position und die Uhrzeit mit extremer Präzision aus, denn an Bord der Satelliten befindet sich eine Atomuhr. Der Nutzer – in diesem Fall nicht nur der Luftverkehr, sondern auch Schiffahrt und Landverkehr – benötigt ein Empfangsgerät für die Aufnahme dieser Signale. Zu einer Positionsbestimmung für ein Flugzeug müssen mindestens drei Satelliten in »Sicht« sein, damit ist gemeint, daß ihre Signale empfangen werden können, und die Satelliten nicht zu dicht über dem Horizont stehen, da sonst die Winkelbestimmung zu ungenau wird. Wiederum wird – wie oben beschrieben – eine Laufzeitmessung für die Signale durchgeführt, wobei die Zeitangabe des Satelliten mit der eigenen Borduhr verglichen wird. Daraus ergeben sich dann drei Entfernungen zu den drei Satelliten und durch die Satellitenposition drei Ortslinien, in deren Schnittpunkt sich der Empfänger befindet.

Soweit das Prinzip. Da aber an Bord eines Flugzeugs normalerweise keine Atomuhr vorhanden ist, also die Zeitdifferenz nicht genügend genau bestimmt werden kann, muß ein vierter Satellit für eine dreidimensionale Positionsermittlung oder andere Sensoren herangezogen werden. Auch – und hier liegt das eigentliche Problem – sind GPS und GLONASS eigentlich militärische Satelliten-Navigationssysteme, die nur zivilen Nutzern zur Verfügung gestellt werden sollen. Deshalb gibt es bei GPS zwei Codes, auf denen gesendet wird: den sogenannten offenen C/A-Code und den speziell

Noch werden unterschiedliche Konzepte verfolgt. Jedenfalls muß das Cockpit von morgen die Daten in komprimierter und vorbereiteter Form darstellen. Alle Bildschirme werden berührungsempfindlich ausgelegt sein.

Sensor für das Nachtsichtgerät für den AH-15 Cobra-Kampfhubschrauber.

Keine Videospiele, sondern bitterer Ernst: Blick ins Cockpit der General Dynamics A-12 Avenger 2.

codierten Präzisions-Code P. Letzterer ist nur mit einem Empfänger auszuwerten, der die Codierung entschlüsseln kann. Der C/A-Code hingegen kann künstlich verschlechtert werden.

Zur Zeit wird GPS erst aufgebaut. Noch sind nicht alle Satelliten auf ihren Umlaufbahnen. Das wird bis Mitte 1993 aber der Fall sein. Vorläufig denken die Amerikaner wohl auch nicht daran, den zivilen Nutzern den Zugang zu erschweren, also den Code künstlich zu verschlechtern. Kommt es jedoch irgendwo auf der Welt zu einer militärischen Auseinandersetzung, wie kürzlich dem Golfkrieg, bei der sich das amerikanische Militär Vorteile von ihrem neuen GPS-System verspricht, so kann sich dies von heute auf morgen ändern.

Genau dies ist das Problem für den zivilen Luftverkehr. Es wäre unaktzeptabel, weil gefährlich, wenn sich der Pilot auf die sicheren Angaben von GPS verlassen würde, diese aber nicht mehr exakt wären oder eventuell plötzlich ganz wegbleiben würden. So sehen die Zulassungsbehörden zur Zeit nur die Möglichkeit, GPS und ähnliche Systeme – denn auch GLONASS soll dem östlichen und dem westlichen Luftverkehr zur Verfügung stehen – als Zusatz beispielsweise bei langen Flügen über den Atlantik oder die Polregion, wo keine bodengestützten Navigationsverfahren anwendbar sind, zuzulassen.

Das nächste Problem, das sich gleichfalls über Funknavigation lösen ließ, war die Landung – speziell die Landung bei Nacht oder schlechtem Wetter. Optische Hilfsmittel mußten hier in den Anfängen genügen, sind aber auch heute noch wichtige Bestandteile der Flughäfen. Helle Lampen markieren die Bahn. Heute ist die »Flughafen-Befeuerung«, wie es im Fach-Jargon heißt, eine ausgefeilte Technik: Mit nacheinander aufleuchtenden Lampen, die für den Piloten wie ein Licht-Wegweiser wirken, wird der Landepfad gekennzeichnet. Seitwärts der Bahn stehen andere Lampen, an denen er die Breite ablesen kann. Die Mittellinie ist durch in die Landebahn eingelassene Lampen gekennzeichnet. Weitere Lichter signalisieren den Aufsetzpunkt, Abrollwege

Röntgensicht durch ein modernes Verkehrsflugzeug: Deutlich zu sehen sind innere Struktur und die Lage der Treibstofftanks in den Flügeln.

und Bahnende. Das allein würde bei Schlechtwetter-Landungen jedoch nicht reichen, um den Flughafen zu finden und sicher zu landen. So wurde das Instrumenten-Landesystem (ILS) entwickelt und weltweit von den Luftfahrt-Behörden standardisiert. Ein ILS besteht aus drei Bodensegmenten und dem Empfänger an Bord des Flugzeuges. Die Bodenstationen liefern den Höhenwinkel (Elevation), den Seitenwinkel (Azimuth) und die Entfernung zum Aufsetzpunkt mit der DME-Anlage (Distance Measurement Equipment). Der Transponder an Bord fragt die Daten bei den Bodenstationen ab und berechnet danach den Gleitpfad. Auf einem Bordinstrument erhält der Pilot daraufhin eine Anzeige, ob er auf dem Gleitpfad ist oder nach rechts, links, oben oder unten davon abweicht. Außerdem liest der Co-Pilot in der letzten Phase vor der Landung dauernd die Höhe über Grund.

Bei welchem Sichtminimum ein Flughafen noch angeflogen werden darf, entscheidet die zuständige Luftfahrt-Behörde des Landes nach der Genauigkeit seiner Ausrüstung. Es gibt drei Kategorien, die dementsprechend als Cat. I bis III bezeichnet werden. Natürlich muß auch an Bord eine entsprechende Ausrüstung vorhanden sein. So ist eine echte Schlechtwetter-Landung nur dann erlaubt, wenn Haupt- und Ersatzsystem einwandfrei arbeiten.

Damit kommen wir zu einem wichtigen Punkt, der – besonders seitdem die Elektronik Einzug in das Flugzeug gehalten hat – an Bedeutung gewonnen hat: die Redundanz. Ebenso wie bei der Struktur im »fail-safe-Prinzip« so konstruiert werden muß, daß bei Versagen eines Strukturteils ein anderes die Aufgabe mitübernimmt, müssen auch alle

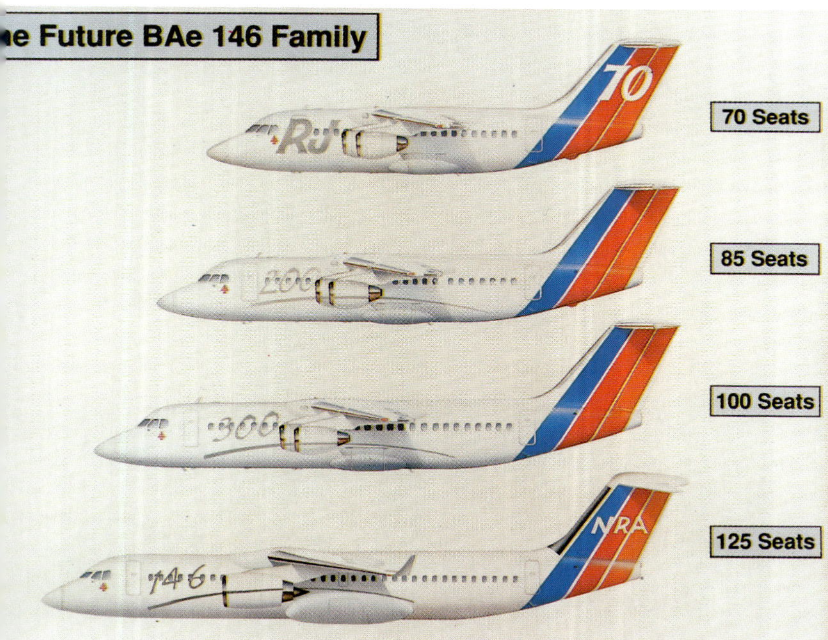

Flugzeuge aus dem Baukasten: Die BAe 146 von British Aerospace kann je nach Bedarf in vier unterschiedlichen Größen geliefert werden.

Die modernsten Militärflugzeuge sind der Jäger F-117A und der Bomber B-2 der US Air Force. Beide verfügen über Stealth-Eigenschaften. Ihre außergewöhnlichen Formen sorgen für eine geringe Radarreflektion.

elektrischen Funktionen zumindest doppelt vorhanden sein. Meist werden aber die Systeme an Bord dreifach vorgesehen, oder es ist zumindest möglich, die Hauptfunktionen auf ein anderes System zu übertragen, falls Erst- und Zweitgerät ausfallen. Das gilt wohlgemerkt für alle elektrischen Systeme an Bord – nicht nur für die Landeanlage. Da das ILS inzwischen rund 40 Jahre in Dienst ist, wird es Zeit, daß ein neues, leistungsfähigeres System seinen Platz einnimmt. Deshalb fiel bereits vor einigen Jahren die Entscheidung der Luftfahrtbehörden für das MLS, das Mikrowellen-Landesystem. Es soll ab 1998 eingeführt werden, doch sind an einigen internationalen Flughäfen bereits Prototyp-Anlagen im Probe-Betrieb.

Das MLS arbeitet im Prinzip ähnlich dem ILS. Hauptunterschied ist die Sendefrequenz. Sie lag beim ILS bei wenig über 100 MHz. Das wirft in der Zukunft Probleme auf, da die Radio-Sender immer weiter in diesen Frequenzbereich vordringen, was zu Störungen der für den Luftverkehr sicherheitsrelevanten Landesignale führt. Bei MLS sind diese Störungen ausgeschlossen, da MLS-Anlagen – wie der Name ja schon sagt – im Mikrowellen-Bereich also bei Frequenzen zwischen 5,031 und 5,091 Gigahertz senden. Das bringt gleichzeitig auch eine größere Flexibilität beim Anflug: Das System ist nicht an einen fest vorgesehenen Gleitpfad gebunden, was bisher der Fall war und dazu führte, daß ein Flugzeug, das mehr als fünf Grad davon abwich, die Signale nicht mehr empfangen konnte. Bei MLS sind steilere oder gekrümmte Anflugwege innerhalb eines Segments von 40 Grad horizontal und 15 Grad vertikal auf eine Entfernung von rund 37 Kilometern zu empfangen. Ob diese Möglichkeiten organisatorisch ausgeschöpft werden können, ist fraglich. Schon aus Lärm- und Sicherheitsgründen müssen ja Anflüge über bewohntem Gebiet möglichst vermieden werden, was gekrümmte Anflüge auf den meisten Flughäfen wohl ausschließen wird.

Zur Zeit entwickeln Aeritalia, British Aerospace, CASA und die Deutsche Aerospace das künftige europäische Kampfflugzeug EFA (Jäger 90) gemeinsam. Es ist ein einsitziger Jet mit Deltaflügeln. Ein neues Triebwerk entsteht ebenfalls.

Verfolgt das Nurflügler-Prinzip: Die A-12 von General Dynamics/McDonnell Douglas.

Zwei andere Systeme, die zur Zeit entwickelt werden, sollen künftig die Sicherheit im Luftverkehr weiter erhöhen helfen: das Scherwind-Warnsystem und der Kollosionswarner (TCAS – Traffic and Collision Avoidance System). Betrachten wir zuerst das Scherwind-Warnsystem: Scherwinde treten in manchen Gebieten der Welt auf und haben schon zu schweren Flugzeugunfällen geführt. Gefährlich werden sie bei der Landung – unter Umständen auch beim Start. Es handelt sich dabei um trichterförmig nach unten gerichtete Winde, die beim Auftreffen auf den Boden in aufsteigende umgelenkt werden. Bei der Landung muß der Pilot abhängig von seiner momentanen Höhe eine ganz bestimmte Geschwindigkeit einhalten.

Trifft er nun auf seinem Gleitpfad auf die aufsteigenden Ausläufer eines solchen Scherwinds, so bewirkt dies ein Ansteigen der Geschwindigkeit. Der Pilot – oder, falls sein elektronischer Helfer eingeschaltet ist, der Autopilot – wird deshalb den Schub sofort zurücknehmen. Genau das ist aber in dieser Situation falsch. Wenige Sekunden später erreicht die Maschine nämlich die trichterförmigen Fallwinde, die die Maschine zu Boden drücken. Da während der Landephase nicht viel Höhenspielraum existiert, müßte der Pilot das Flugzeug unverzüglich hochziehen, wozu er eine erhöhte Triebwerksleistung benötigt – die er nicht mehr zur Verfügung hat, da er den Schub ja zurückgenommen hatte. Der Absturz ist so fast unvermeidlich.

Das Scherwind-System kann dies verhindern. Es ermittelt mit einigen Strömungs- und Luftdrucksensoren rechtzeitig diese gefährlichen Fallwinde und gibt eine entsprechende Warnung an den Piloten. Manche Systeme berechnen auch gleich einen neuen Gleitweg und die erforderlichen Leistungsdaten, zeigen sie entweder dem Piloten an oder steuern den Autopiloten entsprechend. Andere Systeme belassen es bei der Warnung, und der Pilot ist damit in der Lage, richtig zu reagieren. Diese Systeme sollen in Kürze zur Pflicht werden, und auch an bodenseitigen Meßsystemen für Scherwinde wird gearbeitet. Damit könnten die Fluglotsen entsprechende Warnungen vor der Landung an den Piloten geben.

Kollisions-Warner sind dagegen hauptsächlich für den Streckenflug gedacht. Auch diese Systeme gehören bald zur Pflichtausrüstung. Immer wieder kommt es zu sogenannten Near-Misses, also zu einer Unterschreitung der Sicherheitsabstände. Schon oft konnte ein Pilot in einer solchen Situation den Zusammenstoß nur durch ein abruptes und damit riskantes Flugmanöver verhindern. Häufig wurden dabei Personen an Bord verletzt.

Dabei wird die Gefahr von Fast-Zusammenstößen bei dem immer enger werdenden Luftraum und der zunehmenden Verkehrsdichte größer. Hier sollen die Kollisions-Warner dem Piloten ein letztes Mittel sein, eine Gefahr zu verhindern. Kollisionswarner bestehen aus einem Transponder und einem Anzeige-Gerät an Bord jedes Flugzeuges. Das Flugzeug sendet kontinuierlich seinen Code – also die Rufnummer der Maschine, Geschwindigkeit, Richtung und Position. Erhält es darauf von einem anderen Flugzeug Antwort, so berechnet der Bordcomputer aufgrund dieser Daten, ob die Flugwege der beiden Maschinen sich treffen oder so stark annähern, daß der Sicherheitsabstand unterschritten ist. Ist dies der Fall, so erhält der Pilot auf einem Bildschirm eine Warnung. Dabei steht ein kleines Symbol in der Mitte für das eigene Flugzeug. Kreise um das Flugzeug herum geben bestimmte Zeitintervalle bis zum vorberechneten Zusammenstoß an. Das andere Flugzeug ist ebenfalls als Punkt zu erkennen, der – je nachdem wie weit die Maschine noch entfernt ist – gelb oder rot erscheint.

Bei TCAS III, der Geräte-Generation, die zur Zeit entwickelt wird, bekommt der Pilot gleichzeitig auch noch Hinweise, ob er steigen oder sinken, nach rechts oder links ausweichen – oder ob er einfach strikt seine Höhe beibehalten soll, um nicht Manöver des anderen Flugzeugs zu vereiteln, denn die beiden Kollisionsgeräte bleiben während der ganzen Zeit in Kontakt und »sprechen sich ab«, welche Maschine wie reagiert.

Leider kann eine solche Kollisions-Warnung nur funktionieren, wenn auch tatsächlich alle Luftraum-Nutzer solche Transponder haben und benutzen. Das gilt besonders für die Militärs, die darüber nicht allzu glücklich sind, denn ein solcher Transponder-Strahl läßt sich leicht orten. Dennoch

Wie ein Wesen aus einer anderen Welt: Faszination bietet die XF-23 von Northrop/McDonnell Douglas alleine durch ihre Formgebung.

Erst vor kurzem entschied sich das amerikanische Pentagon für die F-22 als künftiges Jagdflugzeug. Das Boeing-Team konnte sich damit gegen das Konkurrenz-Konzept des McDonnell-Douglas-Konsortiums durchsetzen.

Die amerikanische Experimentalreihe der X-Flugzeuge war bisher ausschließlich amerikanischen Firmen vorbehalten, da sie zur Erprobung militärischer Technologien dient. Bei der X-31 macht nun aber erstmals auch die DASA-Tochter MBB mit.

haben sich zumindest die fliegenden Verbände des amerikanischen Militärs bereiterklärt, ein solches System in Friedenszeiten mitzuführen und einzuschalten.

Aber auch die europäische Flugsicherung ist noch nicht glücklich mit TCAS. Die Fluglotsen sehen darin die Gefahr, daß ihre Führungsanweisungen unterlaufen werden und durch plötzliche, nicht abgesprochene Flugmanöver die Gefahr nur erhöht würde. Besonders im Anflugbereich stark belasteter Flughäfen kommt es immer wieder zu – gewollten – Unterschreitungen des sehr groß bemessenen Sicherheitsabstandes. Innerhalb eines bestimmten Spielraums liegt die Staffelung – nach Abhängigkeit von den Wetterbedingungen – im Ermessen des Fluglotsen. Würde in diesem Fall ein Pilot aufgrund der TCAS-Warnung selbständig Manöver einführen, würde dies nicht nur die Landefolge völlig durcheinander bringen, sondern könnte auch sehr gefährlich werden. So wird noch heiß darüber diskutiert, ob das TCAS im Einzugsbereich von großen Flughäfen nicht abgeschaltet werden muß.

Das bisher Beschriebene zeigt – nur an einigen Beispielen und absolut nicht vollständig – wie immer mehr Elektronik in die Flugzeuge Einzug hielt und die Cockpits regelrecht überflutete. Ein Ende für diese Entwicklung ist auch im Moment noch nicht absehbar. Wie nun aber soll der Pilot diese ganzen Informationen verarbeiten, wo ist der Platz, all diese Instrumente unterzubringen, und wer oder was verfügt über die Kapazität, um die hereinschwappende Datenflut zu sichten und an die richtigen Adressaten weiterzugeben?

Dahinter steckt die Kapazität immer kleinerer und immer leistungsfähigerer Computer; und das Flight-Management System, das heute jedes Flugzeug besitzt – sieht man einmal von den rein privat genutzten kleinen Flugzeugen ab. Der revolutionäre Vormarsch der Elektronik – oder der Avionik, wie die »fliegende« Elektronik genannt wird – begann eigentlich erst in den 70er Jahren, wenn die Entwicklung der Systeme auch Mitte bis Ende der 60er begann. Zuvor waren fast alle Geräte analoge Zeiger-Instrumente, die für die Messung und Umsetzung der Daten physikalische Gesetze nutzen.

1983 ging dann der Airbus A310 in den Liniendienst. Er stellte eines der ersten Großserien-Flugzeuge mit digital arbeitenden Instrumenten dar. Vergleicht man diese erste digitale Flugzeug-Generation mit der zweiten Generation einer A320, so hat sich der Platzbedarf für das Avionik-Compartment inzwischen halbiert, die Kapazität der Avionik und der Computer aber gleichzeitig verdoppelt. Das gleiche soll nach Angaben von Airbus Industries auch für den Schritt von der A320 zur nächsten Generation der A330 und A340 gelten.

Auch für den Laien wird der bedeutende Schritt vom analogen zum digitalen Cockpit deutlich, wenn er das Instrumentenbrett und die Panels über den Piloten-Köpfen einer Maschine aus den 60er oder 70er Jahren mit denen modernster Bauart vergleicht. Das bildhafte und sehr treffend als »Uhrenladen« bezeichnete analoge Cockpit mit den unzähligen Rundinstrumenten und zuckenden Zeiger-Nadeln ist dem heutigen »Glas-Cockpit« gewichen.

Ist die Elektronik noch abgeschaltet, so fallen nur sechs schwarze Bildschirme, verteilt zwischen Kapitäns- und Co-Piloten-Sitz, auf. Dazwischen befinden sich noch drei, vier kleine Rundsysteme, die kaum mehr als ein nostalgisches Überbleibsel der guten, alten Zeit sind, denn sie werden eigentlich nicht mehr benutzt: Sie dienen nur noch als letzte Hilfe, sollte tatsächlich einmal die gesamte Elektronik zusammenbrechen – der Alptraum jedes Piloten. Passiert ist dies noch nie.

Wird die Elektronik nun aktiviert, so erscheinen auf den beiden Displays direkt vor jedem Piloten identische Darstellungen. Zahlreiche Informationen sind in einem einzigen Bild zusammengefaßt. Der Pilot kann Fluglage, Geschwindigkeit, Höhe und einiges mehr auf einen Blick erfassen. Auf das zweite Display hat er meist das Wetterradar geschaltet. Im mittleren Bereich des Instrumentenbretts sind dann auf zwei weiteren Displays alle Überwachungsfunktionen für die Triebwerke zusammengefaßt, gut einzusehen für beide Piloten. Sollte ein Bildschirm ausfallen, so kann sein Inhalt auf jedem der restlichen Displays aufgerufen werden. Außerdem kann der Pilot je nach Flugphase den Bildschirm-Inhalt variieren.

Der wichtigste Schritt von der A310 zur A320 war aber die Einführung der Fly-by-wire-Steuerung. Die wörtliche Übersetzung »Fliegen mit Draht« hilft da nur wenig weiter. Seit den Anfängen der Fliegerei waren die Steuereingaben,

Ein wirtschaftlicher Erfolg war die Concorde zwar nicht, dafür aber ein technologischer Durchbruch. Es ist das erste und bisher einzige Überschall-Verkehrsflugzeug der Welt und wurde von Aérospatiale und British Aerospace gebaut.

Die 1969 gebaute Concorde braucht einen Nachfolger. Deshalb arbeiten zur Zeit Firmen in Deutschland, Frankreich, England, Amerika und Japan an möglichen Konzepten für das Überschall-Verkehrsflugzeug der zweiten Generation.

Das künftige Überschall-Flugzeug soll schneller fliegen als die Concorde und etwa doppelt so viele Passagiere aufnehmen können. Allerdings sind noch wichtige Probleme zu erforschen, besonders was die Umweltverträglichkeit betrifft.

die der Pilot durch die Bewegung des Steuerknüppels oder der Pedale machte, über lange Gestänge und Kupplungen an die Klappen oder das Leitwerk weitergegeben worden. Das artete häufig in Schwerstarbeit aus, denn je nach Fluglage oder Windgeschwindigkeit konnten die Kräfte, die zur Ausführung der gewünschten Steuerbewegung erforderlich waren, ganz beträchtlich sein. Servos konnten dies nur zum Teil überbrücken.

In einem digitalen Cockpit aber wäre es unsinnig, alle digital, also als elektrisches Signal vorliegenden Informationen und Befehle — die zumeist vom digital arbeitenden Autopiloten und dem Flight Management System stammen — erst in analoge Befehle umzuwandeln, um sie anschließend mühsam wieder über das Gestänge zu übertragen. Die modernsten Flugzeuge, wie die A320, weisen deshalb kein Gestänge mehr auf — zumindest ist es auf ein Minimum beschränkt, um bei einem Ausfall der Elektronik nicht völlig steuerlos zu sein.

Im Normalfall werden die Signale über elektrische Leitungen, also Drähte — daher der Name »Fly by wire« —, übertragen, dort in analoge Bewegungen umgesetzt und von »intelligenten« Stellgliedern und Sensoren ausgeführt. Sie bilden sozusagen die Nerven heutiger Flugzeuge, während die Computer das Gehirn sind, das alle ankommenden Informationen verarbeitet und entsprechende Befehle und Warnungen ausgibt.

Fly by wire hat eine ganze Reihe von Vorteilen: So sind die dünnen Drähte viel leichter als die schweren Gestänge, die ja zusätzlich so dimensioniert sein mußten, daß sie den auftretenden Zug-, Druck- und Torsionskräften gewachsen waren. Auch brauchen die Drähte nur sehr wenig Platz und können viel leichter verlegt werden. Sie lassen sich um Ecken führen, finden in Schutzkanälen zwischen Außenhaut und Innenverkleidung Platz. Aus Sicherheit werden nicht alle in einem Schutzkanal verlegt. Vielmehr laufen einige durch die Decke, manche entlang der Seitenwände und andere wiederum unter dem Fußboden der Kabine. So ist sichergestellt, daß — sollte die Außenhaut des Flugzeugs irgendwo beschädigt werden — nicht alle Kabel unterbrochen werden und wichtige Steuerfunktionen trotzdem erhalten bleiben.

Ein weiterer Vorteil ist, daß alle Befehle augenblicklich ankommen, und daß für den Piloten keinerlei körperliche Schwerstarbeit anfällt. Auch konnte das Gestänge immer nur den ganz bestimmten Befehl ausführen, für dessen Übertragung es konzipiert war. Die Kabel dagegen sind unabhängig von der Art des Befehls, den sie übertragen. Auch ist ihre Kapazität so groß, daß sie mehrere Befehle an unterschiedliche Ziele in minimalen Abständen weitergeben können.

Doch auch das Fly by wire ist nicht das Ende dieser Entwicklung. Schon heute denken die Avionik-Spezialisten über Fly by Light nach. Das »Fliegen mit Licht« würde im Prinzip ebenso ablaufen, wie das »Fliegen mit Draht«, nur daß statt Kupferdrähten Glasfaserkabel eingesetzt würden und somit statt elektrischer Signale optische Impulse als Informationsträger fungieren. Die Technik dafür existiert eigentlich

schon, wenn auch nicht im Flugzeugbau, denn unsere Telefongespräche und Fernsehprogramme werden heute schon häufig über Glasfaserkabel transportiert.

Die Vorteile des Fly by Light wären eine nochmalige Gewichtsreduzierung bei gleichzeitiger Kapazitätssteigerung. Außerdem können optische Impulse in Glasfasern nicht gewollt oder ungewollt von außen manipuliert werden. Bei elektrischen Leitungen ist eine Störung, beispielsweise durch starke Sender, Blitzschlag oder auch nur der Geräte und Kabel untereinander, durch die elektromagnetische Interferenz möglich. Deshalb wurden für die neue Generation der Fly-by-wire-Flugzeuge auch zusätzliche Testverfahren auf elektromagnetische Verträglichkeit entwickelt, die jetzt zum Pflicht-Repertoire für die Zulassung gehören.

Fly by wire umfaßt nicht nur die Übertragung per elektrischem Signal über Kabel, sondern auch eine weitgehende Automatisierung aller Steuer- und Überwachungsfunktionen durch die Bordcomputer, das Flight Management System und den Autopiloten. So sehr sich die Piloten am Anfang über elektronische Hilfen, wie den Autopiloten, gefreut haben, so sehr befürchten sie jetzt eine Entmündigung durch die Elektronik. Dazu aber sollte es nicht kommen. Vielmehr hat die Elektronik und Computertechnik die Aufgabe, den Menschen von Routinen zu entlasten, und alle notwendigen Informationen und Warnungen schnell, präzise und leicht verdaulich zu liefern, um trotz der ungeheuren Informationslawine dem Piloten einen Überblick zu ermöglichen und ihm zu helfen, richtige Entscheidungen zu treffen. Das Berufsbild des Piloten wird sich aber auf jeden Fall dadurch ändern: weg vom manuellen Fliegen, hin zum Manager eines kompletten Systems, von dem das Leben vieler Menschen abhängt.

In Amerika wird sogar überlegt, ob nicht eine Nutzung der Hyperschall-Technologie für Verkehrsflugzeuge möglich wäre. Sie wird eigentlich zur Zeit als künftiges Raumtransportsystem erforscht.

Was sicher niemand dachte, als die ersten elektronischen Instrumente ihre mechanischen Kameraden ablösten — die Elektronik hat die Fliegerei und die Flugzeuge revolutioniert. Das gilt aber bei weitem nicht nur für Verkehrsflugzeuge.

Flugzeug als Waffensystem

Nicht weniger stark beeinflußte der Vormarsch der Elektronik die Weiterentwicklung der Militärflugzeuge und ihrer Systeme. Vielleicht hat sie sogar in diesem Bereich eine noch größere Bedeutung — oder ist zumindest auf dem Weg, sie zu erlangen.

Viele Entwicklungen sind noch in der Erprobungsphase. So wie im zivilen Bereich die Elektronik unweigerlich zum Zwei-Mann-Cockpit führte, so werden künftige Kampfflug-

Durch der ausströmenden Luft beigegebenen Rauch und Laserlicht können Luftströmungen genau analysiert werden. Für die Kf-22 schlugen 24 000 Windkanal-Stunden zu Buche.

zeuge, wie das amerikanische ATF oder das europäische EFA (Jäger 90) nur noch einen Mann an Bord haben. Dieser wird Pilot und Waffensystem-Offizier in einem sein. Er muß fliegen, sich vor Angriffen schützen, das Ziel finden und sicher treffen — oder das gegnerische Flugzeug ebenso sicher mit fliegerischen Mitteln verfolgen, wie das Flugzeug in eine gute Schußposition bringen und die Waffen bedienen: Der Pilot muß zum Manager eines komplexen und hochsensiblen Gerätes werden.

Ein elektronisches System neuester Enwicklung, das rein für den militärischen Einsatz entwickelt wurde, ist das Ground following Radar, ein Radar-Gerät also, das dem Pilot ein sehr tiefes Fliegen entsprechend der Boden-Topografie ermöglicht. Es geht dabei darum, den Radarstrahl einer feindlichen Stellung zu unterfliegen, um so vom Gegner sehr spät erkannt zu werden. Die gegnerische Abwehr kann ein Flugzeug, das sich eng in die Täler schmiegt, nicht orten. Es ist also auch eine Frage der Sicherheit für den Piloten und eine Möglichkeit, auch Ziele weit im Innern des feindlichen Gebietes unbeschadet zu erreichen. Ein Flug in extremer Tiefe entlang der Höhen und Tiefen des Erdbodens — und dies mit Geschwindigkeiten im oberen Unterschall —

ist vom Piloten nicht mehr steuerbar: Der Bordcomputer und der Autopilot übernehmen das Fliegen. Die erforderlichen Daten können sie auf verschiedenen Wegen erhalten.

Das eigentliche Ground following Radar arbeitet ähnlich dem äußerst genauen Leitsystem der Fledermäuse, von denen Forschungen zeigten, daß sie sogar in völliger Dunkelheit dünne Drähte erkennen können und mühelos sogar zwischen einem ganzen Irrgarten solcher Fallstricke blitzschnell hindurchfliegen. Ebenso wie die Fledermäuse sendet auch das Radar einen Strahl aus und tastet sorgfältig aber trotzdem sehr schnell, die Umgebung unter dem Flugzeug und nach vorne ab. Gleichzeitig wird die Flughöhe über Grund durchgehend überwacht. Der Pilot hat zuvor eine minimale und maximale Flughöhe und natürlich seinen gewünschten Flugweg sowie das Ziel in den Bordcomputer eingegeben. Dieser vergleicht die gespeicherten Werte nun mit den gemessenen und korrigiert entsprechend die Flughöhe. Hügel oder Berge führen zu ebenso abrupten Manövern wie enge, stark gekurvte Schluchten, denn auch diesen folgt die Maschine unbekümmert. Daß ein solches Fliegen für den Piloten – der sich ja völlig auf die Elektronik verlassen muß und kaum eine Chance hat, einzugreifen – nicht gerade angenehm ist, dürfte jedem Außenstehenden klar sein.

Allerdings hat diese Version einen Nachteil: Es handelt sich um ein Radar – und Radarstrahlen sind für ein Militärflugzeug immer sehr verräterisch, denn sie führen zu einer Ortung durch den Gegner, wenn das Flugzeug selbst noch gar nicht auf dem feindlichen Radarschirm erscheint. Deshalb entwickeln zur Zeit einige Elektronik-Firmen sogenannte passive Systeme, die für ihre Messungen auf Radarstrahlen verzichten.

Eine Geländefolge-Navigation läßt sich nämlich auch durch optische Sensoren realisieren. Dazu wird an Bord zuerst eine digitale Referenzkarte des entsprechenden Gebietes benötigt. Es reichen dazu nicht die üblichen Flugkarten, sondern es muß eine dreidimensionale Karte sein, die die Topografie des Geländes haargenau wiedergibt. Solche Karten besitzt das amerikanische Militär bereits in digitalisierter Form. Sie wurden anhand von Landvermessungen überlagert mit Satelliten- und Flugaufnahmen erstellt und sind Ergebnisse eines ähnlichen Bearbeitungsverfahrens, wie es auch zur Auswertung von Satellitenbildern zur Erdbeobachtung und Spionage benutzt wird.

Damit hat der Bordcomputer also schon vor Abflug eine genaue Vorstellung über das zu überfliegende Gelände. Ein optischer Sensor tastet nun das Gelände direkt unter dem Flugweg der Maschine ab. Die Daten werden vom Bordcomputer mit denen aus der Referenzkarte verglichen und deckungsgleich gemacht. Damit weiß das Flugzeug genau, wo es sich befindet, und was auf dem weiteren Flugweg zu erwarten ist. Die abtastenden optischen Strahlen sind von feindlichen Flugzeugen oder Bodenstationen nicht zu orten, da sie nur direkt nach unten gerichtet sind. Die Flughöhe wird ebenso gehalten wie bei der Radar-Variante des Geländefolge-Flugs.

Systeme beider Bauarten befinden sich zur Zeit bereits in der Erprobung. Künftige Kampfflugzeuge werden sicher damit ausgerüstet werden, wenn ihre Aufgabe das Eindringen in feindlichen Luftraum und Operationen hinter den gegnerischen Linien erfordert.

Überhaupt hat die Optik eine große Bedeutung bei der Ausrüstung von Kampfflugzeugen. Dazu gehören auch Nachtsichtsysteme, ohne die ein nächtlicher Einsatz für Kampfflugzeuge, Bomber und Hubschrauber nicht möglich wäre. Bei Kampfflugzeugen gibt es zwei Möglichkeiten für die Installation eines Nachtsicht-Systems: in der Flugzeugnase oder unter dem Rumpf in einem Spezial-Behälter (Pod). Letztere Version eignet sich besonders für eine Nachrüstung, da die Flugzeugstruktur selbst weitgehend unverändert bleiben kann, sieht man von der Aufhängung für den Pod und die Datenverbindungen einmal ab. Außerdem können in einem solchen Pod unterschiedliche Sensoren für verschiedene Aufklärungsaufgaben untergebracht werden.

Nachtsichtsysteme arbeiten im thermischen Infrarot. Die Sensoren nehmen alles wahr, was Wärme ausstrahlt. Bei gutem Wetter genügt die am Tag aufgespeicherte Wärme von Gebäuden, Bäumen und Erdboden völlig, um die Umgebung ausreichend deutlich auf dem kleinen Display im Cockpit darzustellen. Bei Fahrzeugen ist dies sogar noch leichter, da die Motoren grundsätzlich ausreichend Wärme abgeben. Problematisch wird es bei Regen. In einem solchen Fall reicht die Wärme-Abstrahlung für ein deutliches Bild häufig nicht mehr aus.

Parallel arbeiten Nachtsichtsysteme noch mit der Restlicht-Verstärkung, die – wie der Name schon sagt – das wenige Licht von Mond und Sternen nutzt und so auf elektronischem Weg verstärkt, daß die Umgebung wahrgenommen werden kann.

Wohin der Pilot mit seinem Nachtsichtsystem zu blicken wünscht, gibt er durch die Bewegung des Kopfes ein. Kleine Photodioden am Helm vermessen dauernd die Kopfstellung und passen die Blickrichtung der beweglichen optischen Einheit in Rumpfnase oder im Pod an. Inzwischen werden sogar Meßverfahren entwickelt, die auch die Augenstellung des Piloten genau vermessen und zur Ausrichtung benutzen.

Übrigens dient dieses Verfahren nicht nur zur Steuerung von Nachtsichtsystemen. Mit künftigen Helmen kann der Pilot auch durch die Kopf- beziehungsweise Augenstellung seine Waffen ausrichten. Es genügt dann beispielsweise im Luftkampf oder beim Angriff auf ein Bodenziel, das gegnerische Flugzeug oder das Ziel zu fixieren und per Knopfdruck

die gewünschte Munition auszuwählen. Die heutigen Waffen sind dann in der Lage, mit ihren eigenen Suchköpfen das Ziel zu verfolgen, sobald der Pilot die Lenkwaffe freigibt. Der Pilot kann sich inzwischen bereits einem neuen Ziel zuwenden oder in Sicherheit begeben.

Nun sind jedoch bei extremen Manövern die Belastungen so groß, daß jede Bewegung für den Piloten zu einer ungeheuren Kraftanstrengung wird, und daß exakte Bewegungen kaum mehr durchzuführen sind. Deshalb wird daran gearbeitet, bestimmte Befehle auch mündlich geben zu können. Für die französische Rafale ist ein solches System beispielsweise vorgesehen. Noch sind die Befehle, die per Spracheingabe erfolgen sollen, von sekundärer Bedeutung, da solche Systeme ja erst in der Erprobung sind. Es handelt sich beispielsweise darum, neue Funkfrequenzen einzugeben, das Fahrwerk auszufahren – Situationen also, in denen der Pilot noch Zeit genug hat, die Ausführung seines Befehls zu kontrollieren und gegebenenfalls manuell zu wiederholen – oder ähnliches. Es wäre aber auch möglich, Waffen auf diesem Weg zu aktivieren. Der Abschuß müßte auch weiterhin von Hand per Knopfdruck erfolgen, um eine versehentliche Ausführung zu verhindern.

Dies alles macht den Kampfflugzeug-Piloten zum Manager eines Waffensystems, wobei das Fliegen selbst an Bedeutung verliert. Noch deutlicher wird diese Entwicklung bei Ideen für das Cockpit von übermorgen, wie sie Boeing, Lockheed und McDonnel Douglas zur Zeit verfolgen. Sie nennen sich Associated Pilot und Big Picture, also Hilfspilot und Großbild. Was das erste bedeuten soll, ist nicht schwer zu erraten. Es geht darum, daß noch mehr Funktionen vom Computer übernommen werden. Anhand bestimmter Vorgaben vom Piloten selbst soll der elektronische Hilfspilot, ausgerüstet mit den Fähigkeiten eines Expertensystems, sogar gewisse Entscheidungen selbst treffen können.

Die Bezeichnung Big Picture deutet auf die Auslegung des Cockpits selbst hin. Statt der einzelnen Displays soll das ganze ehemalige Instrumentenbrett nur noch aus einem großen Bildschirm bestehen. Dieser Bildschirm wäre berührungsempfindlich ausgelegt, sodaß auch keine Schalter und Tasten mehr erforderlich sind. Der Pilot hat die Möglichkeit, den Bildschirm in mehrere kleine Segmente aufzuteilen und sich verschiedene Funktionen einzeln zeigen zu lassen. Im Normalfall wird er jedoch nur eine digitalisierte Darstellung der Landschaft unter ihm vor sich haben. Eine Linie bezeichnet den vom Computer errechneten optimalen Flugweg zum vorprogrammierten Ziel. Dabei gehen alle Daten über gegnerische Bodenstationen und die Bedrohung durch

Wie ein Wesen aus einer anderen Welt: Faszination bietet die YF-23 von Northrop/McDonnell Douglas alleine durch ihre Formgebung.

Die X-31 dient der Erprobung neuer militärischer Technologien. Dazu gehört eine erhöhte Manövrierfähigkeit, was beispielsweise durch sogenannte Schub-Vektor-Steuerung erreicht werden soll, das sind schwenkbare Klappen im Düsenaustritt.

sie ein. Der Computer verarbeitet diese Informationen selbständig und stellt die Gebiete farblich codiert dem Piloten innerhalb der »Landschaft« dar, wobei die unterschiedlichen Farben angeben, wie groß die Chancen für das Flugzeug zum Überleben sind, wenn es in das Gebiet einfliegt. Der Computer berechnet also die Flugroute mit der größten Überlebenschance.

Will der Pilot diesem Vorschlag folgen, so braucht er eigentlich nichts zu tun. Sagt ihm ein Vorschlag jedoch nicht zu, so genügt es, wenn er den gewünschten Flugweg mit dem Finger auf den Bildschirm malt. Der Computer berechnet dann sofort die neuen Flugdaten.

Nach unseren heutigen Vorstellungen erinnert das sehr an Computer-Spiele. Dennoch sollen, geht es nach den Kampfflugzeug-Bauern und ihren Elektronikern, die Cockpits der Generation nach dem Advanced Tactical Fighter (ATF) und EFA ungefähr so aussehen. Der Pilot wäre dann tatsächlich nur noch der Manager eines komplexen Waffensystems, das er in seinen Einzelheiten längst nicht mehr überblicken könnte – würde die Elektronik ihm die Einzeldaten nicht zu einem Gesamt-Situationsbild verarbeitet liefern.

Ob es ein solches Flugzeug jemals geben wird, scheint heute fraglich. Viele Experten glauben, daß bemannte Systeme den smarten Waffen dann sowieso unterlegen sein werden – und außerdem zu teuer kämen. Das gilt jedoch ganz gewiß nur für Kampfflugzeuge, nicht aber für Transportflugzeuge aller Art. Nachdem der Mensch das Fliegen gelernt hat, wird er es freiwillig sicher nicht aufgeben.

9 Hubschrauber

KARIN INGEBORG SCHLAUSS geb. Rieger

Sie wurde am 19. Dezember 1940 in Ludwigshafen am Rhein geboren. Dort wuchs sie auf und besuchte Grundschule und Gymnasium.
Durch die Erzählungen ihres Vaters, selbst ein begeisteter Flieger, war sie bereits in ihren frühesten Lebensjahren der Meinung, daß es für sie einmal genau das Richtige sein würde, sich ebenfalls in die Lüfte zu erheben, womöglich sogar senkrecht.
Die Überlegungen der Pragmatikerin gingen dann bald dahin, daß die Fliegerei nur dann kein Geld kostet, wenn man welches damit verdient. Dies Logik war allerdings vorerst – abgesehen von den unerschwinglichen Kosten für eine Ausbildung – ihr persönliches Handicap, denn eine Frau als Berufspilotin?
Damals in Deutschland schier undenkbar und dementsprechend weit war der Weg bis zum August 1971, als das Luftfahrt-Bundesamt zum ersten Mal die Lizenz für eine Berufshubschrauberfliegerin ausstellen konnte.
Nach 20-jähriger fliegerischer Tätigkeit in der deutschen Hubschrauberluftfahrt und seit 1979 verheiratet, lebt sie heute in der Nähe von Neuwied im Westerwald, verfaßt und recherchiert Fachberichte für die Hubschrauberpresse und steht als stellvertretende Vorsitzende der Geschäftsstelle des Deutschen Hubschrauber Verbandes vor.

Suchten die Menschen bereits in mystischen Zeiten den Traum vom Fliegen durch die Kraft gezähmter Adler oder die Nachahmung des Vogelfluges zu verwirklichen, so fand das Prinzip eines durch drehende Flügel getragenen Luftfahrtgerätes keine direkte Anregung in der Natur. Wenn man will, könnte man den Ursprung eines solch »unnatürlichen« Flugapparates in einem über 2000 Jahre alten Kinderspielzeug sehen, einem chinesischen Luftkreisel, der aus an einem runden Stock gefestigten Hühnerfedern bestand, durch Drehen zwischen den Handflächen in Rotation versetzt wurde und nach dem Loslassen in die Luft schnellte.

Ähnliche Spielzeuge, aus Holz geschnitzt und mit einer um die Achse gewickelten Schnur versehen, begegnen uns dann später auf religiösen und profanen Gemälden des abendländischen Mittelalters. Doch diese kleinen Windflügel, ohne Profil und Anstellwinkel am Schaft befestigt, waren nicht geeignet, den zum Fliegen notwendigen Auftrieb zu liefern, und dienten nur zur Freude der Kinder, wenn sie den Fadenantrieb durch Ziehen in Bewegung setzten.

Im 18. Jahrhundert entdeckte man in der Ambrosianischen Bibliothek zu Mailand unter anderem ein Manuskript, das die Zeichnung eines Schraubenfliegers und eine Beschreibung in Spiegelschrift enthielt. Dieser inzwischen weltberühmte Entwurf des Universalgenies Leonardo da Vinci (1452-1519) basierte offenbar auf dem Gesetz über den Auftrieb des griechischen Mathematikers und Physikers Archimedes (287-212 v. Chr.) und seiner Erkenntnisse über die Funktion der drehenden Schraube, die schon im Altertum bei der Wasserförderung praktisch angewandt wurde.

Leonardo da Vincis Hubschrauberprinzip, das Jahrhunderte lang verschollen war, ging davon aus, daß eine spiralförmige Fläche, an einem vertikalen Mast in Drehbewegung versetzt und durch die Luftdichte getragen, eine Last vom Boden heben könnte; es ist jedoch nur noch von historischem Wert. Was von seiner Spezialschraube blieb, ist die von ihm benutzte Bezeichnung aus dem Griechischen »helix« = spiralförmig und »pteron« = Flügel, der Wortstamm für »Helicopter«.

Um das Jahr 1750 konstruierte Michael Lomonossow (1711–1765), der Gründer der ersten russischen Universität – ein von Federwerken angetriebenes Hubschraubermodell mit zwei gegenläufig drehenden Rotoren, einem koaxialen Rotorsystem also. Mit diesem Gerät beabsichtigte er, Instrumente zur Messung von Luftdichte und Temperaturen in verschiedene Höhen zu bringen. Belastungsversuche zur Ermittlung der Tragkraft, über einen Waagebalken mit Gewichten durchgeführt, waren überraschend vielverspre-

Der französische Oberst Charles Renard, der auch durch Versuche zur besseren Lenkbarkeit von Luftschiffen bekannt wurde, präsentierte im Jahr 1904 seinen „Hebeschrauber" (rechts). Am 13. November 1907 flog der Franzose Paul Cornu mit diesem Gerät während 20 Sekunden und in 30 Zentimeter Höhe den ersten Hubschrauberflug (unten links).

Dieser 1909 entstandene Schraubenflieger, der von der Muskelkraft zweier Personen angetrieben werden sollte, machte seinem Namen keine Ehre: Er kam nicht in die Luft.

chend. Aber damit waren zu wenige der Voraussetzungen für eine praktische Erprobung gegeben, denn auch das Problem der Steuerbarkeit blieb ungeklärt.

Das erste »flugfähige« Hubschraubermodell stammt aus Frankreich, denn am 28. April 1784 wurden vor der Pariser Akademie der Wissenschaften Versuche mit einem Modell der Herren Launoy und Bienvenu erfolgreich durchgeführt. Es bestand aus zwei übereinander angeordneten, gegenläufigen Zweiblattschrauben, die durch die Federkraft eines Bogens angetrieben wurden. Ob davon unabhängig, oder als Parallelentwicklung, ist nicht bekannt, aber im Jahr 1796 führte Sir George Cayley in England die gleiche Konstruktion vor.

Wie seine Vorgänger, so verwendete auch Jakob Degen aus Wien um das Jahr 1816 für sein durch ein eingebautes Uhrwerk angetriebenes Modell einen koaxialen Rotor. Diese gegenläufige Anordnung der Blattschrauben war die einfachste Lösung, um der auftretenden Kraft von drehenden Teilen, die das Bestreben hat, ihre Unterlage im entgegengesetzten Drehsinn zu beeinflussen, aus dem Wege zu gehen.

Der Engländer W.H. Phillips, bekannt als der Erfinder des Feuerlöschers, begegnete dem Problem des Drehmomentes im Jahr 1842 mit einem sogenannten reaktionsgetriebenen Hubschraubermodell, indem er durch den Rückstoß eines Kraftstoff-Luft-Gemisches aus der Verbrennung von Holzkohle und Salpeter an den Auslaßöffnungen der Blattspitzen, die Rotoren in Drehung versetzte. Das Modell zerschellte aber bei der Landung. Von der Mitte des 19. Jahrhunderts an, mit der Einführung der Dampfmaschine und dem Beginn der Industrialisierung, folgte ein Entwurf, mittels einer Schraube oder eines Luftkreisels im Vertikalflug die Schwerkraft zu überwinden, dem anderen. Man benutzte alle

Henry A. Berliner, im Ersten Weltkrieg Pilot des Army Air Corps, entwickelte neben einer ganzen Reihe von Fluggeräten 1925 auch diesen an einen Doppeldecker erinnernden Hubschrauber mit zwei Rotoren.

Dr. George de Bothezat, ein in den USA lebender russischer Emigrant, baute Anfang der Zwanziger diesen damals größten Hubschrauber mit vier Sechsblatt-Rotoren und einem Leergewicht von 1600 Kilogramm.

Der in Spanien geborene Juan de la Cievra y Cordorniu baute 1919 den Cierva C1 mit Vierblatt-Rotor, der allerdings schon beim Start ins Trudeln kam.

Der zwei Personen Platz bietende amerikanische Buhl-Autogiro entstand 1932.

damals bekannten Antriebe, angefangen bei der Menschenkraft, über Federwerke und Schießpulver-Motoren, bis zu Dampfmaschinen und Elektromotoren. Was dabei herauskam waren, mit heutigen Augen betrachtet, reichlich kuriose Konstruktionen, die nur noch zum Schmunzeln reizen. All diese Anstrengungen waren von vornherein zum Scheitern verurteilt. Es fehlte noch das ausreichende Wissen über die Aerodynamik drehender Teile und die Erfindung eines leichten, aber leistungsstarken Antriebes mit seinen Kraftübertragungs-Elementen.

Bemerkenswert war da schon das Konzept der Herren von Achenbach aus Weidenau an der Sieg, die um 1874 einen Hubschrauber entwarfen, für den eine Vierblattschraube als Hauptrotor und eine kleine Fünfblattschraube zur Überwindung des Drehmomentes geplant war. Der Antrieb sollte durch eine im Schwerpunkt befindliche Dampfmaschine erfolgen, um die herum auch die Plätze der Passagiere vorgesehen waren. Zeitgenossen nannten das Projekt daher auch eher respektlos »Fliegender Wurstkessel«.

Trotz Erfolglosigkeit und dem Spott der Öffentlichkeit wurde unentwegt weiterexperimentiert. Das Aussehen der Konstruktionen nahm immer abenteuerlichere Formen an, aber vereinzelt machte man da und dort kleine Fortschritte und sammelte neue Erkenntnisse. So lieferten beispielsweise die Versuche der Franzosen Goddard, Faure und Cornu zu Beginn des 20. Jahrhunderts, unter Verwendung der ersten Explosionsmotore, neue Ergebnisse über Hebekraft und Leistungsfähigkeit unterschiedlicher Luftschrauben, und der von M. Léger 1905 entwickelte Hubschrauber mit koaxialem Rotor und von einem 15 PS Elektromotor angetrieben, war sogar fähig, einen Menschen für einige Sekunden vom Boden zu heben. Es würde diesen Rahmen sprengen, über

Der Flettner Fl-282 mit Siebenzylinder-Sternmotor von BMW kam 1941 auf eine Geschwindigkeit von 150 km/h und wurde auch zur Artillerie-Feuerleitung eingesetzt.

alle die Pioniere zu berichten, die mit den verschiedensten Ideen und Techniken versuchten, einen bemannten Hubschrauber zum Abheben, Schweben und Vorwärtsfliegen zu bringen. Die Materie war außerordentlich komplex und mit vielen Schwierigkeiten verbunden, bis zum Ziel war es noch weit.

Anders bei den Drachenflugzeugen: Längst hatte Otto Lilienthal seine Gleitflüge durchgeführt, und den Gebrüdern Wrigth gelang im Dezember 1903 mit ihrem Flyer I der erste gesteuerte Motorflug. Doch noch 1909 schrieb Wilbur Wrigth: »Wie alle Neulinge begannen wir mit dem Hubschrauber, sahen aber bald ein, daß Hubschrauber keine Zukunft haben und ließen daher das Projekt fallen. Der Hubschrauber vermag mit großer Anstrengung nur das zu tun, was ein Ballon ohne Mühe schafft, und er ist keinesfalls besser als ein Ballon zum schnellen horizontalen Flug geeignet. Wenn sein Triebwerk ausfällt, stürzt er mit tödlicher Wucht ab, denn er kann weder schweben wie ein Ballon, noch kann er wie ein Flugzeug gleiten. Hubschrauber sind viel leichter zu konstruieren als Flugzeuge; ist die Konstruktion gelungen, ist sie nutzlos«.

Diese Ausführungen sollten sich recht bald als unsinnig erweisen. Hubschrauber schaffen mit weniger Kraft mehr als ein Ballon, sind schneller und sicherer als Ballon und Flugzeug, und sind auch schwieriger zu konstruieren als Flugzeuge.

Der erste freie Hubschrauberflug gelang im Jahr 1912 dem Dänen Jakob Christian Ellehammer. Mit seinem Koaxial-Hubschrauber mit Vortriebspropeller verwendete er zur

Großes Aufsehen erregten die Flugvorführungen des Focke Fw-61 in der Deutschlandhalle in Berlin.

Flugsteuerung als erster die kollektive und zyklische Veränderung des Anstellwinkels der Rotorblätter. Ellehammers Hubschrauber war mit einem selbstgebauten Sechszylinder-Sternmotor ausgerüstet und konnte nach weiterer Erprobung bis zu 115 kg Zuladung heben. 1916 ging das Gerät nach dem Abheben zu Bruch.

Vielleicht wäre von diesem Zeitpunkt an die Konstruktion flugfähiger Hubschrauber viel eher möglich gewesen, hätte man eine Patentschrift beachtet, die unter der Nummer 249 702 im Jahr 1912 die Herren Max Bartha und Dr. Josef Madzsar für ihre Erfindung »Schraubenflügelanordnung für Luftschraubenpaare« erhielten. Als schutzwürdig wurden in diesem Patent die folgenden drei Erfindungen anerkannt:

1. Die Schlaggelenke der Rotoren;
2. die Schräganlenkung der Rotorblätter;
3. die Kopfkippsteuerung.

Erst ab 1923 sollte Juan de la Cierva die gleichen Erfindungen bei der Entwicklung seines Tragschraubers noch einmal machen. Während des Ersten Weltkrieges konzentrierten sich alle wissenschaftlichen und industriellen Bemühungen vornehmlich um die Verbesserung der Flächenflugzeuge, bis auf wenige Ausnahmen, wie Leutnant von Petroczy und der Wissenschaftler Prof. Karman.

Die beabsichtigten, die Fesselballone durch gefesselte Hubschrauber zu ersetzen, die durch ihre geringe Größe weniger verwundbar sein würden. Auf Grund dieses Vorhabens wurden zwei Exemplare entwickelt. Die erste, die durch einen Elektromotor, der zwei nebeneinander gelagerte, entgegengesetzt drehenden Rotoren angetriebenen Maschine, konnte nur mit vier Halteseilen einigermaßen stabil gehalten werden. Der zweite Fesselhubschrauber hatte einen Koaxialrotor und wurde durch zwei Motore angetrieben. Er erreichte, mit einem Beobachter besetzt, 1918 eine Höhe von 50 Metern und bis zu 30 Minuten Flugdauer. Beide Apparate wurden in Ungarn gefertigt und fanden im Fronteinsatz keine Verwendung mehr.

Einen ähnlich vielversprechenden Entwurf des deutschen Flugzeugbauers Ing. Jakob Goedecker aus Mainz wurde mit

Der WNF, den August Stepan in Wiener Neustadt in zahlreichen Ausführungen entwickelte: Die erreichbaren Geschwindigkeiten ließen besonders im Vorwärtsflug zu wünschen übrig.

Dieser schwere Transporthubschrauber zeigt, was in ihm steckt: Er ist ein Lastwagen der Lüfte.

der Bemerkung der deutschen Heeresleitung »die Pläne seien seiner Zeit voraus« zurückgewiesen. An jener Art der Einstellung mit unbestritten realem Hintergrund und den zahllosen Fehlversuchen scheiterten bis dahin alle Bemühungen der Konstrukteure. Der Hubschrauber sollte über einen Umweg flügge werden.

Folgt man der geschichtlichen Überlieferung, so soll der tödliche Flugzeugunfall seines Freundes, den spanischen Flugzeugkonstrukteur Juan de la Cierva y Cordorniu im Jahre 1919 veranlaßt haben, über eine Maschine nachzudenken, bei der der Auftrieb unabhängig von der Vorwärtsgeschwindigkeit ist. Er ersetzte die Tragflächen eines Drachenflugzeuges durch Rotorblätter, die durch die von einem Propeller erzeugte Fahrt so in Rotation versetzt wurden, daß das Luftfahrzeug abheben konnte. Dieser erste sogenannte Tragschrauber geriet aber bei den Startversuchen ins Taumeln. Diese Unstabilität, hervorgerufen durch die Einwirkung der schnelleren Anströmung am vorlaufenden Rotorblatt und dem dadurch entstehenden höheren Auftrieb gegenüber dem Rückdrehenden, suchte er durch Veränderung des Einstellwinkels der Rotorblätter zu beheben – ohne Erfolg.

Erst, als er Gelenke verwendete, die es den Blättern erlaubten, Schlagbewegungen auszuführen, indem sich das vorlaufende Blatt, an dem sich Drehgeschwindigkeit und Vorwärtsfahrt addierten, nach oben bewegen konnte, und das rückdrehende Blatt mit dem geringen Auftrieb in der Lage war, sich nach unten zu senken, war die Rollbewegung aufgehoben. Das war im Jahr 1922.

Bis in die 30er Jahre unseres Jahrhunderts waren die Weiterentwicklungen des Ciervaschen »Autogiro« recht erfolgreich. Nicht so populär wie die inzwischen bemerkenswert fortgeschrittenen Flächenflugzeuge, aber immerhin. Es wurden Fertigungslizenzen in die USA vergeben und von dort kamen wiederum Verbesserungen nach Europa zurück. Unabhängig davon verwendete Raoul Hafner aus Wien 1937 erstmalig die Blattwinkel – Winkeleinstellung am Rotorkopf gemeinsam bei allen Blättern oder periodisch während des Umlaufs, und die Deutschen W. Rieseler und W. Kreiser erhielten bereits 1916 ein Patent zuerkannt, das die Erfindung eines Rotorsystems für Tragschrauber schützte. Aber der Konstruktion Tragschrauber war es eben nicht möglich, senkrecht zu starten und zu landen, in der Luft stillzustehen, oder gar rückwärts und seitwärts zu fliegen, ein Luftfahrzeug, das alle diese Erwartungen erfüllte, den Hubschrauber nämlich, gab es immer noch nicht.

Die Hubschrauberentwicklung stagnierte in diesen Jahren. Durch die Fortschritte im Tragschrauberbau auf dem Gebiet der Aerodynamik und der Mechanik drehender Flügel hatten die Konstrukteure erkannt, daß die Entwicklung und der Bau eines Hubschraubers, abgesehen von der Kunst ihn zu fliegen – was reine Glückssache war – immer aufwendiger, und für den Einzelnen fast unmöglich war. Doch immer gab es Mutige oder Besessene, die nicht aufgaben, wie der spanische Marquis Pescara, der französische Ingenieur Oehmichen, Dr. de Bothezat in den Vereinigten Staaten, der Holländer A. G. von Baumhauer und andere mehr.

In den Jahren 1920 bis etwa 1930 bauten sie mit viel Aufwand und unter den unterschiedlichsten Bedingungen die erstaunlichsten Apparate und versuchten sie mit mehr oder weniger Erfolg in die Luft zu bringen. Allen war eines gemein: Alle Konstruktionen konnten dem Anspruch der Tauglichkeit in allen Fluglagen nicht gerecht werden.

Erwähnenswert wäre in diesem Zusammenhang nur der Hubschrauber des Holländers von Baumhauer, der mit der

In der modernen Offshore-Ölförderung sind Hubschrauber als Personen- und Materialtransporter nicht mehr wegzudenken.

In den Alpen, wie hier in der Schweiz, müssen Hubschrauber sogar zum Transport von Zement in schwer zugängliche Gebiete sorgen.

heute überwiegend gebräuchlichen Anordnung von Haupt- und Heckrotor für den Drehmomentausgleich konzipiert war und nach fünfjähriger Arbeit 1930 zum ersten Mal flog. Als dieser vielversprechenden Konstruktion eines der beiden Hauptrotorblätter brach, wurden die Versuche nicht mehr fortgeführt.

Und dann war da noch der Flugzeugkonstrukteur Prof. Henrich Focke: 1931 hatte er in Deutschland die Cierva-Tragschrauber-Lizenzfertigung übernommen; dann begann er sich mit dem Hub-Schrauber zu befassen. Er stellte sechs Punkte zusammen, auf die er besonders Gewicht legte:

1. Die Notlandemöglichkeit bei Ausfall des Triebwerkes. Ein Flugzeug ohne die Fähigkeit nach Ausfall des Motors oder der kraftübertragenden Getriebe glatt zu landen, ist für die Praxis unbrauchbar.
2. Die Steuerbarkeit und Stabilität. Bisher galt es als fast unmöglich, deren Gleichmäßigkeit zu sichern, und wenn sie zu erreichen war, dann nur durch ungewöhnliche Anforderungen an den Piloten.
3. Die allgemeine Betriebssicherheit.
4. Mit der Betriebssicherheit hängt die Einfachheit der Bedienung zusammen. Auf diesen Punkt hatte man bisher keinen Gedanken verschwendet.
5. Annehmbare Leistungen, die dem Flächenflugzeug möglichst nahekommen.
6. Die Wartung darf nicht schwieriger sein als die des normalen Flugzeuges.

Dieses Programm beinhaltete soviel Problematik, daß es eine Patentlösung sicherlich nicht geben konnte. In Zusammenarbeit mit den Siemens-Flugmotorenwerken in Spandau wurde das Problem der maschinenbaulichen Teile angegangen, und im Jahr 1932 war Prof. Focke soweit, die Berechnungen und Zeichnungen seines Projektes im Reichsverkehrsministerium vorlegen zu können. Er erhielt noch im gleichen Jahr den Auftrag zum Bau eines Hubschraubers.

Begonnen wurde mit einem freifliegenden Modell mit einem Fluggewicht von 4,9 kg und zweitausend Windkanalversuchen. Im November 1934 erreichte dieses Modell eine Flughöhe von 18 Metern, den damaligen Weltrekord für bemannte Hubschrauber, von denen sich aber keiner länger als zehn Minuten in der Luft halten konnte und allenfalls eine Strecke von einem Kilometer zurücklegen konnte. Nach der Erprobung des Modells wurde ein Musterflugzeug gebaut. Diese Maschine wurde Ende 1935 im Fesselflug erprobt, in einem alten Kesselhaus in Hemelingen, wohin Prof. Focke mit seinen Mitarbeitern vom Gelände des eigenen Werkes »verbannt« worden war.

Am 26. Juni 1936 machte dann der Flugzeugführer Dipl. Ing. Rohlfs den ersten Freiflug. Genau ein Jahr später konnte Rohlfs mit diesem Musterflugzeug sämtliche Weltrekorde brechen und nach Deutschland bringen: 82fache Überbietung der bestehenden Entfernung (80 Kilometer statt 960 Meter) und an Höhe das 15fache, nämlich 2439 Meter gegenüber 158 Meter vorher. Die Leistungen erregten allgemeines Erstaunen und trugen Deutschland in der ausländischen Presse sogar den Verdacht des Betruges ein.

Im Mai 1937 hatte Rohlfs nach sorgfältiger theoretischer Vorbereitung bei einem Werkstattflug absichtlich in 400 Meter Höhe den Motor abgestellt und landete im ruhigen Gleitflug nach zwei Minuten in Autorotation. Das größte Schreckgespenst des Hubschrauberfluges war zum ersten Mal bezwungen: die Furcht vor dem Absturz bei Triebwerksausfall. Der erste voll flugtaugliche Hubschrauber war verwirklicht – die FW-61.

Im Rahmen einer Kolonialausstellung stellte man das neuartige Luftfahrtgerät der Öffentlichkeit vor. Die bekannte Testpilotin Hanna Reitsch demonstrierte mit der FW-61 im Frühjahr 1938 in der Berliner Deutschlandhalle die Kunst des Hubschrauberfluges, aber der Beifall war mäßig; man hatte das technische Verständnis der Zeit und des Publikums überschätzt.

Neun Jahre vor seinem Tod im Jahr 1978, schrieb Prof. Focke als 79jähriger, der sich nach einem erfolgreichen

Kleine und extrem wendige Hubschrauber wie dieser Soloy/Hiller 12E werden in der Landwirtschaft bei Sprühflügen eingesetzt.

Schwere Hubschrauber sind, wie hier in Österreich, beim Bau von Seilbahnen beteiligt.

Ein großer und bequemer Bell-Hubschrauber im Zubringerdienst in den USA

Leben mit Erreichtem nicht zufrieden gibt: »Ich habe die mir selbst gestellte Aufgabe, den Hubschrauber zu machen, ja nicht vollständig erfüllen können. Es fehlte immer die dynamische Längsstabilität bei kleinen Geschwindigkeiten und am Ort fliegend. Keiner in der ganzen Welt hat das bisher in Ordnung bringen können. Die Ausweichlösungen, mit denen man sich um das Problem flugtechnisch herumgedrückt hat, Elektronik, ja ganze Computer, machen heute Hubschrauber zu wahren Laboratorien von Kompliziertheit.« Und weiter: »So alt ich auch bin, ich möchte, und ich kann jetzt auch die höchst einfache Lösung bieten, die nur bestimmte Lagen am Rotorkopf verändert, sodaß auch der normale Hubschraubersachverständige kaum sieht, woher die Wirkung eigentlich kommt, sondern sich nur über den sonderbaren Rotorkopf wundern wird«. Zu einer Realisierung seiner Idee kam es nicht. Obschon die FW-61 dem Drehflügler, dem Luftfahrzeug mit der längsten Entwicklungsgeschichte, endgültig zum Durchbruch verholfen hatte, war noch kein Ende der konstruktiven Möglichkeiten und Verbesserungen neu auftauchender Probleme abzusehen.

Der Konstrukteur Anton Flettner beispielsweise bewies 1939, daß sich entgegen aller Befürchtungen bei Anordnung von sich überschneidenden, ineinanderkämmenden Zwillingsrotoren diese in böigen Windverhältnissen nicht berühren und zerstören. Sein Hubschraubermuster FL-282 wurde für Verbindungs- und Beobachtungsaufgaben und zur Feuerleitung der Artillerie eingesetzt, als erster Hubschrauber der Welt übrigens im aktiven militärischen Dienst, denn der Zweite Weltkrieg war inzwischen ausgebrochen.

Auch Prof. Focke mußte seine Hubschrauberweiterentwicklung auf die vorgegebene militärische Linie ausrichten. Dabei entstand das ursprünglich zivil geplante Muster Fa-223 »Drache«, ein Hubschrauber mit hochgesteckten Forderungen: U-Boot-Aufklärung und -Bekämpfung, Maschinengewehrbewaffnung und Bestückung mit zwei 250 kg-Bomben, Rettungsausrüstung mit Krankentragen und Rettungswinde, Transporte (auch am Lasthaken) mit einer Zuladungskapazität von 1280 kg, sowie Doppelsteuer zur Schulung von Piloten. Die Flugerprobung der beiden Prototypen erbrachte erstaunliche Resultate. Die maximale Geschwindigkeit der Fa-223 betrug über 200 km/h, und der »Drache« erreichte eine Höhe von zirka 7400 Meter. Produziert wurde eine Gesamtstückzahl von 20 Hubschraubern.

Neben diesem Programm entwickelte Focke auch den Schlepp-Tragschrauber vom Typ Fa-330 »Bachstelze«, von dem mehr als 200 Stück gebaut wurden. Die »Bachstelze« diente als fliegende, bemannte Beobachtungsplattform zur Erweiterung des Sichtfeldes aufgetauchter U-Boote. Das zusammenlegbare Gerät wog nur 75 kg.

Mit dem unvorhergesehenen Abheben eines zur Verankerung dienenden schweren Ambosses, bewies 1943 Baron Friedrich L. von Doblhoff bei den Wiener Neistädter Flugzeugwerken, die Auftriebsleistung seines drehmomentfreien Reaktionsantriebes (Blattspitzenantrieb) durch das Versuchsmuster WNF-342 V-1.

All diesen und anderen hoffnungsvollen Konzeptionen und Planungen setzte die Kapitulation Deutschlands 1945 ein Ende. Von politischen Zwängen und Wirren unbelastet, entwickelte in den Vereinigten Staaten der aus Rußland eingewanderte Flugzeugkonstrukteur Igor Sikorsky ab 1939 die VS-300, einen Hubschrauber, der in seiner vierten Version erfolgreich flog und 1941 den Rekord Fockes um zwölf Minuten unterbieten konnte. Dieses Muster, versehen mit Haupt- und Heckrotor, machte Igor Sikorsky zum »Vater des heutigen Helicopter«.

Hubschrauber-Enwicklung

Für die Weiterentwicklung des Hubschraubers in Deutschland erwies sich der Zweite Weltkrieg nicht als »der Vater vieler Dinge«. In dem Land, in dem der erste vollflugfähige Hubschrauber der Welt geboren wurde, wirkte sich der zwölfjährige Verlust der Lufthoheit hemmend auf konstruktive Ideen für Bau und Einsatz von Drehflüglern aus. Aber auch danach blieb die Nutzung der durch den Hubschrauber gebotenen vielseitigen Möglichkeiten, im Vergleich mit seiner wachsenden Verwendung in anderen europäischen Staaten oder gar in den USA, äußerst gering. Allein mit der Zwangspause nach dem Krieg war dieses Desinteresse nicht zu erklären. Möglicherweise mußten die Deutschen erst mit dem praktischen Nutzen des so ganz anders gearteten Luftfahrzeuges bekannt gemacht werden.

Diese Annahmen bewegten einige Unentwegte, von den Zukunftschancen des Hubschraubers überzeugt, einen Versuch zu wagen. So kam es Mitte der 50er Jahre zur Gründung der Hubschrauber-Vertriebs-Gesellschaft, mit Sitz und dem ersten zivilen Hubschrauberlandeplatz Deutschlands zwischen Hummerich und Korett, einem kleinen Bergzug, etwa 20 km in westlicher Richtung von Koblenz gelegen. Dort, an der Flugschule des Unternehmens, wurden die ersten zivilen Hubschrauberpiloten Deutschlands ausgebildet, und zwar auf der Bell 47, einem Muster, dessen A-Modell bereits im Jahr 1946 die Typenzulassung von der US-Zivilluftfahrtbehörde erhalten hatte.

In der Folge bildete man auch im Auftrag der Bundeswehr die ersten Militär-Hubschrauberführer aus, die sich teilweise aus ehemaligen Kriegsfliegern rekrutierten. Als dann 1957 der in Sichtweite gelegene Flugplatz Niedermendig mit einer neuen Waffengattung – den Heeresfliegern – wieder in

Der Hughes 300C ist einer der kleinsten zweisitzigen Helikopter und ist zwischen den Wolkenkratzern von Los Angeles ebenso anzutreffen wie als modernes „Pferd" über den Rinderherden in Texas.

Betrieb genommen wurde, fand das Grundtraining auf beiden Geländen statt.

Wenige Jahre später wurde das Bild des Flugplatzes von der Alouette II und der Boeing-Vertol, der »fliegenden Banane« geprägt, die 1973 außer Dienst gestellt, und durch den »flüsternden Riesen«, der Sikorsky CH-53, ersetzt wurde. Vieles war noch Neuland zu jener Zeit. Um das Personal auf dem Hummerich weiterzuschulen, und in allen Hubschrauberbelangen auf dem laufenden zu halten, veranstaltete man Hubschrauberseminare, zu denen Fachleute aus dem In- und Ausland geladen wurden.

Es wurden Vorträge gehalten, Filmberichte gezeigt und Diskussionen geführt, deren Themen und Inhalte teilweise an Aktualität nichts verloren haben, wie zum Beispiel neue Anflugverfahren, Lärmbekämpfung, Wirtschaftlichkeitsprobleme, technische Entwicklungen und anderes mehr.

Die anwesenden Gasthubschrauber stellten so etwas wie eine Musterschau dar und zeigten mit ihren Demonstrationsflügen der Öffentlichkeit durch die anwesende Presse, daß der Hubschrauber seinen Platz in der modernen Gesellschaft zu Recht verdient.

Der britische Westland Lynx 3 dient sowohl als Transport- wie als Kampfhubschrauber.

Unter den Gästen der Seminare waren große Namen zu verzeichnen: Prof. Henrich Focke, wegweisend in der Hubschrauberentwicklung, Friedrich von Doblhoff, der den drehmomentfreien Reaktionsantztrieb verwirklichte, der legendäre Igor Sikorsky und sein Sohn Sergej, General a.D. Erich Hampe, der verdiente Wegbereiter des heutigen Deutschen Hubschrauber Verbandes, und viele andere mehr.

Zu dieser Zeit entstanden weitere Hubschrauberunternehmen, das Einsatzspektrum erweiterte sich, wenn auch zögernd, und man konnte schon vereinzelt einen Helicopter beobachten, der über Weinbergen im Pflanzenschutzeinsatz seine Bahnen zog, oder vielleicht selbst einen Rundflug anläßlich eines Flugtages oder sonstigen Freiluftveranstaltungen riskieren.

Während sich die ersten Luftfahrtunternehmen Deutschlands mit Rundflügen, Schädlingsbekämpfung, Pilotenausbildung und Filmflügen zur Sportberichterstattung auf ihren kleinen Bells, Hillers und Brantlys über Wasser hielten, ging in Frankreich, Italien und England, der Sowjetunion und in den Vereinigten Staaten die Entwicklung, der Bau und der Einsatz von Hubschraubern weiter.

Immerhin, auch hierzulande hatte man Versuche unternommen, eigene Drehflügler auf den Markt zu bringen, wie zum Beispiel die Konstruktionen der Firmen Merckle, Borgward, VFW, Weserflug, Dornier und Bölkow (und einige Eigenbau-Leistungen von Ingenieuren), aber keiner dieser Prototypen konnte sich durchsetzen. Einzig der Firma Messerschmitt-Bölkow-Blohm sollte die Entwicklung und der Bau von Hubschraubern gelingen, die sich mit ihren Flugeigenschaften und -leistungen unter den bereits eingeführten Typen weltweit durchsetzen konnten.

Eines der Probleme, dem sich die zivile Luftfahrt und damit auch die Hubschrauberverwendung gegenübersah, bestand darin, daß in der Bundesrepublik, im Gegensatz zum Ausland, eine Förderung von staatlicher Seite fehlte, oder nicht ausreichte. Selbst die Planung für einen Hubschraubergestützten Luftrettungsdienst Anfang der 60er Jahre, mit der Schaffung eines Netzes speziell ausgerüsteter Helicopter, die allein dem Notfalleinsatz vorbehalten sein sollten, stieß lange Zeit auf die Ablehnung der Behörden.

Igor Sikorsky, den man den »Vater des modernen Hubschrauber« nennt, glaubte Zeit seines Lebens daran, daß der Hubschrauber zur Rettung von Menschen und zur Bereicherung des Lebens verwendet werden müsse.

Wie unverzichtbar der Hubschrauber im lebensrettenden Einsatz ist, zeigen mittlerweile eindrucksvolle Zahlen: seit den ersten beiden Rettungseinsätzen im Jahre 1943 in Burma in den USA, verdanken eineinhalb Millionen Menschen ihr Leben dem Retter aus der Luft. Nicht berücksichtigt sind dabei Organ- und Medikamententransporte, und die große Anzahl der im Katastrophenfall Geretteten und Versorgten, wie zum Beispiel bei der großen Flutkatastrophe an der Nordseeküste. Heute verfügen wir in Deutschland über ein flächendeckendes Netz an Rettungsstationen, ausgerüstet mit modernen Hubschraubern, das als beispielhaft gilt, und nach dessen Vorbild Rettungszentren auf anderen Kontinenten eingerichtet wurden.

Der BK 117 von MBB hat auch in den USA seinen Markt gefunden; hier fliegt er über San Francisco.

Auch auf den Kriegsschauplätzen setzte man mehr und mehr Hubschrauber ein, wie in Korea, und dann in Vietnam, wo die Frontgebiete häufig unzugänglich waren. Dort sank die Zahl der Verletzten mit Todesfolge auf den niedrigsten Stand der Militärgeschichte, weil verwundete Soldaten aus dem Kampfgebiet herausgeholt werden konnten. Auf ihren Flügen in das Frontgebiet nahmen die Hubschrauber Munition und sonstigen Nachschub mit.

Als der Vietcong beim Abschuß von US-Hubschraubern zu erfolgreich wurde, begann man die Helicopter mit MGs und Raketen zu bestücken. Jetzt war der Weg zum Bau eines spezialisierten Kampfhubschraubers und U-Boot-Jägers nicht mehr weit.

In Deutschland hatte die Firma Bölkow von Anfang an den BO-105-Hubschrauber dem Bundesverteidigungsministerium zur militärischen Verwendung angeboten; sowohl in der Verbindungs- und Beobachtungsausführung, wie auch als bewaffnete Version zur Panzerabwehr. Nach Abschluß aller Änderungswünsche, Versuche und Erprobungen löste »die BO« dann die Alouette II aus der ersten Generation von Turbinenhubschraubern der Heeresflieger Ende des Jahres 1979 ab.

Zu Beginn der 70er Jahre erschloß sich auch den zivilen Luftfahrtunternehmen mit dem Einsatz von Hubschraubern zur Kontrolle von Transportleitungen ein weiterer Markt.

Nach dem Wiederaufbau des zerstörten Nachkriegsdeutschland und der Notwendigkeit, eine Industriegesellschaft mit

Als Panzerabwehr-Hubschrauber aufgerüstet: Ein MBB Bo 105 mit dem Lenkwaffensystem HOT.

Von McDonnell-Douglas stammt dieser „Executive Helicopter" vom Typ MD 500E, der vier Personen Platz bietet.

Als überraschend einsetzbares und wendiges Kampfgerät wird der Hubschrauber (hier eine Studie des Boeing/Sikorsky LHX) auch in Zukunft eine Rolle spielen – zumindest, wenn es nach den Vorstellungen der Militärs geht.

Immer leiser, immer leistungsfähiger – wie hier der mit einem fünfblättrigen Rotor ausgestattete McDonnell Douglas MD 500-Hubschrauber in Tarnlackierung bei Flugtests.

den erforderlichen Rohstoffen zu versorgen, war ein gewaltiges System von Pipelines entstanden, die, überwiegend unterirdisch verlegt, Erdöl, Erdgas, Benzin und andere Stoffe schnell und auf einfachste Weise befördern und verteilten. Diese Rohrtransportleitungen und deren Trassen bedürfen einer ständigen Kontrolle, um Beschädigungen von Rohr und Steuerkabel durch Bauarbeiten, Tiefpflüge, Drainagen, Erdsenkungen und anderes zu vermeiden. Die Überwachung oblag Kontrollgängern, die die Trasse zu Fuß Kontrollierten. Das System hatte den Nachteil, daß der Personalaufwand sehr hoch war, und der Begeher, da erdgebunden, ein zu kleines Beobachtungsfeld vor sich hatte.

Dieses Problem wurde durch den Einsatz von Hubschraubern gelöst, denn diese fliegen in kurzer Zeit in der effektivsten Beobachtungshöhe die markierte Trasse ab, wobei auch die Gefahren, die seitlich auf die Leitung zukommen könnten, erkannt werden. In kritischen Fällen wird sofort gelandet und die Erdarbeiten unter sachkundige Kontrolle gestellt.

Ein weiteres Transportsystem, nämlich das zur elektrischen Stromversorgung, sind die Hochspannungsleitungen. Auch hier hat sich der Einsatz von Hubschraubern bei der Überwachung oder der Störungssuche bewährt. Der Beobachter kann während des Langsamfluges entlang der Spannungsdrähte vom Hubschrauber aus Veränderungen an Kabeln und Isolatoren erkennen, die einen Stromausfall verursachen könnten.

Bei der Errichtung neuer Überlandleitungen in schwer zugänglichem Gelände, wie Taleinschnitten und Hanglagen, bedient man sich ebenfalls des Hubschraubers. Schwere Helicopter erleichtern und beschleunigen die Montagearbeiten durch das Aufstellen einzelner Mastenteile, oder befördern in Kübeln den Zement zum Gießen der Fundamente. Leichtere Hubschrauber ziehen die sogenannten Vorseile, mittels der dann die Stromkabel über die Traversen geführt werden.

Ein weiteres Betätigungsfeld für den Hubschrauber ergab sich durch die Herstellung von Serien-Luftbildaufnahmen. War er als »fliegendes Stativ« bei Film, Fernsehen, Dokumentations- und Vermessungsaufgaben längst etabliert, so

Vollgestopft mit Flug-Elektronik und Navigationssystemen: Das Cockpit des Boeing MH 47E.

eroberte er sich jetzt einen Markt, der von kleinen Flächenflugzeugen erschlossen worden war.

Stolze Besitzer ihres hart erarbeiteten Eigenheimes oder Gewerbebetriebes, aber auch traditionsbewußte Bauern auf ihren Höfen, waren die Abnehmer einer Luftbildaufnahme ihres Anwesens, die sie sich gerne – nach ihren Wünschen vergrößert und gerahmt – in die »gute Stube« hingen.

Nur der Hubschrauber mit seinen für jedes Flächenflugzeug tödlichen Langsamflugeigenschaften und gleichzeitiger Manövrierfähigkeit war in der Lage, möglichst viele verkaufsträchtige Objekte abzufliegen, um die florierende Nachfrage zu decken.

Im Sommer 1991 gibt es in Deutschland mehr als zwei Dutzend Hubschrauberunternehmen, ohne die sich neu formierende Interflug-Hubschrauber-Sektionen der fünf neuen Bundesländer. Das Spektrum ihrer Kapazitäten und Einsätze umfaßt nunmehr nicht nur die »klassischen« Bereiche, wie Rundflüge, Film- und Fotoflüge, Leitungskontrollen, Rettungs- und Versorgungsflüge, Lastentransporte, Montagearbeiten; die Hubschrauber deutscher Unternehmen findet man auch bei der Bekämpfung von Seuchen und Schädlingen in den tropischen Gebieten unserer Erde, oder zur Unterstützung der Wissenschaftler im ewigen Eis der Antarktis, nur um vorab zwei weitere Beispiele zu nennen.

Anders als früher ist man sich heute der Gefahr, die von einer Verschmutzung unserer Umwelt und der Zerstörung unserer Wälder ausgeht, bewußt: Umweltschutz zählt zu den größten Aufgaben der Gegenwart.

Um weitere Schäden zu vermeiden, denn immer wieder gibt es »schwarze Schafe«, die Gewässer und Landschaft als Müllkippe betrachten, wird auch hier der Hubschrauber als Helfer im Kampf gegen die Umweltsünder eingesetzt. Die Besatzungen der Polizei- und BGS-Hubschrauber, ja selbst Privatpiloten und mit anderen Aufgaben betraute Berufshubschrauberführer, haben ein wachsames Auge auf die Schiffahrt und die Einleitungen der Industriebetriebe an den Wasserstraßen.

Ähnlich geschädigt wie unsere Gewässer sind unsere Wälder. Zu ihrer Gesundung und Erhaltung führt man eine Behandlung mit Kalk oder Kalkdünger durch, der mit einem

Hubschrauber in allen Preislagen und Konfigurationen: Werkhalle von MBB (rechtes Foto). Speziell in den USA ist der Helikopter aus vielen Lebens- und Geschäftsbereichen nicht mehr fortzudenken – er dient als zweckmäßiges Transportmittel für kurze bis mittlere Distanzen, wird bei der Verkehrsbeobachtung und Gebäudeüberwachung eingesetzt, fliegt Ärzte und Techniker in schwer zugängliche Gebiete (nicht zuletzt nach Naturkatastrophen) und hilft in der Landwirtschaft ebenso wie als fliegender Krankenwagen.

Deutsches Qualitätsprodukt: MBB BO 108 bei der Flugerprobung.

fahrbaren Bodengerät durch ein Gebläse auf eine entsprechende Fläche ausgebracht wird. Da dieses Fahrzeug nur von den Waldwegen aus operieren kann, werden Gebiete, die im Innern eines Waldstückes gelegen sind, nicht erreicht. Nur durch einen weiteren forstwirtschaftlichen Einsatz von Hubschraubern kann man diese Lücken abdecken und die Methode sinnvoll anwenden.

Auch in der Landwirtschaft ist der Hubschrauber fast unverzichtbar; insbesondere bei der Schädlingsbekämpfung. Versuche vergleichender Sprühmethoden haben ergeben, daß das Ausbringen der Mittel gerade durch den Hubschrauber sauberer und exakter erfolgt als mit anderen Geräten.

Der Hubschrauber wird daher auch zukünftig seinen Platz in der Agrarwirtschaft behaupten können. Treibt und überwacht er doch auch als »fliegender Cowboy« die großen Rinder- und Schafherden Amerikas und Australiens, oder schwebt langsam über die weiten Felder der Tomatenanbaugebiete, um mit seinem Rotorabwind die vom Tau benetzten Früchte trockenzufächeln, damit die Sonnenstrahlen sie nicht aufplatzen lassen.

Nur der Hubschrauber ist befähigt, gewisse schwierige Aufgaben der Luftarbeit auszuführen; nicht nur über Land fand der »Vielkönner« mit der komplizierten Aerodynamik ein spektakuläres Betätigungsfeld, sondern auch vor den Meeresküsten und über See.

So wäre es Hubschrauber-Produzent Bell recht: Der regionale Luftverkehr der Zukunft wird von Helikoptern übernommen.

Neuestes Kampfhubschrauber-Modell aus dem Hause Bell Helicopters: Der AH-1W in ungewöhnlicher Tarnlackierung.

Man setzt den Hubschrauber in der Küstenwache und zur Bergung Schiffsbrüchiger ein, er führt Transportflüge zu küstennahen Seebaustellen durch und arbeitet im Lotsenversetzdienst. Ohne den Hubschrauber ist die Versorgung der Forschungs- und Bohrplattformen zur Öl- und Gasgewinnung aus dem Meeresboden heute nicht mehr denkbar.

Wie kein anderes Luftfahrzeug ist der Hubschrauber geeignet, ein dringendes Verkehrsproblem zu lösen, das durch den immer enger werdenden Luftraum, dem damit verbundenen Slot-Mangel, verschärft durch zu hohes Verkehrsaufkommen auf den Autobahnen und Staus vor den Zufahrten der Flughäfen verursacht wird.

Bedenkt man, daß in der Linienluftfahrt das größte Verkehrsaufkommen sich in einem Radius von 500 km vom Standort bewegt, so ist der Hubschrauber im Geschäftsreiseverkehr und Zubringerdienst die Alternative, pünklich und ohne großen Zeitaufwand zum Ziel zu gelangen. Für einsichtige und scharf kalkulierende Unternehmer mit eigenen Außenstellen oder häufig zu besuchenden Kundenbetrieben stellt die Benutzung des Hubschraubers längst einen unverzichtbaren Zeitgewinn dar.

Durch den zwingend erforderlichen Bau von Heliports, könnte es der Hubschrauber mit den mit wesentlich schnelleren Fluggeschwindigkeiten ausgestatteten Regionallinien aufnehmen und, ohne aufwendige und kostenintensive infrastrukturelle Maßnahmen, in den allgemeinen Verkehrsbedarf integriert werden. Ein zukunftsorientiertes Land wie Japan hat das bereits erkannt und arbeitet an dem Ausbau eines Netzes von 600 Hubschrauberlandeplätzen.

In den Köpfen der Konstrukteure und Betreiber finden sich die Ideen und Vorstellungen zu einer logischen Weiterentwicklung der Drehflügler und ihrer Verwendung in der zukünftigen Luftfahrt. Letztendlich würde sich unsere Gesellschaft nur einer Dienstleistung berauben, die, wie Igor Sikorsky vor vielen Jahrzehnten gesagt hatte: »...zur Bereicherung des Lebens verwendet werden soll.«

10 Zu den Sternen

WILLY B. WANGE

In Dresden am 19. Juli 1917 geboren. Nach Besuch der Volksschule Lehre als Versicherungskaufmann. 1938 Arbeistdienst, anschließend zur Luftwaffe, hier Ausbildung zum Funker, später Funkmeister.
1944 nach Selbststudium als Autodidakt Abitur an der Universität Leipzig.
1945 aus englischer Gefangenschaft nach Köln entlassen. Nach einer Zwischenstation bei der Stadtverwaltung Köln 1949 selbständig als freier Journalist und Schriftsteller. 1951 bis 1979 Redakteur für Kultur und Freizeit bei einer Wochenzeitung.
Veröffentlichung zahlreicher Sachbücher mit einer Gesamtauflage von 3,2 Millionen, in sechs Sprachen übersetzt.
Jahrelang freier Mitarbeiter der „Startbahn", das Magazin für den Flughafen Köln/Bonn, sowie der Flugrevue in Stuttgart. Co-Autor des Buches „Europas Vorstoß ins All".
Willy B. Wange ist verheiratet und Vater von einem Sohn und drei Töchtern, lebt in Honrath im Bergischen Land bei Köln.
Kurz-Kommentar zu diesem Kapitel: „Schon die frühen Träume der Menschen gingen über den Begriff des Fliegens hinaus. Der Mond und die Gestirne beschäftigten ihre Phantasie. die griechischen Philosophen, das Genie Leonardo da Vinci, die großen Geister des 16. und 17. Jahrhunderts, wie Kopernikus, Kepler und Galilei richteten ihre Blicke und ihr Sinnen und Trachten hinaus in den Weltraum. Das Fliegen ist eine unverzichtbare Zwischenstation. Da, wo die Grenzen sichtbar werden, beginnt die Raumfahrt."

Die Flugzeuge wurden schneller, größer, komfortabler, ihre Reichweiten vermochten Kontinente miteinander zu verbinden, aber die Weite des Weltraums blieb ihnen verschlossen. Es bedurfte anderer Techniken, wollte man den Bannkreis der Erde verlassen.

Für alle, die sich ernsthaft mit der Raumfahrt beschäftigten, war klar, daß nur durch eine gezielte Entwicklung von Raketen, die genügend Schubkraft entwickelten, um die Schwerkraft der Erde zu überwinden, eine Chance bestünde, in den Weltraum vorzudringen.

Die Chinesen erfanden schon im 12. Jahrhundert das Schießpulver. Erste Kunde davon drang 1242 durch den Engländer Roger Bacon nach Europa. Die Antriebskraft aus der Verpuffung des Schießpulvers wurde zunächst in China für die aus kultischen Gründen gezündeten Feuerwerkskörper — man ließ »den Teufel springen« — genutzt. Durch die Araber kam das Pulver nach Europa, wo es im 13. Jahrhundert schon durch Eisenbüchsen für Steingeschosse, bald aber auch als Treibmittel für die erste Rakete, genutzt wurde.

Es war ein weiter Weg von diesen pulvergetriebenen ersten Raketen bis zu den Flüssigkeitsraketen des Amerikaners Robert H. Goddard und des Deutschen Wernher von Braun. Mit ihren Versuchen und Entwicklungen hatten diese Pioniere der Raumfahrt das Tor zum Weltall geöffnet.

Den ersten Schritt aber tätigten die Sowjetrussen. Am 4. Oktober 1957 schockierte das »Piep-Piep« von »Sputnik« die westliche Welt. Mit einer einstufigen, gebündelten Flüssigkeitsrakete vom Typ »Wostok« wurde der kugelförmige Aluminiumkörper mit einem Durchmesser von 58 Zentimetern und 86,3 Kilogramm Masse auf eine Höhe von 230 Kilometer geschossen und hier in einer ellipsenförmigen Umlaufbahn auf eine Geschwindigkeit von über 28 000 km/h gebracht. Alle 96 Minuten umrundete Sputnik die Erde. Der erste wirkliche Schritt ins Weltall war getan.

Es war ganz natürlich, daß der Mond schon immer das erklärte Traumziel der Menschen war. Er steht anscheinend greifbar nahe am Himmel, während alle anderen Himmelskörper schon rein optisch ferner, unerreichbarer eingeschätzt wurden. Der Mond beschäftigte die Phantasie von Schriftstellern, Malern und Filmregisseuren, aber auch der einfachen Menschen.

Als die Verbesserung der Fernrohre die Mondoberfläche erkennbarer werden ließ, wurde die Phantasie sogar noch angeregt.

Thomas Harriot (1560-1621) zeichnete 1609 die erste Mondkarte. Ein Jahr später beschrieb Galilei die Mondober-

Juri Gagarin, der erste Mensch im Weltraum. Er kam später bei einem Absturz mit einer MiG ums Leben.

Virgil Grissom war nach Alan B. Shepard der zweite Amerikaner im Weltraum. Er kam 1967 bei Bodentests mit der Apollo-Kapsel wegen Feuerausbruchs mit seinen Astronauten-Kollegen Ed White und Roger Chaffee um.

fläche, die Berge, Krater und »Meere«, wie er die grauen Flächen nannte.

Es war selbstverständlich, daß der Mond das vorrangige Ziel der Raumfahrt sein würde. Zuvor aber galt es mehr über den Mond zu wissen und sein Umfeld zu erkunden.

Der Mensch im Weltraum

Bevor man das »Unternehmen Mond« mit Aussicht auf Erfolg starten konnte, mußte zunächst erkundet werden, ob und wie der Mensch im Weltraum überleben konnte. Am 12. April 1961, kaum vier Jahre nachdem die Sowjets die Welt mit ihrem »Sputnik« überrascht hatten, warteten sie mit einer neuen Sensation auf. Juri Gagarin stieß mit dem Raumschiff »Wostok I« als erster Mensch in den Weltraum vor, umkreiste in 89,1 Minuten oberhalb der Atmosphäre die Erde und landete sicher auf russischem Boden.

Diese Pionierleistung war für die Weiterentwicklung der Raumfahrt von entscheidender Bedeutung, wußte doch zuvor niemand, wie der menschliche Organismus, wie Herz und Kreislauf über einen längeren Zeitraum auf Schwerelosigkeit reagieren würden.

Einen Monat nach Gagarin unternahm der Amerikaner Alan B. Shepard einen Flug in den Raum über der Erdatmosphäre. Sein Ausflug dauerte 15 Minuten und führte nicht in eine Umlaufbahn um die Erde.

Die Amerikaner steuerten zwar zielstrebig, aber mit großer Vorsicht das Unternehmen Mond an. Man wußte noch zu wenig darüber, was den Menschen im Weltraum erwarten würde.

Wenn auch die Flüge des 1958 gestarteten »Pionier«-Pogramms wertvolle technische Erkenntnisse gebracht hatte, über die gesundheitlichen Risiken und über die Überlebenschancen im Weltraum tappte man noch weitgehend im Dunklen.

Auf der Spitze der Titan-Rakete wurde für die für zwei Astronauten ausgelegte Gemini-Kapsel in den Weltraum „geschossen".

Selbst auf die Frage, ob vielleicht im Raum oder auf dem Mond unbekannte Bakterien und Krankheitserreger lauern könnten, gab es keine sichere Antwort. So wurden später alle Astronauten nach ihrer Rückkehr lange Zeit zunächst in Quarantäne gehalten und sorgfältigst untersucht.

Bei den Bemühungen, mehr über die Voraussetzungen für einen Mondflug zu erkunden, hatten die Sowjets zunächst einen Vorsprung.

Schon zwei Jahre nach Sputnik flogen drei »Lunik«-Sonden zum Mond. »Lunik I« meldete, daß der Mond kein erkennbares Magnetfeld besitze; »Lunik II« zerschellte im September 1959 im »Mare Imbrium«. Besonders bemerkenswert war dann der Flug von »Lunik III«, die um den Mond herum kurvte und erste Bilder von der Mondrückseite zur Erde funkte.

Auf dem Weg zum Mond schienen die Russen auch den Amerikanern weiter voraus zu sein. Im Januar 1966 landete die Sonde »Luna 9« als erste weich auf der Mondoberfläche. Damit wurde bewiesen, daß die Oberflächenschicht fest genug war, um ein Raumfahrzeug zu landen.

Während sich die USA nun mit ihrem Apollo-Programm zielstrebig auf eine bemannte Mondlandung vorbereitete, schienen die Sowjets der unbemannten Erforschung des Mondes Vorrang zu geben.

Lange Zeit unbekannt blieb allerdings, daß auch in der Sowjetunion ernsthafte Versuche unternommen wurden, als erste auf dem Mond zu landen. Am 21. Februar 1969 testete man die für den Mondflug vorgesehene »N-I«, die aber schon nach 70 Sekunden explodierte. Ein zweiter Fehlschlag am 3. Juli 1970 zerstörte die gesamte Startanlage; ein Malheur, daß sich am 27. Juli 1971 wiederholte.

Konkurrenz der Bürokraten

Die amerikanische Raumfahrt litt lange Zeit unter der Konkurrenz im eigenen Lande. Heer und Luftwaffe reklamierten ihren Vorrang bei der Entwicklung von Raketen. Die Wissenschaftler und Techniker aber waren wenig an der Nutzung ihrer Fortschritte für kriegerische Zwecke interessiert. Sie hatten den Mond im Sinn.

Um diesem unseligen Gegeneinander ein Ende zu bereiten, wurden die Zuständigkeiten neu verteilt. Man war sich darüber klar, daß die Realisierung des ehrgeizigen Mondprojekts nur möglich sein konnte, wenn man gezielt daran arbeiten ließ.

Dieses Bestreben führte im Herbst 1958 zur Gründung der NASA als einer zivilen Raumfahrtbehörde.

Das war zugleich der Beginn systematischer Projekte für ein umfassendes Programm, dessen Ziel die Erforschung des Mondes und der Planeten war. Das »Jet Propulsion Labora-

Serienproduktion der Gemini-Kapsel. Extrem sorgfältiges Arbeiten in staubdichten Räumen war hier oberstes Gebot.

tory« (JPL) mit seinem Direktor William H. Pickering stellte die Forderung auf, die Herausforderung der Sowjets anzunehmen und darauf hinzuarbeiten, nicht nur, wie die Russen, Satelitten um die Erde zu schicken, sondern einen Raumflugkörper auf dem Mond zu landen.

Nach der Gründung der NASA erhielt das JPL den Auftrag, zunächst unbemannte Mondflüge zu realisieren. Mehrere Projekte wurden geplant und verworfen.

Das Projekt »Ranger« landete schließlich bei den neuen zivilen Marshall-Raumflugzentren in Huntsville und damit bei der Mannschaft um Wernher von Braun.

»Ranger I« wurde am 23. August 1961 gestartet. Das geplante Einschießen in eine hohe elliptische Umlaufbahn mißlang, weil die Wiederzündung des Agena-Raketenteils versagte. Insgesamt waren sechs Rangerflüge Mißerfolge. Erst »Ranger 7«, am 28. Juli 1964 gestartet, lieferte hervorragende Bilder vom Mond.

Größenvergleich der Mercury- (links) und Gemini-Kapseln.

Künstlerische Impressionen eines Gemini-Starts auf dem Weltraum-Flughafen Cape Canaveral.

»Ranger 8 und 9« setzten diese Erfolgsserie fort. Das Ranger-Programm hatte etwa 260 Millionen Dollar gekostet, dafür wurden 17000 Fotos von der Mondoberfläche und zahlreiche wichtige Daten für die geplante Mondlandung geliefert.

Diese Erfolge waren deshalb wichtig, weil US-Präsident John F. Kennedy die Weltraumplaner am 25. Mai 1961 mit der Forderung »Ich bin der Meinung, daß diese Nation vor Ablauf des Jahrzehnts einen Menschen zum Mond bringen und wieder sicher zur Erde zurückholen sollte« unter Zeitdruck gestellt hatte.

Es folgten die Projekte »Lunar Orbiter« und »Surveyor«. Auch für sie nutzte man Atlas-Agena als Trägerrakete. Alle Flüge der fünf Lunar Orbiter verliefen ohne Pannen und lieferten Bilder und Daten, die für die spätere Mondlandung die Voraussetzungen schufen. Die Landeplätze für die Astronauten des Apollo-Mondlandeprogramms wurden erfolgreich erkundet.

Nun ging man daran, durch unbemannte Raketen die Festigkeit des Mondbodens und Faktoren zu untersuchen, die für die spätere Landung von Astronauten unabdingbar waren. Sieben Surveyor-Geräte wurden zum Mond geschickt; fünf davon mit vollem Erfolg. Parallel zu den amerikanischen Landevorbereitungen hatten auch die Sowjets mit ihrem »Luna-Programm« unbemannte Flüge zum Mond unternommen und wertvolle Ergebnisse erzielt.

Vor dem großen Erfolg der Landung eines Menschen auf dem Mond gab es für das Apollo-Programm allerdings noch einen schweren Rückschlag. Die Saturn I-B-Rakete mit der ein erster Flug um den Mond geplant war, brannte noch bei einer Simulation auf der Startrampe aus. Am 27. Januar 1967 verbrannten dabei Edward White, Virgil Grissom und Dr. Roger Chaffee. Dadurch verzögerte sich das Apollo-Programm um eineinhalb Jahre. Nach drei unbemannten Testflügen schickte man dann am 11. Oktober 1968 eine Apollo-Kapsel mit drei Astronauten an Bord in eine Erdumlaufbahn.

Nach diesem gelungenen Experiment wagte man dann den sensationellen Schritt, drei Astronauten auf eine Umlaufbahn um den Mond zu schicken. Am 21. Dezember hob die Trägerrakete »Saturn V« mit Frank Borman, James Lovell und William Anders ab, zunächst in eine Erdumlaufbahn und nach drei Stunden in die Fluchtbahn. Drei Tage später erreichte das Raumschiff die Mondumlaufbahn, verschwand hinter dem Planeten.

Als erste Menschen sahen die Astronauten die Mondrückseite. Durch Zündung des Triebwerks der Apollo ermöglichten die Astronauten eine zehnmalige Mondumkreisung in 112 Kilometer Höhe innerhalb von 20 Stunden. In der Nacht vom 25. zum 26. Dezember zündeten sie erneut das Triebwerk und kehrten nach 147 Stunden zur Erde zurück. Fünf Kilometer vom vorgesehenen Landepunkt im Pazifik wasserten sie und wurden von den Bergungsschiffen an Bord gehievt.

Der Erfolg wurde fortgesetzt. Apollo 9 hatte bereits die Mondfähre an Bord, als sie in die Mondumlaufbahn geschickt wurde. Mit Apollo 10 ging man noch einen wichtigen Schritt weiter. In der Umlaufbahn trennten sich das Apollo-Raumfahrzeug und Mondfähre. Während Thomas Young in 111 Kilometer Höhe den Mond umkreiste, schwenkten Cerman und Stafford in eine ellipsenförmige Umlaufbahn und näherten sich bis auf 14,5 Kilometer der Mondoberläche.

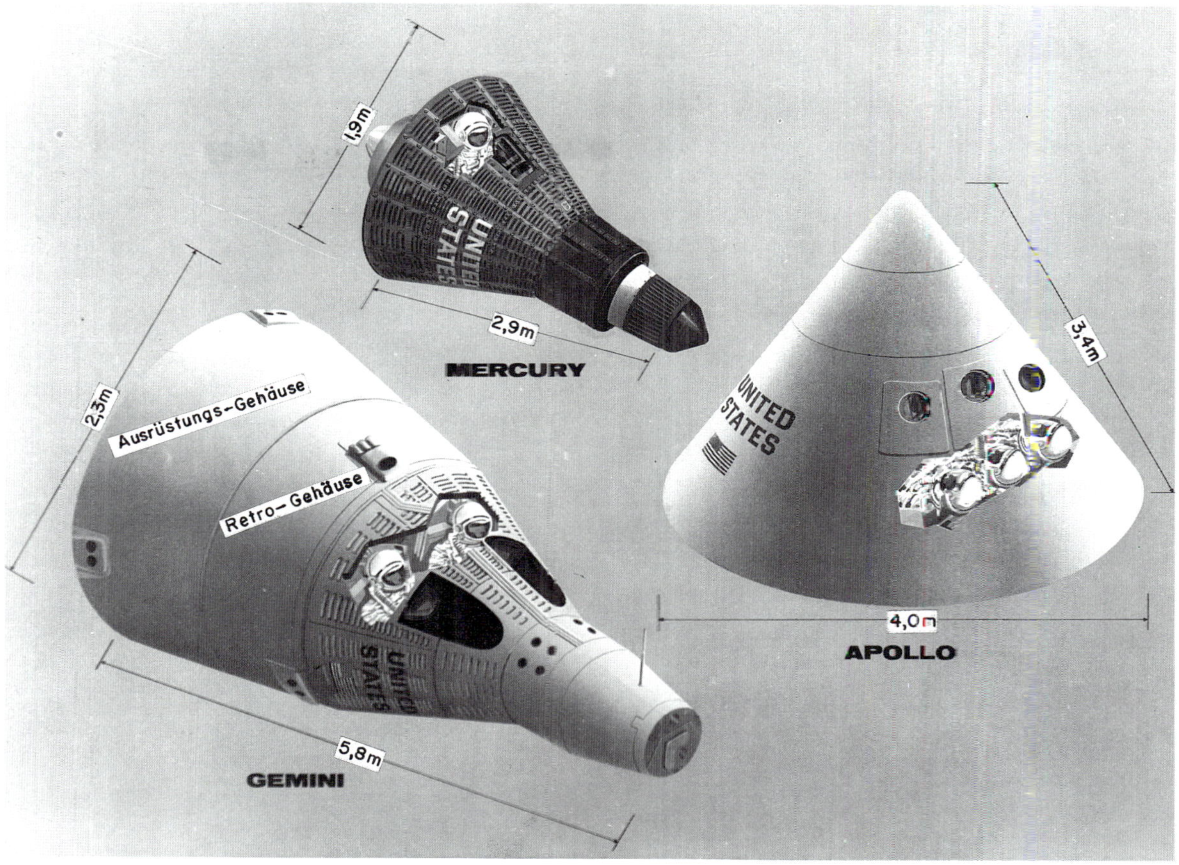

Drei amerikanische Weltraum-Kapseln im Größenvergleich: Obwohl die Apollo-Kapsel drei Astronauten Platz bot, geriet sie aufgrund der Dreiecks-Form kompakter als ihre zweisitzige Gemini-Vorläuferin.

Nach geglückter Generalprobe war es dann am 16. Juli 1969 soweit: Apollo 11 startete von Cape Kennedy, drei Tage später trat das Raumfahrzeug mit der Mondfähre an Bord in die Umlaufbahn des Erdbegleiters ein. Am 20. Juli machte dann die Mondfähre mit Edwin Aldrin und Neil Armstrong los, während Michael Collins mit dem Kommandofahrzeug in der Umlaufbahn verblieb. Neil Armstrong konnte dann nach Aufsetzen der auf den Namen »Adler« getauften Fähre im »Mare Tranquillitatis«, dem Meer der Ruhe, um 15.17 Minuten Houstoner Zeit melden: »Der Adler ist gelandet!« Technische Überprüfungen, Ruhe- und Essenspause folgten, ehe Armstrong und Aldrin ihre Raumanzüge anlegten, um jenen Schritt zu wagen, der von Neil Armstrong mit den Worten begleitet wurde: »Dies ist ein kleiner Schritt für einen Mann, aber ein großer Sprung vorwärts für die Menschheit.«

Beide Astronauten hatten die Umweltversorgungsgeräte für ihren Ausflug auf den atmosphärenlosen Mond auf dem Rücken. Zweieinhalb Stunden dauerte dieser erste Aufenthalt. Das Sternenbanner wurde gehißt, Fotos geschossen;

Montage der mächtigen Triebwerke für die Saturn-Rakete, die beim Apollo-Programm die Lasten zuverlässig in den Weltraum beförderte.

Apollo-Kapsel mit Treibstoff-Behälter, verpacktem Lande-Modul und Triebwerk – so ging es auf die Reise Richtung Mond.

vor allem aber sammelte man mehr als 21 Kilogramm Mondgestein.

Planmäßig startete »Adler«, dockte am Raumfahrzeug Columbia an und stieß die nun nicht mehr benötigte Fähre ab. Auf der Mondrückseite wurde das Triebwerk gezündet, das nun das Raumfahrzeug in die Rückkehrbahn zur Erde schleuderte.

Am 24. Juli 1969 landete die Raumkapsel im Pazifik. Ehe die Mondfahrer sich feiern lassen durften, mußten sie in Quarantäne, weil man sicher gehen wollte, daß sie keine lebensfeindlichen Bakterien mit zur Erde gebracht hätten.

Fünf weitere erfolgreiche Mondlandungen folgten; eine sechste wurde durch eine Explosion im Versorgungsteil zu einem gefährlichen Abenteuer, doch die Crew kehrte unversehrt zur Erde zurück, allerdings ohne auf dem Erdtrabanten gelandet zu sein.

So sahen die Astronauten die Mondoberfläche – zum Greifen nah . . .

. . . . und wenig später setzte der erste Mensch seinen Fuß auf die Mondoberfläche.. Ein Menschheitstraum wurde Wirklichkeit.

Die Besatzung des ersten Mondlande-Unternehmens. Neil Armstrong, Michael Collins und Edwin Aldrin (v.l.n.r.).

An drei riesigen Fallschirmen kehrt die Apollo-Kapsel nach erfolgreicher Mission zur Erde zurück.

Bei späteren Mondlandungen setzte man auch ein Fahrzeug aus, mit dem die nähere Umgegend des Landeplatztes erkundet wurde.

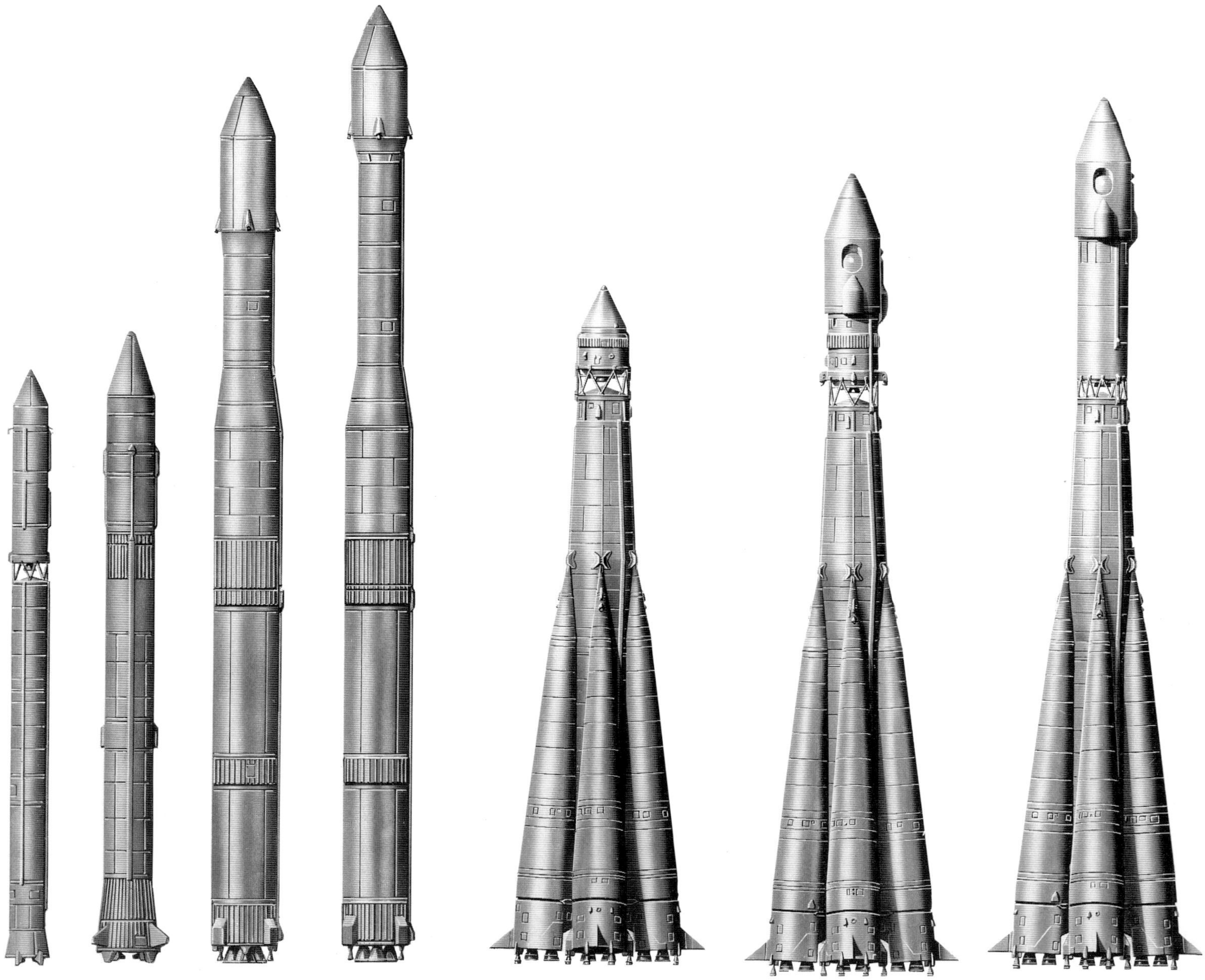

B 1 C 1 F 1 F 2 A 1 – Luna A 1 – Wostok A 2 – Woschod

A 2 – Sojus

D 1

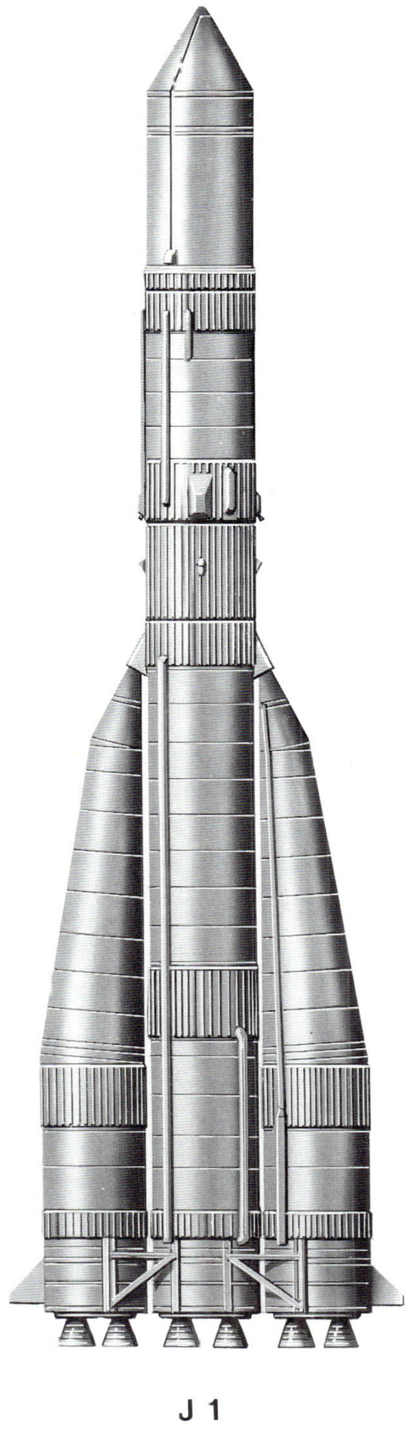

J 1

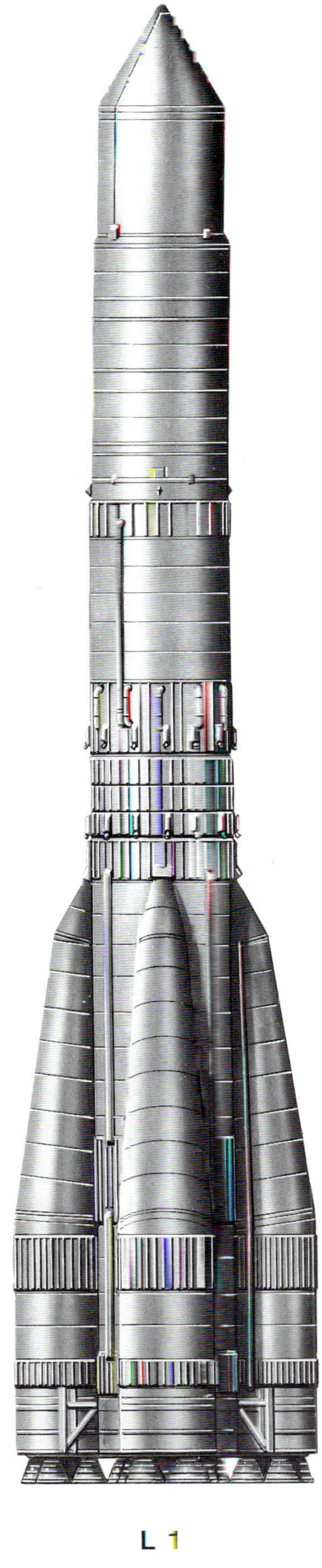

L 1

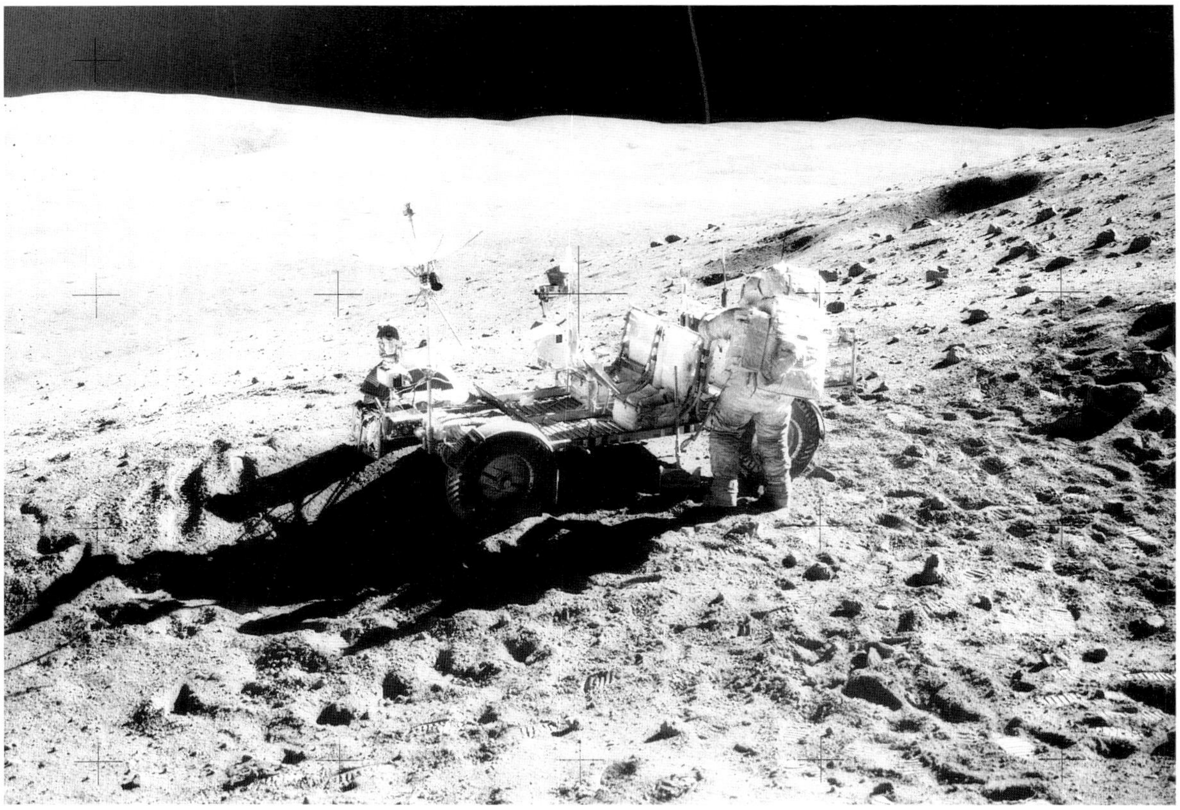

300 000 Kilometer fern der Heimat und doch mobil: Das Lunarmobil auf dem Mond – es erreichte immerhin Geschwindigkeiten von über 30 Kilometern in der Stunde.

Nachdem die ersten Flüge zum Mond in erster Linie technischen Erprobungen galten, wurden die späteren vor allem für Forschungsaufgaben genutzt. Neben Gesteins- und Bodenproben, die zur Erde geholt wurden und den Tausenden von Fotos, gehörten Meßdaten und unterschiedliche Analysen zur wissenschaftlichen Ausbeute des Apollo-Programms, das mit dem Flug von Apollo 17 im Dezember 1972 beendet wurde.

Von Flug zu Flug wurden Ausflüge weiter vom Landeplatz entfernt gewagt. Dabei half das »Lunar Rowing Vehicle«, das Mondauto, das schon bald den mühsamen Transport mit dem Handkarren erleichterte. Seine Reichweite von 92 Kilometern ermöglichte Erkundungen der Krater und Mondberge in größerem Ausmaß.

Der russische Weg

Anders als die Amerikaner verzichteten die Sowjets auf bemannte Mondunternehmen. Nachdem die USA den Prestigevorsprung, den die Russen mit Sputnik und durch den Flug von Juri Gagarin errungen hatten, durch die Landung der Astronauten auf dem Mond mehr als wettgemacht hatten, sahen die Sowjets wenig Sinn darin, als »zweiter Sieger« auf dem Mond aufzukreuzen. Die Sowjets konzentrierten sich auf unbemannte Forschungsprojekte, von denen zahlreiche mit großem Erfolg durchgeführt werden konnten. Bis in die 70er Jahre führten die Sowjets ihr Programm zur Monderkundung weiter.

Die erfolgreichsten Unternehmungen waren jene von »Luna 16«, das 1970 im »Mare Facunditatis« landete und mit Bodenproben zur Erde zurückkehrte, sowie »Luna 17«, die bei einer Landung im »Mare Imbrium« das Mondauto »Lunochod 1« absetzte.

Das achträdrige Fahrzeug, das von Solarbatterien gespeist wurde, konnte von der Erde ferngesteuert werden. Bis zum 4. Oktober 1971 lieferte Lunochod 1 wertvolle Bilder von seinen ausgiebigen Erkundungsfahrten auf der Mondoberfläche. Ein Jahr später folgte »Lunochod 2«.

Danach beendeten die Russen die Monderkundungen durch das Aussetzen von Mondfahrzeugen. Dies geschah fast gleichzeitig mit den USA, die mit der Landung von »Apollo 17« in der Taurus-Littrow-Gegend ihre Mondlandungen abschlossen.

Dennoch ging die Erforschung des Mondes weiter, weil bei allen erfolgreichen Mondlandungen Beobachtungsgeräte auf dem Mond stationiert worden waren, die laufend Daten zur Erde funkten. Beispielsweise übertrugen noch 1974 Apollo-Gerätesätze die Auswertung ihrer Beobachtung zur Kontrollstation auf der Erde.

Vorrangig stellte sich die Sowjetunion eine andere Aufgabe. Sie ging konsequent daran, den erdnahen Raum zu erobern. Auch hier stand vor dem Erfolg ein tragisches Opfer. Am 23. April 1967 startete erstmals nach einer Pause von zwei Jahren ein bemanntes sowjetisches Raumfahrtunternehmen. Das neue Fahrzeug »Sojus 1« erreichte die Erdumlaufbahn und wurde wegen technischer Pannen nach 18 Erdumkreisungen zur Erde zurückbeordert. In mehr als sechs Kilometer Höhe versagte der Landefallschirm des Gerätes, das nun ungebremst auf der Erde aufschlug. Der Kosmonaut Wladimir Komarow kam dabei ums Leben. Eineinhalb Jahre Pause folgten diesem schweren Unglück. Am 25. Oktober 1968 startete zunächst Sojus 2 unbemannt, und schon am nächsten Tag Sojus 3 mit dem Kosmonauten Beregowoij an Bord. Das wohl geplante Kopplungsmanöver beider Geräte gelang nicht, aber Beregowoij kehrte wohlbehalten mit Sojus 3 zur Erde zurück.

Mehr Erfolg hatten die Kopplungsmanöver zwischen Sojus 4 und 5, die beide bemannt waren. Kosmonaut Schatalow startete allein; einen Tag später folgten Wolinow, Krunow und Jelisejew. Krunow und Jelisejew stiegen zu Schatalow in Sojus 4 und traten die Rückreise zu dritt an. Wolinow folgte allein einen Tag später. Das war der Beginn einer Serie erfolgreicher Sojusflüge. Neben der Vervollkommnung der Technik standen auch physikalische Experimente unter Weltraumbedingungen auf dem Programm. Sojus 9 stellte mit fast 18 Tagen einen Aufenthaltsrekord in der Erdumlaufbahn auf.

Der nächste Schritt erfolgte am 19. April 1971 mit dem Start der ersten Raumstation »Saljut 1«. Schon drei Tage später brachte Sojus 10 drei Kosmonauten zu Saljut 1 und koppelten fünf Stunden an, ohne allerdings die Station zu betreten.

Die Mannschaft, die Sojus 11 zur Station brachte, stellte mit 23 Tagen an Bord den ersten der zahlreichen Rekorde auf, die spätere Mannschaften durch immer längere Aufenthalte in der Station erreichten.

Wieder unterbrach ein Unglück die Versuchsserie, diesmal für über zwei Jahre. Die Kosmonauten Dobrowolski, Wolkow und Patsajew waren 23 Tage, 17 Stunden und 30 Minuten im Raum gewesen, als sie zur Erde zurückkehrten – leider tot. Ein Ventil hatte in der Wiedereintrittsphase versagt, und die Luft war plötzlich aus dem Raumfahrzeug entwichen.

Dieser Vorfall zeigte zwar, daß auch im erdnahen Raum Gefahren für Raumfahrtunternehmen lauerten, konnte aber die sowjetischen Wissenschaftler nicht von ihrem Weg in Richtung erdnaher Raumstationen abbringen. Schon im Oktober 1968 hatte der Leiter des Moskauer Forschungsinstituts für Automatik und Telemechanik erklärt, das Hauptziel der Raumflugexperimente müsse die Schaffung erdnaher Raumstationen und kosmischer Basen sein. Zehn Jahre später erklärte Leonid Breschnew: »Wir glauben, daß permanent bemannte Stationen mit auswechselbaren Besatzungen der Weg der Menschheit ins Universum sein werden.«

Dieser konsequent beschrittene Weg führte die sowjetischen Kosmonauten von Rekord zu Rekord in der Aufenthaltsdauer sowohl der technisch immer aufwendigeren Stationen, als auch der wechselnden Teams, die sich mit technischen und wissenschaftlichen Experimenten in Permanenz im Raum festsetzten.

Skylab und Shuttle

Die Frage, welche Schritte die USA nach Abschluß des Apollo-Mondprogramms unternehmen sollte, wurde nicht erst nach Abschluß der Mondlandungen entschieden, sondern bereits im Februar 1969: Zu diesem Zeitpunkt nämlich wurde ein »Post-Apollo-Programm« in Auftrag gegeben. Eine »Space-Task Group« wurde beauftragt »definitive Empfehlungen über die Richtung des US-Raumfahrtprogramms für die Zeit nach Apollo zu erarbeiten«.

Unter dem neuen Chef der NASA, Thomas O. Paine, wurde ein Vorhaben für die Errichtung einer US-Raumstation vorgeschlagen. Präsident Nixon war weit weniger an der Raumfahrt interessiert als seine Vorgänger Kennedy und Johnson. Hinzu kam, daß das öffentliche Interesse an der Raumfahrt nach den Mondunternehmungen stark abgenommen hatte. Die Einsparungen, die von der Regierung beschlossen wurden, brachte vor allem die von der NASA in Angriff genommene Entwicklung des »Space Shuttle« unter Druck. Dieser aber war ein wichtiges Glied des Raumstationprogramms.

Trotz heftiger Proteste namhafter Weltraumwissenschaftler billigte Nixon am 5. Januar 1972 nur ein stark reduziertes Raumtransportprogramm und beendete im Dezember des gleichen Jahres vorzeitig das Apollo-Programm. Der NASA verblieb nur noch die wissenschaftlichen und anwendungsorientierten Missionen mit dem Himmelslabor »Skylab«.

Anders als für das Mondlandeunternehmen, das von Kennedy zur nationalen Aufgabe erklärt worden war, und für das der Kongreß alle notwendigen Gelder bewilligt hatte, wurden die Folgeprogramme, die Entwicklung des Shuttle und einer späteren Raumstation nur halbherzig angegangen. Zudem hatte Nixon der NASA die Alleinverantwortung entzogen, und die Air Force erhielt ein starkes Mitspracherecht. Nicht zuletzt zwangen die verordneten Einsparungen zu konstruktiven Kompromissen und einsatzbedingten Einschränkungen.

Zudem wurde der Einfluß des Verteidigungsministeriums immer stärker. Schon unter Nixon hatte eine Entwicklung begonnen, unter der die zivile Raumfahrt ihren gleichberechtigten Status zunehmend verlor und das militärische Interesse am Weltraum Vorrang erhielt; eine Entwicklung, die sich unter der Präsidentschaft von Ronald Reagen noch verstärkte.

Dennoch wurde der Plan einer kleinen Raumstation in der Erdumlaufbahn von 1970 an konsequent von der NASA weiterverfolgt. Das »Laboratory in the Sky«, das »Himmelslabor«, wurde zunächst am 14. Mai 1973 unbemannt in eine Umlaufbahn in 435 Kilometer Höhe gebracht. Schon elf Tage später transportierte eine »Saturn I-B« die Astronauten Charles Conrad, Dr. Joseph Kerwin und Paul Weitz zu dieser ersten Station, wo sie notwendige Reparaturen ausführten,, zu denen auch Ausstiegsmanöver notwendig wurden. 28 Tage lang blieb die Mannschaft im Skylab. Interessante medizinische, wissenschaftliche und technische Untersuchungen, tausende Fotos von der Erde und intensive Sonnenbeobachtungen machte das Unternehmen zu einem Erfolg, das zu weiteren Unternehmungen ermunterte. Noch zwei weitere Mannschaften arbeiteten 1973 im Himmelslabor. Die Auswertung ihrer Beobachtungen und Forschungsdaten dauerte Jahre.

Zahlreiche Disziplinen der Naturwissenschaften und der Technik, die Auswirkung der Schwerelosigkeit auf chemische Prozesse, auf die Materialfabrikation und die Herstellung von Arzneimitteln, Schweißen und Löten brachten wichtige Erkenntnisse. Nicht zuletzt wurden wichtige Erkenntnisse über die Reaktion des Menschen auf andauernde Schwerelosigkeit gewonnen.

Das Ziel aber blieb eine fest im Weltraum installierte Raumstation. Voraussetzung für eine Realisierung dieses Vorhabens war jedoch, daß der Transport von Material und Menschen von den kostspieligen Transport-Raketen auf ein System von wiederverwendbaren Geräten verlagert werden konnte.

Die NASA begann mit der Entwicklung des dafür gedachten »Space Shuttle« bereits 1971. Zehn Jahre später startete am 12. April 1981 das neue amerikanische Raumtransportsystem zu seiner ersten Mission. Das Ende der bewährten Trägerraketen schien damit besiegelt, sollten doch die Startpreise lediglich ein Zehntel der Kosten für den Start einer Trägerrakete betragen. Da aber der Shuttle nicht allein Material, sondern auch Astronauten befördern sollte, waren preistreibende Sicherheitstechnologien erforderlich.

Dennoch war die orbitale Mission des Space Shuttle Columbia, »STS-1« der Beginn einer neuen Epoche der Raumfahrt. Das bewies dann die Mission STS-2, denn erstmals in der Geschichte der Raumfahrt wurde hier ein bemanntes Raumschiff mehr als einmal benutzt. Daß der Start von STS-2 sich dann mehrmals verzögerte, hatte weniger mit der Tatsache zu tun, daß es sich um ein »Gebrauchtfahrzeug« handelte, sondern mit technischen Pannen, die ebensogut mit einer Neukonstruktion passieren konnten.

Eine Serie erfolgreicher Shuttle-Flüge mit Columbia wurde mit dem zweiten Shuttle-Orbiter »Challenger« fortgesetzt, bei dem erstmals aus einem Shuttle ein Ausstieg in den Weltraum erfolgte. Die Erfolgsserie der Challenger-Flüge wurde allerdings jäh gestoppt: Am 18. Januar 1986 explodierte die Raumfähre kurz nach dem Start. Sieben Astronauten, darunter zwei Frauen, fanden den Tod. Danach wurden weitere Raumfährenstarts abgesetzt. Die Raumfahrtpolitik der USA wurde geändert. Bewährte Raketen wie Delta und Titan wurden für den Satellitentransport mit Verbesserungen wieder produziert.

Nicht zuletzt zwang auch die Konkurrenz zum Umdenken. Die Sowjets setzten erfolgreich ihre Schwerlastrakete »Energija« zum Transport ihres Shuttle »Buran« ein. Die Chinesen meldeten sich mit einer Raketenfamilie »Langer Marsch« für das internationale Weltraum-Transportgeschäft zur Stelle.

Europas Schritt ins All

Als sich 1964 eine eigene europäische Weltraumorganisation, die ESA, etablierte, war das keineswegs ein Trittbrettfahren auf der Reise der beiden großen Raumfahrtnationen UdSSR und USA. Es waren Europäer, die, angefangen mit den griechischen Philosophen, über Leonardo da Vinci, Kopernikus, Galilei, Newton, Ganswindt bis hin zum »Vater der Raumfahrt« Hermann Oberth, Max Valier, Goddard, Nebel und schließlich Wernher von Braun Anteil an der Idee eines Vorstoßes des Menschen ins Weltall hatten.

Wirtschaftskraft und Know-how befähigten den alten Kontinent, zur dritten Kraft neben den USA und der Sowjetunion in der internationalen Raumfahrt zu werden. Im Streit um Sinn und Notwendigkeit einer eigenständigen europäischen Raumfahrt erklärte der deutsche Außenminister Hans-Dietrich Genscher: »Raumfahrt ist kein Luxus. Ein Europa, das passiv zuschaut, wie andere, wie Amerika, die Sowjetunion, Japan, vielleicht Indien und China die Weltraumzukunft gestalten, würde auch auf der Erde von der Weltbühne abtreten.«

In mehr als zwei Jahrzehnten haben die Europäer inzwischen den Beweis erbracht, daß sie nennenswerte Beiträge zur Menschheitsaufgabe Weltraumfahrt leisten können. Wie gefährlich es für Europa wäre, sich voll auf die Führungsrolle der USA zu verlassen, hat sich beim Verlust der amerikanischen Raumfähre im Jahre 1986 und der darauf folgenden Pause mit den geplanten Transportflügen gezeigt. Ganze Wirtschaftszweige wurden durch die technischen Verzögerungen betroffen.

Wichtig für eine eigene europäische Raumfahrt ist die Tatsache, daß Frankreich in seinem Übersee-Departement

Start in ein neues Weltraum-Zeitalter: Mit dem Space Shuttle konstruierte die NASA ein wiederverwendbares Gerät, das nach der Rückkehr aus dem All wie ein Flugzeug landet.

Französisch Guayana auf dem südamerikanischen Subkontinent den europäischen Weltraumbahnhof Kourou besitzt.

Gleich das erste europäische Großprojekt sollte sich als Volltreffer erweisen. Dabei standen die Chancen zunächst nicht sonderlich günstig.

Das amerikanische Space Shuttle als erfolgreiches wiederverwendbares Transportgerät schien für eine neue Trägerrakete keinen Platz im internationalen Wettbewerb zu lassen.

Am 24. Dezember 1979 hob die erste »Ariane-1-Rakete« vom Startplatz Kourou ab. Im Laufe der Jahre entwickelte sich die Ariane-Familie zu einem mehr als ernsthaften Konkurrenten für die amerikanischen Raketen Titan, Atlas Centaur und Thor Delta. 1981 entschied die ESA, den ersten drei Generationen der Ariane eine vierte und später sogar eine fünfte Version folgen zu lassen. 1988 verließ Ariane 4 erfolgreich Kourou, und man rechnet, trotz wieder wachsender internationaler Konkurrenz innerhalb von zehn Jahren bis zu 80 Ariane-4-Raketen einsetzen zu können. Schon Mitte der 90er Jahre soll dann die für noch größere Lasten ausgelegte Ariane 5 ins Weltraumtransportgeschäft einsteigen.

Ein weiteres ehrgeiziges Projekt der ESA ist die Entwicklung des Raumgleiters »Hermes«. Er soll jedoch nicht in Konkurrenz zum amerikanischen Space Shuttle treten. Der Shuttle wird als Lastentransporter eingesetzt, während Hermes die Beförderung von Satelliten und schweren Nutzlasten der Ariane überläßt. Hermes soll dagegen mehr eine Art Lufttaxi sein. Da die Europäer wegen des unvermeidlichen Risikos den Einsatz von Menschen im Weltraum auf ein Mindestmaß beschränken wollen, soll es die vordringliche Aufgabe des Raumgleiters werden, die Versorgung des geplanten freifliegenden Columbus Moduls, »Man-Tendet Free Flyer« sicherzustellen. Hermes soll an das in 450 bis 550 Kilometer Höhe kreisende Labor andocken, damit die Astronauten die Experimentieranlagen und Proben austau-

Das Space Shuttle eignet sich mit seiner großen Ladebucht hervorragend zum Aussetzen von Satelliten.

schen und notwendige Wartungsarbeiten durchführen können. Ariane 5 soll Hermes ins All mitnehmen, da der Gleiter zwar ein eigenes Antriebssystem erhalten soll, das aber nur zum Andocken und für den Rückflug ausreichen wird.

Für den international geplanten Aufbau einer Raumstation verfügen die derzeit in der Welt verfügbaren Raketen nicht über ausreichende Kapazität, was Umfang und Gewicht der zu transportierenden Bauteile betrifft. Allein die sowjetische Schwerlastrakete »Energija« kann bis zu 100 t in eine niedrige Umlaufbahn befördern. Neben den USA beschäftigt sich auch die ESA schon mit Planungen für eine sechste Ariane-Generation, die für den Schwertransport gedacht ist. Unter der Bezeichnung »FESTIP« (Studien- und Technologieprogramm für das künftige europäische Raumtransportsystem) laufen seit 1988 vorbereitende Untersuchungen.

Die immensen Kosten all dieser Transportsysteme sind aber auf Dauer kaum tragbar. Auf der Suche nach einer spürbaren Kostenreduzierung hat man in der Bundesrepublik auf Überlegungen des Raumfahrtpioniers Eugen Sänger aus dem Jahre 1942 zurückgegriffen. Bei dem »Sänger II« soll ein 50 Meter langes Hyperschallflugzeug, das auf europäischen Großflughäfen starten kann, die erste Stufe bilden. Wenn es mit Mach 6 den Äquator in 30 Kilometer Höhe kreuzt, soll der Raketenmotor der zweiten Stufe gezündet werden, die sich vom Flugzeug löst. Während dieses zur Landung zur Erde zurückkehrt, befördert die oberste Stufe Astronauten und Fracht in eine erdnahe Umlaufbahn zur Raumstation. Nach Beendigung ihrer Mission kann auch die Zweitstufe zu weiteren Einsätzen zur Erde zurückkehren.

Auch die Engländer arbeiten an einem wiederverwendbaren Transportsystem »HOTOL«, die Franzosen wollen Hermes als Zweitstufe ihres Projektes STAR-H nutzen.

Im Sog der Politik

Schon an der Wiege der Raumfahrt waren politische, besonders wehrpolitische Überlegungen die Haupttriebfedern für die Männer an den Hebeln der Macht. Mag den Technikern und Wissenschaftlern, die an der Verwirklichung ihrer Raumfahrtträume arbeiteten, der Gedanke an eine machtpolitische Nutzung ihrer Arbeit ferngelegen haben – die Politiker sahen in dem Vorstoß ins All eine militärische Chance.

Die US-Weltraumpolitik sah in der Raumfahrt ein Instrument zur Sicherung ihrer weltweiten Interessen. Die »deutsche Erbschaft«, nämlich die Raketenspezialisten im Team von Wernher von Braun, verschafften den USA gegenüber der übrigen Welt einen großen Vorsprung an Wissen und an Zeit.

Unter Truman wurde 1947 das amerikanische Raketenprogramm aufgeteilt. Die Air Force wurde zuständig für die strategischen Raketenwaffen, wie die späteren Interkontinentalraketen..

Während der Eisenhower-Administration mußte man auf die raschen Fortschritte der Sowjets bei der Entwicklung der Mittel- und Langstreckenraketen reagieren. Nach dem Sputnik-Schock veranlaßte Eisenhower eine drastische Beschleunigung des Raketenprogramms, obwohl er von der Bedeutung der Satelliten-Raumfahrt für die USA nicht überzeugt war. Er sorgte durch die Installation der NASA als zivile Organisation für die Raumfahrt die Trennung vom militärischen Raketenprogramm.

Unter Kennedy und Johnson feierte die NASA dann mit ihrem Apolloprogramm, vor allem durch die erste Mondlandung eines Menschen, erste große Triumphe. Ihnen folgten die Erfolge in der Anwendung der Satellitenprogramme auf den Gebieten der Kommunikation, Meteorologie und Navigation, die den USA eine Vorrangstellung bei der erdgerichteten Weltraumnutzung einbrachten. Gegen die politischen Abgrenzungen zwischen den Machtblöcken in West und Ost tat sich eine internationale Zusammenarbeit über diese Blockgrenzen hinweg auch für die Raumfahrt schwer. Dennoch wurden erste Kontakte zwischen den USA und der Sowjetunion schon 1969 aufgenommen. Es ging dabei um eine Zusammenarbeit beider Nationen im Weltraum.

Auch die europäische Weltraum-Organisation ESA läßt Satelliten mit dem Space Shuttle ins All befördern.

Erst am 24. Mai 1972 kam es nach mehreren politischen und technischen Konsultationen in Moskau zwischen US-Präsident Nixon und dem sowjetischen Ministerpräsidenten Kossygin zur Unterzeichnung des »Apollo-Sojus-Testprogramms« (ASTP). Eine Apollo-Kommando- und Versorgungseinheit und ein Sojus-Raumfahrzeug sollten mit einem gemeinsam entwickelten Kopplungsadapter in der Erdumlaufbahn aneinander anlegen. Trotz der zu überwindenden technischen Schwierigkeiten konnte der Termin des Rendezvous, der 15. Juli 1975, eingehalten werden.

Am 15. Juli um 12.20 Uhr Weltzeit startete in Baikonur das sowjetische Raumfahrzeug Sojus 19 mit den Kosmonauten Leonow und Kubasow an Bord. Siebeneinhalb Stunden später hob in Cap Canaveral eine Saturn I-B mit dem amerikanischen Raumfahrzeug ab und brachte die Astronauten Stafford, Slayton und Brand auf die Reise.

Zwei Tage kreisten die beiden Raumfahrzeuge um die Erde und begegneten sich am 17. Juli in 226 Kilometer Höhe. Um 16.09 Uhr Weltzeit koppelten sie einander an. Knapp drei Stunden später öffneten sich die Luken, und der Russe Alexeij Leonow und der Amerikaner Stafford schüttelten sich die Hände. Gemeinsame Experimente und eine internationale Pressekonferenz im Weltraum füllten die zwei gemeinsamen Tage des Freundschaftstreffens im Weltall aus.

Am 21. Juli landeten die Sowjets wieder in Baikonur. Nach verschiedenen wissenschaftlichen Experimenten kehrte auch Apollo 18 zur Erde zurück.

Die Sowjets setzten die internationalen Weltraumflüge fort, beschränkten sich dabei aber auf Mitfahrer aus der CSSR, Polen, Bulgarien und der DDR. Am bemerkenswertesten aber bleibt das Treffen der Amerikaner und der Sowjets, denn hier war die Raumfahrt der späteren Entwicklung in der Politik um einen gewichtigen Schritt vorausgegangen.

Dazwischen lag aber – vor allem unter Ronald Reagan – ein zunehmender Einfluß der Militärs auf die Raumfahrt. Das militärische Interesse gewann gegenüber dem zivilen

Ein Arbeitsplatz 250 Kilometer über der Erde – beim Bau von Weltraumstationen wird dieses Bild schon zum Alltag gehören.

Sektor klar an Oberhand. Reagan wollte vorrangig den Weltraum für die nationalen Sicherheitsinteressen der USA nutzen.

Im März 1985 lud Reagan die NATO-Staaten zur Teilnahme an dem umstrittenen Forschungsprogramm zur Bekämpfung von Interkontinentalraketen (SDI) ein.

Mit der Perestroika von Michail Gorbatschow hat sich auch für die Raumfahrtpolitik eine neue Lage ergeben. Nicht nur, daß man seither von »Beobachtungssatelliten« statt von »Spionagesatelliten« spricht, auch die Zusammenarbeit der Raumfahrtwissenschaft in West und Ost ist wieder aktuell geworden. So ist bereits eine enge Zusammenarbeit der NASA und der ESA mit der Sowjetunion bei der für Mitte der 90er Jahre geplanten Großaktion zur Sonnenforschung vereinbart.

Der in Ost und West ins Auge gefaßte Flug zum Mars wird derart immense Summen verschlingen, daß das Unternehmen Mars wohl nur als Gemeinschaftsprojekt, eventuell unter Hinzuziehen der Japaner, wird realisiert werden können.

Abgesehen von dieser zunehmenden Bereitschaft internationaler Zusammenarbeit hat auch der Austausch von Ergebnissen und Erfahrungen einen großen Umfang angenommen. Wenn die Raumfahrt und die Erforschung des Weltraums immer mehr zu einer internationalen Gemeinschaftsaufgabe geworden ist, dann wäre das ohne die einschneidenden Veränderungen in der weltpolitischen Atmosphäre nicht denkbar.

Befand sich in der Vergangenheit die Raumfahrt im Sog des politischen Gegeneinanders, so würde eine anhaltende

Atmosphäre friedlichen Miteinanders die Lösung der immensen Aufgaben, die der Menschheit im Weltraum noch bevorstehen, erleichtern und vielleicht sogar erst überhaupt ermöglichen.

Als die Welt kleiner wurde

So paradox es klingt, seit unser Blick durch die Weltraumforschung in immer größere Weiten vorstößt, ist für uns die Welt kleiner geworden. Durch die Satelliten ist eine weltweite Kommunikation möglich, von der noch vor einem halben Jahrhundert kaum jemand zu träumen gewagt hätte.

Inzwischen haben wir uns daran gewöhnt, daß wir mit dem Geschäftspartner in Übersee telefonieren können, als säße er nur wenige Kilometer entfernt. Das Telefon-Gepräch in alle Welt ist längst ein »alter Hut«. Das Telefax geht inzwischen ebenfalls über Satelliten von Kontinent zu Kontinent. Und bald wird es selbstverständlich sein, den Gesprächspartner auch per Bild zu sehen.

Das Fernsehen über Satellit hat für uns den Stellenwert eines Wunders längst verloren. Der Davis-Cup in Melbourne – wir sind dabei. Olympische Spiele in Amerika, Asien oder Europa – wir sitzen sozusagen in der ersten Reihe.

Die Sitzung des Obersten Sowjet, Rassenunruhen in Südafrika, ein Wirbelsturm in Mexiko – wir erleben auf dem Bildschirm alles wie aus nächster Nachbarschaft. Wir nehmen im wahrsten Sinne Anteil am Geschehen in aller Welt. Die Zeiten, da uns eine Auseinandersetzung »weit hinten in der Türkei« nicht berührte, sind durch die weltweite Kommunikation Vergangenheit.

Doch nicht nur wir sind näher am Geschehen in der weiten Welt. Auch diese sind seither näher bei uns. Die Armen der Dritten Welt sehen unseren Wohlstand. Ihre Begehrlichkeit nach dem, was sie für Kultur und Fortschritt halten, wächst. Die Fernsehantennen auf den Elendshütten zeigen uns an, daß hier der »Fortschritt« als soziale Zeitbombe tickt.

Eine Gefahr, die man erkennen muß und die auf die Dringlichkeit hinweist, die ein Abbau des Nord-Süd-Gefälles für uns haben muß. Hierzu könnte ein Teil jener Milliarden eingesetzt werden, die durch den weltweiten Aufschwung der Kommunikationstechnik verdient werden. So wurden schon in der Vergangenheit die staatlichen Aufwendungen für die Entwicklung der Telekommunikation um mehr als das 20fache übertroffen.

Wie groß das künftige Marktpotential für die kommerzielle Nutzung der Raumfahrt sein wird, ist nur schwer vorauszusagen. In den USA schätzt man für das Jahr

Studienobjekt auch aus dem All: Der „blaue Planet", die Erde.

2000 einen jährlichen Umsatz von weit über 50 Milliarden Dollar.

Darin ist noch nicht enthalten, welche Umsätze sozusagen als »Folgewirkung der Raumfahrt« zu erwarten sind. Der Bedarf an Fernsehgeräten, an Computern und Bodenempfangssystemen hat einen Maßstab erreicht, der noch etwa zehnmal höher liegt als der der Raumfahrtindustrie.

Die Entwicklung in der Vermarktung von Satellitenfotos und anderer Erderkundungsdaten ist noch nicht einzuschätzen. Doch darf man annehmen, daß die wachsenden Umweltprobleme zu einer Steigerung der Nachfrage führen werden. Erreichte der Jahresumsatz an Bild- und Informationsmaterial aus der Erderkundung schon 1990 etwa 120 Millionen Mark, so rechnen Experten bis zur Jahrhundertwende mit einer Steigerung auf etwa zwei Milliarden.

Gelingt es, mit einem wetterunabhängigen Aufnahmegerät kontinuierliche, lückenlose Daten zu erhalten, dann würde dies für die Nutzung der Satelliteninformation für die Erforschung der Ressourcen in den einzelnen Regionen, für den Umweltschutz und für die Regionalplanung von großer Bedeutung sein.

Seit am 18. Dezember 1958 mit »SCORE« von den Amerikanern der erste Kommunikationssatellit in den Weltraum geschickt wurde, und am 23. April 1965 die Sowjets mit »Molinija 1 A« ihren ersten Kommunikationssatelliten folgen ließen, ist die Zahl der Anwendungssatelliten gigantisch gestiegen.

Nimmt man dazu die in die Tausende gehende Anzahl der seit 1957 künstlichen Erdsatelliten, der unbemannten Mondsonden, der interplanetaren Sonden und der Sonnensonden; dazu Venussonden, Marssonden, Jupitersonden und Merkursonden, von den bemannten Raumflügen ganz zu schweigen, dann bekommt man in etwa einen Eindruck von der Entwicklung der Weltraumforschung.

Man erhält aber auch den Eindruck, daß nach mehr als drei Jahrzehnten sich allerhand gefährlicher Schrott im All herumtreibt. Technische Defekte an Orbitern oder Raketen, von Sonden, die ihre Flugbahn nicht erreichten, haben das All zu einem riesigen Schrottplatz gemacht. Ausgediente Satelliten, Explosionstrümmer und Kleinteile fliegen unkontrolliert durch den Weltraum. Und laufend kommt mehr Raumfahrtschrott hinzu. Er kann für Raumfahrzeuge und Astronauten zu einer tödlichen Gefahr werden. Das Kollisionsrisiko wächst.

Darum darf die Forschung für die Raumfahrt sich künftig nicht darauf beschränken, Material ins All zu transportieren, sondern muß das Augenmerk auf eine Säuberung des Alls durch Rücktransport zur Erde und auf eine Verminderung der Produktion von Weltraummüll lenken. Explosionen im All können durch sorgfältige Konstruktion und Planung weitgehend vermieden werden.

So könnte die erste Ausbaustufe einer amerikanischen Weltraumstation noch in diesem Jahrzehnt aussehen – durch Module beliebig zu erweitern.

Vor allem aber müssen reale Tests mit Anti-Satellitenwaffen durch weltweite Abkommen verboten werden. Unbrauchbare Satelliten und Raumstationen müssen künftig zurückgeholt, zumindest aber aus der Erdumlaufbahn entfernt werden. Die Gefahr, daß tonnenschwere Objekte aus dem Weltraum zur Erde abstürzen und in bewohnten Gebieten, wenn nicht gar auf Großstädte niedergehen, besteht schon länger. Bisher sind größere Objekte entweder in einem der Weltmeere oder in unbewohnten, unwegsamen Gegenden abgestürzt. Dennoch ist es nur wenig tröstlich, wenn damit argumentiert wird, daß die Erdoberfläche zu 71 Prozent aus Wasser besteht, und auch von den Landmassen nur ein relativ geringer Anteil bewohnt ist.

Darum ist es durchaus sinnvoll, wenn die ESA die Forderung aufstellt, daß die neue Raketengeneration ausnahmslos mit Stufen ausgerüstet sein sollen, die einen gesteuerten Wiedereintritt in die Erdatmosphäre sicherstellen.

Von besonderer Brisanz sind Satelliten, die ihre Energie von Nuklearreaktoren beziehen. Allein die Sowjets sollen mehr als 30 Satelliten ins All geschickt haben, die mit Nuklearreaktoren bestückt waren. Etwa ein Dutzend davon soll defekt auf die Erde gestürzt sein. Wenn zuvor das geplante Absprengen des Reaktors funktionierte, wäre der Reaktor auf rund 1000 Kilometer Höhe in den Raum geschleudert worden, von wo er erst nach etwa 600 Jahren zur Erde gekommen wäre. Bis dahin würde die gefährliche Strahlung abgebaut sein. Stürzt aber der defekte Reaktor jetzt zur Erde, dann kommt es zu einer radioaktiven Verseuchung der Aufschlagstelle.

Da man auf den für die Zukunft geplanten großen Raumstationen ohne Nuklearreaktoren nicht auskommen wird, sind besondere Vorsichtsmaßnahmen deshalb schon bei der Planung dringend erforderlich.

Das Labor im Weltraum

Während der Fortschritt in der Kommunikationstechnik für jeden von uns täglich sichtbar ist, ja schon so selbstverständlich wurde, daß wir ihn kaum noch bemerken; während uns die Bilder vom Wettersatelliten zur täglichen Gewohnheit geworden sind, vollzieht sich ein anderer Sektor der Raumfahrtforschung weitgehend in aller Stille. In der Schwerelosigkeit des Raums sucht man neue Werkstoffe und neue Medikamente. Die Amerikaner, wie auch die ESA benutzen dazu das in Europa entwickelte Raumlabor »Spacelab«, das nach den abgeschlossenen Experimenten mit Astronauten und Wissenschaftlern mit dem Space Shuttle jeweils wieder zur Erde zurückkehrte.

Die Sowjets wechseln nur die Crews aus, die in ihrer festen Raumstation »Mir« über Monate leben, arbeiten und experimentieren. Der Transport neuer Mannschaften, sowie für besondere Aufgaben ausgerüsteter Module, erfolgt dabei jeweils durch eine Sojus-Rakete.

Das Arbeiten in der Raumstation Mir hat gegenüber Spacelab den Vorteil, daß die Transportkosten geringer sind, und durch die längere Verweildauer im Raum umfangreichere Tests und Vermessungen ermöglicht werden. Wie weitgefächert die Aufträge für die Mir-Besatzungen sind, zeigt beispielsweise eine Liste der Vorhaben: Geophysik, Meteorologie, Umweltschutz, Ozeanologie und nicht zuletzt Geologie. Doch auch ein Brutapparat für die Aufzucht von Wachtelküken im Weltraum ist an Bord.

Weitere Module können jeweils neue Ausrüstungen zur Mir bringen, etwa zur Produktion von Ausgangsstoffen für die Elektronikindustrie und für die Pharmazie. Mir wird so nach und nach zu einer vielseitigen Fabrik im All. So will man Legierungen und Halbleiterkristalle für Mikroelektronik und Lasertechnik etwa in der Größenordnung von 100 kg im All produzieren.

Die Vielfalt der Aufgaben sprengt aber mehr und mehr den Raum, den Mir zur Verfügung hat. Darum soll Mitte der 90er Jahre mit verstärktem Einsatz der Schwerlastrakete Energija eine größere Raumstation errichtet werden, die acht oder mehr Kosmonauten und Wissenschaftlern Platz bietet. Vor allem soll ein medizinisches und biologisches Modul bessere Möglichkeiten für Experimente mit Versuchstieren, Pflanzen und Insekten bieten.

Diese und ähnliche Aufgaben sind auch verschiedenen Spacelab-Missionen gestellt. Besondere Aufmerksamkeit gilt dabei dem Gebiet der Einkristalle, von denen weltweit jährlich 5000 Tonnen mit einem Marktwert von sechs Milliarden D-Mark produziert werden. Silizium und andere kristalline Elemente sind Ausgangsmaterialien für die Produktion von Computer-Chips. Unter Weltraumbedingungen können sie mit größerer chemischer Homogenität und perfekteren Strukturen hergestellt werden. Solche Chips könnten das Vierfache an Schaltfunktionen aufnehmen als unter der Schwerkraft der Erde produzierte Rechnerbausteine.

Die wissenschaftlichen Erfolge sowohl der Spacelab-Mission als auch der Arbeiten in der Mir-Station sind ungemein wertvoll, und ihre Ergebnisse bestätigen die Richtigkeit beider Wege. Seit auf beiden Seiten die Bereitschaft zu mehr Gemeinsamkeit gewachsen ist, laufen auch die Bemühungen, ein Andocken von Spacelab-Missionen an die Mir-Station, ähnlich der Apollo-Sojus-Koppelung 1975, nicht nur zu wiederholen, sondern gar zu einer Routineangelegenheit zu machen.

Zweifellos haben die Sowjets auf dem Gebiet des Langzeitaufenthalts des Menschen im Laufe der Jahre einen Erfahrungsvorsprung. Es ist jedoch klar, daß der Westen nicht untätig bleibt, wenn es gilt, sich fest im Weltraum zu instal-

SSI

In dieser Studie ist die Weltraumstation schon mit einem Start- und Landeplatz für das Space Shuttle ausgerüstet. In dieser Station können bis zu 50 Personen arbeiten.

lieren. Die Amerikaner faßten schon unter der Reagan-Administration den Plan für eine ständig von Menschen bewohnte Raumstation.

Die hohen Kosten führten zu der Überlegung, die ESA, Kanada und Japan zur Beteiligung an einer internationalen Raumstation einzuladen. Das war bereits 1984. Gerade diese internationale Zusammenarbeit erforderte Zeit für die Planung und für die dafür unumgänglichen Vereinbarungen und Verträge. Als internationale Weltraumbasis erhielt das Projekt den Namen »Freedom« und soll als Beispiel friedlicher Koexistenz ein Zeichen setzen.

Bis zum Ende dieses Jahrhundert soll Freedom im All installiert sein. Er soll der größte von Menschen gebaute Satellit werden. Seine Länge ist mit 145 Metern, die Breite mit 45 Metern veranschlagt. Etwa 20 Space-Shuttle-Flüge werden notwendig sein, um alle Elemente der Station ins All zu transportieren. Die Station soll die Erde dann in 400 Kilometer Höhe umkreisen.

Die Kommunikationssatelliten, die von Zeit zu Zeit gewartet werden müssen, könnten von der Raumstation betreut werden; gleiches gilt auch für die Großteleskope, die sogar zu Generalüberholungen zur Station geholt werden können.

Weit wichtiger aber wird die Funktion als Weltraumbahnhof sein. Für geplante erdferne Missionen sind riesige Plattformen und Raumflugkörper in Diskussion, die in ihren Ausmaßen von der Erde aus nicht mit einem Start von Raketen oder Shuttle in den Raum gebracht werden könnten. Auf der Raumstation werden sie eines Tages von Technikern und Robotern aus Einzelteilen montiert werden.

Derartige große Plattformen können mit »Antennenfarmen« die Vielzahl kleiner Satelliten ersetzen, weil auf den bevorzugten Umlaufbahnen für Kommunikations- und Erderkundungssatelliten schon bald kein Platz mehr ist.

Eine besonders wichtige Aufgabe des Weltraumbahnhofs ist die Mitarbeit bei der Erforschung des Sonnensystems und die Vorbereitung für Expeditionen zum Mars. Ohne die Möglichkeit, den Zusammenbau eines Mars-Vehikels auf einer Raumstation vornehmen zu können, wäre ein solches Vorhaben überhaupt nicht zu realisieren.

Doch selbst wenn derartig gigantische Unternehmungen noch Zukunftsmusik sind, bietet eine feste Raumstation große Vorteile; nicht zuletzt auch für die Forschung. So verbleiben die Laboratorien im Weltraum und nur die Ergebnisse werden zur Erde geschickt. Die Wissenschaftler können kontinuierlich arbeiten. Ging bisher bei den Kurzzeitmissionen ein erheblicher Zeitraum für die Eingewöhnung

Die europäische Gemeinschafts-Konstruktion Ariane vor dem Start in Französisch-Guayana.

verloren, kann dann nach der Eingewöhnungszeit ein längerer Zeitraum — gedacht ist eine Verweildauer von etwa 90 Tagen — für die Arbeit genutzt werden.

In der Raumstation Freedom wird jede der beteiligten Nationen mit einem eigenen Arbeitsmodul experimentieren können. Im Zentrum wird das amerikanische Labor mit dem Wohnmudul gelegen sein. Die ESA wird ihr europäisches Columbus-Modul neben dem japanischen Experiment-Modul plazieren, während die Kanadier ein mobiles Servicing System stellen. Ihre Robotic-Station soll schon in der Aufbauphase wichtige Dienste für das Zustandekommen der Raumstation leisten.

Europas Anteil an der Station ist die Entwicklung des »Columbus-Programms«. Es besteht aus dem fest an die Station anzudockenden Druckmodul, das mit dem Space Shuttle zur Station gebracht werden soll. Schwerpunkt der Experimente wird die Werkstoff-Forschung sein.

Neben diesem festinstallierten Druckmodul werden die Europäer auch ein freifliegendes Columbus-Labor als Vorstufe einer späteren eigenen Raumbasis zur Raumstation schicken. In diesem Labor laufen die Experimente automatisch ab. Mit dem Raumgleiter »Hermes« könnten jedoch auch vorübergehend Astronauten an Bord gebracht werden. Nur alle vier Jahre würde sich das Labor der internationalen Raumstation nähern, wo dann eine Generalüberholung vorgenommen würde.

Für Austausch und Rückführung von Astronauten und Materialien zur Erde soll baldmöglichst der europäische Raumgleiter »Hermes« eingesetzt werden.

Auch die Europäer haben sich das Ziel gesetzt, eine autonome und operationelle Infrastruktur in Betrieb zu nehmen. Fernziel — etwa für 2030 — ist eine europäische Raumstation der zweiten Generation.

Der Gedanke, daß Firmen in der Schwerelosigkeit des Weltraums eigene Forschungen zum Erlangen neuer Werkstoffe, Medikamente oder biochemischer Produkte betreiben möchten, hat die in Houston/Texas beheimatete Space Industries inspiriert, eine erste private Raumstation mit einem gebuchten Space Shuttle Flug in den Raum zu schicken und an Interessenten zur Nutzung zu vermieten. Die »Industrial Space Facility« wird die erste, sicher aber nicht die letzte kommerzielle Raumstation sein. Firmen in den USA, Europa und Asien sind an einem Einstieg ins kommerzielle Weltraumgeschäft in steigender Zahl interessiert.

Techniker, Chemiker, Ärzte und Meteorologen werden in den Raumstationen arbeiten und forschen. Dabei handelt es sich ausschließlich um hochqualifizierte Spezialisten. Ihr

Studie einer geplanten ESA-Raumstation. Am linken Bildrand sind die großen Lichtzellen zu erkennen, die der Stromversorgung dienen.

Wissen und Können ist zu wertvoll, als daß man sie zu Handlangerarbeiten einsetzt oder sie im Orbit unnötigen Gefahren aussetzen sollte. Der Einsatz von Astronauten im Weltraum verursacht hohe Kosten. Darum wird man in immer größerem Umfang die Hilfe von Robotern nutzen. In und von der Raumstation aus werden sich die Möglichkeiten, Arbeiten an Roboter zu delegieren, vervielfachen.

Leben auf dem Mond

Stationen im Weltraum sind im kleinen Ausmaß schon Wirklichkeit; größere bis zum Ausbau zu einem Weltraumbahnhof sind in der konkreten Planungsphase. Für geplante Expeditionen und Landung auf dem Mars wird es jedoch notwendig werden, den Mond als ständige bemannte Plattform für Vorstöße in den ferneren Weltraum auszubauen.

Darüber hinaus bietet der Mond vielfältige Chancen für Unternehmungen, die bislang nur in Planungen oder in phantastischen Visionen existieren, deren Realisierung aber noch in der Ferne liegen: Städte, Fabriken und Bergwerke auf dem Mond. Dazu gehört auch die Errichtung eines ständigen, unbemannten, von Astronauten gewarteten Observatoriums auf der erdabgewandten Seite des Mondes für Kontakte zu fernen Planeten, wie Phobos, Mars und anderen Gestirnen des Sonnensystems. Der Mond als Zwischenstation und logistische Basis für weitere Weltraumaktivitäten der bemannten Raumfahrt und als natürlicher Raumflughafen für die Erde ist somit keine Utopie mehr; nicht zuletzt deshalb, weil die umfangreichen Rohstoffvorräte auf dem Trabanten für die Gewinnung von Treibstoffen und Baumaterialien genutzt werden könnten.

Eisen, Aluminium, Titan, Silikate und Silizium sind reichlich vorhanden. Auch dürfte es dort Rohstoffe geben, deren Ressourcen auf der Erde sich bedrohlich ihrem Ende nähern. Um diese Chancen nutzen zu können, erweist sich der Aufbau von Betrieben für den Erzabbau und deren Verarbeitung, von Schmelzöfen, die über konzentrierende Solarspiegel mit Sonnenenergie betrieben werden, als notwendig. Das wiederum bedeutet, daß die Mondstation zu einer Wohn- und Arbeitsbasis mit steigendem Personalbedarf wachsen würde.

Eine Stadt auf dem Mond, eine Besiedlung des Trabanten, mag heute noch phantastisch klingen. Wenn aber der Aufbruch zum »Roten Planeten« (wie man den Mars wegen des

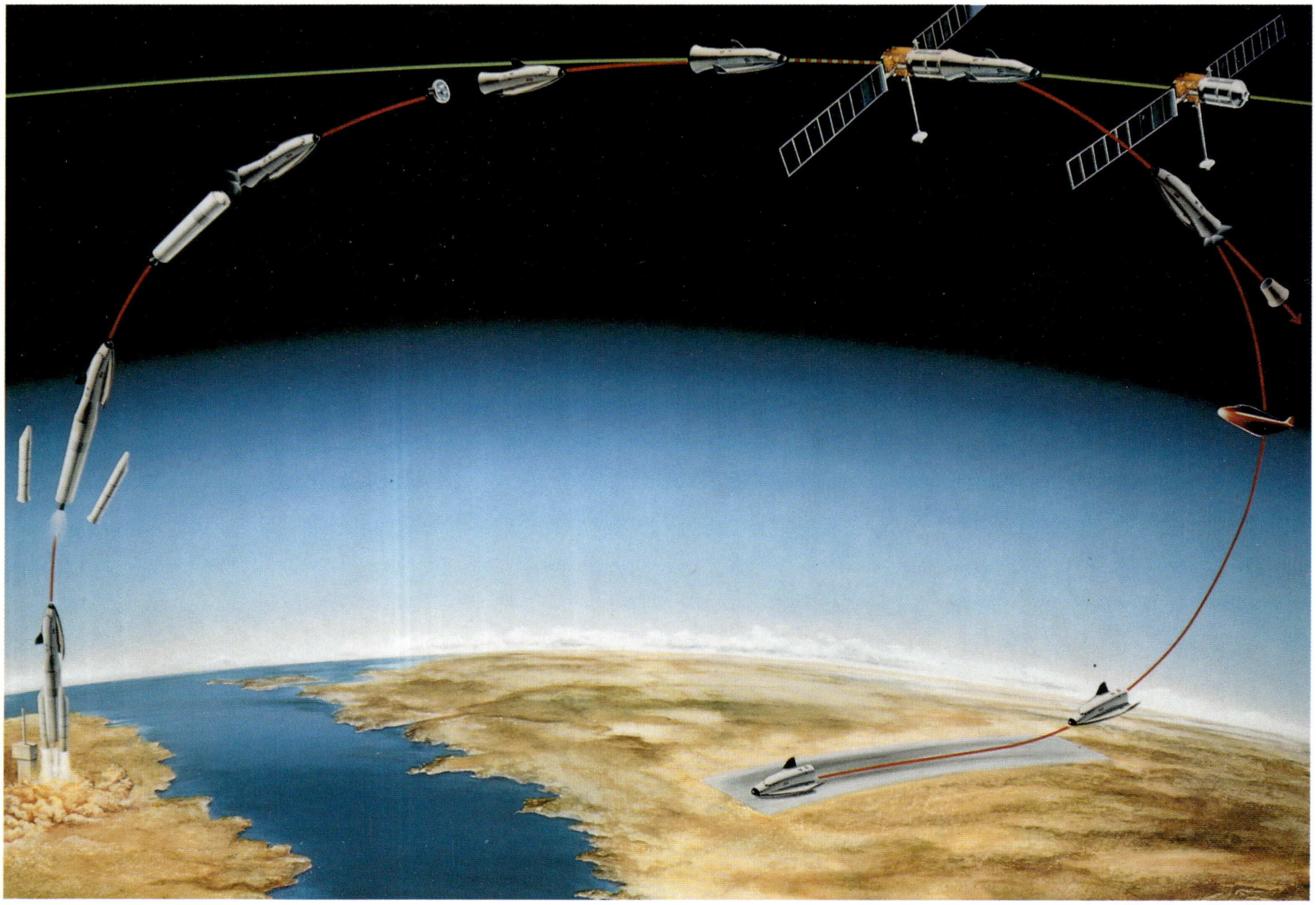

Skizze einer typischen Mission: Start in Südamerika, Aussetzen der Nutzlast und Rückkehr zur Erde.

Eisengehaltes seiner Oberfläche,die in Jahrmillionen sozusagen verrostet ist, nennt) erfolgen soll, dann ist der Mond als Startbasis und Umschlagplatz zweifellos die Voraussetzung. Denn eine Nutzung der Raumstation als Montageplatz für ein Marsschiff kann nur aus Gründen der Sparsamkeit ernsthaft erwogen werden.

Die immensen Kosten werden aber zumindest vorerst eine Besiedlung des Mondes und zugleich eine bemannte Marsexpedition fraglich machen.

Geht man davon aus, daß bemannte Flüge zum Mars technisch machbar sind, und daß der Mensch eine derart lange Reise psychisch verkraften kann, dann erhebt sich immer noch die Frage nach dem Sinn einer bemannten Marsexpedition. Viele halten sie für ein bloßes Prestigeunternehmen, so wie es die Mondlandung der Amerikaner im Duell mit den Sowjets vorwiegend war.

Die veränderte politische Weltlage rechtfertigt kaum einen derart kostspieligen Wettlauf zwischen Ost und West. Es geht nicht mehr darum, wer zuerst seinen Fuß auf den Roten Planeten setzt: Die Eroberung des Mars könnte eine Gemeinschaftsaufgabe der gesamten Menschheit werden, und damit zu einem friedenssichernden Faktor an der Schwelle zum 21. Jahrhundert.

Erforschung der Planeten

Nicht die Landung von Erdbewohnern auf allen Planeten unseres Sonnensystems ist das Ziel der Raumsonden, die seit Jahren den Weltraum erforschen. Über eine feste Oberfläche verfügen ohnehin nur Merkur, Mars und Venus. Dagegen sind die Planeten des äußeren Sonnensystems, Jupiter, Saturn, Uranus, Neptun und Pluto gasförmig. Dennoch erhofft sich die Wissenschaft von Forschungssonden, die auch zum äußeren Sonnensystem in Marsch gesetzt wurden, Rückschlüsse auf die Frühzeit der Erde.

So könnte der Start der ESA-Raumfähre in Kourou in einigen Jahren aussehen.

Eine Vielzahl von Sonden und unbemannten Forschungssatelliten haben in mehr als drei Jahrzehnten bisher mit mehr oder weniger großen Erfolgen den Weltraum und die Planeten erforscht. Mehrere sind seit Jahren unterwegs, andere sind verglüht oder vom Außendruck zerquetscht worden, nachdem sie ihre Mission erfüllten – Missionen, die mit ihren zur Erde gesendeten Bilder Aufschlüsse über die Entstehung und den Zustand der Planeten ermöglichten. Einige haben beim Vorbeiflug Kapseln und Sender abgesetzt, oder mit Laser- und Ionenstrahlen die Zusammensetzung analysiert.

Eine der spektakulärsten Reisen in den Raum unternahm die 1977 gestartete US-Raumsonde »Voyager 2«.

In zwölf Jahren legte sie 7,2 Milliarden Kilometer zurück. Zwei Jahre nach dem Start erreichte Voyager 2 den größten Planeten des Sonnensystems, den Jupiter, und entdeckte neue Monde und aktive Vulkane. Weiter ging der Flug zum Saturn und gelangte dort am 25. August 1981 in die unmittelbare Nähe. Die bekannten Ringe erwiesen sich als weit zahlreicher als bis dahin angenommen worden war.

Am 24. Januar 1986 entdeckten die Sensoren von Voyager 2, daß der Uranus zehn Monde mehr hat, als bekannt war. Am 24. August 1989 folgte die Annäherung an den Planeten Neptun, und neben der überraschenden Feststellung, daß mehr Ringe und Monde als bisher bekannt den Planeten begleiteten, funkte sie auch die Nachricht, daß er viel mehr Wärme abgibt, als er von der Sonne erhält. Mit einem Vorbeiflug an Triton war die Mission von Voyager 2 beendet. Die Sonde verließ das Planetensystem und flog in die Unendlichkeit des Weltraums. Erst in 40176 Jahren könnte Voyager wieder in die Nähe eines Himmelskörpers kommen, die »Sonne Ross 248« im Sternbild Andromeda.

Im Mai 1989 wurde mit dem Space Shuttle »Atlantis« die Forschungssonde »Magellan« von der NASA gestartet. Ihr Spezialauftrag ist es, in den nächsten fünf Jahren eine lückenlose Oberflächenkarte des als »Abendstern« bekannten

cnes
esa

Projekt für die Zukunft: Beim Sänger-Projekt kehrt nicht nur die Raumfähre, sondern auch der Treibstoff-Tank zur Erde zurück und kann wiederverwendet werden.

Planeten zu funken. Obwohl die Venus der Erde so nahe ist wie kein anderer Planet, hat sie sich wegen der dichten Wolkendecke einer eingehenden Betrachtung weitgehend entzogen. Deshalb schickten die Sowjets schon 19 und die Amerikaner fünf Sonden zur Venus, ehe nun Magellan mit einem leistungsfähigen Radar alle Geheimnisse der Venus lüften soll. Auf riesigen Kontinenten mit heißen, lebensfeindlichen Wüsten ragen Berge bis zu einer Höhe von 10 500 Metern auf.

Fünf Monate nach Magellan hob von Cap Canaveral erneut die Raumfähre Atlantis ab. Nach fünf Erdumkreisungen setzte sie die Jupitersonde »Galileo« aus. Mehrmals tangiert die Sonde Venus und die Erde. Durch Startverzögerungen wurde ein Direktflug zum Jupiter unmöglich. So ließ man die Sonde im »Billard-System« im Schwerkraftfeld der Planeten den notwendigen Schwung holen. 1995 soll dann der Jupiter erreicht werden, wo das Mutterschiff eine Landekapsel zur Erforschung der heißen Atmosphäre des Planeten absetzen wird.

Ähnlichkeiten mit dem amerikanischen Space Shuttle sind nicht zu übersehen: ESA-Fähre.

Auch deutsche Wissenschaftler haben zu vielen Projekten der Raumfahrt von NASA und ESA wertvolle Beiträge geleistet. Ein besonders eindruckvolles Beispiel ist der deutsche Röntgensatellit »ROSAT«, der den Raum nach Röntgenquellen absuchen soll. Bisher waren nur etwa 6000 Röntgenquellen bekannt. Mit ROSAT hofft man, mehr als 100 000 solcher Quellen aufzuspüren. Erster spektakulärer Erfolg: Ein Röntgenbild der Supernova »Cassiopeia A«. Es handelt sich dabei um die Überreste einer Riesensonne, die etwa in der Steinzeit explodierte, und deren Blitz aus 9000 Lichtjahren Entfernung 1667 die Erde erreichte. Der Sternen-Torso wurde 1948 entdeckt. Mit ROSAT kann man jetzt feststellen, welche Materie-Dichte und welche Masse der explodierte Stern einst aufgewiesen hat.

Das Kraftwerk Sonne

Der uralte Gedanke, die Energie der Sonne für das Leben auf der Erde nutzbar zu machen, beschäftigt die Menschen heute mehr als je. Das Dahinschmelzen der fossilen Ressourcen, die Anfälligkeit der Lage der Ölfelder durch politische Auseinandersetzungen, nicht zuletzt aber die Umweltschäden durch die Abgase, die bei der Verbrennung von Kohle oder Öl entstehen, zeigen die Dringlichkeit auf, nach Wegen zu einer »sauberen Energie« zu suchen. Die Gefahren, die von dem Umgang mit der Atomkraft ausgehen, haben auf die Sonnenkraft als Energieträger als den einzig denkbaren Ausweg aus dem Dilemma hingewiesen.

Die Sonne, ein gewaltiger Schmelzofen, verbrennt bei zehn Millionen Grad Celsius pro Sekunde 597 Millionen Tonnen Wasserstoff zu 593 Millionen Tonnen Helium. Die vier Millionen Differenz werden in Energie umgewandelt. Ein Teil dieser Energie hält auch unsere Erde am Leben.

Die Frage ist, wie man von der im Überfluß im Weltraum vorhandenen Energie möglichst viel zur Erde bringen und hier nutzen kann. Oder, wie man die Energie, die von der Sonne als Strahlung zur Erde kommt, zu einer größeren Energiedichte bringen kann. Denn selbst an einem sonnigen Tag liefert die Sonne nicht mehr als rund ein Kilowatt Leistung pro Quadratmeter Erdoberfläche. Wettereinflüsse und der Tag-Nacht-Zyklus schränken die Nutzung der Sonnenenergie weiter ein. Solarzellen auf der Erde lohnen sich nur in sonnenreichen Gegenden und benötigen große Areale und Zwischenspeicher.

Ein idealer Standort für ein Sonnenkraftwerk kann nur dort sein, wo die Sonne nie untergeht, wo 24 Stunden Sonnenenergie eingefangen werden kann.

Auf der Erde gibt es einen solchen Standort nicht. Eine Solaranlage in der geostationären Umlaufbahn wäre der perfekte Standort, das Sonnenlicht einzufangen, in elektrischen Strom zu wandeln und – umgesetzt in Mikrowellen oder Laserstrahlen – zur Erde zu senden. Die Energiegewinnung und die Nutzung würden weder durch Witterungseinflüsse, noch durch den Tag-Nacht-Zyklus gestört.

Da sich der Energiestrahl auf dem Weg zur Erde »weitet« und bei Ankunft auf der Erde eine Ausdehnung von mehreren Kilometern hat, müßte eine Empfangsanlage eine Ausdehnung von etwa 15 Quadratkilometern haben. Damit könnte eine Leistung von 10 Milliarden Watt (10 GW) erzeugt werden, was der Leistung von acht Atomkraftwerken entspräche und etwa ein Sechstel des Strombedarfs von Deutschland decken könnte.

Bis wir ganz oder doch vorwiegend Energie aus dem All beziehen können, sind jedoch noch große technische Probleme zu bewältigen.

Unabhängig davon, ob sich diese Visionen werden realisieren lassen: die Raumfahrt wird sich künftig mehr der Erde zuwenden, um mitzuhelfen, die sich abzeichnenden Umweltprobleme zu lösen. Nur mit Hilfe von Satelliten lassen sich aussagekräftige Daten über den Treibhauseffekt als Folge der vom Menschen verursachten Luftverschmutzung und Veränderungen in den Ozonschichten über den Polen gewinnen. Nur wenn rechtzeitig Gegenmaßnahmen eingeleitet werden, wird der »Blaue Planet« weiterhin bewohnbar bleiben. Die raumfahrttreibenden Nationen wollen in diesen Fragen der Erdbeobachtung eng zusammenarbeiten. Ein Feld, in dem die Raumfahrt beweisen muß, ob die Investitionen mehr waren als die Befriedigung einer Abenteuerlust.

Ursprünglich war der Frankfurter Flughafen am Rebstock plaziert – heute steht dort eine große Schwimmhalle, und der Flughafen befindet sich einige Kilometer weiter südlich.

Im Bereich des entstehenden neuen Messegeländes am Rebstock gedeiht sie mit tausenden von Ausstellungsstücken und Vorführungen zu einer aeronautischen Superschau, deren Krönung die Landung des »LZ II« mit seinem Erfinder Graf Zeppelin an Bord in einer vieltausendköpfigen Menschenmenge ist.

Neun Jahre sind ja erst vergangen, seit der Graf im Jahr 1900 am Bodensee erstmals in die Luft gestiegen ist. Doch drei Jahre später haben die Brüder Wright im fernen Amerika den ersten motorisierten Flugzeugstart erfolgreich absolviert. Während Deutschland sozusagen starr auf den Zeppelin als Zukunftsvision blickt, haben in England und noch mehr in Frankreich die Flugzeugbauer und Piloten die Gunst der Stunde erkannt.

Ihre Besten werden von einer Flugveranstaltung in Reims abgeworben und mit hohen Prämien zur ILA-Flugwoche im Oktober nach Frankfurt gelockt, wo Blériot und de Caters die großen Siegesgelder kassieren.

Franz Linke erfindet während der ILA den ersten regelrechten Luftwetterdienst mit zahllosen Außenstellen, telegrafischer Übermittlung und Ballonmessungen. Außerdem wird noch im gleichen Jahr die erste Luftfahrtgesellschaft der Welt in Frankfurt gegründet, die DELAG, die später in der Zeppelin-Reederei aufgeht und eine planmäßige Personenbeförderung mit Luftschiffen anstrebt und zeitweise auch durchführt. Damit wird auf dem Fluggelände an der Messe der Grundstein für den ersten Frankfurter Rebstock-Flugplatz gelegt. Schließlich ist Frankfurt auch der Geburtsort der ersten deutschen Luftpost. Im Sommer 1912 startet der junge Leutnant von Hiddessen vom Euler-Flugplatz in Schwanheim zu einer Rundflugserie auf der Strecke Frankfurt – Darmstadt – Worms – Mainz – Frankfurt und befördert dabei tausende von Sondermarken und -karten für die Wohltätigkeit der Großherzogin von Darmstadt.

Bereits im Mai 1911 übernehmen die DELAG und der Frankfurter Verein für Luftfahrt das Gelände am Rebstock vor der Stadt. In die neuerrichtete Luftschiffhalle aus Metall zieht im Februar 1912 das DELAG-Luftschiff »Viktoria Luise« ein. Es befördert bis zum Kriegsausbruch bei 489 Fahrten fast 10 000 Personen und legt über 50 000 Kilometer zurück. All dem macht der Erste Weltkrieg ein Ende.

Der Vertrag von Versailles bringt dem Deutschen Reich nach dem verlorenen Krieg schwerste Auflagen. Frankfurt liegt in der sogenannten neutralen Zone, 50 Kilometer östlich des besetzten Rheinlandes. Hier darf auf dem Gebiete der Fliegerei überhaupt nichts geschehen. Der unermüdliche Ursinus mahnt aber schon 1919 den IHK-Präsidenten in einem Brief, die Vorbereitungen für die Wiederaufnahme des Luftverkehrs schon jetzt in Angriff zu nehmen und eine städtische Körperschaft zu bilden, die den Luftverkehrsinteressen Frankfurts dient. Hier hat einer der Ahnherren der »Südwestflug« gesprochen, aus der einmal die Frankfurter Flughafen AG hervorgehen wird.

Der neue Wirtschaftsdezernent Ludwig Landmann, der bald der zweite große Oberbürgermeister des Jahrhunderts sein wird, liefert mit den Vorarbeiten für Autobahnkreuz und Rhein-Main-Flughafen ein erstes großes Beispiel für integrierte Verkehrsplanung. Er sorgt auf dem Rebstock erst einmal für Ordnung, wo Sportvereine, Kleingärtner und Kleintierhalter vom Fluggelände Besitz ergriffen haben. Der Platz wurde wieder startklar gemacht und in augenzwinkender Absprache mit dem Wirtschaftsministerium in Berlin als »Notlandeplatz« hergerichtet.

Eine neu gegründete städtische »Frankfurter Flugplatz-Gesellschaft« verwaltet und versorgt das Gelände. Bereits im Mai 1924 nimmt die »Trans-Europa-Union« etwas außerhalb der Legalität eine reguläre Flugtätigkeit über Fürth nach München auf. Im gleichen Jahr gründet Landmann zusammen mit Junkers die »Südwestdeutsche Luftverkehrs AG«, die über eigene Maschinen verfügt. Während die Alliierten Luftfahrtbeschränkungen für die Deutschen entfallen, beginnt in Frankfurt ein regelrechter Luftfahrtboom. Noch 1924 werden bei 234 Starts und Landungen 536 Fluggäste und 1102 kg Post befördert. Durch den Umbau des Hofgutes Rebstock in einen »Flughof« wird ein erstes neues Terminal geschaffen. Nach umfassenden Ausbauplänen und erheblichen Kapitalerhöhungen kann die Eröffnungs-Festschrift im August 1926 bereits stolz elf verschiedene Luftlinien verzeichnen, die auch Städte wie London, Paris und Wien anfliegen. Jahresbilanz 1926: 3789 Starts und Landungen, 7219 Passagiere, 29 t Post und 79 Tonnen Fracht oder Gepäck.

Im gleichen Jahr werden unter sanfter Regie Landmanns, der Deutschen Bank und des Reichswirtschaftsministeriums die defizitären einzelnen deutschen Luftlinien zusammengefügt: Die »Deutsche Lufthansa« entfaltet ihre Schwingen. Jahr für Jahr steigen in Franfurt die Verkehrszahlen. Der Platz am Rebstock wird schließlich zu eng. Die ersten Nacht-

Als das Fliegen noch viel gemütlicher war: Betanken auf dem Frankfurter Flughafen Ende der Dreißiger.

Die Abfertigungshalle des Rhein-Main-Flughafens in den Fünfzigern mit DC-3 und DC-6 der Swissair.

flüge irritieren mit ihren Lichtern den ringsum laufenden Bahnverkehr und umgekehrt. So wird ein neuer Platz gefunden, dort, wo sich später einmal die Autobahnen kreuzen sollen, deren Pläne längst fertig in der Schublade liegen.

Als die Nationalsozialisten 1933 die Macht ergreifen, brauchen sie nur in die Schublade zu greifen, um die vorhandenen Pläne in die Tat umzusetzen. Schon im Herbst 1933 wird in Frankfurt-Schwanheim der erste Spatenstich auf der ersten »Reichsautobahn«-Strecke nach Darmstadt getätigt, am 2. Januar 1934 erfolgt der erste Axthieb auf dem Gelände von Rhein-Main. 640 Hektar Wald müssen gerodet werden, denn auf Verlangen des Reiches und der Zeppelin-Reederei ist noch während der Bauzeit die Anlage eines Luftschiffhafens im Südteil des Geländes beschlossen worden, dort, wo heute die US-Air Base liegt. Als Betreiberin fungiert hier die »Rhein-Main-Luftschiffhafen AG«, an der schließlich das Deutsche Reich den Löwenanteil halten wird. Auch die Südwestflug ordnet währenddessen ihre Kapitalanteile neu und ändert ihren Namen in »Südwestdeutsche Flugbetriebe AG«. Frankfurt hält mit 36,67 Prozent den größten Anteil, gefolgt vom (preußischen) Bezirksverband Wiesbaden mit 30 Prozent und dem Land Hessen (Darmstadt) mit 16,7 Prozent. Im Verbund mit der in Personalunion geführten Luftschiffhafen AG mit Reichsmehrheit zeichnet sich so jetzt schon in Umrissen die spätere Zusammensetzung der Anteilseigner bei der Nachfolgerin Flughafen Frankfurt am Main AG (FAG) ab.

Nach nur 18monatiger Bauzeit kann der Flughafen am 8. Juli 1936 mit der Landung einer JU 52, die am Rebstock gestartet ist, seiner Bestimmung übergeben werden. Ein zweistöckiges Verwaltungsgebäude mit einem Abfertigungsraum von 120 Quadratmetern, einem sechsstöckigen Kontrollturm, sowie einer kleinen Flugzeughalle, bilden die wesentlichen Bestandteile der Hochbauten, an die sich im Osten ein bald sehr beliebter Kaffeegarten mit Wasserbecken und Springbrunnen anschließt.

Im Süden des Flugfeldes ist inzwischen bereits die erste Zeppelinhalle fertiggestellt. Die ersten Transatlantikfahrten der Luftschiffe haben schon im Mai stattgefunden. Im Jahr 1936 führen die beiden Luftschiffe LZ 127 »Graf Zeppelin« und LZ 129 »Hindenburg« insgesamt zehn Fahrten nach Nordamerika und 20 Fahrten nach Südamerika durch und befördern dabei 3739 Personen, sowie 17,6 Tonnen Post und 18,2 Tonnen Fracht.

Östlich des Luftschiffhafens, an der Bahnstrecke nach Darmstadt, wird währenddessen die Gemeinde Zeppelinheim für die Besatzungen und Angehörigen der Zeppelin-Reederei gebaut. Doch die von reichen Hoffnungen getragene Entwicklung findet mit der Brandkatastrophe vom 6. Mai 1937 im amerikanischen Lakehurst mit ihren zahlreichen Todesopfern praktisch ihr Ende. Am 6. Mai 1940 werden dann auch die beiden Zeppelinhallen in die Luft gesprengt, weil sie über den Bodennebel hinausragen und dem Kriegsgegner leichte Orientierung bieten.

Bereits in der Nacht nach der Eröffnung von Rhein-Main starteten die schnellsten Flugzeuge Deutschlands, die HE 70 »Heinkel Blitz«, zum ersten deutschen Postflugdienst der Lufthansa nach Südamerika. Von Spanien aus wird die Post dann mit der JU 52 nach Afrika befördert, von wo aus sie dann mit Donier-Flugbooten nach Brasilien gebracht wird.

Mit Symbolcharakter: Verkehrshinweis auf dem Rollfeld in Rhein-Main – es wird rechts gefahren.

Trotz großer Flächen sinnvoll mit dem Platz umgehen und für kurze Wege sorgen: Auf engem Raum können in diesem Bereich acht Flugzeuge abgefertigt werden.

Im Südatlantik liegen Relais-Schiffe, an denen die Flugboote zwischenlanden, eine damals wie heute unerhörte Leistung der Ingenieure, Piloten und Organisatoren. Schon 1937 finden 104 solcher Postflüge statt.

Im deutschen und innereuropäischen Flugverkehr steigen währenddessen die Abfertigungszahlen in gewohnter Weise, bei der Inbetriebnahme von Rhein-Main sogar sprunghaft. Sind es 1934 auf dem Rebstock noch 4380 Starts mit 23 910 Fluggästen, werden im Rumpfjahr 1936 auf Rhein-Main bereits 5270 Starts mit 58 010 Fluggästen verzeichnet. Im letzten Friedensjahr, 1938, kann Rhein-Main 6490 Starts mit 62 110 Fluggästen verbuchen, sowie 933 Tonnen Fracht und Gepäck und 1909 Tonnen Post.

Während die flugbegeisterte deutsche Öffentlichkeit noch voller Stolz die Nachricht von dem Non-Stop-Flug einer viermotorigen deutschen Verkehrsmaschine vom Typ Focke-Wulf »Condor« von Berlin nach New York zur Kenntnis nimmt, steht der Krieg vor der Tür. Im September 1939 übernimmt die deutsche Luftwaffe alle Einrichtungen auf Rhein-Main. Die Verkehrsfliegerei kommt langsam zum Erliegen.

Obwohl Rhein-Main ohne große strategische Bedeutung bleibt, wird der Flughafen gegen Ende des Krieges Ziel mehrfacher Luftangriffe, besonders schwerwiegend am Heiligen Abend 1944.

Die Gebäudeschäden reichen schließlich bis zu 70 Prozent. 2000 Bombentrichter zerreißen das Rollfeld und machen es praktisch unbenutzbar. Fast alle Archiv- und Firmenunterlagen werden durch einen Volltreffer in der Hauptverwaltung nahe dem Frankfurter Hauptbahnhof dahingerafft. Den Rest besorgen Plünderer.

Schon wenige Wochen nach dem Zusammenbruch sieht man die Südwestflug wieder aktiv. Vier alte Mitarbeiter bergen ohne jeden Auftrag versteckte Maschinen, setzten die Strom- und Wasserversorgung des Flughafens wieder in Gang, scharen sich schließlich um ihren früheren Vorgesetzten Rudolf Lange, der im Kontakt mit der US-Air Force und schließlich mit der Zivilverwaltung der amerikanischen Besatzungsmacht den Betrieb in Gestalt einer Auftragsverwaltung wieder in Gang bringt. Rhein-Main wird zu einem Zentrum US-amerikanischer Präsenz in Europa.

Die pragmatischen US-Militärs haben sehr schnell die Qualifikation ihrer deutschen »Hilfsarbeiter« erkannt. Während sie noch im Sommer 1945 eine abbröckelnde Mörtelrollbahn der deutschen Luftwaffe mit 200 deutschen Kriegsgefangenen unter der Leitung amerikanischer Pioniere zur richtigen Startbahn von 1800 m Länge und 25 m Breite ausbauen (die spätere Startbahn Nord), wird auf Anordnung der Besatzungsmacht vom 26. Februar 1946 der gesamte Flughafen für deren Zwecke vereinnahmt und der Südwestflug für sämtliche Unterhaltungsarbeiten zugeordnet.

Am 18. Mai des gleichen Jahres landet als erstes Verkehrsflugzeug eine Maschine der »American Overseas Airlines« (später Pan Am), am 15. August die erste Linienmaschine der SAS. Bald treffen aus Amerika auch die ersten Luftpostsendungen für Deutsche ein.

Am 25. September 1947 wird der Name der Südwestflug in »Verkehrs-Aktiengesellschaft Rhein-Main« geändert und der Zweck des Unternehmens auf Bodendienste und Bauvorhaben beschränkt. Am 2. März 1948 wird der Personen- und Frachtverkehr nach Berlin auch für Deutsche zugelassen.

Nach der Währungsreform im Sommer 1948 und der folgenden Berlin-Blockade ändert sich nicht nur das politische Gesamtklima, insbesondere zwischen Deutschland und den USA, sondern auch das Aufbautempo auf Rhein-Main: Alle drei Minuten startet von hier ein »Rosinenbomber« für die »Luftbrücke«, eine zweite, parallel verlaufende Startbahn (Süd) erscheint zwingend geboten. Sie wird im Februar 1949 begonnen und am 22. Dezember bei einer Länge von 2150 m und einer Breite von 61 m dem Betrieb übergeben. Im gleichen Jahr vollzieht sich auch die Rückkehr der Gesellschaft auf den Flughafen und ihre erneute Beauftragung mit der Gesamten Bodenorganisation durch die US-Zivilluftbehörde. Der nördliche Teil des Flughafens wird so wieder »deutsch«.

Von dieser Zeit an treibt der Erfolg die Entwicklung von Rhein-Main gewissermaßen vor sich her. 1949 fliegen bereits zehn internationale Fluggesellschaften Rhein-Main an. Pfingsten wird der nördliche Flughafenteil wieder für den Publikumsverkehr freigegeben. Im August werden bereits 60 000 Schaulustige gezählt. Der HR (Hessischer Rundfunk) sendet vom Kaffeegarten aus sein erstes Flughafenkonzert nach dem Krieg.

Jetzt fängt der Aufbau richtig an. 1951/52 wird das wiederhergestellte Empfangsgebäude um ein Stockwerk erhöht, im Mai 1952 das erste Instrumentenlandesystem installiert. In diesem Jahr hat sich gegenüber 1950 die Zahl der Starts bereits verdoppelt, 19 internationale Airlines fliegen jetzt Frankfurt an. Eine Kapitalerhöhung folgt jetzt der anderen, im Herbst 1953 wird die Flugzeughalle II (heute ein Zwerg) als größte in Deutschland eröffnet. Die Flugsicherungs-Leitstelle nimmt ihren Dienst auf. 1954 nimmt die Gesellschaft ihren heutigen Namen »Flughafen Frankfurt am Main AG« (FAG) an. Schon jetzt ist zu erkennen, daß der Flughafen bald aus allen Nähten platzen wird. Ein Generalausbauplan entsteht.

1955 erhält die Bundesrepublik ihre Lufthoheit zurück. Die erste Maschine der wiedererstandenen Lufthansa landet

Europäischer Verkehrsknotenpunkt: Das Frankfurter Kreuz mit den Autobahnen in Nord-Süd und Ost-West-Richtung und der Rhein-Main-Flughafen.

in Frankfurt. Als Herzstück des entstehenden neuen Terminals wird bereits der Kontrollturm errichtet, der noch lange Zeit warten muß, bis seine »Umgebung« des Flugsteiges B so weit ist. Eine Neuordnung der Kapitalanteile der FAG ergibt jetzt die heutigen Proportionen (abgerundet) 45 Prozent Land Hessen, 29 Prozent Stadt Frankfurt, 26 Prozent Bundesrepublik Deutschland. Im August 1947 erklärt Bundeskanzler Konrad Adenauer, daß Frankfurt zum ersten »Düsenflughafen« der Bundesrepublik ausgebaut werden soll. Die Zahl der Fluggäste hat in diesem Jahr erstmals die Millionengrenze überschritten.

Das Düsenzeitalter hält unverhofft bereits am 25. April 1958 Einzug. Eine TU-104 A bringt den sowjetischen Ministerpräsidenten Mikojan an den Main, von wo aus er per Sonderzug weiterreist. Der planmäßige Düsenverkehr beginnt am 2. April 1959 mit einer »Comet IV« der British Overseas Airways auf dem Weg von London über Frankfurt nach Tokio.

Am 30. Mai bringt die Pan Am mit der Boeing 707 das Düsenzeitalter richtig in Schwung. Ihre Weltumrundungsflüge PA1 und PA2, die bereits seit 1947 im Plan stehen, werden nun erheblich beschleunigt. 1960 folgen die Lufthansa und andere Gesellschaften auch mit der DC8. Erstmals wird die Zwei-Millionen-Grenze für Passagiere überschritten. Die neuen Flugzeuge verändern den Luftverkehr. Sie fassen meist die doppelte Passagierzahl und fliegen fast

Die beiden älteren Start- und Landebahnen aus der Luft gesehen, rechts die Abfertigungsgebäude, Wartungshallen, Hotels und das Airport Center.

doppelt so schnell, so daß sich praktisch ein Multiplikationsfaktor 4 ergibt. Damit wird nicht nur die Abfertigung vor völlig neue Probleme gestellt, es erschließen sich auch neue Reiseziele. Auch ein neuer Publikumskreis wird angesprochen: Das Zeitalter des Massentourismus in der Luft auch mit Charter-Linien hat begonnen.

Frankfurt erkennt die Zeichen der Zeit. Die FAG faßt völlig neue Abfertigungsgebäude- und -methoden ins Auge. Die Elektronik hält Einzug.

Die Lufthansa macht bald 50 Prozent des Umschlags an Fracht und Passagieren aus. 1963 kann man bereits 3,4 Millionen Passagiere zählen, 86 940 Tonnen Fracht und 30 540 Tonnen Post, die bereits im regelmäßigen Nachtflugdienst befördert wird.

1965 erfolgt dann die Grundsteinlegung der »Empfangsanlage West«, des heutigen Terminals Mitte, die durch ihre Dimensionen Verblüffung und auch unqualifizierte Kritik am »Größenwahn« der Frankfurter hervorruft. Keine 20 Jahre nach ihrer Eröffnung aber wird sie schon wieder zu klein sein.

Deshalb gibt auch schon 1966 die Landesregierung ihre grundsätzliche Zustimmung zu einer dritten Startbahn. Der Aufsichtsrat berät permanent über die Erweiterung des Gesamtflughafens und seiner Finanzen. 1968 werden bereits sieben Millionen Fluggäste und 229 896 t Fracht befördert, deren Größenordnung proportional noch stärker steigt als die Passagierzahl. Auch hier wird der Standortvorteil Frankfurts immer deutlicher.

Am 8. November 1969 betritt mit Erich Becker als neuem Vorstandsmitglied und späteren Vorstandsvorsitzenden der Vollender des Ausbaus von Rhein-Main die Szene. Auf der größten Baustelle Europas wird die Gangart noch einmal verschärft. Im Oktober 1970 kann die Flugzeughalle V als größte der Welt vorgestellt werden. Sie dient auf der Lufthansa-Basis der Wartung von Großraumflugzeugen. Die erste Boeing 747 der Lufthansa ist bereits ein paar Wochen vorher in Frankfurt gelandet.

Im Jahr 1971 nimmt der erste Rechner des faszinierenden elektronischen Datenverarbeitungssystems mit seinem hohen betriebswirtschaftlichen Spar-Effekt die Arbeit auf, die neue Airport-Klinik öffnet ihre Pforten. Über zehn Millionen Fluggäste und mehr als 350 000 Tonnen Fracht sind die äußere Jahresbilanz.

Am 14. März 1972 kann Rhein-Main seinen großen Festtag feiern: Bundespräsident Heinemann eröffnet das neue Fluggast-Terminal. Nach dem Prinzip »alles unter einem Dach« wird hier einer der einzigartigen Vorzüge Frankfurts unter den Großflughäfen der Welt manifest. Schnellste und präzise Abfertigung der Fluggäste, garantiertes Umsteigen in 45 Minuten. Eine riesige unterirdische, vollautomatisch elektronische, von 12 500 Elektromotoren angetrieben gesteuerte Gepäckbeförderungsanlage, einmalig bis dahin in der Welt, mit über 40 Kilometern Länge, 264 Abfertigungsschaltern und 52 Entladestellen ist die technische Pulsader. Der elektronische Großrechner als Gehirn des Flughafens lenkt den Einsatz der Arbeitskräfte und Arbeitsabläufe. Frankfurt ist jetzt Weltspitze.

Während im folgenden Jahr 1973 der Neubau des 1100-Betten-Hotels »Sheraton« emporwächst, das bald schon erweitert werden muß, beginnt mit dem Planfeststellungsverfahren für die Startbahn West ein über 10jähriger Kampf durch alle nur erdenklichen Instanzen, mit schweren Gewalttätigkeiten einer zum Teil fanatisierten Gegnerschaft, die schließlich das Leben zweier Polizeibeamter fordern werden.

Die bereits seit 1964 durchgeführte Fluglärmüberwachung führt ab Ende 1974 zu der ersten Vergabe von Prämien an leisere Flugzeuge und zu gestaffelten Landegebühren unter Umweltgesichtspunkten. 1976 überflügelt Frankfurt im Luftfrachtverkehr erstmals London-Heathrow und nimmt die erste Stelle in Europa und einen der vordersten Plätze in der

Leben unter dem Flughafen: Wie eine Riesenschlange winden sich die 40 Kilometer langen Förderbänder der Gepäckbeförderungsanlage.

Welt ein. 1977 übersteigt die Zahl der Beschäftigten auf dem Flughafen insgesamt 30000. Erstmals wird der zweijährige Versuch eines Pendelzuges zwischen Rhein-Main und Mannheim gestartet.

Die Lufthansa greift diese Idee 1982 mit dem »Airport Express« für ihre Passagiere auf, der viermal täglich auf der Strecke Frankfurt – Düsseldorf verkehrt. Seit Sommer 1990 gibt es auch zweimal täglich einen Lufthansa-Airport-Express von Fankfurt nach Stuttgart. Auf der anderen Seite verzeichnet die Besucherterrasse in diesem Jahr erstmals mehr als eine Million interessierte Besucher. Ähnlich liegen die Zahlen für die Flughafen-Galerie, die mit immer neuen Ausstellungen lockt.

Mit dem Jahresüberschuß von 61,6 Millionen Mark werden 1978 die Verluste aus dem Terminalbau jetzt vollständig getilgt, zwei Jahre früher als versprochen.

Im Sommer 1979 wird die erste Intercity-Zugverbindung der Linie Köln – München über Rhein-Main geführt, ein Jahr später wird die S-Bahn-Verbindung eröffnet, die den Flug hafen jetzt direkt mit der Frankfurter Innenstadt verbindet. 1981 beginnen die Rodungs- und Bauarbeiten für die Startbahn West. Als Ausgleich für die Waldrodungen führt die FAG in der Umgebung entsprechende Aufforstungen, über den gesetzlichen Rahmen hinaus, durch. Nach Verlängerung und Verschiebung des Parallelbahnsystems nach Westen erstellt die Aufsichtsbehörde Ende 1982 die erste Genehmigung für den Allwetterflugbetrieb nach CAT III a/b. Das bedeutet, daß Flugzeuge bei 125 Meter Landebahnsicht und einer Wolkenuntergrenze von 30 Metern landen können.

Eine weitere Umfrage bei »Vielfliegern« durch eine englische Fachzeitschrift kommt zu dem Ergebnis: »Der am besten geführte Flughafen der Welt ist Rhein-Main.« Die S-Bahn Strecke wird über Mainz nach Wiesbaden verlängert. Im August beginnt die Auszahlung von 15 Millionen DM aus dem Schallschutzfensterprogramm an den Flughafen benachbarter Hausbesitzer.

Am 12. April 1984 kann schließlich das erste Flugzeug, ein Airbus der Lufthansa, auf der fertiggestellten Startbahn 18 West in Richtung Paris starten. Seit dem ersten Bauantrag der FAG sind fast 19 Jahre vergangen! Über der Tiefgarage wird ein weiteres Parkhaus mit 5400 Abstellplätzen fertiggestellt. Schon 1985 wird die Passagierzahl von 20 Millionen

Steht am Ende eines Fluges: „Follow Me"-Wagen und der Posten, der den Piloten auf die richtige Parkposition einweist.

Monströses Bauwerk mit der Grundfläche mehrerer Fußballfelder: Wartungshalle der Lufthansa auf Rhein-Main.

überschritten, 1988 werden es bereits über 25 Millionen sein.

Der Anschluß an das Intercity-Netz in großem Stil bringt ab dem Sommer 1985 nun täglich 15 solcher Züge auf der Linie DortmundMünchen in jeder Richtung nach Rhein-Main. Für das imposante Frankfurt Airport Center als elegantes neues Büro- und Kommunikationszentrum für internationale Unternehmen wird im Herbst der Grundstein gelegt (Fertigstellung 1988). Zwei Attentate überschatten die Erfolgsbilanzen: In der Abflughalle B legen Unbekannte eine Bombe, die drei Menschen tötet und 52 verletzt. Auf der US-Air Base verlieren ebenfalls durch ein Bombenattentat zwei Menschen das Leben.

Als im September 1988 der langjährige Vorstandsvorsitzende Erich Becker in den Ruhestand verabschiedet wird, kann er die Unternehmensziele der FAG im wesentlichen als erreicht ansehen, die schon 1971 formuliert wurden: zu den bestgeführten Großflughäfen der Welt zu gehören, das Bruttosozialprodukt im erweiterten Einzugsbereich des Flughafens überdurchschnittlich zu stärken (auf jeden Arbeitsplatz auf Rhein-Main selbst kommen noch zwei weitere direkt davon abhängige im Umland), ein vorbildlicher Arbeitgeber zu sein, sowie wirtschaftlich zu arbeiten und den Umweltschutz zu fördern.

Heute ist der Flughafen Frankfurt mit weit über 50 000 Beschäftigten die größte Arbeitsstätte in Hessen. 95 Fluggesellschaften fliegen im Passagier-Linienverkehr mit 3023 Verbindungen pro Woche 220 Ziele in 99 Ländern an, 80 Charter-Gesellschaften stehen den Ferntouristen außerdem zur Verfügung, 103 Flugzeug-Abstellpositionen (davon 39 am Terminal mit Teleskopbrücken) sorgen für eine reibungslose Abfertigung der Maschinen.

Über 4000 Mitarbeiter sind allein in diesem Bereich tätig, sorgen für das »Fortkommen« der Passagiere, betreuen das Gepäck, be- und entladen die Maschinen. Außer ihren Anlagen und Einrichtungen hält die FAG eine Vielzahl von Dienstleistungen bereit. Dazu gehören auch komplette Fluggastdienste und die Frachtabfertigung für Linien- und Charterflüge.

Darüber hinaus sorgt die FAG durch Konzessionäre für weitgehende Dienstleistungen. Dazu gehört auch das umfassende Service-Angebot für Flugreisende, Besucher und Mitarbeiter in 116 Verkaufsständen und Läden (darunter ein

Herzstück von Verwaltung, Shops, Meeting-Räumen und Hotels: Das Airport Center.

Bei aller Hektik und Betriebsamkeit: Fliegen hat auch heute noch seine romantischen Momente, wie hier kurz nach dem Start auf Rhein-Main.

großer Supermarkt) in fast 40 Gaststätten von der Cafeteria und Kegelbahn bis hin zum Luxus-Restaurant. Die bundesweit geschätzte Discothek »Dorian Gray« lädt zu Tanz und Unterhaltung ein.

Das gesamte Flughafengelände von 17 Quadratkilometern (dazu gehört auch das Frachtzentrum mit 110 Hektar und einer Frachtkapazität von 1,5 Millionen Tonnen pro Jahr) ist mit allen Gebäuden im alleinigen Besitz der FAG. Sie ist mit einer Bilanzsumme von 2,6 Milliarden DM 1989 die einzige Aktiengesellschaft unter den Flughafen-Betriebsgesellschaften der Bundesrepublik. Zu den Aufgaben der FAG gehört auch die Planung und Unterhaltung des Start- und Landesystems mit den dazugehörenden Rollbahnen und der Vorfeldflächen und die Überwachung und Lenkung des gesamten Rollbahn-Verkehrs.

Ein Flughafen wird niemals fertig, weil immer neue Erfordernisse immer neue Baustellen produzieren. Mit Zustimmung der Aufsichtsgremien hat der »Ausbau 2000« ein über sieben Milliarden teures Projekt schon begonnen: mit der Grundsteinlegung und dem Baubeginn des neuen »Terminals Ost« als dem »dicksten Brocken« dieses gesamten Ausbauplans. Etwa zehn bis zwölf Millionen weitere Fluggäste sollen hier ab Ende 1994 ihre Reise antreten, oder beenden können oder umsteigen. Durch eine Magnetbahn, die innerhalb von drei Minuten den am weitesten entfernten Flugsteig A des bisherigen Terminals mit dem neuen Terminal Ost verbindet, und durch den Anschluß an das bewährte Gepäckbeförderungssystem bleibt auch künftig die einmalige Frankfurter Umsteigegarantie innerhalb 45 Minuten gesichert.

Das neue Terminal ist mit eigenen Zubringerstraßen unter Umgehung des überlasteten Frankfurter Kreuzes an das Autobahnnetz angeschlossen. Durch die Magnetbahn sind auch die Nahverkehrsträger S-Bahn und die Intercity-Linien, für die bereits ein eigener Bahnhof ins Auge gefaßt ist, mit dem Terminal Ost verbunden. 4000 neue Tiefgaragenplätze werden direkt im Vorfeld des neuen Terminals bereitstehen. Von einer 24 m hohen Glasfront aus wird der Fluggast mit dem Blick auf acht Großflugzeug-Anlegeplätze und auf das Vorfeld schon beim Eintreten auch emotional auf das Erlebnis Fliegen eingestimmt. Diese emotionale Komponente wird künftig stärker als bisher das rein Funktionale des Flughafens Rhein-Main ergänzen. Die acht Fluggastbrücken zum Andocken von Fernstrecken-Großraumflügen sind bereits für die dem Jumbo folgende nächste Generation von noch größeren Maschinen ausgelegt. Doch die Zukunft hat jetzt schon begonnen. Seit dem Sommer 1990 verbindet eine große Rolltreppe die Tiefebene »Unterm Flughafen« ohne Umsteigen direkt mit der Abflughalle B. 1992 wird die Gepäckausgabe in der Halle A erweitert und durch neue Check-in-Schalter ergänzt. In der Halle B der Gate-Bereich nochmals vergrößert. Der Wegfall vieler Paß- und Zollformalitäten nach der Öffnung des Europäischen Binnenmarktes ab 1992 wird viele Betriebsabläufe im bestehenden Terminal grundlegend verändern.

Blick ins Innere des Airport Centers: Viel Glas und edle Steinböden vermitteln den richtigen Touch von High-Tech.

Für das Jahr 2000 und die nachfolgende Zeit steht als Option die Verlängerung des Flugsteiges C mit der Direktverbindung zwischen Terminal Ost und Terminal Mitte, sowie eine Verlängerung des Flugsteiges A und eine Erweiterung der Halle A an. Bereits 1989 ist der Kontrollturm im Süden des Flugfeldes in Betrieb gegangen, bis 1995 sollen neue Überholflächen und Schnellabrollbahnen die Abwicklung des Verkehrs beschleunigen. Das Frachtzentrum im Westen von Rhein-Main rüstet sich bereits auf neue Erweiterungsmaßnahmen, um die Bedeutung Frankfurts als drittgrößtem Frachtflughafen der Welt auch künftig zu sichern.

»Wir haben eine erschreckend positive Entwicklung zu erwarten«, hat ohne Resignation, aber mit der rationalen

Skepsis gegenüber einem Wachstum um jeden Preis, Vorstandsvorsitzender Dr. Stauber auf einer Pressekonferenz gesagt.

Darin schwingt die Erkenntnis mit, daß der Zeitpunkt erreicht ist, dem qualitativen Wachstum vor dem quantitativen den Vorzug zu geben. Frankfurt wird sich in Zukunft darauf konzentrieren müssen, dem internationalen und den interkontinentalen Luftverkehr Vorrang einzuräumen und den Flugverkehr bis 500 Kilometer Entfernung durch attraktive Angebote auf die Schiene zu verlagern. Im Sinne des Umweltgedankens wird Rhein-Main auch in Zukunft die lärmreduzierten Flugzeuge, die zugleich auch schadstoffärmer sind, weil sie weniger Treibstoff verbrauchen, durch eine gezielte Gebührenpolitik weiter fördern. Der Verkehr mit den kleinen Privatmaschinen, die »General Aviation«, jetzt schon an den Südrand des Rollfeldes verlagert, und der Zubringerverkehr mit kleinen Turboprop-Flugzeugen wird früher oder später eine neue Heimat in der nächsten Umgebung finden müssen.

Denn Rhein-Main wird auf Dauer noch stärker als bisher seine Knoten-Funktion wahrnehmen müssen, die nicht, wie bisweilen gefordert, durch planwirtschaftliche Umleitungen auf andere Flughäfen erreicht werden kann, wo die wirtschaftlichen Gegebenheiten eines »hub«, eines Angelpunkts, einfach nicht vorhanden sind oder große Zeitverluste eintreten. Es wird in einer freien Gesellschaft immer die freie Entscheidung des einzelnen Reisenden bleiben, welche Verkehrsmittel er wählt, und wie er seine Flugrouten plant. Ob er beispielsweise bei seinem Weg in die amerikanische Provinz von seinem nächstgelegenen Flughafen direkt nach New York oder Chicago fliegt, um dort bei der Zwischenstation komplizierte Umsteigemanöver und Einreiseformalitäten über sich ergehen zu lassen, oder ob er lieber nach Frankfurt kommt, um hier bequem umzusteigen: denn von Frankfurt aus sind derzeit allein 40 Städte in den USA direkt erreichbar. Der erste »Amtliche Führer« für den Flughafen Rhein-Main aus dem Jahr 1937 hat dies alles bescheidener vorweggenommen. In der Einleitung heißt es: »Dieser Flughafen wäre trotz aller menschlicher Energie und aller geldlichen Opfer nicht zustande gekommen, wenn er nicht aus natürlichen Gründen an diesen Platz und an keinen anderen gehörte.« So ist es, und so wird es bleiben.

Planungen für die Zukunft: So wird der Bereich für die Charter-Flieger aussehen – das alte Abfertigungsgebäude fiel den Ausbauplänen zum Opfer.

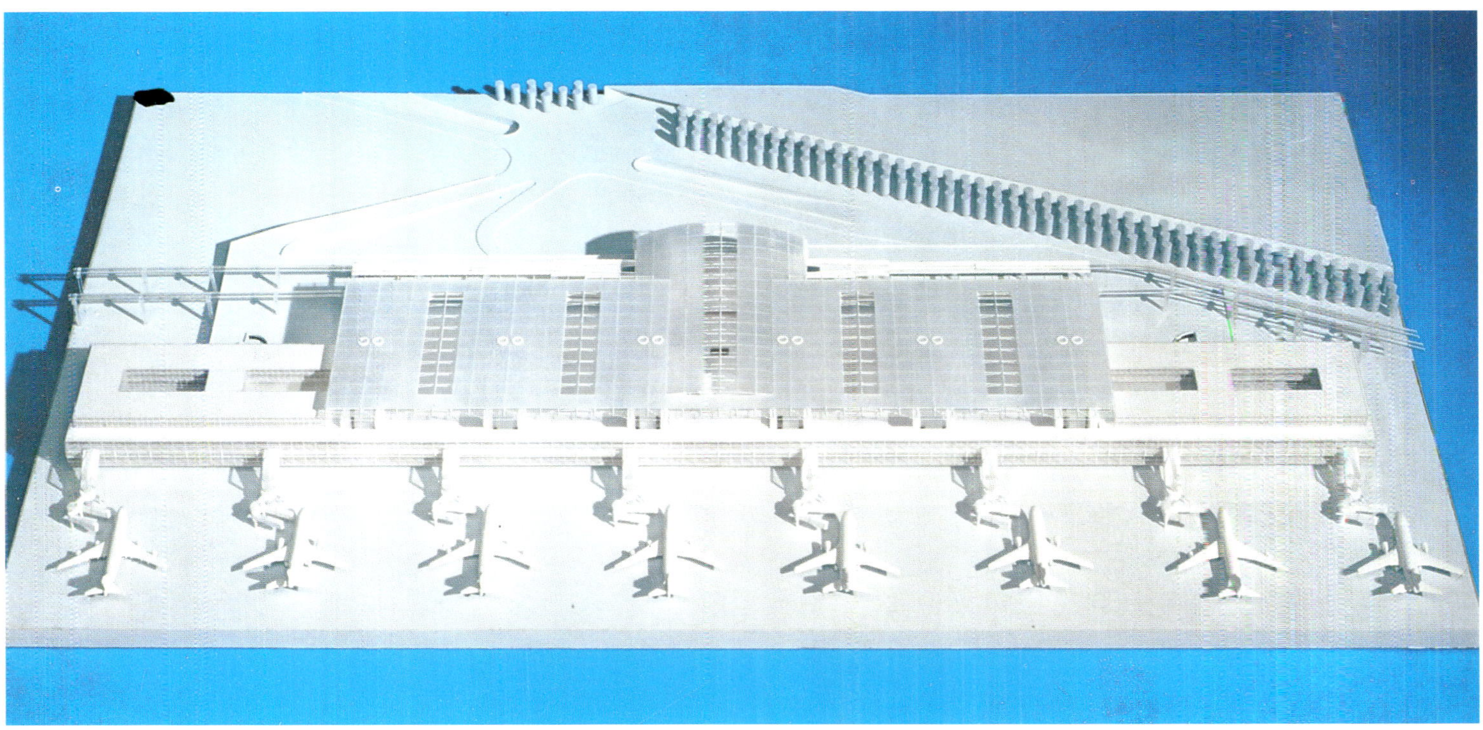

MANFRED MOMBERGER

Manfred Momberger wurde am 13. Juni 1941 in Trier geboren. Sein Abitur machte er 1962 an der Lahntalschule im hessischen Biedenkopf.
Danach studiert Momberger von 1962 bis 1966 an der Universität Mainz (Auslands- und Dolmetscherinstitut in Germersheim) Auslandswissenschaften und macht seinen Abschluß als Diplom-Übersetzer. Seine Diplomarbeit befaßt sich im Fach Verkehrsgeografie mit der wirtschaftlichen Bedeutung der Binnenwasserstraßen Englands.
1966 wird Momberger Sachbearbeiter „Technische Dokumentation und wissenschaftliche Information" bei der Dornier GmbH in Friedrichshafen. Zwei Jahre Später wechselt er als Redakteur der „Interavia Luft-Post" nach Genf, wo er im Interavia-Verlag 1970 Leiter der Abteilung Interavia Data wird.
Seit 1973 arbeitet Momberger als freier Luftfahrt-Journalist und gibt die „airport forum news" heraus. Seit 1988 ist er Chefredakteur des „airport forums", einer Fachzeitschrift für Flughafenplanung, -bau und -betrieb, die bei den Vereinigten Motor Verlagen in Stuttgart verlegt wird.

Dallas/Fort Worth

Fast 15 Jahre lang galt Dallas/Fort Worth International (DFW) als der letzte große Flughafen-Neubau in Nordamerika – bis Denver im vergangenen Jahr den Texanern mit einem Drei-Milliarden-Dollar-Projekt die Schau stahl. Der Ende 1973 eingeweihte Flughafen DFW wurde genau in der Mitte zwischen den etwa 50 Kilometer auseinander liegenden Städten Dallas und Fort Worth in flaches Land gebaut, riesengroß, denn Gelände war in Hülle und Fülle vorhanden.

Die Gesamtfläche von 7000 Hektar oder 70 km^2 läßt sich eher vorstellen, wenn man sich die Ausmaße vor Augen hält: 14,5 Kilometer in Nord-Süd-Richtung und 13 Kilometer in Ost-West-Richtung. Greifbarer mag allerdings ein Vergleich sein: DFW hat die Größe von Manhattan.

Der Flughafen, mittlerweile zum zweitgrößten der Welt im Passagierverkehr – nach Chicago-O'Hare – avanciert, ist linear angelegt. Eine schnurgerade Erschließungsstraße führt mitten hindurch, und an ihr sind die Abfertigungsgebäude (Terminals) wie Perlen an einer Schnur aufgereiht. Erstmals wurde ganz konsequent das »Drive-in«-Prinzip auf einem Großflughafen verwirklicht – mit 180 km Autobahn allein auf dem Flughafengelände.

Passagiere auf DFW müssen jedoch unerläßlich wissen, von welchem der vier identischen halbkreisförmigen Terminals sie abfliegen, daß heißt, mit welcher Airline, denn die großen Gesellschaften haben einzelne Terminals für ihre ausschließliche Nutzung langfristig gemietet. Vor jedem dieser Terminals befinden sich riesige Parkplätze, so daß der Fußweg vom Auto zum Flugzeug ganz kurz ausfällt.

Zu Fuß ist ein Terminalwechsel wegen der großen Entfernungen allerdings fast unmöglich, doch stehen Pendelbusse und automatisch betriebene Airtrans-Züge zur Verfügung. Letztere fahren unterirdisch entgegen dem Uhrzeigersinn im Siebenminuten-Takt das Areal ab – mit 27 km/h, wegen der Unfallgefahr bei höheren Geschwindigkeiten. Eilig sollte man es also nicht auf DFW haben. Wichtig für die Benutzer: die Terminalbezeichnungen von 0 bis 6 (es sind noch nicht alle der geplanten 13 gebaut) enden stets mit W (West) oder E (East).

Größter Benutzer von DFW mit einem Marktanteil von 64 Prozent war 1989 American Airlines, die das ganze Terminal 3 E und den südlichen Teil von Terminal 2 E belegt hat. Im letzteren Bereich kommen Besucher aus Deutschland an, die den täglichen AA-Nonstopflug ab Frankfurt gebucht haben. Zweitwichtigster Benutzer von DFW ist Delta mit einem Marktanteil von knapp 29 Prozent mit Abfertigung im Terminal 4 E. Die Lufthansa-Flüge nach DFW enden bei American Airlines im Terminal 2 E.

Die hohen Marktanteile von American und Delta lassen vermuten, daß die übrigen Gesellschaften kaum ins Gewicht fallen. Continental ist mit 1,3 Prozent die drittgrößte Airline, und alle anderen haben noch weniger Anteil am Passagierverkehr dort. Neben den übrigen nationalen Fluggesellschaften spielen in DFW noch die Commuter-Gesellschaften eine wichtige Rolle, denn sie binden Regionalzentren an die Drehscheibe an. Die wichtigste dieser kleinen Gesellschaften ist American Eagle – mit American Airlines freundschaftlich verbunden. Sie bietet Verbindungen zu rund 40 Orten von einem Nachbarterminal der American (2E), das mit 3E durch Rollsteige verbunden ist.

Flüge zu Zielen in Texas, immerhin fast doppelt so groß wie das vereinte Deutschland, werden hauptsächlich vom stadtnahen Love Field-Flughafen angeboten. Die wichtigste Regionalgesellschaft, Southwest Airlines, setzt nur Jets ein und hat mehr als 800 Abflüge pro Woche. Ein Großteil der für die Doppelstädte Dallas und Fort Worth bestimmten Fracht oder die Produkte dieser Region werden künftig wohl auf dem dritten Flughafen im Dunstkreis von DFW abgefertigt: Alliance Airport. Dort entwickelt die private Gesellschaft Perot Group ein Megaprojekt (Frachtflughafen, Wartungszentrum der American Airlines, Handelszentrum, Gewerbegebiet und Freizeiteinrichtungen). In Texas ist eben vieles möglich.

Der Riesenflughafen DFW hat einen Nachteil: Er ist nicht mehr kundengerecht. Als er 1973 eingeweiht wurde, war er für die Abfertigung des Quell- und Zielverkehrs der Region

Flughafenausbau auf amerikanisch: Dallas/Fort Worth wird zu den sechs vorhandenen noch zwei weitere Pisten (gelb) und lineare Abfertigungsgebäude (rot) hinzufügen.

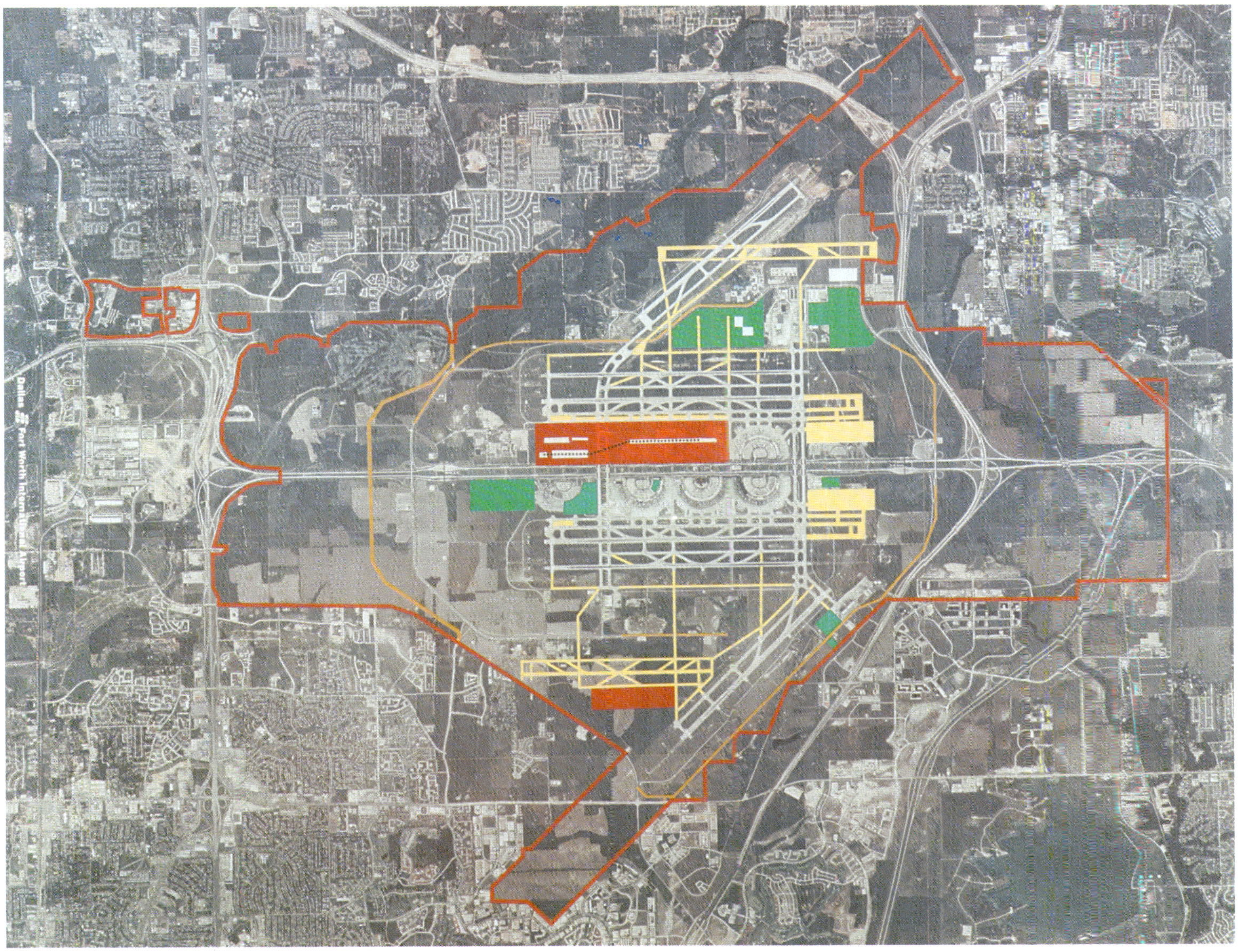

ausgelegt. Ankommende und abfliegende Passagiere sollten US-Luftverkehrs ab 1968 entwickelten die großen Fluggesellschaften immer deutlicher eine neue Verkehrsstruktur – das »Hub & Spoke System«. Und statt ausschließlich Großraumgerät auf Hauptstrecken, setzten die Fluggesellschaften immer häufiger Mittel- und Kurzstreckenflugzeuge für Zu- und Abbringerdienste ein, denn jede Gesellschaft baute sich ein oder mehrere Drehkreuze auf, wo Passagiere umsteigen konnten. Mit einmal Umsteigen irgendwo in der Mitte des Kontinents konnten praktisch alle Ziele mit der gleichen Gesellschaft erreicht werden.

Allerdings erfordert diese Art des Umsteigeverkehrs sehr viel Fläche auf dem Vorfeld und im Terminal, denn mehrmals am Tage treffen Flieger aus allen Richtungen fast gleichzeitig im »Hub« (Nabe) ein und werden auf die »Spokes« (Speichen) verteilt – und umgekehrt: Flugreisende aus der »Provinz« fliegen vom »Hub« in ein anderes Zentrum weiter. Für die Abwicklung dieser Art von Verkehr sind lange Gebäudefronten mit kurzen Wegen zwischen den Gebäuden – etwa wie in Atlanta verwirklicht – ideal.

Um im 21. Jahrhundert noch unter den Größten zu sein, plant DFW eine radikale Abkehr vom linearen Prinzip und den Bau von zwei langgestreckten Terminals. Das Ganze wird etwa vier Milliarden Dollar kosten. Zwei weitere Pisten werden ebenfalls benötigt, obwohl der Flughafen schon sechs aufweist. Doch speziell für den immer wichtiger werdenden Commuter- oder Zubringer-Verkehr sollten zwei neue Pisten zur Verfügung stehen. Allerdings: Sogar in Texas regt sich Unmut unter den Anrainern. Die Stadt Grapevine sieht ihr neues Bürgerzentrum – nur einen Kilometer von einer der geplanten Pisten entfernt – von einem Lärmteppich zugedeckt und protestiert heftig dagegen.

Der Ausbau von DFW wird trotz allem weitergehen, denn der Verkehr und die Verspätungen nehmen beängstigend zu. Zudem ist DFW ein nicht zu unterschätzender Magnet für die Region, denn er erzeugt pro Minute einen wirtschaftlichen Wert von 10 000 Dollar. Ziel des Generalausbauplans sind die Abfertigung von 104 Millionen Passagieren pro Jahr und von 12 000 Autos pro Tag. Ursprünglich war als Endziel einmal die Zahl von 75 Millionen Passagieren pro Jahr eingeplant worden, doch 1989 wurden bereits 47,6 Millionen Reisende gezählt. Bis zum Jahr 2000 wird allgemein mit einer Verdoppelung des Luftverkehrs gerechnet.

New Yorks Flughäfen

Ganz sicher fliegen nur noch wenige Reisende ausgesprochen gern nach New York. Die meisten meiden – nach leidvoller Erfahrung bei früheren Reisen – die Stadt wegen ihres wichtigsten Flughafens wegen. Allen Abneigungen zum Trotz läßt sich New York nicht ganz vermeiden, denn nicht einmal die Leute in Washington können das. Nur: sie fahren mit dem Zug nach New York (wegen der horrenden Parkgebühren am Hudson), oder sie wählen einen der zahlreichen Shuttle-Flüge. Und sie müssen sich nicht den Einreiseformalitäten unterziehen.

Dieses Hauptärgernis bei der Einreise ins »freieste Land der Welt« wird uns noch eine Weile erhalten bleiben, obwohl Deutsche eigentlich ohne Visum einreisen können.

Aber das Visum ist ja nicht das Problem sondern das »Reingelassenwerden«. Noch immer vermuten nämlich die Amerikaner bei jedem Besucher einen illegalen Einwanderer.

Wenn bei der Einreise Wartezeiten auftreten, liegt das nicht zuletzt an den amerikanischen Einreisebestimmungen. Auch heute noch wird jeder Neuankömmling über das Warum und Wohin ausgefragt. Das kann bis zur Schikane gehen, wenn man den Offiziellen nicht den nötigen Respekt zollt, oder auch nur unbedacht die gelbe Linie vor den Schaltern überschreitet, ohne an der Reihe zu sein. Ganz schlechte Karten hat, wer Obst, Gemüse, Zierpflanzen oder gar Frischfleisch mitführt.

Die europäische Praxis mit wortloser Paßkontrolle ist in den USA unbekannt. Fast immer versucht der Mann oder die Frau am Schalter, den Besucher in ein Gespräch zu verwickeln. Rote und grüne Kanäle beim Zoll wurden erst auf wenigen Flughäfen eingeführt. In den USA gilt das »One-Stop-System« bei der Einreise – also die Befragung durch nur einen Beamten, der für mehrere Behörden tätig wird – schon als großer Fortschritt. Der fragende Beamte untersteht mit großer Wahrscheinlichkeit dem Landwirtschaftsministerium und ist vor allem darauf bedacht, die USA vor Seuchen (und Drogen) jeder Art zu bewahren. Für Einreisende interessieren sich also nicht nur die Paß- und Zollbehörden.

Doch die Schwierigkeiten bei der Einreise halten nur wenige wirklich davon ab, nach New York zu reisen. So kamen 1987 nicht weniger als 17,8 Millionen Besucher zum »Big Apple«, wie New York sich werbewirksam nennt. Davon waren 3,1 Millonen Ausländer, unter denen die Deutschen nach den Japanern und Briten Platz drei belegten. New York ist also »in«, was den drei großen Flughäfen – John F. Kennedy International, Newark International und LaGuardia – insgesamt 77,9 Millionen Passagiere bescherte, darunter 19,1 Millionen Ausländer. Kein Wunder also, wenn die Flughafenbusse und Ausfallstraßen, welche die

Ganz in der Nähe des La Guardia-Flughafens liegt der Austragungsort der US Open im Tennis.

Stadt mit ihren Flughäfen verbinden, stets überfüllt sind. Besonders lästig ist das Schlangestehen am Flughafen JFK, wo trotz zahlreicher Verbesserungen die Flüge aus Europa immer noch gebündelt am späten Nachmittag einfallen. Da die Ankunftszeit mit der beginnenden Abend-Rushhour zusammenfällt, kann die Fahrt nach Manhattan oder zu den Hotels in anderen Teilen der Stadt schon einmal fast genauso lange dauern, wie die reine Flugzeit über den großen Teich.

Dem Zwang, der zum Stau führt, kann der Reisende nur auf zweierlei Art entgehen: er kann Concorde fliegen, etwa um 10.30 Uhr ab London-Heathrow, und ist dann schon um 8.30 Uhr Ortszeit in New York; oder er kann, wenn er partout einen Mittagflug ab Europa buchen will oder muß, am Ziel den Transfer in die Stadt mit einem Hubschrauberflug verkürzen. Eine Reihe von Fluggesellschaften bieten ihren Passagieren der gehobenen Klassen diese Möglichkeit, in nur wenigen Minuten über Staus und Friedhöfe hinweg den Heliport in der 34th Street mitten in Manhattan zu erreichen. Da es fast immer drei Möglichkeiten für jedes Problem gibt, kann der Reisende auch erst einmal am Flug-

Ausgangspunkt vieler inneramerikanischer Flüge: Der nach einem früheren New Yorker Bürgermeister benannte La Guardia-Flughafen.

hafen in einem der halben Dutzend Hotels übernachten und das Transfer-Problem am nächsten Tag in Ruhe angehen.

Vielflieger wissen, warum sie den Kennedy Airport meiden: mit neun Terminals, davon fünf mit Zollabfertigung, dem verwirrenden Busverkehr zwischen all diesen wiederum in verschiedene Abschnitte (Wings) gegliederten Gebäuden, den erwähnten Verkehrsproblemen bei der Reise in die Innenstadt, garantierten Schlangen vor den Schaltern und einer weitverbreiteten Kriminalität kann New York als Einfallstor eigentlich nur noch solchen Reisenden empfohlen werden, welche die Stadt selbst oder den touristisch interessanten Staat New York zum Ziel haben, oder die mit der gleichen Gesellschaft vom gleichen Terminal aus weiterfliegen können. Für New York spricht eindeutig die Fülle der Anschlußmöglichkeiten: nicht weniger als 13 000 Inlandflüge und 2000 Flüge ins Ausland verlassen die drei Flughäfen der Stadt jede Woche.

Natürlich soll auch in JFK alles besser werden, wie die Hafenbehörde von New York und New Jersey, der die Flughäfen unterstehen, immer wieder beteuert. Zumindest bei den Airline-Terminals sind auch Ansätze zu spüren. Pan American hat ihren Worlport umgebaut, das Internationale Terminal, in dem auch die Lufthansa ihre Flüge abfertigt, wird stark erweitert. Delta zog auf LaGuardia in ein neues Anfertigungsgebäude, SAS ging zu Continental nach Newark, und British Airways hat bereuts die LTU als Gast aufgenommen.

Das leidige Problem des Bodenverkehrs zwischen den Abfertigungsgebäuden soll durch ein schienengebundenes Transportsystem, einen automatisch fahrenden »People Mover«, gelöst werden, das Teil des Gesamtprogramms »JFK 2000« für Verbesserungen auf John F. Kennedy International ist. Weitere Elemente wären eine Verbesserung des »JFK Express«-Busdienstes, der die U-Bahnstation mit den Terminals verbindet, ein automatisiertes System für die Gepäckannahme und -ausgabe, eine bessere Straßenanbindung des Flughafenkomplexes, der zur Zeit nur über einen einzigen Autobahn-Zubringer zu erreichen ist, ein zentrales Dienstleistungs-Zentrum, mehr Grün, mehr Sauberkeit, mehr Sicherheit. Es handelt sich um ein auf lange Sicht angelegtes Programm, das weit über zwei Milliarden Dollar Kosten wird und in naher Zukunft durch Bautätigkeit nicht eben zur Verbesserung der Situation auf JFK beiträgt. Allerdings sprudeln die Gelder nicht so reichlich, wie ursprünglich angenommen, und der Ausbau wurde teilweise »zurückgestellt«.

Dafür entwickelt sich Newark International – in Jersey, jenseits des Hudson River gelegen – recht vielversprechend. Neben SAS fliegt jetzt auch die Lufthansa regelmäßig diesen Großflughafen an, auf den 1989 immerhin fast 21 Millionen Passagiere abgefertigt wurden. Noch mehr, nämlich 23 Millionen, waren es auf dem Inlandflughafen LaGuardia, der nach einem früheren Bürgermeister der Stadt New York benannt ist.

La Guardia ist New Yorks Inlandflughafen, wo Eastern Airlines vor ihrer Krise neue Abfertigungsanlagen geplant hatte.

Moderne Zweckarchitektur: Blick in eine der Abfertigungshallen von Newark.

Während am Kennedy Airport die Marktanteile noch ungleichmäßig verteilt sind – Pan Am 32,3 Prozent, TWA 31,2 Prozent, American 21,8 Prozent und dann als viertgrößte Gesellschaft United mit nur 5,1 Prozent – bietet LaGuardia ein einheitlicheres Bild: Delta 15,2 Prozent, American 13,5 Prozent, Pan Am 12,0 Prozent, USAir 11,0 Prozent, Eastern 10,1 Prozent und United 6,9 Prozent. Ganz marktbeherrschend gibt sich Continental in Newark, wo die Gesellschaft 49,3 Prozent aller Passagiere im Jahre 1989 befördert hat. Weit abgeschlagen folgen United (10,9%) und American (10,2%) als Nr. 2 und 3. Vor einigen Jahren war People-Express dort noch ein Renner.

Chicago

Aufgrund seiner günstigen Lage in der Mitte Nordamerikas wurde O'Hare zum Umsteigepunkt par excellence in den Flugnetzen zweier Gesellschaften: United (Anteil am Gesamtverkehr 48,0 Prozent) und American (Anteil 34,4 Prozent). Zusammen bieten sie täglich über 600 Flüge zu fast allen erdenklichen Zielen in den USA und in Kanada an.

Kein Wunder also, daß Chicago den verkehrsreichsten Flughafen der Welt bekam. Dort wurden 1989 nicht weniger als 59,2 Millionen Passagiere gezählt, und der zweite Flughafen Chicagos, Midway, hat ebenfalls stark zugelegt. Seit 1986 hat sich dort der Verkehr auf über acht Millionen Passagiere im Jahr verdoppelt. Er liegt nur zehn Meilen vom Zentrum entfernt, O'Hare 20 Meilen

Über den Bau eines dritten Großflughafens – etwa bei Lake Calumet – wird zur Zeit auf der politischen Bühne heftig gerangelt. Bezahlen sollen ihn übrigens die heutigen Benutzer von O'Hare und Midway – über einen Zuschlag von US Dollar 2,25 auf den Ticketpreis. Der Vollständigkeit halber sei auch noch Meigs Field erwähnt, ein Platz der Allgemeinen Luftfahrt unmittelbar beim Adler-Planetarium.

Die Schattenseite des Verkehrsrekords: Chicago-O'Hare hat von allen amerikanischen Flughäfen die meisten Verspätungen und die größten Slot-Probleme. Um Abflug- und Landezeiten wird regelrecht gefeilscht, denn es dürfen aus Flugsicherungsgründen pro Stunde nur 165 Flugzeugbewegungen stattfinden. Darin sind 20 für Zubringer-Gesellschaften und zehn für Flugzeuge der Allgemeinen Luftfahrt festgeschrieben. Kein Wunder also, daß die beiden »Marktführer« unter den mehr als 50 Airlines in O'Hare versuchen, sich gegenseitig auszutricksen.

Man ist es von den großen Flughäfen der Welt gewöhnt: sie sind alle ewige Baustellen. O'Hare stellt da keine Ausnahme dar, denn wer mit Lufthansa anreist, betritt nicht im Internationalen Terminal den US-Boden, sondern wird provisorisch im Delta-Terminal (Terminal 4 oder Concourse L) abgefertigt.

Das Auslands-Terminal wurde wegen Umarbeiten in das Erdgeschoß eines Parkhauses ausgelagert. Der Bau einer ganz neuen Abfertigungsanlage für den internationalen Verkehr – Terminal 5 – soll im Oktober 1990 beginnen. Ab Frühjahr 1994 stehen dann 20 Gates für den internationalen Verkehr zur Verfügung. Bis dahin erwartet man in Chicago eine Verdoppelung des Auslandsverkehrs auf rund neun Millionen Passagiere.

Ganz anders erleben die Passagiere der United Airlines, die seit dem 16. Mai 1990 ebenfalls von Frankfurt nach Chicago fliegt, die Landung: sie kommen nach dem Transatlantikflug in einer Boeing 767 im vielgelobten »Terminal der Superlative« des deutsch-amerikanischen Architekten Helmut

Das Umsteigen in Chicago-O'Hare ist immer ein Erlebnis besonderer Art: lichtdurchflutet bei Tag …

Jahn an, einer hochmodernen Abfertigungsanlage, die 1987 in Betrieb genommen wurde. Der passagierfreundliche Neubau besteht aus zwei 450 Meter langen, parallelen Flugsteigen im Abstand von 240 Metern, die durch unterirdische Fahrsteige miteinander verbunden sind. Die Transferzeit zwischen den beiden Flugsteigen beträgt nur zweieinhalb Minuten, die dank Ton- und Lichteffekten in Sekundenschnelle vergehen. 60 Schalter beschleunigen den Passagierfluß beim Einchecken, und bei der Ankunft spuckt ein automatisches Gepäckfördersystem 480 Koffer pro Minute aus.

Mit der supermodernen Abfertigungsanlage, die oberirdisch mit Tageslicht uns unterirdisch mit »überirdischen«, im Rhythmus der Begleitmusik bewegten Neonlichtstrukturen durchflutet wird, möchte United seine Passagiere im System behalten. Das gelingt ihr bei rund 60 Prozent aller Passagiere in Chicago. Auch die Passagiere von British Airways, die mit United ein Marktabkommen abgeschlossen hat, reisen auf diese Weise ein (zweimal täglich von London).

Wer mit United weiterfliegt, muß den neuen Terminalbereich nicht verlassen, um umständlich zu einem der sieben anderen Fingerflugsteige zu gelangen. Zwar wird ein »People Mover« in diesem Jahr noch das Umsteigen beschleunigen, doch man muß die Zugänge zu dem System erst finden und Terminalsystem verstehen.

Der zweite große Nutzer von O'Hare – American Airlines – plant eine gewaltige Erweiterung der internationalen Flüge. Die größte Fluggesellschaft der Welt fliegt von Chicago rund 80 Ziele an, darunter zeitweise fünf in der Bundesrepublik: Frankfurt und München (seit 1985), Hamburg, Düsseldorf und Stuttgart.

Bezeichnend für das Selbstverständnis der amerikanischen Gesellschaft dürfte bei der Präsentation in Stuttgart die Antwort ihres Europa-Direktors auf die Frage gewesen sein: »Glauben Sie, daß genug Passagiere von Stuttgart nach Chicago fliegen wollen?« »Uns interessiert nicht, wieviele Deutsche nach Chicago fliegen wollen, solange es genügend Amerikaner gibt, die nach Stuttgart wollen.« Übrigens: der Stuttgart-Flug – und ebenso die Verbindung zwischen Hamburg und Chicago – wurde nach fünf Monaten wieder eingestellt, da die Gesellschaft die Südamerika-Strecken der Pan Am übernahm und ihre Flugzeuge dort benötigte.

Wem weder Lufthansa noch United und American als Vehikel passen, der kann zu günstigen Tarifen von Luxemburg mit der Icelandair nach Chicago fliegen. Im Flugpreis der Gesellschaft sind der Bustransfer von zahlreichen Städten (Wuppertal, Düsseldorf, Köln, Stuttgart, Heilbronn, Mannheim, Frankfurt und Saarbrücken) eingeschlossen. Ebenfalls die Bahnreise von Zürich, Basel oder Straßburg.

... und durch Laserlicht und andere optische Effekte.

Die »Windy City« am Lake Michigan macht immer wieder einmal von sich reden: mal als Gangsterstadt, mal als Architekten-Eldorado, mal als Messe- und Tagungsmetropole der Welt, oder als Kunst- und Kulturzentrum, und dann wieder nur als Verkehrsknoten. In der letzteren Rolle – und zumal im Luftverkehr – bleibt Chicago wohl noch eine Weile unschlagbar.

Manch Flugreisender mag sich schon gewundert haben, warum auf seiner Bordkarte und auf den Gepäckanhängern ORD steht, obwohl er doch nach Chicago fliegen will. Dessen internationaler Flughafen heißt ja bekanntlich O'Hare, was zwar das O erklären könnte. Aber der Rest?

Unser gedanklicher Flug nach Chicago soll daher mit etwas Geschichte beginnen, mit amerikanischer – also kurzlebiger. Seit 1955 wird in Chicago ein Verkehrsflughafen betrieben, der vorher ein Militärflugplatz mit dem Namen »Orchard Place« war und 1949 nach dem Chicagoer Pazifikkriegshelden Butch O'Hare in »O'Hare Field« umbenannt wurde. ORD weist also heute noch auf den ursprünglichen »Obstgarten« hin.

Für die Übernachtung in Chicago bieten eine Reihe von »Flughafenhotels« ihre Dienste an, von denen allerdings nur das Hilton und das Marriot in unmittelbarer Nähe des Terminals (unterirdisch zu erreichen) liegen. Wer die Innenstadt vorzieht und nicht viel Gepäck dabei hat, sollte direkt vom Terminal mit der U-Bahn (betrieben von der Chicago Transit Authority – CTA) in Richtung »Loop« fahren. Dort in »downtown Chicago« liegen die meisten Hotels, darunter direkt am Seeufer das eleganteste der Stadt, »The Drake«. Im Loop Transportation Center haben einige Airlines Schalter, wo man sich bereits seine Bordkarte für den Rück- oder Weiterflug holen kann.

Tokio

Heute ist Japan in nur elf Stunden Flugzeit nonstop zu erreichen, eine Stunde schneller als San Francisco oder Los Angeles, und viele Deutsche sind schon ins Land der aufgehenden Sonne aufgebrochen. Sie landen meist auf dem Tokioer Flughafen Narita, 70 Kilometer vom Stadtzentrum entfernt. Wenige wissen, daß sie noch eine weitere Reise vor sich haben, die bis zu drei Stunden dauern kann: die in die Innenstadt.

Narita, eröffnet im Mai 1978, dürfte ein Unikum unter den Flughäfen der Welt sein. Narita Airport wurde Anfang der 70er Jahre dringend benötigt, weil der stadtnahe Flughafen Haneda am Überlaufen war, und er wurde auch termingerecht gebaut und fertiggestellt. Doch dann stand er sieben Jahre lang betriebsbereit, aber ungenutzt zwischen den Reis- und Gemüsefeldern Naritas herum. Bauern, engagierte Studenten und Umweltschützer waren ein unheilige Allianz eingegangen und verhinderten die Eröffnung erfolgreich. Die Regierung vermied jede öffentliche Machtprobe mit der militanten Anti-Flughafen-Allianz und zahlte lieber Bewachungskosten und den Erhaltungsaufwand der nichtgenutzten Anlagen.

Als Narita endlich 1978 in Betrieb ging, brandete eine nicht gekannte Verkehrswelle über die ländliche Gegend: in den ersten zehn Jahren wurden bereits mehr als 100 Millionen Flugreisende in Narita gezählt. Im vergangenen Jahr betrug die Zahl 19,5 Millionen oder, rein rechnerisch, über 50 000 pro Kalendertag, die durch für 13 Millionen Reisende pro Jahr ausgelegte Abfertigungsanlagen geschleust wurden. Obwohl auf dem vorhandenen Vorfeld 90 Flugzeuge abgestellt werden können, verfügen nur 28 Positionen über eine Fluggastbrückenverbindung mit dem Terminal. Maximal 330 Flugzeugbewegungen pro Tag dürfen über die einzige Piste abgewickelt werden. Ursprünglich waren drei Pisten geplant, doch vom vorgesehenen 1065 Hektar großen Areal können zur Zeit nur 550 Hektar genutzt werden.

Die Autobahn nach Narita und die beiden Bahnlinien können den Bodenverkehr kaum bewältigen. Und weil acht Bauern partout ihr Land nicht zur Verfügung stellen wollen, und etwa 200 Radikale immer noch gegen den Flughafen und speziell gegen die zweite, dringend benötigte Piste sind, gleicht Narita einer gutbewachten Festung. Mehrere Meter hohe Zäune, Stacheldraht, strenge Fahrzeugkontrollen und viel Polizei überall: der einreisende ausländische Gast muß den Eindruck gewinnen, daß er einen Polizeistaat betritt. Erst bei Reisen durchs Land wird er merken, daß Japan ganz anders ist.

Narita, das sind heute zwei durch eine Spange verbundene Terminal-Hälften, auf die die Fluggesellschaften ohne ersichtliches System, aber wahrscheinlich mit ausgewogenem Verkehr aufgeteilt sind: All Nippon Airways und Lufthansa beispielsweise im South Wing, Japan Air Lines und Aeroflot im North Wing. Jedem dieser Gebäudeteile sind zwei Satelliten-Terminals vorgelagert, wo die Flugzeuge an Fluggastbrücken andocken. In Stoßzeiten – also praktisch den ganzen Tag über – herrscht arges Gedränge in den Terminal-Hallen. Besonders ärgerlich für Flugreisende ist die Tatsache, daß jeder Passagier mit einer Flughafengebühr von 2000 Yen den weiteren Ausbau zwangsfinanziert, obwohl dieser immer weiter verzögert wird. Immerhin hat der Bau eines zweiten Terminals bereits begonnen und sollte 1991 abgeschlossen sein, doch um das Land für die zweite Piste feilschen Regierung, Flughafenverwaltung und die Bauern von Narita noch.

Inzwischen hat die Touristikbehörde vorgeschlagen, doch vermehrt andere Flughäfen für Regionaldienste zu benutzen, denn der Verkehr steigt sprunghaft an, seit Japaner in großen Scharen ins Ausland reisen.

Tokios zweiter Großflughafen, Haneda, zählte 1989 36,5 Millionen Passagiere und erreichte damit Platz sechs auf der Weltrangliste – nach Chicago, Dallas/Fort Worth, Atlanta, Los Angeles und London-Heathrow. Dort wird bis auf Flüge nach Taiwan nur Inlandverkehr abgewickelt. Auch Haneda ist zu klein und wird auf künstlich dem Meer abgerungenem Land in die Bucht von Tokio hinaus ausgedehnt, um bis zu 58 Millionen Passagiere pro Tag abfertigen zu können. Über einen dritten Großflughafen für Tokio wird zur Zeit diskutiert.

Europäische Passagiere, die in Tokio oder Osaka auf Inlanddienste umsteigen, wundern sich oft, daß fast ausschließlich Großraumflugzeuge zum Einsatz kommen und wie Inland-Jumbos mit 500 Sitzen zu füllen sind. Das ist in Japan überhaupt kein Problem, wenn man weiß, daß an Spitzentagen allein auf der »Rennstrecke« zwischen den Industrie- und Wirtschaftszentren Tokio und Osaka rund eine Million Reisen durchgeführt werden. Der Einsatz von Großraumgerät wurde vom Verkehrsministerium zwingend vorgeschrieben, um auf den Hauptflughäfen (Haneda und Narita in Tokio, Itami in Osaka) die Zahl der Starts und Landungen niedrig zu halten. Zudem waren die Flüge bisher einklassig, um möglichst viele Passagiere an Bord unterbringen zu können. Es wird mit wenig Gepäck gereist, die Flugzeit ist kurz, und auf Bordküchen kann mehr oder weniger verzichtet werden. All diese Punkte erklären das Phänomen der Kurzstrecken-Jumbos.

Den Inlandluftverkehr wickelt allerdings die bei uns bekannte Gesellschaft Japan Air Lines nur zum geringen Maße ab, denn All Nippon Airways (ANA), Japan Airlines System (JAS) und andere, wenige bekannte Gesellschaften halten den Löwenanteil. Seit 1986 – und im Zuge der Liberalisierung – gibt es bei JAL auf ausgewählten Inland-

Tokio benötigt dringend den geplanten Ausbau von Narita. Bisher wurde nur Terminal 1 (Bild) verwirklicht; das größere Terminal 2 mit seinem Satellit ist erst im Bau.

strecken die »Super Seat Class«, die vom Komfort her der First entspricht, und in der Vollzahler untergebracht werden. Europäer sollten diese Klasse wählen – wegen der breiteren Sitze.

Neben der Konkurrenz in der Luft spüren japanische Fluggesellschaften auch die am Boden, nämlich die schnellen Züge des Shinkansen-Systems. Die Fahrpreise der Bahn liegen etwa um die Hälfte niedriger als für entsprechende Strecken in der Bundesrepublik zu zahlen wäre – bei höherem Komfort. Der Zeitaufwand ist fast identisch: 3 Stunden 20 Minuten per Zug auf der Strecke Tokio – Osaka; 55 Minuten per Flugzeug, plus je eine Stunde Vor- und Nachlauf.

Auf dem immer überfüllten Flughafen Tokio-Narita können klassenbewußte Reisende sich die Zeit verkürzen und angenehmer gestalten, wenn sie eine der zahlreichen Lounges nutzen. Die Lufthansa unterhält beispielsweise eine Senator-Lounge. Die First-Class-Lounges Sakura 1 und 2 der JAL sind zugänglich für alle Passagiere der Ersten Klasse, sowie für Mitglieder des JAL Global Clubs. Mitglied in diesem Club werden Vielflieger der Gesellschaft auf Antrag, wobei das Kriterium nicht eine bestimmte Flugmeilenzahl oder ein Umsatzziel pro Jahr sondern eine Einschätzung des Passagiers und seine Treue zur Gesellschaft ist. Auch wenn er nur zwei oder dreimal pro Jahr mit JAL nach Japan fliegt – und mit JAL fliegt man von Europa aus praktisch immer nur nach Japan – wird er so fast automatisch ein »Vielflieger«. In Narita können Geschäftsreisende auch Lounges benutzen, die von der Flughafengesellschaft betrieben werden. Man zahlt dort eine geringe Gebühr oder seine Drinks und steigt dann etwas entspannter in den nächsten Langstreckenflug nach Europa.

Paris

In der Werbung bis hin zum Freistempler dient sich die Pariser Flughafenverwaltung an, mit ihren beiden Großflughäfen Charles de Gaulle und Orly »Gateways for Europe« anzubieten. Bis zur Vereinigung Deutschlands und der Öffnung der osteuropäischen Staaten hatte Paris auch gute Karten. Nun macht sich in Europa ein »Ruck nach Osten« bemerkbar, und andere Einfallstore — allen voran Berlin — könnten wichtiger werden.

In Paris wurde noch unter General de Gaulle, als Größe noch etwas galt, groß geplant und groß gebaut: nördlich der Seine-Stadt, unmittelbar an der Autobahn nach Lille und Brüssel, entstand Anfang der 70er Jahre in fast unbewohntem Bauernland der Flughafen Roissy, der nach dem Tode des Generals ihm zu Ehren »Charles de Gaulle« genannt wurde und daher das Kürzel CDG hat. Zwei Pisten, weit auseinander, und somit im Parallelbetrieb zu nutzen, umschließen seit der Einweihung am 8. März 1974 ein rundes Terminal-Gebäude, das von einem Kranz von sieben Satelliten umgeben ist. Abfliegende und ankommende Passagiere gelangen durch unterirdische Gänge mit Fahrsteigen vom Zentralgebäude in die Satelliten oder von ihrem Flugzeug in die Ankunftshallen.

Dieses Konzept — neu in Europa — wurde zunächst gepriesen, erwies sich aber bald als Nachteil, denn ein rundes Gebäude läßt sich nur schwer erweitern. So wurde mit steigendem Verkehr CDG bald zu klein und erhielt im Süden des Geländes eine vollkommen anders geartete Terminal-Anlage: CDG 2. Für diesen Teil des Flughafens wurde ein lineares und modulares Baukonzept gewählt — ähnlich wie in Dallas/Fort Worth. Die ersten Module waren 1981 fertig und wurden hauptsächlich von Air France und der Inlandgesellschaft Air Inter genutzt. Heute sind bereits fünf Terminal-Halbkreise im Bereich CDG 2 in Betrieb, jedes mit einer Kapazität von 2,5 Millionen Passagieren pro Jahr. Der Ausbau wird noch eine Weile weitergehen, denn Land genug wurde rechtzeitg reserviert. Wenn 1992 CDG 2 komplett ist, und Kapazität für 20 Millionen Passagiere jährlich bietet, beginnt der Bau von CDG 3, dessen erste Terminals 1995 zur Verfügung stehen sollen. Alle heutigen und künftigen Terminal-Module sind über eine einzige Schnellstraße an die »Autoroute du Nord« angebunden. In der landseitigen Rundung jedes ellipsenförmigen Moduls stehen Parkplätze in großer Zahl zur Verfügung.

Im Ausbau befindet sich auch noch das Pistensystem des Flughafens, der ursprünglich vier superlange Betonbänder (5000 m) erhalten sollte. Zwei dieser Pisten sind jedoch erst gebaut worden, und diese haben die bescheidene Länge von rund 3600m.

Wichtiger fast als weitere Pisten sind für Charles de Gaulle bessere Bahnverbindungen. Es gibt bereits die »Roissy-Rail«-Verbindung mit der Innenstadt (Gare du Nord), doch wird der Flughafen erst mit dem Bau eines Bahnhofs für den Hochgeschwindigkeitszug TGV voll ins Verkehrsnetz Frankreichs und Europas integriert. Wenn es nach den Franzosen geht, sollten künftig Flugpassagiere in Köln, Brüssel und Amsterdam in den TGV steigen, um nach CDG zu fahren, um dort die Flugreise nach Übersee zu beginnen. Daß auch die Franzosen das künftige TGV-Netz in Frankreich benutzen könnten, um preiswertere Langstreckenflüge in Brüssel oder Amsterdam zu erreichen, daran darf fürs erste in Frankreich nicht gedacht werden. Das Zentrum Europas ist schließlich Paris, oder?

In Charles de Gaulle wurden 1989 20,7 Millionen Passagiere und 585 000 Tonnen Luftfracht abgefertigt. Damit liegt dieser Flughafen im Passagierverkehr an fünfter Stelle in Europa, nach London-Heathrow (39,6 Mio.), Frankfurt (26,7 Mio.), Paris-Orly (24,3 Mio.), und London-Gatwick (21,2 Mio.) und an 22. Stelle auf der Welt. Bis zum Jahr 2005 soll der Verkehr auf 86,5 Millionen Passagiere im Jahr (CDG + Orly) steigen.

Mit Orly ist bereits der Name des zweiten Pariser Großflughafens gefallen. Im Süden der Stadt gelegen war Orly der Ausweichflughafen für Le Bourget, als dieser stadtnahe Platz nach dem Kriege den Verkehr nicht mehr bewältigen konnte. Orly wurde ab 1946 allmählich in einen Zivilflughafen ver-

Zum 200. Jahrestag der französischen Revolution wurde das runde Terminal von Charles de Gaulle, Paris, mit Fahnen geschmückt. Heute baut Paris linear weiter, da runde Gebäude kaum erweiterungsfähig sind.

wandelt. Im August 1954 konnte das erste richtig große Abfertigungsgebäude eingeweiht werden. Es blieb General de Gaulle vorbehalten, im Februar 1961 das Terminal »Orly Süd« zu eröffnen, das mit einer Frontlänge von 400 Metern bis dahin unbekannte Dimensionen hatte. Auch dieses Gebäude – für sechs Millionen Passagiere pro Jahr ausgelegt – war jedoch schon bald zu klein. Als autonome Einheit wurde »Orly West« gebaut und 1971 eingeweiht. Bis 1993 soll in Orly West eine weitere Abfertigungshalle für 4,5 Millionen Passagiere fertig werden.

Der Flughafen Orly weist drei aktive Pisten auf, über die 1989 mehr als 205000 Flugbewegungen abgewickelt wurden. Gegenüber CDG hat Orly wesentlich mehr Inlandverkehr (14,9 Millionen Passagiere; in CDG nur knapp 2 Mio.), während der ältere Flughafen im Frachtverkehr und im internationalen Passagierverkehr seit der Eröffnung von CDG stark abgefallen ist. Orly liegt näher an der Stadt und wird daher von vielen Passagieren, die den Ankunftsflughafen wählen können, bevorzugt. Neben der Bahnverbindung »Orly-Rail« gilt vor allem der Air France-Buspendeldienst zur »Aérogare« am Invalidendom (20 Minuten) als schnellste Verbindung in die Innenstadt.

Während der Flughafen Le Bourget, wo alle zwei Jahre der weltberühmte »Aérosalon« – die Pariser Luftfahrtschau – stattfindet, heute nicht mehr für Linienflüge zur Verfügung steht, wird Orly weiter ausgebaut. Vordringlich ist ein automatisch betriebenes Personentransportsystem zur nächstgelegenen Metro-Station. Diese »Orly-VAL« genannte Bahn wird in einigen Jahren in Betrieb gehen. Die beiden Abfertigungsgebäude unterliegen einer ständigen Anpassung und Aufwertung – wie an jedem Flughafen dieser Welt.

Da die Pariser Flughafenverwaltung neben CDG und Orly noch mehr als ein Dutzend Flugplätze im Großraum Paris verwaltet, wird der Verkehr der Allgemeinen Luftfahrt von den beiden Großflughäfen fernhalten. Wichtigster Flughafen der General Aviation ist der bereits erwähnte Platz in Le Bourget, wo sich auch noch Wartungszentren befinden.

Paris hat mit seiner Flughafenplanung vorgesorgt, selbst, wenn sich der Passagierverkehr von heute 45 Millionen bis zum Jahr 2000 verdoppeln sollte, wie dies allgemein erwartet wird. In Orly und vor allem in CDG ist noch eine große Kapazitätsreserve vorhanden. Ob allerdings die Blütenträume vom »Gateway for Europe« letztendlich in Erfüllung gehen, wird die Zukunft zeigen. Mit der Eröffnung des Tunnels unter dem Ärmelkanal wird sicher ein Teil des Passagierverkehrs zwischen London und Paris – dem Städtepaar mit dem dichtesten Luftverkehr der Welt – auf die Schiene verlagert.

Amsterdam

Unter den europäischen Großflughäfen liegt heute Amsterdam-Schiphol nach London, Paris, Frankfurt und Rom an fünfter Stelle. Wegen der äußerst liberalen Politik der Niederländer in Verkehrsangelegenheiten, sind die Chancen groß, daß dies auch in Zukunft so bleiben wird. Vielleicht überholt Amsterdam sogar Rom, denn beide Flughäfen peilen 30 Millionen Passagiere pro Jahr an.

Der Weg dorthin – »Schiphol 2000« und »Roma 2000« – scheint ähnlich zu sein, doch scheint Amsterdam die bessere Planung und vielleicht auch die besseren Karten zu haben: Schiphol als Transportzentrum, ein Marketing-Konzept, ganz auf die Integration der verschiedenen Verkehrsmittel aufgebaut. Die Strategen des Flughafens nennen es ihre »Main Port Strategy« und wollen bis zum Jahr 2003 3,5 Milliarden Gulden ausgeben, damit Schiphol einer der fünf wichtigsten Verkehrsflughäfen Europas bleibt. Mit dem Ausbau der Abfertigungsanlagen wurde 1989 bereits begonnen. Der Flughafen hat Autobahnanschluß und einen eigenen

Auf dem Rollfeld des Amsterdamer Schiphol-Flughafens.

Bahnhof, über den bald nicht nur Nahverkehrszüge, sondern auch Eurocity-Züge und ab 1998 der französische TGV fahren soll.

Amsterdam-Schiphol, mit vier Metern unter dem Meeresspiegel der tiefstgelegene Flughafen Europas, hält einige Trümpfe für die große Zukunft in der Hand. Vier Pisten stehen zur Verfügung, bei der Lage direkt am Meer, selbstredend hindernisfrei, und eine fünfte soll noch gebaut werden. Bisher wurde der Passagierverkehr – 1989 waren es 15,7 Millionen Reisende – in einem Terminal abgefertigt, von dem mehrere Fingerpiers auf das Vorfeld ragen. Fast alle Flugzeugpositionen sind mit Fluggastbrücken ausgestattet, so daß die Passagiere trockenen Fußes in das Zentralterminal oder zu ihrem Flugzeug gelangen können. Dieses Terminal wird zur Zeit an der Westseite um 150 Meter verlängert, so daß ab 1993 zwischen 24 und 27 Millionen Passagiere abgefertigt werden können. Nach Abschluß aller im Generalausbauplan vorgesehenen Maßnahmen läge die Jahreskapazität bei 30-34 Millionen Passagieren und zwei Millionen Tonnen Fracht. Am Flughafen und in der unmittelbaren Umgebung würden dann 150 000 hochwertige Arbeitsplätze angeboten.

Schon früh hat Amsterdam sein Zentralterminal zu einem »Warenhaus« ausgebaut, mit zahlreichen Läden, in denen Reisende die preiswertesten Zollfrei-Waren Europas kaufen konnten. Das Angebot von über 50 000 verschiedenen Produkten war lange Jahre einmalig auf der Welt. Inzwischen haben zahlreiche andere Flughäfen – Singapur etwa, oder Kopenhagen – das Ladenkonzept Amsterdams übernommen. Die günstigen Preise haben Amsterdam zu einem der beliebtesten Umsteigeflughäfen der Welt gemacht. Besonders Engländer nutzen den schnellen Weg nach Europa über Schiphol. Mittlerweile hat Amsterdam Flüge zu mehr englischen Zielen als London-Heathrow. Nicht zuletzt ist diese Entwicklung das Ergebnis einer Werbekampagne der Amsterdamer Flughafenverwaltung, die in Englands Provinzstädten für Amsterdam als »dritten Londoner Flughafen« warb.

Wer Amsterdam sagt, meint automatisch auch Fracht. Der Flughafen gehört zu den wichtigsten Fracht-Drehscheiben Europas und fertigte im Jahr 1989 ein Volumen von 582 600 Tonnen ab, fast genau so viel wie Charles de Gaulle in Paris. Nur London-Heathrow und Frankfurt hatten einen höheren Umschlag. Zu dieser echt »geflogenen« Fracht kamen noch 224 000 Tonnen per Lkw beförderte Luftfracht, einer Variante, die gerade in Amsterdam hohe Zuwachsraten aufweist.

Rund um Schiphol haben sich zahlreiche Speditionen niedergelassen, welche die Verteilung über das europäische Autobahnsystem vornehmen. Doch nicht nur das: in Industriegebieten in unmittelbarer Flughafennähe wird produziert, und zwar zunehmend von Firmen mit Hauptsitz in Übersee, in den USA oder Japan beispielsweise.

Wenn in Amsterdam gebaut wird, dann wird es technisch interessant, denn man baut nahe am Wasser. Das Gelände war im Mittelalter noch ein Meeresteil, und ein ganz wilder zudem.

Sein Name »Schiphol« bedeutet schließlich »Hölle für Schiffe«. Bei der Lage des Geländes unter dem Meeresspiegel – nur von Deichen gegen Überflutung geschützt – wird Tiefbau immer zum Wasserbau. Daher sind auf allen Baustellen im Flughafenareal Schwimmkräne im Einsatz, und im Gießen von Beton unter Wasser sind die Holländer Meister.

Der Flughafen Schiphol, Amsterdam, wird für das Jahr 2000 aus- und umgebaut. Der Parkplatz am unteren Bild wird einer weiteren Pier weichen.

London

London hat nicht einen, zwei, drei oder vier, sondern fünf Flughäfen, und damit noch nicht genug, denn zumindest ein ganz großer müßte bis zum Ende dieses Jahrzehnts dazukommen, um den erwarteten Verkehr abzuwickeln. Um London herum hat sich eine echte Flughafenlandschaft ausgebildet.

Neben Europas größtem Flughafen – London-Heathrow – im Westen der Themse-Stadt, können Flugreisende noch London-Gatwick im Süden oder London-Stansted im Osten für die Flugreise auswählen. Alle drei Plätze werden von der BAA verwaltet, der früheren British Airports Authority, die vor einigen Jahren privatisiert wurde. Neben diesen drei Drehscheiben des Luftverkehrs kann London noch mit einem Stolport, dem London City Airport in den Docklands im Osten der Stadt, aufwarten. Stol steht für »Short Take-Off and Landing«, also Kurzstart und -landung. Die Piste dort ist in der Tat kurz, nur 823 m lang und daher nur für wenige Flugzeugtypen geeignet (zum Beispiel DHC Dash 7 und Dornier 228). Geplant ist eine Verlängerung, die den Einsatz des leisen Strahlflugzeugs BAe 146 erlauben würde. Trotzdem bietet dieser Platz die schnellsten Verbindungen von der Londoner City nach Paris, Amsterdam und Brüssel, und erfreut sich zunehmender Beliebtheit bei Geschäftsreisenden.

Im Norden Londons liegt der Platz »Luton International«, der primär für Charterflüge genutzt wird, sich aber auch für Flüge nach Irland profiliert hat. Dieser heute noch der Stadt Luton gehörende Flughafen soll demnächst privatisiert werden und dürfte dann einen gewaltigen Aufschwung nehmen. Luton fertigte 1989 2,85 Millionen Passagiere ab, London City nur 217035. Die drei BAA-Plätze zusammen kamen dagegen auf 62,6 Millionen Flugreisende. Heathrow stand mit 39,9 Millionen unangefochten an der Spitze, gefolgt von Gatwick mit 21,3 Millionen und Stansted mit rund 1,4 Millionen. Hoffnungsträger für die Zukunft ist letzterer, denn dort wird im nächsten Jahr ein neues, hochmodernes Abfertigungsgebäude eingeweiht. Dann soll der Verkehr rasch zunehmen, bis auf 25 Millionen Passagiere pro Jahr.

Was die Zukunft angeht, so ist in England ein heftiger Streit darüber entfacht, ob die Flughäfen Londons eine weitere Piste benötigen oder nicht. Man überlege einmal: Heathrow hat zwei aktive Pisten, Gatwick und Stansted je eine, wobei Gatwick zwar optisch und faktisch zwei ausweisen kann, die jedoch nicht parallel betrieben werden dürfen. Ein ähnlicher Fall eines Flughafens mit Notpiste wird zur Zeit gerade in Düsseldorf nachexerziert.

Auf diesem Vierpisten-System will – soll – BAA bis zum Jahr 2000 den Londoner Lufverkehr mit rund 130 Millionen Passagieren abfertigen. Fachleute halten das für schlichtweg unmöglich und fordern zumindest eine neue Piste, etwa in Stansted, und ein neues Terminal in Heathrow. Andere wiederum meinen, die Zukunft des Londoner Luftverkehrs liege auf dem Wasser, genauer: auf einer künstlichen Plattform mit vier Pisten in der Themse-Mündung. Das Projekt,

In London-Gatwick wurde 1988 das „North Terminal" eröffnet (Bild), in London-Heathrow kam Terminal 4 dazu und die drei vorhandenen Abfertigungsgebäude wurden modernisiert.

Marinair genannt, und von privaten Investoren vorgeschlagen, soll rund zehn Milliarden Mark kosten. Es hätte Platz für 45 bis 60 Millionen Passagiere pro Jahr.

Interessant an dem Vorschlag ist die Trennung von Einchecken und Abfliegen: Passagiere würden im Londoner Osten, in der Gegend von Tilbury, ihr Gepäck abgeben, die Bordkarte erhalten und dann mit einer Magnetbahn in Windeseile zum Flugzeug gebracht, das rund 40 Kilometer entfernt auf der Marinair-Plattform wartet. Starts und Anflüge auf diese Plattform wären ausschließlich über Wasser und würden niemanden stören. Ob dieser (Umwelt-)Vorteil nicht (Umwelt-)Nachteile, wie etwa die Beeinträchtigung der Meeresfauna und -flora rund um die Plattform mit sich bringen würde, das weiß heute noch niemand zu sagen. In Osaka in Japan wird ein solcher künstlicher Flughafen derzeit gebaut.

Doch wie sieht die Wirklichkeit aus? Heathrow stellt sich dem an- oder abfliegenden Passagier als riesiges Gewirr von Gebäuden, Pisten, Vorfeldern und Straßen dar, denn auf engstem Raum gibt es vier Terminals, von denen drei sogar vom Pistensystem umschlossen und daher nicht erweiterungsfähig sind. Erst mit dem Terminal 4 der British Airways wurde der Versuch unternommen, aus der Umklammerung durch die Pisten auszubrechen. Das hat aber zur Folge, daß für ein Umsteigen zwischen den drei kreisförmig im Zentrum der Pisten gelegenen Abfertigungsgebäude und dem neuen Terminal ein Bustransfer erforderlich wird. Die Busse fahren unter Pisten und Rollbahnen hindurch zum Terminal 4.

Schon wird in Heathrow vom Bau des fünften Terminals gesprochen, für das ein Gelände vorhanden wäre, ebenfalls am Rande des nur 1141 Hektar großen Areals. Allerdings befinden sich dort Klärbecken der Stadt London, für die erst ein geeigneter Standort im Großraum London gefunden werden müßte. Dann wäre das Gelände trockenzulegen und mit dem Risiko, Altlasten beseitigen zu müssen, zu sanieren. Billig wäre diese Lösung des Londoner Flughafenproblems also nicht.

Londons zweiter Großflughafen, Gatwick, ist in seiner Entwicklung bereits ausgereizt, da Politiker schon vor Jahren die feste Zusage gemacht haben, daß keine zweite Piste gebaut werden wird. Lediglich die bereits erwähnte Notpiste wurde erlaubt, um den Flughafen betriebsbereit zu erhalten, falls die Hauptpiste einmal ausgebessert werden muß oder durch einen Unfall blockiert ist, was schon vorkam.

Gatwick verfügt über ein großes Abfertigungsgebäude, in dem stets drangvolle Enge herrscht, und das 1988 eingeweihte Nord-Terminal. Zwischen den beiden pendelt ein automatischer »People Mover«. Bis vor einigen Jahren galt Gatwick als der Londoner Charterflughafen, doch hat sich im Laufe der Jahre der Verkehrsmix geändert, und heute sind bereits 54 Prozent aller Passagiere Geschäftsreisende. Sie flogen beispielsweise 1989 mit 53 Linienfluggesellschaften zu 148 Zielen in 63 Ländern.

Die Rolle des Londoner Charterflughafens soll ab 1991 Stansted in der Grafschaft Essex übernehmen. Allerdings liegt dieser Flughafen nicht so günstig wie Gatwick, denn die Bahn benötigt von Londoner Bahnhof Liverpool Street Station bis zum neuen Flughafen-Bahnhof in Stansted 45 Minuten. Nach Gatwick fährt von Victoria Station aus der »Gatwick Express« in nur 30 Minuten.

Der Bahnanschluß bereitet den Londoner Flughafenfachleuten überhaupt Kopfschmerzen, denn mit dem Tunnel unter dem Ärmelkanal werden sich die Verkehrsströme wahrscheinlich verändern.

Heathrow, heute mit der Innenstadt durch die Untergrundbahn verbunden (Fahrzeit etwa eine Stunde), benötigt dringend einen Schnellbahnanschluß. Dieser soll für mehr als eine Milliarde Mark auch demnächst gebaut werden, allerdings nach Paddington Station im Nordwesten der Stadt, und damit nicht direkt in die City. Wenn nicht bald eine schnelle Verbindung nach Heathrow geschaffen wird, könnten die Passagiere mit der schnellen Bahn in der gleichen Reisezeit durch den Tunnel auf den Kontinent fahren und zum Beispiel ab Brüssel fliegen. Das mag einer der Gründe sein, warum sich British Airways bereits heute auf dem Flughafen Brüssel engagiert. Von dort aus will die Gesellschaft in Zusammenarbeit mit der belgischen Sabena und der niederländischen KLM nicht weniger als 75 Ziele in Europa anfliegen.

Dieses letzte Beispiel zeigt, daß der Kampf um die Vorherrschaft in Europa auf dem Flughafensektor bereits in vollem Gange ist: London, Paris, Amsterdam, Brüssel, Frankfurt und München kämpfen alle um den gleichen Markt, um Reisende aus Übersee, die in der Mitte Europas Geschäfte oder Urlaub machen wollen. Und ein neuer, unerwarteter Bewerber wird bis zum Ende des Jahrzehnts dazukommen: Berlin International, der noch nicht existierende Großflughafen im Umland einer vielleicht künftigen Hauptstadt Deutschlands, der den Vorteil hätte, wirklich im Zentrum eines wiederentstehenden Europas zu liegen, das vom Atlantik bis zum Ural reicht.

12 Flugsicherung

HANS-ULRICH OHL

Am 24. März 1930 in Danzig geboren. Besuch der Volks- und Oberschule in Zoppot bis zur Flucht 1945 von Westpreußen nach Niedersachsen. 1948 Realschulabschluß und Ausbildung zum Elektriker. 1951 Besuch der Abend-Fachhochschule für Elektrotechnik in Braunschweig. Bereits 1955 dann der Wechsel zur neu gegründeten Bundesanstalt für Flugsicherung (BFS). Ausbildung zum Fluglotsen an den Flughäfen Hannover und München. Ab Sommer 1959 als Fluglotse am Flughafen Frankfurt/M eingesetzt und von 1961 bis 1968 dort als Leiter der Ausbildung für das Flugsicherungs-Betriebspersonal tätig. Danach Wechsel in die Zentralstelle der BFS, zuständig für Flugsicherungsprojektplanung, internationale Angelegenheiten, Verfolgung von luftrechtlichen Verstößen und die Untersucheung von besonderen betrieblichen Vorkommnissen. Seit 1983 Pressereferent und Sprecher der BFS.
Verheiratet seit 1957. Zusammen mit zwei Töchtern lebt die Familie heute nahe dem Flughafen Frankfurt/M in Walldorf. 1964 Ausbildung zum Flugzeugführer und seit 1968 im Besitz einer Lehrberechtigung für die Ausbildung von Flugzeugführern. Seither mehr als 4000 Flugstunden mit über 12000 Landungen.
Kurzkommentar: Seit es den Allwetterflugbetrieb in der Luftfahrt gibt, sind Piloten und Fluglotsen zu einer gut funktionierenden Zweckgemeinschaft zusammengewachsen. Die jährlich steigenden Verkehrszahlen im Luftverkehr stellen vor allen Dingen Flughäfen und Flugsicherung vor immer wieder neue Herausforderungen.

Man schrieb das Jahr 1944. In den USA, genauer gesagt in Chicago, begannen 55 neutrale Staaten, sich darüber Gedanken zu machen, wie denn der zivile Luftverkehr nach dem zu Ende gehenden Zweiten Weltkrieg gestaltet werden könnte. Galt es doch, internationale Regeln und Empfehlungen festzuschreiben, die dann weltweit zur Einführung gelangen sollten. Es war dies die Geburtsstunde der »International Civil Aviation Organisation« – ICAO, der internationalen Zivilluftfahrt-Organisation, der heute immerhin 163 Staaten angehören. Luftverkehr, darüber herrschte schon bald Einigkeit, sollte als neues internationales Verkehrsmittel dem bis dahin noch dominierenden Schiffsverkehr Paroli bieten. Die Ausgangsvoraussetzungen waren nicht schlecht: Der Zweite Weltkrieg hatte im Bereich der Luftfahrt große technische Fortschritte gebracht. So verfügte man bereits über Transportflugzeuge, die in der Lage waren, Fracht und Passagiere auch über größere Distanzen zu befördern. Der Blindflug hatte in der Fliegerei Einzug gehalten und damit eine der wesentlichen Voraussetzungen für einen regelmäßigen, weitgehend wetterunabhängigen Luftverkehr geschaffen. Gleichzeitig stellte sich damit aber auch das Problem einer sicheren Verkehrsabwicklung bei Start, Landung und Reiseflug. Unter diesen Voraussetzungen versagte nämlich das alte Prinzip von »Sehen und gesehen werden« und den daraus resultierenden Ausweicheregeln. Die Verantwortung für eine sichere Flugdurchführung konnte unter diesen Bedingungen nicht mehr vom Flugzeugführer alleine getragen werden. Es bedurfte einer neuen Strategie, einer zentralen Steuerungseinheit für eine sichere Flugverkehrsabwicklung. Die Flugsicherung oder Air Traffic Control (ATC) sollte diese neue Aufgabe übernehmen. Eine neue Ära im Luftverkehr hatte begonnen.

Die alte Reichsflugsicherung

Zwar hatte es in Europa bereits Ende der 20er Jahre erste Ansätze in dieser Richtung gegeben. Der damals noch überwiegend kontinentale Luftverkehr hatte naturgemäß den Schritt zum Allwetterflugbetrieb noch nicht vollziehen können. Blindflug auf der Strecke wurde zwar teilweise schon praktiziert, bedurfte aber aufgrund des noch geringen Verkehrsaufkommens keiner Kontrolle. Im Funkverkehr Boden/Bord bediente man sich der Morsetelegrafie und des Q-Gruppencodes. Diese international vereinbarten Verfahrensgruppen bestanden aus einer Dreibuchstabenkombination,

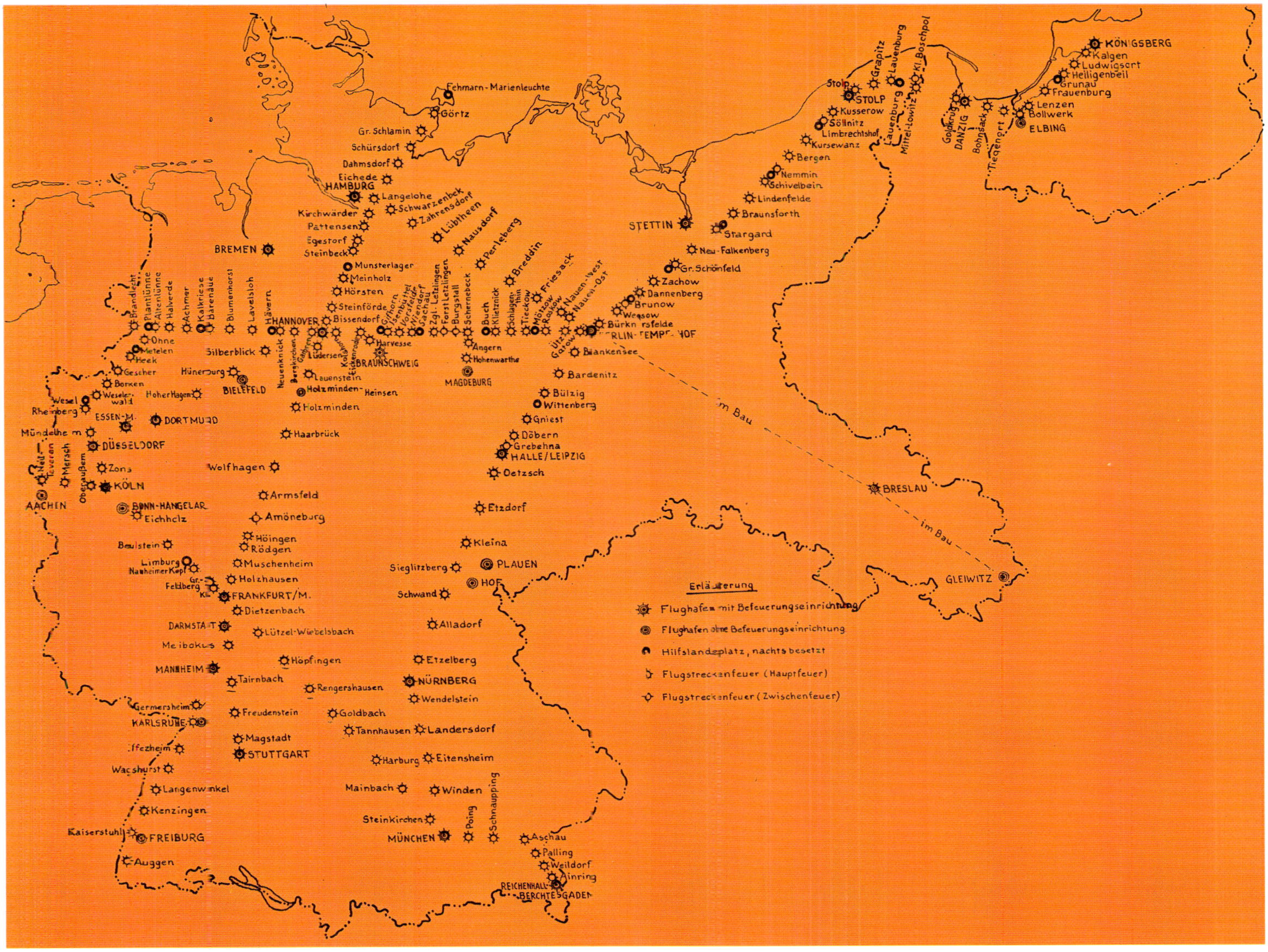

Lichterketten wiesen nachts den Piloten den Weg, denn Funknavigation war in den Anfängen der Luftfahrt noch eine unbekannte Größe.

jeweils mit einem »Q« beginnend. Der Austausch erfolgte per Tastfunk zwischen Bodenstelle und Bordfunker. Man war zwar so in der Lage, wichtige Standort-, Wetter- und Flughafendaten auszutauschen, eine Kontrolle oder Verkehrslenkung im eigentlichen Sinne fand jedoch noch nicht statt. Dafür war diese Methode viel zu zeit- und arbeitsintensiv. Sie hatte für das damalige Verkehrsaufkommen jedoch einen ausreichenden Sicherheits- und Genauigkeitsgrad.

Bei sehr schlechten Wetter- oder Sichtverhältnissen wurden Flüge gegebenenfalls verschoben, zu anderen Flughäfen umgeleitet oder fielen ganz aus. Auf den Flughäfen selbst regelte man den Flugbetrieb mit Startflagge oder Lichtsignalen. Für anfliegende Flugzeuge waren Bodenpeilstellen eine große Hilfe. Sie ermöglichten auch noch bei Sichten von weniger als 1000 Metern, den Flugplatz aufzufinden. Mittels sogenannter QGH-Verfahren erfolgte ein Durchstoßen der Wolkendecke, danach wurde durch mißweisende Peilungen (QDMs) das Flugzeug an den Flugplatz herangeführt. Falls die Sichtverhältnisse nicht zu schlecht waren, konnte der Flug dann auch meistens mit einer Landung erfolgreich abgeschlossen werden.

Bereits im Jahre 1932 hatte die Firma C. Lorenz ein betriebsfähiges UKW-Landefunkfeuer zur Verfügung stellen können, das über zwei sich überlappende Tonsignale einen Anflugkurs abstrahlte – ein Vorläufer des Instrumentenlandesystems (ILS), das sich heute weltweit im Einsatz befindet.

Diese elektronischen Navigationshilfen wurden im Laufe der Jahre immer weiter verfeinert und technisch weiterentwickelt, was zu einer größeren Genauigkeit führte und der

Sie waren den Piloten zu Beginn des Luftverkehrs eine große Hilfe, die Peilstationen an den Flughäfen (links).

Eine UKW-Landebake lieferte in den 30er Jahren bereits einen definierten Landeanflugkurs zum Flugfeld (unten links).

Aus Ruinen neu entstanden. Der erste Kontrollturm des Hamburger Flughafens nach 1945 (unten).

Regelmäßigkeit im Luftverkehr zugute kam. Um bei vertretbaren Sichtverhältnissen auch während der Nacht fliegen zu können, wurden im damaligen Reichsgebiet sogenannte befeuerte Nachtflugstrecken eingerichtet. Sie durchzogen Deutschland von Ost nach West und von Süd nach Nord. Überwiegend montiert auf Gittermasten oder Dächern blinkten sie den Piloten bei Nacht den Weg. Mit in die Navigationskarten eingezeichnet waren die nachtflugtauglichen Flugplätze mit Befeuerungseinrichtung, sowie die sogenannten Hilfslandeplätze, falls das Wetter unterwegs einmal nicht mehr mitspielte. Die mittlere Reichweite dieser Drehscheinwerfer lag immerhin bei rund 60 Kilometern. Betreut wurden diese Einrichtungen auf Strecke und an den Flughäfen

Oft waren die Kontrolltürme nach dem Zweiten Weltkrieg in Heimarbeit entstanden. Der Bremer Tower stand auf einer alten Flugzeughalle.
In den Anflugkontrollen der 50er Jahre gab es zwar schon Radar, doch das äußere Erscheinungsbild wirkte noch recht unprofessionell.
Die erste Generation deutscher Fluglotsen wurde noch von Amerikanern und Engländern geschult, wie hier vor einem der ersten „Analog Radar Sichtgeräte" in Frankfurt/M.

durch die damalige Reichsflugsicherung. Sie unterhielt darüberhinaus an allen Flughäfen mit planmäßigem Luftverkehr Tast- und Peilfunkstellen, die in der Lage waren, im Bedarfsfall regelnd in die Verkehrsabläufe einzugreifen.

Gegen Ende der 30er Jahre war in Deutschland dank dieser Einrichtungen bereits ein relativ regelmäßiger Flugverkehr möglich. Mit Beginn des Zweiten Weltkrieges wurden die Flughäfen und Reichsflugsicherung durch die damalige Luftwaffe übernommen. Mit der Kapitulation im Mai 1945 wurde der Luftfahrt in Deutschland erst einmal eine Zwangspause verordnet.

Ein neuer Anfang

Dem in Besatzungszonen aufgeteilten Deutschland war nach 1945 jede Betätigung im Luftverkehr untersagt. Die Alliierten nutzten einige der Flughäfen als militärische Versorgungsbasen für ihre Luftstreitkräfte. Weltweit, vor allem aber in den USA, hatte sich in den 40er Jahren die zivile Luftfahrt entscheidend weiterentwickeln können. Sie war wetterunabhängiger und damit auch regelmäßiger geworden. UKW-Sprechfunk und Funknavigationsverfahren für den Schlechtwetterflugbetrieb waren entwickelt und erprobt worden. Daraus resultierte auch die Notwendigkeit für eine funktionierende Flugsicherungskontrolle, vor allen Dingen in den Einzugsbereichen vom und für die Flughäfen selbst.

In den drei westlichen Besatzungszonen wurden diese Erkenntnisse zur Grundlage für Verfahrensregelungen zur Abwicklung des militärischen Luftverkehrs. Fluginformationsgebiete, Kontrollzonen und Nahverkehrsbereiche wurden eingerichtet. Für den Instrumentenflugverkehr standen überwiegend ungerichtete und Vierkursfunkfeuer im Mittel/Langwellenbereich, sowie an strategisch wichtigen Punkten auch schon gelegentlich UKW-Drehfunkfeuer (VOR) für die Navigation zur Verfügung. Für den Instrumenten-Landeanflug verfügte man zum einen über das Präzisions-Anflug-Radar aus Militärbeständen beziehungsweise in einigen wenigen Fällen auch über ein Instrumenten-Landesystem (ILS).

Sogenannte Beratungsstrecken oder Luftstraßen verbanden die Nahverkehrsbereiche der wichtigsten Flughäfen miteinander. Als Funknavigationshilfen dienten auch hier überwiegend Funkfeuer im Mittel/Langwellenbereich. Da der Luftraum relativ gering beflogen war, stellten sich bei der Verkehrsabwicklung kaum nennenswerte Probleme ein.

Bereits wenige Jahre später begannen die ersten ausländischen Luftverkehrsgesellschaften mit dem Flugbetrieb. Namen wie Pan American World Airways (PAA), British European Airways (BEA), Scandinavian Airline System (SAS) oder American Overseas Airlines (AOA) machten die Runde. Die große Bewährungsprobe jedoch kam dann mit der Luftbrücke nach Berlin, als in den Jahren 1948/49 alle Kräf-

Der neue Kontrollturm am Frankfurter Flughafen ist immerhin 70 Meter hoch und hat bereits eine Radarantenne für die Rollfeldüberwachung auf dem Dach.
Der Fluglotsen-Nachwuchs wird hier im „TOWER-LAB" der Flugsicherungsschule auf seine Aufgaben vorbereitet.
Hoch über dem Flugfeld werden aus dem Frankfurter „TOWER" täglich mehr als tausend Starts und Landungen abgewickelt.

te mobilisiert wurden, um über die drei Luftkorridore diese Stadt für mehr als ein Jahr lang aus der Luft zu versorgen.

Diese Aktion trug wesentlich dazu bei, dem technischen Ausbau der Flugsicherung erhöhte Aufmerksamkeit zu schenken. Ein neu eingerichtetes »Alliierten Luftamt« widmete sich von nun an allen Luftfahrtfragen in den westlichen Besatzungszonen. Bereits 1949 wurden die ersten Deutschen von Amerikanern und Engländern zu Fluglotsen ausgebildet. Das »Alliierte Luftamt« übte seine Tätigkeit noch bis zum Jahr 1953 aus. Zwischenzeitlich war das Bundesverkehrsministerium (BMV) beauftragt worden, eine eigene deutsche Flugsicherung aufzubauen.

Im März 1953 war es dann so weit, die »Bundesanstalt für Flugsicherung (BFS)« wurde aus der Taufe gehoben. Der Wechsel des bei den Alliierten tätigen deutschen Personals erfolgte fließend. Zwei Dinge standen von nun an im Vordergrund. Zum einen der dringend erforderliche technische Ausbau der erneuerungsbedürftigen Flugsicherungsanlagen, zum Anderen die Rekrutierung geeigneten Personals. Am Flughafen in München wurden Räume angemietet und die Flugsicherungsschule eingerichtet. Hier wurden die Flugberater, Fernschreiber, Techniker und nicht zuletzt die Fluglotsen ausgebildet.

Draußen auf den Kontrolltürmen oder in den Kontrollzentralen erfolgte dann die praktische Ausbildung, das »on the job training«. Kontrolliert wurde der Luftverkehr nach Höhe und Zeit im Raum. Der vertikal einzuhaltende Abstand betrug mindestens 1000 Fuß oder 300 Meter. In der Horizontalen waren es zehn Minuten Zeitabstand bei Flügen in gleicher Richtung oder sich kreuzenden Flugwegen. Bei Fluggeschwindigkeiten von etwa 350 km/h betrug der Abstand zwischen zwei Flugzeugen dann rund 60 km. Diese

So sieht ein „TOWER-Fluglotse" sein Flugfeld auf einem Radarbildschirm. Bei schlechten Sichtverhältnissen eine wertvolle Hilfe für eine sichere Verkehrsabwicklung.

konventionellen Kontrollmethoden warfen bei dem damaligen Verkehrsaufkommen noch keine Kapazitätsprobleme im Luftraum auf. Die kamen erst mit dem Düsenflugzeitalter.

Die ersten Flüge ziviler Düsenmaschinen führten nach Frankfurt/Main. Namen wie die britische »Comet«, die amerikanische »Boeing 707« oder die französische »Caravelle« läuteten eine neue Ära im Luftverkehr ein. Die Fluggeschwindigkeiten lagen nun bei etwa 900 km/h, und eine Zehn-Minuten-Längsstaffelung benötigte nicht mehr nur 60 km, sondern 150 km. Die sogenannte konventionelle Staffelungsmethode war besonders im Einzugsbereich der höher belasteten Flughäfen kaum mehr zu praktizieren. Vor allen Dingen brachte der Mischverkehr von Propeller- und Düsen-Flugzeugen erhebliche Probleme mit sich. Zum Glück war man in der Radartechnik inzwischen so weit vorangekommen, daß für den Flughafen-Einzugsbereich die ersten Analog-Radaranlagen vom Typ ASR-3 zur Verfügung standen.

Die maximale Reichweite dieser Anlagen betrug immerhin 60 Seemeilen (110 km), obwohl meistens nur mit einer Einstellung von 30–35 Seemeilen gearbeitet wurde. Für die Streckenkontrolle war die Radarbildübertragung etwas problembelasteter. Solange die Radardaten in analoger Form übertragen werden mußten, war die Kabelverbindung zwischen Radarantenne und Radarsichtgerät auf etwa 4000 Meter beschränkt. Da auch die Streckenkontrolle an den Flughäfen ihr Domozil hatte, war ihre Erfassungsreichweite durch die ASR-Anlagen auf 60 Seemeilen begrenzt, und das reichte in den meisten Fällen nicht aus, den Luftraum ausreichend zu erfassen.

Überhaupt hatte die Analogradar-Darstellung so ihre Tücken. Einmal identifizierte Flugziele durfte man nicht mehr aus dem Auge verlieren, wenn man keine Re-Identifizierung riskieren wollte, und die war in der Regel sehr mühselig. Auch die Darstellungsgüte ließ bei Wetterdurchgängen erheblich zu wünschen übrig. Der Radarbildschirm wurde durch »Clutter« überlagert und machte eine Zielverfolgung oft zu einem Ritt über den Bodensee.

Zwar hatte man sich antennenseitig einiges einfallen lassen, änderte man aber zum Beispiel bei starker Wetterbeeinträchtigung die Sendeimpulse auf Zirkularpolarisation, so brachte das zwar eine Linderung, jedoch keine Lösung, da diese Polarisationsart mit einem etwa 20-30prozentigen Energieverlust einherging und so energieschwächere Radarechos lieferte. Eine wesentliche Verbesserung der Situation trat erst mit der betrieblichen Nutzung des sogenannten Sekundär-Radars (SSR) ein. Durch zusätzliche Informationsgewinnung stellt diese Betriebsform heute das Rückgrat in der digitalen Radardatenverarbeitung dar.

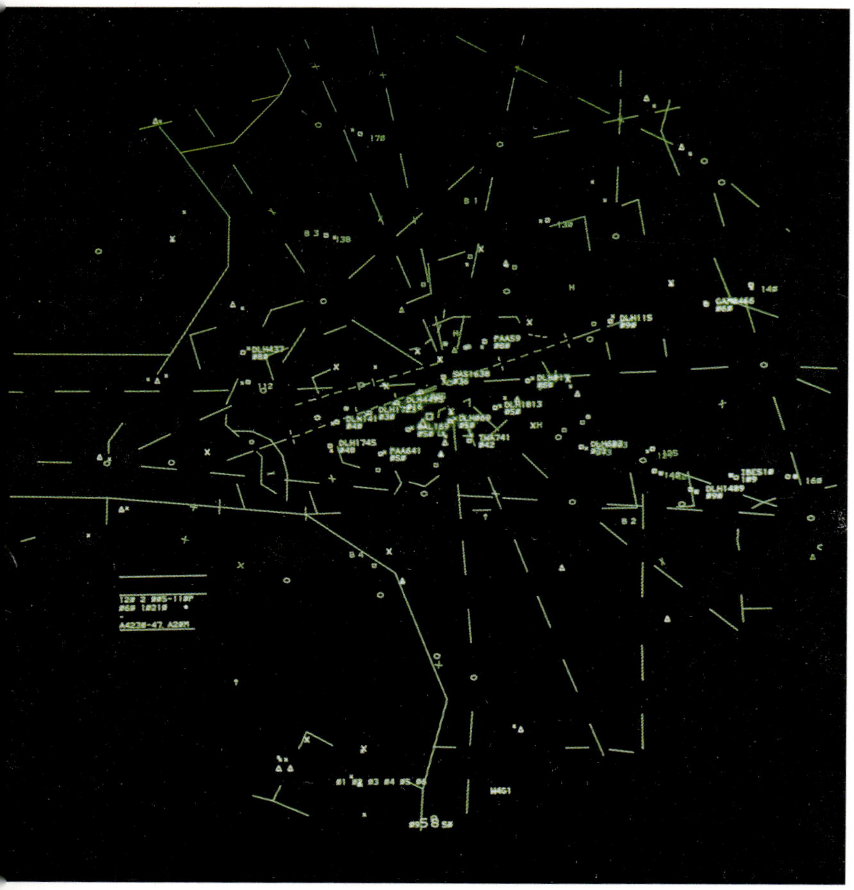

Der Frankfurter Luftraum, wie er sich den Fluglotsen in der Anflugkontrolle darstellt. In der Mitte des Bildes der Flughafen mit einer Vielzahl an- und abfliegender Flugziele.

Eurocontrol

Bereits zu Beginn der 60er Jahre war allen Beteiligten klar, daß die Kontrolle des Düsenluftverkehrs neue Verfahrensregelungen erforderlich machen würden. Sechs Staaten, die Bundesrepublik, England, Frankreich und die Benelux-Staaten kamen überein, eine überregionale Flugsicherung für den oberen Luftraum ins Leben zu rufen, die über die jeweiligen Staatsgrenzen hinweg den Luftverkehr nach rein strategischen Gesichtspunkten kontrollieren sollte. Einige Zeit später schloß sich auch Irland, das ja eine besondere Verantwortung für den Atlantikverkehr hatte, diesem Bündnis an. Damit schien der Grundstein für ein zukünftig vereintes Europa, zumindest was den Luftverkehr anbetraf, gelegt zu sein.

Leider wurde diese so richtig eingeleitete Entwicklung jedoch nie konsequent in die Praxis umgesetzt. An den Souveränitätsvorbehalten einzelner Staaten scheiterte letztendlich, daß dieser Organisation wirklich flugsicherungsmäßige Exekutivfunktionen zugestanden wurde. Lediglich eine Kontrollzentrale in Maastricht, Holland, nahm nach vielen Geburtswehen eine echte Kontrolltätigkeit für die oberen Lufträume der Beneluxstaaten und des norddeutschen Luftraumes der Bundesrepublik in eigener Regie auf: ein beklagenswertes Ergebnis europäischer Integration. Im Jahr 1983 wurde die Konvention der Agentur Eurocontrol dann auch dahingehend geändert, daß sie zukünftig primär die europäische Integration der weiterhin staatlich organisierten Flugsicherungen auf technischem Gebiet vorantreiben sollte. Ein sogenanntes Integrationsmodell wurde entwickelt und befindet sich in der Realisierungsphase.

Hierbei wird eine technisch/betriebliche Verkopplung der Kontrollzentralen von Amsterdam, Bremen, Brüssel, Düsseldorf und Maastricht vorgenommen, sodaß diese in ihren gesamtbetrieblichen Funktionen letztlich wie eine große einheitliche Kontrollstelle wirken. Dieses Projekt soll Zeichen setzen und die Voraussetzungen für ein gemeinsames, vollintegriertes europäisches Flugsicherungskonzept aufzeigen.

Ziel jeder zukünftigen Flugsicherungsplanung muß eine von Staat und Herstellerfirma unabhängige, definierte, kommunikationsfähige Flugsicherungstechnik sein. Dieser Forderung kommt besonders im Hinblick auf zukünftige Satellitensysteme eine existentielle Bedeutung zu.

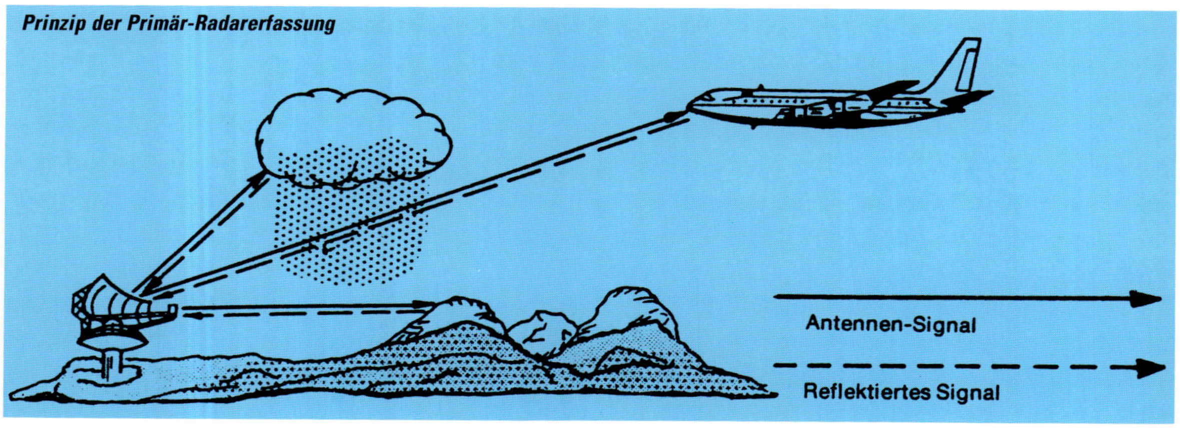

Beim Primär-Radar wird ein elektromagnetischer Impuls hoher Energie von der Antenne abgestrahlt. Über eine Laufzeitmessung und Antennenstellung können dann Entfernung und Richtung eines Radarechos, bezogen auf den Antennen-Standort, ermittelt und dargestellt werden.

Jede Flugsicherung ist so gut wie die Zuverlässigkeit ihrer Technik. Der Wartung und Pflege des technischen Geräts kommt daher ein hoher Stellenwert zu.

Die Liberalisierung

Selbst hartnäckige Skeptiker zweifeln heute eigentlich nicht mehr daran, daß die Liberalisierung des europäischen Luftverkehrs zu weiterem Wachstum führen wird. Die Frage ist eigentlich nur, wie die einzelnen Staaten mit dieser Erkenntnis umgehen werden, und welche Konsequenzen für jeden einzelnen daraus erwachsen. Es liegt in der Natur der Sache, daß die Freude darüber je nach Standort, unterschiedlich ist. Sicher ist aber auch,daß finanzielle und strukturelle Anpassungsmaßnahmen unausweichlich werden. Die Luftfahrtunternehmen haben diese bereits weitestgehend eingeleitet, beziehungsweise vollzogen.

Bei den Flughäfen ist man, zumindest was die Kapazität in der Passagierabfertigung angeht, in einer Phase des Aufbruchs. Bei den Start- und Landebahnsystemen läßt sich expansives Denken sicherlich weniger schnell realisieren. Planfeststellungs- und Genehmigungsverfahren grundsätzlicher Art bilden da oft natürliche und schwer zu überwindende Hindernisse. Wie steht es nun aber um das dritte Standbein des Luftverkehrs, die Flugsicherung?

Betrachtet man die Arbeitsweise der derzeitigen Flugsicherung, so wird eines in besonderer Weise deutlich. Die Kapazität wird weitestgehend durch die individuelle Belastbarkeit und Flexibilität der Mitarbeiter im System bestimmt. Sowohl Kontrolltätigkeit als auch Sektorkoordination sind heute beispielsweise noch recht zeitintensiv und führen bei hoher Auslastung zu kapazitiven Engpässen. Besonders im europäischen Umfeld kommen dann noch unterschiedliche nationale Flugsicherungssysteme zum Tragen, die untereinander zum Teil erhebliche Schnittstellen- und Datenkommunikationsprobleme haben. Soll also der zur Verfügung stehende Luftraum eine bessere kapazitive Auslastung erfahren, so ist das nur über einen höheren Automatisierungsgrad zu erreichen. Dieser wiederum muß technisch so ausgelegt sein, daß er bei einer europäischen Vermaschung bezüglich der Datenkommunikation kompatible Schnittstellen aufweist. Hier sind bereits die Zeichen gesetzt.

Die Verkehrsminister der 22 ECAC-Staaten (European Civil Aviation Commission) haben die Agentur Eurocontrol

Anders als beim Primär-Radar wird hier ein bodeneigenes Abfrage-Antwort-Gerät (Transponder) aktiviert. Es sendet eine kodierte Antwort zur abfragenden Bodenstation.

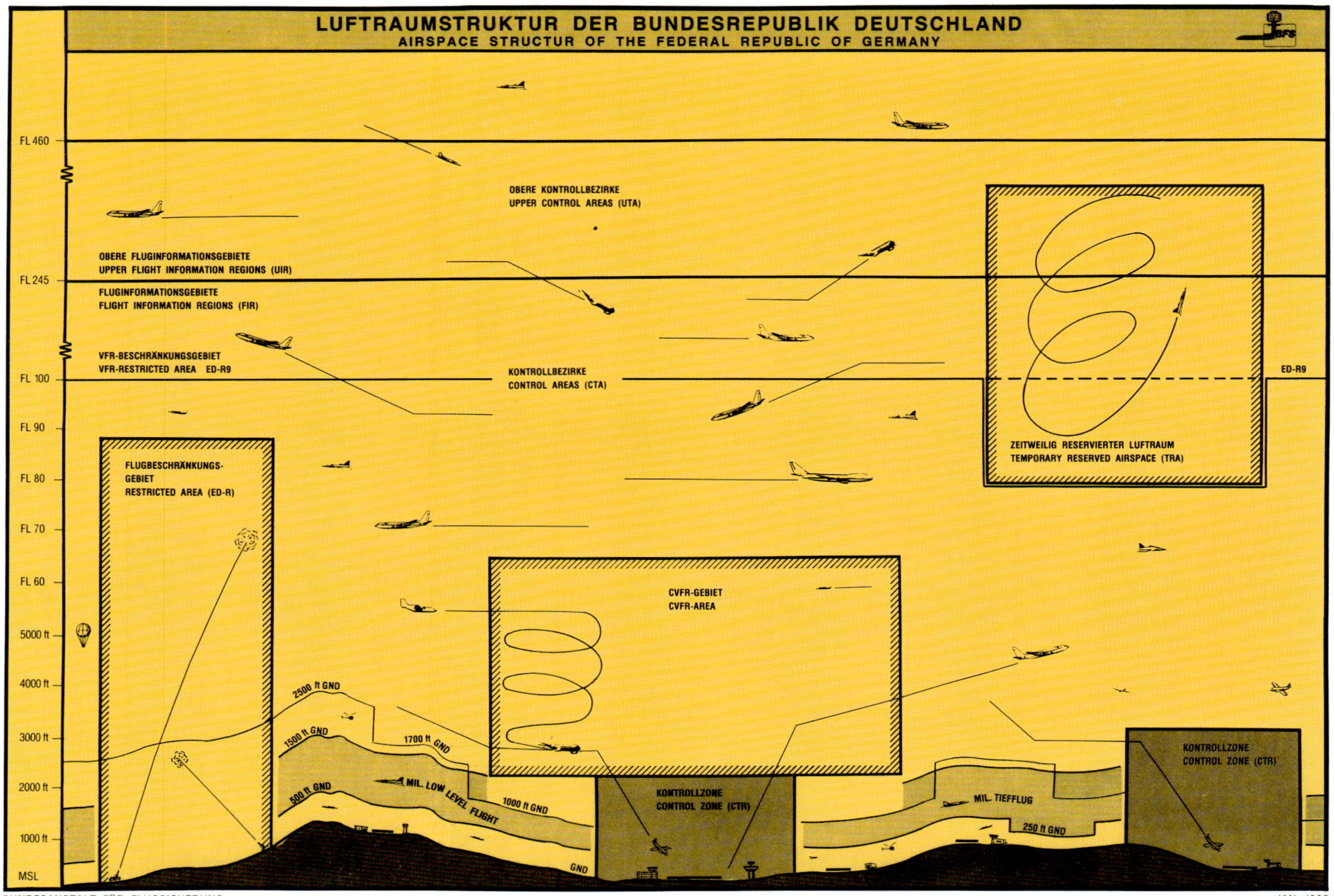

BUNDESANSTALT FÜR FLUGSICHERUNG JAN 1985

Den Luftraum teilen sich die unterschiedlichsten Interessengruppen, vom Segelflugzeug über den Großraumjet bis hin zum militärischen Überschallkampfflugzeug.

beauftragt,ein europäisch übergreifendes Konzept auf der Basis der von der ICAO »Special Commitee on Future Air Navigation Systems – FANS« erarbeiteten Empfehlungen zu entwickeln. Die unter der Bezeichnung »Communication, Navigation, Surveilance Concept – CNS« verabschiedete Empfehlung des FANS-Commitee befaßt sich auch mit der Datenübertragung. Besondere Aufmerksamkeit hat man dem Thema Luftverkehrssteuerung und -kontrolle (Air Traffic Management – ATM) gewidmet. Für den Luftraum unserer ICAO-Region hat eine übernationale europäische Arbeitsgruppe das sogenannte »Future European Air Traffic Service System – FEATS« entwickelt, das von der »European Air Navigation Planning Group – EANPG« im Juni 1989 abgesegnet wurde. Es stellt den Rahmen für die Weiterentwicklung der Flugsicherungssysteme im europäischen Luftraum dar.

Für die Realisierung dieses Konzepts innerhalb des Luftraumes der Bundesrepublik war es zuerst einmal erforderlich, eine genaue Analyse des »Ist«-Verkehrszustandes vorzunehmen. Als Ergebnis kann festgestellt werden, daß der Luftverkehr im bundesdeutschen Luftraum durch einen hohen Anteil an grenzüberschreitendem (bis zu etwa 50%) und innerdeutschem Verkehr (zu etwa 30%) gekennzeichnet ist, wohingegen der reine Überflugverkehr mit nur etwa 20% zu Buche schlägt. Die mittlere Verweildauer eines Luftfahrzeuges in einem Flugsicherungskontrollsektor beträgt acht Minuten. Die heute noch überwiegend manuell durchgeführte Datengenerierung, wie auch die mentale Datenverarbeitung an den Fluglotsenarbeitsplätzen, wird mehr und mehr zu einem limitierenden Faktor. Konfliktsituationen werden heute systembedingt nicht großräumig, sondern fast ausschließlich individuell und sektorbezogen durch den Fluglotsen direkt gelöst, kapazitive Engpässe im Luftraum durch Annahmequoten, verfügt durch die nationalen Verkehrsflußsteuerungszentralen. Der dadurch entstehende Koordinationsaufwand muß als unangemessen hoch be-

So wird einmal ein moderner Fluglotsen-Arbeitsplatz aussehen. Farbige Fernsehmonitore und Eingabetastaturen für die elektronische Datenverarbeitung prägen das Bild der Zukunft.

zeichnet werden. Wenn also ein System flexibler und angepaßter funktionieren soll, so muß genau in diesem Bereich nach neuen Lösungswegen gesucht werden. Hier setzen dann auch die Überlegungen der im Rahmen einer durch die Flugsicherung installierten Arbeitsgruppe ein. Unter dem Namen »CAMTAC« (Co-Operative Air Traffic Management Concept) sollen bereits vorhandene neue bordeigene Navigations- und Management-Systeme genutzt werden, um über eine höhere Genauigkeit bei den Flugweg- und Flugverlaufsdaten eine potentielle Konfliktwahrscheinlichkeit genauer berechnen zu können. Damit kann der individuelle Arbeitsaufwand in den einzelnen Kontrollsektoren entscheidend reduziert werden. Die Folge wäre eine Steigerung der verfügbaren Kontrollkapazität. Der Einbeziehung des »Flight Management Systems – FMS« und der Nutzung vorhandener Boden-Bord-Datalink-Verbindungen kommt dabei eine besondere Bedeutung zu. Diese Systeme gewinnen bei den Fluggesellschaften mehr und mehr an Bedeutung.

Wenn nun im Vorgriff auf FEATS bestimmte Flugplanungs- und Verlaufsdaten bereits heute mittels bestehender Datalinkverbindung genutzt werden könnten, so würde das neben einer reinen Arbeitsentlastung auch zu einer höheren Genauigkeit der Flugsicherungsplanung und damit zu einer früheren Erkennbarkeit von Staffelungs- und Konfliktsituationen führen. Die Folge wäre eine

– Reduzierung des Koordinationsaufwandes durch teilautomatisierten Austausch von Flugplandaten
– erweiterte und frühzeitigere Konflikterkennung durch Integration von Funktionen des FMS in das Flugsicherungssystem
– verbesserte Vorausplanung und kapazitive Anpassung an Flugsicherungs- und Flughafenkapazitäten unter dem Gesichtspunkt konfliktminimierter Flugprofile.

Ein weiterer, sehr wesentlicher Gesichtspunkt ist die Streckenwahl. Die heute noch überwiegend praktizierte Kanalisierung des Luftverkehrs führt immer häufiger zu Überlastungserscheinungen. Direkte Flugwege hätten den Vorteil verkürzter Flugzeiten und damit einer geringeren Verweildauer im System. Allerdings führt eine solche freie Streckenwahl auch zu gewissen Problemen bei der Konflikterken-

Optische Darstellung als Ersatz für das gesprochene Wort? Elektronische Boden-Bord-Datenübermittlung wird auch in den Kontrolltürmen schon bald dominieren.

nung durch den Fluglotsen und bedarf deshalb mehr denn je einer rechnerunterstützten Flugprofil- und Konfliktanalyse vor, aber auch während des gesamten Fluges.

Keine Frage ist, daß der in Planungsfragen erforderliche Schulterschluß von Fluggesellschaften, Flughäfen und Flugsicherung für die kommenden Jahre ein bestimmter Faktor für störungsfreie Verkehrsabläufe im Luftverkehr sein wird. Daß sich ein solcher Wandel nicht von heute auf morgen vollziehen kann, ist auch jedem klar, der nicht bereit ist, in Fragen der Sicherheit bei der Verkehrsabwicklung Abstriche hinzunehmen. Ebenfalls stellt sich die Frage einer Integration des militärischen Luftverkehrs, der FMS nur bedingt für eine bestimmte Kategorie von Flugzeugen vorhalten wird.

Um den Erfordernissen des zukünftig weiter steigenden Luftverkehrsaufkommens gerecht werden zu können, wird eine neue Strategie der Konflikterkennung entwickelt werden müssen, die bereits im Vorfeld der Ereignisse Lösungsansätze ausweist. Auch wenn heute noch eine Verkehrsflußsteuerung mit Slotvergabe als Mängelverwaltung angesehen wird, so wird in der zukünftigen Verkehrsentwicklung dieser Strategie erhöhte Bedeutung zukommen. Allerdings wird sich die Situation mehr in Richtung von Verkehrsflußsteuerungs-, Konflikterkennungs- und -lösungsstrategien entwickeln, die von ihrem Ansatz her eher raumgreifenden Charakter haben werden und sich wie folgt unterteilen würden:

Kapazitätskonflikt mit überregionalem Zeithorizont auf der Basis von Ist-Kapazitätswerten des Luftraums und der Flughäfen. Eine Steuerung erfolgt über eine zentrale europäische Luftraumnutzungs- und Verkehrsflußsteuerungszentrale in Form einer strategischen Planung.

Luftraumkonflikt mit regionalem Zeithorizont im Stunden-/Minutenbereich, wie sie heute bereits bei der Luftraumnutzungszentrale auf der Basis eines taktischen Konzeptes erfolgt.

Planungskonflikt als kurzfristiger Luftraumkonflikt bezogen auf einen Kontrollsektor innerhalb eines Fluginformationsgebietes bis zu einer Stunde vor Einflug in den Sektor. Überprüfung auf Konfliktwahrscheinlichkeit durch den örtlichen Fluglotsen.

Staffelungskonflikt mit einem Zeithorizont im Minuten-/Sekundenbereich zur Lösung aktueller Staffelungsprobleme innerhalb eines Sektors, der sich aufgrund der individuellen Verkehrsüberwachung ergibt.

Ziel dieser Systemphilosophie muß es sein, bereits bei der strategischen, spätestens aber bei der taktischen Planung Verkehrskonzentrationen im Luftraum und jede Konfliktwahrscheinlichkeit auf das geringstmögliche Maß zu reduzieren. Durch eine kontinuierliche Aktualisierung der Flugdaten über das Flight Management System oder der Radarzielverfolgung können die Flugprofile bezüglich der Konfliktwahrscheinlichkeit und der Kapazitätswerte von Luftraum und Flughäfen innerhalb Europas optimiert und angepaßt werden.

Der Fluglotse der Zukunft wird dann in der Lage sein, auf der Basis einer präzisen Planung statt der ad-hoc-Kontrolle mehr und mehr Überwachungs- und Managementaufgaben zu übernehmen. Dies alles setzt ein europäisch integriertes und in sich kompatibles Flugsicherungssystem voraus. Eurocontrol wird hier, zusammen mit den Staaten Europas, noch ein erhebliches Maß an Integrationsarbeit zu leisten haben. Vollzogen werden kann diese neue Systemphilosophie jedoch nur, wenn alle Beteiligten den Schulterschluß suchen und bereit sind, unter Zurückstellung nationaler Interessen ihren dafür erforderlichen Beitrag zu leisten.

Die Zeit nationalen Flugsicherungsdenkens ist endgültig vorbei. Die Zukunft verlangt vernetztes Denken und ganzheitliches Handeln. Die Luftfahrt von morgen wird durch das Ineinanderwachsen und Verkoppeln der unterschiedlichen Systeme so komplex werden, daß die Rolle einer nationalen Funktionseinheit sich nicht mehr aus sich selbst definiert, sondern ein integraler Bestandteil eines großflächig europäischen Systems werden muß.

13 Deutsche Lufthansa und internationale Luftverkehrsgesellschaften

ELISABETH HEIDAN

Sie hat einen Teil der Lufthansa-Geschichte miterlebt, und zwar im interessantesten Bereich des Unternehmens, in der Presseabteilung. Hier hat sie vor dreißig Jahren eine Ausbildung als Büroassistentin begonnen. Sekretärin des Leiters war die nächste Station mit den typischen Tätigkeiten: Tippen, telefonieren, organisieren – alles mehr oder weniger hektisch, unter Zeitdruck. Und nebenbei holte sie abends das Abitur nach. Heirat, die Geburt des ersten Kindes ein Studium , zudem bot die Arbeit bei Lufthansa soviel Abwechslung, sowiel interessante Aspekte, daß ein typischer Akademiker-Beruf wenig reizvoll erschien. Engagiert, aufmerksam lernbegierig, verantwortungsbewußt wuchs Elisabeth Heidan in immer anspruchsvollere Aufgaben hinein. Ersten journalistischen Versuchen für den Lufthansa-Pressedienst folgte der „Aufstieg" zur Redaktionsassistentin. Die Chance nur noch journalistisch zu arbeiten, kam mit der Übernahme der Redaktion des „Lufthansa Bordbuchs" durch die Presseabteilung im Jahr 1987. Seitdem gehört sie zum Team, Schwerpunkt Lufthansa.

Kranich am Leitwerk

Am 5. Februar 1919 begann der Luftverkehr – und der »Kranich« war von Anfang an dabei. Er schmückte damals die Flugzeuge der Deutschen Luft-Reederei (DLR), die erste Linienflüge zwischen Berlin und Weimar durchführte, als in der Goethe-Stadt die »Weimarer Republik« gegründet wurde. Der Erfolg der DLR ermutigte rasch zur Nachahmung: Bald waren es 30 Gesellschaften, die sich gegenseitig Konkurrenz machten. Wirtschaftliche Gründe erzwangen Zusammenschlüsse: 1923 ging die DLR in der neuen Gesellschaft »Deutscher Aero Lloyd« auf, sie übernahm das dynamische Kranich-Symbol. Es überlebte auch die Aero Lloyd, als diese 1926 mit ihrer Konkurrenz am deutschen Himmel, Junkers Luftverkehr, die neue Einheits-Fluggesellschaft bildete. Diese Fusion war ebenfalls wirtschaftlich bedingt: Die Reichsregierung wollte nur noch eine Fluggesellschaft subventionieren.

Eine einheitliche deutsche Luftverkehrsgesellschaft hatte ein Jahr zuvor Friedrich Andreas Fischer von Poturzyn, damals Pressechef von Junkers, in einer stark beachteten Schrift gefordert. Er gab ihr, in Erinnerung an die »Hanse«, die Handelsgemeinschaft des Mittelalters, den Titel »Luft-Hansa«. Der Name für die deutsche Einheits-Fluggesellschaft – sie wurde am 6. Januar 1926 in Berlin gegründet – war geboren.

Die Lufthansa lernt fliegen

Pioniergeist, Mut und Kreativität machten den Kranich in aller Welt schnell berühmt. Am 6. April 1926 startete das erste Flugzeug von Berlin nach Halle, Erfurt, Stuttgart und Zürich. Der Flugplan wuchs rasch, Ende des Jahres bediente Lufthansa bereits 57 deutsche und 15 ausländische Flughäfen. Knapp 1000 Mitarbeiter – darunter 88 Piloten – arbeiteten für die junge Airline. Sie bot ihren Passagieren als erste Fluggesellschaft der Welt schon ab Mai 1926 einen regelmäßigen Nachtdienst an: Die durch Lichtsignale gesicherte Route führte von Berlin nach Königsberg. Schon 1927 waren alle wichtigen deutschen Städte durch ein dichtes Streckennetz verbunden und über 100000 Passagiere befördert worden. Aber das genügte den Lufthanseaten nicht. Sie wollten auch Flugverbindungen in den Fernen Osten schaffen sowie die natürlichen Hindernisse Nord- und Südatlantik überwinden.

6. Januar 1926: Aus einem Zusammenschluß mehrerer Fluggesellschaften entsteht die Deutsche Lufthansa. Martin Wronsky, Otto Julius Merkel und Erhard Milch (von links) bilden den ersten Vorstand.

Lufthansa-Service von damals: Beim unbequemen Einstieg in die Focker-Grulich FII hilft ein Luftboy.

Bemühungen in dieser Richtung gab es schon früher: So entstand 1921 die Deutsch-Russische Luftverkehrsgesellschaft (Deruluft). Über das Condor Syndikat wollte die Deutsche Aero Lloyd Luftverkehr nach Südamerika exportieren. Dieses Prinzip behielt Lufthansa bei. Es entstanden Tochtergesellschaften in Island, Spanien (Iberia), China (Eurasia), Brasilien (Syndicato Condor). Zu Beginn des Jahres 1928 richtete Lufthansa gemeinsam mit Iberia die längste euro-

Der Lufthansa-Pendelbus brachte die Passagiere – hier nach der Landung einer Junkers G 24 – von Berlin-Tempelhof in die Innenstadt.

päische Flugstrecke ein, von Berlin nach Madrid. Und schon damals entdeckte Lufthansa die Fracht: Es gab reine Luftfracht-Spezialdienste zum Beispiel auf den Routen Berlin – Hannover – Essen – Köln – London und Berlin – Köln – Paris. Zeitweise flog sie 1928 allein auf dem Frachternetz täglich 3855 Kilometer. Auch der erste Liniendienst über die Alpen von München nach Mailand hatte nur Fracht an Bord. Passagierdienste konnten auf dieser Strecke erst 1931 eingerichtet werden.

1929 kamen wieder schlechte Zeiten. Subventionskürzungen zwangen zu Flugstreichungen, etwa ein Drittel der Belegschaft mußte entlassen werden. Der Postminister verhütete Schlimmeres. Er wollte nicht auf die schnelle Postbeförderung verzichten und beauftragte die Lufthansa, ein Luftpostnetz aufzubauen. Es beschränkte sich zunächst auf Europa, die längste Poststrecke war damals Wien – Budapest – Belgrad – Sofia – Istanbul.

Pionierflüge nach Ost und West

Erste Erkundungsflüge nach Ostasien unternahmen die Lufthanseaten im Sommer 1926: Zwei Junkers G24 landeten am 30. August in Peking. Sie hatten die rund 10000 Flugkilometer lange Strecke in zehn Tagesetappen zurückgelegt. Die Realisierung der Transeurasia-Linie scheiterte jedoch aus finanziellen Gründen. Lufthansa gab nicht auf. Nach weiteren Erkundungsflügen und mit Hilfe der Eurasia konnte 1931 der erste Postflugdienst nach Shanghai eröffnet werden. Politische und geografische Schwierigkeiten ließen einen Passagierdienst aber nicht zu. Den konnte Lufthansa erst 1939 auf der Route Berlin – Bangkok realisieren.

Eine bemerkenswerte Pionierleistung bedeutete die Einrichtung des Südatlantik-Postdienstes. Ab 1930 bot Lufthansa zunächst eine Kombination von Luft- und Seeverkehr. Von 1934 an wurde die Post zunächst per Flugstaffette über Marseille, Barcelona, Sevilla, Las Palmas nach Bathurst befördert. Dort übernahm ein Dampfer die Post. Etwa in der Mitte des Atlantiks wurde ein Dornier Wal mit der Post — er hatte die Strecke ebenfalls an Bord zurückgelegt — von Bord »katapultiert«: Das Flugboot raste mit auf Vollgas laufenden Motoren auf einem Schlitten über die 36 Meter lange Katapultbahn an Deck des Dampfers. Am Ende der Bahn wurde der Schlitten abgebremst und das Flugzeug in die Luft geschleudert. Es flog weiter nach Natal, wo Flugzeuge der Syndicato Condor die Post übernahmen und zum Bestimmungsort brachten. Die erste reine Flugverbindung über den Südatlantik konnte Lufthansa ab September 1934 anbieten. Das Unternehmen hatte zwei schwimmende Stützpunkte, einen an der afrikanischen und den anderen vor der südamerikanischen Küste, die von den Flugbooten angesteuert wurden. Sie landeten auf dem sogenannten Schleppsegel, das sie zum auf dem Schiff installierten Wippkran zog. Er hob das Flugboot an Bord. Nach dem Auftanken wurde es in die Luft katapultiert und konnte weiterfliegen. Bis zur Einstellung der Dienste im Herbst 1939 hatten Postflieger der Deutschen Lufthansa rund 480mal den Südatlantik überquert.

1929: New York im Visier

Auch der Nordatlantik sollte bezwungen werden. Erste Erfahrungen sammelten die Lufthanseaten 1927/28 mit Rundflügen einer F13 von Dampfern des Norddeutschen Lloyd aus. Obwohl die erste Atlantik-Überquerung in Ost-West-Richtung am 12./13. April 1928 durch Köhl, Fitzmaurice und von Hünefeld stürmisch gefeiert wurde, hielt Lufthansa daran fest, daß vorerst nur Flugboote für eine sichere Atlantiküberquerung in Frage kämen. Und sie machte Ver-

Das wohl bekannteste deutsche Verkehrsflugzeug, die Ju 52, wurde von Lufthansa ab 1933 im Liniendienst eingesetzt, auf Strecken in Europa, später auch nach Ostasien und in Südamerika. Hier steht eine „Tante Ju" auf dem Londoner Flughafen Croydon.

suche in dieser Richtung: 1929 wurde etwa 400 Kilometer vor New York ein Postflugzeug von Bord des Schnelldampfers »Bremen« katapultiert. Als auch der Dampfer »Europa« Katapulteinrichtungen erhalten hatte, konnte Lufthansa von 1929 bis 1935 insgesamt 200 »Schleuderflugdienste« machen. Zeitersparnis für die Post: zwei Tage.

In mehreren Versuchsreihen erprobten die Lufthanseaten 1936 bis 1938 durchgehende Postflüge zwischen Europa und Amerika. Die Katapultschiffe »Schwabenland« und »Friesenland« waren dafür in New York beziehungsweise vor den Azoren positioniert. Die kommerzielle Nutzung der planmäßig durchgeführten Flüge scheiterte jedoch am Veto der Amerikaner. Insgesamt fanden 50 Nordatlantikflüge ohne Ladung statt. Doch 1938 zeichnete sich bereits eine neue Ära im transkontinentalen Luftverkehr ab. Am 10./11. August gelang der viermotorigen Focke-Wulf Fw200 Condor der erste Nonstop-Flug Berlin – New York. Flugzeit: knapp 25 Stunden. Der Zweite Weltkrieg verhinderte dann die Einrichtung eines regelmäßigen Dienstes.

Die Ju52 wird »Arbeitspferd«

Auch diese Versuchsreihen dienten dem Lufthansa-Ziel, die Verkehrsfliegerei für den Kunden interessanter und bequemer zu machen. Die Menschen sollten schnell und sicher auch größere Entfernungen zurücklegen können. Das Streckennetz wurde weiter ausgebaut, immer moderneres, passagierfreundlicheres Fluggerät eingesetzt. Als Lufthansa 1926 begann, waren nicht alle der 162 Flugzeuge für den Transport von Passagieren geeignet. Doch die großen deutschen Flugzeugwerke sorgten bald für geeignetes Fluggerät.

Dem schon Anfang der 20er Jahre eingesetzten ersten Ganzmetall-Passagierflugzeug der Welt, der F13, ließ Junkers bald die G24, die G31 (sie ermöglichte der Lufthansa erstmals einen Bord-Service), die Ju90 und das »Arbeitspferd« der Lufthansa – die Ju52 – folgen. Sie entwickelte sich in den 30er Jahren zum Rückgrat der Flotte. Bis zu 80 Flugzeuge dieses Typs waren jährlich im Einsatz, seine Zuverlässigkeit und seine hervorragenden Wartungseigenschaften wurden bald Legende und verliehen ihr den Kosenamen »Gute alte Tante Ju«.

Dornier entwickelte die Merkur und den Dornier Wal, der auf Flügen über die Ostsee und auf dem Südatlantik eingesetzt wurde. Von Heinkel kam 1932 die He70 »Blitz«, sie war das erste europäische Flugzeug mit Einziehfahrwerk und stellte in den ersten Monaten acht internationale Geschwindigkeitsrekorde auf, sowie die He111. Mit der Focke Wulf FW200 Condor erhielt Lufthansa 1938 endlich das ersehnte für Langstrecken geeignete Landflugzeug. Es wurde nicht nur berühmt durch den ersten Nonstop-Flug von Ber-

Eine Ju 52 gibt es auch heute wieder bei Lufthansa. Mit der „Berlin-Tempelhof" knüpft sie an Traditionen an. Hier fliegt sie bei einer Windjammerparade in Bremerhaven.

lin nach New York, es beflog im gleichen Jahr auch die Strecke Berlin – Basra – Karatschi – Hanoi – Tokio in gut 42 Stunden, und es erlaubte zur Freude der Passagiere einen echten Bord-Service.

1934: Baby an Bord

Erste Service-Versuche hatte es schon 1928 gegeben, als ein von der Mitropa ausgeliehener Kellner Essen und Trinken an Bord servierte. In den 30ern wurde die Fliegerei immer schneller und bequemer. Diese Entwicklung wirkte so vertrauenerweckend, daß 1934 sogar ein siebenmonatiges Baby allein auf die Luftreise von Hamburg nach Danzig ging, unterwegs betreut von einem mitreisenden Gast – Flugbegleiter gab es auf diesem Flug noch nicht. Die ersten Stewardessen folgten 1938 in der Focke-Wulf 200 und der Ju 90. Es blieben jedoch sehr wenige: insgesamt nicht einmal 20.

Die großen Flugzeuge erlaubten auch die Einrichtung eines Raucherabteils, bis dahin herrschte an Bord striktes Rauchverbot. Und schon 1926 setzte der Lufthansa-Service bereits am Boden ein: ein Bus brachte den Fluggast direkt zum Flugzeug. Sogar den »Spezial-Service« gab es schon – sogenannte »Läufer« in schmucken Matrosen-Uniformen gingen den Passagieren auf dem Heimatflughafen der Lufthansa, Berlin-Tempelhof, zur Hand.

Die Lufthanseaten wollten die Fliegerei auch wetterunabhängig machen. Sie erprobten schon 1929/30 den sogenannten Blindflug, das heißt das Fliegen ohne Bodensicht. Neue Bordinstrumente und der 1927 verstärkt einsetzende Funkverkehr zwischen Cockpit und Bodenstation machten dies möglich. Als in Tempelhof 1932 eine Peileinrichtung installiert wurde, konnten erfahrene Flugkapitäne selbst bei dichtestem Nebel sicher landen. Lufthansa war Bahnbrecher: Piloten ausländischer Gesellschaften kamen nach Berlin, um sich von den erfahrenen Lufthansa-Kapitänen schulen zu lassen.

Flugverbot für den Kranich

Lufthansa war 1939 die Nummer 1 in Europa: Ihr Streckennetz umfaßte 108 Ziele auf vier Kontinenten. 5529 Mitarbeiter arbeiteten für das Unternehmen, darunter 182 Piloten. Mehr als eine Viertelmillion Menschen vertrauten sich den Flugzeugen mit dem Kranich an. Der Zweite Weltkrieg setzte der positiven Entwicklung ein abruptes Ende: Der Flugdienst mußte zunächst völlig eingestellt werden, Ende September 1939 konnte Lufthansa das Europa-Netz, wenn auch in geringerem Umfang, wieder bedienen.

1940 zwang eine »Vereinbarung über besondere Leistungen der Lufthansa aufgrund des Kriegszustandes« das Unternehmen, Fluggerät an das Reichsluftfahrtministerium abzugeben. Zahlreiche Lufthansa-Flugzeuge wurden bei diesen Einsätzen zerstört, viele Lufthanseaten ließen ihr Leben. 1944 formierte sich auch bei Lufthansa Widerstand: Dr. Klaus Bonhoeffer, der Leiter der Rechtsabteilung und Bruder des Theologen Dietrich Bonhoeffer, wurde in Zusammenhang mit dem Attentat auf Hitler am 20. Juli verhaftet und 1945 hingerichtet. Syndikus Dr. Otto John gelang die Flucht ins Ausland.

Das Ende der Lufthansa kam mit der Kapitulation Deutschlands: Die Siegermächte untersagten 1945 den Deutschen Besitz, Herstellung und Betrieb von Flugzeugen. Sie betrieben auch die Liquidation des Unternehmens; am 18. Oktober 1965 wurde die Firma Deutsche Lufthansa i. L. aus dem Berliner Handelsregister gelöscht. Doch da flog der Kranich längst wieder.

Die Junkers G 38 war mit ihren 44 Metern Spannweite das damals größte Landflugzeug der Welt. Besondere Attraktion waren die zwei Plätze in den Tragflächen.

Vorbereitungen in aller Stille

Der westdeutsche Luftfahrtmarkt hatte nach dem Krieg rasch an Attraktivität gewonnen: 1951 beförderten 28 ausländische Fluggesellschaften 1,2 Millionen Passagiere von den westdeutschen Flughäfen. Drei Jahre später hatte sich diese Zahl gar verdoppelt. Die junge Bundesrepublik verlor 1954 im Luftverkehr insgesamt 160 Millionen Mark an dringend benötigten Devisen. Hans Christoph Seebohm, der erste Verkehrsminister, hatte schon 1949 auf einer Tagung der Verkehrsminister der Länder das »grundsätzliche Recht eines Staates, über alle Verkehrszweige nach eigener Vollmacht zu entscheiden« unterstrichen. Zwei Jahre später erteilte er Hans M. Bongers, dem letzten Verkehrsleiter der alten Lufthansa, den offiziellen Auftrag, »den Verkehrsminister in Fragen eines zukünftigen deutschen Luftverkehrs zu beraten und als Gutachter auf diesem Gebiet tätig zu sein«.

Im »Büro Bongers« in Köln begannen ehemalige Lufthanseaten mit dem Aufbau einer neuen Luftverkehrsgesellschaft. Gerhard Höltje, der ehemalige Leiter der Lufthansa-Versuchsabteilung, war auch dabei. Der Techniker hatte als Wartungsspezialist für amerikanische Transportflugzeuge in Berlin-Tempelhof den Anschluß an die moderne Flugzeugtechnologie nicht verloren und erwies sich als ideale Ergänzung zum Kaufmann Bongers.

Als der »Vorbereitungsausschuß Luftverkehr« (VAL) im Herbst 1952 die wesentlichen Richtlinien für ein künftiges deutsches Luftverkehrsunternehmen vorlegte, beschloß das Bundeskabinett am 26. September 1952, eine Vorbereitungsgesellschaft für den geplanten Luftverkehr zu gründen. Symbolträchtig am 6. Januar 1953 – 27 Jahre nach Gründung der alten Lufthansa – entstand in Köln fern von der einstigen Heimatbasis Berlin die »Aktiengesellschaft für Luftverkehrsbedarf« (Luftag). Mit sechs Millionen Mark Aktienkapital fing sie an – Anteilseigner waren die Bundesregierung und zum kleineren Teil das Land Nordrhein-Westfalen sowie die Bundesbahn, aber auch 125 Privataktionäre, vorwiegend Reisebüros und Speditionen.

Der Gründungstag wies schon darauf hin: Das neue Unternehmen will die Tradition der Vorkriegs-Lufthansa fortsetzen. Schon am 6. August 1954 folgte die Umbenennung der Luftag in »Deutsche Lufthansa Aktiengesellschaft«. Namen und Kranich-Symbol, die Traditionsfahne und das Mützenabzeichen hatte sie für 30000 Mark aus der Konkursmasse der »Deutschen Lufthansa in Liquidation« erworben.

Angesichts der schwachen Kapitaldecke war an den ursprünglich geplanten, wirtschaftlich rationellen Neubeginn mit einer Flotte von 16 bis 24 Flugzeugen nicht zu denken. Aber auf jeden Fall wollte die junge Airline nur mit erstklassigen, fabrikneuen Flugzeugen an den Start gehen. Für den Interkontinentalverkehr kaufte das Unternehmen am 26. Juni 1953 vier Lockheed Super Constellation, im September noch vier Convair 340 für den Deutschland- und Europa-Verkehr.

Probleme gab es bei der Auswahl des fliegerischen Personals. Nach wie vor war Deutschen jede fliegerische Tätigkeit untersagt. Früheren Lufthansa- und Militärpiloten, die sich zu Tausenden bei der Luftag bewarben, fehlten zehn Jahre Flugerfahrung, Jahre, in denen sich gerade die Fliegerei rasant entwickelt hatte. Die notwendige Nachschulung und die praktische Ausbildung erfolgten in England und den USA. Schon bald hatten rund 50 deutsche Verkehrspiloten die erforderlichen Lizenzen. Sie konnten aber nur als Copiloten fliegen, da ihnen die Flugerfahrung fehlte. Amerikanische und britische Flugkapitäne halfen in den ersten Jahren aus.

Ende 1953 wählten die Lufthanseaten Hamburg als Heimatflughafen der künftigen Flotte. Seine Lage schien die

Mit dem Schwimmerflugzeug Ha 139 führte Lufthansa Katapult-Probeflüge über den Nordatlantik durch. Das Flugzeug wird nach der Landung im Wasser an Bord des Stützpunktschiffes gehievt und zum Weiterflug in die Luft katapultiert.

besten Voraussetzungen für den Aufbau des Übersee-Streckennetzes zu bieten. Der Hamburger Senat sorgte für den raschen und großzügigen Aufbau der Werftanlagen auf dem Flughafen Hamburg-Fuhlsbüttel. Die technische Basis war geschaffen.

Symbolträchtig am 6. Januar 1953 wird in Köln die Luftag gegründet, sie übernimmt später den Namen Lufthansa. Hans M. Bongers und Gerhard Höltje (ganz links und zweiter von rechts) sind die ersten Vorstandsmitglieder des Unternehmens.

Zur Jahresmitte 1954 waren sämtliche Vorbereitungen abgeschlossen, doch politische Gründe verzögerten den Neuanfang. Die nervenzehrende Zeit des Leerlaufs endete erst am 29. November, als die beiden ersten Convairs in Hamburg eintrafen. Der Countdown begann: Probeflüge, Ausbildung von Flugbegleitern und Verkaufspersonal, Stadtbüros und Stationen auf den Flughäfen wurden eingerichtet. Alles mußte erstklassig organisiert sein, denn Pannen wollten sich die Lufthanseaten nicht leisten.

1955: Aufstieg aus der Asche

Es dauerte noch bis zum 1. April 1955, bis der Kranich wieder das Fliegen lernte und Lufthansa verkünden konnte: »Wieder zu Ihren Diensten«. Mit Flügen auf rein innerdeutschen Strecken — von Hamburg über Düsseldorf - Frankfurt nach München oder von München über Frankfurt - Köln nach Hamburg — begann die zweite Karriere des Kranichs.

International wurde es aber schon bald danach, denn die Lufthanseaten waren 1955 nicht weniger ehrgeizig als 30 Jahre zuvor: Vom 15. Mai an flog Lufthansa nach London, Madrid und Paris, am 8. Juni startete der erste Nordatlantikflug von Hamburg über Düsseldorf und Shannon nach New York. Am Ende des ersten Jahres besaß die junge Airline elf Flugzeuge — vier Convair 340, vier Lockheed 1049 »Super Constellation« und drei Douglas DC3. Sie beförderten 74 000 Fluggäste und bediente zwölf Flughäfen. Die 2040 Mitarbeiter hatten einen »sauberen« Start hingelegt.

Schon im darauffolgenden Jahr stieg die Zahl der angeflogenen Städte auf 25 — darunter Rio de Janeiro, Sao Paulo und Buenos Aires, sowie Istanbul, Bagdad, Teheran, und die Zahl der Fluggäste verdreifachte sich nahezu. Und 1957 bot Lufthansa schon Nur-Frachtdienste über den Atlantik. Vier Jahre später sorgte ein für die Bundespost eingerichtetes Nachtluftpost-Netz im Bundesgebiet für Postzustellung über Nacht.

Schon im zweiten Betriebsjahr mußte das Unternehmen eine schwerwiegende Investitionsentscheidung treffen: die Bestellung des ersten Düsenflugzeugs. Die neuen Propellermaschinen waren erst ein gutes Jahr in Betrieb, da kündigte sich bereits ihre Ablösung an. Düsenflugzeuge revolutionierten den Luftverkehr. Sie reduzierten die Flugzeit von Europa nach den USA auf weniger als die Hälfte, und sie konnten zudem beinahe dreimal soviel Passagiere pro Flug befördern. Eine technische Entwicklung, an der die junge Airline nicht vorbei konnte, wollte sie nicht von Anfang an ins Abseits

Am 1. April 1955 geht es los: Die Luftverkehrsgesellschaft mit dem Kranich am Leitwerk ist „wieder zu Diensten".

Das Flugzeug für den innerdeutschen Verkehr, die Convair Metropolitan. Das Propellerflugzeug hatte Platz für 48 Passagiere.

geraten. Lufthansa entschied sich für die Boeing 707. Damit begann eine Zusammenarbeit, die sich für beide – Hersteller und Betreiber – sehr erfolgreich entwickeln sollte. Immer wieder haben Lufthansa-Techniker Boeing-Projekte beeinflußt, ohne sie wäre das später erfolgreichste Düsen-Verehrsflugzeug, Boeing 737, wahrscheinlich gar nicht gebaut worden.

Im gleichen Jahr starteten die Lufthanseaten mit den Vorbereitungen auf den Düsen-Flugbetrieb. Alle betroffenen Bereiche trainierten mit der Aktion »Paper Jet« in der Theorie den Einsatz des neuen Flugzeugs, um große Probleme in der Praxis zu vermeiden. Auch die Technik stellte sich darauf ein: Eine neue Wartungshalle, wegen ihres Aussehens »Schmetterlingshalle« genannt, entstand auf dem Frankfurter Flughafen. Dorthin verlegte das Unternehmen auch die Basis der Interkontinental-Flotte.

Inzwischen setzten die arrivierten Fluggesellschaften längst die Boeing 707 auf dem Nordatlantik ein. Lufthansa machte aus der Not eine Tugend. Statt Schnelligkeit bot sie ab 1958 ausgesuchten Service: den Senator-Service. Die Propellerflugzeuge erhielten First Class-Sessel, De-Luxe-Schlafsitze, Betten und eine elegante Lounge. Ein Koch bereitete Menüs à la carte, und an einer Bordbar servierte ein Steward erlesene Getränke. Der Service kam beim Publikum so gut an, daß Lufthansa ihn auch bei der Boeing 707 in der Ersten Klasse beibehielt. Er wurde zwar gemäß den kürzeren Flugzeiten modifiziert, bot aber immer noch Außergewöhnliches, wie frisches Bier vom Faß oder Sechs-Gänge-Menüs. Noch heute gehört der Lufthansa Senator-Service zu den Spitzenprodukten im Luftverkehr.

Am 17. März 1960 begann dann auch bei Lufthansa das Düsenzeitalter. Natürlich war diese schnelle Umstellung auf die neue Technik mit hohen Kosten verbunden, die 22 Millionen Mark pro Boeing 707 mußten ja aufgebracht und die noch keine fünf Jahre alten Propellerflugzeuge bezahlt werden. Ob der Verluste, die Lufthansa bis 1963 einflog, kam es immer wieder zur Diskussion in der deutschen Öffentlichkeit: Brauchen wir überhaupt eine eigene Luftverkehrsgesellschaft?

Doch die Lufthanseaten ließen sich nicht beirren. Sie glaubten an ihren wirtschaftlichen Erfolg, und sie behielten recht: Das junge Unternehmen konnte zehn Jahre nach Betriebsaufnahme stolz verkünden: »Wir haben einen Gewinn – 36,9 Millionen Mark – erzielt«. 1964 hatte der Nutzladefaktor – die Gesamtauslastung der Flüge – erstmals die magische Grenze von 60 Prozent überschritten: 2,6 Millionen Fluggäste waren mit der Kranich-Airline geflogen, 42 000 Tonnen Fracht befördert worden. Sie besaß 44 Streckenflugzeuge, darunter 13 Boeing 707 und Boeing 727, und flog zu 53 Flughäfen auf allen Kontinenten.

1965: Lufthansa-Aktien

Der wirtschaftliche Erfolg interessierte private Anleger, als 1965 das Stammkapital von 150 auf 400 Millionen erhöht wurde. Über 33 000 Interessenten zeichneten Aktien in Höhe von 335 Millionen Mark, viel mehr, als zur Verfügung stand. So erhielt jeder Interessent nur eine, höchstens zwei Aktien. Im April 1966 wurde die Lufthansa-Aktie erstmals an der Börse gehandelt. Und 1969 konnten die Aktionäre auch kassieren: Lufthansa schüttete Dividende aus: vier Prozent auf Stamm- und fünf Prozent auf Vorzugsaktien.

Beim Einzug der Düse auf den Mittelstrecken war Lufthansa wieder vorne: Als erste europäische Gesellschaft setzte sie 1964 die Boeing 727 ein und bot ihren Passagieren schnellere und komfortablere Dienste auf Europa-Strecken. Ein Jahr später — nur neun Jahre nach Aufnahme des Flugbetriebs — war Lufthansa Pionier. Sie bestellte als erste Luftverkehrsgesellschaft der Welt die Boeing 737, also das Düsenflugzeug für die Kurzstrecke, und läutete damit das endgültige Ende der Propeller-Ära ein: Die letzte Vickers Viscount machte bei Lufthansa ihren letzten Flug im März 1971. Das Unternehmen besaß damit eine homogene Flotte von Flugzeugen ausschließlich eines Herstellers: Boeing. Und von Boeing stammte dann das erste Großraumflugzeug, das Lufthansa bestellte — die Boeing 747.

Auch auf anderem Gebiet wurde Lufthansa zum Pionier. 1967 nahm sie als erste Fluggesellschaft der Welt ein elektronisches Reservierungssystem in Betrieb, zwei Jahre später übernahm es zusätzlich die Fluggast-Abfertigung auf dem Flughafen Rhein-Main. Das System war von Siemens in enger Zusammenarbeit mit den Lufthansa-Experten entwickelt worden. Es ermöglichte erst die Bewältigung des Kapazitätssprungs, der mit der Boeing 747 auf die Luftverkehrsgesellschaft zukam.

Lufthansa beachtete schon damals den Umweltschutz. Zur Verbesserung der Luft in der Umgebung der Flughäfen hat das Unternehmen Anfang der 70er Jahre die gesamte 737- und 727-Flotte mit neuen rauchärmeren Triebwerk-Brennkammern ausgerüstet. Kostenfaktor: 3,4 Millionen Mark. Und zur Verminderung des Fluglärms entwickelte eine kleine Expertengruppe der Lufthansa 1971 lärmmindernde Anflug-Verfahren. Sie wurden 1974 von der ICAO den Luftverkehrsgesellschaften empfohlen. Diese Verfahren hat Lufthansa inzwischen weiter optimiert. Moderne, leisere Flugzeuge tun ein übriges: Im Zeitraum 1980 bis 1988 hat zum Beispiel in Frankfurt der Lärmpegel um zwischen drei und acht dB(A) abgenommen, obwohl die Zahl der Flugbewegungen um ein Drittel zunahm.

1970: Das Großraumzeitalter

Der Jumbo Jet, wie er schon bald genannt wurde, kann beinahe dreimal soviele Passagiere befördern wie die Boeing 707. Eine neue Dimension, die die Logistiker vor große Probleme stellte. Bordküchen und Bord-Service mußten verändert, das Check-in beschleunigt und die Gates an den Flughäfen vergrößert werden. Neue Wartungshallen, Überholungseinrichtungen waren nötig. Ein enormer finanzieller Aufwand, der sich kaum rechnet, wenn eine Fluggesellschaft nur wenige Flugzeuge dieses Typs — Lufthansa fing mit drei 747 an — betreibt. Vier europäische Fluggesellschaften

Eine Rarität für Philatelisten: Der Erstflug-Brief erinnert an den allerersten Flug der neuen Lufthansa.

schlossen sich deshalb 1969 im ATLAS-Verbund zusammen und einigten sich auf eine Arbeitsteilung in Wartung und Überholung, zunächst für den Jumbo Jet. Die Vereinbarung wurde später auch auf weitere Großraumflugzeuge – DC10 und Airbus – ausgedehnt. Ein erfolgreiches Projekt, das 1989 erneuert und an den künftigen europäischen Binnenmarkt angepaßt wurde.

Auch auf dem Tarifsektor revolutionierte dieser Gigant der Lüfte das bisherige System. Ein Sondertarif-System für Privatreisende entstand, denn mit Geschäftsreisenden alleine

Propellerflugzeug für die Langstrecke: die Lockheed Superconstellation. Seinerzeit ein Star unter den Passagierflugzeugen.

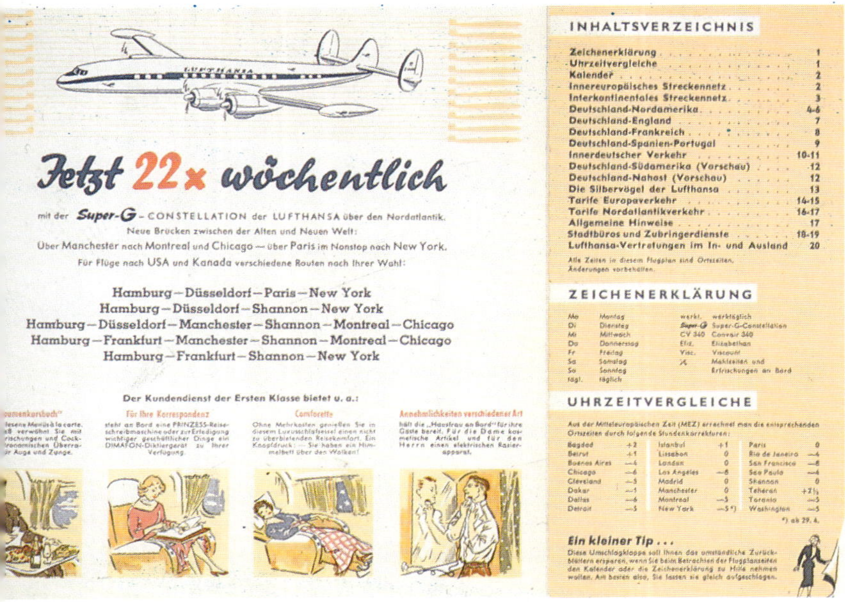

Sommerflugplan 1956. Stolz weist das Unternehmen auf seine Langstreckenflüge hin. Im August gibt es auch Flüge nach Südamerika.

waren diese Flugzeuge nicht mehr zu füllen. Die Einrichtung einer Drei-Klassen-Einteilung war die unausbleibliche Folge. Seit 1978 gibt es eine Erste Klasse, eine Business- und eine Tourist-Class, zunächst auf der Nordatlantik-Route. Für jede gilt ein eigenes Konzept, für jede gibt es bald auch separate Schalter an den Flughäfen. Und der Bord-Service wurde immer ausgeklügelter: Lufthansa bietet zum Beispiel einen speziellen Service für Babies und Kleinkinder, Sondermenüs (zum Beispiel Kosher, Vegetarisch), Audio- und Video-Bordunterhaltung, Fitness-Training, Kaffee am Gate bei Morgenflügen, Sonderbetreuung für unbegleitete Kinder.

Und da Fliegen für breite Bevölkerungsschichten immer selbstverständlicher wurde und immer mehr ältere Menschen, Familien mit Kindern und auch Passagiere, die besonderer Hilfe bedürfen, mit Lufthansa flogen, richtete die Gesellschaft 1968 in Frankfurt einen Sonderservice ein. Die »Rotkäppchen« kümmern sich besonders um diese Gäste, holen sie am Flugzeug ab und bringen sie rechtzeitig zum Anschlußflug.

Die Fracht war für Lufthansa, als der nationalen Fluggesellschaft einer exportorientierten Volkswirtschaft, immer wichtiger geworden. In den ersten Betriebsjahren hatten die Zuwachsraten weit über 50 Prozent gelegen, und sie stiegen mit dem Einsatz der 707-Frachter über den Atlantik 1966 weiter. Als Boeing auch eine Frachtversion des Jumbo Jets ankündigte, war Lufthansa die erste Fluggesellschaft, die das Flugzeug bestellte. Die Größe des Frachtraums und seine aufklappbare Nase ermöglichen den Transport großer und sperriger Güter.

Die 70er Jahre brachten der Lufthansa aber auch Belastungen. 1973 führte der Go Slow der Flugsicherung von Mai bis November zu Einschränkungen des Flugbetriebs: Der innerdeutsche Flugplan schrumpfte auf bis zu 75 Prozent. Einen Verlust von 172 Millionen Mark mußte das Unternehmen verkraften. Zwar gab es schon im nächsten Jahr wieder einen ansehnlichen Gewinn, dennoch hielt Lufthansa an der Forderung eines Ausgleichs durch die Bundesregierung fest. Erfolg hatte sie damit erst gut zehn Jahre später nach einem Schiedsgerichtverfahren. Weitere Belastungen brachte die Ende 1973 einsetzende Ölkrise durch steigende Treibstoffpreise und wirtschaftliche Rezession.

Schon 1972 wurde Lufthansa von einem neuen Phänomen in der Luftfahrt betroffen: Im Februar und im Oktober brachten Entführungen von Lufthansa-Flugzeugen besondere Belastungen für Passagiere und Besatzungen. Höhepunkt der Terror-Welle war die Entführung der »Landshut« im Oktober 1977. Sie konnte erst nach fünf Tagen durch den Einsatz des Sondereinsatzkommandos GSG 9 in Mogadischu beendet werden. Flugkapitän Jürgen Schumann wurde auf dem Irrflug von Palma de Mallorca nach Somalia von den Terroristen ermordet.

Auch von Unfällen blieb Lufthansa in dieser Zeit nicht verschont. Im November 1974 stürzte in Nairobi eine Boeing 747 ab (58 Tote waren zu beklagen), 1979 zerschellte ein Boeing-707-Frachter – aufgrund eines Fehlers der dortigen Flugsicherung – an einem Berg kurz nach dem Start in Rio.

Der Jumbo Jet Boeing 747 revolutioniert Anfang der siebziger Jahre den Luftverkehr. Lufthansa setzt bereits die dritte Generation ein, die Boeing 747-400 (Foto).

1978 engagierte sich Lufthansa im Regionalverkehr. Sie beteiligte sich mit 26 Prozent an der DLT, mit der sie schon bald auf Regionalstrecken kooperierte. Die DLT kann mit ihren Flugzeugen Strecken bedienen, die Lufthansa mangels kleineren Fluggeräts nicht wirtschaftlich gestalten kann. Im Laufe der Jahre erhöhte sich die Lufthansa-Beteiligung auf 52 Prozent. Heute bietet DLT ihre Flüge zwar in Kooperation mit Lufthansa an, aber in eigener wirtschaftlicher Verantwortung.

1976: Airbus A300

Schon in den 70er Jahren hielt Großraum-Komfort Einzug auf den Mittelstrecken: Lufthansa setzte den Airbus A300 ein. Das Flugzeug – ein echter Europäer – ist von deutschen, französischen und britischen Konstrukteuren geschaffen und soll die Vorherrschaft der amerikanischen Luftfahrtindustrie brechen. 1978 bestellte Lufthansa als einer der beiden Launching Customer 25 Exemplare des Airbus A310, einer kleineren Ausgabe der A300. Die A310 erwies sich von Anfang an als sicher, zuverlässig und umweltfreundlich – eine Verbesserung für Passagiere und Flughafen-Anrainer. Das Flugzeug wurde bald zum Verkaufsschlager für die Airbus-Industrie.

Die 70er Jahre endeten mit der zweiten Ölkrise, die zu einer weltweiten Wirtschaftskrise führte. Die Folge: Rückgang der Passagierzahlen, der Erträge und des Gewinns in den Jahren 1980 und 1981 auf jeweils 5,6 Millionen Mark. Die bis dahin immer auf Wachstum programmierten Prognosen für die Verkehrsluftfahrt veränderten sich. Lufthansa reagierte sofort: Sparmaßnahmen, Einstellungsstop, die Ausbildung von Verkehrsflugzeugführern wurde vorübergehend ausgesetzt, da der errechnete Bedarf durch ein Umschulungsprogramm von Flugingenieuren gedeckt werden könne. Das führte dazu, daß die angekündigte Ausbildung von Frauen auch verschoben werden mußte. Die ersten beiden jungen Damen begannen erst 1986 in Bremen ihre Piloten-Ausbildung.

1982: Flüge auf »Höhe Null«

Im März 1982 machte er seine Jungfernfahrt: der Lufthansa Airport Expreß. In Zusammenarbeit mit der Bundesbahn verlegte Lufthansa als einzige Luftverkehrsgesellschaft der Welt einige ihrer Kurzstreckenflüge – die Verbindungen von Düsseldorf beziehungsweise Köln und Bonn zum Flughafen Frankfurt – auf die Schiene. Ein Beitrag zur Kostensenkung und zum Umweltschutz. Der attraktive Zug entwickelte sich zum Schlager besonders für Touristen, führt er doch durchs romantische Rheintal, vorbei an Loreley und Weinbergen mit trutzigen Burgen. Das Konzept wurde später erweitert: Seit April 1990 gibt es auch eine Bahn-Verbindung von Stuttgart-Hauptbahnhof zum Flughafen Frankfurt. Auch diese Dienste sollen die Umwelt und den ohnehin überfüllten Luftraum entlasten.

Die schlechten Zeiten änderten sich schnell: Die eingeleiteten Sparmaßnahmen führten bei einsetzendem wirtschaftlichen Aufschwung 1984 zum besten Ergebnis in der Lufthansa-Geschichte: 162 Millionen Mark Jahresüberschuß wurden erwirtschaftet. Im gleichen Jahr schlug Lufthansa eine Brücke in den östlichen Teil Deutschlands: Am 30. August nahm sie Messeflüge von Frankfurt nach Leipzig auf. Sie wurden fünf Jahre lang regelmäßig zur Herbst- und Frühjahrsmesse angeboten, bis es im August 1989 gelang, ganzjährige Linienflüge zu vereinbaren. Lufthansa begnügte sich aber von Anfang an nicht mit der Fliegerei: Ausstellungen in Halle und Leipzig wurden gesponsort, ein joint venture mit der Interflug geschlossen, in welchem Lufthansa der Fluggesellschaft der ehemaligen DDR Zusammenarbeit bei der Einführung des Airbus A310 in die Interflug-Flotte zusicherte.

1986: Frachtcarrier Nummer 1

Auch die Fracht befand sich im Aufwind. Der Einsatz des Jumbo-Frachters – 1986 flogen bereits fünf Boeing 747F mit dem Kranich am Leitwerk –, die Inbetriebnahme des Lufthansa Cargo Centers in Frankfurt und der wirtschaftliche Aufschwung sorgten für rapide steigende Frachtmengen. 1984 beförderte Lufthansa erstmals mehr als eine halbe Million Tonnen Fracht in einem Jahr. 1986 erreichte die deutsche Fluggesellschaft im internationalen Fracht-Linienverkehr erstmals die Spitzenposition, die sie bis heute behauptet hat.

Die zweite Hälfte der 80er Jahre brachte weiteren Aufschwung: Die Zahl der Flüge und der Überflüge stieg so stark, daß die Kapazitäten von Flughäfen und Flugsicherung nicht mithalten konnten, der Luftraum wurde eng. Die Folge: Verspätungen, Flugausfälle, verärgerte Passagiere, Belastungen der Wirtschaft und erhöhte Kosten für die Fluggesellschaften. Die Bundesrepublik im Herzen Europas war und ist von dieser Entwicklung besonders betroffen. Allein Lufthansa-Flugzeuge mußten 1988 über 10300 Stunden Warteschleifen fliegen. Täglich werden so 87000 Liter Treibstoff nutzlos verbraucht. Eine Verbesserung ist nicht in Sicht: Der Luftraum über Europa wird von 42 Flugsicherungszentren kontrolliert, die mit unterschiedlichen und zum Teil nicht harmonisierenden Systemen arbeiten. Ein einheitliches Computer-Überwachungssystem gibt es nicht, es muß dringend entwickelt werden. Ein Kollaps des Systems ist sonst in den nächsten Jahren zu befürchten. Denn der von den Verkehrsministern der Europäischen Gemeinschaft beschlossene Binnenmarkt wird — nach Meinung der Experten — zu noch mehr Luftverkehr führen.

1986: Vorbereitung auf Europa

Lufthansa hat schon 1986 begonnen, für dieses neue Zeitalter in der Verkehrsluftfahrt die Weichen zu stellen, zum Beispiel mit einer schlagkräftigen Organisationsstruktur, verbesserter Personalschulung und -ausbildung. Auch die Entwicklung einer neuen Corporate Identity ist in diesem Zusammenhang zu sehen. Die Flugzeuge erhielten eine neue Bemalung, mit der Umgestaltung von Stadtbüros und Lounges wurde begonnen, Serviceverbesserungen am Boden und an Bord eingeführt: Dezentrales Check-in in Hotels und auf Messen, eine Umorganisation der Stationen, der Aufbau des Reiseinformationssystems Amadeus, Einführung der Business-Class auf der Kurzstrecke.

Aber auch mit der Modernisierung der Flotte hat das Unternehmen bereits begonnen, orientiert an den schon sehr früh festgelegten Grundsätzen, die verfügbare Technologie auch einzusetzen. Lufthansa verfolgt damit nicht nur wirtschaftliche Gründe, sie verbessert so auch die Umweltverträglichkeit des Luftverkehrs. Denn neue Flugzeuge bedeuten immer weniger Lärm und geringere Schadstoffemission durch weiterentwickelte Triebwerke. Die neuen Jets Boeing 747-400 und Airbus A320 fliegen bereits seit 1989 mit dem Kranich am Leitwerk. Bis 1992 investiert Lufthansa zehn Milliarden Mark, den größten Teil davon für weitere Flugzeuge, aber auch in den Ausbau der Infrastruktur und der elektronischen Datenverarbeitungssysteme, wie das Management Information-System, das ein besseres Yield-Management ermöglicht.

Die Einrichtung von Profit Centern und gezielte Maßnahmen zur Reduzierung der Personalkosten sollen die Chancen der Lufthansa verbessern. Der erste Schritt in diese Richtung war der im Oktober 1990 geschlossene Tarifvertrag, der die Personalkosten des Unternehmens schon im ersten Jahr um 65 Millionen Mark reduziert. Denn im deregulierten Markt kann sich das Unternehmen nur mit niedrigeren Kosten behaupten. Wenn der Binnenmarkt 1993 beginnt, wird Lufthansa die Wachstums- und Modernisierungsphase weitgehend abgeschlossen haben.

Dazu gehört auch der Ausbau des Konzerns. Mit der Gründung von Tochtergesellschaften hatte Lufthansa früh begonnen: 1956 engagierte sie sich mit der Condor im Charterverkehr, auch die Delvag Luftfahrtversicherungs-AG gehört schon seit 1954 zum Konzern; sie existiert bereits seit 1924. Die Sorge für die Bordverpflegung wurde 1966 einer Tochtergesellschaft — der LSG Lufthansa Service GmbH — übertragen. 1973 wurde die Lufthansa Commercial Holding gegründet, die Beteiligungen der Lufthansa an Reisebüros, im Bereich der Kommunikation, Betankung und Abfertigung hält. 1977 folgte die Tochtergesellschaft German Cargo Services für den Fracht-Chartermarkt. In den 80er Jahren kamen hinzu: Die Beratungstochter Lufthansa Consulting und die Lufthansa Hotel Gesellschaft sowie die Beteiligungsgesellschaften SunExpress (die türkische Chartergesellschaft in Antalya) und EuroBerlin France. Sie wurde 1988 gemeinsam von Lufthansa und Air France für den der Lufthansa damals immer noch nicht möglichen Berlin-Verkehr gegründet.

1989 folgte ein weiterer Schritt in Richtung Privatisierung. Die Bundesrepublik Deutschland beteiligte sich nicht an der Kapitalerhöhung auf 1,52 Milliarden Mark, und so sank der Bundesanteil auf knapp 52 Prozent. Die 80er Jahre klangen positiv aus. Passagierzahlen und beförderte Frachtmenge stiegen zweistellig, erstmals hat Lufthansa mehr als 20 Millionen Passagiere in einem Jahr befördert. Auch die Ertragsentwicklung verlief zufriedenstellend. 121,6 Millionen Mark Gewinn wurden ausgeschüttet. Mit einem Flottenpark von 150 (Konzern: 177) Flugzeugen und 43 000 (Konzern: 52 000) Mitarbeitern ging Lufthansa in die 90er Jahre. Das Streckennetz umfaßte 730 000 Kilometer, es verband 185 Städte in 85 Ländern miteinander. Dennoch begann dieses Jahrzehnt mit großen Belastungen für den gesamten Luftverkehr: Steigende Treibstoffpreise, sowie verfallende Dollar- und Yen-Kurse, sowie der Golf-Krieg führten zu Gewinneinbußen. Mit einem Aktionsprogramm zur Kostendämpfung und Ertragsoptimierung steuert das Unternehmen Gegenkurs.

1990: Wieder nach Berlin

Trotz aller Erfolge der Gegenwart hat Lufthansa die Tradition nicht vergessen. In den USA erwarb sie 1984 eine Ju 52, die von den Technikern des Unternehmens für Traditionsflüge wieder fit gemacht wurde. Sie erhielt 1986 den Namen »Berlin-Tempelhof«, in Erinnerung an die Stadt, in der Lufthansa 1926 geboren wurde und das Fliegen lernte, die ihr aber bis Ende 1990 verschlossen war. Mit der Aufnahme des Luftverkehrs nach Berlin hat Lufthansa am 28. Oktober 1990 — fast 65 Jahre nach ihrer Gründung — den Anschluß an die Traditionen der Pionierzeit gefunden.

Mit dem Airbus bringt Lufthansa Großraumkomfort auch auf die Kurz- und Mittelstrecken.

Ein Blick in die Business Class des Airbus A310-300. Der Jet fliegt auch auf Nordatlantik-Routen, zum Beispiel von Berlin nach New York (Newark).

Mit dem Jumbo-Frachter Boeing 747 F ist der Transport auch umfangreicher Frachtstücke möglich. Lufthansa setzte ihn als erste Gesellschaft ein. Ein Beweis für den hohen Stellenwert, den sie der Fracht einräumt.

KARL HEINZ („CHARLY") COHNEN

Am 3. Oktober 1924 geboren, besuchte er die Volksschule, die Städtische Höhere Handelsschule und die Wirtschafts-Oberrealschule. Nach abgelegtem Abitur erfolgte 1942 Einberufung zur Artillerie, später Versetzung zur Schule VI für Fahnenjunker der Infantrie in Metz mit zwischenzeitlichen Fronteinsätzen in Rußland und Frankreich. Mehrfache Verwundung und amerikanische Gefangenschaft. erster Fliegereikontakt mit einer Lazarett-Version der Ju 52 Budapest – Wien 1944.
Nach Entlassung aus Gefangenschaft Tätigkeit für die US-Armee in Nürnberg, dann Expedient beim Amtlichen Bayerischen Reisebüro Nürnberg und Fürth/Bayern, 1948 Bank- und Reisebüro-Expedient bei The American Express Co., Inc. Bamberg und Fürth/Bayern, Spezialgebiet Schiffs- und Flugpassagen. 1951 Geschäftsführer bei Swissair Nürnberg, 1958 Verkaufsleiter Deutschland OLYMPIC AIRWAYS, 1959 Geschäftsführer Swissair München, 1971 Chef Presse und Public Relations Deutschland der Swissair. November 1989: Ruhestand und Vollzeittätigkeit als freier Journalist. Fortsetzung der früher begonnenen freien Mitarbeit bei „Mercedes Benz in aller Welt", Südkurier, VIF-Gourmet Journal, Fach- und Tagespresse. Die jahrelange intensive Mitarbeit bei der Flug Revue sei der Vollständigkeit halber erwähnt. Cohnen, verheiratet mit Editha, geborene Villwock, lebt heute bei Gößweinstein in der Fränkischen Schweiz.
Kommentar zu diesem Kapitel: „Jede Nation hat die Gesellschaft, die sie verdient. Aber den Überblick hat nur der Insider – und der Leser dieses Buches".

AIR CANADA

Hauptsitz: Montreal, Quebec, Canada

Werdegang
Der Regierungsvorlage Nr. 74 wurde am 10. April 1937 die königliche Genehmigung zuteil: Trans-Canada Air Lines war gegründet. Die Bewilligung schloß auch das Anfangskapital mit fünf Millionen Dollar ein. Von den Canadian National Railways kam der erste Präsident, S.J. Hungerford (1937-1941). Don McLaren, ein ehemaliger Weltkrieg-I-Pilot, wurde von den Canadian Airways übernommen. Der neu entstandenen Fluggesellschaft standen ein Stearman Doppeldecker und zwei Flugzeuge vom Typ Lockheed 10A zur Verfügung. Der historische ‚Dawn-to-dusk' (Morgengrauen bis Abenddämmerung) Trans-Canada-Rundflug startete in St. Hubert, Quebec und endete in Vancouver, British Columbia. Die dabei eingesetzte Lockheed 12A CF-CCT benötigte dafür am 30. Juli 1937 insgesamt 17 Stunden und 34 Minuten.

Den ersten kommerziellen Flug führte TCA am 1. September desselben Jahres von Vancouver nach Boeing Field, Seattle, Washington durch. Zum Jahresende nahm die Gesellschaft tägliche Trainingsflüge zwischen Winnipeg, Regina, Lethbridge und Vancouver auf. Am 31. Dezember 1937 standen 71 Personen im Dienst der TCA. Eine Art Liniendienst (Air Express Services) richtete die Fluggesellschaft am 19. September 1938 ein, und am 1. Oktober folgte der erste Luftpostdienst auf der Strecke Winnipeg – Vancouver, der am 1. Dezember auf Montreal und Toronto ausgedehnt wurde.

Zu dieser Zeit gelangte ein intensiv betriebenes Schulungsprogramm für Piloten und Besatzung zur Durchführung mit besonderem Akzent auf Nacht- und Instrumentenflug. In Winnipeg richtete TCA eine technische Basis für Reparaturen und Unterhalt ein. Ende des Jahres 1938 zählte die Flotte fünf Lockheed 10A und neun Lockheed 14H. Das Personal hatte sich inzwischen auf 332 Mitarbeiter vergrößert. Am 1. April 1939 nahm TCA den flugplanmäßigen Passagiertransport mit einem Erstflug zwischen Montreal und Vancouver auf.

Die Kriegsjahre brachten den Ausbau besonders der technischen Einrichtungen in Winnipeg, auch für die Wahrnehmung von Unterhaltsarbeiten an Militärflugzeugen, Wartung der Flugzeuge der British Overseas Airways Corporation und zur Betreuung der Neuzugänge an Flugzeugen vom Typ Lockheed Lodestar. Der Vizepräsident und die Verkehrsdirektion verlegten ihren Hauptsitz von Montreal nach Winnipeg. Am 22. Juli 1943 unternahm TCA ihre ersten Transatlantikflüge mit (unbewaffneten) Avro-Lancaster-Flugzeugen, wobei im Auftrage der Regierung Post für das Militär, aber auch Passagiere von Montreal nach Prestwick, Schottland, befördert wurden.

Im Jahre 1945 zählt die TCA-Mannschaft 2790 Mitarbeiter, die ersten Passagierflugscheine wurden für Transatlantikflüge verkauft, und TCA wurde Mitglied der IATA (International Air Transport Association). 1946 transportierte TCA ihren millionsten Passagier. 1947 stellte die kanadische Regierung ihre Transatlantik-Air-Service-Flüge ein, und TCA übernahm am 1. Mai diese Route kommerziell voll für sich, die sie bis Jahresende zu täglichen Hin- und Rückflügen über den Atlantik ausbaute. Die ersten Flugzeuge mit vollem Kabinen-Druckausgleich fanden Aufnahme in die Flotte: Canadair-North-Star (DC-4-M2). 1949 wurden die Büros des Hauptsitzes zurückverlegt in das Internationale Luftverkehrs-Gebäude in Montreal.

1952 führte TCA die Touristenklasse auf dem Nordatlantik ein, und 1954 kamen die ersten Flugzeuge vom Typ Super Constellation zum Einsatz. Das erste Flugzeug mit Strahltriebwerken, das am 1. April 1960 die transkontinentale Route übernahm, war die DC-8. Der 1. Januar 1965

Ein Stück Natur als Erkennungszeichen der Air Canada: Weißes Ahornblatt auf rotem Grund.

brachte die Umbenennung der Trans-Canada-Air Lines in AIR CANADA. Das Jahr 1986 markierte die Einführung des Dreiklassensystems – Erste Klasse, Executive Class und Hospitality Class – auf dem gesamten Streckennetz.

AIR CANADA heute

Unter der Regie von Claude J. Taylor, dem Präsidenten der Gesellschaft, erwirtschaftete AIR CANADA im Berichtsjahr 1989 einen Umsatz von 3,676 Milliarden Canada-Dollar. Das 342 317 Kilometer lange Streckennetz umfaßt 127 Städte in 19 Ländern, davon zehn Städte in Europa, 24 in den USA, 16 in der Karibik und 77 in Kanada. Eine Flotte von 109 Flugzeugen beförderte 12,697 Millionen Passagiere und 595 000 Tonnen Fracht und Post. Die Passagierbeförderung erfolgt nach wie vor im Dreiklassensystem. AIR CANADA beschäftigt weltweit 23 200 Mitarbeiter.

Flotte AIR CANADA

Flugzeugtyp	Im Einsatz	Bestellt
Interkontinental		
Boeing 747-400	0	3
Boeing 747-1/200	6	0
Lockheed 1011-500	6	0
Boeing 767-200	21	0
Boeing 767-300 ER	0	6
Kontinental		
Airbus A 320	7	31
Douglas	35	0
Boeing 727	29	0
Frachter		
Douglas DC-8	5	0

(Stand: Dezember 1990)

AIR FRANCE

Hauptsitz: Paris, Frankreich

Werdegang

Am 26. Mai 1926 landete das erste französische Verkehrsflugzeug – eine einmotorige Farman 170 des Typs Jaribu – von Paris-Le Bourget kommend nach 14 Stunden Flugzeit in Berlin-Tempelhof. Damit begann ein zielstrebiger Ausbau der nach Deutschland und darüber hinaus führenden Fluglinien der Lignes Aériennes Farman, einer Vorgängergesellschaft der AIR FRANCE. 1929 folgte die Société Générale des Transports Aériens, einer Fusionsgesellschaft der späteren AIR FRANCE, mit einem nur noch sechs Stunden dauernden Flug Paris – Hamburg – Stockholm.

Dem französischen Piloten Genin und seinem Navigator Aubert gelang in der Nacht vom 30. April zum 1. Mai 1930 mit einer Farman Goliath auf der Strecke BerlinParis der erste Nachtflug im internationalen Linienverkehr. Am 19. Dezember desselben Jahres waren Genin und sein Navigator Manne bei dichtem Nebel mit einer dreimotorigen Farman 300 von Paris nach Köln unterwegs, erhielten vom Kontrollturm keine Landeerlaubnis, und setzten ohne Schwierigkeiten auf der Piste in Köln auf, obschon die Sicht gleich Null war: Blindflug und Blindlandung der französischen Besatzung in Deutschland waren erstmalig erfolgt.

In den 20er Jahren war Verkehrsluftfahrt auch kommerziell Neuland. Firmengründungen, Bankrotterklärungen und Fusionen waren nicht selten. Die Lignes Aériennes Farman gingen in der Société Générale de Transport Aérien auf, einer der späteren vier Gründungsgesellschaften der AIR FRANCE. Die zweite war die Air Union, die selbst das Produkt einer zehn Jahre zurückliegenden Fusion war und ihrerseits die 1909 entstandene älteste Luftfahrtgesellschaft Frankreichs geschluckt hatte. Air Orient war das dritte AIR FRANCE-Gründungsmitglied, das vierte die Compagnie Internationale de Navigation Aérienne. Von einer fünften Gesellschaft wurden die Aktien übernommen: von Aéropostale, der Nachfolgerin der legendären Latécoère-Gesellschaft, deren wagemutigen Piloten durch Antoine de Saint-Exupéry unsterblich wurden.

Am 30. August 1933 wurde die AIR FRANCE gegründet. Ein Gesetz vom 11. Dezember 1932 regelte Mitsprache und Subvention des Staates im Luftverkehr. Der erste Präsident der neuen Gesellschaft, Ernes Roume, musterte veraltete Flugzeuge aus, legte unrentable Strecken still und eröffnete neue Routen. Im Gründungsjahr beförderte AIR FRANCE 47 000 Passagiere, 1938 mehr als doppelt so viele, obwohl der Flottenbestand auf weniger als die Hälfte zurückgegangen war. 1982 zählte AIR FRANCE 11,6 Millionen Fluggäste.

Dreimann-Cockpits werden durch die Inbetriebnahme von Verkehrsflugzeugen der neuen Generation zunehmend Zweimann-Arbeitsplätze. Kapitän und Co teilen sich dann die anfallenden Arbeiten.

Die Indochina-Route, seit 1931 von der Air Orient mit Amphibien-Fahrzeugen bedient, wurde 1935 auf Landflugzeuge umgestellt. Mit der zwölfsitzigen Devoitine 338 dauerte die Reise nach Hong Kong fünfeinhalb Tage und kostete 40000 Franc. Ende der 30er Jahre kamen auf dem Südatlantik Farman-Flugzeuge des Typs Centaur mit zwölf Tonnen Nutzlast zum Einsatz.

Während des Krieges unterhielt AIR FRANCE ein militärisches Flugnetz in Nordafrika. 1945 ging sie als verstaatlichte Fluggesellschaft wieder an den Start. Amerikanisches Fluggerät dominierte im Flottenbestand: Douglas DC-3 und DC-4. Später folgten Lockheed Constellation und Super Constellation, auch S.E.161 Languedoc und Brěguet Deux-Ponts. Am 6. Mai 1959 begann für AIR FRANCE mit dem Einsatz der Caravelle das Jet-Zeitalter. Die Boeing 707 gelangte 1960 auf dem Nordatlantik zum Einsatz und halbierte die Flugzeit nach New York. Als erste Fluggesellschaft stellte AIR FRANCE 1974 den euroäischen Airbus A300 in den Dienst und am 21. Januar 1976 leitete sie mit der Concorde den Überschallverkehr ein.

AIR FRANCE heute

Nach Zustimmung durch die EG-Kommission in Brüssel hat AIR FRANCE im Januar 1990 die private Fluggesellschaft UTA (Union de Transport Aérien) erworben und die Kontrolle über die Inlandsfluggesellschaft Air Inter übernommen. Durch diesen Zusammenschluß ist AIR FRANCE das drittgrößte westliche Luftfahrtunternehmen geworden. Die

Insgesamt 36 Airbus der verschiedenen Typen sind bei der Air France im Einsatz.

Strukturen der drei Fluggesellschaften bleiben weitgehend erhalten. An der Spitze steht Bernard Attali, Chairman of the Board. Die neue Gruppierung fliegt 246 Städte in 110 Ländern an, verfügt über eine Flotte von 196 Flugzeugen und schloß 1989 mit einem Umsatz von 39,6 Milliarden Franc ab.

AIR FRANCE beförderte 1989 — also vor Zusammenschluß mit UTA und Air Inter — unter Einsatz von 123 Flugzeugen 16 099 836 Passagiere und 665 000 Tonnen Luftfracht. Die gesamte Belegschaft betrug 39 111 Mitarbeiter, davon 8051 fliegendes Personal. Das Streckennetz belief sich auf 1,066 Millionen Kilometer. Seit Jahren unverändert wird das Gesellschaftskapital der nationalen französischen Fluggesellschaft mit 3,156 Milliarden Franc ausgewiesen.

Flotte AIR FRANCE

Flugzeugtyp	Im Einsatz	Bestellt
Concorde	7	0
Boeing 747	17	0
Boeing 747 Combi *)	10	0
Boeing 727	18	0
Boeing 737	16	0
Airbus A 300	15	0
Airbus A 310	9	0
Airbus A 320	12	0
Frachter		
Boeing 747 F	9	0

*) Version für Passagiere und Fracht auf dem Main Deck

(Stand: Sommer 1990)

BRITISH AIRWAYS

Hauptsitz: London, England

Werdegang

Die Anfänge reichen zurück bis zum August 1919, als eine Gesellschaft namens Air Transport and Travel den kommerziellen internationalen Luftverkehr zwischen London und Paris eröffnete In der Folgezeit war der Gedanke des Lufttransports offensichtlich so hinreichend populär geworden, daß immerhin vier britische Unternehmen gegründet wurden — die aber nicht wirtschaftlich zufriedenstellend arbeiteten. Die Lösung war die Fusion der bestehenden Fluggesellschaften zu einer staatlichen Fluglinie: der Imperial Airways im März 1922. Bereits im April desselben Jahres zeigte die junge Gesellschaft auf der Strecke Croydon – Paris erstmals Flagge.

Die Eröffnung der Strecke London – Karachi markierte im März 1929 den Beginn der erfolgreichen Überseedienste, und im April 1932 schloß sich London – Kapstadt an. Mit der Routenaufnahme England – Australien trat Imperial Airways im April 1935 in eine flughistorisch unvergessene Phase. Bereits im Dezember 1934 bestanden Pläne, große Flugboote einzusetzen. Da solches Fluggerät keiner kostspielig anzulegenden Flughafenanlage bedurfte, sondern lediglich einer Ankerboje, eines Abfertigungsgebäudes und einer Betankungsvorrichtung, entschied man sich für die Errichtung einer Flugboot-Basis nahe Southampton. Ähnliches spielte sich unter Direktion der QUANTAS in der Rose Bay bei Sidney ab. Eine Ära luxuriösen Fliegens nahm ihren Anfang, geräumige Kabinen, bequeme Sessel für die 39 Passagiere, und das Gefühl, in einem Salon gemächliche 240 Kilometer pro Stunde über Kontinente hinwegzugleiten.

Den Schaulustigen in Sydney blieb der Eindruck lange in Erinnerung, als das prächtige Short-Flugboote »Centaurus« der Imperial Airways nach einem Erkundungsflug auf der vorgesehenen Einsatzroute am Weihnachtsabend 1937 in der Rose Bay wasserte. Im Jahre 1936 hatte sich eine neue Gesellschaft etabliert, die Britsh Airways Limited. Sie verschmolz im November 1938 zusammen mit der Imperial Airways zur British Overseas Airways Corporation (BOAC), die im April 1940 ihren Flugbetrieb aufnahm.

Nach Kriegsende, im Februar 1946, zweigte man die British European Airways Division von BOAC ab, die sich im August des selben Jahres als BEA selbständig machte. Der erste kommerzielle BOAC-Flug nach New York datierte vom Juli 1946. BEA wurde im September mit der Aufnahme des Liniendienstes Northolt – Copenhagen aktiv. Im Juli 1949 wurde die British South American Airways der BOAC inkorporiert.

Neben der Air France ist die Concorde nur noch bei British Airways im Einsatz zwischen Europa und den beiden Amerikas.

Durch das Fisheye-Objektiv des Fotografen künstlerisch verzerrt – Concorde-Cockpit.

Der erste flugplanmäßige Passagier-Hubschrauber-Dienst wurde durch BEA im Juli 1950 gestartet. BOAC verweist auf ihr Verdienst, als erste Luftverkehrsgesellschaft der Welt, im Jahre 1952 einen reinen Jet-Flugplan angeboten zu haben. BOAC fügte erstmals 1959 den regulären Rund-um-die-Welt-Dienst in ihren Flugplan ein. Die Einführung des Flugzeugtyps Trident gestattete BEA im Juni 1965 erstmalig die automatische Landung eines Kursflugzeuges. Das Jahr 1970 verzeichnete zwei Firmengründungen, nämlich BEA Airtoure Limited im März, und British Caledonian Airways im November. Die Zivile Luftfahrtbehörde (Civil Aviation Authority) wird im August 1971 ebenso aktenkundig, wie das British Airways Board (BAB). Letzteres übernimmt im April 1972 die Kontrolle über BOAC und BEA. Beide Unternehmen wurden im März 1974 aufgelöst.

Im Januar 1976 startete die Supersonic Concorde zu ihrem ersten kommerziellen Passagierflug. Lord King übernahm den Vorsitz im Jahre 1981 und blieb Chef, als die British Airways im April 1984 als Public Limited Company amtlich registriert wurde, und im Februar 1987 die Gesellschafter-Anteile der Öffentlichkeit zum Kauf freigegeben wurden. Im April 1989 feierte die Concorde ihren 20. Geburtstag mit ihrer ersten Erdumrundung.

Chairman Lord King kann per Ende des Geschäftsjahres 1989/90 einen Gesamtumsatz von 4,838 Milliarden Pfund ausweisen. 50320 Mitarbeiter im Flugbetrieb, davon 6768 im Ausland tätig, und 224 Flugzeuge – inklusive Caledonian Airways Ltd. – waren im Einsatz, um über 25 Millionen Passagiere zu befördern. Die Gesellschaft fliegt 164 Destinationen in 75 Ländern auf allen Kontinenten an. Dieses Streckennetz hat eine Länge von 700000 Kilometern und reicht vergleichsweise mehr als fünfzigmal um den Äquator. Nahezu eine halbe Million Tonnen Luftfracht wird jedes Jahr über solche Distanzen bewegt, wodurch British Airways zu den größten Gütertransport-Unternehmen der Welt zählt.

Der Akt der Privatisierung war nach Ansicht von Lord King of Wartnaby und Sir Colin Marshall, des Executive Teams der British Airways, der Wendepunkt für die Entwicklung der Gesellschaft zu ihrer heutigen Bedeutung. Erhärtet wird diese Feststellung durch Rückblick auf die Verluste der British Airways im Jahr 1981, als sie noch im Staatsbesitz war: mehr als eine Milliarde US-Dollar.

Flotte BRITISH AIRWAYS

Flugzeugtyp	Im Einsatz	Bestellt
Concorde	7	0
Boeing 747-100	16	0
Boeing 747-200	20	0
Boeing 747-400	14	28
Lockheed TriStar 50 und 100	9	0
Lockheed TriStar 200	8	0
McDonnel DC10-30	8	0
Boeing 767-300	7	13
Boeing 757-200	36	6
Airbus A 320	9	1
Boeing 737-200	43	0
Boeing 737-300/400/500	4	27
BAC 1-11-500	34	0
BAe	8	0
HS 748	9	0

(Stand: September 1990)

DELTA AIR LINES

Hauptsitz: Atlanta, Georgia, USA

Werdegang

Ihre Entstehung verdankt die Gesellschaft einem aus Mexiko kommenden Kornkäfer, der um die Jahrhundertwende die Baumwollernte der Südstaaten gefährdete und die Gründung der ersten Organisation zur Schädlingsbekämpfung aus der Luft auslöste: Huff Daland Dusters, 1925, Monroe, Louisiana. Unter Leitung von C.E. Woolman wurde die Gesellschaft 1928 in Würdigung der Ursprungs-Region, des Mississippi-Flußdeltas, umbenannt in Delta Air Corporation. Bereits 1929 kaufte die neue Fluggesellschaft drei einmotorige tuchbespannte Flugzeuge vom Typ Travel Air, die je fünf Passagieren Platz boten und eine Reisegeschwindigkeit von 145 km/h erreichten.

Am 17. Juni 1929 fand der Eröffnungsflug auf der Strecke Dallas, TexasJackson, Mississippi, mit Zwischenlandungen in Shreveport und Monroe statt. Nach Lieferung weiteren Fluggerätes dehnte man die Passagierflüge ostwärts nach Birmingham, Alabama aus, in westlicher Richtung nach Fort Worth, Texas. Die erhebliche finanzielle Belastung konnte aus den Erträgen der reinen Passagierflüge nicht gedeckt werden, und als 1930 der dringend benötigte Luftpost-Vertrag durch das Post-Department an eine Konkurrenzlinie vergeben wurde, sah man sich zur Reaktivierung der Schädlingsbekämpfung veranlaßt.

Erst 1934 ergab sich für Delta die Gelegenheit, ihre Pionierroute von Dallas/Fort Worth nach Birmingham zurückzugewinnen, da die Postbehörden alle existierenden Kartenschlüsse annullierten und neu ausschrieben, wobei Delta den Abschluß für die Strecke Fort WorthCharleston, South Carolina über Atlanta für sich verbuchen konnte. Der erste Delta-Luftpostflug startete am 4. Juli 1934 mit einem Stinson-T-Flugzeug, das mit sieben Passagieren und den Postsäcken eine Geschwindigkeit von 160 km/h erreichen konnte. Diesen Tag wertet die Gesellschaft als den Beginn ihrer stetig wachsenden und gesicherten Bedeutung im Luftverkehr.

Während Delta sich intensiv mit dem Ausbau ihrer Südroute befaßte, widmeten sich drei andere Pionier-Gesellschaften, die eine künftige Rolle für Delta spielen sollten, nicht weniger erfolgreich ihrer eigenen Aufwärtsentwicklung: zwei im Westen, und eine im Nordosten. Chicago & Southern Air Lines (C&S) fusionierte mit Delta im Jahre 1953, Northeast Airlines 1972, und 1987 folgte Western Air Lines.

Das Jahr 1941 brachte die Übersiedlung der gesamten Generaldirektion und der technischen Basis von Monroe nach Atlanta. Der Zweite Weltkrieg drosselte das kommerzielle Wachstum auch bei Delta, und es kam schließlich zum

Seit 1979 fliegt Delta vom Heimatflughafen Atlanta Frankfurt an, in den 80er kamen München und auch Stuttgart dazu. Die amerikanische Gesellschaft legt Wert auf kontrolliertes Wachstum.

Stillstand, bis Flugzeuge, Personal und Passagiere nach 1945 wieder verfügbar waren.

Delta war in der Folgezeit Spitzenreiter unter den Luftverkehrsgesellschaften der Welt hinsichtlich Ersteinführung von Strahlflugzeugen: DC-8 (1959), CV-880 (1960 und DC-9 (1965). In den 70er Jahren erfuhr das Streckennetz der Gesellschaft erheblichen Zuwachs durch die Bewilligung entsprechender Anträge seitens des Civil Aviation Board (CAB). So konnte der erste Transatlantikflug am 30. April 1978 von Atlanta nach London durchgeführt werden. Atlanta – Frankfurt folgte ein Jahr später. Der Airline Deregulation Act von 1978 brachte Delta buchstäblich über Nacht mehr Änderung und Umstellung, als die Gesellschaft in den voraufgehenden 40 Jahren zu bewältigen hatte.

Delta legte Wert auf ein kontinuierliches kontrolliertes Wachstum, ungeachtet der durch die Freigabe der Tarife rasant expandierenden Konkurrenz. Die 80er Jahre resultierten in einer Zunahme des Streckenumfanges nach Paris, München, Stuttgart, Shannon und Tokio.

DELTA AIR LINES heute

Unter der Führung von Ronald W. Allen, Chairman of the Board, President und Chief Executive Officer, ist Delta Air Lines die drittgrößte Fluggesellschaft der westlichen Welt.

62 000 Mitarbeitern, davon mehr als 7550 im Cockpit und etwa 13 000 in der Kabine, steht eine Flotte von 433 Flugzeugen für die Durchführung von täglich 2400 Starts von und nach 177 Städten in 14 Ländern (einschließlich der USA) in aller Welt zur Verfügung. 1989 beförderte die Gesellschaft 68,2 Millionen Passagiere.

Im Geschäftsjahr 1990 (Juli 1989 bis Juni 1990) werden Gesamtbetriebseinnahmen in Höhe von 8,582 Milliarden US-Dollar ausgewiesen. Das Gesellschaftskapital verteilt sich auf 49 764 705 Aktien. Ein Netz von regionalen Fluggesellschaften, die als THE DELTA CONNECTION operieren, stellt den eigenen Flugplan auf die Ankünfte und Abflüge der Delta Air Lines ab und bedient damit 150 Städte in 36 US-Staaten, in Canada und auf den Bahamas.

Delta Air Lines ist die offizielle Fluggesellschaft von Walt Disney World/Orlando und Disneyland/California.

Flotte DELTA AIR LINES

Flugzeugtyp	Im Einsatz	Bestellt
B-727-200	129	0
B-737-200	59	0
B-737-300	13	57
B-757-232	60	18
B-757-232	60	18
B-767-232	15	0
B-767-332	15	9
B-767-332 ER	3	6
DC-9-32	36	0
L-1011-1	22	0
L-1011-200	1	0
L-1011-250	6	0
L-1011-500	11	0
MD-11	0	13
MD-88	63	31
MD-90	0	52

(Stand: Juli 1990)

JAPAN AIR LINES

Hauptsitz: Tokio, Japan

Werdegang

Mit einem Startkapital von 100 Millionen Yen etablierte sich die erste japanische Nachkriegs-Fluggesellschaft Japan Air Lines am 1. August 1951. Der erste planmäßige Flug verließ Haneda Airport am 25. Oktober 1951 um 7.45 Uhr in Richtung Osaka. Die zweimotorige Martin 202, wie auch ihre Besatzung, operierten auf Leasing-Basis. Eigentümer war die Northwest Orient Airlines.

Das erste gesellschaftseigene Gerät war eine Douglas DC-4, und es war eine japanische Crew, die sie am 25. Oktober 1952 in Dienst stellte. Gleichen Tages wurde die Martin 202 aus dem Verkehr gezogen. Am 1. August 1953 ermöglichte die Gründung einer neuen Gesellschaft, der Japan Air Lines Co. Ltd., Law, die gemischte Finanzierung durch staatliches und privates Kapital. Die neue Fluglinie nahm ihren Betrieb am 1. Oktober 1953 auf. Bereits am 23. November unternahm man einen ersten Testflug zwischen Tokio und San Francisco über Wake Island und Honolulu. Das Resultat war die Eröffnung dieser ersten internationalen Route mit zwei wöchentlichen Flügen am 2. Februar 1954 durch die ‚City of Tokyo', einer Douglas DC-6B, Flugnummer JA 6201. Als am 5. Februar die Strecke Tokio – Okinawa eingeführt wurde, flog man noch in amerikanisch verwaltetes Gebiet.

Um die ersten Jets kaufen zu können, legte man eine öffentliche Anleihe von 500 Millionen Yen auf. Das war am 25. Mai 1956. Neun weitere Anleihe-Stocks folgten, bevor die erste DC-8, JA 8001, ‚Fuji', am 22. Juli 1960 in Tokio aufsetzte. Zusammen mit Air France führte Japan Air Lines am 1. April 1960 die Polarroute Tokio – Paris mit einer Boeing 707 ein. Später kam die DC-8 auf dieser Strecke zum Einsatz.

Der ‚Seidenstraße'-Service startete am 4. Oktober 1962 zwischen Japan und Europa, über Südost-Asien und den Mittleren Osten, mit Convair 880. 1965 wählte Japan Air Lines den Kranich als das Unternehmens-Symbol. Seit der Ausmusterung der DC-6B am 30. März 1969 besteht die Flotte der JAL ausschließlich aus strahlgetriebenen Flugzeugen.

Im Januar 1973 kamen die Regierungen von Japan und der UdSSR überein, Japan Air Lines die Benutzung der Trans-Sibirien-Route über Moskau zu bewilligen, um so sechs europäische Destinationen anzufliegen. Im April 1974 stellte JAL ihre Flüge nach Taipei ein und nahm am 29. September 1974 ihre Verbindung Beijing und Shanghai mit Osaka und Tokio auf.

Am 22. Dezember 1975 testete JAL mit Erfolg ein neues Magnet-Schwebe-Fahrzeug, das JAL HSST (High Speed

Im Dauerbetrieb zwischen Japan und der US-Westküste über dem Pazifik unterwegs: JAL-Jumbo.

Surface Transport), das als Prototyp am 14. Februar 1978 erstmals die Geschwindigkeit von 300 km/h überschritt: der ‚People Mover'. Unter Datum vom 1. April 1984 wurde das JAL Company Law' revidiert, wodurch die Gesellschaft größere kommerzielle Freiheiten für sich in Anspruch nehmen konnte. Am 14. Februar 1980 bereits hatte JAL die Boeing 747 SR in Betrieb genommen, eine Version mit der größten Sitzkapazität der Welt: 550 Plätze. Im Juni 1981 installierte Japan Air Lines digitale Wanduhren in der B 747 und DC-10, von denen Tokio-Zeit und die Zeit des Abflug- oder Ankunftslandes abzulesen waren.

Am 12. September 1985 gab JAL eine Absichtserklärung heraus, die den Willen zu baldmöglicher Privatisierung ausdrücklich manifestierte. Der 23. März 1987 wurde von JAL für die Bekanntgabe gewählt, als erste Fluggesellschaft ein neues Alarmsystem einzuführen, das die Besatzung der Flugzeuge warnt, sobald sie vom beabsichtigten Kurs abweichen. Das Ziel der vollkommen privaten Gesellschaftsform erreichte Japan Air Lines am 18. November 1987.

JAPAN AIR LINES heute

JAL ist eine private Aktiengesellschaft, deren Anteile seit September 1989 von 152 831 Aktionären gehalten werden. Das Aktienkapital belief sich zum gleichen Zeitpunkt auf 119,953 Milliarden Yen. Das Bilanzjahr 1989 schloß mit betrieblichen Gesamterträgen von umgerechnet 11,13 Milliarden DM (1 060 315 Millionen Yen). JAL-Präsident Matsuo Toshimitsu steht einem weltweiten Mitarbeiterstab von 21 120 Damen und Herren vor, die für Betreuung und

Transport von 19,6 Millionen Passagieren, 667 000 Tonnen Fracht und 61 000 Tonnen Luftpost zuständig sind. 95 Flugzeuge bedienen ein Streckennetz von 389 817 Kilometern, das 63 Städte in 31 Ländern auf allen Kontinenten verbindet. Japan Air Lines besitzt und betreibt die weltweit größte Boeing 747-Flotte. 99,46 Prozent aller JAL 747-Flüge starten pünktlich (vergleichbarer Weltdurchschnitt: 96,87 Prozent).

Flotte JAPAN AIR LINES

Flugzeugtyp	Im Einsatz	Bestellt
DC-10-40	20	0
747-100 SR	5	33*
747-100 B SUD	2	??
747-300 SUD	4	
747-100 LR	7	
747-200 LR	23	
747-300 SUD	10	
747-400	7	
747-100 F Frachter	1	
747-200 F Frachter	9	
767-200	3	2**
767-300	11	

* verschiedene Versionen 747

** verschiedene Versionen 767

KLM ROYAL DUTCH AIRLINES

Hauptsitz: Amstelveen, Niederlande

Werdegang

Die älteste Linien-Fluggesellschaft der Welt wurde am 7. Oktober 1919 gegründet. Für den Anfang und für die weitere Entwicklung war ein junger Leutnant und Pilot der niederländischen Luftwaffe von entscheidender und prägender Bedeutung: Albert Pesman. Von ihm kam die Idee, ein Flugzeug kommerziell zu nutzen, und er erregte damit im Rahmen der Ersten Luftfahrt-Ausstellung 1919 in Amsterdam bemerkenswerte Aufmerksamkeit. Als Folge seines Engagements ging die Gesellschaft mit einem Aktienkapital von fünf Millionen Gulden an den Start. Noch davor hatte Königin Wilhelmina ihr Einverständnis gegeben, den Firmennamen mit dem Zusatz »royal«, also königlich, zu versehen.

Die erste und damit älteste Flugverbindung der Welt wurde nach siebenmonatiger Vorbereitungszeit am 17. Mai 1920 zwischen London und Amsterdam eröffnet. Mit Jerry Shaw am Steuer beförderte die geleaste De Havilland DH-16 zwei Passagiere und ein Bündel Zeitungen. Im Laufe des Jahres erblickte der erste Charterflug das Licht der Flugwelt, und auch Luftfrachtbeförderung und Tiertransporte zählten bereits zum Angebot der jungen Gesellschaft. Zum Einsatz gelangten dafür im wesentlichen die De Havilland DH-9. Ende 1920 hatte man mit vier Flugzeugen dieses Typs 82 000 Kilometer geflogen, 345 Passagiere, 22 000 Kilogramm Fracht und drei Tonnen Post befördert.

Neben Albert Plesman hatte sich ein anderer Holländer im Luftverkehr einen Namen gemacht: Anthony Fokker. Die Zusammenarbeit, Plesman als Organisator und Fokker als Flugzeugbauer, war sehr produktiv. Für KLM war der Aufstieg aus der Startphase beschleunigt, für Fokker die internationale Anerkennung von großem Gewicht: bereits 1930 baute man unter seinem Namen 65 Prozent aller Transportflugzeuge. 1921 hatte KLM ihr erstes Passagier- und Frachtbüro in Amsterdam eröffnet. Die niederländischen Luftfahrtpioniere hatten von Anfang an mit dem Gedanken gespielt, die Niederlande mit den holländischen Kolonien im Fernen Osten und in der Karibik zu verbinden.

Als ersten Schritt startete am 1. Oktober 1924 eine einmotorige Fokker F-VII in Richtung Indonesien. Über Bulgarien war Maschinenschaden eingetreten, sodaß dieses Flugzeug erst nach 55 Tagen in Batavia, dem heutigen Jakarta, landen konnte. 127 Stunden waren die Passagiere nach dem 15 370 Kilometer entfernten Ziel unterwegs gewesen. Die Neuheit der zivilen Luftfahrt kam in Form der völlig aus Leichtmetall bestehenden Douglas DC-2 (PH-AJU »Uiver«)

Insgesamt 23 747-Jumbos standen bei der niederländischen KLM im Frühsommer 1989 im Einsatz.

aus den USA. 1936 folgte die in der Luftfahrt für lange Jahre zur Institution gewordene DC-3 Dakota.

Das Kriegsende bedeutete den totalen Neubeginn – auch flottentechnisch. Albert Plesman brachte aus den USA 18 viermotorige DC-4 Skymasters und 30 Douglas DC-3 mit. Das Vorkriegs-Streckennetz wurde schrittweise wieder installiert, und am 21. Mai 1946 eröffnete KLM als erste europäische Fluggesellschaft den Linienflugverkehr nach New York. Afrika und Südamerika folgten, und Australien kam als letzter fehlender Kontinent 1951 dazu.

Als erste nicht-amerikanische Gesellschaft trat KLM 1960 mit DC-8 in das Jet-Zeitalter ein. Zu den Douglas-Geräten stieß 1971 die Boeing 747 B als Vorreiter der jeweils verbesserten Nachfolgetypen. Später hatte Airbus seine Stunde und schließlich wieder Fokker. Albert Plesman war es vergönnt, die Entwicklung seines Werkes zu einer führenden Luftverkehrsgesellschaft in Europa bis Ende 1953 mitzuerleben.

KLM ROYAL DUTCH AIRLINES heute

Der Präsident, J. F. A. de Soet, kann im Geschäftsjahr 1989/90 Gesamteinnahmen von 6,46 Millionen Gulden ausweisen. Eine Mannschaft von 25195 Personen, davon 14946 Bodenpersonal in den Niederlanden, 5581 im Ausland und 4668 in Cockpit und Kabine, hatte 7,2 Millionen geflogene Passagiere zu betreuen und 465150 Tonnen Fracht und Post auf den Luftweg zu bringen. Dafür stand eine Flotte von 89 Flugzeugen zur Verfügung, einschließlich elf Helicoptern. Das Streckennetz verbindet 148 Städte in 77 Ländern auf sechs Kontinenten über die Heimatbasis Amsterdam. 150

Millionen Kilometer — vorwiegend im Dreiklassensystem — wurden im Berichtsjahr geflogen, um die weltweit verteilten Handelszentren marktgerecht zu bedienen, und der niederländischen Volkswirtschaft, eingedenk auch der Dauerverpflichtung der holländischen Krone gegenüber, optimale Geschäftsbeziehungen zu ermöglichen.

Im Zuge der Flottenerneuerung manifestierte KLM ihre Zugehörigkeit und ihre selbstverordnete Rolle in Bezug auf die Europäische Gemeinschaft durch Anbringen der zwölf gelben Sterne auf blauem Grund, dem Symbol für ein einheitliches Europa, auf ihren Flugzeugen.

Flotte KLM ROYAL DUTCH AIRLINES

Flugzeugtyp	Im Einsatz	Bestellt
Boeing 747-400		
(davon 5 Combis) *)	8	7
Boeing 747-306 B	3	0
Boeing 747-306 M	10	0
Boeing 747-206 B	2	0
Boeing 737-306	13	0
Boeing 737-406	3	0
Douglas DC-10-30	6	0
Airbus A 310-203	10	0
Boeing 737-300/400	0	10
McDonnel Douglas MD-11	0	10
Boeing 747-400		
Frachter	0	2
Fokker F 28-4000	4	0
Fokker F 27-500	3	0
Fokker F 27-200	4	0
Fokker 50	0	10
S-61 N Helicopter	7	0
S-76 B Helicopter	4	0
Foto-Flugzeuge	3	0
SAAB 340 B	6	6

*) Combi-Version — Passagiere und Fracht auf dem Main Deck

(Stand: Mai 1990)

PAN AMERICAN WORLD AIRWAYS, Inc.

Hauptsitz: New York, N. Y., USA

Werdegang

Die Wiege des Luftverkehrs in den Vereinigten Staaten von Amerika stand in Florida. Obwohl sie nur drei Monate bestand, kann die damalige St. PetersburgTampaAirboat Line für sich in Anspruch nehmen, die erste Fluggesellschaft der Welt gewesen zu sein. Percival Fansler, der Begründer, wählte ein Benoist XIV-Flugboot, um seinen Piloten Tonny Jannus vom 1. Januar 1914 an die 18-Meilen-Route quer über die Tampa-Bucht fliegen zu lassen. Bis zur ersten April-Woche befördert man mit der täglichen Verbindung 1204 Passagiere und einige Pakete Luftfracht. Die Flugboote hatten sich als brauchbar erwiesen und wurden im Falle einer Motorpanne als sicherer eingestuft als Landflugzeuge.

Am 1. November 1920 versuchte sich die neugegründete Aeromarine West Indies Airways mit der Curtiss F-5 L auf den Strecken Key WestHavanna und MiamiNassau zweimal täglich, um den ersten Auslands-Luftpost-Kontrakt, den das US Post Office vergab, zu erfüllen. Innerhalb von etwas mehr als zwei Jahren konnten nahezu 20000 Fluggäste gewonnen werden, aber das unbefriedigende Kosten-/Ertragsverhältnis führte 1923 zur Aufgabe.

In Südamerika waren Kolumbianer und Deutsche bereits 1919 mit der Sociedad Colombo-Alemana de Transportes Aêreos (SCADTA) in Erscheinung getreten, die das Ganzmetall-Flugzeug Junkers F13 und das Dornier-Wal-Flugboot importierten und einsetzten. SCADTA-Chef Peter Paul von Bauer und Condor-Repräsentant Fritz Hammer sorgten durch ihre Aktivitäten dafür, daß der Norden schließlich Interesse an der Deckung eigenen Nachholbedarfs in Sachen Luftverkehr bekundete. Am 8. Januar 1926 berief das US-State Department eine entsprechende Konferenz ein und bereitete so den Air Commerce Act und den Foreign Air Mail Act vor, der wenig später in Kraft trat. Die USA waren bereit, am internationalen kommerziellen Luftverkehr teilzunehmen. Alles, was sie brauchten, war eine Fluggesellschaft.

Drei verschiedene Interessengruppen schlossen sich am 14. März 1927 zur Pan American Airways zusammen. Mit der einmotorigen Fokker F-VII begann der Betrieb einer erfolgreichen Serie von Nachfolgemodellen. Die F-VII a/3 m bot acht Passagieren Platz, erreichte etwa 190 km/h — und wurde berühmt, als man mit ihrer Hilfe mehrere Langstrecken-Rekorde brechen konnte. Das Fluggerät war mit drei Motoren des Typs Wright-Whirlwind zu je 240 PS bestückt.

Historische Markennamen, wie Fairchild und Sikorsky, markieren die vielseitige Weiterentwicklung ebenso, wie das

Trotz Spekulationen, Übernahme-Ankündigungen und Finanz-Engpässen: Die PanAm fliegt weiter.

südamerikanische Arbeitspferd der Pan Am, die Ford Tri-Motors mit Pratt & Whitney Wasp-Triebwerken. Später kamen Lockheed und Douglas hinzu. Im November 1935 eröffnete Pan Am ihren Trans-Pazifik-Dienst. Im Mai 1939 flog der Boeing 314 Yankee Clipper mit fast einer Tonne Post über die Azoren und Lissabon von Washington nach Marseilles.

Luxus in der Luft praktizierte Pan Am mit Einsatz des Boeing 377 Stratocruisers. Als Weiterentwicklung der B-29- und B-50-Bomber baute Boeing rund 900 Tankflugzeuge für Militärzwecke. Aus dieser Produktionslinie stammte der Doppeldeck-Clipper mit Cocktailbar im unteren Deck. Obschon etwas teurer im Betrieb, spielte er mehr Gewinn ein, als die konventionellen Constellations oder DC-6Bs. Verdrängt wurde er erst durch das neue Jet-Zeitalter, durch die britische Comet und die Boeing 707 im Jahre 1957.

Dem fliegenden Publikum gut in Erinnerung ist die erstmalig Rund-um-die-Welt-Route PA1 und PA2 von New York nach San Francisco über Europa, den Mittleren Osten und Asien, und in der Gegenrichtung, die Pan Am kurz nach dem Zweiten Weltkrieg (1947) eingeführt und lange Jahre flugplanmäßig beibehalten hatte. 1962 schaffte Pan Am erstmals und als einzige Fluggesellschaft der Welt 100000 Transatlantik-Flüge.

Die Gesellschaft konnte 1964 mitteilen, daß sie als erste nationale Fluglinie ausschließlich strahlgetriebenes Fluggerät im Einsatz hat. Zum 50jährigen Bestehen machte sich Pan Am ein eigenes Geburtstagsgeschenk: den ersten Rund-um-die-Welt-Flug über den Nord- und Südpol mit zahlenden Passagieren an Bord.

Thomas G. Plaskett, Chairman of the Board, President and Chief Executive Officer, weist in seinem Geschäftsbericht 1989 einen Gesamtumsatz von 3,56 Milliarten US-Dollar aus. Mit 158 Flugzeugen verbindet Pan Am 31 Städte in den USA und 68 in Europa, Lateinamerika, in der Karibik, in Asien, Afrika und im Mittleren Osten. Der Mitarbeiterstab von 28100 hatte im Berichtsjahr 14,8 Millionen Passagiere zu betreuen.

Zu Beginn der 90er Jahre geriet Pan Am in wirtschaftliche Turbulenzen. Über das weitere Schicksal der traditionsreichen Fluggesellschaft war bei Redaktionsschluß noch nicht entschieden.

Flotte PAN AMERICAN WORLD AIRWAYS, Inc.

Flugzeugtyp	Im Einsatz	Bestellt
Boeing 747-100	28	
Boeing 747-212		0
Boeing 727-200	92	0
Boeing 737-200	ausgemustert	
Airbus A 300 B 4	12	0
Airbus A 310-200	7	0
Airbus A 310-300	12	0

Stand: Januar 1990)

QANTAS AIRWAYS LIMITED

Hauptsitz: Sydney, Australien

Werdegang

Sie nannten die Fluggesellschaft ‚Queensland And Northern Territory Aerial Services', obwohl ihr Büro nicht mehr war als ein Holzschuppen, und ihre Flotte lediglich aus einem einmotorigen Doppeldecker bestand, der Farmer und Viehzüchter über das australische Outback hinwegtrug.

Im März 1919 hörten zwei ehemalige Piloten der australischen Luftwaffe, W. Hudson Fysh und Paul McGinnes, von einem Preis in Höhe von 10000 Australischen Pfund, der von der Regierung ausgesetzt war für die ersten Australier, die innerhalb von 28 Tagen von England nach Australien fliegen würden. Um die Teilnahme an diesem Wettbewerb zu finanzieren, reiste McGinness nach Yanko im westlichen New South Wales, um den Industriellen und Millionär Sir Samuel McCaughey, mit der er als junger Leutnant zusammen in Palästina einen Bristrol-Jäger geflogen hatte, um Hilfe zu bitten. Mit Erfolg – aber der Gönner starb, noch bevor er seine Zusage verwirklichen konnte, und die Nachlaßverwalter lehnten ab. Glücklicherweise, meinen Experten heute.

Durch Generalmajor James Legge nämlich erhielten sie stattdessen den Auftrag, ein Flugrennen durch Zwischenstationen am Boden zu betreuen. Durch die unwegsamen Geländeverhältnisse gewannen sie die Überzeugung, daß nur Luftverkehr das Problem des Transports von Passagieren, Fracht und Post lösen könne. Nach langer Geldsuche kam ihnen der Zufall zu Hilfe. Im sandigen Bett von Queenslands Cloncurra River brach einem gewissen McMaster die Achse des Autos, McGinnes konnte ihm helfen. Im August 1920 traf man sich in Brisbanes Gresham Hotel. Der wohlhabende McMaster und sein Kompagnon, Ainslie Templeton, investierten nicht nur in die Pläne, zunächst Vergnügungsflüge und Luft-Taxi-Dienste durchzuführen, später auch die Kopfstationen Charleville, Blackall, Longreach, Winton und Cloncurry der Bahn mit den Städten Brisbane und Darwin zu verbinden, sondern sie fanden auch investitionsbereite Geschäftsfreunde. Der Kaufvertrag für die Flugzeuge, der 19. August 1920, gilt als das Gründungsdatum, und die Anfangsbuchstaben des eingangs erwähnten Firmennamens ergaben den Namen: Q. A. N. T. A. S.

1921 bestand die Flotte der Gesellschaft aus zwei Avro 504 K-Flugzeugen. Eines war mit einem wassergekühlten 100 PS-Motor der Marke Sunbeam Dyak ausgestattet, das zweite mit einer 90 PS-Maschine der Bauart Royal Aircraft Factory BE 2 e, ebenfalls mit Wasserkühlung. Obschon

Ungewöhnlicher als die Verwendung des Känguruhs als Wappentier ist das Q ohne nachfolgendes U: Qantas.

zuweilen Teile der Flugzeuge in der Luft abfielen und die Motoren in der dünnen heißen Luft schon bei kurzen Distanzen kochten, schafften es die beiden Piloten, zusammen mit ihrem Flugzeugmechaniker Arthur Baird, während dieser Anfangsphase, 371 Passagiere zu befördern und zirka 54 000 Kilometer zurückzulegen, ohne einen ernsten Zwischenfall registrieren zu müssen.

1922 war ein hartes Jahr, und unter der strengen Führung des ersten Chairman, Fergus McMaster, erhielt die Gesellschaft eine staatliche Subvention von 12 000 Australischen Pfund. Größeres Fluggerät kam 1924 zum Einsatz, die für vier Passagiere mit geschlossener Kabine ausgelegte DH50. Im Folgejahr dehnte sich die Routenführung über 1323 Kilometer aus. Am 8. August 1926 rollte die erste von QANTAS gebaute Maschine, eine DH50 A aus dem Hangar, aber schon 1927 importierte man die erste De Havilland Moth. Zwei neue DH61 folgten 1929. Die Jahre 1935 bis 1938 sahen den eleganten viermotorigen Doppeldecker DH86 am Himmel. Nachdem durch gemeinsame Interessenlage bereits 1934 aus Imperial Airways und QANTAS die QANTAS Empire Airways Limited entstanden war, kamen 1938 die Flugboote der QEA auf der Strecke Sydney – Singapur –

London ins Bild, die während des Zweiten Weltkrieges die lebenswichtige Verbindung England – Australien aufrecht erhielten.

Die Nachkriegszeit begann mit Lockheed Constellations. Dann kamen die DC-3 und DC-4 von Douglas, und die Regierung von Australien übernahm 1947 sämtliche QANTAS-Aktien. Die Turbo-Fan-Triebwerke der Boeing 707-138B kennzeichnen eine Übergangsphase zum B707 Jet und schließlich zum Jumbo-Jet B747 im September 1971. Das mehrfach abgeänderte Firmen-Logo erscheint jetzt als stilisiertes Känguruh auf den Leitwerken der Flugzeuge.

QANTAS AIRWAYS LIMITED heute

Unter der Leitung des Generaldirektors J.F. Ward erzielte die Gesellschaft, die zur Gänze dem Commonwealth of Australia gehört, und als nationale Fluggesellschaft die Entwicklung und Durchführung des internationalen Luftverkehrs wahrzunehmen hat, im Berichtsjahr 1989/90 einen Gesamtumsatz von 3,6 Millarden Dollar. Das Streckennetz verbindet 48 Städte in 25 Ländern. Ein Mitarbeiterstab von 17401 hatte 4,2 Millionen Fluggäste zu betreuen und den Transport von 125895 Tonnen Fracht zu überwachen. Die Flotte besteht ausschließlich aus Boeing-Flugzeugen und umfaßte Ende Juni 1990 insgesamt 42 Einheiten.

Flotte QANTAS AIRWAYS LIMITED

Flugzeugtyp	Im Einsatz	Bestellt
B 747-438	6	9
B 747-338 EUD	6	0
B 747-238 B	14	0
B 747-238 B Combi *)	2	0
B 747 SP-38	2	0
B 767-338 ER	5	7
B 767-238 ER	7	0

*) Combi-Version — Passagiere und Fracht auf dem Main Deck

(Stand: Juni 1990)

SAS Scandinavian Airlines System (Dänemark, Norwegen, Schweden)

Werdegang

Die nationalen Fluggesellschaften von Dänemark, Norwegen und Schweden waren sich darüber im klaren, daß jede einzelne von ihnen nicht in der Lage sein würde, eine für Skandinavien bedeutende internationale Luftverkehrsgesellschaft erfolgreich zu betreiben. Am 1. August 1946 schlossen sie sich deshalb zum SAS (Scandinavian Airlines System) zusammen.

Sechs Wochen später taufte man eine Douglas DC-4 Skymaster auf den Namen ‚Dan Viking' und machte die im neuen Gesellschafts-Gewand (Drachen) frisch bemalte Maschine zum Eröffnungsflug startklar. Der Gäste-Andrang für dieses Ereignis war beeindruckend. Die Passagierliste enthielt Namen von Rang, so die Königshäuser Skandinaviens, hochgestellte Regierungsmitglieder und Industriemagnaten. Die Erwartungen waren hochgesteckt. Nach einer unglücklichen technischen Panne, die den Austausch eines der Motoren notwendig machte, hob die ‚Dan Viking' schließlich in den Morgenstunden des 18. September 1946 ab in Richtung New York via Kopenhagen. New York zeigt sich mit einem Bankett für die illustre Gesellschaft im berühmten Waldorf Astoria des Anlasses würdig. UNO-Generalsekretär Trygve Lie und der gefeierte Bürgermeister, Fiorello La Guardia (nach ihm ist einer der drei New Yorker Flughäfen benannt), unterstrichen durch Anwesenheit die aus ihrer Sicht wichtige Verbindungsaufnahme.

In der Folgezeit bemühte sich SAS intensiv darum, eine führende Rolle im kommerziellen Luftverkehr zu spielen und zu erhalten. Der Pioniergeist, der dem Gründungsgedanken zur Verwirklichung verhalf, zieht sich wie ein roter Faden durch alle diese Anstrengungen. SAS war die erste Luftverkehrsgesellschaft, welche auf der Basis eines von verschiedenen Nationen gebildeten Konsortiums arbeitete. Sie hat als erste Gesellschaft die Trans-Polar-Route eingeführt, und damit eine drastisch reduzierte Flugzeit zwischen Europa und dem Fernen Osten ermöglicht, ebenso zwischen Europa und den USA.

SAS hat starken Einfluß auf die Entwicklung neuer Flugzeugtypen genommen, die der selbstverordneten Rolle am nördlichen Rand Europas operationell am günstigsten entsprechen, später auch zur optimalen Service-Gestaltung für wachsende Ansprüche auf dem Geschäftsreisen-Sektor.

1946 eröffnete SAS die erste Nachkriegsverbindung mit der Bundesrepublik (Frankfurt) und unterhielt in den Jahren 1949 bis 1956 ein dichtes innerdeutsches Streckennetz, das der deutschen Wirtschaft über Kopenhagen erstmals gute Reisemöglichkeiten in alle Welt bot. 1954 betrieb SAS als

Das Verkehrsaufkommen regelt die SAS nicht nur in der sondern auch mit Luft: Luftkissenboot im Einsatz zwischen Dänemark und Skandinavien.

VIP- und Executive-Service gehören heute zu den vornehmen Pflichten einer Welt-Fluglinie.

erste Gesellschaft eine Flugroute von Kopenhagen über die Arktis nach Los Angeles. Als damalige Weltsensation galt 1957 die Streckenführung Kopenhagen – Tokio über den geografischen Nordpol. Der SAS-Trans-Asien-Expreß über die Sowjetunion verkürzte ab 1967 die Flugzeiten nach Südostasien um wertvolle Stunden.

1980 wurde Jan Carlzon Präsident. Als erste Fluggesellschaft führte SAS 1981 die Businessklasse (heute EuroClass) ohne Preisaufschlag ein. Das Jahr 1983 brachte der SAS eine völlige Umgestaltung des äußeren Erscheinungsbildes, wie neue Maschinenbemalung, neue Innenausstattung, neue Uniformen, et cetera.

Die Strategie der Gesellschaft konzentriert sich auf weitere Expansion, mit dem Hauptziel, die bevorzugte Fluggesellschaft für den häufig fliegenden Geschäftsmann zu sein. Die wichtigsten Städte der Welt sollen dabei möglichst täglich nonstop, beziehungsweise mit einem Partner onestop bedient werden. Weitere Ziele sind Erhaltung und kontinuierliche Verbesserung der Qualität und Effizienz zur Sicherstellung der Marktposition im zunehmend von starker Konkurrenz geprägten Wirtschaftsgeschehen.

SAS Scandinavian Airlines System heute

Das aus den nationalen Fluggesellschaften von Dänemark, Norwegen und Schweden gebildete Konsortium SAS steht unter der Leitung von Präsident Jan Carlzon. Die dänische und die norwegische Muttergesellschaft halten je 2/7 und die schwedische 3/7 der Kapitalanteile. Das Kapital dieser Muttergesellschaften befindet sich jeweils zu 50 Prozent in staatlicher und privater Hand. SAS verfügt über eine Flotte von 131 Flugzeugen und bedient 82 Städte in 35 Ländern rund um den Globus. Mit einem weltweit eingesetzten Stab von 22 000 Mitarbeitern werden jährlich zirka 14 Millionen Passagiere befördert und 140 000 Tonnen Luftfracht transportiert. 60 Prozent der Passagiere sind vollzahlende Geschäftsleute. Sie bilden das Haupt-Marktsegment, auf das die SAS-Strategie abgestimmt ist. Das Geschäftsjahr 1989 schloß mit einem Gesamtumsatz von 8,03 Milliarden DM (29,471 Milliarden Schwedenkronen) ab.

Flotte SAS SCANDINAVIAN AIRLINES SYSTEM

Flugzeugtyp	Im Einsatz	Bestellt
Boeing 767	12	2
DC-10	3	0
MD 81/82/83/87	37	61*
DC-9	56	0
Fokker F 50	20	2
Hovercraft Luftkissenboot	3	0

*) (MD 80/90)

(Stand: Dezember 1990)

SINGAPORE AIRLINES LTD.

Hauptsitz: Singapur

Werdegang

Malayan Airways nahm im Jahre 1947 mit zweimotorigen Flugzeugen vom Typ Airspeed Consul den Flugverkehr zwischen Singapur, Kuala Lumpur, Ipoh und Penang auf. Hinzukommende Douglas DC-3 wurden für Verbindungen zunächst nach Jakarta, Medan, Palembang und Saigon eingesetzt. Der Zusammenschluß 1958 mit Federation Air Services brachte einen Flottenzuwachs um fünf einmotorige Beavers. Die Gesellschaft nannte sich ab 1963 Malaysian Airways Limited. Zwei Jahre später wurde Borneo Airways Limited integriert.

Die Regierungen von Malaysia und Singapur erwarben 1966 die gemeinsame Mehrheitskontrolle; 1967 erfolgte analog die Umfirmierung in Malaysia-Singapore Airlines Limited. 1972 stellte diese Gesellschaft ihren Betrieb ein. An ihre Stelle traten Singapore Airlines (SIA) als nationale Gesellschaft von Singapur und Malaysian Airline System (MAS). SIA übernahm das bestehende internationale Streckennetz mit gleichbleibenden Frequenzen, eine Flotte von fünf Boeing B 707 und fünf B 737, das Verwaltungsgebäude in Singapur und eine Anzahl von Büros in Übersee.

Mr. Lee Kuan Yew, Premierminister von Singapur, stellte bereits zu Beginn klar, daß SIA weder subventioniert, noch als Prestigeobjekt angesehen werde. Die Fluggesellschaft habe auf strikt kommerzieller Basis zu arbeiten, Steuern zu bezahlen und Dividende auszuschütten, andernfalls werde man den Betrieb einstellen. Dieser Verpflichtung wurde SIA zu keinem Zeitpunkt enthoben. Eine Staatsanleihe im Jahre 1974, die mit Zinsen 1978 zurückbezahlt wurde, sei jedoch der Vollständigkeit halber erwähnt.

Mit einem Personalbestand von 6089 Mitarbeitern betrieb SIA im Jahre 1972 Linienflüge nach 22 Städten in 18 Ländern und unterhielt weltweit 48 Verkaufsbüros. Um den Boden-Service am Paya Lebar-Flughafen qualitativ unter Kontrolle zu haben, gründete SIA 1973 die Singapore Airport Terminal Services Ltd.

Die 70er Jahre standen im Zeichen des Auf- und Ausbaus der Boeing-Flotte und des Neuzuganges der DC-10. Die Entscheidung der Regierung in Malaysia, die Luftverkehrsstraße für Überschallflugzeuge zu sperren, löste gegensätzliche Folge-Entscheidungen aus: der mit British Airways am 10. Dezember 1977 gemeinsam eingeführte Concorde-Linienflug London – Singapur war am 16. Dezember wieder einzustellen, um am 24. Januar 1979 erneut aufgenommen zu werden. Der 1. November 1980 bedeutete dann das vorläufige Ende für die SIA/BA-Concorde-Route Singapur, Bahrain, London.

Außergewöhnlich aufmerksamer und freundlicher Service gehört bei Singapore Airlines fast schon selbstverständlich zum Firmen-Image.

Am 20. Januar 1980 landete der erste Airbus A300 aus Toulouse, Frankreich, in Singapur. Die Gründung des Singapore Flying College im April 1988 erfolgte mit der Aufgabenstellung, die hauptsächlich durch SIA rekrutierten Pilotenanwärter komplett auszubilden. Es nahm seinen Betrieb im Dezember 1988 auf.

SINGAPORE AIRLINES heute

Unter dem Vorsitz von J. Y. Pillay, Chairman, wird die staatliche Luftverkehrsgesellschaft der Republik Singapur nach rein wirtschaftlichen Gesichtspunkten geleitet. Im Geschäftsjahr 1989/90 erzielte SIA einen Umsatz von 5,093 Milliarden Singapur-Dollar. Die Gesellschaft verfügt über 20424 Mitarbeiter. 1989 war jeder 79. Berufstätige in Singapur bei Singapore Airlines angestellt.

Das Streckennetz der SIA umfaßt 58 Städte in 37 Ländern auf fünf Kontinenten. Von den wöchentlich 284 Passagier-Linienflügen bedienen 29 Europa, 19 Nordamerika, 23 Australien/Neuseeland; die übrigen verbinden Singapur mit anderen Orten in Asien und dem Mittleren Osten. Der Trend geht zu schnelleren Verbindungen und zu mehr Nonstop-Kursen.

Die weltweit modernste Flotte besteht aus 39 Flugzeugen. 48 Verkaufsbüros haben im Geschäftsjahr 1989/90 ein Aufkommen von 6,793 Millionen Passagieren und 278000 Tonnen Fracht und Post erbracht.

Flotte SINGAPORE AIRLINES LTD.

Flugzeugtyp	Im Einsatz	Bestellt
B 747-400 (Megatop)	6	23
B 747-300 (Big Top)	11	0
B 747-300 Combi *)	3	0
B 747-200	6	0
B 747-200 Frachter	1	0
A 310-300	6	3
A 310-200	6	0
MD 11 McDonnel-Douglas	0	5

*) Combi-Version – Passagiere und Fracht auf dem Main Deck

(Stand: September 1990)

SWISSAIR Schweizerische Luftverkehr AG

Hauptsitz: Zürich, Schweiz

Werdegang

Am 26. März 1931 fusionierten die Basler BALAIR mit ihrem Direktor Balz Zimmermann und die Züricher AD ASTRA unter Walter Mittelholzer zu einem gesamtschweizerischen Unternehmen mit einem Kapital von 800000 Franken: Die SWISSAIR enstand.

Zehn Piloten, sieben Funker und acht Bordmechaniker bewältigten den nur während der Sommersaison und nur bei gutem Wetter aufrechterhaltenen Flugbetrieb auf dem 4203 Kilometer langen Streckennetz. Dafür standen ihnen acht dreimotorige Fokker F-VIII-b und eine einmotorige F-VII-a, zwei Dornier-Merkur, sowie je eine einmotorige Messerschmitt M-18-d und Comte AC-4 mit total 86 Plätzen zur Verfügung. Ende 1931 beschäftigte SWISSAIR 64 Personen.

Als erste europäische Fluggesellschaft nahm sie bereits im April 1932 amerikanisches Fluggerät in die Flotte auf. Die Schnellflugzeuge vom Typ Lockheed-Orion erreichten mit einem Wright-Cyclone-Motor von 575 PS eine Reisegeschwindigkeit von 260 km/h und einen Aktionsradius von 950 Kilometer, waren um rund 100 km/h schneller als alle in Europa damals gebräuchlichen Typen, und verhalfen der SWISSAIR zum Durchbruch hinsichtlich Bekanntheitsgrad und wirtschaftlichem Vertrauensbonus.

Mit Einsatz der amerikanischen zweimotorigen Curtiss-Condor stellte SWISSAIR 1934 – wiederum als erste europäische Gesellschaft – Stewardessen in Dienst. Die Inbetriebnahme der 14plätzigen zweimotorigen Douglas DC-2 ermöglichte ab Winterflugplan 1935 erstmals den Ganzjahres-Flugbetrieb auf der Linie Schweiz – London. Das weiße Schweizerkreuz auf rotem Grund trat damit seinen Jungfernflug auf einer planmäßigen Strecke über das Meer an. Die Anschaffung der ersten zwei DC-3-Flugzeuge markiert die spätere Flottenpolitik, die sich in ihrem Vertrauen in die Produkte der Douglas-Werke bis heute fortgesetzt hat.

Der Kriegsausbruch brachte die Einstellung des regelmäßigen Liniendienstes von August 1939 bis Juli 1945. Im Zuge der Vorbereitungen auf die Nachkriegszeit erfolgte 1944 die erste Kapitalaufstockung auf eine Million Franken. Die Nachkriegsjahre mit ihrer starken Nachfrage nach Transportgelegenheiten boten der SWISSAIR die Gelegenheit, das Binnenland Schweiz aus seiner geografischen Gebun-

Das Schweizerkreuz hoch über schneebedeckten Gipfeln: Die Swissair rangiert in der Bewertungsskala von Business-Fliegern wie Touristen gleichermaßen ganz oben.

swissair
HB-IPD

denheit durch Anschluß an den Transatlantikverkehr zu lösen. Die zweite Kapitalerhöhung von einer auf 20 Millionen Franken wurde von der Generalversammlung am 26. August 1946 deshalb problemlos bewilligt.

Das Jahr 1947 sah die Umwandlung der SWISSAIR in die nationale schweizerische Fluggesellschaft mit gemischtwirtschaftlichem Charakter. Die öffentliche Hand übernahm 30 Prozent des Aktienkapitals, 70 Prozent verblieben in Privatbesitz. Die ersten Flüge über den Nordatlantik mit zwei neuerworbenen DC-4-Flugzeugen fielen in dasselbe Jahr.

Eine nachdrückliche Prägung erfuhr die Gesellschaft durch die Ernennung von Dr. Walter Berchtold zum Direktionspräsidenten im Jahre 1950. Diese Phase der Unternehmens profilierung nach innen und außen hielt bis zu seinem Rücktritt 1971 an und beeinhaltete für die Gesellschaft bedeutungsvolle Ereignisse: die Einführung der Touristenklasse (1953), Gründung der Schweizerischen Luftverkehrsschule (1959), Eintritt in das Düsenzeitalter mit DC-8 (1960), Erstausgabe von Inhaberaktien (1967), vollständige Umstellung auf Strahlflugzeuge (1968).

Für das Amtsjahr 1981/82 wählte die IATA-Generalversammlung in Cannes den seit 1971 amtierenden Direktionspräsidenten der SWISSAIR, Armin Baltensweiler, zum Präsidenten.

Die SWISSAIR heute

Als nationale — aber nicht staatliche — Linienfluggesellschaft wird die SWISSAIR nach privatwirtschaftlichen Grundsätzen geführt. Heute (Stand September 1990) sind noch rund 20 Prozent des Aktienkapitals von 808 Millionen Franken im Besitz von Bund, Kantonen, Flughafenstädten, Kantonalbanken und anderen kommunalen Institutionen, während die Mehrheit bei etwa 48000 privaten Namen- und Inhaberaktionären liegt. Die breite Abstützung beim Schweizer Volk und in der Wirtschaft ist offensichtlich. SWISSAIR bezieht vom Bund keine Subventionen, und das Unternehmensziel bleibt die wirtschaftliche Selbsterhaltung.

Im Jahre 1989 verbuchte die SWISSAIR rund 4,8 Milliarden Franken Einnahmen. Das Streckennetz bezieht in seiner Gesamtlänge von 347000 Kilometern 110 Städte in 68 Ländern auf allen Kontinenten — ausgenommen Australien — ein. Einschließlich der nicht angeflogenen Orte unterhält die Gesellschaft weltweit 200 eigene Verkaufsstellen. Mit einer Flotte von 55 Flugzeugen bietet sie zirka 9000 Sitzplätze in der Dreiklassenversion an und beförderte 1989 damit 8620000 Passagiere (die Schweiz hat sechseinhalb Millionen Einwohner) und 300000 Tonnen Fracht und Post. Von den 20700 Mitarbeitern sind 3900 im Ausland tätig, wobei insgesamt 3600 Mitarbeiterinnen und Mitarbeiter als fliegendes Personal in Cockpit und Kabine Dienst tun.

Flotte SWISSAIR

Flugzeugtyp	Im Einsatz	Bestellt
Boeing 747-357 (davon 3 Combi) *)	5	0
Douglas DC-10-30	7	0
Douglas DC-10-30 ER	4	0
Airbus A 310-221	5	0
Airbus A 310-322	4	0
McDonnel-Douglas MD 11	8	4
McDonnel-Douglas MD 81	22	2
Fokker 100	8	2

*) Combi-Version — Passagiere und Fracht auf dem Main Deck

(Stand: Juli 1990)

14 Luftsport

GÜNTER BRINKMANN

Ende 1922 in Dortmund geboren, besuchte dort das Humanistische Gymnasium. Schon als Zehnjähriger baute er Flugmodelle; seine (spätere) Spezialität waren Nurflügel- und Entenkonstruktionen. 1938 legte er die Gleitflieger A-, 1939 die Gleitflieger-B und die Segelflieger-C-Prüfung ab. Bereits als Siebzehnjähriger besaß er den Luftfahrerschein. Im Zweiten Weltkrieg flog er Lastensegler an vielen Fronten.
Nach der Gefangenschaft wurde er 1946 zunächst Lehrer. Parallel dazu studierte er Geschichte, Literatur- und Theaterwissenschaften sowie Pädagogik und war Redakteur für Schulfunk beim damaligen Radio Frankfurt. 1949 folgte er einem Angebot des NDR-Schulfunks in Hamburg, wo er vor allem für Geschichte und Geografie zuständig war – gelegentlich auch für Luftfahrtthemen. 1967 wechselte er zum Bildungsprogramm im damals neugegründeten III. Fernsehen des NDR, aus dem er Ende 1985 als Leiter der Hauptabteilung Bildung nach Erreichen der Altersgrenze ausschied. Von 1974 an hatte er dort – neben seinen anderen Aufgaben – die Fernsehreihe „Die Erben Lilienthals" (insgesamt 15 x 45 Minuten) produziert, zu der ein Sachbuch „Sportfliegen heute" erschien. Seit den siebziger Jahren war er auch selbst wieder fliegerisch aktiv (PPL b und C). Der DAeC verlieh ihm 1978 die Goldene Daidalus-Medaille.
Einigen Einzelsendungen über Luftfahrtthemen folgte 1985 die Reihe „Pioniere der Luftfahrt". Von 1987 an arbeitete er – jetzt als freier Produzent – an einer Reihe über die Geschichte des Segelfliegens, die unter dem Titel „Der Berg der Segelflieger" (3 x 45 Minuten) 1990 in HR 3 erstgesendet wurde. Ende 1989 war sein „Buch vom Luftsport – Die Erben Lilienthals" im Motorbuch Verlag erschienen.
Daß er sich nicht zur Ruhe setzt, beweist das nebenstehende Kapitel.

Der Luftsport als Wegbereiter

Otto Lilienthal war der erste, dem der Menschenflug mit einem Gerät »schwerer als Luft« gelang. Seine Gleitflüge an einem Sandstich bei Derwitz in der Umgebung von Berlin im Jahre 1891 gelten heute bei Luftfahrthistorikern in aller Welt als der Beginn des »Zeitalters der Luftfahrt«, als der »... Augenblick, an dem die Menschheit das Fliegen erlernt hat«, wie es der französische Flugpionier Ferdinand Ferber, der Lilienthal als seinen Lehrer verehrte, schon zu Anfang unseres Jahrhunderts formuliert hat. Aus einer Absprunghöhe von fünf bis sechs Metern war Lilienthal damals zwar »nur« 15 bis 25 m weit gekommen, aber stabil und sicher geflogen – soweit das mit einem Gleitflugzeug im Fußstart möglich war. Zwar blieb es bei dieser Grundkonstruktion, aber er hat seine »Apparate« ständig verbessert. In den Rhinower Bergen gelangen ihm später Flüge bis zu 250 m Weite. Nach insgesamt etwa 2000 gelungenen Gleitflügen ist er dort am 9. August 1896 vermutlich durch eine »Sonnenboe«, eine thermische Ablösung, in eine überzogene Fluglage geraten und über den Flügel abgestürzt. Seinen Verletzungen erlag er am nächsten Tag. (Mehr über Otto Lilienthal und seine Bedeutung für die Entwicklung der Luftfahrt im 1. und im 17. Kapitel).

Daß der erste Flieger zugleich der erste Sportflieger war, und zwar ganz bewußt, geht aus mehreren seiner zahlreichen Veröffentlichungen hervor. So schreibt er: »Wenn die Rhinower Berge in unmittelbarer Nähe Berlins gelegen wären, würde sich sicher ein regulärer Fliegersport herausbilden, denn mit dem wundervollen, anstrengungslosen Dahingleiten durch die Luft läßt sich keine der bisherigen Sportbewegungen vergleichen... Jedenfalls gäbe es kein Mittel, welches mehr als dieses zur Förderung der Flugfrage beitragen würde; denn in kurzer Zeit würden Hunderte von jungen Leuten sich solche billig herzustellenden Segelapparate halten und in der Weite der Segelflüge sich zu überbieten suchen. Daß hierdurch sehr schnell noch wesentliche Verbesserungen in Bauart und Anwendung der Apparate sich einstellen würden, ist selbstverständlich.«

Lilienthal hat also schon vor hundert Jahren klar erkannt, was bis heute ein wesentliches Merkmal des Luftsports geblieben ist: seine Wechselwirkung mit wissenschaftlichen Erkenntnissen und technischem Fortschritt. Der Einfluß des Luftsports auf die gesamte Luftfahrtentwicklung kann kaum überschätzt werden. Fast alle bedeutenden Impulse sind vom Luftsport ausgegangen, vor allem vom Segelflug.

„FSV I", das erste Gleitflugzeug der Darmstädter Schüler in seiner ersten Form. Ganz rechts Hans Gutermuth, der später erfolgreichste Pilot dieser Gruppe.

„FSV VII", der Darmstädter Doppeldecker von 1911, kurz nach dem Start auf der Wasserkuppe.

Der Doppeldecker „FSV X", mit dem Hans Gutermuth am 22. Juli 1912 am Nordhang der Wasserkuppe in 112 Sekunden 838 m weit flog.

Aber Lilienthal hat im Luftsport noch mehr gesehen: »Sollte es dahin kommen, daß das Durchsegeln der Luft auch vorläufig nur als interessante Belustigung und angenehme Körperübung sich einbürgert, so wäre in einem derartigen Fliegesport wohl die gesündeste aller Erholungen im Freien geschaffen und dadurch die Reihe der Mittel zur Bekämpfung moderner Kulturkrankheiten um eine der wirkungsvollsten vermehrt.«

Auch mit dieser Prognose hat Otto Lilienthal recht behalten, selbst wenn die damaligen »modernen Kulturkrankheiten« vielleicht nur die Anfänge unserer heutigen gesellschaftlichen Probleme und kulturellen Krisen gewesen sein mögen.

...das Dahinschweben auf so große Entfernungen gewährt einen unvergleichlichen Reiz, zumal in allerlei Wellenlinien geflogen werden kann... Ein solcher Sportplatz, auf dem die jungen Männer sich im Segelfluge üben ... wird eine gewaltige Anziehungskraft sowohl für das interessierte als auch für das nur schaulustige Publikum bilden. Wenn dann gar von Zeit zu Zeit ein richtiges Wettfliegen veranstaltet wird, so dürften sich bald ähnliche Volksfeste herausbil-

Wolfgang Klemperer im „Schwarzen Teufel" nach dem Gummiseilstart auf der Wasserkuppe bei der „Ersten Rhön" 1920.

Peter Riedel vor seinem selbstgebauten PR II „Rhönbaby". Damals – 1920 – war er erst 14 Jahre alt.

Hangsegelflug – nicht selten unter der Hangkante. Hasso Hemmer auf „Schloß Mainberg" bei einem Dauersegelflug von mehr als 9 1/2 Stunden im Juli 1930.

den wie bei anderen sportlichen Wettkämpfen...« Wer je einen nationalen oder internationalen Segelflug- oder sonstigen Flugwettbewerb oder auch nur einen Vereinsflugtag miterlebt hat, der wird bestätigen, daß Lilienthal die Volkstümlichkeit des Luftsports schon vor 100 Jahren richtig erkannt hat.

Vom Gleitflug zum Segelflug

Otto Lilienthal hat zwar vom »Segelflug« geschrieben; geschaffen aber hat er den »Gleitflug«, der erst durch geschicktes Ausnutzen aufsteigender Luftströmungen zum »Segelflug« werden kann. Voraussetzung hierzu waren allerdings bessere, leistungsfähigere Gleitflugzeuge als er sie bauen konnte, eben »Segelflugzeuge«. Seine Gleiter schwebten je Meter Flughöhe etwa fünf Meter weit; sie hatten, wie man heute sagen würde, ein Gleitverhältnis von 1:5, oder noch einfacher die Gleitzahl 5. Nach hundertjähriger Weiterentwicklung erreichen heutige Segelflugzeuge unter Ausnutzung aller aerodynamischen und technischen Erkenntnisse die Gleitzahl 60. Hinzu kommen Verbesserungen der Flugeigenschaften, der Gebrauchstüchtigkeit und vieler anderer Komponenten, die einen Vergleich mit Lilienthals »Normal-Segelapparat«, dem ersten käuflichen Sportfluggerät, kaum noch möglich machen. Vergleiche lassen sich aber durchaus mit den modernen Hängegleitern und Drachen sowie mit dem jüngsten Sportfluggerät ziehen, dem Gleitschirm (siehe weiter unten). Sie beweisen, daß Segelflug auch schon mit Fluggeräten niedriger Gleitzahl möglich ist – wenn man weiß wie.

Der Weg vom Gleitflug zum Segelflug war weit; denn er beruhte nicht allein auf der Verbesserung der Flugzeuge,

Günther Groenhoff im Hangsegelflug mit dem „Fafnir" über der Wasserkuppe.

Der „Professor" mit Robert Kronfeld nach dem Start auf der Wasserkuppe. Mit diesem Flugzeug, einer Konstruktion von Alexander Lippisch, gelang Kronfeld 1928 der „Himmeldunkbergflug".

sondern auch auf der Verfeinerung der Flugtaktik aufgrund meteorologischer Erkenntnisse.

Auf Lilienthals wissenschaftlicher Grundlagenforschung, die er jahrzehntelang zusammen mit seinem Bruder Gustav betrieben, und deren Ergebnisse er 1889 in seinem Buch »Der Vogelflug als Grundlage der Fliegekunst« veröffentlicht hatte, bauten fast alle späteren Pioniere der ersten Stunde auf.

Weiter als er kamen die Brüder Wilbur und Orville Wright aus Dayton in Ohio (USA), die wie er mit Gleitflugversuchen begonnen haben. Ihr Vorbild war aber nicht der Vogel, den Lilienthal in Form und Aufbau nachzuahmen versucht hatte, sondern der viel einfachere Kastendrachen, wie er für meteorologische Forschungen schon seit längerer Zeit benutzt wurde. Das führte sie zwangsläufig zum Doppeldecker mit rechteckigen Flügeln. Das Höhenruder ordneten sie davor an (Entenprinzip). Entscheidend für ihren Erfolg aber war die Flügelverwindung, die später zum Querruder weiterentwickelt wurde. Dadurch konnten sie ihren Gleiter auf viel einfachere und sicherere Weise in der Querlage halten, als es Lilienthal mit seiner Körpergewichtsverlagerung möglich gewesen war. Fußstart und -landung haben sie von vornherein ausgeschlossen; bei ihnen lag beziehungsweise saß der Pilot zum »Tragestart«, der allerdings zwei Helfer erforderte, gut geschützt zwischen den Flügeln. Nach anfänglichen Schwierigkeiten unternahmen sie an der Küste von Kill Devil Hill in North Carolina vom Jahre 1901 an hunderte von erfolgreichen Gleitflügen, die bis zu einer

Die „Württemberg", eine Konstruktion von Paul Laubenthal (Akaflieg Darmstadt) aus dem Jahre 1929, startet am Westhang der Wasserkuppe.

Oskar Ursinus und Fritz Stamer beim „Fest der Freude" nach der Wiederzulassung des Segelfluges im Jahre 1951 vor dem Fliegerdenkmal auf der Wasserkuppe.

Minute dauerten. Sicherlich haben sie dabei auch den Hangaufwind der Dünen ausgenutzt. Die gute Steuerbarkeit ihrer »Flugdrachen« ermutigte sie zur Konstruktion eines Motorflugzeugs, das sie mit einem ebenfalls selbstgebauten Motor von 12 PS ausstatteten. Damit gelang Orville Wright am 17. Dezember 1903 der erste Motorflug.

Neben der erfolgreichen Weiterentwicklung ihrer Motor-Doppeldecker blieben sie aber auch dem Gleit- und Segelflug treu. So erreichte Orville Wright am 24. Oktober 1911 im Hangaufwind der Dünen von Kitty Hawk eine Flugzeit von fast zehn Minuten. Dabei legte er eine Strecke von über 600 m zurück.

Um dieselbe Zeit experimentierte in Deutschland eine Gruppe von Schülern und jungen Studenten aus Darmstadt mit Gleitflugzeugen. Sie waren es, die den höchsten Berg der Rhön, die 950 m hohe, fast kahle Wasserkuppe, für ihre Flugversuche entdeckten. Einem von ihnen, Hans Gutermuth, gelang im August 1912 am Nordhang ein Gleitflug von 112 Sekunden Dauer, bei dem er eine Strecke von 838 m zurücklegte. Sein Doppeldecker »Darmstadt FSV-X« war aus Bambusstangen gebaut und mit Leinen bespannt. Er besaß eine knüppelgesteuerte Flügelverwindung wie die Wright'schen Gleitflugzeuge.

Von den besonders günstigen Aufwindverhältnissen der herausragenden Wasserkuppe, durch die sie später zum »Berg der Segelflieger« wurde, wußte man damals noch nicht viel. Es waren reine Gleitflüge, die die »Darmstädter« unternahmen. Dauer und Strecke ergaben sich durch den Höhenunterschied.

Es dauerte Jahre, bis Gutermuths Leistung überboten wurde. Im Jahre 1920 hatten Erich Meyer und Wolfgang Klemperer in der Zeitschrift »Flugsport«, die von Oskar Ursinus herausgegeben wurde, zum ersten »Gleit- und Segelflugwettbewerb« auf der Wasserkuppe aufgerufen.

Trotz der Not der Zeit fanden sich zahlreiche Flugbegeisterte mit ihren meist noch nicht fertiggestellten Gleitern in der Rhön ein. Einige Weltkriegs-Flieger waren darunter, die nach dem Verbot der Motorfliegerei für Deutsche durch die Siegermächte ihre Flugleidenschaft dann eben motorlos stillen wollten. Aber auch flugbegeisterte junge Leute zog es auf die Wasserkuppe. Unter ihnen war der erst 14jährige Peter Riedel, der in der späteren Rhöngeschichte noch eine bedeutende Rolle spielen sollte. Auf seinem selbstgebauten »Rhönbaby« hat er damals im Fesselflug fliegen gelernt. Auch die meisten anderen Gleitflugzeuge waren den damals vorherrschenden Motor-Doppeldeckern nachempfunden, aber fast alle zu leicht gebaut. Das führte zu dem ersten tödlichen Absturz: Eugen von Loeßl konnte seinen Gleiter nach Bruch des Höhenleitwerks nicht mehr abfangen. Aber es wurde weitergeflogen. Anfangs war Willi Pelzner mit einem ölpapierbespannten Doppeldecker-Hängegleiter, der wie bei Lilienthal nur durch Verlagerung des Körpergewichts gesteuert werden konnte, der Erfolgreichste, meist sogar der einzige, der überhaupt flog. Erst gegen Schluß des Wettbewerbs Anfang September erschienen Aachener Studenten mit einem Eindecker, dessen Flügel auffallend dick, aber freitragend war. Es war der »Schwarze Teufel«, den Wolfgang Klemperer konstruiert hatte und nun auch flog. Zum Start wurden die Gleiter bis dahin an Handgriffen in die Luft gezogen. Klemperer erprobte mit dem »Schwarzen Teufel« als erster den Gummiseilstart, der bis Ende der 30er Jahre im Gleit- und Segelflug vorherrschend bleiben sollte. Am Westhang der Wasserkuppe legte er in 2.22 Minuten eine Strecke von 1830 m zurück und erzielte damit die beste Leistung der »Ersten Rhön«, der noch viele weitere Wettbewerbe folgen sollten. Schon ein Jahr später flog Klemperer mit seiner Weiterentwicklung des »Schwarzen Teufel«, der »Blauen Maus«, in 13 Minuten von der Wasserkuppe bis nach Gersfeld.

Der „Condor", 1932 konstruiert, gebaut und geflogen von Heini Dittmar, sucht nach dem Hangstart den Anschluß an den Wolkenaufwind.

Das erste Fliegerlager auf der Wasserkuppe im Jahre 1920 mit drei alten Militärzelten und der Küchenbaracke.

Der große Durchbruch zum wirklichen Segelflug folgte 1922: Mit dem »Vampyr« der Technischen Hochschule Hannover gelang Arthur Martens am 18. August der erste Stundenflug im Hangaufwind der Wasserkuppe. Seine Taktik war wegweisend: Um in dem verhältnismäßig schmalen Aufwindbereich zu bleiben, kurvte er in großen Achten vor dem Hang. Sein Studienkollege Friedrich-Heinrich Hentzen machte es ihm am nächsten Tag nach und blieb sogar über zwei Stunden, am 24. August schließlich über 3 Stunden in der Luft. Diese Flüge wurden zu einer Weltsensation. Den bisher belächelten Segelflug nahm man nun plötzlich ernst.

Auch das Flugzeug, der »Vampyr«, war wegweisend. Dipl. Ing. Georg Madelung hatte es als freitragenden Hochdecker mit geschlossenem Sperrholzrumpf konstruiert. Der einholmige Flügel mit sperrholzbeplankter Nase hatte eine Spannweite von 12,60 m. Der »Vampyr« wurde zum »Großvater« aller späteren Segelflugzeuge, weil in ihm alle hierfür wesentlichen Konstruktionselemente verwirklicht waren. Mit seiner Gleitzahl von 16 und seiner geringen Sinkgeschwindigkeit von 0,80 m/s war er das erste leistungsfähige Segelflugzeug, wurde aber bereits 1923 weit übertroffen von einer Konstruktion der Darmstädter Akademischen Fliegergruppe, dem »Konsul«. Mit seiner Spannweite von 18,70 m, seiner hohen Flügelstreckung und seinem windschnittigen Rumpf wirkt er heute noch modern. Mit seiner Gleitzahl von über 21 gilt er als der »Vater« der später immer weiter verbesserten Segelflugzeuge.

Eine zeitlang schien der »Konsul« jedoch auch Fachleuten als Endpunkt der Segelflugentwicklung, die kaum mehr zu sein schien als eine aus der Not geborene Episode der Luft-

Heini Dittmar, einer der erfolgreichsten Segelflieger der dreißiger Jahre. Als Versuchspilot erreichte er 1943 mit dem von Lippisch konstruierten Raketenflugzeug Me 163 als erster eine Geschwindigkeit von über 1000 km/h.

fahrtgeschichte. Was war das schon: immer nur am Hang hin- und herzufliegen und mit Ach und Krach in gefährlicher Nähe der Baumwipfel ein paar Kilometer zurückzulegen, wie es Botsch mit dem »Konsul« bei seinem 18,7 km-Weltrekord im September 1923 von der Wasserkuppe aus gelungen war. Tatsächlich geriet der Segelflug um die Mitte der 20er Jahre in eine Krise, in der sich viele gute Piloten wieder dem inzwischen freigegebenen Motorflug zuwandten, und nur ein paar Unverbesserliche dem Segelflug treu blieben, aber kaum Neues zustandebrachten.

Auch der Wettbewerb von 1926, bereits die »6. Rhön«, verlief zunächst ohne Höhepunkte. Am Nachmittag des 12. August zog ein Gewitter auf. Max Kegel, ein Luftpolizist, der sich aus Flugbegeisterung ein Segelflugzeug ähnlich dem »Konsul« (aber glücklicherweise weitaus fester) gebaut hatte, startete in den stark auffrischenden Wind — und wurde sehr schnell in das Gewitter hineingesogen. Bis zum Abend blieb er verschollen. In die schlimmsten Befürchtungen platzte die Nachricht, daß er in der Nähe von Gompertshausen nach einem Flug von über 55 km glatt gelandet sei. Auf der Wasserkuppe bereitete man »Gewittermaxe«, wie Kegel von nun an genannt wurde, einen triumphalen Empfang, war ihm doch der erste Segelflug unabhängig vom Hang allein im Aufwind der freien Atmosphäre und zugleich ein neuer Weltrekord gelungen.

Das Vorhandensein solcher Aufwinde war damit bewiesen. Aber Gewitterflüge konnten nicht die Regel werden, auch wenn 1931 vor einer Gewitterfront noch einmal ein spektakulärer Streckenflug gelang: Günther Groenhoff flog mit dem »Fafnir« 272 km weit von München nach Kaaden in der Tschechoslowakei. Doch inzwischen waren auch die Versuche, eine weitere Aufwindart für den Segelflug zu erschließen, erfolgreich verlaufen. Im Zusammenhang mit den Forschungen des Meteorologen Prof. Dr. Walter Georgii über die Natur der Wärmeaufwinde in der freien Atmosphäre gelang es Robert Kronfeld, nach dem Start von der Wasserkuppe Anschluß an den Wolkenaufwind zu finden und systematisch hochkreisend zum acht Kilometer entfernten Himmeldunkberg und zurück zu fliegen. Das war am 6. August 1928. Dieser Tag gilt als die Geburtsstunde des modernen Segelfluges unabhängig vom Hangaufwind. Prof. Georgii würdigte Kronfelds Flug als eine »geradezu schulmäßige Vorführung der richtigen Technik, die dann von allen seinen Kameraden nachgeahmt wurde«. Schon zwei Tage später erflog Edgar Dittmar über der Wasserkuppe im thermischen Aufwind mit 775 m einen neuen Höhenweltrekord.

Die Thermik ist bis heute die wichtigste Aufwindart geblieben, und in aller Welt benutzen die Segelflieger für ihre Streckenflüge bis heute dieselbe Taktik, wie sie einst Kronfeld auf seinem »Himmeldunkberg-Flug« vorgemacht hat: Thermik — also aufsteigende Warmluft — suchen, darin hochkreisen, die gewonnene Höhe in Strecke umsetzen (Gleitflug) und rechtzeitig wieder Thermik suchen, hochkreisen und so weiter. Das allerdings liest sich viel einfacher als es in Wirklichkeit ist. Zunächst mußten die Segelflieger nach dem Gummiseilstart am Hang den Anschluß an die Thermik suchen. Um sie vom Gebirge unabhängig zu machen, wurden neue Startmethoden entwickelt: der Flugzeugschlepp und der Windenstart, die sich bis heute bewähren. Sie ermöglichen den Segelflug auch im Flachland.

Die sich von nun an fast sprunghaft steigernden Segelflugleistungen setzten immer bessere Flugzeuge und eine ständige Verfeinerung der Flugtaktik voraus. Anteil daran hatte auch die Instrumentierung. Kronfelds Erfolge beruhten nicht zuletzt darauf, daß er erstmals ein Variometer mitführte, ein Instrument, das Steigen und Fallen anzeigt. Sein Flugzeug war der »Professor«, den Alexander Lippisch konstruiert hatte. Von Lippisch stammte auch der »Fafnir«, der wegen seines Knickflügels noch heute als eines der elegantesten Segelflugzeuge gilt, die es je gegeben hat.

Der Knickflügel kam in Mode. »Condor«, »Moazagotl«, »Minimoa«, »Rhönsperber«, »Reiher« sind Namen, die heute noch den meisten Segelfliegern geläufig sind. Einige von diesen berühmten Mustern der 30er Jahre fliegen sogar noch auf Oldtimertreffen, andere finden sich in Museen wie dem »Deutschen Segelflugmuseum« auf der Wasserkuppe — ein Geheimtip für jeden, der sich für die Entwicklung des Segelfluges interessiert. Die meisten Ausstellungsstücke sind Originale, einige originalgetreue, flugfähige Nachbauten. Sie verbinden sich mit dem Namen damals berühmter Segelflieger wie Günther Groenhoff, Heini und Edgar Dittmar, Wolf Hirth und Peter Riedel. Mit den offenen Schulgleitern »Grunau 9« und »SG 38« wird an die damals allgemein übliche Alleinschulmethode erinnert, die mit Rutschern und Sprüngen zu kurzen Flügen und schließlich zum Segelflug führte. Der Fluglehrer gab vor dem Start Ratschläge und übte nach der Landung Kritik; während des Fluges war der Schüler immer allein. Das hatte manches für sich, aber die heute übliche Doppelsitzerschulung vermittelt doch unvergleichlich mehr an fliegerischer Sicherheit und Erfahrung. Auch auf die Übungssegelflugzeuge »Falke« und »Baby« — beide sind im Museum als Originale vorhanden — kam der Schüler ohne besondere Einweisung am Doppelsteuer, und fast immer ging es gut. Schautafeln und Fotos erinnern im Museum auch an die Zeit der großen Wettbewerbe auf der Wasserkuppe in den 30er Jahren.

Die Sieger wurden nach einem Punktesystem, das ihre Gesamtleistung an allen Wettbewerbstagen berücksichtigte, ermittelt. Bewertet wurden beispielsweise auch Höhenflüge, sodaß die jeweils längste vom Sieger zurückgelegte Strecke keine Gesamtbeurteilung ermöglicht. Die folgende Aufstellung macht trotzdem die enorme Leistungssteigerung des Segelfluges in den Jahren von 1929 bis 1939 deutlich:

Jahr	Rhönsieger	längste Strecke	Flugzeugmuster
1929	Robert Kronfeld	150 km	»Wien«
1930	Robert Kronfeld	165 km	»Wien«
1931	Günther Groenhoff	220 km	»Fafnir«
1932	Wolf Hirth	154.9 km	»Musterle«
1933	Peter Riedel	158.4 km	»Fafnir«
1934	Ludwig Hofmann	310 km	»Rhönadler«
	Im Wettbewerb flogen außerdem:		
	Wolf Hirth	351 km	»Moazagotl«
	Heini Dittmar	375 km	»Fafnir II«
1935	Rudolf Oeltzschner	504,2 km	»Condor«
	Gleiche Strecke am selben Tag:		
	Ernst Steinhoff		»Rhönadler«
	Otto Bräutigam		»DB-10«
	Hans Heinemann		»Rhönsperber«
1936	Kurt Schmidt	252 km	»Mü 13 d Atalante«
1937	I. Internationaler Rhönwettbewerb:		
	Heini Dittmar	351 km	»Fafnir II«
1937	»18. Rhön«:		
	Max Beck (Einsitzer)	276 km	»Minimoa«
	Karch/Zimmermann (Doppelsitzer)	154 km	»Kranich«
1938	Wolfgang Späte	420 km	»Reiher I«
	Ungewöhnliche Wetterlage, teilweise Gewitter, dadurch außerordentliche Leistungen:		
	1300 Starts		
	Gesamtstrecke 75 998 km		
	Größte Höhe und neuer Höhenweltrekord 8100 m		
	Bisheriger Höhenweltrekord elfmal überboten		
1939	Erwin Kraft	361 km (Zielflug)	»Reiher III«

Ferdinand Schulz in seiner „Westpreußen", mit der er im Mai 1927 mit 14 Stunden 6 Minuten einen Dauerweltrekord aufgestellt hatte. Im selben Monat brach er mit einem Flug von über 60 km über den Ostseedünen auch den Streckenweltrekord.

Die »20. Rhön« war der letzte große Wettbewerb auf der Wasserkuppe. Kurz darauf begann der Zweite Weltkrieg. Von 1933 an war der Segelflug, der bis dahin mit geringen, meist privat aufgebrachten Mitteln auskommen mußte, stark gefördert worden. Die Nationalsozialisten sahen in ihm – wie auch in vielen anderen Sportarten – eine Möglichkeit zur vormilitärischen Ausbildung. Die bestehenden Vereine wurden »gleichgeschaltet«, eine allgemeine Uniformierung eingeführt, für die Piloten allerdings nicht durchgesetzt. Bei ihren Flügen trugen die meisten zwanglose Fliegerkleidung. Bemerkenswert war der »1. Internationale Segelflugwettbewerb« 1937 auf der Wasserkuppe, an dem 40 Segelflieger aus 6 Ländern teilnahmen. Schon in den 20er Jahren hatte sich der Segelflug in alle Welt verbreitet, und in den 30ern hatten vor allem die Schweizer und die Polen den Anschluß an die deutschen Segelflugleistungen gefunden. Die herzliche Fliegerkameradschaft, die sich damals auf der Wasserkuppe entwickelte, hatte die damaligen Gäste so begeistert, daß sie bei der ersten offiziellen Segelflugweltmeisterschaft 1950 in Schweden den 1. Internationalen Wettbewerb auf der Wasserkuppe nachträglich zur ersten Segelflugweltmeisterschaft erklärten — trotz allem, was seitdem geschehen war und obgleich der Segelflug in Deutschland noch nicht wieder zugelassen war.

Die Wasserkuppe war in den 20er und 30er Jahren ohne Zweifel das Zentrum des Segelfluges in Mitteleuropa, aber keineswegs das einzige bedeutende Segelfluggelände. Berühmt waren daneben vor allem Rossitten an der Kurischen Nehrung in Ostpreußen, wo Ferdinand Schulz schon 1924 einen Dauerweltrekord von 8.42 h aufgestellt hatte, und Grunau im Riesengebirge, wo 1937 im Wellenaufwind, einer neu entdeckten Aufwindart, fast 6000 m Höhe erreicht wurden.

Luftbild der Wasserkuppe bei einem Rhönwettbewerb Ende der dreißiger Jahre. Der hochaufragende Wasserturm auf dem Gipfel diente als Ausguck für den Meßtrupp der Sportleitung.

Der Höhenflug des Segelflugsports in den 30er Jahren endete für ganz Europa mit dem Ausbruch des Zweiten Weltkrieges Anfang September 1939. Viele, allzuviele, die sich nun plötzlich »auf höheren Befehl« als Gegner gegenüberstanden, haben diese dunkelsten Jahre Europas und der Welt nicht überlebt, darunter auch viele der Segelflieger, die über alle Grenzen hinweg Freunde geworden waren.

Wiederbeginn des Segelflugs

Wieder wurde die Wasserkuppe zur Keimzelle. Zwar hatten die Besatzungsmächte mit der gesamten Zivilluftfahrt auch den Segelflugsport durch Kontrollratsgesetz verboten, doch es trieb manchen »alten« Segelflieger, der den Krieg überlebt hatte, und auch flugbegeisterte Jüngere auf die Wasserkuppe. Sie gründeten den »Club der weißen Möven«. Ein »Wandertreffen« wurde 1949 noch verboten, 1950 jedoch erlaubt. Dabei wurde am 3. August spontan der Deutsche Aero Club gegründet und Wolf Hirth zu seinem ersten Präsidenten gewählt. Ein Jahr später gaben die Besatzungsmächte schließlich den Segelflug wieder frei. Der Deutsche Aero Club rief daraufhin zu einem »Fest der Freude« auf, zu dem sich am 26. August 1951 fast 50000 Menschen auf der Wasserkuppe einfanden. Mit dem ersten Start auf einem neuerbauten Schulgleiter knüpfte Fritz Stamer an die Ausbildungstradition der Vorkriegszeit an, doch etwas Neues war auch schon da:

Das Fliegerdenkmal auf der Wasserkuppe, eingeweiht 1923. Der Bronzeadler auf den Basaltblöcken wurde von der Witwe des Hamburger Reeders Albert Ballin gestiftet.

der »Doppelraab«, ein robust gebauter Doppelsitzer. Damit und mit ähnlichen Neukonstruktionen setzte sich sehr bald die heute übliche Doppelsitzerschulung durch.

Trotz aller Schwierigkeiten gelang es den deutschen Segelfliegern, bald wieder den Anschluß an die internationale Entwicklung zu finden, die seit 1939 ohne sie weitergegangen war. Auf den VII. Weltmeisterschaften in Polen im Jahre 1958 siegte Ernst-Günter Haase, und Rudolf Kaiser erhielt den OSTIV-Preis für die von ihm konstruierte »Ka 6«, dem damals besten Standard-Segelflugzeug der Welt. Mit diesem Flugzeug, das bis heute als der Höhepunkt der Holzbauweise gilt, wurde Heinz Huth aus Hamburg sechsmal deutscher Meister, sowie 1960 und 1963 Weltmeister in der Standardklasse. Die »Ka 6«, von der über 1400 Stück gebaut wurden – mehr als von jedem anderen Leistungssegelflugzeug in der Welt – wird noch heute gern geflogen.

In den 50er Jahren bahnte sich aber auch eine technische Revolution im Segelflugzeugbau an. Bisher ähnelten die Flügelquerschnitte dem Vogelflügel: stumpfe Vorderkante, größte Höhe etwa im ersten Drittel, ziemlich starke Wölbung, auch auf der Flügelunterseite. Solche »Profile« erzeugen zwar hohen Auftrieb, haben aber auch hohen Luftwiderstand, der bekanntlich im Quadrat der Geschwindigkeit zunimmt. Nun hatte man – zunächst rechnerisch – herausge-

Mit dem „Doppelraab", konstruiert 1949/50 von Fritz Raab, begann nach Wiederzulassung des Segelfluges in Deutschland die moderne Doppelsitzerschulung. Der Lehrer saß etwas erhöht hinter dem Schüler, konnte aber den Steuerknüppel betätigen.

Der Westhang der Wasserkuppe. Die herausragende Spitze ist die Abtsroader Kuppe, ein Basaltkegel.

funden, daß Flügelprofile mit spitzerer Nase, größter Höhe etwa in der Mitte und geringer Wölbung auch ausreichend Auftrieb liefern, aber weitaus geringeren Luftwiderstand haben. Untersuchungen im Windkanal bestätigten die Richtigkeit der Berechnungen, die allerdings nur bei extrem glatten Flügeloberflächen zutrafen. Nur dann blieb die Strömung »laminar«, das heißt anliegend, während sie auf weniger glatten Oberflächen (wie beim üblichen Holzflugzeugbau) verwirbelte und leicht abreißen konnte. Nach dieser Eigenschaft nannte man die neuen Flügelquerschnitte »Laminarprofile«. Aber wie ließ sich bei einem Segelflugzeug eine so glatte Oberfläche erreichen?

Eine Entwicklung auf einem ganz anderen Gebiet zeigte den Ausweg: Es gab inzwischen Kunstharze, die sich in jede gewünschte Form bringen, durch Einbettung von Glas- oder anderen hochfesten Fasern jeder notwendigen Zug- oder Druckbeanspruchung anpassen und durch Zusatz von Härtern fest, unlöslich und unschmelzbar machen lassen. Aber wie daraus Flugzeugteile bauen? Genau umgekehrt wie beim Holzflugzeugbau: von außen nach innen. In eine Form (die ebenfalls aus Kunststoff besteht) wird zunächst der (bei Segelflugzeugen weiße) Lack gespritzt. Darauf legt man das Glasfasergewebe (bei hochbeanspruchten Teilen heute aus Kohlenstoff- oder Kevlargewebe), das mit dem Kunststoff (Epoxid) durchtränkt wird. Es folgt ein Stützstoff, ein Wabenmaterial oder ein Kunststoff-Hartschaum. Mit einer zweiten, inneren, faserverstärkten Kunststoffschicht ist der »Sandwich« fertig, der sowohl den Flügel als auch Rumpf und Leitwerk bildet. Der Aufbau eines Kunststoffseglers erscheint einfacher als der eines Holzflugzeugs, doch der Bauaufwand ist fast ebenso groß und das Material teurer, aber nach allen bisherigen Erfahrungen auch dauerhafter. Der »Phönix«, das erste Kunststoff-Segelflugzeug der Welt von 1957, hängt heute im Deutschen Museum in München und sieht noch wie neu aus. Ein »Phönix« aus der ersten Serie steht im Segelflugmuseum auf der Wasserkuppe – ebenfalls ohne sichtbare Alterserscheinungen – und einige weitere sind heute noch gern geflogene Oldtimer! Konstruiert wurde der »Phönix« von Richard Eppler, dem vor allem die Profile zu verdanken sind, und Hermann Nägele, gebaut – nach schwierigen Festigkeitsuntersuchungen, für die es damals ja noch kein Vorbild gab – von der Akaflieg Stuttgart. Wie berechnet erreichte der »Phönix« die Gleitzahl 40 und übertraf damit alle damals bekannten Segelflugzeuge.

Bautechnisch verbessert und aerodynamisch optimiert erreichen einige seiner Nachfolgekonstruktionen heute die Gleitzahl 60, die man in den 20er und 30er Jahren nicht für

Oben: Hans Werner Grosse, mit mehr als 40 Weltrekorden der wohl erfolgreichste deutsche Segelflieger. Seine fliegerische Laufbahn begann1939 mit der damals üblichen Einsitzerschulung auf dem Schulgleiter „SG 38", der inzwischen mehrfach als Oldtimer nachgebaut wurde (Bild unten). Rechts: Der Flugplatz auf der Wasserkuppe heute – Sitz der traditionsreichsten deutschen Segelflugschule.

möglich gehalten hätte. Die deutschen Hersteller, durchweg mittelständische Betriebe, sind auf dem Weltmarkt führend. Auf internationalen Wettbewerben stammen fast immer weit mehr als 90 Prozent der teilnehmenden Segelflugzeuge aus der Bundesrepublik.

Inzwischen werden auch Motorsegler (mehr darüber auf Seite 390) und Leichtflugzeuge (Seite 406) aus faserverstärktem Kunststoff hergestellt. Selbst in den Großflugzeugbau hat der Kunststoff Eingang gefunden: So besteht beim »Airbus« das Seitenleitwerk aus diesem Material, das bei gleicher Festigkeit eine erhebliche Gewichtseinsparung ermöglicht. Damit geht wieder einmal vom Segelflug ein wesentlicher Impuls für die allgemeine Luftfahrtentwicklung aus. Für frühere Einflüsse hier nun ein Beispiel: Die durch den Segelflug gewonnenen aerodynamischen Erkenntnisse setzten sich Anfang der 30er Jahre auch beim Motorflug durch, zumal einige der besten Konstrukteure wie Willy Messerschmitt und Kurt Tanck aus dem Segelflug kamen. Herrschten bis dahin noch Doppeldecker, rechteckige Rumpfkonstruktionen und vielfach verstrebte Fahrwerke vor, so tauchten nun elegante, heute noch modern wirkende, »stromlinienförmige« Konstruktionen, teilweise schon mit einziehbaren Fahrwerken, auf. Fast schlagartig verdoppelten sich die Flugleistungen, vor allem die Geschwindigkeit.

Es mag manchem kurios erscheinen, daß auch beim modernen Segelflug die »Geschwindigkeit« eine entscheidende Rolle spielt, und daß deshalb Laminarprofile und die Kunststoffbauweise eine so große Bedeutung erlangt haben. Ein Beispiel mag das verdeutlichen: Ein Leistungssegelflugzeug der 30er Jahre mit dem damals üblichem Flügelquerschnitt hatte bei einer normalen Fluggeschwindigkeit von 70 km/h etwa 0,9 m/s Sinkgeschwindigkeit. »Drückte« der Pilot an, um nach einem Höhengewinn in der Thermik schneller voranzukommen, so betrug sein »Sinken« bei 100 km/h schon fast 2 m/s und bei 140 km/h über 4 m/s. Er verlor also sehr schnell an Höhe und mußte sich sehr bald wieder einen Thermikbart suchen, um darin kreisend Höhe zu gewinnen. Ein modernes Kunststoff-Segelflugzeug mittlerer Leistung sinkt dagegen bei 100 km/h etwa mit 0,7 m/s, bei 140 km/h mit etwas über 1 m/s und bei 180 km/h erst mit etwa 2 m/s.

Bei dieser Geschwindigkeit wäre der »alte« Vogel schon fast im Sturzflug gewesen. Grund für diese verblüffende Leistungssteigerung, die sich auch sofort in den Segelflugleistungen auswirkte, war der weitaus geringere Luftwiderstand der Laminarprofile, der sich natürlich bei erhöhten Geschwindigkeiten besonders deutlich bemerkbar machte. Die Möglichkeit, auch gegen stärkeren Wind anzukommen, führte zu einer veränderten Aufgabenstellung: Herrschte bisher die »Freie Strecke« (fast immer mit dem Wind) vor, so wurde nun Ziel-Rückkehr- und Dreieckflügen der Vorzug gegeben. Die Umrundung der Wendepunkte muß fotografisch dokumentiert werden. Für die Startmannschaften entfällt damit das zeitaufwendige Rückholen – falls die Aufgabe erfüllt werden kann. Bei Wettbewerben werden heute fast nur noch Rückkehr-Aufgaben ausgeschrieben.

Anfang der 60er Jahre erschien die nächste bedeutsame GFK-Konstruktion, die D-36 V1 »Circe«, eine Diplomarbeit von Gerhard Waibel, Wolf Lemke und Heiko Frieß an der Technischen Hochschule Darmstadt. In der Endphase war auch Klaus Holighaus am Bau dieses Flugzeugs, das die Gleitzahl 44 erreichte, beteiligt. Auf den Deutschen Segelflugmeisterschaften 1964 in Roth bei Nürnberg siegte Gerhard Waibel damit überlegen in der Offenen Klasse. Seine Konstruktionsarbeit setzt er seitdem bei Flugzeugbau Schleicher in Poppenhausen am Fuß der Wasserkuppe fort. Dort gelang ihm bereits 1967 mit der »ASW-12« (Gleitzahl 47) ein großer Wurf. Am 25. April 1972 legte der Lübecker Hans-Werner Grosse damit eine »Freie Strecke« von 1460,8 km von seiner Heimatstadt bis Biarritz im Südwesten Frankreichs zurück – quer durch Europa! Sein Weltrekord wurde bis heute noch nicht überboten. In den USA sind an den

Blick in den großen Rundbau des neuen Deutschen Segelflugmuseums auf der Wasserkuppe: Eine „Minimoa" aus dem Jahre 1938, darunter eine „Condor IV", ein von Heini Dittmar 1951 konstruierter Leistungs-Doppelsitzer.

Eine Ka 4 „Rhönlerche II" im Windenstart auf der Wasserkuppe. Dieses Muster – konstruiert 1953 von Rudolf Kaiser – diente vor allem der Doppelsitzerschulung. Lehrer und Schüler sitzen in Tandemanordnung hintereinander am Doppelsteuer. Das Flugzeug wird wegen seiner guten Flugeigenschaften und seiner Robustheit heute noch gern im Vereinsbetrieb geflogen.

Oben: Dipl. Ing. Gerhard Waibel erklärt bei einer Fernsehaufnahme die Unterschiede zwischen einem konventionellen Flügel in Holzbauweise (rechts) und einem Flügel mit Laminarprofil aus glasfaserverstärktem Kunststoff (links). Der weitaus geringere Luftwiederstand des Laminarprofils setzt eine extrem glatte Oberfläche voraus. Deshalb wird jeder im Werk fertiggestellte Flügel noch naß geschliffen und poliert (links).

Hängen der Appalachen jedoch bereits durch Karl Striedieck und Thomas L. Knauff Ziel-Rückkehrstrecken über 1600 km geflogen worden – auf einer »ASW-17«, ebenfalls eine Konstruktion von Gerhard Waibel, mit der auch Hans-Werner Grosse noch große Erfolge hatte. Bis 1990 sind ihm rund 40 Weltrekorde im Segelflug gelungen, nicht nur Einsitzer-, sondern auch Doppelsitzer-Weltrekorde, darunter einige zusammen mit seiner Frau Karin. So überboten die beiden am 3. Juli 1989 gleich zwei Weltrekorde: Im Zielstreckenflug ab Lübeck erreichten sie Laval in Westfrankreich. Mit 1028 km hatten sie zugleich den Doppelsitzer-Weltrekord in »Freier Strecke« an sich gebracht.

Segelfliegen heute

Bis vor kurzem waren Flüge über 1000 km in Mitteleuropa eine Seltenheit. Ende Mai 1990 aber ergaben sich so günstige meteorologische Bedingungen, daß innerhalb weniger Tage gleich 30 solche Flüge gelangen und zahlreiche weitere Segelflieger diese »Traumgrenze« nur knapp verfehlten.

Zu der Leistungssteigerung auf so breiter Basis hatte auch die Konkurrenz der bedeutenden Konstrukteure untereinander beigetragen. Nicht allein Gerhard Waibel, sondern auch Klaus Holighaus und Wolf Lemke, einst gemeinsam die Konstrukteure der D-36, hatten inzwischen weitere Kunststoff-Segelflugzeuge mit hervorragenden Leistungsdaten (Gleitzahl bis 60) geschaffen.

Die meisten dieser Muster werden heute auch als Motorsegler angeboten. Ein Klapptriebwerk macht sie eigenstartfähig und damit unabhängig von den üblichen Startarten wie Windenbetrieb und Flugzeugschlepp, für die mehrere Helfer erforderlich sind.

Ist die gewünschte Höhe erreicht, wird das Triebwerk abgestellt und in den Rumpf eingefahren. Bei voller Abdeckung beeinträchtigt es die Flugleistungen so gut wie nicht. Das Mehrgewicht des Motors erhöht zwar die Sinkgeschwindigkeit geringfügig; die gleichzeitige Erhöhung der Fluggeschwindigkeit ist hingegen bei günstigen Thermikwetterlagen eher willkommen. Rekordleistungen mit Motorseglern stehen daher heute den »reinen« Segelflugleistungen kaum noch nach.

Doch Höchstleistungen sind nicht der Alltag des heutigen Segelfluges. Er ist vielmehr weitgehend ein »Breitensport«, wie aus den folgenden Zahlen hervorgeht:
Allein im Gebiet der bisherigen Bundesrepublik Deutschland gibt es mehr als 550 Plätze, auf denen Segelflug betrieben wird; rund 350 davon sind ausgebaute Flugplätze und in der Mehrzahl auch für den Motorflug, zumindest für Motorsegler, zugelassen. Für die meisten Bundesbürger liegt der nächste Segelflugplatz nicht weiter als 20 km entfernt. Fast 40000 von ihnen, darunter rund 3500 Frauen, betreiben aktiv Segelflug, die meisten innerhalb der 820 im Deutschen Aero-Club zusammengefaßten Luftsportvereine. Alles in allem sind hier fast 7000 Segelflugzeuge und mehr als 1300 Motorsegler zugelassen. Die meisten gehören den Vereinen. Für die Mitglieder sind die Kosten vor allem deshalb erschwinglich, weil das Prinzip der ehrenamtlichen Tätigkeit vorherrscht. Jeder hilft nach seinen Fähigkeiten und Kräften mit, damit der Flugbetrieb reibungslos abläuft. Auch die

Fluglehrer sind trotz ihrer großen Verantwortung ohne Bezahlung tätig – in ihrer Freizeit.

Im Bereich des Deutschen Aero-Clubs gibt es außerdem neun Segelflugschulen, an denen durchgehende Kurse belegt werden können. Die Gebühren hierfür halten sich einschließlich Unterkunft und Verpflegung in den Grenzen eines normalen Urlaubs.

Im Gebiet der bisherigen DDR gab es 38 Flugplätze. Seit der Wende sind mehr als 30 Fluggelände neu angemeldet worden – überwiegend in den bislang grenznahen Gebieten, wo sie vom kommunistischen Regime »aus Sicherheitsgründen« geschlossen worden waren. Aber auch ehemalige Start- und Landeplätze für Agrarflugzeuge sollen für den Luftsport erschlossen werden. Man rechnet künftig mit mehr als 60 Flugplätzen und -geländen in den neuen Bundesländern.

Der inzwischen neu formierte »Flug- und Fallschirmsportverband der DDR« (eingetragener Verein) hatte Mitte 1990 zwischen 9000 und 10 000 Mitglieder. Die Tendenz ist steigend, da vorher ältere Luftsportinteressierte und seit 1979 auch Frauen nur ausnahmsweise zugelassen waren; die vor-

Oben: Eine „Minimoa", konstruiert 1935 von Wolf Hirth und Dipl.-Ing. Wolfgang Hütter, bei einem Oldtimertreffen Mitte der siebziger Jahre auf der Wasserkuppe.
Unten: Moderne Schul- und Übungssegelflugzeuge auf demselben Flugplatz.

militärische Ausbildung stand im Vordergrund. Die frühere DDR hatte nur rund 200 Segelfliegerinnen (und nur 150 Motorpilotinnen) aufzuweisen.

Mitte 1990 gab es im Bereich des »FFSV« 445 Segelflugzeuge durchweg polnischer Herkunft. 43 Prozent davon waren Doppelsitzer – ein Zeichen dafür, welch großer Wert auf die Grundausbildung gelegt wurde. Außerdem waren 10 Motorsegler (vom Muster »Ogar«) zugelassen. Alle Flugzeuge waren »Volkseigentum«. Wie sie in das Eigentum der neugegründeten Vereine übergeführt werden, ist noch offen. Das gilt auch für die 150 Motorflugzeuge, die der bisherigen Luftsportorganisation zur Verfügung standen.

Der Flug- und Fallschirmsportverband löste sich zum 1. Januar 1991 auf. Die inzwischen in den fünf neuen Ländern der ehemaligen DDR gegründeten Luftsport- Landesverbände traten gleichzeitig dem Deutschen Aero Club bei.

Mit dem Wegfall der Grenze liegt die Wasserkuppe, bisher nur wenige Kilometer vom »Eisernen Vorhang« entfernt, wieder im Zentrum Mitteleuropas. Man darf gespannt sein, ob sie ihre einstige Bedeutung als »Zentrum des Segelfluges« wiedergewinnt. Flüge nach Osten, wo der Himmel bisher versperrt war, könnten mit den heutigen Segelflugzeugen neue sportliche Möglichkeiten eröffnen.

Motorsegler

Gemeint sind hier nicht allein die Leistungssegelflugzeuge mit Klapptriebwerk, von denen schon die Rede war, sondern auch die nicht ganz so eleganten, meist zweisitzigen leichten Motorflugzeuge mit der Spannweite und der Flügelstreckung von Segelflugzeugen. Die offizielle Definition des Luftfahrtbundesamtes von 1975 lautet: »Motorsegler sind Luftfahrzeuge ‚schwerer als Luft' mit starren Tragflächen und einem oder mehreren Motoren zur Erzeugung von Vortriebsleistung. Sie unterscheiden sich dadurch von den Flugzeugen (gemeint sind leichte Motorflugzeuge, der Verf.), daß sie mit stillgelegtem Motor das Betriebsverhalten eines Segelflugzeugs aufweisen…«. Festgeschrieben wurden eine Reihe weiterer Merkmale, darunter die Begrenzung des Fluggewichts auf 750 kg. Bei stillgelegtem Motor darf die Sinkgeschwindigkeit bei Einsitzern 1 m/s, bei Doppelsitzern 1,2 m/s nicht überschreiten. Gefordert wird außerdem eine Gleitzahl von mindestens 20. Die Insassenzahl ist auf 2 begrenzt. Um den Motorsegler als eigene Kategorie hat es lange Diskussionen gegeben. Nicht wenige hielten ihn für ein »Weder-noch«-Flugzeug, da er weder ein vollwertiges Segel- noch ein echtes Motorflugzeug sei. Es hat sich aber im Zusammenhang mit der Kostenexplosion und den vielen Restriktionen gegen den Luftsport in neuerer Zeit eher herausgestellt, daß er ein »Sowohl-als-auch«-Flugzeug ist, nämlich das vielseitigste Flugge-

Leistungssegelflugzeug mit Klapptriebwerk bei einem Motorseglerwettbewerb auf dem Flugplatz Feuerstein in Franken. Das Triebwerk dient lediglich zum Start – und als Heimweghilfe, wenn die Thermik unerwartet aufhört.

rät, das es gibt. Er ermöglicht ein weitaus preisgünstigeres Fliegen als der »normale« Motorflug und erfordert wegen seiner Unabhängigkeit von Helfern weit weniger Zeitaufwand für den einzelnen als der Segelflug. Wegen ihrer schwächeren Motoren sind die meisten Motorsegler weitaus leiser als die »Flugzeuge« und werden daher von Flugplatzanwohnern eher akzeptiert. Ihre Vielseitigkeit zeigt sich auch an ihren Verwendungsmöglichkeiten. So eignen sie sich für die Ausbildung und das Training von Luftfahrern, für den Reiseflug (denn in ihrer Reisegeschwindigkeit stehen sie den »Flugzeugen« kaum nach, und bequem sind sie auch), für den sportlichen Leistungssegelflug, für das »Luftwandern« (von dem noch die Rede sein wird) und natürlich auch für Gastflüge, für aerodynamische Untersuchungen sowie für meteorologische Forschungen und für Auftragsflüge jeglicher Art.

Vorläufer der Motorsegler gab es schon in den 20er Jahren. Die meisten Versuche scheiterten jedoch an der Unzuverlässigkeit der damaligen Leichtmotoren. Erst mit dem Kroeber-Leichtmotor von 18 PS (von 1934 an erhältlich) waren dem »Segelflugzeug mit Hilfsmotor« Erfolge beschieden. Unter anderem wurde das Übungssegelflugzeug »Baby« mit diesem Motor ausgestattet und als »Motor-Baby« vertrieben. Peter Riedel flog 1936 erfolgreich den »Motor-Condor«. Wie zur selben Zeit Wolf Hirth, so schwebte auch ihm der »Wandersegelflug« vor: »Man fliegt heute hier ab, läßt den Motor zwei, drei Minuten laufen, segelt dann ein paar hundert Kilometer zu einem entweder vorbestimmten Platz oder zu einem Gelände, das sich einem abends anbietet, landet dort, übernachtet. Am nächsten Morgen fliegt man wieder mit eigener Kraft ab. Ich könnte mir vorstellen, daß jemand durch ganz Europa mit vielleicht 10 oder 15 l Benzinverbrauch während seiner Ferien von Flugplatz zu Flugplatz segelt, je nach Windrichtung und je nach Lust und Laune.« Die Vorstellung vom idealen Motorsegler, mit dem ein solcher »Wandersegelflug« möglich gewesen wäre, hat Wolf Hirth mit seiner »Hi 20« verwirklicht. Diese Konstruktion hatte bereits ein Schwenktriebwerk, das bei Stillstand in den Rumpf eingeklappt werden konnte und den Motorsegler dadurch zu einem vollwertigen Segelflugzeug machte. Erfolgreiche Versuchsflüge fanden in den Jahren 1941/42 statt; wegen der Kriegszeit wurden sie aber nicht weitergeführt und sind auch kaum bekannt geworden. Die Idee des Schwenktriebwerks, die zuerst 1935 in England mit der »Scud 3« verwirklicht worden war, blieb aber lebendig und hat gerade bei den modernen Kunststoffsegelflugzeugen zu spektakulären Erfolgen geführt. Daneben aber wurde der technisch weniger aufwendige Motorsegler mit nicht einklappbarem Triebwerk zu dem vielseitigen Fluggerät, von dem schon die Rede war, weiterentwickelt. Ein auf der Basis des Volkswagenmotors von Peter Limbach hergestellter Flugmotor zwischen 60 und 80 PS hat dazu wesentlich beigetragen. Fast alle zweisitzigen Motorsegler sind mit diesem

Der „Motorspatz" von Egon Scheibe, war lange Zeit ein beliebtes Schul- und Übungsflugzeug. Der leistungsfähigere „C-Falke" wird noch gebaut – als einzige konventionelle Konstruktion (Flügel Holz, Rumpf Stahlrohr, Stoffbespannung) neben zahlreichen Kunststoffmustern.

Ein B-Falke kurz nach der Landung. Dieses Segelflugzeug wurde in vielen Clubs eingesetzt.

bewährten Antrieb ausgestattet. Es war vor allem Egon Scheibe, der mit seinen »Motor-Spatzen« und »Motor-Falken« zum Pionier des Motorseglers wurde. Seine Flugzeuge konnte er in großer Zahl an Flugschulen und Luftsportvereine verkaufen. Die meisten davon fliegen heute noch und bewähren sich nach wie vor im rauhen Schul- und Vereinsbetrieb. Auch Rudolf Kaiser hat mit der ASK14 und der ASK16 hervorragende Motorsegler geschaffen. Aus dem Werk von Alfons Pützer stammen die »RF4« und die »RF5«, die auf Konstruktionen des Franzosen Fournier zurückgehen.

Wie bei den Segelflugzeugen, so hat sich auch bei den neueren Motorseglern die Kunststoffbauweise durchgesetzt und zu überraschend eleganten und leistungsfähigen Konstruktionen geführt. Zu den ersten gehörten die »Grob G109« und die H36 »Dimona«, die beide erstaunliche Leistungswerte aufweisen. Bei etwas über 16 m Spannweite haben sie mit 80 PS eine Startstrecke von wenig über 200 m, eine Steiggeschwindigkeit von fast 3 m/s, eine Reisegeschwindigkeit von knapp 200 km/h und bei 12-15 l Kraftstoffverbrauch pro Flugstunde eine Reichweite von rund 1000 km. Im Segelflug beträgt ihre Gleitzahl knapp 30 und ihre Sinkgeschwindigkeit um 1,15 m/s. Damit stehen sie den motorlosen Übungsdoppelsitzern kaum nach, erweisen sich aber im Motorflug als ungewöhnlich wirtschaftlich. Das hat dazu geführt, daß für nicht wenige bisherige Motorflieger der Motorsegler eine kostengünstige Alternative ist.

Motorflug

Wer diesen Sport betreibt, hat ein anderes Ziel als der Segelflieger oder Motorsegler. Er sucht nicht die Naturkräfte, um ihnen Höhengewinn (der sich in Strecke oder Flugdauer umsetzen läßt) abzutrotzen, sondern er weicht ihnen nach Möglichkeit aus, weil sie für ihn und seine Gäste das Fliegen weniger angenehm und komfortabel machen, denn die »Bockigkeit« der Luft spürt er im Motorflugzeug auch. Sein Ziel ist es, das Fliegen mit der Sicherheitsreserve eines starken und zuverlässigen Motors zu erleben, die Welt von oben ohne besondere sportliche Anstrengung und Sorge um das Wieder-hoch-kommen zu sehen, möglichst schnell (und meist mit geringerem Risiko als auf der Autobahn) ein bestimmtes Ziel zu erreichen und sich dabei noch als Navigator zu bewähren und ein bißchen wohl auch noch das Image des Piloten zu genießen, der mit seiner Maschine und mit Wind und Wetter fertig wird.

Es ist ein Relikt aus den Pionierjahren der Luftfahrt, als es darum ging, überhaupt in die Luft und heil wieder herunterzukommen, als das »Immer höher – immer weiter – immer länger« noch risikoreicher sportlicher Wettkampf war. Letztlich hat also auch der Motorflug als Luftsport begonnen.

Der flugbegeisterte brasilianische Kaffeekönig Santos Dumont, der in Paris lebte, dachte bereits im ersten Jahrzehnt unseres Jahrhunderts daran, den »Luftsport zum Volkssport« zu machen. Er ließ die »Demoiselle« bauen, ein geflügeltes Stahlrohrgestell von nur 5,5 m Spannweite, das von einem 20 PS- Motor angetrieben wurde. Zwischen 1906 und 1908 gelangen ihm damit zwar nur kurze Sprünge, aber er trug damit doch dazu bei, den Fluggedanken zu popularisieren. Sehr einfach aufgebaut war auch der Eindecker des Deutschen Hans Grade, mit dem er 1909 den »Lanzpreis der Lüfte« gewann. Er mußte dazu eine Achterschleife von 2,5 km um zwei Wendepunkte fliegen – und das mit einem in allen Teilen in Deutschland konstruierten und gebauten Flugzeug. Daß die Brüder Wright schon ein Jahr vorher bei Flugvorführungen in Frankreich bereits über zwei Stunden in der Luft geblieben waren und weit über 100 km zurückgelegt hatten, konnte die nationale Begeisterung über Hans Grades Erfolg nicht beeinträchtigen.

Sein Flugzeug hatte 10 m Spannweite und einen 20 PS-Motor. Der Pilot saß offen unter der Tragfläche. Wir würden diese »Libelle« heute als Ultraleichtflugzeug einstufen.

In der Folgezeit entwickelte sich vor allem der Flugplatz Johannisthal bei Berlin zum Zentrum technischen und sportlichen Wettstreits, der allerdings immer mehr zur nationalen Prestigeangelegenheit wurde. Mit dem Aufruf zur Nationalflugspende begann die großzügige staatliche Förderung der deutschen Luftfahrt, die in kurzer Zeit zu erstaunlichen Erfolgen führte. War zunächst Frankreich die führende Luft-

Die erfolgreiche deutsche Segelfliegerin Elly Beinhorn flog auch die He 64, das Erstlingswerk der Gebrüder Günter und Ernst Heinkel im Jahre 1932.

fahrt-Nation in Europa, so befanden sich 1914 fast alle wichtigen Weltrekorde in deutscher Hand. Unverkennbar war allerdings der militärische Hintergrund.

Der Erste Weltkrieg unterbrach die sportliche Komponente dieser Entwicklung; auf technischem Gebiet kam es jedoch zu ungeahnten Fortschritten. Die Pionierzeit war zu Ende (siehe die Kapitel »Die ersten Fluggeräte« und »Der Erste Weltkrieg«).

Nach dem Versailler Vertrag wurde für das unterlegene Deutschland zunächst ein absolutes Bauverbot für den Neubau von Motorflugzeugen erlassen. Nach dessen Aufhebung im Jahre 1922 blieb es aber bei starken Beschränkungen für den Bau von Verkehrsflugzeugen. Frei war der Weg für den Motorflug als Luftsport, dem allerdings durch die wirtschaftliche Not der Zeit (Inflation und Arbeitslosigkeit) oft unüberwindliche Hindernisse entgegenstanden. Die Sportflugzeugmuster, die trotzdem wieder auf den Markt kamen, entsprachen in ihrem Grundaufbau weitgehend den Jagdflugzeugen des Krieges: es waren Hoch- und Doppeldecker, allerdings mit schwächeren Motoren.

Hanns Klemm hatte schon 1919 seinen ersten freitragenden Hochdecker mit einem 9 PS-Motor gebaut. Er ging beim Startversuch zu Bruch. Erfolgreicher war seine zweite Konstruktion »L15« mit 12,5 PS-Motorrad-Motor, ebenfalls ein Hochdecker. In der Weiterentwicklung entstand 1924 der Tiefdecker »L20«, der durch mehrere Weltrekorde und Fernflüge bekannt wurde. Mit einem 20 PS-Motor gelang eine Alpenüberquerung – sogar zweisitzig. Die 1929 daraus hervorgegangene »L25« (13 m Spannweite) wurde zum wohl beliebtesten Sportflugzeug der 30er Jahre. Einige wenige Originale sind noch vorhanden. Prachtvoll restauriert fliegen sogar noch einige Exemplare der »Klemm 35«, die als Schul- und Sportflugzeug die Nachfolgekonstruktion gewesen war.

Bis dahin spielte auch der Doppeldecker noch eine bedeutende Rolle. In den 20ern war es der Udet-»Flamingo« der Bayerischen Flugzeugwerke AG Augsburg, der als Schul- und Kunstflugzeug berühmt wurde. In den 30er Jahren folgten ihm der Focke-Wulf FW44 »Stieglitz« und die Bücker

Die Me 108 „Taifun", konstruiert 1934, als restaurierter Oldtimer. Selbst der 240 PS Argus AS 10 C ist noch original. Das Flugzeug erreicht eine Geschwindigkeit von 300 km/h.

Die prachtvoll restaurierte „Klemm 35" des Schweizer Flugkapitäns Amann bei einem Oldtimertreffen auf dem dänischen Flugplatz Stauning. Der Original Hirth-Motor muß von Hand angeworfen werden.

Eine Robin während einer Luft-Rallye über der tunesischen Küste.

Bü131 »Jungmann« und Bü133 »Jungmeister«. Sie sind bis heute begehrte (und hoch bezahlte) Oldtimer.

Auch einige der Firmen, die im Verkehrsflugzeugbau erfolgreich waren, stellten Sportflugzeuge her. Hugo Junkers, der 1919 mit dem Ganzmetalltiefdecker »F13« das erste moderne Verkehrsflugzeug geschaffen hatte, brachte 1929 mit der »A50 Junior« in der gleichen Wellblechbauweise einen erfolgreichen Sportzweisitzer mit 88 PS-Triebwerk heraus.

Ernst Heinkel, der durch Doppeldecker und Seeflugzeuge bekannt geworden war, ließ durch die neu in sein Werk eingetretenen Gebrüder Walter und Siegfried Günter 1932 ein schnelles Sportflugzeug konstruieren, die »He64«. Zur Erzielung einer großen Geschwindigkeitsspanne besaß dieser Tiefdecker bereits Spaltflügel und Landeklappen. Mit einem 150 PS-Motor erreichte er eine Geschwindigkeit von fast 250 km/h – dank einer damals ungewöhnlich guten aerodynamischen Durchbildung, die kurz darauf mit dem Schnellverkehrsflugzeug »He70« zu fast sensationellen Leistungssteigerungen führte und einen neuen Standard im Flugzeugbau einleitete.

Ähnlich erfolgreich war Willy Messerschmitt, der nach Sportflugzeugen in den 20er Jahren wie der motorseglerartigen »M17«, der leichten »M23« und der Kunstflugmaschine »M35« im Jahre 1934 den viersitzigen Kabinentiefdecker »Me108 Taifun« schuf. Seine Ganzmetall-Konstruktion wurde richtungsweisend, seine Leistungen und Flugeigenschaften ein neuer Maßstab im Bau von »Reiseflugzeugen«. Bekannte Piloten wie der Weltrekordflieger Dieter Schmitt, die eine erst kürzlich restaurierte »Taifun« nach heutigen Maßstäben getestet haben, halten sie für unübertroffen. Tatsächlich hat es seitdem im Bau vergleichbarer Flugzeuge in aller Welt zwar Fortschritte im Detail und natürlich in der Avionik, kaum aber in der Konzeption gegeben.

Nach dem Zweiten Weltkrieg konnten sich deutsche Sportflugzeugmuster nicht mehr durchsetzen. Zwar wurde eine Vorkriegskonstruktion von Hans Klemm, die »K107« (2- bis 4sitziger Kabinen-Tiefdecker) von 1955 an noch in Serie gebaut, doch die Motorflugvereine und Privatpiloten deckten ihren Bedarf überwiegend mit ausländischen Flugzeugen, und zwar vor allem mit Mustern aus den USA und aus Frankreich. Piper, Cessna und Beech sowie Robin in vielen Variationen herrschen bis heute auf den Sportflugplätzen vor. Erst als Cessna und Piper wegen der Auswüchse der Produkthaftung in den USA und wegen Absatzschwierigkeiten infolge der Verteuerung des Flugbenzins ihre Produktion Ende der 80er Jahre drosselten beziehungsweise einstellten, ergaben sich für deutsche Hersteller neue Chancen. In die Marktlücke drängen sie vor allem mit Neukonstruktionen in der vom Segelflug übernommenen Kunststoffbauweise. Die »Grob G115« wird bereits in Serie hergestellt (10 m Spannweite, 115 oder 160 PS-Motor). Ungewöhnlich ist die Auslegung der »Speed Canard«, bei der das Höhenleitwerk nach dem Entenprinzip vorn liegt (wie bei dem ersten Motorflugzeug der Gebrüder Wright aus dem Jahre 1903). Die »SC01 Speed Canard« erreicht bei nur 7,77 m Spannweite mit einem 160 PS-Motor eine Reisegeschwindigkeit von fast 300 km/h! Auch sie besteht aus faserverstärktem Kunststoff.

Kunstflug

Wenn heutzutage von Kunstflug die Rede ist, denkt mancher wohl unwillkürlich an die schreckliche Katastrophe von Ramstein am 28. August 1988. Die risikoreichen Vorführungen einer italienischen Kunstflugstaffel führten zu einem Zusammenstoß in der Luft. Durch brennende Flugzeugteile, die auf die Zuschauer niederstürzten, kamen 70 Menschen ums Leben und 450 wurden teilweise schwer verletzt. Eine entsetzliche Bilanz! Doch das militärische Massenspektakel mit donnernden Jets hat mit dem hier gemeinten zivilen und individuellen Kunstflug, der jahrzehntelang die Zuschauer begeisterte, nichts zu tun.

Kunstflug entstand mit der Beherrschung des Flugzeugs und dient vor allem dazu, eben diese Beherrschung zu üben und zu erfahren und dadurch das Fliegen sicherer zu machen. Noch 1912 galten Kurven mit mehr als 20 Grad Schräglage als selbstmörderisch. Doch bei den Luftrennen in niedriger Höhe, wie sie damals in Mode kamen, machte die Kurventechnik große Fortschritte. Wer siegen wollte, mußte sogar die Steilkurve beherrschen. Im Spätsommer 1913 wagte der Franzose Alphonse Pēgoud, in seinem Bleriot-Eindecker, vorsichtshalber mit einem Fallschirm ausgerüstet, den ersten Rückenflug. Wenige Tage später führte der Russe Pjotr Nikolajewitsch Nestjerow den ersten Looping vor, den Pēgoud sofort nachahmte und mit einer weiteren Kunstflugfigur, der Rolle, ergänzte. Der Turn (hochgezogene Kehrtkurve) entstammt der Anfangszeit des Ersten Weltkrieges, als Max Immelmann mit dieser Figur eine Angriffstechnik verband. Ins Trudeln waren Flugzeuge schon mehrfach geraten, meist mit tödlichem Ausgang für den Piloten, der das Flugzeug daraus nicht mehr abfangen konnte. Der Engländer F.W. Gooden führte es 1916 absichtlich aus, um herauszufinden, wie man aus dieser gefährlichen Flugsituation wieder herauskommt. Es gelang ihm, und seine Methode wurde den englischen Piloten sofort bekanntgegeben. Die wichtigsten Flugfiguren, die bis heute ein Kunstflugprogramm ausmachen — meist in modifizierter und kombinierter Form — waren damit gefunden und erprobt.

Alphonse Pēgoud hat seine Kunstflüge 1913 auch in Johannisthal gezeigt und große Begeisterung hervorgerufen. Man hat dort nie mehr Zuschauer gezählt als bei seinen Vorführungen. Pēgoud wurde zum Lehrmeister auch der deutschen Kunstflieger. Hans Grade baute ein spezielles Kunstflugzeug, bei dem ein zweites Fahrgestell nach oben über dem Piloten angebracht war (wohl für den Fall, daß der Motor beim Rückenflug in niedriger Höhe versagte). Grades Schüler Gustav Tweer zeigte damit enge Kurven und Rückenflüge; Fritz Jahn und Walter Küppers machten es ihm nach.

Aufsehen erregten im Frühjahr 1914 die Kunstflüge des Holländers Anthony Fokker auf seinem selbstkonstruierten Eindecker in Johannisthal. Man bewunderte auch das Start- und Steigvermögen seines kleinen Flugzeugs. Wahrscheinlich wurden damals militärische Auftraggeber auf ihn aufmerksam, denn er hat wenig später mehrere erfolgreiche deutsche Jagdflugzeugmuster, darunter den berühmten Richthofen-Dreidecker, konstruiert. Fokkers Doppeldecker DVII von 1918 wurde zum Vorbild für die kunstfluggeeigneten Flugzeugmuster, auf denen die bekanntesten Piloten der 20er Jahre wie Ernst Udet und Gerhard Fieseler mit Schauflügen ihren Lebensunterhalt verdienten. Udet begeisterte auf dem »Flamingo« vor allem durch seine Bodenakrobatik die Zuschauer. Seine Loopings endeten meist nur wenige Meter über dem Flugplatz, oder er hob mit der Flügelspitze ein Taschentuch vom Boden auf. Fieseler flog die stärkere »Schwalbe« von Raab-Katzenstein, einem Flugzeugwerk in Kassel. Sein Messerflug dicht über den Grasspitzen war atemberau-

Fokker D VII von 1918, das beste deutsche Jagdflugzeug am Ende des Ersten Weltkrieges. Ernst Udet führte damit am 10. August 1919 beim ersten von ihm organisierten Flugtag auf dem Münchner Oberwiesenfeld meisterhaften Kunstflug vor. Das Publikum war begeistert.

Oldtimer und Moderne Luftfahrt – nebeneinander auf dem Flughafen Hannover-Langenhagen während einer internationalen Luftfahrt-Ausstellung (ILA).

bend. Antonius Raab hatte 1923 große Aufmerksamkeit für den Luftsport – darunter auch beim damaligen Reichspräsidenten Friedrich Ebert – hervorgerufen, nachdem er mit einem kleinen Hochdecker in Berlin auf der Straße »Unter den Linden« und kurz darauf während eines Motorradrennens mitten im Grunewaldstadion gelandet war. Gerhard Fieseler, der seine Kunstflüge auf's Exakteste plante und nach Stoppuhr durchführte, wurde in den Jahren 1928 bis 1930 sowie 1932 und 1933 deutscher Meister; 1931 hatte ihm Gerd Achgelis den Rang streitig gemacht. 1930 und 1933 konnte Fieseler auch die Europameisterschaft und 1934 sogar die Weltmeisterschaft erringen (vor dem französischen Meister Michel Détroyat). Fieseler hat eine Reihe von Kunstflugfiguren, darunter den Looping nach vorn, neu entwickelt. Auch

„Pitts Special" – ein Doppeldecker von nur sechs Metern Spannweite, der zwar schon in den vierziger Jahren konstruiert wurde, aber heute noch (mit einem Motor bis zu 300 PS) jeden Kunstflug-Fan begeistert.

in der Präzision der Figurenfolge und in der Ausführung wurde er zum Vorbild für seine Nachfolger. Zugunsten seines Flugzeugwerkes, das er 1934 in Kassel gegründet hatte, trat er vom sportlichen Kunstflug zurück.

Auch Frauen hatten Erfolge im Kunstflug. Die Kölnerin Liesel Bach siegte bei der ersten deutschen Damenkunstflugmeisterschaft 1930 vor Elly Beinhorn und Marga von Etzdorf. Vera von Bissing, Schülerin von Gerhard Fieseler, hatte 1933 in Paris und 1936 in Berlin bei internationalen Kunstflugmeisterschaften für Damen den Sieg errungen. Auf ihrer alten Klemm 35 startete sie noch einmal bei den deutschen Kunstflugmeisterschaften im Jahre 1960 als einzige Frau und wurde Fünfte.

Bei den Männern kamen nach der Mitte der 30er Jahre Graf Hagenburg, Rudolf Lochner und Albert Falderbaum an die Spitze. Der speziell für den Kunstflug konstruierte Doppeldecker Bücker Bü13 »Jungmeister« trug zu ihren Erfolgen wesentlich bei. Albert Falderbaum, der schon 1938 und 1939 mit dem »Jungmeister« (in der verbesserten Version Bü 133C mit 160 PS Sh14 Sieben-Zylinder-Sternmotor) die deutschen Kunstflugmeisterschaften gewonnen hatte, siegte mit dem gleichen Flugzeugmuster auch bei den erstmals wieder durchgeführten Kunstflugmeisterschaften 1960. Vergleichbares hatte es bislang bei keinem luftsportlichen Wettbewerb gegeben. An den Kunstflugmeisterschaften 1961 wollte er nicht mehr aktiv teilnehmen, war aber für die Jury vorgesehen. Kurz vorher kam er bei einem Erprobungsflug ums Leben.

In den folgenden Jahren stritten sich Gerhard Pawolka, Walter Wolfrum und Herbert Greb um die Meisterehren.

Eine „Pitts Special" wird für eine Kunstflug-Vorführung startfertig gemacht. Sicherheit und Erfolg des Piloten hängen in hohem Maße von dem Können und der Sorgfalt der Monteure ab.

Pawolka schaffte es 1961 und 1964, Wolfrum 1962 deutscher Meister zu werden. Herbert Greb siegte 1963, 1965, 1966 und 1967. Joseph Hößl war der Meister von 1969, 1971 und 1973. 1975 folgte ihm Manfred Strößenreuther, der einer der erfolgreichsten deutschen Kunstflieger werden sollte. Bis zu seinem Unfalltod im Jahre 1986 – nicht beim Kunstflug, sondern bei seiner täglichen Routinetätigkeit als Fluglehrer – war er, wo er auch an einem Wettbewerb teilnahm, der Sieger oder in der Spitzengruppe, auch auf Weltmeisterschaften gegen stärkste internationale Konkurrenz.

Große Erfolge hatte er in den 70er Jahren auf dem kleinen, aber starkmotorigen Doppeldecker »Pitts Special«. Konstruiert wurde er schon in den 40er Jahren. Wegen seines »Oldtimer-Looks«, seiner geringen Spannweite (6 m) und seines gewaltigen Steigvermögens ist dieses Flugzeug, das in Deutschland überwiegend im Eigenbau entstand, bis heute auf Flugveranstaltungen eine Attraktion. In sportlicher Hinsicht haben ihm aber starkmotorige Tief- und Mitteldecker den Rang abgelaufen. Strößenreuther flog Anfang der 80er Jahre eine Moravan Slin Z50L, einen einsitzigen Ganzmetall-Tiefdecker mit symmetrischem (und darum für den Rückenflug besonders geeigneten) Flügelprofil. Mitglied der Nationalmannschaft war in dieser Zeit auch Wolfgang Dallach, der eine Stephens Acro »Diabolo« nachgebaut und mit einem 260 PS-Motor ausgestattet hatte – ebenfalls ein Tiefdecker mit symmetrischem Flügelprofil. Mit diesem Muster hatte in den USA Leo Loudenslager dreimal die amerikanische Meisterschaft und einmal sogar die Weltmeisterschaft in der »bekannten Pflicht« gewonnen.

Bei Weltmeisterschaften treten die deutschen Piloten, die ihre Flugzeuge und ihren Sport größtenteils selbst finanzieren müssen, gegen meist staatlich geförderte Mannschaften an. Bei den Russen war (ob es im Zuge der Umstellung auf die Marktwirtschaft so bleibt, ist noch offen) die gesamte fliegerische Ausbildung und natürlich auch das Kunstflugtraining für die ausgewählten Piloten kostenlos. Mit der »Yak-50«, einem Tiefdecker mit 360 PS-Motor, hatten sie ein Flugzeug, dessen kraftvolle Wendigkeit ihnen große Er-

Die „Pitts“ – hier mit verschließbarer Kabinenhaube. Der Traum vieler Piloten mit Kunstflug-Ambitionen.

Rechts: Auch die „Bücker 133 Jungmeister“, konstruiert Ende der dreißiger Jahre, ist heute noch ein Traumflugzeug für manchen Kunstflieger.

folge ermöglichte. Mit der »Sukhoi SU-26 M« stellten sie bei der Kunstflug-Weltmeisterschaft 1988 in Kanada ein gleichstarkes neues Kunstflugzeugmuster vor. Nach den Amerikanern Henry Haigh und Kermit Weeks kam der Russe Yurgis Kairis damit auf den dritten Platz. Noch ein anderes Kunstflugzeug hatte damals sein Debüt: die »Extra 300« des deutschen Kunstfliegers Walter Extra. Sie ist ein Doppelsitzer und daher auch für die Einführung in den Leistungskunstflug hervorragend geeignet. Daß der zweite Sitz bei Wettbewerbsflügen kein Handicap bedeutet, bewies 1988 der Schweizer Eric Müller, als er auf der »Extra 300« in Kanada Weltmeister in der »Unbekannten Pflicht« wurde. Das Flugzeug ist ein eleganter Mitteldecker von acht Metern Spannweite mit einem 300 PS-Motor, der ihm die außergewöhnliche Steiggeschwindigkeit von 18,7 m/s ermöglicht. 1990 erhielt die Neukonstruktion die Musterzulassung durch das Luftfahrtbundesamt. Zu diesem Zeitpunkt flogen weltweit schon 17 »Extra 300«; 33 weitere waren fest bestellt – ein großer Erfolg des mittelständischen Entwicklungsbetriebes am Flugplatz Dinslaken.

Walter Extra ist zugleich Bundestrainer für Kunstflug. Sein Ziel ist es, eine breite Basis für den Kunstflug in Deutschland zu schaffen. Er führte zunächst drei Leistungskategorien ein: Die »Einsteiger« liegen etwa auf dem Niveau der Kunstflugprüfungen. Die »Aufsteiger« beherrschen bereits alle positiven und negativen Figuren, während die »Meister« diese Figuren kombinieren – entsprechend den modernen internationalen Wettbewerbsanforderungen. Aus der Meisterkategorie gehen die Mitglieder der Nationalmannschaft hervor. An den Wettbewerben der einzelnen Kategorien nehmen inzwischen bis zu 40 Piloten teil – ein Zeichen für das wiedererwachende und ständig zunehmende Interesse am Kunstflug.

BP
Bleche abnehmen
Hier unterbocken
50

Hängegleiter und Drachen

Hängegleiter heißen sie in der Behördensprache, Drachen unter Sportlern und im Alltagsdeutsch – bleiben wir dabei. Nicht wenige sehen in den Drachenfliegern die einzigen wirklichen »Erben Lilienthals«, weil sie, wenn auch erst zwei Menschenalter nach ihm, seine Vorstellungen vom Fliegen und vom Luftsport genau verwirklichen. Wer ihnen zusieht und dabei ihre körperliche Anspannung, ihren Mut und ihre Geschicklichkeit bewundert, der kann dieser Auffassung nur beipflichten. Auch sie starten ohne Helfer und Hilfsmittel (eine Ausnahme bildet nur der neuerdings von den Segelfliegern adaptierte Windenstart) nach Anlauf vom Boden, auch sie steuern ihr Fluggerät lediglich durch Verlagerung des Körpergewichts, auch sie landen auf ihren Füßen. Sie haben jedoch viel mehr vom Fliegen als ihr Stammvater, denn sie starten von höheren Bergen als er, etwa von Alpen- oder Mittelgebirgsgipfeln, bleiben daher schon bei einfachen Gleitflügen viel länger in der Luft und legen dabei weitaus größere Strecken zurück. Vor allem aber machen sie sich die Erfahrungen der Segelflieger zunutze: Im Hangaufwind oder in der Thermik können sie ihren Startplatz überhöhen, stundenlang fliegen und weite Strecken zurücklegen. Die Weltrekorde im Drachenfliegen liegen heute, obgleich nur ein ganz einfaches Fluggerät mit einer Gleitzahl um 10 zur Verfügung steht, etwa bei den Rekordleistungen im Segelflug Mitte der 30er Jahre: 487 km freie Strecke, weit über 200 km im Zielstreckenflug, ebenfalls über 200 km im Ziel-Rückkehrflug und bei weit über 4000 m Höhengewinn! Bei günstigem Wetter sind Flüge zwischen 150 und 200 km durchaus keine Seltenheit – selbst nicht im Flachland nach einem Windenstart.

Lilienthal hatte sich immer gewünscht, den Segelflug der Störche nachzuahmen. Er ahnte, daß sie aufwärts gerichtete

Fliegen wie ein Vogel – allein um des Fliegens willen. Der moderne Drachen erfüllt die Flugsehnsucht wie kaum ein anderes Fluggerät.

Luftströmungen ausnutzten, wenn sie ohne Flügelschlag kreisten und dabei Höhe gewannen, aber er kannte noch nicht die meteorologischen Ursachen. Es sind die Drachenflieger, die seine Hoffnungen verwirklicht und zu ungeahnter Vollendung geführt haben.

Der gewaltige Aufschwung, den das Drachenfliegen in aller Welt genommen hat, bedeutet wohl auch ein »Zurück zur Natur«, zur Einfachheit des Fliegens, zum Fliegen um des Fliegens willen. Es ist »alternatives Fliegen« und öffnet den Luftsport für einen Kreis vor allem junger Leute, denen der Segelflug mit seinen hohen Ausbildungsanforderungen und seiner inzwischen recht komplizierten Technik zu aufwendig ist. Sie wollen fliegen, ja, aber ohne großes Drumherum, ohne den oft umständlichen, zeitraubenden und mehrere Helfer erfordernden Startbetrieb. Auf einen geschlossenen, wettergeschützten Pilotensitz legen sie keinen Wert. Sie stürzen sich lieber vogelgleich ins Vergnügen und lassen sich den Wind um die Nase wehen.

Dieser wohl jedem Flieger verständlichen Drang, sich im jugendlichen Überschwang auch in der Luft austoben zu wollen, hat allerdings in der ersten Entwicklungsphase des Drachenfliegens zu zahlreichen und leider oft tödlichen Unfällen geführt. Doch seitdem ist von wissenschaftlicher und technischer Seite sowie im Rahmen der Ausbildung und von der Organisation her viel getan worden, um Unfälle zu vermeiden, ohne aber den faszinierenden Freiraum des Drachenfliegens allzusehr einzuengen.

Wie hat sich dieser Sport entwickelt? Nach Lilienthal ist er zunächst nur noch einmal in Erscheinung getreten: Anfang der 20er Jahre war es Willy Pelzner, der mit einem Doppeldecker-Hängegleiter von nur 12 kg Gewicht bei den ersten beiden Gleit- und Segelflugwettbewerben auf der Wasserkuppe die Preise für die größte Startzahl und die insgesamt längste Flugdauer einheimsen konnte. Mit der eindrucksvollen Entwicklung des Segelfluges aber geriet die Idee des Hängegleitens in Vergessenheit.

Unter ganz anderen Voraussetzungen entstand sie in den 50er Jahren neu. Francis Melvin Rogallo hatte flexible deltaförmige Flügel aerodynamisch untersucht. Als man im Zusammenhang mit der Raumfahrtforschung darüber nachdachte, die geplanten Gemini- und Apollokapseln nach dem Wiedereintritt in die Erdatmosphäre schwebefähig und steuerbar zu machen, erinnerte man sich an den »Rogallo-Flügel«, der zusammengefaltet nur sehr wenig Platz beansprucht. Nach unbefriedigenden Modellversuchen entschied sich die NASA jedoch für die Verwendung von Fallschirmen.

Der Rogallo-Flügel war inzwischen in der Öffentlichkeit bekannt geworden. Flugbegeisterte junge Leute bauten ihn mit einfachsten Mitteln aus Bambusstangen nach und segelten damit im Seewind an der kalifornischen Westküste. Das waren die Anfänge des »Drachenfliegens«, das sich allerdings wegen noch unbefriedigender Steuermöglichkeiten bald als ein allzu gefährlicher Sport erwies. Ausreichende Sicherheit

Die Startrampe erleichtert den Start von Drachen – und auch von Gleitschirmen – vor allem im Hochgebirge und macht ihn sicherer, weil auf den glatten Holzbohlen keine Stolpersteine im Weg liegen.

Kurven im Hangaufwind, Kreisen in der Thermik – wie der Segelflieger kann auch der Drachenflieger Aufwinde ausnutzen und wenn er will solange in der Luft bleiben, wie sie anhalten.

war erst gewonnen, als mit der Erfindung des Trapezes, einer beweglichen Haltevorrichtung für den Piloten, die Steuerbarkeit entscheidend verbessert werden konnte. Das war 1966 in Australien. Erprobt wurde die neue Konstruktion im Bootsschlepp. Als am 20. Dezember 1966 bei einem Versuch in der Nähe von Sidney das Schleppseil riß, machte der Australier Bill Moyes unfreiwillig den ersten freien, sicher gesteuerten Drachenflug. Er wurde auch der erste Drachenhersteller; mit seinen Serienmodellen ist er bis heute weltweit erfolgreich.

Aus Australien brachten Enthusiasten den sicherer gewordenen Drachenflugsport nach Amerika zurück, und von dort fand er seinen Weg nach Europa: Im April 1973 startete der Amerikaner Mike Harker von der Zugspitze. Zwölf Minuten später landete er nach 12 km Flugstrecke glatt bei Ehrwald in Tirol. Sein, wie es schien, unerhört waghalsiger Flug fand in der Presse ein überraschendes Echo. Doch noch ahnte niemand, daß der neue Sport sich von nun an in Europa fast lawinenartig ausbreiten würde. Vor allem in den Alpenländern eiferten flugbegeisterte junge Leute ihrem Idol nach. Drachenflugschulen mit selbsternannten Fluglehrern schossen vielerorts aus dem Boden. Die »Lehrgänge« dauerten nur wenige Tage. Von Aerodynamik und Meteorologie war kaum die Rede. So kam es durch Unkenntnis der Gefahren und Fehleinschätzung der eigenen Fähigkeiten zu zahlreichen Unfällen. Aus dieser Zeit rührt die Vorstellung her, daß Drachenfliegen extrem gefährlich, ja geradezu selbstmörderisch sei.

Einige befähigte und verantwortungsbewußte Fluglehrer gründeten Ende 1975 den Verband Deutscher Drachenfluglehrer und erarbeiteten einen Lehrplan sowie Ausbildungs- und Prüfungsrichtlinien, die heute die Basis für Theorie und Praxis an allen deutschen und auch österreichischen Drachenflugschulen bilden. Um auch die Fluggeräte sicherer zu machen, wurde ein »Gütesiegel« geschaffen, das nur nach strenger aerodynamisch-fliegerischer und technischer Überprüfung an Neukonstruktionen vergeben wird. Seit 1978 besteht Fallschirmpflicht. Bereits erlassene behördliche Vorschriften wurden 1982 durch die »Allgemeinverfügung für den Betrieb von bemannte, nicht zulassungspflichtigen Luftfahrzeugen in der Bundesrepublik Deutschland« ersetzt. Sie ist die zentrale Vorschrift nicht nur für den Drachenflugsport, sondern auch für das Ultraleichtfliegen und das »Gleitsegeln«, von denen noch die Rede sein wird. Für die Luftfahrtgeräte fordert sie einen »Betriebstüchtigkeitsnachweis«, für den Piloten einen »Befähigungsnachweis«. Sie regelt unter anderem die Betriebs- und Ausbildungsanforderungen, überträgt aber – und das hat es im deutschen Luftrecht bisher noch nicht gegeben – zahlreiche Überprüfungs- und Überwachungsaufgaben auf nichtstaatliche Institutionen wie den Deutschen Aero Club (DAeC) und den Deutschen Hängegleiterverband (DHV).

Das alles hat dazu geführt, daß Drachenfliegen heute zwar immer noch sehr gute körperliche Kondition und schnelles Reaktionsvermögen voraussetzt, aber nicht mehr als gefährlicher angesehen werden kann als andere Luft-, Wasser- oder Motorsportarten.

Aus dem Rogallo-Drachen mit flatterndem Segel, geringer Flügelstreckung und einer Gleitzahl um 5 wurde ein Gerät mit wesentlich geringerer, aber in sich stabiler Segelfläche, größerer Flügelstreckung (und damit weitaus eleganter wirkend), um 10 m Spannweite und einer Gleitzahl um 10 – aus 100 m Höhe kann der moderne Drachen ohne Windeinfluß also rund 1000 m weit gleiten. Der Pilot sitzt nicht mehr auf einem schmalen Brett, sondern liegt in einem bequemen, schlafsackähnlichen Gurtzeug, das meist zugleich den obligatorischen Rettungsfallschirm enthält. Pflicht ist auch der Sturzhelm.

Der Drachen selbst besteht aus Aluminiumrohren, die einen stabilen Dreiecksverband bilden. Ein Zentralgelenk trägt den Steuerbügel (das Trapez) und den Spannturm, der mit der Verspannung aus Stahldraht dem Gerät zusätzlich Halt gibt. Das »Segel« (die Bespannung) ist meist aus Dacron, einem beschichteten hochfesten Kunststoffgewebe. Eingenähte Taschen nehmen nicht nur die Tragkonstruktion, sondern auch die profilgebenden Segellatten auf. Der Drachen, der je nach Konstruktion zwischen 20 und 40 kg wiegt, kann zusammengepackt mühelos auf dem Autodach mitgeführt und zum Startplatz transportiert werden. Der Zusammenbau – das »Aufrüsten« – dauert eine gute Viertelstunde, wobei man sich für die technische Überprüfung vor dem Start genügend Zeit lassen sollte. Und dann kann es losgehen – hinein ins Vergnügen!

Aber das ist es nur, wenn die fliegerische Absicht dem Ausbildungsstand und dem Können des Piloten entspricht. Eine gute und gründliche Ausbildung ist daher ebenso wichtig wie die Qualität und Sicherheit des Fluggerätes.

In der Bundesrepublik gibt es zur Zeit rund 80 Drachenflugschulen, an denen der »Lernausweis« (nach dem ersten Ausbildungsabschnitt) sowie die Befähigungsnachweise A und B (nach dem zweiten beziehungsweise dritten Ausbildungsabschnitt) und die Windenschleppberechtigung erworben werden können. Erfahrungsgemäß ist für jeden Ausbildungsabschnitt, der mit einer Prüfung abgeschlossen werden muß, rund eine Woche (bei gutem Flugwetter) erforderlich. Parallel dazu läuft die jeweils erforderliche theoretische Ausbildung.

Wie der Vogel sich zur Landung aufrichtet und seine Flügel gegen den Wind anstellt, so macht es auch der Drachenflieger. Wenn er es kann, setzt er mit seinem bis zu 40 kg schweren Fluggerät butterweich auf – hier eine Laufübung.

Das Interesse am Drachenfliegen nimmt nach wie vor zu. Im Gebiet der früheren DDR, wo es lange Zeit verboten war, wachsen die Teilnehmerzahlen an Kursen geradezu sprunghaft an.

Grund dafür ist natürlich die Preiswürdigkeit und der besondere Reiz dieses Flugvergnügens, das in der Bundesrepublik schon lange zahlreiche enthusiastische Anhänger hat: Im letzten Jahrzehnt wurden hier rund 16000 Piloten ausgebildet, und rund die Hälfte davon übt diesen herrlichen Sport regelmäßig in jeder möglichen Freizeit und natürlich auch im Urlaub aus. In fast allen Ländern der westlichen Welt, vor allem in den USA und in Australien, ist die Entwicklung ähnlich verlaufen, und außer der ehemaligen DDR ziehen auch die anderen früheren Ostblockländer und sogar die Sowjetunion nach ihrer Demokratisierung und dem Ende der sozialistischen Zwangswirtschaft kräftig nach.

Ultraleichtflugzeuge

Eine ähnliche Entwicklung, wie sie beim Segelflug zum Motorsegler geführt hatte, vollzog sich inzwischen auch beim Drachenflug. Versuche, den Drachen mit einem leichten Motor auszurüsten, gab es schon Ende der 70er Jahre — bezeichnenderweise mit dem Ziel, das Drachenfliegen vom Gebirge unabhängig zu machen, also im Flachland fliegen zu können. Offiziell war die Motorisierung von Hängegleitern allerdings verboten, denn bei dem damaligen Stand der Technik galten Versuche in dieser Richtung als zu gefährlich. Hauptproblem war die Anbringung des Motors. Am einfachsten erschien es, ihn am Turm, an dem die oberen Verspannungsdrähte zusammenliefen, zu befestigen. Doch damit lag ein zusätzliches Gewicht hoch über dem Schwerpunkt; der Drachen verlor dadurch an Eigenstabilität und konnte bei der Landung leicht nach vorn kippen. Immerhin sind Versuche in dieser Richtung angestellt worden. Mit einem so motorisierten Standarddrachen flog der Österreicher Franz Schöfmann nach einem Hängegleitertreffen 1978 auf der Wasserkuppe. Die wenigen Zuschauer waren begeistert, sahen aber auch die Schwierigkeiten beim Fußstart und vor allem bei der -landung.

Motorisierte Drachen sehen heute anders aus. Der Motor sitzt am hinteren Ende des Kielrohres, also hinter dem Piloten und nicht über dem Flügel. Für geübte und gut trainierte Drachenflieger sind Start und Landung trotz des erhöhten Gewichtes kein Problem, zumal die heutigen Drachen mit festem Flügelprofil und gutmütigen Flugeigenschaften mit dem alten Standarddrachen nach Rogallo-Prinzip kaum noch zu vergleichen sind. Fußstartfähige Motordrachen, meist mit Druckpropeller, bilden heute eine eigene Kategorie. Sie werden von Drachenfliegern bevorzugt, für die der Motor lediglich eine Starthilfe (zum Beispiel im Flachland) beziehungsweise eine »Heimweghilfe« bedeutet.

Fußstart und -landung mit einem relativ schweren Gerät traut sich jedoch nicht jeder UL-Flugbegeisterte zu. Ein festes Fahrgestell unter der Tragfläche ist schon vertrauenerweckender. Es bietet zugleich die Möglichkeit, den Motor im oder unter dem Schwerpunkt solide und ohne störenden Einfluß auf die Flugstabilität zu befestigen. Die Engländer entwickelten für den Drachenflügel ein beweglich aufgehängtes, pyramidenförmiges Rohrgestell mit drei Rädern als Pilotensitz und Motorträger, das sich bis heute bestens bewährt. Ihre Bezeichnung »Trike« für dieses Fluggerät, das wegen der tiefen Schwerpunktlage recht stabil und sicher fliegt, hat sich auch bei uns eingeführt. »Trikes« bilden heute eine weitere Ultralight-Kategorie.

Zu einer dritten Kategorie gehören Ultraleichtflugzeuge, die nicht wie Drachen durch Gewichtsverlagerung, sondern aerodynamisch mit Steuerknüppel und Pedalen um alle drei

Ein ultraleichter Doppelsitzer. Auch die UL-Ausbildung erfolgt heute am Doppelsteuer wie beim Segel- und Motorflug.

Achsen gesteuert werden — wie üblich. Die meisten sehen auch wie »normale« Flugzeuge aus: Tragfläche — Rumpf — Leitwerk. Nicht wenige allerdings erinnern an die »fliegenden Kisten« aus den Anfangsjahren der Fliegerei, mit denen sie tatsächlich mancherlei gemeinsam haben. Sie entsprechen ihnen in der Motorleistung — selten mehr als 30 PS — und im Gewicht — bis zu 150 kg. Kein Wunder, daß sie wie ihre Urahnen schon nach wenigen Metern »Anlauf« vom Boden abheben. Auf jedem Fußballplatz könnten sie starten und landen — doch das ist streng verboten. Ultralights dürfen nur auf Fluggeländen betrieben werden, für die sie die Erlaubnis haben, beziehungsweise die für unbeschränkten UL-Betrieb ausdrücklich zugelassen sind. In der »alten« Bundesrepublik Deutschland dürften es Ende 1990 schon an die 100 sein. In den neuen Bundesländern, der ehemaligen DDR, ist das Interesse für diesen relativ jungen Luftsport besonders groß, da sich die Kosten für Anschaffung und Betrieb in Grenzen halten. Ein UL kostet etwa soviel wie ein Mittelklassewagen, und pro Flugstunde begnügt es sich mit 6-8 l Kraftstoff. Inzwischen gibt es auch doppelsitzige Ultraleichtflugzeuge, die sich gut für die Ausbildung eignen. Wie in den alten Bundesländern, so bestehen auch bereits in den neuen Ultraleicht-Flugschulen, so in Erfurt, Zwickau, Dresden und Chemnitz.

Eine Ausbildungs- und Prüfungsordnung für den geforderten »Befähigungsnachweis« wurde vom Deutschen Aero-Club gemeinsam mit dem Deutschen Ultraleichtflugverband erarbeitet. Das Mindestalter für die Ausbildung liegt bei 17 Jahren. Für den theoretischen Teil müssen mindestens 60

Ein „Trike" ist gestartet. Über dem Flügel der Behälter für den Rettungsfallschirm, der im Notfall auch in geringer Höhe ausgelöst werden kann und Mensch und Maschine relativ sicher mit etwa 6 m/s niedergehen läßt.

Überlandflüge mit Ultraleichtflugzeugen sind heute dank der recht zuverlässigen Motoren kein Problem mehr. Sonderausführungen mit Schwimmern oder Schlauchbootunterteil können auf dem Wasser starten und landen – falls die zuständigen Behörden die Genehmigung dazu erteilen.

Unterrichtsstunden in den Fachgebieten Luftrecht, Navigation, Meteorologie, Technik und »Verhalten in besonderen Fällen« nachgewiesen werden. In der Praxis geht es um die sichere Beherrschung des Fluggerätes auch in besonderen Situationen. Starts und Landungen auf fremden Flugplätzen werden ebenso gefordert wie Überlandflüge von mindestens 50 km. Bei der Prüfung müssen Ziellandungen aus 150 m Höhe mit stehendem Triebwerk auf ein Landefeld von 150 m Länge und 30 m Breite gezeigt werden. Mit dem erworbenen »Befähigungsnachweis«, der etwa dem PPL-B (Motorsegler) entspricht, darf der Bewerber aber nur solche Geräte fliegen, für die ein »Mustervermerk« eingetragen ist. Das können aerodynamisch gesteuerte Ultralights, Trikes (durch Gewichtsverlagerung gesteuerte) oder fußstartfähige Hängegleiter sein – entsprechend den schon genannten Kategorien. Insgesamt sind also die Anforderungen für die Ultraleicht-Piloten nicht geringer als für Segel- oder Motorflieger.

Neben den »fliegenden Kisten« mit offenem Pilotensitz gibt es heute schon Ultraleichtflugzeuge, die man auf den ersten Blick von »normalen« Motorseglern oder Leichtflugzeugen kaum unterscheiden kann. Nach fast einem Jahrzehnt der Entwicklung ist es nicht verwunderlich, daß auch in dieser Sparte mehr Komfort und Eleganz angeboten werden. Der Pilotensitz mancher Neukonstruktionen hat einen Windschutz; bei einigen ist er sogar völlig verkleidet und zu einem wettersicheren Cockpit geworden. Die GFK-Bauweise wurde aus dem Segelflug auch für Ultralights übernommen und führte zu aerodynamisch perfekten Rümpfen. Die Tragflächen folgten – und nun fehlt nicht mehr viel zur »Super-

Der Schul-Doppelsitzer „Sherpa" wird startfertig gemacht. Dieses Ultraleichtflugzeug, das aerodynamisch um alle drei Achsen gesteiert wird, hat 10,5 m Spannweite, eine Rumpflänge von knapp 5 m und wiegt leer knapp 100 kg. Mit einem 22 PS Motor steigt es nach einer Rollstrecke von rund 30 m mit 1,5 m/s. Seine Reisegeschwindigkeit liegt bei 60 km/h.

Die meisten „UL's" sehen mit ihren rechteckigen Flügeln und ihren Gitterrümpfen nicht gerade elegant aus. Manche erinnern an die Pionierjahre des Motorfluges vor dem ersten Weltkrieg.

orchidee«. Leider nähert sich auch der Anschaffungspreis den großen Vorbildern. In einen Packsack, der sich auf jedem Autodach transportieren läßt, passen die wunderschönen Rümpfe und Flügelhälften nicht mehr hinein. Man braucht dazu einen besonderen Anhänger-Transportwagen.

Neuerdings werden auch beliebte Oldtimer, selbst Doppeldecker, ultraleicht nachgebaut, und für kreative Konstrukteure öffnete sich ein ultraleichtes Experimentierfeld.

Das Sportfluggerät »UL« hat inzwischen vielfältige praktische Anwendung gefunden, vor allem in den USA und in Australien. Es eignet sich für Beobachtungs- und Überwachungsaufgaben jeglicher Art, sei es zur Verkehrslenkung, zur Küstenbeobachtung, zur Pipelineüberwachung, zur Brandkontrolle, zu wissenschaftlichen Beobachtungen (beispielsweise in der Archäologie). In der Landwirtschaft wurden sogar schon kleinere Felder vom UL aus besprüht. Man kann also manches damit machen, wozu sonst größere Flächenflugzeuge oder Hubschrauber nötig sind – mit einem Bruchteil der Kosten.

Während in den Anfangsjahren wegen mangelnder Erfahrung und nicht selten auch durch Leichtsinn die Unfallquote bei den Ultraleichtflugzeugen recht hoch war, ging sie mit zunehmenden Ausbildungsanforderungen und der technischen Entwicklung deutlich zurück. Heute sind Ultralights bei richtiger und verantwortungsbewußter Handhabung wahrscheinlich sicherer als alle anderen Motorfluggeräte, denn bei ihnen ist für den Luftnotfall ein Rettungssystem vorgeschrieben. Mit einer kleinen Rakete oder hydraulisch werden ein größerer oder zwei kleinere Fallschirme ausgestoßen, an denen Mensch und Maschine mit etwa 6 m/s niedergehen. Zwar muß beim Aufprall auf den Boden mit einer Beschädigung des Flugzeugs gerechnet werden, doch

Auch „Trikes" gibt es neuerdings als Doppelsitzer. Sie sind für Gastflüge sehr beliebt.

der Pilot bleibt normalerweise unverletzt. Zur Zeit gibt es Versuche, auch Leichtflugzeuge (bis zu 2000 kg Fluggewicht) im Notfall an einem großen Fallschirm niedergehen zu lassen und dadurch zumindest das Leben der Insassen zu retten – die positiven Erfahrungen bei Ultraleichtflugzeugen hatten dazu ermuntert.

Fallschirmspringen

Die Natur macht es vor: Flugsamen wie die des »Haarfliegers« Löwenzahn schweben langsam zu Boden. Der Luftwiderstand der feinen Härchen reicht aus, um den freien Fall des Samenkorns erheblich abzubremsen. Einem Universalgenie wie Leonardo da Vinci genügte eine solche Beobachtung, um daraus die Idee eines Fallschirms für den Menschen abzuleiten. Im Jahre 1495 skizzierte er nach Überlegungen zur Frage des Luftwiderstandes eine pyramidenförmige Hohlfläche, unter der an Seilen ein Mensch hängt, der sogar zum Abfangen des sanften Aufpralls die Beine angewinkelt hat. In den folgenden Jahrhunderten soll es einige wenige Menschen gegeben haben, die mit Fallschirmen von Türmen abgesprungen sind. Der erste, der den Sprung aus einem Luftfahrzeug wagte, war 1797 der Franzose Garnerin. Ballonfahrten mit Fallschirmabsprung waren während des 19. Jahrhunderts eine Jahrmarktattraktion. Nicht wenige tödliche Abstürze steigerten den Nervenkitzel für die Zuschauer.

Um die Jahrhunderwende war die Deutsche Käte Paulus für ihre mutigen Fallschirmabsprünge in ganz Europa bekannt. Aufgrund ihrer Erfahrungen entwickelte sie zusammen mit ihrem Lebensgefährten Lattemann den zusammenlegbaren Fallschirm, der von da an Tausenden von Luftfahrern das Leben gerettet hat. Im Bewußtsein der Öffentlichkeit ist der Fallschirm noch heute in erster Linie der »Rettungsring der Luft«.

Zum Luftsportgerät auf breiter Basis entwickelte er sich erst nach dem Zweiten Weltkrieg. Heute hat er in aller Welt enthusiastische Anhänger, die das Fallschirmspringen um seiner selbst willen betreiben und es für den reizvollsten Luftsport überhaupt halten. Die technische Weiterentwicklung hat wesentlich dazu beigetragen. Nach den zunächst üblichen Rundkappenschirmen, die durch Schlitze und Steuerleinen in geringem Umfang steuerbar waren, und sich deshalb schon zum Zielspringen eigneten, kamen Anfang der 70er Jahre Flächenschirme auf. Sie ähneln einer Flugzeugtragfläche und besitzen sogar ein vergleichbares »Profil« (Flügelquerschnitt), das durch einströmende Luft seine Form erhält. Meist sind es sieben einzelne »Kammern«, die sich zu einem Flächenschirm (scherzhaft »Matratze« genannt) zusammenfügen. Ein solcher Schirm ist wie ein Gleitflugzeug, das allerdings über die Gleitzahl 2 kaum hinauskommt. Doch beim Sinken bewegt es sich deutlich vorwärts – sogar gegen mäßigen Wind. Durch Leinen, mit denen die Hinterkante querruderartig heruntergezogen werden kann, ist er gut steuerbar. Zur Landung wird die gesamte Hinterkante abgewinkelt – wie die Landeklappe bei einem Flugzeug. Wenn das im richtigen Augenblick geschieht, setzt der Springer butterweich auf dem Boden auf, denn Sink- und Horizontalgeschwindigkeit gehen fast auf Null zurück.

Durch die Einführung der Flächenschirme, die inzwischen die Rundkappenschirme als Sportgerät fast verdrängt haben, konnte die Sprunggenauigkeit geradezu verblüffend gesteigert werden. Bei einem Zielsprung, für den meist aus etwa 800 m Höhe abgesetzt wird, soll der Springer eine Scheibe von nur zehn Zentimetern Durchmesser mit dem Fuß treffen. Bei großen Wettbewerben werden heute elektronische Zielscheiben verwendet, die zentimetergenau anzeigen.

Wettbewerbe finden auch im Stil- und im Formationsspringen statt. Beim Stilspringen muß im freien Fall ein bestimmtes Figurenprogramm gezeigt werden. Der Springer ändert durch Körperbewegungen die Anströmrichtung der Luft und vollführt dadurch beispielsweise Drehungen und Saltos. Der gesamte Ablauf wird mit einer Spezial-Videokamera aufgenommen – als Hilfe für die Schiedsrichter. Benötigt wird eine solche Kamera auch für das Formations- oder Relativspringen. »Relativ« bezieht sich auf die Positionsveränderung mehrerer Springer zueinander im freien Fall: Sie steuern aufeinander zu und bilden, sich an den Händen oder Füßen haltend, bestimmte Formationen, bis sie in etwa 800 m Höhe wieder auseinanderstreben und ihre Fallschirme öffnen. Im Wechsel der Formationen sind der Phantasie keine Grenzen gesetzt, doch der Ablauf unterliegt strengen Regeln.

Je mehr Springer beteiligt sind, desto länger dauert es naturgemäß, bis eine Formation gebildet ist. Da die Zeit für den freien Fall begrenzt ist, kann bei einer großen Formation kaum noch ein Wechsel stattfinden. Hierbei sind die Beteiligten froh, wenn die beabsichtigte Formation überhaupt zustande kommt.

Wie weit man aber heute schon ist, zeigt ein Weltrekord, der Ende August 1990 in Frankreich aufgestellt wurde. Auf dem Flugplatz der westfranzösischen Stadt Niort hatten sich 80 Fallschirmspringerinnen aus 17 Nationen, darunter auch 12 Deutsche, zusammengefunden. Nach tagelangem Trai-

Fallschirmpacken – beobachtet auf dem Flugplatz Schachtholm bei Rendsburg. Nach dem Absprung, von dem der Springer mit umgehängtem Schirm zurückkommt (oben links), wird das Sprunggerät sofort wieder gepackt. Die Fotos zeigen einige der wichtigsten Arbeitsschritte, die alle mit größter Sorgfalt erledigt werden, denn der Springer weiß, daß sein Leben davon abhängen kann. Am Schluß (rechts unten) bringt er den fertig gepackten Schirm mit dem Fahrrad zum Clubhaus – der Sprungbetrieb ist für heute beendet.

Absprung mit einem Rundkappenfallschirm. Die Steuerschlitze, mit denen der Schirm über Zugleinen in begrenztem Umfang gedreht und gebremst werden kann, sind deutlich zu sehen.

ning, mehreren Übungs- und Probesprüngen, auch einigen vergeblichen Versuchen sprangen alle 80 gemeinsam aus fast 5000 m Höhe ab, vereinigten sich in etwa 2000 m Höhe zu der geplanten Formation, einem schneeflockenartigen Ornament, hielten sich so 14,52 Sekunden an Händen und Füßen, und strebten in 1200 m Höhe wieder auseinander, um ihre Schirme zu öffnen und sicher zu landen. Das war ein Weltrekord, wie er sobald nicht überboten werden dürfte. Daß daran nur Damen beteiligt waren, kennzeichnet einen Trend: Gerade das angeblich schwache Geschlecht findet zunehmend Freude an diesem im Bewußtsein vieler Normalbürger noch immer äußerst gefährlichen Sport. Natürlich ist er nicht gefahrlos, doch schon während der Ausbildung wird alles getan, um künftigen Gefahren, die sich durch mangelnde Sorgfalt, Leichtsinn und Selbstüberschätzung ergeben können, entgegenzuwirken. Moderne Schirme sind so gut wie öffnungssicher; trotzdem führt jeder Springer noch einen kleinen Reserveschirm mit, den er im Notfall benutzen kann. Zur Ausbildung, die wie bei allen Sparten des Luftsports in Abschnitte unterteilt und genau geregelt ist, gehört auch das Packen des Fallschirms, das jeder, der die »Erlaubnis für Fallschirmspringer« erwerben will, beherrschen muß. Alle Sportspringer packen ihre Schirme selbst – meist gleich nach einem Absprung. Wer sie dabei beobachtet, wird von der Sorgfalt beeindruckt sein, mit der sie die Leinen entwirren und in Schlaufen legen, die Kammern falten, das Ganze einschnüren, den Hilfsschirm auflegen und derlei mehr, bis sie schließlich ihren leichten Rucksackgleiter auf den Rücken nehmen und gelassen zum Absetzflugzeug schlendern, um sich wieder emporbringen zu lassen. Das geschieht fast immer im Vereinsbetrieb und ist durchaus erschwinglich. In der Bundesrepublik Deutschland gibt es rund 75 Fallschirmsport-Vereine mit etwa 3500 Mitgliedern. Noch ist offen, wieviele aus der früheren DDR, in der das Fallschirmspringen eine besonders beliebte und stark geförderte Sportart war, hinzukommen.

Die meisten Vereine bieten Kurse zum Kennenlernen an, bei denen außer der theoretischen Einführung und Bodenübungen auch Absprünge mit automatischen Fallschirmen im Preis inbegriffen sind. Daneben besteht – auch für interessierte Zaungäste – die Möglichkeit zu einem Tandemsprung. Das ist ziemlich neu: Absprung mit »Sprunggast«. Nach langen Bemühungen war etwa Mitte der 80er Jahre das Tandem-Sprunggerät, das heute noch benutzt wird, fertig entwickelt. Es ist ein Flächenschirm, der in allen Bauteilen auf die erhöhte Belastung ausgelegt ist. Der Schirm hat meist neun Kammern. Er wird wie üblich gesteuert. Wie der Ablauf des gesamten Sprunges ist das Sache des »Tandem-Masters«, eines Sprunglehrers oder erfahrenen, speziell ausgebildeten Fallschirmspringers. Der Passagier hat ein eigenes Gurtzeug, durch das er mit dem Master verbunden ist. Meist wird aus 2500 m Höhe abgesprungen. Nach freiem Fall bis auf etwa 1500 m leitet der Tandem-Master die Öffnung des Schirms ein. Danach lenkt er das Gerät im Gleitflug zum Landeplatz, wo er es so weich abfangen kann, daß auch ein unsportlicher oder älterer Passagier keine Verstauchung oder Prellung zu befürchten braucht. Die meisten, die sich mit einem Tandem-Sprung einen Jugendtraum erfüllt haben, sind von diesem Abenteuer begeistert. Viele, die auf diese Weise an sich nur in den Luftsport Fallschirmspringen hineinschnuppern wollten, bleiben dabei und lassen sich selbst zum

„Kappen-Relativspringen". Die Springer regulieren ihre gut steuerbaren Rechteckschirme in Fallgeschwindigkeit und Richtung so, daß sie jeweils auf der Schirmkappe des Untermannes stehen oder sitzen. Kurz vor der Landung streben sie auseinander.

Springer ausbilden. Über das Sprungerlebnis hinaus haben sie dadurch teil an der engen Kameradschaft der Fallschirmspringer untereinander, die sich zum Beispiel bei Wettbewerben zur internationalen Kameradschaft ausweitet und nur mit der der Segelflieger untereinander zu vergleichen ist.

Gleitschirmfliegen/Gleitsegeln

Eigentlich liegt es nahe: Wenn schon ein Flächenschirm (wie beschrieben) ein verkapptes Gleitflugzeug ist, dann müßte man damit doch auch im Laufstart von einem Hang freikommen können, erst recht bei Gegenwind, der noch dazu Hangaufwind hervorruft. Dieser Gedanke ist nicht neu, doch erst Anfang der 80er Jahre wurde daraus ein neuer, faszinierender und in seiner Einfachheit wohl unübertrefflicher Luftsport. Die Keimzelle lag in Frankreich und in den Alpenländern Österreich und der Schweiz, wo auch erstmals ein spezieller Gleitschirm entwickelt und in Serie hergestellt wurde. Er ist etwas größer als der Sprungschirm, hat mehr Kammern und hebt darum leichter ab. In der weiteren Entwicklung konnte auch die Gleitzahl bis zu 4, bei Spezialkonstruktionen (nicht für Anfänger) sogar bis über 6 (laut Herstellerangabe) gesteigert werden. Solche Hochleistungsschirme haben meist über 20 allerdings schmale Kammern. Zur Verminderung des Luftwiderstandes und zur Verbesserung der Profilierung sind manche geschlossen oder teilweise überdeckt. Der Grundriß ist nicht mehr rechteckig, sondern ellipsenförmig verjüngt. Die Spannweite liegt um 10 m. Trotzdem steigt das Gewicht selten auf mehr als 5 kg an. Das Start- und Flugverhalten solcher Schirme setzt jedoch große Erfahrung voraus.

Die Steuerung eines Gleitsegels ist recht einfach: Links- bzw. Rechtskurve werden wie beim Flächenschirm durch entsprechende Leinenzüge eingeleitet. Beschleunigen läßt sich der Gleitschirm durch eine Verringerung des Anstellwinkels. Hierzu zieht man mit den vorderen Leinen die Kappe herab. Mit den hinteren Leinen läßt sich durch Vergrößerung des Anstellwinkels die Fahrt verringern – bis zu den »voll gezogenen Klappen«, die bei der Landung den Strömungsabriß bewirken.

Bei neueren Konstruktionen kann auch durch Gewichtsverlagerung gesteuert werden. Durch einen speziellen Sitzgurt wurde das Pilotengewicht sinnvoll auf mehrere Fangleinengruppen verteilt. Schon geringe Gewichtsverlagerungen bewirken die gewünschten Steuerimpulse. So einfach es sich anhört: man muß es lernen, und dazu noch vieles andere in

Landung mit dem Rechteckschirm. Nach der Kurskorrektur zieht der Springer über die Leinen die Hinterkante des Fallschirms herunter, um die Fahrt abzubremsen und durch Auftriebserhöhung weich aufzusetzen. Mit dem (meist etwas größeren) Gleitschirm wird ebenso gelandet.

Theorie und Praxis. Vor wilden Flugversuchen kann nur gewarnt werden, ebenso vor der (leider nicht seltenen) Überschätzung der eigenen Fähigkeiten. Mit sorgfältig geprüfter Technik und lange erprobten Ausbildungsschritten wird versucht, Unfälle möglichst auszuschließen. Alle heute verwendeten Geräte tragen das »Gütesiegel des DAeC für Sprung-Gleitschirme und Gurtzeug«.

Nach einer längeren Erprobungsphase wurde das Gleitsegeln, wie es amtlich heißt, vom Bundesverkehrsministerium mit Wirkung vom 15. April 1987 in Deutschland erlaubt. Es ist damit die jüngste Luftsportart. Zuständig für die »Durchführung und Überwachung« des Gleitsegelbetriebes sind der Deutsche Aero-Club und der Deutsche Hängegleiterverband. Rechtlich gesehen gelten Gleitsegel als Hängegleiter und unterliegen daher der »Allgemeinverfügung…« von 1982. Zusätzlich wurden eine Reihe spezieller Vorschriften erlassen, die den Gleitsegelbetrieb und die Ausbildungsanforderungen betreffen. Trotzdem ist die Ausbildung zum Gleitsegeln von allen Luftsportarten die kürzeste. Schon nach wenigen Übungstagen, die allerdings gute Kondition und sportliche Gewandtheit voraussetzen, kommt der Schüler zum selbständigen Fliegen. Nach und nach lernt er, Aufwinde auszunutzen und sogar in der Thermik zu kreisen, und dann sind für lange und weite Segelflüge kaum noch Grenzen gesetzt.

Die Entwicklung dieser jüngsten Sparte des Luftsports schreitet besonders schnell voran. Was eben noch neu war und unübertrefflich zu sein schien, ist nicht selten Monate später schon veraltet. Für das Gleitsegeln gilt daher ganz besonders, was für alle Luftsportarten gültig ist: Man lernt nie aus, muß sich ständig weiterbilden und auf dem laufenden halten.

Wegen der sprunghaften Fortschritte ist es auch kaum möglich, Rekordleistungen aufzuführen. Um nur einen Maßstab zu setzen: Mitte 1990 lag der Ziel-Rückkehr-Rekord bei 71,5 km, der Höhengewinnrekord bei 2300 m, der Dauerrekord bei elf Stunden.

Selbst im Flachland ist Gleitschirmfliegen möglich. Wie für den Drachen, so wurde auch für Gleitsegel der Windenstart eingeführt. An manchen Schulen gehört er zum Ausbildungsprogramm. Es gibt sogar schon motorisierte Gleitsegel. Den Motor mit dem durch ein Drahtgitter gesicherten Propeller trägt der Pilot auf dem Rücken. Damit sind lange und relativ weite Flüge möglich. 1988 schafften es gleich zwei Piloten, mit Motor-Gleitschirmen den Ärmelkanal zu überqueren.

Der Gleitschirm ist für den, der ihn beherrscht, ein vielseitiges phantastisches Fluggerät, das er wegen seines geringen Gewichtes praktisch überallhin mitnehmen und in wenigen Minuten flugbereit auslegen kann. Doch darin liegt auch eine große Gefahr. Auf günstigem, hindernisfreien und nicht über Felsabstürze führenden Gelände bei leichtem Wind ist das Gleitsegeln sicherlich nicht risikoreicher als jeder andere Luftsport. Doch schon bei stärkerem Wind und bei Böigkeit, sowie in schwierigem, felsigen Gelände wächst das Risiko sprunghaft an. Zwar führen heute auch die Gleitschirmpiloten zusätzlich einen kleinen Rettungsfallschirm mit, den sie auf dem Rücken oder auf der Brust tragen, doch seine Benutzung sollte nur für unvorhersehbare Zwischenfälle eingeplant werden. Viel Übung und gute, praxisbezogene aerodynamische und meteorologische Kenntnisse können das Risiko vermindern – doch letztlich bleibt die Natur unberechenbar. Eine »Ach-was,-es-wird-schon-gut-gehen«-Mentalität kann lebensgefährlich sein. Darum ist das Gleitsegeln für jugendliche Heißsporne nicht zu empfehlen. Erst wer gelernt hat, sich selbst im Zaum zu halten, nüchtern und sachlich das jeweilige Risiko abzuschätzen und bereit ist, ständig zu lernen und auch die Erfahrungen anderer zur Kenntnis zu nehmen, wird diesen Luftsport lange und mit dauerhafter Freude ausüben können.

Ballonfahren

Gut ein Jahrhundert vor Otto Lilienthals ersten Gleitflügen war es dem Menschen gelungen, nach dem Prinzip »Leichter als Luft« emporzusteigen und die Welt von oben zu sehen. Von 1783 an, als sowohl die »Montgolfière« als auch die wesentlich perfektere »Charlière«, also der Heißluft- und der Wasserstoffballon, im Abstand weniger Tage Menschen ins »Luftmeer« emporgetragen hatten, wurden Abenteuerlust und Ehrgeiz zur Triebfeder weiterer Aufstiege und der technischen Weiterentwicklung. Bei der »Charlière« war das allerdings vom Grundprinzip her kaum nötig. Sie war von Anfang an so gut durchdacht, daß selbst der Gasballon von heute noch nach den von Prof. Cäsar Charles ausgeklügelte Verfahrensweisen gehandhabt wird – von der Art des Aufbaus (Hülle und Ventile, Netz und Ballonkorb) und der Füllung über Steigen durch Abgabe von Ballastsand, Fallen durch Ventilöffnung und Landung mit dem entlastenden, bremsenden und Richtung gebenden Schleppseil – ein Kuriosum, das in der Geschichte der Technik seinesgleichen sucht.

Die Montgolfière konnte sich – auch wegen der Brandgefahr bei den damals verwendeten Materialien – gegen den Gasballon nicht behaupten und geriet in Vergessenheit, bis sie 170 Jahre nach ihrer Erfindung in den 50er Jahren als Heißluftballon wiederentdeckt und zu einem modernen Luftsportgerät entwickelt wurde.

Fig. 1.
Fig. 2.
Fig. 3.
a.

Das Blatt „Luftschifferei" der Bertuchschen Bilderbogen (um 1800). Links die Montgolfière, rechts die Charlière, dazwischen der von Blanchard, einem zeitgenössischen Ballonfahrer, entworfene Rettungsfallschirm.

Im 19. Jahrhundert also dominierte der Gasballon; es wurde zum »Jahrhundert der Aeronauten«. Ballonaufstiege waren festliche Ereignisse, aber auch Jahrmarktattraktionen. Nach anfänglich euphorischen Vorstellungen von den Möglichkeiten der Aeronautik erkannte man bald, daß sich der Ballon nicht zum Luftverkehr eignete, denn er war nicht oder nur sehr begrenzt — im Rahmen der vorhandenen Windströmungen — lenkbar. Praktischen Wert hatte er jedoch für wissenschaftliche Aufgaben: Bei der Erforschung der Lufthülle leistete — und leistet — er Unschätzbares. Ballonaufstiege führten schon 1862 bis auf 9000 m Höhe!

Ein organisierter Freiballonsport begann bei uns erst um die Jahrhunderwende zeitgleich mit dem Aufkommen der Luftschiffe. Der Ballon war mit dem Luftschiff »lenkbar« geworden, und es war abzusehen, daß damit bald auch Passagiere und Fracht zu vorbestimmten Orten gebracht werden konnten. Das würde den Freiballon, der viele Anhänger besaß und sogar einige Dichter des 19. Jahrhunderts als Symbol des menschlichen Daseins tief berührt hatte, möglicherweise in Vergessenheit geraten lassen. Um das zu verhindern, wurden Ballonfahrer in die schon bestehenden Luftschiffer-Vereine integriert. Damit begann der Freiballonsport in Deutschland.

Noch vor dem Ersten Weltkrieg erlebte er seine größte Blüte: Im Jahre 1910 gehörten dem »Deutschen Luftschiffer-Verband« 64 Vereine mit 59000 Mitgliedern an. Sie besaßen 117 Freiballone, die es in diesem Jahr auf 1132 Aufstiege brachten. Bei Kriegsausbruch 1914 hatten 90 Vereine 79000 Mitglieder und 138 Freiballone — so etwas hat es später nie wieder gegeben. Entsprechend waren die Erfolge: Schon 1901 hatte der Ballon »Preußen« mit 10800 m einen Höhenrekord aufgestellt. 1914 kam es zu einem Streckenrekord: 3053 km. Er wurde erst 1976 bei dem (vergeblichen) Versuch eines Amerikaners, den Atlantik zu überqueren, mit 3983 km überboten. Nach vielen gescheiterten Versuchen glückte die Atlantik-Überquerung schließlich 1978: Nach dem Start im US-Bundestaat Maine landeten drei Amerikaner nach 137 Stunden sechs Minuten westlich von Paris. Das letzte große Ziel des Freiballonsports ist die Umrundung der Erde. Mehrere Teams haben ihre Absicht angemeldet und arbeiten an Ballonkonstruktionen, mit denen sie mehr als 30 Tage in der Luft bleiben können.

Der Ballonsport hat heute bei uns immer noch zahlreiche begeisterte Anhänger, wenn auch bei weitem nicht mehr soviele wie zu Anfang des Jahrhunderts. Insgesamt gibt es über 800 ausgebildete Ballonfahrer und mehr als 1600 »Aktive« (Ballonmeister, Rückholer und Helfer jeglicher Art), die zusammen mit einer großen Anzahl »fördernder Mitglieder« rund 180 Vereine bilden. Viele davon gehören über die regional zuständigen Landesverbände zum Deutschen Aero-Club. Daneben besteht der Deutsche Freiballon-Sportverband, der außer Vereinen auch zahlreiche Einzelmitglieder hat.

Der Propangasbrenner eines Heißluftballons – einer modernen Montgolfière: Ist das Gas aufgebraucht, ist bald auch die Luftfahrt zu Ende.

Die Zahl der Gasballone ist mit knapp 60 (Mitte 1990: 58) seit Jahren nahezu konstant, die der Heißluftballone nimmt dagegen ständig zu. Anfang 1990 waren in der Bundesrepublik Deutschland 320 »Heißlüfter« zugelassen, im Herbst bereits 415.

Zur Erinnerung an den ersten Aufstieg von Menschen am 21. November 1783 in Paris erhob sich 200 Jahre später auf den Tag genau – ebenfalls in Paris – ein Heißluftballon als Nachbau der damaligen Montgolfière.

Aufstieg eines heutigen Gasballons. Am Korb, der an dem Ballon umgebenden Netz befestigt ist, rechts ein Sandsack (Ballastabgabe läßt den Ballon steigen), links das Schleppseil, das kurz vor der Landung abgeworfen wird und durch seine Bremswirkung und Gewichtentlastung ein weicheres Aufsetzen ermöglicht.

BALLON-CLUB WESTFALEN E.V. MARL

Der Himmel voller bunter Blasen – das typische Bild von einem Heißluftballonwettbewerb.

Auch in fast allen anderen Ländern der Erde wird Freiballonsport betrieben. Dort zeigt sich ebenfalls der starke Trend zum Heißluftballon. Das Prinzip ist einfach: Erhitzte Luft steigt nach oben (wie die »Thermik«), auch wenn sie in einer Hülle gefangen ist. Ist das Hüllenvolumen groß genug, reicht der Auftrieb aus, um diese mitsamt dem hitzeerzeugenden Brenner, dem Korb und den Mitfahrern in die Luft zu befördern. Der Wiederentdeckung der alten Montgolfière kam zugute, daß es inzwischen nicht entflammbare Kunststoffe für die Hülle und gut regelbare Propangasbrenner gab. Der moderne »Heißlüfter« läßt sich weitaus schneller und einfacher aufrüsten als ein Gasballon – meist genügt dafür insgesamt eine halbe Stunde. Die Propangasflaschen, die mitgeführt werden müssen, und das Propangas sind im Vergleich zum Ballon-Traggas Wasserstoff relativ billig. Allerdings muß ein Heißluftballon erheblich größer sein als ein Gasballon, um die gleiche Tragkraft zu erreichen. Bei Wasserstoff-Füllung genügen 1000 m^3, um 4-5 Personen eine mindestens vierstündige Luftreise zu ermöglichen. Ein Heißluftballon von mehr als doppeltem Volumen (2200 m^3) kann aber nur zwei Personen und den Flaschengasvorrat für etwa zwei Stunden mitnehmen. Mit der Hülle wächst auch die Tragkraft. Das heute bevorzugte Volumen liegt bei 3000 beziehungsweise 3600 m^3. Der derzeit größte Heißluftballon faßt über 14 000 m^3 und kann mehr als 30 Personen oder einen entsprechend größeren Flaschengasvorrat befördern. Mit ihm wurde ein Dauerrekord von fast 19 Stunden aufgestellt; dabei legte er etwas über 400 km zurück. Ein solches Ungetüm wird die Ausnahme bleiben. Doch das Material und die Machart der Hüllen gestatten auch jegliche Formgebung, und so sieht man gelegentlich merkwürdige Gegenstände am Himmel: ein Riesen-Motorrad, einen Beethovenkopf, ein herrschaftliches Schloß, einen Rundkopf mit Knollennase und abstehenden Ohren, einen Elefanten – der Phantasie und den Werbemöglichkeiten sind kaum Grenzen gesetzt. Die neueste Entwicklung sind Heißluft-Luftschiffe, die sich gelegentlich zu Wettbewerben treffen.

Am schönsten allerdings wirken wohl nach wie vor die einfachen, normalen Formen, zumal sie sich meist in grellbunten, fröhlichen Farben präsentieren. Wer je einen Heißlüfter-Wettbewerb miterlebt hat, der wird den Himmel voller bunter Blasen nicht vergessen. Es ist schon etwas Eigenes um dieses Luftsportgerät »leichter als Luft«, das auf die Ausnutzung einfachster Naturgegebenheiten beruht und für Kriegszwecke absolut ungeeignet ist – wie auch die meisten anderen Sparten des Luftsports.

15 General Aviation

ROLF WURSTER

Rolf Wurster wurde am 29. Juli 1940 in Ludwigsburg geboren, wo er auch die Volksschule besuchte. Nach einer Tischlerlehre verdiente er sich seine Flugausbildung bei der Seefahrt. Dabei bereist er die ganze Welt.
1961 erwirbt er Privat- und 1963 die Berufspilotenlizenz. Kurz danach waren Fluglehrer-, Instrumentenberechtigung und der deutsche und US Verkehrsflugzeugführerschein an der Reihe.
Die berufliche Fliegerei begann für Wurster als Rund- und Taxipilot. Dabei arbeitet er sich zum Flugbetriebsleiter eines regionalen Flugunternehmens hoch. Viele Jahre befliegt er Europa und die USA mit den Geschäftsreiseflugzeugen eines Industrieunternehmens. Als ihm der Einstieg in eine Linienfluggesellschaft angeboten wurde, kann er sofort als Seiteneinsteiger in die Verkehrsluftfahrt eintreten. Zwischenzeitlich sind in seinem Flugbuch 18 000 Flugstunden notiert.
Wurster gehört seit langem zu den anerkannten Fachautoren der Luft- und Raumfahrtszene und schreibt regelmäßig unter anderem für die Fachmagazine: Flug Revue und Flieger Magazin. Seine Testberichte über nahezu alle Geschäftsreiseflugzeuge gaben ihm als Fachautor einen Namen. Sie werden durch seine Lehrbücher und einen Fliegerroman unterstützt.
Wurster, verheiratet und Vater einer Tochter lebt heute in Battenberg/Eder, am Rande des Sauerlandes.
Sein Kurz-Kommentar zu diesem Kapitel: „Luftverkehr kann nicht überall gewinnbringend eingesetzt werden. Zahlreiche Unternehmen halten sich aus dem Grund ein eigenes Flugzeug und betreiben dieses nach ihren individuellen Flugplänen. Kleinere Flugzeuge und Flugplätze sind dafür gefragte Objekte. Speziell für diese Bedürfnisse entwickelte sich eine eigene Flugzeugindustrie".

Geschäftsfliegerei

In den USA bahnt sich nach Beendigung des Zweiten Weltkrieges ein Desaster an, das Arbeitslosigkeit und eine ungewisse Zukunft androht: Umfangreiche Armeeaufträge sind storniert, heimkehrende Soldaten in den Alltag entlassen. Die wenigen Fluglinien beziehen billig überzählige Transport-Flugzeuge der Armee.

Surplus, dieses magische Zauberwort betrifft auch die Hersteller von Sportflugzeugen. Ehemalige Armeepiloten, die der Faszination Fliegen verfallen waren, beziehen ihre Sportgeräte aus Armeebeständen, ehemalige Beobachtungsmaschinen gibt es genug.

In diesen schwierigen Zeiten müssen Manager völlig umdenken. Eine Idee, wahrscheinlich mit der Armee als Vorbild, wird Wirklichkeit: Für schnelle Reisen werden von der Großindustrie hauseigene Airlines gegründet. Geschwindigkeit ist Trumpf, die Konkurrenz wartet überall. Schließlich hat nicht jede Firma das Glück, ihren Standort in der Nähe eines Flughafens zu haben. Einmotorige Sportflugzeuge gelten als Reiseflugzeuge, sie sind jetzt »in«.

Die Idee, kleine Flugzeuge zu zweimotorigen Varianten weiterzuentwickeln, entstand auch wegen mangelnder Betriebs-Sicherheit der eingesetzten Triebwerke. Die US-Triebwerksproduktion hatte sich auf Quantität, aber kaum auf Qualität eingestellt. Die Erfahrung zeigt, daß auf Einfachheit getrimmte Motoren schon mal ausfallen können. Das Suchen nach einem Landeplatz ist also öfters angesagt.

Professionell arbeitende Firmen, vor allem aber Tüftler, reagieren bereits in den frühen 50er Jahren und bringen für den Reisebedarf von Firmen recht brauchbare Maschinen auf den Markt. Ein gewisses Zeit-Handicap bedeutet die Zulassung von zweimotorigen Flugzeugen. Um mehrmotorige Flugzeuge wirtschaftlich anbieten zu können, muß etwas geschehen — das aufwendige Zulassungsprogramm (es ist dasselbe wie für ein Verkehrsflugzeug) muß radikal geändert werden.

Schon steht ein völlig neuer Industriezweig auf dem Spiel, und die Behörden reagieren auch sofort, das gesamte Zulassungsverfahren wird umgekrempelt. Aus dem Zulassungsverfahren CAR (Civil Aviation Regulationen) werden einfachere Bundes-Luftfahrtgesetze (FAR, Federal Aviation Regulations), die noch immer gültig sind. Diese sind so ausgelegt, daß eine völlig neue Flugzeugversion entstehen kann: Flugzeuge, deren Gewicht unter der Grenze von 12 500 lbs (5,7 Tonnen) liegt.

Dieser Gewichtsbereich bietet den Ingenieuren besonders viel Spielraum. Durch minimal geforderte Einmotoren-Flugleistungen können billig zu erwerbende schwache Triebwerke benutzt werden. Das Gesetz sieht sogar vor, daß für diese Art von Flugzeugen auch die Flugzeugführer-Lizenzen drastisch vereinfacht werden.

Der Weg für das kommerziell gefertigte mehrmotorige Flugzeug ist dadurch frei geworden. Weitsichtige Flugzeugbauer erkennen den neuen Trend und lassen neue Muster entwickeln. Spitzen-Vorreiter der neuen Klasse sind Firmen wie Aero Commander, Beechcraft, Cessna und Piper.

Um die Betriebs-Sicherheit der neuen Klasse auch zu demonstrieren, werden bei diesen Firmen auch ungewöhnliche Wege beschritten: Bei einem Hochdecker des Hauses Aero Commander schraubte man beispielsweise einen Propeller ab. Der Pilot startet mit nur einem Motor und fliegt damit quer über die USA. Der Flug beeindruckt die Fachwelt gewaltig.

Um die Betriebs-Sicherheit der mit nur zwei 150 PS starken Motoren ausgerüsteten PA30 Twin Comance nachzuweisen, beauftragt Piper Aircraft – bislang nur mit dem Bau stoffbespannter Sportflugzeuge beschäftigt – den Werkspiloten Max Conrad zu einem besonders waghalsigen Mammutflug. Seine Aufgabe: er soll in dem neuen Typ von Südafrika nach Kalifornien fliegen, natürlich Nonstop. Das leichte Flugzeug hat für diesen Flug alle freien Winkel mit Kraftstoff ausgefüllt.

Mit diesen ungewöhnlichen Leistungen, die stets überladene Flugzeuge ergeben und kaum etwas mit Sicherheit zu tun haben, kann man jedoch kein Industrieunternehmen für die neue Flugzeuggeneration gewinnen. Die in Frage kommenden Firmen, oft weit weg vom nächsten Flughafen angesiedelt, wollen mit Stil reisen – eben wie mit der Airline.

Beechcraft, ein erfahrener Flugzeughersteller, in Wichita/Kansas beheimatet, hat mit größeren Reiseflugzeugen bereits eine unbezahlbare Erfahrung. Das hat die Firma dem Vorkriegs-Kleinverkehrsflugzeug Modell 18 zu verdanken, das schon 1937 zu seinem Erstflug startete. Daß Beechcraft mit diesem Entwurf völlig richtig lag, zeigten die Armeeaufträge. Im Kriege benötigte man ein geräumiges Verbindungsflugzeug, das mit der Codenummer C45 weit verbreitet wurde.

Das Modell Beechcraft 18/C45 verfügt über die idealen Abmessungen und Flugleistungen, die für Firmenflugzeuge gefordert werden. Die Produktion des immer wieder auf neuesten Stand aufgemöbelten Erfolgsmusters wird so weitergeführt, das Flugzeug selbst ständig weiter verbessert. In seiner letzten Version wird die 18/C45 mit einem Bugfahrwerk angeboten.

Bastler finden immer wieder Kunden die Freude an Super-Fluggeräten finden. Neue Technik fasziniert einfach, und ganz leichte zweimotorige Flugzeuge sind weniger gefragt. Mit kräftigen Triebwerken ausgestattete umgebaute Bomber finden bald Anklang bei Firmen, denen langsame Reiseflugzeuge zu langweilig sind: Die billig zu erwerbenden Veteranen bekommen in ihre für todbringende Lasten konstruierte Laderäume weiche Polstersitze montiert. Der Trend zu stärkeren Triebwerken, aber einfacher zu handhabenden

Die Piper PA 46 Malibu ist eine sechssitzige CabineClass Maschine. Ihr Nachteil: sie wird nur von einem Triebwerk angetrieben.

Die Douglas DC 3/C 47 wurde vom Militärfrachter zum Standardverkehrsflugzeug und später eine beliebte Geschäftsreisemaschine.

Flugzeugen läßt vor allem ausgemusterte Verkehrsflugzeuge zunehmend als Firmen-Fluglimousinen in den Vordergrund treten. Besonders beliebt ist dabei auch ein 26sitziger Tiefdecker von Lockheed. Das Modell Loadstar wird von 2x 2000 PS angetrieben. Diesem Flugzeug paßt man später sogar noch moderne Turbopropmotoren an.

Dieser Trend ist lange ungebrochen, zum absoluten Spitzenreiter der Klasse entwickelt sich die längst bei Airlines ausgemusterte DC3. Noch heute ist der Veteran beliebt und erlebt 40 Jahre nach Produktionsende noch Verjüngungskuren. In den Oldtimern werden derzeit sündhaft teure Turboprop-Antriebe montiert.

Doch keine Flugzeugindustrie kann nur vom Aufmöbeln alter Flugzeuge leben – in erster Linie will man neue Maschinen verkaufen. Kreative Werbemanager bearbeiten den ergiebigen Markt und stellen erfreut fest, daß er viel mehr hergeben kann. Mit der Einführung der »Cabine Class« kreiert man eine völlig neue Generation von Reiseflugzeugen. Mindestforderung dafür ist eine abgeschlossene Passagierkabine mit integrierter Einstiegs-Treppe. Vorbei ist jetzt das lästige Hochklettern an Tragflügeln oder Fahrwerksbeinen, wie es bei umgebauten Sportflugzeugen der Fall ist.

Als »Erfinder« der Cabin Class gilt Beechcraft, denn in Wichita will man die Marktführung behalten. Die Inge-

Die HS 125 (BAe 125) gilt noch immer als Bestseller auf dem Geschäftsflugzeugmarkt.

nieure legen sich dafür besonders ins Zeug. Anhand umfangreicher Marktstudien wird ein völlig neuer Rumpfquerschnitt entwickelt, der ausreichend Platz für sechs bis zehn Reisende bietet. Das Ergebnis ist der monarchische Rumpf des Modells Queen Air 65. Diese neue Maschine gilt bald als Standardkabine für Geschäftsreiseflugzeuge. Eine in der Tür installierte Treppe erleichtert das Besteigen des Flugzeuges, das auch mit Bordküche geliefert werden kann. Mit diesem Komfort bleibt selbst das US-Militär Kunde bis heute.

Ein weiterer Vorteil der Maschine ist seine sprichwörtlich gutmütige Tragfläche, die dem bewährten Sportflugzeug Bonanza V33 nachgebaut ist. Damit ist das Modell 65 in der Lage, auch von kleinen Grasflugplätzen aus abzufliegen: Ideal also für einen Konzern, der hinter der Werkhalle ein freies Feld zur Verfügung hat.

Die Industrie, vor allem die neuerstehende im Nachkriegsdeutschland, hat mit der Queen Air ein standesbewußtes und recht komfortables Reiseflugzeug, das in Weiterentwicklungen bald druckdicht genietet und auf Turbinenantrieb umgestellt wird. Jetzt als Beechcraft 65-90 King Air vermarktet, gilt diese immer verbesserte Konstruktion als Bestseller.

Die Konkurrenz registriert die Erfolge, und so boomt der Markt für Konzernfluglimousinen. Aus einer weiten ovalen Kabine macht Sportflugzeug-Hersteller Cessna eine ganze Familie von billigen zweimotorigen Reiseflugzeugen. Cessna hält sehr lange Zeit noch an dem Kolbenmotorantrieb fest, der mit allen technischen Mitteln verfeinert wird. Kraftstoffeinspritzung, Turbolader und Intercooler werden Begriffe für die Luftfahrtinteressenten. Auch Konkurrent Piper verfolgt ein ähnliches Programm.

Die Zeit, in der aus Kostengründen selbst das einmotorige Reiseflugzeug nicht mehr gescheut wird, kommt dann schnell. Bald wetteifert Cessna mit seinem mächtigsten Konkurrenten um den ersten Platz in dieser Kategorie. Während Piper mit seiner PA 46 Malibu auf eine luxuriöse Kabine mit einem neuentwickelten Triebwerk setzt, bietet Cessna ein bewährtes Triebwerk und einen ausgereiften Rumpf in seiner bewährten 210P-Reihe an und unterbietet damit die Preise des Widersachers gewaltig.

Lange Jahre ist die Produktion von Reiseflugzeugen fest in der Hand von US-Firmen. Große Stückzahlen lassen die Preise auf Tiefststände sinken, dem kein europäischer Hersteller etwas entgegensetzen kann. Doch Exporte sind für die US-Industrie zweitrangig: Der große Inlandsmarkt kann kaum bedient werden. Die Entfernungen im Land der unbegrenzten Möglichkeiten sind riesig, die Airlines überfüllt und die Autostraßen durch Tempo-Limits für Geschäftsreisende wenig attraktiv.

Mutige Konstrukteure versuchen deshalb immer wieder, mit völlig neuen Ideen in die von wenigen marktbeherrschenden Firmen gehaltenen Domänen einzubrechen. Erst der Strahlantrieb bieten diesen neuen Firmen eine Chance, denn führende und konservativ denkende Hersteller, die mit ihren bewährten Produkten ausgebucht sind, gehen selten neue Wege.

Ein Umschwung tritt ein, als kleine Jetantriebe für den zivilen Flugzeugbau angeboten werden. Die zehnjährige Zwangspause nach dem Kriege gilt für die deutsche Luftfahrtindustrie als Herausforderung. Der geregelte Strahlantrieb wird hier schließlich zur Serienreife entwickelt, und Fach-

Die letzte Cessna Propeller-Maschine ist die Caravan II C 406.

kräfte gibt es genug. Marktstudien ergeben, daß ein kleines Jetflugzeug zum Einstieg in die internationale Luftfahrt werden könnte. Deutsche Ingenieure sind sich auch im klaren darüber, daß sich mit dem nur von Großflugzeugen und Militärs benutzen Flugzeugantrieb der Einstieg in die Branche der Geschäftsreiseflugzeuge schwierig erweisen wird.

Das Ergebnis der langen Konstruktionsarbeit erweist sich als ein Flugzeug, das seiner Zeit um Jahre voraus ist. Ein bereits im Kriege erprobter, nach vorne gepfeilter Tragflügel bietet viele Vor- aber auch Nachteile. Die neuartige Aerodynamik des Hamburger Flugzeugbau HFB320 Hansa Jet erweist sich jedoch allemal als sensationell. Das Projekt wird von der marktbeherrschenden US-Konkurrenz großspurig sofort als völlig unbrauchbar verworfen.

Erst als Bill Lear, ein amerikanischer Tüftler, seinen Lear Jet erfolgreich fliegen hat, wird der Jetantrieb an kleinen Flugzeugen zum Welterfolg. Doch Lear war sich seiner revolutionären Bauweise nicht 100prozentig sicher; vorsichtig ließ er den Prototyp deshalb noch in der Schweiz bauen. Die »Reiserakete« hebt sich dann aber sofort meilenweit von Turboprop-Versionen ab, die Manager können jetzt endlich über den richtigen kleinen Reisejet verfügen.

Briten und Franzosen sehen in dem neuen Flugzeugantrieb ebenfalls ihre Chance und holen nach, was sie bislang versäumten. Beide Seiten gleichzeitig steigen mit einer neuen Klasse in das gewinnträchtige Geschäft ein. Hawker Siddeley, traditionsreicher englischer Flugzeugbau, präsentiert den HS125 Jet und der Franzose Dassault seine Falcon 20. Noch immer bilden beide Typen eine eigene Klasse von gehobenen Geschäftsreiseflugzeugen, die verbissen weiter verbessert werden.

Cessna, zwischenzeitlich zum Erfolgshersteller von leichten Reiseflugzeugen aufgestiegen, betritt die Bühne der kleinen Düsen-Flugzeuge mit einem völlig neuen Konzept. Ein neues Modell, mit aerodynamisch günstig geformten Tragflügeln ausgerüstet, bietet kleinen Firmen einen gewaltigen Prestigegewinn. Mit dem Cessna 500 Citation-Jet können jetzt auch kleine Flugplätze angeflogen werden. Dieser Vorteil gleicht die geringere Fluggeschwindigkeit der Maschine mehr als aus.

Die Zulassungszahlen von Firmenflugzeugen steigen kräftig an. Doch sehr bald gibt es gleich zwei starke Argumente gegen die Halter von Geschäftsreiseflugzeugen. Einmal ist die hohe Unfallrate der Maschinen beängstigend, zum anderen

General Aviation auch bei der Lufthansa: Drei Flugzeuge der Ausbildungsschule in Phoenix/Arizona in den USA.

treiben politisch hochgepuschte Ölkrisen die Betriebskosten drastisch in die Höhe.

Die Ursachen für die Unsicherheit sind in den FAR-Regeln zu finden, denn leichte Reiseflugzeuge dürfen auch von Flugzeugführern mit relativ geringem Ausbildungsniveau geflogen werden. Die Halter der Maschinen verlangen von ihren Piloten dann sehr oft auch noch, daß sie auf der Wiese hinter der Werkshalle landen. Schließlich gelten die Flugzeuge als einfache Sportflugzeuge und sind auch dementsprechend gebaut.

Damit tritt aber das Wetterproblem zunehmend in den Vordergrund. Ein Pilot benötigt ein Mindestmaß an Sicherheit, um einen Flugplatz anfliegen zu könen. Das Problem ist schnell erkannt, aber nur in den USA reagiert man darauf. Für jedes Flugfeld wird ein Instrumenten-Anflugverfahren eingerichtet, das dem Piloten einen sicheren Anflug erlaubt.

Auf der anderen Seite des Atlantiks scheuen sich die Politiker auch heute noch, einen derartigen Schritt in Richtung Sicherheit vorzuschieben. Die Piloten kämpfen außerdem mit kräftigen und schnellen Wetterveränderungen. Nach Instrumenten anfliegbare Flughäfen sind überlastet, hier ist das kleine Geschäftsreiseflugzeug immer mehr unerwünscht, denn eine kleine Maschine versperrt den Platz einer Verkehrsmaschine, die mehr Gebühren einbringen kann.

Als Geschäftsreise-Rakete erlebte der LearJet lange Zeit einen Verkaufsboom.

Mit der Zunahme von Regionalfluglinien werden auch in Europa mehr Flugplätze mit einem Instrumenten-Anflugverfahren erschlossen. Diese bürokratischen Einrichtungen sind ein theoretischer Luftraum, in dem man den Sichtflug beschränkt. Flugzeuge, die in den für den Instrumentenflug geschützten Bereich einfliegen wollen, müssen jetzt festgelegte Wetterbedingungen einhalten. Diese Sicherheitsvorschrift macht Reiseflugzeughaltern große Schwierigkeiten. Sehr viele Firmen schaffen aus diesem Grunde das Reiseflugzeug wieder ab, weil es nicht mehr regelmäßig benutzt werden kann.

Technisch bedingte Unfälle können hingegen durch Nachschulungen drastisch verringert werden. Erprobte Verfahren bei Fluglinien zeigen, daß Piloten nicht nur praktisch auf Flugzeuge eingewiesen werden. Wenn man ihnen die Geheimnisse hinter der Verkleidung preisgibt, wird besseres technisches Verständnis geweckt. Deshalb werden technische Einführungskurse in die bis Millionenhöhe teuren Geräte angeboten.

Diesen Kursen folgt die Einführung von Flugsimulatoren, wie es Hersteller von Verkehrsflugzeugen praktizieren. In den voll funktionsfähigen elektronisch gesteuerten Cockpits können völlig gefahrlos Notsituationen geübt werden. Die Unfallrisiken bei der General Aviation werden damit drastisch gesenkt. Der Werbeslogan der Schulungsindustrie: »Ein gut trainierter Pilot ist das beste Investment eines Flugzeugkaufs«. Am liebsten würde allerdings gesehen, daß jeder Firmenpilot, der bei weitem nicht die Flugstunden eines Airline Kapitänes absolviert, sich wie dieser auch noch jedes halbe Jahr einem Simulatortraining unterzieht. Diesem Wunsch wird in den USA über Versicherungsprämien Nachdruck verschafft.

Das Cockpit eines modernen Turobprop-Modells (Piper PA 42-1000) unterscheidet sich kaum von einem Jet-Verkehrsflugzeug.

Die Cessna 500 Citation kann durch ihre geraden Flügel auch sehr kurze Landepisten anfliegen.

Die Aerostar erreicht mit nur 290 PS starken Triebwerken Geschwindigkeits-Traumwerte.

Die Piper PA 3/Navajo gilt als robustes und beliebtes Reiseflugzeug.

Wenn für die Reisen eines Konzernes Geld keine Rolle mehr spielt, gibt es natürlich auch einen Flugzeugmarkt. Von Airlines abgeschriebene, billig zu erwerbende große Jet-Verkehrsflugzeuge sind die neuen Renner. Eine darauf spezialisierte Industrie macht sich über diese Flugzeuge her, um sie neuen Aufgaben zuzuführen: Enge Sitzreihen verschwinden, anstatt der vielen Passagiersitze finden nur noch wenige Ledersessel in der Kabine Platz. Wenn der neue Kunde auf Reisen geht, ist alles nur vom Feinsten.

Auch der Langstreckenflug ist für zahlreiche Firmen inzwischen selbstverständlich. Zwei- oder dreistrahlig über den Atlantik – die Angebote der Hersteller werden größer. In den Köpfen der Konstrukteure spukt bereits ein ganz ehrgeiziges Gemeinschaftsprojekt. Bei der allgemeinen Entspannung wollen sich sogar russische und US-amerikanische Konstrukteure an einen gemeinsamen Tisch setzen und eine kleine dreistrahlige Überschallmaschine mit einer Kapazität für acht bis zehn Passagiere entwerfen. Der Markt dürfte dieses Flugzeug mit offenen Armen empfangen.

In den USA erkennt man den Wert der General Aviation besonders. Doch nicht nur die Flugzeughersteller profitieren daran, vor allem die Zubehörindustrie hat ein neues Absatzgebiet entdeckt: An erster Stelle befindet sich die Funktechnik im Aufwind. Nachdem Fluglinien die neuesten Geräteentwicklungen bezahlt haben, werden diese mit wachsender Erfahrung kleiner und können nochmals angeboten werden. Daß es sich dabei nicht nur um einfache Funk- und Navigationsgeräte handelt, ist selbstverständlich. Mikroelektronik verfeinerte in den vergangenen Jahren die Cockpits so stark, daß nunmehr auch Satelliten-Navigationstechnik in den Panels von kleinen Reisenmaschinen Einzug hält.

Der Siegeszug der General Aviation-Flugzeugindustrie wird aber bald drastisch gebremst. Eine in den USA neu entstandene »Trittbrettfahrer«-Industrie will am Boom auch verdienen. Die Versicherer finden so beispielsweise mit einer Produktionshaftpflicht eine völlig neue Versicherungsart. Die mit steigenden Kosten kämpfenden Firmen werden damit immer mehr in die Enge getrieben. Ungewöhnlich hohe

Mit der Cessna Citation III können sogar Transatlantikflüge durchgeführt werden.

Versicherungsraten lassen schließlich den gesamten Flugzeugbau von kleineren Flugzeugen zusammenschmelzen. Die Kosten sind inzwischen so hoch, daß sie fast unbezahlbar werden. Nur die guten Namen der Firmen bleiben, doch längst haben sich völlig unbekannte Konzerne in die etablierten Firmen eingekauft. Überleben können nur noch die Hersteller von teureren Reiseflugzeugen, die die hohen Versicherungsprämien im Verkaufspreis mit unterbringen können.

In der Bundesrepublik erkennt man den Wert der General Aviation noch nicht. Hier versucht man mit überzogenen Kosten diese Flugzeuggruppe von den Flughäfen zu verbannen. Trotz hoch besteuerter Kraftstoffpreise, Luftstraßen und Landegebühren lassen sich Firmenflugzeuge nicht verbannen. Die Flughäfen werden sogar gezwungen, neue General Aviation-Terminals anzulegen, um dieser Kundschaft wenigstens etwas entgegenzukommen. Auf Behördenweg wird aber weiter versucht, sie kurz zu halten. Die mit modernster Technik ausgestatteten Flugzeuge gelten als Sportflugzeuge, denen man beispielsweise noch nicht einmal die inzwischen übliche Technik des Autos gönnt, denn das mobile Telefon hat noch immer keinen zugelassenen Platz.

Die Kabine der Cessna Citation läßt keine Wünsche offen.

Geschäftsreiseflugzeuge

Die Statistik überzeugt: Beechcraft belegt den ersten Platz unter den Herstellern von Geschäftsreiseflugzeugen. Großen Anteil haben die 3700 King Air, die weltweit gesehen einen Marktanteil von 54 Prozent unter den Turboprop-Flugzeugen halten. Hierin ist auch die älteste King Air Version enthalten, die noch liebevoll gepflegt und geflogen wird.

Doch der Marktanteil von Turboprop-Flugzeugen liegt heute insgesamt nur noch bei 46 Prozent. Trotz höherer Betriebskosten gewinnt der Reisejet immer mehr Interessen-

Für kurze Strecken hat sich die Piper PA 34 Seneca bewährt.

Beechcraft setzt mit der Starship neue Maßstäbe.

Die Dassault Falcon 50 erfüllt mit ihren drei Strahltriebwerken alle Wünsche des Langstreckenfliegens.

ten. Die Konzerne rechnen genau, denn eingesparte Zeit ist inzwischen wesentlich teurer als der Mehrkraftstoffverbrauch.

Die Statistik bringt es genau an den Tag, bei Düsenjetgetriebenen Geschäftsreiseflugzeugen fällt Beechcraft als konservativ denkender Konzern erst gar nicht auf. In dieser Klasse hält der Hersteller, nur um präsent zu sein, ein Modell, das von einem Konkurrenten eingekauft wurde. Die als Beechjet vermarktete Maschine erreichte 1990 mit 60 Exemplaren nur 0,89 Prozent Marktanteil.

Doch auch diese Statistik trügt, denn sie beinhaltet alle umgebauten privat benutzten Verkehrsflugzeuge. Mit 187 Exemplaren, die mit 2,76 Prozent unter den 6769 Executiv-Jets ein bedeutendes Potential darstellen, ist auch Boeing ein beachteter General Aviation-Flugzeughersteller. 1990 waren sechs Boeing B747 Jumbo Jets als reine Privatflugzeuge registriert.

Als Kapitalblock gesehen, stehen Jetflugzeuge an erster Stelle. Im Anschaffungspreis liegen sie meist weit über den Kosten eines Turbopropflugzeuges. Wenn die 14800 privat benutzten Turboprop- und Jetflugzeuge auf Industrieländer aufgeteilt werden, dann entfallen 68,8 Prozent auf Nordamerika. Hier sind 4700 Turboprop- (67,4 Prozent) und 5400 (70 Prozent) Jetreiseflugzeuge registriert. Europa dagegen führt mit 12, 7 Prozent mit deutlich geringerem Anteil die Reihe fort. Auch hier unterteilen sich die beiden Gruppen unterschiedlich. Frankreichs Industrie setzt die meisten Privatflugzeuge (30 Prozent) ein. Jeweils 17,5 Prozent teilen sich Deutschland und England, dicht gefolgt von der italienischen Industrie.

Verteilt man nur die 909 registrierten europäischen Jetflugzeuge auf die Industrieländer, dann steht Italien mit 175 (19 Prozent) Jets an erster Stelle, dicht gefolgt von Frankreich 168 (18,5 Prozent) und England 151 (16,6 Prozent). Deutsche Firmen dagegen halten sich zurück, auf die Top-Manager waren 1990 nur 90 Jetflugzeuge registriert. Völlig andere Zahlen erkennt man bei den Bankern der kleinen Schweiz, sie unterhalten mit 87 Jets und 49 Turbopropmaschinen immerhin 9,2 Prozent der gesamten Europaflotte.

Dem aufmerksamen Beobachter fällt dabei das wirtschaftlich unbedeutende Land Norwegen auf, in dem Unternehmer 31 Flugzeuge, davon acht Jets unterhalten. Diese große Zahl weist deutlich auf das unwegsame Gelände hin. Die Manager dort müssen beweglich sein, wenn sie etwas erreichen wollen.

Statistik

Von den 1990 betriebenen 14 776 Geschäftsreiseflugzeugen entfallen auf:

Nord-Amerika Jet/TProp	Zentral-Amerika Jet/TProp	Süd-Amerika Jet/TProp	Europa Jet/TProp	Asien Jet/TProp	Afrika Jet/TProp	Ozeanien Jet/TProp
4739/5399	296/230	327/736	909/960	231/230	173/284	94/168

Die 14 776 registrierten Jet- und TProp-Flugzeuge verteilen sich auf:

Nord-Amerika	Zentral-Amerika	Süd-Amerika	Europa	Asien	Afrika	Ozeanien
68,6 %	3,6 %	7,2 %	12,7 %	3,1 %	3,1 %	1,8 %

Aufteilung der Geschäftsreiseflugzeuge in Europa:

	TProp	Jet	Total
Frankreich	275	168	443
Deutschland	175	90	265
England	111	151	162
Italien	77	175	252
Schweiz	49	87	136
Schweden	61	30	91
Spanien	43	40	83
Österreich	20	38	58
Belgien	20	13	33
Norwegen	23	6	31
Finnland	15	13	28
Jugoslawien	7	15	22
Irland	4	12	16
Türkei	5	11	16
Liechtenstein	3	8	11
Portugal	5	4	9
Monaco	2	2	4
Grönland	3	1	4
Island	3	0	3
Luxemburg	1	2	3
Gibraltar	1	1	2
Zypern	0	2	2
Griechenland	1	0	1
Malta	0	1	1
Total	909	960	1869

Privat benutzte Verkehrsflugzeuge:

	Afrika	Asien	Amerika	Nord-Amerika	Zentral-Ozeanien	Europa	Total
Airbus A 300/A 370		3					3
Boeing 707/720	6	10	10				26
Boeing 727	6	11	32	2	2		59
Boeing 737	1	3	12	2		1	19
Boeing 747		6					6
Boeing 757						1	1
BAC 1-11		9	23		1	9	42
Douglas DC 8	1	2	5				8
Douglas DC 9			7	1		3	11
Fokker F 28	4	5	1		2	1	13
Lockheed L 1011		2					2
							187

16 Große Namen

FRED GÜTSCHOW

Fred Gütschow wurde am 21. Februar 1933 in Güstrow in Mecklenburg geboren. Eine vor den Toren der Stadt gelegene Ausbildungsstätte der Luftwaffe ließ ihn früh das Interesse an der Fliegerei gewinnen.
Ab 1965 arbeitete Gütschow bei der Fluggesellschaft PAN AM in der Abteilung Operations, ab 1978 bei der Hapag-Lloyd-Flug in München-Riem.
Im Jahr 1978 veröffentlichte Gütschow sein erstes Buch unter dem Titel „Die deutschen Flugboote", 1985 folgte „Das Luftschiff" und 1988 schließlich „Die Junkers G-38, das erste Großverkehrsflugzeug der Deutschen Lufthansa".
Außerdem ist Gütschow seit vielen Jahren als freier Mitarbeiter für die Zeitschriften „Flug Revue" und „Luftfahrt" tätig.
Weitere Buch-Veröffentlichungen, bei denen ein umfangreiches Privat-Archiv zu Verfügung steht, sind bereits geplant.
Sein Kommentar zu diesem Kapitel: „Hinter aller Technik, hinter allen Rekorden oder Erstleistungen stehen immer die Menschen, die solches vollbrachten. Mit Geniestreichen, Energie oder Mut. Die Menschen sind für mich das eigentlich Faszinierende an der Luftfahrt."

Neil Armstrong

In seiner historischen Rede vor dem amerikanischen Kongreß am 25. Mai 1961 stellte Präsident Kennedy die Forderung an die amerikanische Raumfahrtbehörde und Industrie, einen Menschen sicher zum Mond und zurück zu bringen. Dies war der Beginn des Apollo-Programms, des größten technologischen Programms, mit dem die amerikanische Luft- und Raumfahrtindustrie konfrontiert wurde.

Um dieser Aufgabe gerecht werden zu können, wurde eine Reihe bemannter und unbemannter Raumfahrt-Programme von der NASA in die Wege geleitet. Es begann mit dem Mercury-Programm, es folgte das Gemini-Programm, das mit einer Zwei-Mann-Besatzung geflogen wurde. Insgesamt gab es zehn Gemini-Missionen, bei denen die Besatzungen bereits außerhalb der Kapsel arbeiteten und das Wiederandocken übten. Das war wichtig in Hinblick auf die spätere Mondlandung, bei der zwei Astronauten das Raumschiff verlassen sollten, um auf der Mondoberfläche zu landen und nach dem Start wieder an die mit einem dritten Astronauten den Mond umkreisende Kapsel anzudocken.

1962 wurde die für die Mondlandung entworfene Saturn V-Rakete gebaut. Sie entstand unter Wernher von Braun, der nach dem Krieg in den USA arbeitete. Es wurden eine Reihe von Möglichkeiten untersucht, wie am besten zu verfahren sei. Herauskristallisiert hatte sich die Methode der Abtrennung der Kommandokapsel von der Saturn und das Umfliegen des Mondes mit anschließender Landung. Nach Beendigung der auf dem Mond geplanten Experimente bestiegen die Astronauten wieder den Mondlander und würden zu der den Mond umkreisenden Kommandokapsel für die Rückkehr zur Erde zurückfliegen.

Am 9. November 1967 erfolgte der erste, noch unbemannte Start einer Saturn-V-Rakete, der zur Zufriedenheit aller Beteiligten verlief. Dieser Test zeigte, daß es möglich sei, mit der Saturn-V den Flug zum Mond durchzuführen. Im Herbst 1961 erhielt die Firma North American Aviation den Auftrag zum Bau der Raumkapsel, den Mondlander entwarf die Firma Grumman.

Mit Apollo 7 wurde am 11. Oktober 1968 der erste bemannte Test geflogen, der insgesamt elf Tage dauerte. Am 21. Dezember 1968 wurde die erste bemannte Mission gestartet, allerdings war nur die Umkreisung des Erdtrabanten geplant. Nach einer Flugdauer von 147 Stunden landete die Raumkapsel unweit des Bergungsschiffes USS Yorktown. Der Mond war bei dieser Mission zehnmal umkreist worden.

Neil Armstrong gehört zu den ganz Großen, war er es doch, der bei der Mondlandung die historischen Worte sprach: „Ein kleiner Schritt für einen Menschen, ein gewaltiger Sprung für die Menschheit".

Der große Augenblick kam am 20. Juli 1969, als die Besatzung Neil Armstrong und Edwin Aldrin auf dem Mond landete. Der »Adler ist gelandet« waren die entscheidenden Worte von Neil Armstrong, die er nach dem geglückten Niedergehen auf der Mondoberfläche durchgab an die Bodenkontrollstelle in Houston/Texas. Beim aktuellen Betreten der Mondoberfläche sprach Neil Armstrong: »Ein kleiner Schritt für einen Menschen, ein gewaltiger Sprung für die Menschheit.« In der über dem Mond kreisenden Kommandokapsel befand sich Michael Collins, der auf die Rückkehr der Kameraden von ihrem Mondabenteuer wartete. Der »Adler« mit Neil Armstrong und Edwin Aldrin verließ den Mond wieder zum Andock-Manöver, nachdem die Besatzung erste wissenschaftliche Experimente durchgeführt hatte, die amerikanische Flagge aufgestellt und Proben von der Mondoberfläche eingesammelt und an Bord gebracht hatte. Die Rückkehr zur Erde erfolgte am 24. Juli 1969. Insgesamt wurden im Rahmen des Saturn-Apollo-Programms sieben Flüge zum Mond durchgeführt.

Der am 5. August 1930 in Wapakomla/Ohio geborene Neil Armstrong hat sich mit seinem Flug zum Mond in die Raumfahrtgeschichte für alle Zeiten festgeschrieben. Als Kommandant von Gemini 8 führte er bereits einen Flug durch, bei dem Kopplungsmanöver geprobt wurde. Seine Laufbahn begann Neil Armstrong als Marineflieger, 1955 schloß er sein Flugzeugbaustudium ab und wurde Testpilot. Mit dem Testflugzeug X-15, einem Raketenforschungsflugzeug, nahm er von der Edwards Air Force Base sieben Starts vor. Im September 1962 kam er dann zur Astronautengruppe der NASA und spezialisierte sich auf die Verbesserung der Ausbildungsmethoden und Simulatoren. Im August 1971 verließ er die NASA und übernahm an einer Universität einen Lehrstuhl.

Bell

Wer heute den Namen Bell hört, denkt automatisch an den Hubschrauber-Hersteller, von dem auch die Bundeswehr viele Hubschrauber bezogen hat. Lawrence Dale (Larry) Bell wurde am 5. April 1884 in Mentone, Indiana, geboren. Bereits vor dem Ersten Weltkrieg kam er als Helfer berühmter Piloten mit der Fliegerei in Kontakt, ab 1915 arbeitete er für Glenn L. Martin, einen der späteren großen Flugzeughersteller der USA.

1935 gründete Larry Bell seine eigene Firma, eines seiner ersten Produkte war der Jäger XFM-1 Airacuda, der im Juli 1937 erstmals flog, und der von dem neuen wassergekühlten Allison-Motor angetrieben wurde. Weitere Kampfflugzeuge folgten, so die P-39, von der die Sowjetunion im Rahmen des Hilfsvertrages mit den USA eine größere Anzahl erhielt. Von dem Typ P63 Kingcobra wurde 3303 Exemplare gebaut, trotz Ähnlichkeit mit der P-39 handelte es sich um einen neuen Enwurf. Von der P-39 konnten 9584 Exemplare gefertigt werden, von denen etwa 5000 in die Sowjetunion gingen.

Ein weiteres wichtiges Flugzeug wurde bei Bell für die amerikanischen Streitkräfte gebaut, es war der erste amerikanische strahlgetriebene Typ XP-59, der am 1. Oktober 1942 erstmals auf der Luftwaffenbasis von Lake Muroc in Kalifornien flog. 68 Flugzeuge dieses Typs wurden gebaut, die Leistungen waren noch nicht sehr überzeugend, das Flugzeug aber war angenehm zu fliegen. Als zweistrahliges Kampfflugzeug entstand die XP-83. Das Werk in Buffalo/Niagara Falls produzierte die Überschall-Forschungsflugzeuge Bell-X1, X-1 A und die Bell X-2 für ein- bis dreifache Überschallgeschwindigkeiten. Eine der X-2 erreichte eine Höhe von 38 400 m und eine Geschwindigkeit von 3370 km/h entsprechend Mach 3,2.

Mit den Raketenflugzeugen Bell X-1A konnte erstmals die Schallgeschwindigkeit überschritten werden.

Einige sehr ungewöhnliche STOL-Forschungsflugzeuge wurden bei Bell gebaut, so die XV-3 und das noch ungewöhnlicher aussehende Muster X-22 A mit vier ummantelten Schwenkpropellern. Diese Forschungsflugzeuge bildeten den Übergang zum Bau der Hubschrauber, dem heute ausschließlichen Produkt der Firma Bell.

Bereits 1941 brachte Larry Bell seine Vorstellungen eines kleinen Hubschraubers zu Papier. Der Hubschrauber besaß einen zweiblättrigen Rotor. Mitte 1943 flog der erste Bell-Hubschrauber und legte die Grundlage für den späteren Erfolg der Bell-Hubschrauber.

1947 erschien der Zweisitzer Bell Modell 47, von dem Bell und unter Lizenz in anderen Ländern etwa 6000 Exemplare gebaut werden konnten, bevor die Produktion 1978 endgültig beendet wurde. Einige Bell 47 befinden sich aber immer noch im Einsatz.

Ein weiterer viel eingesetzter Hubschrauber sowohl im militärischen als auch zivilen Bereich ist das Muster Bell 212, angetrieben von zwei PT6T-3-Turbinen und einer Kapazität zwischen sechs und zehn Plätzen je nach Kundenwunsch. Als Bell UH-1 kann der Hubschrauber dreizehn bewaffnete Soldaten plus Pilot und Copilot befördern. Die Bundeswehr hat diesen Hubschrauber in großer Anzahl im Einsatz. Er wurde bei Dornier in Lizenz hergestellt und wird dort auch gewartet.

Der Bell 205 entstand als Zivilversion der militärischen Huey-Familie und ist vielseitig einsetzbar. Im militärischen Bereich erfüllt der Hubschrauber alle denkbaren Aufgaben, er wird sowohl von der amerikanischen Armee als auch den Marinestreitkräften eingesetzt.

Eines der ersten Strahlflugzeuge der USA war die Bell Airacuda.

Trotz technischer Leistungen ist die Zukunft des Bell-Boeing Kipprotor-Flugzeuges noch in der Schwebe.

Der JetRanger ist ein weiterer sowohl zivil als auch militärisch zu verwendender Hubschrauber, er kann fünf Passagiere aufnehmen, im militärischen Bereich dient er verschiedensten Aufgaben. Im zivilen Bereich kann der JetRanger alle Aufgaben vom Executive-Transport in Luxusausstattung bis zu den vielfältigsten Transportaufgaben erfüllen.

Ein weiterer Hubschrauber von großer Wichtigkeit ist die Serie von HueyCobra, einem feuerstarken Angriffshubschrauber mit einem sehr geringen Querschnitt. Der Zweisitzer wird sowohl von der Armee als auch vom Marine Corps der amerikanischen Streitkräfte eingesetzt. Unterstützung der Bodentruppen ist die Hauptaufgabe dieses Hubschraubers. Er wurde seinerzeit während des Vietnam-Krieges in nur 17 Monaten von der Freigabe zum Bau bis zum Einsatz in Vietnam geschaffen, ein außergewöhnlicher Rekord.

Die Firma Bell, die jetzt in Texas beheimatet ist, hat in der Zeit des Hubschrauberbaus wohl mehr als 24 000 Exemplare gebaut und geliefert. Das derzeit größte und interessanteste Programm ist der gemeinsam mit der Firma Boeing zu bauende und gegenwärtig in der Erprobung stehende V-22 Osprey mit an den Tragflächen angeordneten Verstelltriebwerken. Für den Start und die Landung werden die Triebwerke mit den riesigen Luftschrauben waagerecht gestellt, beim Übergang zum Normalflug in die senkrechte Position gekippt. Auf die weitere Entwicklung des Osprey darf man gespannt sein. Dieser Verwandlungs-Hubschrauber ist das Ergebnis der in den fünfziger Jahren gebauten und getesteten Versuchsflugzeuge, wie sie eingangs erwähnt und beschrieben werden.

Louis Blériot

Am 25. Juli 1909 hörte England auf, eine von Wasser umgebene Insel zu sein: an diesem Tag nämlich landete erstmals ein von Frankreich kommendes Flugzeug in der Nähe von Dover. Sein Pilot war der am 1. Juli 1872 geborene Louis Blériot, der sich als Fabrikant von Scheinwerfern für Fahrräder und Automobile ein Vermögen erworben hatte, sein Geld aber vollständig in den Bau von Flugzeugen steckte. Aber eines nach dem anderen seiner Flugzeuge ging zu Bruch, und das Geld schmolz schnell dahin.

Doch dann gab es einen Preis in Höhe von 1000 Pfund Sterling zu gewinnen, der von der Zeitung »Daily Mail« für den Piloten, der als erster den englischen Kanal überfliegen würde, gestiftet worden war. Die Streckenführung blieb freigestellt, aber jeder konnte sich durch einen Blick auf die Landkarte davon überzeugen, daß die engste Stelle zwischen Calais und Dover war und daß bei dem damaligen Technikstand in der Luftfahrt nur an dieser Stelle der Versuch stattfinden könnte.

Mit seinem Flugzeug Nr. XI begab sich Louis Blériot mit seiner Frau und seinem Mechaniker nach Calais und mietete sich in einem Bauernhof ein, dessen Wiese ein geeignetes Startgelände versprach. Sein Bein war nach einem Unfall mit heißem Wasser noch verbunden. Natürlich gab es auch einen Mitbewerber um den Preis der ersten Stunde, einen großen Sportsmann, der aber bei seinem Kanalflugversuch Pech hatte und auf dem Wasser niedergehen mußte, wo er dann von einem Schiff gerettet wurde.

Als Blériot unweit von Dover landete, war England keine Insel mehr.

Nun mußte aber zunächst gutes Wetter abgewartet werden. Am 25. Juli 1909 war es soweit: um 4.41 Uhr bei Sonnenaufgang startete Louis Blériot gen England. Der französische Torpedobootzerstörer »Escopette« lief ebenfalls aus, um im Notfall zur Stelle zu sein und Hilfe – wie bei dem Mitbewerber Latham bereits geschehen – geben zu können.

Blériot schwebte in geringer Höhe über dem Wasser dahin, es war ein völlig anderes Fliegen, als er es bislang gewohnt war: gab es sonst abwechslungsreiche Landschaften unter dem Flugzeug, so sah er jetzt nur das eintönige graue Wasser des Kanals ohne einen näheren Anhaltspunkt. Zehn Minuten lang flog er so dahin, als er am Horizont eine dünne zarte Linie entdeckte – die englische Küste war in Sicht! Er hatte sogar einen Umweg geflogen in der diesigen Luft, statt der 33 Kilometer als der kürzesten Entfernung flog er 43 Kilometer weit.

Jetzt entdeckte er auch den vorgesehenen Landeplatz auf der North Foreland Meadow, einer Wiese unterhalb des Schlosses von Dover. Bei der Landung gab es einen kleinen Bruch, aber was machte es schon, wenn der Propeller zersplittert war. Seine französischen Freunde, die vorausgefahren waren und seit einigen Tagen auf ihn warteten, waren zur Stelle und feierten ihn. Erst nach zehn Minuten trafen die ersten englischen Reporter ein, knipsten, was das Zeug hielt und schrieben ihre Berichte. Blériot war der enthusiastische Mann des Tages, Aufträge auf sein Flugzeug Nr. XI »Kanaltyp«, wie es meistens genannt wurde, gingen in großer Anzahl ein. Sie machten es zu einem der populärsten Flugzeuge der damaligen Zeit. Das Flugzeug hatte eine Spannweite von 8,60 Meter bei einer Länge von 7,30 Meter und war mit einem 25 PS starken Anzani-Motor ausgerüstet.

Die Auftragsflut versetzte Louis Blériot in die Lage, eine Fabrik zu bauen, die bis in die 30er Jahre hinein zahlreiche Flugzeugtypen entwickelte und herstellte. 1936 aber ging die Firma, die bereits mit dem Hersteller SPAD zusammengelegt worden war, bei der Reorganisation der französischen Luftfahrt-Industrie in der Sud-Ouest-Gruppe auf, die heute wiederum einen Teil der Aerospatiale bildet.

1915 enstand das Werk von Louis Blériot an der Seine. Die Flugzeuge wurden per Boot zum Festland gebracht, dort eingeflogen und an die Truppe ausgeliefert. Das Gebäude existiert heute noch, es ist der Sitz des Louis Blériot-Forschungszentrums, das 1987 im Rahmen der Dachorganisation der heutigen französischen Luftfahrt-Industrie Aerospatiale für Forschungsvorhaben gegründet wurde. Louis Blériot starb am 1. August 1936 in Paris.

Sein Flugzeug befindet sich in Paris im Musée des Arts et Metiers, oder wie es neuerdings heißt: Musée National des Techniques.

Blohm & Voss

In den wirtschaftlich schweren Zeiten zu Beginn der 30er Jahre überlegte der Werftchef der Hamburger Traditionswerft Blohm & Voss, ob es sinnvoll sei, als zweites Standbein eine Abteilung Flugzeugbau zu etablieren. Es war abzusehen, daß der Transatlantik-Luftverkehr bald kommen würde, und der Auffassung der damaligen Zeit entsprechend konnte das nur einen Verkehr mit Flugbooten bedeuten.

1933 kam es so zur Gründung des Hamburger Flugzeugbau als einer Abteilung der Schiffswerft. Das erste Flugzeug der neuen Firma war ein Doppeldecker, stoffbespannt und mit der Typenbezeichnung Ha135, das 1934 in die Flugerprobung ging, aber nicht in Serie gebaut wurde.

Aus Japan holte sich Walther Blohm (geboren am 25. 7. 1887) den begabten Flugzeugkonstrukteur Dr. Richard Vogt als Chef-Konstrukteur an die Elbe, und nun entstanden in rascher Reihenfolge eine Vielzahl von Typen, von denen zwar die meisten in nur jeweils wenigen Exemplaren gebaut wurden, die aber teilweise wegen ihrer guten Leistungen in die Luftfahrt-Geschichte eingingen.

Das erste Flugzeug von Dr. Vogt war der mit einem Knickflügel versehene Typ Ha137, von dem für das Sturzkampf-Flugzeug-Vergleichsfliegen der deutschen Luftwaffe zwei Exemplare gebaut wurden, wobei es gegen die Junkers Ju87 verlor.

In der Typennummernfolge kam nun das dreimotorige Hochsee- und katapultstartfähige Flugboot Ha (später BV) 138, das sich nach anfänglichen Problemen gut bewährte, und von dem insgesamt 279 Exemplare gebaut wurden – die höchste Stückzahl, die je von einem Blohm & Voss-Flugzeug erzielt wurde. Wegen seines Zentralbootsrumpfes erhielt es bei der Truppe den Namen »Der fliegende Holzschuh.«

Das Flugboot nutzte die von Dr. Vogt entwickelte Rohrholm-Konstruktionsbauweise, bei der der hohle Flügelholm als Tank diente. Um die Erprobung der Hochseeflugzeuge durchführen zu können, wurde Gelände in Hafennähe benötigt. So entstand der Land- und Wasserflughafen in Hamburg-Finkenwerder, direkt an der Elbe gelegen.

Das nächste Flugzeug war die Ha139, ein elegantes katapultfähiges und viermotoriges Postflugzeug für den Transatlantikdienst der Lufthansa, das sich sehr gut bewährte. Der charakteristische Knickflügel gab der Maschine ein unverwechselbares Aussehen. Die Ha139 zählt noch heute zu den schönsten Seeflugzeugen, die je gebaut wurden. Drei Exemplare wurden von der Ha139 hergestellt, wobei das letzte einige konstruktive Änderungen gegenüber den ersten beiden aufwies. Die Ha140, ein Schwimmerflugzeug für den Einsatz als Torpedoflugzeug, ging nicht in Serie.

Walther Blohm baute neben dem Werftbetrieb konsequent den Hamburger Flugzeugbau auf.

Die sich ändernden Typenbezeichnungen von Ha zu BV waren übrigens Ausdruck von rein betriebsorganisatorischen Maßnahmen im Gesamtbetrieb von Blohm & Voss.

Mit der BV141 entstand das eigenartigste Flugzeug bei Blohm & Voss – ein asymmetrisches Aufklärungsflugzeug, dessen Kanzel sich auf der rechten Tragfläche befand, und dessen Rumpf nach links versetzt war. Es war die konsequenteste Version von Dr. Vogts unkonventionellem Denken im Flugzeugbau. Acht Maschinen wurden gebaut, die Luftwaffeneinheit, der das Flugzeug zugeteilt wurde, war trotz guter Leistungen alles andere als begeistert.

Auf der Basis der Ha139 entstand als Landpostflugzeug für die Lufthansa das Muster BV142, das aber nur kurzfristig zum zivilen Einsatz gelangte, bevor es von der Luftwaffe requiriert wurde.

Sie sah schon merkwürdig aus, die Blohm & Voss BV 141, erfüllte aber ihren Zweck sehr gut.

Eine in den Werken von Louis Breguet gebaute Verkehrsmaschine war die BV144 aus dem Jahre 1943, deren besonderes Merkmal der geringfügig kippbare Tragflügel war. Sie sollte 23 Passagiere befördern, ist aber nie geflogen.

Die Lufthansa begann sich Ende der 30er Jahre ernsthaft für die Frage des Passagier-Luftverkehrs über den Atlantik zu interessieren und beauftragte die Firmen Blohm & Voss, Dornier und Heinkel mit den Entwurfsarbeiten für ein hochseefähiges Flugboot, das in der Lage sein sollte, den Atlantik im Nonstop-Flug zu überqueren. Ausgewählt unter den drei Entwürfen wurde die BV222, ein sechsmotoriges Flugboot mit einziehbaren Stützschwimmern. Als die BV222 dann fertig war, hatte der Zweite Weltkrieg bereits begonnen, die Lufthansa mußte ihre Transatlantikflüge zurückstellen, und die Luftwaffe übernahm die Flugboote als Transporter. Sie bewährten sich gut in dieser Rolle und flogen vom Mittelmeer bis nach Norwegen in zahlreichen Einsätzen Nachschub und Verwundete. Dreizehn Exemplare wurden gebaut.

Ein weiteres Großflugboot, ebenfalls sechsmotorig, war die BV238, die nur in einem Exemplar fertiggestellt wurde. Die BV238 wurde auf dem Schaalsee an der Grenze zwischen Schleswig-Holstein und Mecklenburg versteckt, von feindlichen Jägern aber doch entdeckt und zerschossen. Mit dem Ende des Krieges 1945 endete auch der Flugzeugbau bei Blohm & Voss. Die Werftanlagen und die Gebäude des Flugzeugbaus waren größtenteils zerstört, und die Arbeiter mußten sich anderen Tätigkeiten widmen. Die große Frage, die nach zehnjährigem Verbot des Flugzeugbaus in Deutschland auch an die Familie Blohm herantrat, lautete: Soll der Flugzeugbau in Hamburg-Finkenwerder abermals aufgenommen werden?

Man entschloß sich zum Neubeginn, und als Hamburger Flugzeugbau HFB wurden abermals Flugzeuge in Finkenwerder gebaut. Dr. Vogt war 1946 in die USA gegangen und arbeitete dort für die Luftwaffe. Neuer Chef-Konstrukteur wurde nun Dipl.-Ing. Hermann Pohlmann, der von Junkers kam, wo er an einer Reihe von bahnbrechenden Flugzeugen mitgearbeitet hatte, so auch an der Ju287, einem Strahlbomber mit vorwärtsgepfeilten Flügeln.

Beim HFB wurden zunächst einige Verkehrsflugzeug-Projekte ausgearbeitet, die aber nicht gebaut wurden. Für die Bundeswehr wurde der französische Transporter Noratlas in einer größeren Serie in Lizenz gefertigt und auch technisch betreut, später beteiligte sich der Hamburger Flugzeugbau am Bau der französisch-deutschen Transall. Das erste eigene Muster, das dann beim HFB nach dem Krieg gebaut wurde, war der HFB320 Hansa Jet, ein zweistrahliges Geschäftsreise- und Kleinverkehrsflugzeug mit nach vorn gepfeilten Tragflächen, das zwar gute Flugeigenschaften zeigte, sich aber wegen seines reichlich unkonventionellen Aussehens nicht so recht am Markt durchsetzen konnte. Die Bundesregierung kaufte eine Serie für die Flugbereitschaft der Luftwaffe, außerdem konnten Spezialversionen an die Reichsluftfahrtschule in Holland und als Elektronik-Trainer an die Luftwaffe geliefert werden. Insgesamt wurden 49 Hansa Jet gebaut.

Im Rahmen der Neustrukturierung gliederte sich der Hamburger Flugzeugbau der im Aufbau entstehenden Firmengruppe Messerschmitt-Bölkow-Blohm MBB ein und ist heute ein wichtiges Werk im Rahmen der Airbus-Produktion, bei dem der zukünftige A321 in die Endmontage und Kundenauslieferung gehen wird.

Walther Blohm starb am 12. Juni 1963.

Boeing

Im Nordwesten der USA, in Seattle im Bundesstaat Washington, ist das größte Unternehmen der internationalen Luftfahrt-Industrie angesiedelt: Boeing.

Der am 1. Oktober 1881 geborene und am 28. September 1956 verstorbene William E. Boeing war in der Holzindustrie tätig und lernte während des Ersten Weltkrieges fliegen. Mit seinem Partner Conrad Westervelt baute er einen Schwimmerdoppeldecker, der die Bezeichnung B&W erhielt, und mit dem die beiden Männer am 3. März 1919 die erste Luftpost zwischen den USA und Kanada auf der Strecke von Seattle nach Victoria und Britisch Kolumbien beförderten.

Durch eine Reihe von Lizenzbauten und Überholarbeiten für die Streitkräfte konnte sich Boeing in der wirtschaftlich schwierigen Zeit nach dem Krieg über Wasser halten. Für den Postdienst baut Boeing dann die Typen Boeing 40, sowie den dreimotorigen Doppeldecker Modell 80 für den Passagierverkehr, der im August 1928 erstmals flog. Auch auf dem militärischen Sektor war Boeing nicht untätig, hier entstanden neben den konventionellen Doppeldeckern einige interessante Typen wie die Boeing P-26, ein für die damalige Zeit sehr fortschrittlicher Typ. Dieses Flugzeug war ein Tiefdecker mit verkleidetem Fahrwerk und wurde als der P-Shooter populär.

1933 erschien ein zweimotoriges Verkehrsflugzeug, die 247, ein Ganzmetall-Tiefdecker für zehn Passagiere. Das Flugzeug kann als der Prototyp aller modernen Verkehrsflugzeuge angesehen werden. Der Erstflug fand am 8. Februar 1933 statt.

Am 28. Juli 1935 flog erstmals der Bomber Boeing B-17, einer der wichtigsten Langstreckenbomber des Zweiten Weltkrieges. Mit seiner viermotorigen Auslegung, seiner großen Bombenlast und großer Reichweite wurde die B-17 eines der kriegsentscheidenden Kampfflugzeuge der Alliierten gegen Deutschland. Von den verschiedenen Versionen der B-17 wurden insgesamt 12 731 Exemplare geliefert. Ihre starke Abwehrbewaffnung ließ die B-17 zu einem schwer von den deutschen Jägern zu bekämpfenden Bomber werden.

Im Mai 1939 begann die PAN AMERICAN mit dem viermotorigen Flugboot Boeing 314 den Transatlantikdienst, später wurden diese Flugboote auch im Luftverkehr über dem Pazifik eingesetzt.

Mit der B & W wurde erstmals die Post zwischen den USA und Kanada befördert.

Eine Aufstellung von Boeing 707 im Werk Seattle/USA. Die Flugzeuge kommen demnächst zur Auslieferung an die Kunden.

Ein anderes Verkehrsflugzeug war die Boeing 307 Stratoliner, die 1938 erstmals flog und das erste mit einer Druckkabine ausgerüstete Verkehrsflugzeug der Welt war. Die PAN AM und die TWA flogen diesen Typ.

Nach Ausbruch des Zweiten Weltkrieges konzentrierte man sich bei Boeing auf den Bau von viermotorigen Bombern, wie der bereits erwähnten B-17, 1943 kam die hervorragende B-29 Superfortress, die einen neuen Standard in der Luftfahrt-Technologie setzte. Mit größerer Tragfähigkeit als die B-17 wurde die B-29 sowohl in Europa gegen Deutschland als auch im Pazifik eingesetzt, und aus diesem Flugzeug wurden die ersten beiden Atombomben auf die japanischen Städte Hiroshima und Nagasaki abgeworfen.

Nach Kriegsende baute Boeing in Großserie den Transporter und Tanker C-97, aus dem der zivile Boeing Stratocruiser hervorging, ein Luxusflugzeug, das hauptsächlich bei der PAN AMERICAN, aber auch bei anderen Gesellschaften wie der Northwest Orient, United und der englischen BOAC zum Einsatz kam.

Eine große technische Revolution zeichnete sich im Flugzeugbau nach dem Zweiten Weltkrieg ab, als man bei Boeing und anderen Firmen Flugzeuge mit gepfeilten Tragflächen zu entwerfen und zu bauen begann. Bei Boeing entstand die B-47 Stratojet, ein sechsmotoriger Strahlbomber, der ab 1947 flog und von der amerikanischen Luftwaffe lange Jahre geflogen wurde. Mehrere Versionen wurden von der B-47 geflogen, die Besatzung saß über dem Rumpf in einem verglasten Cockpit, dabei hatte sie hervorragende Sicht. Das Fahrwerk war tandemartig unter dem Rumpf angebracht und verfügte über zwei Stützräder unter den äußeren Triebwerksgondeln.

1945 begannen bei Boeing die Entwurfsarbeiten an einem riesigen Bomber mit acht paarweise unter den Tragflächen angeordneten Strahlturbinen, der B-52 Stratofortress, die sich heute noch im Einsatz befindet. Im Juni 1955 wurde die B-52 bei der USAF eingeführt, bis heute fliegt eine große Anzahl dieser Flugzeuge, und es wird bis über das Jahr 2000 hinaus im Einsatz bleiben. Auch bei diesem Flugzeug befindet sich das Fahrwerk unter dem relativ schlanken Rumpf in Tandemanordnung mit Stützrädern unter den äußeren Turbinenpaaren. Eine Besonderheit des Fahrwerks ist die Möglichkeit, schräg gestellt werden zu können, um im Falle von starken Seitenwinden die sichere Landung zu gewährleisten. Die B-52 war das vorläufig letzte Militärflugzeug, das bei Boeing gebaut wurde, die Firma ist heute der weltweit größte und führende Hersteller von Verkehrsflugzeugen. 1952 kam es bei Boeing zu einer Entscheidung, die zu dem wichtigsten Verkehrsflugzeug der 50er Jahre und der folgenden Jahrzehnte führte. Es entstand der Prototyp der späteren Boeing 707 beziehungsweise des Strahltankers KC-135 für die Luftwaffe der USA. 732 KC-135 wurden gebaut, von der Boeing 707 wurden weit über 950 Exemplare gefertigt. Eine etwas verkleinerte Version wurde den Fluggesellschaften als Boeing 720 angeboten, von denen auch die Lufthansa einige flog. Die Boeing 707 revolutionierte den Luftverkehr in einem Ausmaß, wie man es sich im Zeitalter der Propellerflugzeuge noch nicht vorstellen konnte. Die Reisezeiten wurden halbiert, die Flugzeuge flogen hoch über dem Wettergeschehen, und die Sitzplatzkapazitäten lagen je nach Bestuhlung bei maximal 189 Passagieren. Für den Luftfrachtverkehr wurde eine Version mit großer seitlicher Ladetür gebaut, die das mühelose Ein- und Ausladen der Paletten gewährleistete.

Und dann kam die vielleicht erfolgreichste Entwicklung im Verkehrsflugzeugbau: Die Boeing 727. Revolutionär war die Anordnung der drei Triebwerke am Heck, die dem Flugzeug ausgezeichnete Start- und Landeeigenschaften verliehen. Unterstützt wurde die Triebwerksanordnung durch ein ausgeklügeltes System von Landeklappen, um die benötigte Start- beziehungsweise Landestrecke zu verkürzen.

Der Verkehrsflugzeugbau bei Boeing ging weiter mit der Boeing 737, die in enger Zusammenarbeit mit der Lufthansa entstand. Am 9. April 1967 flog die B 737 erstmals, der Einsatz bei der Lufthansa erfolgte 1969. Von den 737, die sich nach wie vor in Produktion befindet, wurden bis zum Herbst 1988 2200 Exemplare gebaut, eine Zahl, die sich inzwischen wesentlich erhöht hat, denn das Flugzeug steht nach wie vor in mehreren Serien in Produktion.

Waren die B 707, B 727 und die B 737 große Erfolge, so setzte Boeing die Welt in Erstaunen, als im April 1966 die Boeing 747 vorgestellt wurde. Nach anfänglichen Triebwerksproblemen hat sich die B 747 als das beliebteste Großraumverkehrsflugzeug weltweit durchgesetzt, das Flugzeug wird immer noch gebaut.

In der Typenreihe der Boeing-Verkehrsflugzeuge kamen dann die B 757 und 767. Die B 757 flog erstmals am 19. Februar 1982 und befindet sich weltweit im Einsatz. Die B 767 mit größerem Rumpfquerschnitt flog erstmals am 26. September 1981 und befindet sich in mehreren Versionen in der Serienproduktion. In Deutschland werden beide Typen von der LTU geflogen.

Neue Verkehrsflugzeuge sind bei Boeing im Werden, so die riesige B 777, deren äußeres Hauptmerkmal die nach oben wegklappbaren Tragflächenenden sind, um an den Flugzeugsteigen den benötigten Platz zu gewährleisten.

Bristol-Werke

Die am 19. Februar 1910 in Filton bei Bristol gegründete British & Colonial Aeroplane Company kann in ihrer langjährigen Geschichte auf eine Reihe erfolgreicher und bekannter Flugzeugtypen zurückblicken.

Bereits vor dem Ersten Weltkrieg gab es als sehr interessantes und bekanntes Flugzeug die Bristol Boxkite, während des Krieges folgten Kampfflugzeuge wie der Typ Scout. Nach Kriegsende konzentrierten sich die Bristol-Werke auf den Bau von Jagdflugzeugen, Transportern und einem in der Anfangsphase des Zweiten Weltkrieges recht bekannt gewordenen leichten Bomber, die Bristol Blenheim, die auch über dem deutschen Territorium zum Einsatz kam. Bei den anderen Typen sind zu nennen die Bristol Bulldog als Kampfflugzeug der Jahre zwischen den Kriegen, Bristol Bombay als zweimotoriger Transporter und das schwer bewaffnete Kampfflugzeug Bristol Beaufighter, das in Großserie gebaut wurde.

Nach Beendigung der Kampfhandlungen 1945 entstand ein Großflugzeug, dessen Grundsätze bereits 1944 vom Brabazon-Kommitee gelegt wurden — es war die riesige viermotorige Turboprop-Verkehrsmaschine Bristol Brabazon, die nach einer Reihe von Testflügen dann aber doch nicht in Serie ging, sondern verschrottet wurde. Die im weit fortgeschrittenen Bauzustand befindliche zweite Maschine dieses Typs wurde nicht mehr fertiggestellt. Für den Bau, Start und Landung der Brabazon mußten extra große Hallen und vor allem eine sehr lange Bahn gebaut werden, was sich viele Jahre später als sehr segensreich erweisen sollte. 1953 kam das endgültige Aus für die Brabazon.

Einen weitaus erfolgreicheren Typ, der am 2. Dezember 1945 zum Erstflug startete und bis 1957 in Filton gebaut wurde, war der Frachter Bristol 170. Für den Bau dieses Flugzeuges mit seinem aufklappbaren Bug, der sich insbesondere als Autofähre über den Kanal bewährte, waren im Werk Filton reichlich Kapazitäten frei. Auch sonst wurde die Bristol 170 für alle denkbaren Beförderungsaufgaben eingesetzt, lange Jahre flog das Flugzeug in Neuseeland Fracht zwischen dem von der Cookstraße getrennten Norden und Süden des Landes. 214 Maschinen des Typs Bristol Freighter wurden insgesamt gebaut.

1948 begannen die Arbeiten an einem eleganten Verkehrsflugzeug, der Bristol Britannia. Ausgerüstet mit vier Bristol Proteus Turboprop-Triebwerken flog die Britannia erstmals am 16. August 1952. Ab 1955 wurden zunächst fünfzehn dieser auch als »Flüsternde Riesen« bekannten Verkehrsflugzeuge an die damalige englische Fluggesellschaft BOAC geliefert, gefolgt von weiteren Maschinen einer verlängerten Version.

Aus den Frühtagen der Fliegerei stammt dieser Gittwerwerk-Doppeldecker.

Der Bristol Fighter zählte zu den besten Jagdflugzeugen.

Die Bristol Brabazon konnte sich nicht durchsetzen. Sie wurde im Werk Filton in England gebaut und ist hier im Verbandsflug mit dem erfolgreichen Bristol-Frachter zu sehen.

Auch in der Hubschrauber-Fertigung waren die Bristol-Werke kurzzeitig tätig, den Typ Sycamore flog die Bundeswehr eine zeitlang.

Wie andere Firmen der englischen Luftfahrt-Industrie verlor auch Bristol seine Eigenständigkeit und wurde am 1. Juli 1960 von der damaligen British Aircraft Corporation übernommen, die heute wiederum in der British Aerospace integriert ist.

Zu späten Ehren kamen die bereits erwähnten großen Hallen und die lange Piste in Filton: Als die Concorde hier gebaut wurde, erwies sich das als Glücksfall, denn erstens war die Fertigungshalle groß genug für den Bau dieses Überschallflugzeuges, und zweitens war die Piste lang genug, um Starts und Landungen im Rahmen der Flugerprobung in Filton zu gewährleisten.

Heute ist die Firma eingebunden in zahlreiche Unterauftragsarbeiten für die British Aerospace, so auch beim Bau von Airbus-Teilen, und erfüllt weiterhin eine wichtige Rolle im Rahmen der britischen Luftfahrt-Industrie.

Der Hubschrauber Bristol Sycamore zählt zu den erfolgreichen Typen aus England.

Convair/General Dynamics

Wenn eine Flugzeugfirma viele Väter hat, so ist das bei Convair/General Dynamics der Fall. Fast jede amerikanische Flugzeugfirma taucht irgendwann als Vorläufer des heute unter dem Namen General Dynamics bekannten Konzerns auf. Entsprechend weitgespannt ist die Palette der Flugzeuge, die in diesem Unternehmen hergestellt worden sind. Sie reicht von Trainerdoppeldeckern über Flugboote, gigantische Bomber und Passagierflugzeuge, Flugzeuge mit verstellbarer Flügelgeometrie bis zur aktuellen F-16, die eines der besten Kampfflugzeuge der Welt ist.

Es gibt auch keinen eigentlichen Gründer, aber von ganz früh an waren beispielsweise die Firmen Thomas-Morse, Orville Wright mit seiner Firma, der Unternehmer Reuben Fleet, Hall Aluminium, Eddie Stinson und G. Vultee dabei.

Das bekannteste Flugzeug der Firma Convair dürfte dem Passagier der 60er Jahre wohl die Convair Liner 240/340/440 »Metropolitan« sein, die weltweit im Einsatz war. Ferner war es das Flugboot »Catalina«, eine zweimotorige Maschine, die in einigen Exemplaren heute noch fliegt und die in großer Stückzahl gebaut wurde. Hauptsitz von Convair war San Diego im US-Bundesstaat Kalifornien, ein idealer Platz für die vielen Flugboote, die Convair herstellt.

Ein weiteres Werk entstand in Fort Worth in Texas. Hier wurde der riesige Bomber B-36 gebaut, mit sechs Motoren, deren Propeller nach hinten gerichtet waren und später noch zusätzlich vier Strahltriebwerke unter den Flächen. Die B-36 zählt auch heute noch zu den größten je gebauten Flugzeugen; um die B-36-Bomber in den riesigen Werkhallen montieren zu können, mußten sie schräg gestellt werden.

Bei Convair entstand auch einer der frühen Strahlbomber der USA, das Muster B-46 mit gerader Tragfläche und unter den Flächen paarweise angeordneten Strahltriebwerken. Die B-46 wurde von der USAF aber nicht akzeptiert, da bei Boeing bereits die B-47 im Bau war, deren gepfeilte Flächen bessere Leistungen erwarten ließen.

Das nächste große Kampf-Flugzeugprogramm war der Deltaflügler F-102, aus dem dann später die verbesserte F-106 entstand. Das Flugzeug zählte lange Zeit zu den Standardjägern der amerikanischen Luftwaffe.

Unter Zugrundelegung der mit der F-102/106 gesammelten Erfahrungen entstand dann der erste Mach 2-Bomber für die amerikanische Luftwaffe, die B-58 »Hustler«. Leider gab es mit dem Flugzeug eine Reihe von Problemen, und die Verlustrate war so hoch, daß sich die USAF entschloß, das Flugzeug nicht weiter herstellen zu lassen und auch nicht weiter einzusetzen.

Einige Kuriositäten seien erwähnt. In San Diego wurde ein vom Wasser auf ausfahrbaren Skiern startender und landender Düsenjäger mit dem Namen »Sea Dart« gebaut und erprobt, ohne daß es zu einem Serienauftrag seitens der Navy kam.

Ferner wurde ein senkrecht startendes und landendes Versuchsflugzeug gebaut und getestet, die amerikanische

Die riesige Convair B-36 war lange Zeit das Rückgrat der amerikanischen Luftstreitkräfte.

Eines der schnellsten Flugzeuge war die Convair 990 „Coronado" mit den keulenförmigen Hochgeschwindigkeitskörpern auf der Tragfläche.

Der Jäger F-16 ist ein wichtiger Beitrag zur Luftverteidigung der USA.

Marine erteilte aber auch für dieses Flugzeug, das von zwei gegenläufigen Luftschrauben angetrieben wurde, keinen Folgeauftrag. Und letztlich sei noch an das Modell 48 »Charger« erinnert, ein mit doppeltem Leitwerkträger versehenes Tiefangriffsflugzeug, das ebenfalls nicht in Serie ging.

Das Strahlzeitalter für Passagierflugzeuge ging an Convair nicht vorüber, nachdem die Boeing 707 und die Douglas DC-8 den Passagieren einen angenehmen Flug boten und allgemein akzeptiert wurden. Bei Convair entstand zunächst das Muster CV-880 für maximal 130 Passagiere, das von der TWA, Delta Airlines, Cathay Pacific in Hongkong und einigen weiteren Fluggesellschaften in Auftrag gegeben wurde. Trotz guter Leistungen konnte sich das Flugzeug am Markt nicht durchsetzen, zumal auch der Rumpfquerschnitt lediglich eine 2:3-Bestuhlung zuließ.

Um das Programm doch noch zu retten, entschloß man sich bei Convair, das Muster CV-990 zu bauen, dessen hervorstechendstes Merkmal die auf der Flügelhinterkante angebrachten keulenförmigen Hochgeschwindigkeitskörper waren. Es gab aber viele Probleme mit der CV-990, besser bekannt unter dem Namen »Coronado«, dem von der Swissair eingeführten Namen, und auch bei diesem Flugzeug mußte die Produktion bald eingestellt werden. Finanziell war das 880/990-Programm bis zum damaligen Zeitpunkt eines der verlustreichsten Industrieprogramme.

Bei den Passagieren allerdings war der Coronado äußerst beliebt, und auch heute noch ist es das schnellste Unterschall-Passagierflugzeug geblieben. Convair hat nach dem Debakel mit der 880/990 nie wieder ein Passagierflugzeug gebaut.

Die Firma wurde von General Dynamics übernommen, es entstanden einige hervorragende Kampfflugzeuge. Zuerst sei das mit Schwenkflügeln ausgerüstete Kampfflugzeug F-111 erwähnt, das am 21. Dezember 1964 zum Erstflug startete und sich nach einigen Anfangsschwierigkeiten hervorragend bewährte. Gegenwärtige Pläne der amerikanischen Luftwaffe sehen vor, die F-111 bis zum Jahre 2010 im Einsatz zu behalten! Das andere große und noch lange nicht beendete Kampfflugzeug-Programm bei General Dynamics ist die F-16 »Fighting Falcon«, die außer bei der USAF bei einer Reihe weiterer Luftwaffen in aller Welt im Einsatz steht. Am 2. Februar 1974 fand der offizielle Erstflug statt, die F-16 wird in den Werken in Fort Worth/Texas gefertigt, und die Produktionsbänder werden noch für eine lange Zeit mit der F-16 belegt sein.

Neue Kampfflugzeugprogramme sind im Werden, allerdings liegt der Mantel der Geheimhaltung über diesen Programmen.

Dassault

Als der 1892 als Marcel Bloch in Paris geborene, spätere Flugzeugkonstrukteur und Begründer eines Flugzeugwerkes in Frankreich aufwuchs, konnte er noch nicht ahnen, daß sein Werk später einmal unter dem Namen Dassault weltberühmt werden würde.

Sein erster Flugzeugentwurf war der Doppeldecker SE.A.4, ein Zweisitzer, von dem 1918 zwar 1000 Exemplare bestellt wurden, durch den Waffenstillstand wurde der Auftrag jedoch annulliert. 1918 gründete Bloch sein erstes Werk, das die SE.A.4 bauen sollte, das er allerdings dann wieder schließen mußte.

Erst 1930 konnte Bloch abermals beginnen, Flugzeuge zu bauen. Als erstes entstand in diesem Jahr ein dreimotoriges Ambulanzflugzeug, von dem 20 Exemplare gebaut werden konnten.

In bunter Reihenfolge entstanden weitere Flugzeuge: Jagd- und Kampfflugzeuge, Bomber, Transporter und Verkehrsmaschinen wie die Bloch 220 für die Air France. Diese Flugzeuge entstanden in seinem Werk in Courbevoie, das er ab 1932 betrieb. Ende Oktober 1939 wurden Bloch-Flugzeuge auf 14 Produktionsbändern montiert, nachdem es zwischenzeitlich aus politischen Gründen zu einer gewissen Stagnation gekommen war.

Bloch ging nach der deutschen Besetzung Frankreichs nach Lyon, wurde aber aufgefordert, für die deutsche Luftfahrt-Industrie zu arbeiten, was er verweigerte. Daraufhin wurde er in das Konzentrationslager Buchenwald gebracht. Nach dem Kriege legte er seinen alten Namen Bloch ab und nannte sich nach dem französischen Wort »d'assaut« (Angriff) fortan Dassault.

Sein erstes Flugzeug nach dem Krieg war der zweimotorige Besatzungstrainer MD.315 Flamant, von dem über 300 Exemplare gebaut werden konnten.

Das erste Strahlkampfflugzeug von Dassault war das Muster MD.450 Ouragan, der Prototyp flog erstmals am 28. Februar 1949, und Dassault lieferte insgesamt 350 Exemplare an die französische Luftwaffe. Es folgte der mit gepfeilten Tragflächen versehene Jäger Mystere II. Der Prototyp Mystere IIC, der erstmals mit einem französischen Strahltriebwerk des Musters Atar 10103 ausgerüstet werden konnte, flog am 28. Oktober 1952 mit Überschall. Zwei Flugzeugfamilien ließen den Namen Dassault weit über die Grenzen Frankreichs hinaus bekannt werden: zum einen die der Deltaflügler aus der Serie der Mirage-Familie, deren erstes Flugzeug am 25. Juni 1955 erstmals flog. Es folgte die Mirage III, die Mirage IIIC, der Atombomber Mirage IVA bis hin zur jetzigen Rafaele, die zum gegenwärtigen Zeitpunkt 1991 bei der Truppe eingeführt werden soll.

Auf dem zivilen Sektor ist es die Familie des Falconjet, mit dem Dassault große Erfolge auf dem Markt in aller Welt hat. Von den ersten Flugzeugen dieser Familie bis zur gegenwärtigen Falcon 50, einem Dreistrahler mit Transatlantikreichweite, erfreuen sich diese Flugzeuge großer Beliebtheit bei ihren Besitzern. Nur ein einziges Zivilflugzeug hatte keinen Erfolg, die Verkehrsmaschine Mercure, von der lediglich elf Exemplare gebaut wurden. Am 14. Dezember 1971 übernahm Dassault die Firma Breguet und nannt sich fortan Dassault-Breguet. An Produkten brachte Breguet das Kampfflugzeug Jaguar ein, sowie den in Zusammenarbeit mit Dornier entstandenen Alpha Jet, ein leichtes Kampfflugzeug, sowohl für die deutsche, wie die französische Luftwaffe. Vom Alpha Jet konnten außerdem zahlreiche Maschinen ins Ausland exportiert werden. Für die Seeüberwachung und U-Boot-Bekämpfung wurde die Atlantic gebaut, die außer bei den französischen Marinefliegern auch bei den deutschen Streitkräften im Einsatz steht. Dassault ist eines der wichtigsten Werke der französischen Luftfahrt-Industrie und wird es sicher auch in der Zukunft bleiben.

Bloch 210 BN5, bei Kriegsbeginn das zahlenmäßig wichtigste französische Kampfflugzeug.

Hat eine gewisse Ähnlichkeit mit der DC-3: die Bloch 220, ab 1937 bei der Air France.

Die verschiedenen Mirage-Typen zählen zu den wichtigsten Luftverteidigungs-Maschinen Frankreichs und anderer Länder.

Mit dem Falcon-Jet wurde eines der formschönsten und elegantesten Geschäftsreiseflugzeuge geschaffen.

Dornier

Am 14. Mai 1884 wurde Claude Dornier in Kempten im Allgäu geboren, er starb am 5. Dezember 1969. Zwischen diesen 88 Jahren liegt das Lebenswerk eines Mannes, der die Geschichte der deutschen Luftfahrt entscheidend mitprägte, und dessen Werk heute im Rahmen der Dachorganisation Deutsche Aerospace wichtige Aufgaben erfüllt. An der Technischen Hochschule München arbeitete Dornier 1908 seinen ersten Flugzeugentwurf aus. Nach Abschluß der Studien arbeitete er bei verschiedenen Maschinenfabriken, bis er nach langer Zeit eine Antwort auf ein Bewerbungsschreiben an die Firma Zeppelin-Luftschiffbau erhielt, in der er gefragt wurde, ob er nach wie vor an einer Anstellung interessiert sei – er war es.

Am 2. November 1910 begann Dornier beim Luftschiffbau Zeppelin mit seiner Arbeit. 1913 wurde ihm eine selbständige Abteilung übertragen. Er arbeitete die Pläne für eine Drehhalle aus, die so überzeugend waren, daß er den dafür ausgesetzten Preis von 80000 Goldmark vom Grafen Zeppelin zugesprochen erhielt.

Weitere wichtige theoretische Untersuchungen führte Dornier über die Festigkeit von Metallprofilen aus. Sein erstes Flugboot Rs I, das 1914/15 gebaut wurde, wurde vor dem Erstflug in einem Sturm zerstört, das Muster Rs II aber flog. Nun folgten zwei weitere Großflugboote, von denen das Rs IV vom Bodensee nonstop nach Norderney flog.

Kurz vor Ende des Ersten Weltkrieges entstand ein modernes Flugboot mit der Bezeichnung Gs I, ein Vorläufer des späteren Wal. Es wurde kurzfristig in der Schweiz im Rundflugverkehr eingesetzt. Als die alliierten Siegermächte jedoch die Auslieferung des Flugbootes verlangten, ließ Dornier das Flugboot an die Ostsee fliegen und versenken, damit die Konstruktionsweise nicht bekannt wurde und den Alliierten in die Hände fiel. Erstmals wurden bei diesem Flugboot die Flossenstummel konsequent angewandt, die später bei allen Dornier-Flugbooten das charakteristische Erkennungsmerkmal waren. Da der Flugzeugbau in Deutschland nur bis zu einer gewissen Größe und Motorenstärke erlaubt war, wich Dornier nach Italien aus und übernahm ein nicht genutztes Werftgelände in Marina di Pisa und baute dort die ersten Wale, nachdem von Spanien der Erstauftrag für das Flugboot erteilt worden war. Der Siegeszug des Wal war nicht mehr aufzuhalten, die Dornier-Werke hatten einen großen Verkaufserfolg.

Es folgten weitere Flugboote, wie die von der Lufthansa für den Postdienst auf der Südatlantikstrecke eingesetzten 8- und 10-Tonnen-Wale. Sie wurden von den Flugzeugmutterschiffen aus zum Weiterflug katapultiert, da sie die Gesamtstrecke noch nicht bewältigen konnten. Es folgten die Do 18 und Do 24, letztere als Seenotrettungsflugboot in holländischem Auftrag gebaut, aber dann auch von der Luftwaffe eingesetzt. Größtes und spektakulärstes Flugboot von Dornier aber war die Do-X, das zwölfmotorige Riesenflugboot beziehungsweise Flugschiff, wie Dornier es bezeichnete. Es zählt heute noch zu den bekanntesten Dornier-Typen. Dornier baute aber nicht nur Flugboote, es wurden auch

Die Dornier Do 17 war ein wichtiges Kampfflugzeug im Zweiten Weltkrieg. Das Flugzeug wurde in Großserie in Oberpfaffenhofen bei München gebaut.

Die Dornier 335 gehörte zu den schnellsten Jägern ihrer Zeit. Eine hervorragend restaurierte Maschine stand lange im Deutschen Museum in München.

Der Senkrechtstarter Dornier Do 31 konnte sich trotz hervorragender Leistungen wegen Änderung des Einsatzkonzeptes nicht durchsetzen.

zahlreiche Landflugzeuge, die von der Lufthansa und später von der deutschen Luftwaffe eingesetzt wurden, gebaut. Zu den frühen Typen zählten Dornier Merkur und Komet in verschiedenen Ausführungen, sowie einige Kampfflugzeuge, die aber nicht in größerer Stückzahl gebaut wurden. Sogar vom Wal gab es eine für Japan bestimmte Landversion. Einige weitere nicht sonderlich erfolgreiche Typen der 20er und frühen 30er Jahre waren die Do-K2, K-3, Do-Y, Do-11, Do-23 sowie der viermotorige Bomber Do-19, der am 28. Oktober 1936 erstmals flog, aber nicht in Serie ging. Sehr erfolgreich war Dornier dagegen mit der Do-17 und den zahlreichen Versionen des Grundtyps.

Die Dornier 228 konnte sich international einen guten Namen verschaffen und wird vielseitig eingesetzt.

1937 gab es noch einmal ein Flugboot, die Do-26, eines der elegantesten Flugboote überhaupt, bestimmt für den Postdienst der Lufthansa und nach Kriegsausbruch zum Aufklärer für die Luftwaffe umgebaut. Vier Motoren waren in Tandemanordnung auf dem Flügel angebracht. Erstmals verließ Dornier seine Flossenstummel-Konfiguration, zwei einziehbare Stützschwimmer sorgten für Stabilität auf dem Wasser.

1938 erschien die Do-215, 1940 die Do-17E, 1942 die Do-217K und ebenfalls 1942 die Do-317, alles Ableitungen aus der ursprüngliche Do-17.

Kurz vor Beendigung der Kriegshandlungen entstand die Do-335 als das seinerzeit schnellste propellergetriebene Kampfflugzeug, das sowohl über einen Zug- als auch einen Druckpropeller verfügte. Es befand sich lange Jahre im Deutschen Museum München, ist aber inzwischen an die USA zurückgegeben worden, da es nur eine Leihgabe war. Mit dem Kriegsende 1945 endete zunächst auch der Flugzeugbau bei Dornier, die Werke waren entweder zerstört oder wurden demontiert. Claude Dornier aber entwickelte in Lindau/Bodensee Webmaschinen, die sich sehr gut bewährten, heute ist das Werk der größte Textilmaschinen-Lieferant in Deutschland.

Dorniers Sohn ging nach Spanien und bewarb sich um die Ausschreibung für ein leichtes Verbindungsflugzeug und gewann sie mit der Do-25, einem Kurzstart- und -landeflugzeug, aus dem dann die Do-27 hervorging, das erfolgreichste deutsche Flugzeug dieser Kategorie. Aus der Do-27 entstand die Do-28, eine zweimotorige Maschine, gefolgt von dem Skyservant, der Do-228, einem erfolgreichen Zubringerflugzeug und der Do-328, die im Entstehen ist und deren Erstflug bevorsteht. Mit der Do-31 schuf Dornier einen senkrecht startenden und landenden Strahltransporter, der leider nicht in Serie ging, aber im Rahmen der STOL-Technologie wichtige Erkenntnisse brachte. Das Flugzeug steht heute im Innenhof des Deutschen Museums zu München. In der Luftfahrthalle ist übrigens auch das Kleinflugboot Libelle der 20er Jahre ausgestellt.

In Zusammenarbeit mit der französischen Firma Breguet entstand das leichte Kampfflugzeug Alpha Jet, das in großer Stückzahl für die Bundeswehr, die französische Luftwaffe, sowie eine Reihe anderer Staaten gebaut wurde. An anderen internationalen Luft- und Raumfahrtprogrammen ist die Firma Dornier im Rahmen der neuen Dachorganisation der Deutschen Aerospace auf vielfältige Weise verbunden. Für die Zukunft ist man bei Dornier jedenfalls gerüstet.

Focke-Wulf

Am 8. Oktober 1890 wurde Henrich Focke in Bremen geboren, sein Freund und späterer Geschäftspartner Georg Wulf am 17. Mai 1895 ebenfalls in Bremen. Schon frühzeitig erwachte bei beiden das Interesse an der Fliegerei, erste Modellflugzeuge entstanden bereits 1907, 1909 kam es zum ersten Versuch mit einem manntragenden Gleiter.

1912 bauten Wulf, Focke und ihr Freund Kolthoff ein Motorflugzeug, mit dem erste Flugversuche gelangen. Als Focke und Wulf aus dem Krieg zurückkehrten, begannen beide neben dem Studium mit dem Entwurf und dem Bau eines Kleinverkehrsflugzeuges, das mit einem alten 50 PS leistenden Motor der Vorkriegszeit ausgerüstet war und die Bezeichnung A7 Storch trug. 1922 erhielt das Flugzeug seine Zulassung. Es war der Beginn einer späteren Serie von Kleinverkehrsflugzeugen der Focke-Wulf-Werke Bremen.

Zur Werksgründung kam es unter Beteiligung Bremischer Wirtschaftskreise, die ein Kapital von 200000 Reichsmark zur Verfügung stellten. Dies war im Jahre 1924. Focke wurde der Leiter der Konstruktionsabteilung, Wulf technischer Betriebsleiter und Dr. Neumann Leiter des kaufmännischen Bereichs. Fockes wichtigstes Ziel war es, das Fliegen so sicher wie möglich werden zu lassen, und er konstruierte einen trudelsicheren Tragflügel, der an einem Kleinverkehrsflugzeug des Typs F19 Ente montiert und getestet wurde — leider mit fatalen Folgen: bei einem Versuchsflug stürzte Georg Wulf ausgerechnet mit diesem zur Erhöhung der Flugsicherheit gebauten Typ auf dem Bremer Flugplatz tödlich ab. Mit diesem Todessturz am 29. September 1927 endete eine fruchtbare Zusammenarbeit, die Firma wurde aber dennoch weitergeführt, bis zum Jahre 1933 wurden 28 Flugzeugtypen in 140 Exemplaren gebaut.

Ab 1930 begann sich Henrich Focke mehr und mehr mit dem Hubschrauber zu befassen. Für die Focke-Wulf-Werke wurde die Lizenz auf den Bau des Autogiros des Spaniers de la Cierva erworben, der zwar die Sprungstarttechnik voraussetzt, wobei der Rotor in Drehung versetzt werden muß, und nach kurzem Anlauf der Start erfolgt, wesentliche technische Aspekte der späteren Hubschraubertechnik können aber doch bereits studiert werden.

1931 wurde Henrich Focke zum Professor ernannt und begann mit Vorlesungen an der Technischen Lehranstalt in Bremen. 1933 schied er aus der von ihm gegründeten Firma aus; Kurt Tank, ein begnadeter Flieger, der alle von ihm entworfenen Flugzeugtypen als erster testete und die notwendigen Änderungen veranlaßte, übernahm die Leitung des Werkes. Professor Focke konzentrierte sich auf die Entwicklung des Hubschraubers und erzielte 1936 mit dem Muster FW61 erste Erfolge. 1937 gründete er gemeinsam mit Gerd Achgelis die Focke, Achgelis & Co in Hoyenkamp bei Delmenhorst und widmete sich der Weiterentwicklung seiner Hubschrauber. Unvergessen ist noch heute, wie Hanna Reitsch damals in der Berliner Deutschlandhalle den Hubschrauber vorführte. Es war der in zwei Exemplaren gebaute FW61, mit dem dann in kurzer Zeit alle Weltrkorde in der Kategorie Hubschrauber erflogen wurden.

Im Bremer Focke-Wulf-Stammwerk entstanden eine Reihe von Typen, die größtenteils für die Luftwaffe gebaut wurden, so das Muster FW44 Stieglitz, FW56 Stößer, ein elegantes Schulflugzeug, die FW58 Weihe, das Aufklärungsflugzeug mit Mittelgondel und Doppelrumpf FW189, der

Die Focke-Wulf Type F19 Ente sollte das Fliegen sicherer werden lassen, leider aber stürzte das Flugzeug ab und tötete Georg Wulf dabei.

Prof. Henrich Focke mit einem Modell des Hubschraubers Fa 223 „Drachen".

Jäger FW190, von dem mehr als 25 000 Exemplare für die Luftwaffe gebaut wurden, und als die Krönung des Schaffens von Prof. Tank und des Verkehrsflugzeugbaus bei Focke-Wulf das Muster FW200 Condor, das dann später auch die Luftwaffe einsetzte. Zunächst aber flog die Condor bei der Lufthansa, größtes Ereignis in der Erprobungsphase war der Nonstop-Flug von Berlin zum Floyd Bennett-Flughafen bei New York im Jahre 1938 und der einige Tage danach folgende Rückflug nach Berlin. Einige der späteren Kampfflugzeug-Konstruktionen von Prof. Kurt Tank erhielten noch die Bezeichnung TA, so die Weiterentwicklung der FW190 zur TA152. Der Krieg verwandelte auch die Condor in einen Fernaufklärer, der über dem Atlantik Erfolge beim Aufspüren und Bekämpfen feindlicher Geleitzüge erzielte. Nach Kriegsende verließ Professor Tank Deutschland, zumal an einen Flugzeugbau überhaupt nicht mehr zu denken war, und ging nach Argentinien, wo er einige Düsenjäger des Musters Pulqui I und Pulqui II baute, die aber nicht in Serie gingen.

Später arbeitete Professor Tank in Indien in Bangalore bei der Hindustan Aircraft, wo er den Düsenjäger HAL24 baute, von dem sich ein Exemplar im Deutschen Museum München befindet. Professor Kurt Tank kam dann nach Deutschland zurück und starb am 5. Juni 1983 in München.

Professor Henrich Focke arbeitete nach dem Krieg zeitweilig in Frankreich, kehrte aber 1948 nach Bremen zurück und eröffnete ein Ingenieurbüro. 1952 war er in Brasilien, wo er einen Hubschrauber entwickelte, der 1958 zum Erstflug startete, aber nicht in Serie gebaut wurde. Im Werk des Automobilfabrikanten Carl C.F. Borgward in Bremen entwickelte Focke den Hubschrauber Kolibri, von dem zwei Exemplare gebaut wurden, mit der Schließung der Borgward-Werke wurde auch die Weiterarbeit an diesem Programm eingestellt. Henrich Focke erhielt 1960 das Große Verdienstkreuz des Bundesverdienstordens der Bundesrepublik Deutschland, 1961 wurde ihm der Ludwig-Prandtl-Ring, eine der höchsten zu vergebenen technischen Ehrungen, verliehen. Am 25. Februar 1979 starb Henrich Focke in Bremen.

Die Nachkriegsgeschichte der Focke-Wulf-Werke erlebte zunächst den Bau von Segelflugzeugen, dann die Lizenzfertigung der Piaggio 149 für die Bundeswehr. Durch Zusammenschluß mit einer Reihe von Industriefirmen, so auch mit Fokker in Amsterdam, kam es zur Gründung der Vereinigten Flugtechnischen Werke VFW, deren Stolz die VFW614 werden sollte, leider fand sich aber für dieses Strahlverkehrsflugzeug seinerzeit kein Markt, und die Serienproduktion mußte eingestellt werden. Im Rahmen weiterer Reorganisationen in der deutschen Luftfahrt-Industrie wurde VFW bei MBB eingegliedert und an zahlreichen Programmen beteiligt. Heute gehört das Bremer Werk zur Dachorganisation der Deutschen Aerospace.

Anthony Fokker

Mit der Fokker 50 und 100 bietet das holländische Flugzeugwerk heute moderne Verkehrsflugzeuge an und setzt die in den 20er Jahren begonnene Tradition des Verkehrsflugzeugbaus fort. Der 1939 in New York verstorbene Anthony Fokker, Flugzeugkonstrukteur und bester Verkäufer seiner Produkte, schuf in enger Zusammenarbeit mit der KLM eine Serie leistungsfähiger Verkehrsflugzeuge, sowie für die Luftstreitkräfte seines Heimatlandes und für die vieler anderer Länder sehr gute Militärflugzeuge. In den 20er und 30er Jahren flogen Fokker-Flugzeuge praktisch in aller Welt.

Wer aber war Anthony Fokker?

Geboren wurde er am 6. April 1890 in Java, damals eine holländische Besitzung. Im Alter von vier Jahren erfolgte die Übersiedlung der Familie Fokker nach Holland. Frühzeitig zeigte Anthony großes Interesse an allen möglichen technischen Problemen. 1910 kam er nach Deutschland, um sich im Automobilbau ausbilden zu lassen. Hier erfolgte auch seine erste Begegnung mit der noch jungen Fliegerei, die ihn faszinierte und nicht wieder losließ.

In Baden-Baden entstand 1910 gegen Ende des Jahres das erste Fokker-Flugzeug, genannt die »Spinne«. Mit der ersten Maschine gab es noch keinen Erfolg, in seiner Abwesenheit versuchte sein Partner mit der »Spinne« zu starten, endete aber mit einem Bruch. Fokker wandte sich sofort dem Bau einer zweiten »Spinne« zu, die er mit Hilfe des Bootsbauers Jacob Gödecker, der stark an der Fliegerei interessiert war, fertigstellte und auch erfolgreich flog. In seiner Heimatstadt Haarlem in den Niederlanden führte er am 31. August 1911 die erste Demonstration eines Flugzeuges durch, was die Einwohner zu Begeisterungsstürmen hinriß.

Zurück in Deutschland etablierte Fokker sich mit einer eigenen Flugschule im Mekka der damaligen Fliegerei, am Flugplatz Berlin-Johannisthal. Am 22. Februar 1912 wurde die neue Firma im Handelsregister eingetragen. Jetzt begann sein großer Aufstieg. Neben Aufträgen von privater Seite begann auch das Militär sich für die von Fokker gebauten Flugzeuge zu interessieren. Am Tage des Kriegsausbruches, dem 1. August 1914, wurden alle in seinem Besitz befindlichen Flugzeuge requiriert. In den Jahren zwischen 1914 und 1918 entstanden bei Fokker, der seit 1913 eine Zweigstelle seiner Flugschule in Schwerin in Mecklenburg unterhielt, und wohin während des Krieges die gesamte Fokker-Produktion verlagert wurde, eine Reihe von erfolgreichen Kampfflugzeugen, die noch heute unvergesssen sind. Erinnert sei an die E.I, den Dreidecker Dr.I und an das wohl beste Jagdflugzeug des Ersten Weltkrieges D.VII.

Anthony Fokker, der geniale Flugzeug-Konstrukteur, starb bereits mit 50 Jahren.

Zu den besten Kampfflugzeugen des Ersten Weltkrieges zählte dieses Jagdflugzeug vom Typ Fokker D VII.

Die Fokker F27 zählt zu den am weitesten verbreiteten Verkehrsflugzeugen der Erde.

1919 gelang es Fokker in einer spektakulären Aktion, insgesamt über 200 Flugzeuge und 400 Flugmotoren sowie zahlreiche andere Luftfahrterzeugnisse über die Grenze nach Holland zu bringen. Am 21. Juli 1919 gründete er sein neues Werk nahe Amsterdam. 1919 fand ebenfalls die erste große Luftfahrt-Ausstellung in Holland statt, die ein Riesenerfolg wurde, und deren Organisator, Albert Plesman, bald darauf im Leben und Wirken von Anthony Fokker eine entscheidende Rolle spielen sollte. Plesman gründete am 7. Oktober die KLM, eine der heute führenden Gesellschaften des internationalen Luftverkehrs. Noch im Dezember 1918 hatten in Schwerin Konstruktions-Vorarbeiten zu dem ersten Fokker-Verkehrsflugzeug FII begonnen, das im Oktober 1919 seinen Erstflug ausführte und danach sowohl von der KLM, der Deutschen Luft-Reederei und anderen Gesellschaften eingesetzt wurde. Es war ein Schulterdecker für fünf Passagiere in einer geschlossenen Kabine, während der Pilot, damaliger Praxis entsprechend, im offenen Führersitz saß.

Ferner gab es einige Umbauten von Militär- zu Zivilflugzeugen, indem einfach über dem Beobachtersitz eine kleine geschlossene Kabine für zwei Passagiere gesetzt wurde. Basisflugzeug für diese Umbauten war die DVII, die nach dem Umbau als CII bezeichnet wurde. Während der niederländischen Luftfahrt-Ausstellung 1919 wurden solche Typen für Rundflüge eingesetzt.

Mit der Fokker FII war im Grunde der Prototyp aller bis in die 30er Jahre hinein gebauten Verkehrsflugzeuge von Fokker geschaffen worden. Das berühmte Muster der Serie wurde die FVIIa-3m, eine dreimotorige Ausführung der vorausgegangenen FVII, die sich bei Fluggesellschaften und Firmen großer Beliebtheit erfreute. Eng war natürlich die Zusammenarbeit mit der KLM, deren Wünschen entsprechend immer wieder weiter verbesserte Muster entstanden, und die von der Fluggesellschaft mit großem Erfolg beim Aufbau und Betrieb der Fernoststrecke in die damalige Kolonie benutzt wurden.

Im Mai 1924 gründete Anthony Fokker in den USA ein vom Amsterdamer Stammwerk unabhängiges Flugzeugwerk, das Verkehrs- und Militärflugzeuge für den amerikanischen Markt herstellte. Das Werk befand sich in Teterboro im Bundesstaat New Jersey. Alles verlief bestens, aber am 31. März 1931 gab es einen Absturz einer Fokker-Verkehrsmaschine, der spektakulärer war als andere Unfälle vorher. Unter den Passagieren befand sich ein berühmter Sportler, aber entscheidender war das Untersuchungsergebnis, bei dem Flügelbruch aufgrund Materialermüdung festgestellt wurde. Daraufhin erging ein allgemeines Flugverbot für die Fokker-Flugzeuge in den USA. Die betroffene Fluggesellschaft TWA erließ eine Ausschreibung über ein neues Ganzmetall-Verkehrsflugzeug, das dann von den Douglas-Werken als DC-1 geliefert wurde.

Fokker erkannte den technischen Vorsprung und erwarb die Verkaufs- und Lizenzbaurechte der späteren DC-3 für den europäischen Markt. Es kam aber vor Kriegsausbruch lediglich zur Endmontage aus fertig gelieferten Teilen. Fokker starb am 23. Dezember 1939 in New York, den Zusammenbruch und die Zerstörung seiner Werke in Holland im Zweiten Weltkrieg erlebte er nicht mehr, aber auch nicht den großartigen Wiederaufbau danach.

Gagarin

Schon einmal hatte die Sowjetunion die Welt durch eine technische Großtat in Erstaunen versetzt, als sie am 4. Oktober 1957 den ersten Sputnik startete. Aber noch mehr staunte die Weltöffentlichkeit, als der junge Kosmonaut Juri Gagarin am 12. April 1961 in einer Wostok-Raumkapsel zu einem 108 Minuten dauernden Flug in den Weltraum startete.

Das Unternehmen stand unter der Aufsicht des sowjetischen Raketenpioniers Sergej P. Korolew, dem Hauptverantwortlichen für das gesamte sowjetische Raketenprogramm. Mit den zahlreichen Helfern wurden die letzten Tests durchgeführt, dann wurde die Kapsel geschlossen und die Raketentriebwerke gezündet. Zunächst langsam, dann schneller werdend, hob die SS-6-Rakete ab zum historischen ersten bemannten Weltraumflug.

Juri Gagarin war der erste Mensch, der in einer Raumkapsel die Erde umkreiste.

Zu den schweren Raketen der Sowjetunion gehört diese, die in Paris-Le Bourget ausgestellt wurde.

Die Umlaufbahn lag zwischen 181 und 327 Kilometer Höhe, in 89 Minuten wurde die Erde einmal umrundet, 108 Minuten nach dem Start kehrte Juri Gagarin wieder auf die Erde zurück. Der Landeplatz von Juri Gagarin lag in der Nähe des Dorfes Smelowka, zirka 30 Kilometer im Südwesten der Stadt Engels im Gebiet bei Saratow an der Wolga. Für die Dorfbewohner war das sicherlich die größte Überraschung ihres Lebens. Die gesamte Bevölkerung der Sowjetunion war natürlich voller Stolz auf diese technisch-wissenschaftliche Großtat, Juri Gagarin wurde kurz nach dem Flug zum Major befördert.

Juri Gagarin wurde am 9. März 1934 in der Nähe von Smolensk als Sohn eines Zimmermanns geboren. 1955 ging er zur Luftwaffe und erhielt 1957 seine Pilotenlizenz für Düsenflugzeuge ausgehändigt. 1959 wurde er für das Kosmonauten-Training ausgewählt. Wo immer Juri Gagarin nach dem historischen Weltraumflug hinkam, war er der Mittelpunkt der ihn feiernden Menschen, und der Public-Relations-Effekt für die Sowjetunion durch diese Auftritte und Vorträge war von nicht zu unterschätzender Bedeutung. In zahlreichen Büchern und Artikeln wurden sein Weltraumflug und sein Leben beschrieben, er selbst schrieb ebenfalls ein Buch über seinen Lebensweg vom einfachen Sohn eines Zimmermanns bis zur in aller Welt gefeierten Persönlichkeit, das in viele der wichtigen Kultursprachen der Erde übersetzt wurde.

Juri Gagarin ging dann wieder zurück zur Luftwaffe. Seinem jungen Ruhm und Leben wurde tragischerweise ein Ende gesetzt, als er am 27. März 1968 mit einer Schulmaschine des Typs MIG15 UTI tödlich verunglückte. Seine Urne wurde an der Kreml-Mauer in Moskau beigesetzt, eine der höchsten Ehrungen, die es in der Sowjetunion gibt.

De Havilland

Wie in so vielen Fällen in der internationalen Luftfahrt-Geschichte existiert de Havilland heute nicht mehr als selbständiges Werk in England. Zwar wird die Erinnerung an diesen großen englischen Luftfahrt-Pionier weiterhin hochgehalten, sein Werk ist aber jetzt Teil der British Aerospace.

Am 27. Juli 1882 wurde Geoffrey de Havilland geboren. In früher Jugend entwickelte sich sein Interesse für Natur und auch für technische Dinge, die sich auf die Dampfmaschine, das Automobil und das Motorrad konzentrierten. 1908 kam es im Leben von de Havilland zur entscheidenden Wende: angespornt von den Berichten über die Flüge von Wilbur Wright in Frankreich begann er, ein eigenes Flugzeug zu bauen. Auch den Motor konstruierte er selbst. Der Großvater unterstützte ihn mit 1000 Pfund. Das erste de Havilland-Flugzeug war ein Doppeldecker mit Gitterrumpf, vorn liegendem Höhenleitwerk und einem 45 PS starken wassergekühlten Motor, der zwei Druckpropeller antrieb. Im November 1909 begannen die ersten Rollversuche, im Dezember erfolgte der erste Start. Wie bei manchen anderen Pionieren endete der kurze Flug mit einer Bruchlandung. Ein wesentlich verbessertes Flugzeug wurde im Sommer 1910 fertig – es war erfolgreich und wurde nach einem einstündigen Abnahmeflug vom Kriegsministerium angekauft.

Der Erfolg seines Flugzeuges ebnete de Havilland den Weg zum Konstrukteur und Versuchspiloten bei der neu eingerichteten Flugzeugabteilung der Royal Aircraft Factory in Farnborough. Im Frühjahr 1914 verließ de Havilland das Werk in Farnborough und wurde Leiter der Konstruktionsbüros der neu gegründeten »Aircraft Manufacturing Company AIRCO« in Hendon im Norden von London. Als Neukonstruktion entstand die DH1, ein zweisitziges Aufklärungsflugzeug mit Druckpropeller und Gitterrumpf, das im Januar 1915 erstmals flog. Bis Kriegsende 1918 entstanden unter seiner Leitung bei der AIRCO rund ein Dutzend Flugzeugtypen. Das herausragende Muster war die DH4, ein einmotoriger Doppeldecker für zwei Mann Besatzung, der ursprünglich als Bomber zum Einsatz kam, dann aber in zahlreichen Varianten verwendet wurde. In England wurden in verschiedenen Werken 1449 Exemplare gefertigt, in den USA sogar 4850 Stück.

Die überragende Bedeutung der von de Havilland konstruierten Flugzeuge beweist die Tatsache, daß fast ein Drittel aller in England und den USA während des Ersten Weltkrieges gebauten Flugzeuge von seinen Zeichenbrettern stammten.

Seine erste Nachkriegskonstruktion war das Verkehrsflugzeug (acht Personen) AIRCO DH18, das 1920 entstand. Am 25. September 1920 gründete er seine eigene Firma

Geoffrey de Havilland in einer von ihm konstruierten Maschine.

»The de Havilland Aircraft Company Ltd« mit Sitz in Edgware am Ende einer Landstraße, dem Stag Lane. Mit dieser Firmengründung begannen die goldenen Jahre des englischen Sport- und Reiseflugzeugbaus zwischen den beiden Weltkriegen. Weitere DH18-Flugzeuge entstanden, für die englischen Luftstreitkräfte wurden 150 DH-9-Bomber überholt und verbessert.

Dann gab es keine weiteren Militär-Serienaufträge mehr für de Havilland. Umso bedeutender erwies sich der Beitrag der de-Havilland-Werke auf dem zivilen Sektor mit den Sportflugzeugen. Hier wurde die »Moth«-Serie von Ein- und Doppeldeckern der größte Beitrag zur Popularisierung des Sportfliegens mit der DH82 »Tiger Moth« als dem herausragenden Muster. Von ihnen wurden unter Einschluß der für die englischen Luftstreitkräfte später gebauten Exemplare über 8500 Exemplare gebaut.

Überdies entstanden einige Kleinverkehrsflugzeuge in den frühen 30er Jahren, deren bekanntestes die »Dragon Rapide« war, die in viele Länder exportiert wurde. Das technisch herausragende Flugzeug war aber das Rennflugzeug DH88 »Comet«, mit dem 1934 das McRobertson-Luftrennen von England nach Australien gewonnen werden konnte. 1930 wurde in Hatfield ein neues Flugplatz-Gelände erworben, wohin auch das Werk verlagert wurde.

Gestützt auf die positiven Erfahrungen mit der Holzkonstruktion der Comet wurde bei de Havilland 1938 die Idee eines Schnellbombers in Holzbauweise diskutiert, das nach einigen Anlaufschwierigkeiten der größte Erfolg der de Havilland-Werke werden sollte: die DH98 »Mosquito« wurde geboren, deren Prototyp am 25. November 1940 erstmals flog und von der insgesamt 7781 Maschinen gebaut wurden.

Die Moscito war ein hervorragender Schnellbomber.

Ab 1941 befaßte man sich bei de Havilland mit dem neuen Strahlantrieb, im April 1942 wurden die ersten Standläufe mit dem »Ghost«-Triebwerk durchgeführt, am 29. September 1943 flog das erste de Havilland-Strahlflugzeug: Musterbezeichnung DH100 »Vampire«, das sich in den Folgejahren in großer Zahl absetzen ließ.

Einen revolutionären Schritt unternahm man mit der Schaffung des ersten strahlgetriebenen Verkehrsflugzeugs, der DH106 »Comet«, das am 27. Juli 1949 in Hatfield zum Erstflug startete. Nach einer dreijährigen rigorosen Erprobung nahm die BOAC am 2. Mai 1952 den Liniendienst mit der Comet auf, leider mußte das Flugzeug zwei Jahre später wegen einiger zunächst ungeklärter Abstürze aus dem Verkehr gezogen werden. Das Problem der Materialermüdung war noch nicht völlig erforscht, hierin lag die Ursache der zunächst nicht erklärbaren Katastrophen. Aber das Comet-Programm wurde trotz des Rückschlags nicht aufgegeben, am 4. Oktober 1958 nahm die BOAC mit der Comet IV den Liniendienst über dem Nordatlantik auf.

Mit den Initialen DH entstanden noch zwei weitere Flugzeuge in Hatfield, das Verkehrsflugzeug DH121 »Trident« und das Geschäftsreiseflugzeug DH125, das heute noch als Bae1000 in Serienproduktion steht und sich als Dauerbrenner erwies.

Im Rahmen der Neuorganisation der englischen Luftfahrt-Industrie verloren die de-Havilland-Werke 1960 ihre Eigenständigkeit, wurden Teil von Hawker Siddeley Aviation und sind heute Teil der British Aerospace mit der BAe146 als Hauptprodukt.

Am 26. Mai 1965 starb Sir Geoffrey de Havilland. Unter seiner Leitung waren im Verlauf von 40 Jahren über 50 Flugzeugtypen entstanden, die in mehr als 31 000 Exemplaren in aller Welt flogen – ein Erfolg, den de Havilland bei seinem ersten Flug im Jahre 1909 wohl nicht ahnen konnte.

Ernst Heinkel

Am 24. Januar 1888 wurde im württembergischen Grunbach im Remstal der deutsche Luftfahrt-Pionier und Flugzeug-Industrielle Ernst Heinkel geboren. Seiner Weitsicht verdankt die Fliegerei wichtige Entwicklungen.

Ernst Heinkel studierte Maschinenbau an der Technischen Hochschule in Stuttgart. Die noch junge Luftfahrt zog ihn in ihren Bann, ab 1908 hörte er bei Prof. Baumann, dem späteren Schöpfer der Staakener Riesenflugzeuge des Ersten Weltkrieges, Vorlesungen über Flugzeugbau. Ein Besuch der Internationalen Luftfahrtausstellung (ILA) in Frankfurt im Jahre 1909 gab den Ausschlag: mit Unterstützung einiger Freunde konstruierte und baute Heinkel sein erstes Flugzeug, einen den Farman-Gitterschwanztypen angeglichenen Doppeldecker, mit dem er nach einigen erfolgreichen Flügen am 19. Juli 1911 über dem Cannstatter Wasen aus einer Höhe von 30 Metern abstürzte. Mehrere Knochenbrüche und Verbrennungen fesselten ihn für einige Zeit ans Krankenbett, die Fliegerei ließ ihn aber nicht mehr los.

Seine erste Anstellung nach Beendigung des Studiums fand er als Konstrukteur bei der Firma »Deutsche Luftverkehrsgesellschaft« (LVG). Hier blieb er nicht lang, 1913 bereits wurde Heinkel Chefkonstrukteur bei den Albatros-Werken, deren Flugzeuge sich nach der Aufnahme der Tätigkeit Heinkels durch klare Formgebung auszeichneten. Berühmte Vorkriegspiloten wie Hellmuth Hirth, Hans Vollmöller und Robert Thelen errangen mit Albatros-Flugzeugen Siege und stellten Rekorde auf. So fielen beim Bodensee-Wettbewerb des Jahres 1913 alle ersten Preise an die von Heinkel konstruierten Albatros-Typen. Sieger des Wettbewerbs wurde Hellmuth Hirth auf einem Albatros-Eindecker mit Schwimmern und hochziehbarem Fahrgestell.

Mit Ausbruch des Ersten Weltkrieges übernahm Heinkel bei den neu gegründeten Brandenburgischen Flugzeugwerken, die sich später Hansa-Brandenburgische Flugzeugwerke nennen, den Posten des Chefkonstrukteurs und technischen Direktors. In den Kriegsjahren entstanden wichtige Seekampfflugzeuge, sowohl Schwimmerflugzeuge als auch Flugboote. Bei den deutschen Seefliegern wurden die Schwimmerflugzeuge, bei den österreichisch-ungarischen die Flugboote favorisiert. Die österreichischen Phönix-Werke und die ungarischen Ufag-Werke waren mit den Hansa-Brandenburgischen Werken eng verbunden, und so kam es, daß im Ersten Weltkrieg Heinkel-Typen an den österreichisch-ungarischen Fronten eine große Rolle spielten. Als die bemerkenswertesten Typen für die deutschen Seestreitkräfte sind die W12 als Doppeldecker und ab 1917 der Eindecker W29 zu nennen, auf seiten Österreichs sind es die CC-Jagdflugboote, sowie verschiedene einmotorige Kampfflugboote.

Ernst Heinkel, ein hervorragender Flugzeug-Konstrukteur.

Nach dem Ersten Weltkrieg arbeitete Ernst Heinkel für einige Jahre beim Karl-Caspar-Flugzeugbau in Travemünde, wo er unter anderem das U-Boot-Flugzeug Caspar U1 konstruierte, einen kleinen unverstrebten Doppeldecker, der mit wenigen Handgriffen zerlegt und auf U-Booten mitgenommen werden kann. Zwei Exemplare dieses Flugzeuges werden an die USA geliefert. 1922 machte sich Ernst Heinkel selbständig – am 1. Dezember gründete er in Warnemünde die »Ernst-Heinkel-Flugzeugwerke«. In bunter Folge entstanden Ein- und Doppeldecker, sowohl als Land- und Seeflugzeuge, für die aufgrund der guten Leistungen Exportaufträge erteilt wurden. 1926 gewann der Hochsee-Tiefdecker HE 5a den Deutschen Seeflugwettbewerb. Die schwedische Marine beteiligte sich mit Heinkel-Schwimmerflugzeugen an der Rettungsexpedition für den italienischen General Umberto Nobile, der nach der Überquerung des Nordpols mit dem Luftschiff »Italia« auf der Heimfahrt nach Spitzbergen verunglückte.

Die Heinkel He 51 zählte zu den formschönsten Jagdflugzeugen.

Aber nicht nur Flugzeuge gehörten zum Programm der Heinkel-Werke. Mitte der 20er Jahre erhielt Heinkel aus Japan einen Auftrag zum Bau einer auf dem Schiffdeck einzubauenden Startbahn, sowie eines katapultfähigen Aufklärungsflugzeuges. Gemeinsam mit dem damaligen Chefkonstrukteur Karl Schwärzler wurde das Problem gemeistert. In Deutschland enstand außerdem für Katapultstarts das Versuchs-Flugboot HD15. Der Auftrag aus Japan erwies sich als Initialzündung einer Entwicklung in der deutschen Luftfahrt, die bis zum Beginn des Zweiten Weltkrieges reichte und wesentliche Impulse bei der Eroberung der Ozeane für die zivile Luftfahrt zur Folge hatte.

Ernst Heinkel gelang es, die Postverwaltung, Reedereien und die Deutsche Lufthansa zu überzeugen, daß mit Hilfe eines Katapults an Bord eines der Ozeandampfer ein Postflugzeug weit vor dem Bestimmungshafen gestartet werden konnte, das mit der Post an Bord dem Dampfer vorausfliegt und auf diese Weise einen großen Zeitgewinn erzielt. Die Schnelldampfer »Bremen« und »Europa« des Norddeutschen Lloyd wurden mit einem Heinkel-Katapult ausgerüstet. Für die Postbeförderung wurde das Schwimmerflugzeug HE12 entwickelt. Am 22. Juli 1929 findet von Bord der »Bremen« aus der erste Schleuderstart statt. Mit 11 000 Briefen an Bord erfolgte der Start 400 Kilometer vor New York, nach $2^1/_2$ Stunden landete die HE12 im Hafen der Millionenstadt und wurde von der Presse und der Öffentlichkeit mit Begeisterung empfangen. Bei der Rückfahrt nach Deutschland erfolgte der Schleuderstart am 1. August – diesmal waren 18 000 Briefe an Bord des Flugzeuges, das vor Cherbourg katapultiert wurde und vier Stunden später in Bremerhaven landete. Hier übernahm eine wartende Lufthansa-Maschine

Mit der Heinkel He 70 „Blitz" leitete Ernst Heinkel den Schnellverkehr in Deutschland ein. Das Flugzeug stellte in seiner Eleganz einen Meilenstein dar.

die Post und flog damit weiter nach Berlin-Tempelhof. Der Zeitgewinn bei der Beförderung der Post mit dem Flugzeug zwischen Deutschland und den USA belief sich auf diese Weise auf 36 Stunden!

1930 erhielt der Schnelldamper »Europa« ein verbessertes Heinkel-Katapult, als Postflugzeug kam die speziell konstruierte HE 58 zum Einsatz.

Ende 1932 machte abermals ein Heinkel-Flugzeug von sich reden: Vorausgegangen war die Einführung des amerikanischen Schnellverkehrs-Flugzeuges Lockheed »Orion« durch die Swissair auf der Expreß-Strecke Zürich – München – Wien. Das Flugzeug erreichte eine Maximalgeschwindigkeit von 350 km/h. Für die Lufthansa war es eine Herausforderung, sie beauftragte die deutsche Flugzeughersteller, ebenfalls ein Flugzeug dieser Leistungsklasse zu entwickeln. Es entstand die He 70 »Blitz«, das Meisterstück der Zwillingsbrüder Siegfried und Walter Günter, die bei Heinkel wichtige Positionen im Konstruktionsbereich innehatten. Am 1. Dezember 1932 startete die He 70 zum Erstflug, am 15. Juni 1934 eröffnete die Lufthansa ihre von Berlin ausgehenden Blitzstrecken mit der He 70.

Der He 70 folgte die He 111, zweimotorig und für zehn Passagiere ausgelegt, die später zum deutschen Standardbomber werden sollte. Eine weitere Pioniertat bleibt für immer mit dem Namen Heinkel verbunden – die Schaffung des ersten Strahltriebwerks. 1936 unterbreitete ein junger Göttinger Physiker namens Hans-Joachim Pabst von Ohain seine Pläne, ein Strahltriebwerk für den Flugzeugbau zu entwickeln und damit in hohe Geschwindigkeitsbereiche vorzustoßen. Der interessiert zuhörende Heinkel hielt die Idee für durchführbar und unterstützte die Arbeiten von Ohain. Das Ergebnis gab ihm recht: am 27. August 1939 startete als erstes Strahlflugzeug der Welt das Versuchsmuster Heinkel He 178 mit dem Werkpiloten Erich Warsitz am Steuer vom Heinkel-Werksflugplatz Rostock-Marienehe zum erfolgreichen Erstflug. Der einige Tage später ausbrechende Zweite Weltkrieg bedingte aber zunächst ein amtliches Stop für diese revolutionäre Neuentwicklung.

Der Zweite Weltkrieg brachte auch für die Heinkel-Werke eine enorme Ausdehnung der Produktion mit sich. Wegweisende Flugzeugmuster entstanden, auch wenn sie nicht immer Erfolg hatten. Paradebeispiel dafür ist der schwere Bomber He 177, der wegen zahlreicher Änderungswünsche nie zu einem zuverlässigen Kampfflugzeug entwickelt werden konnte, trotz des ursprünglich vielversprechenden Konzepts.

Die Strahltriebwerk-Entwicklung wurde nach anfänglichem Stillstand weitergeführt, als erster operationeller Düsenjäger der Welt hob die zweistrahlige He 280 am 30. März 1941 ab, das Flugzeug konnte sich aber gegenüber der stärker bewaffneten Me 262 nicht durchsetzen. In größerer Stückzahl wurde in der letzten Phase des Zweiten Weltkrieges noch der einstrahlige Jäger He 162 »Salamander« produziert, der als letzter verzweifelter Versuch zur Abwehr der feindlichen Bomber am 6. Dezember 1944 zum Erstflug startete.

Nach dem Krieg konnte Ernst Heinkel in bescheidenerem Rahmen den Lizenzbau von Flugzeugen wieder aufnehmen. Er starb am 30. Januar 1958 kurz nach seinem 70. Geburtstag.

Die Iljuschin IL 12 der polnischen LOT war ein weitverbreitetes Verkehrsflugzeug der fünfziger Jahre.

Sergej Iljuschin

Für den an der Luftfahrt der Sowjetunion Interessierten ist der Name Iljuschin ein Begriff für hervorragende Kampfflugzeuge des Zweiten Weltkrieges und Verkehrsflugzeuge der Nachkriegszeit, die seinen Namen tragen.

Sergej Wladimirowitsch Iljuschin wurde am 31. März 1894 als Sohn eines Bauern geboren. Nach Abschluß der Dorfschule ging er in das damalige Petersburg, wo 1910 ein Flugtag abgehalten wurde. Die Flugzeuge beeindruckten ihn gewaltig, und seine Liebe zur Fliegerei wurde hier geboren. Am Flugplatz machte er sich mit allerlei kleinen Nebenarbeiten nützlich, nur um in der Nähe der Piloten und der Flugzeuge sein zu können.

Nach einigen Zwischenstationen kam er nach Reval und arbeitete auf der Werft der Russisch-Baltischen-Gesellschaft. Nach Ausbruch des Krieges kam Iljuschin zur Fliegertruppe und wurde zum Flugplatzkommando der nördlichen Bezirke abgestellt. Hier durfte er erstmals mitfliegen, nach intensivem Studium konnte er 1917 seine Pilotenprüfung ablegen, die er natürlich bestand. Die Oktober-Revolution fand ihn auf der Seite der Bolschewiken, mit den Vertretern der alten Ordnung gab es allerdings noch harte Auseinandersetzungen zu bestehen. Mit einigen Unterbrechungen blieb er bei der Fliegerei und wurde Motorenwart, mit 24 Jahren schon Leiter eines verstaatlichten Werkes. Aber er kümmerte sich auch weiterhin um die Reparatur und Instandhaltung von Flugzeugen. Ein notgelandetes Flugzeug wurde in einem Waldstück gefunden und wieder zum Fliegen hergerichtet. Es diente als Grundlage für die Schulmaschine U-1, 670 Exemplare wurden schließlich von diesem Typ gebaut, und erst Anfang der 30er Jahre wurde es von der von Polikarkow konstruierten U-2 abgelöst.

Nach endgültiger Beendigung der Kriegshandlungen, die die junge Sowjetunion mehrere Jahre heimsuchten, konnte Iljuschin sich zum Konstrukteur ausbilden lassen. Aus diesem Grunde besuchte er die N.J. Shukowski-Akademie in Moskau und hörte die entsprechenden Vorlesungen der Hochschullehrer.

Seine Aufgabe für die Diplomarbeit war der Entwurf eines Jagdflugzeuges. Nach Abschluß dieser Arbeit wurde ihm der Rang eines Militär-Ingenieurmechanikers der Luftflotte verliehen. Zunächst mit Aufgaben der Sportfliegerei befaßt, kam er 1931 an das gerühmte ZAGI, das Zentrale Aero- und Hydrodynamische Institut, wo er Leiter eines Konstruktionsbüros wurde. 1933 schied er bereits wieder aus dem ZAGI aus und gründete sein Zentrales Konstruktionsbüro. 1933 begann er mit den Konstruktionsarbeiten an einem Fernbomber mit der Bezeichnung IL-4. Dieses zweimotorige Kampfflugzeug hatte 1936 seinen Erstflug und ging 1937 in Serienproduktion. 6784 Exemplare aller Versionen wurden bis 1944 hergestellt.

Weitere Kampfflugzeuge folgten, so das Muster IL-6, IL-22, der taktische Strahlbomber IL-28, der in großer Zahl sowohl für die Luftstreitkräfte der UdSSR als auch der anderen Luftwaffen des Ostblocks hergestellt wurde. Ab 1940 wurde die im Konstruktionskollektiv von Iljuschin entworfenen und gebauten Flugzeuge mit IL vor der Typenbezeichnung aufgeführt.

Das wohl wichtigste Kampfflugzeug des Zweiten Weltkrieges bei der Erdkampfunterstützung war die legendäre IL-2, die am 12. Oktober 1940 zum Erstflug startete und 1941 in die Serienproduktion ging. 36136 Exemplare wurden

Die Iljuschin IL 18 war lange Jahre das Rückgrat der DDR-Gesellschaft Interflug.

Die Iljuschin 62 ist heute noch im Einsatz der tschechischen Fluggesellschaft.

von allen IL-2-Versionen gebaut, sicherlich eine der höchsten Stückzahlen eines Typs in der Luftfahrt-Geschichte.

Nach Beendigung des Krieges änderte sich das Aufgabengebiet von Iljuschin, er sagte dem Militärflugzeug Lebewohl und wandte sich dem Verkehrsflugzeugbau zu. Auf diesem Gebiet entstanden seine am besten bekannten Konstruktionen. Angesichts der riesigen Entfernung innerhalb der Sowjetunion ist der Luftverkehr von außergewöhnlicher Bedeutung und Wichtigkeit. Das erste Verkehrsflugzeug war die IL-12, ein zweimotoriges Propellerflugzeug, das am 7. Januar 1946 seinen Erstflug hatte, und das am 22. August 1947 im Liniendienst der Aeroflot eingeführt wurde. Zwischen 18-32 Passagiere konnte die IL-12 je nach Bestuhlung befördern. Eine überarbeitete und verbesserte Version dieses Verkehrsflugzeuges erschien 1954 im Luftverkehr. Mit der IL-14 wurden neben der Aeroflot alle Gesellschaften des damaligen Ostblocks ausgerüstet, in der Tschechoslowakei und der DDR wurde das Flugzeug in Lizenz gebaut.

Inzwischen hatte sich eine neue Antriebsart für Verkehrsflugzeuge im Mittelstreckenbereich durchgesetzt, das Turboprop-Triebwerk. In der Sowjetunion erschien die IL-18, die am 4. Juli 1957 zum Erstflug startete und dann für lange Jahre bis auf den heutigen Tag nicht nur in zahlreichen Exemplaren bei der Aeroflot, sondern auch bei vielen ausländischen Gesellschaften fliegt. Es ist ein elegantes viermotoriges Flugzeug mit einer rund 3000 Kilometer betragenden Reichweite.

Eine neue Antriebsart wurde von Iljuschin für seine viermotorige IL-62 gewählt, ein Langstreckenverkehrsflugzeug für 198 Passagiere. Dieses Flugzeug erhielt Strahlantrieb. Ungewöhnlich war außerdem die Anordnung der Motoren zu je zwei am Heck. Das T-Leitwerk verlieh der Maschine ein unverwechselbares Aussehen. Eine Reihe Gesellschaften neben der Aeroflot setzt die IL-62 auf vielen Strecken ein. Interessanterweise war das nächste Strahlflugzeug von Iljuschin ein schwerer Frachter, der sowohl militärisch, als auch zivil zum Einsatz kommt: die IL-76. Die vierstrahlige Schulterdecker verfügt über die Möglichkeit der Heckbeladung und bewährt sich sehr gut.

Das vorläufig letzte Verkehrsflugzeug von Iljuschin ist das Großraumflugzeug IL-86 Aerobus für den Mittelstreckenbereich, das sich großer Beliebtheit erfreut. Vier Triebwerke sind in konventioneller Art unter der Tragfläche angebracht, die Reichweite beträgt bis zu 3000 Kilometer. Die als nächstes herauskommenden Verkehrsflugzeuge aus dem Iljuschin-Büro tragen die Bezeichnungen IL-96 und IL-114, es sind ein Großraumflugzeug und eine Maschine für den Kurz- und Mittelstreckenbereich mit Turboprop-Antrieb. Sergej Iljuschin starb hochgeehrt am 10. Februar 1977.

Hugo Junkers

Entgegen weitverbreiteter Meinung war Professor Hugo Junkers kein Flugzeugkonstrukteur, er gab aber wesentliche Impulse und Anregungen an seine Mitarbeiter weiter, die diese in erfolgreiche Flugzeugkonstruktionen umsetzten.

Hugo Junkers wurde am 3. Februar 1859 in Rheydt geboren, Interesse an der Lösung technischer Probleme erwachten frühzeitig bei ihm. Nach der Reifeprüfung begann Hugo Junkers sein Studium an der Technischen Hochschule in Berlin-Charlottenburg, später studierte er noch in Karlsruhe und Aachen. Es war der Maschinenbau, der ihn faszinierte, und neben den theoretischen Studien eignete er sich im Praktikum Kenntnisse in der Metallbearbeitung und im Maschinenbau an, die später für ihn von größtem Wert wurden. Den wohl bedeutendsten Einfluß auf seinen Werdegang übte sein Professor Slaby von der Charlottenburger Hochschule aus, er wurde bestimmend für seinen Lebensweg. Insbesondere die Arbeiten an Verbrennungskraftmaschinen, die an der Hochschule durchgeführt wurden, hatten es Junkers angetan.

1883 beendete Hugo Junkers seine Studien mit der Prüfung an der Technischen Hochschule in Aachen, nach der er den Titel eines Regierungsbauführers erhielt. Seine Tätigkeit nach dem Examen nahm Junkers in Dessau gemeinsam mit Wilhelm von Oechelhäuser, dem technischen Leiter der Continental-Gasgesellschaft in Dessau, auf. Insbesondere arbeiteten beide Männer am Verbrennungsmotor. In Dessau fanden auch die ersten Gründungen von Junkers-Betrieben statt, die dann in den Folgejahren der Stadt ihr Gepräge und ihren Weltruf geben sollten. Nach einer Zeit der Zusammenarbeit trennte Junkers sich von Oechelhäuser in bestem Einvernehmen und begann den Aufbau seiner Betriebe zu forcieren. Mit der Fliegerei kam Junkers erstmals im Jahre 1909 in Berührung, als sein Aachener Hochschul-Kollege Professor Reissner einen Flugzeugentwurf vorlegte, der in Entenbauweise und Metall ausgeführt werden sollte, und für den Junkers Teile in seinen Betrieben in Dessau herstellen ließ. Ein großer Erfolg wurde die Reissner-Ente nicht, aber sie flog doch ganz passabel.

Über das Flugzeug der Zukunft aber machte sich Professor Junkers seine eigenen Gedanken, die in einem Großraum-Flügel-Patent, oftmals auch als Nurflügelpatent bezeichnet, aus dem Jahre 1910 ihren Niederschlag fanden. In diesem Patent skizziert er seine Vorstellungen von der Unterbringung aller Lasten im Inneren des aus Metall gebauten Flügels, so daß sie dem Luftstrom entzogen wurden und den Leistungen des noch hypothetischen Flugzeuges zugute kamen.

Der eigentliche Flugzeugbau bei Junkers begann erst 1915 im Auftrag des Militärs, das Junkers von seiner Idee eines

Hugo Junkers war ein gelernter Kraftmaschinen-Konstrukteur. Sein Grab befindet sich auf dem Münchner Waldfriedhof.

Ganzmetallflugzeuges, dazu noch als freitragenden Eindecker, erst noch überzeugen mußte. Dieses Flugzeug war noch in glattem Eisenblech gebaut, als Konstrukteure zeichneten Otto Nader und Otto Reuter verantwortlich. Während die Konkurrenz ihre Flugzeuge in Holzbauweise oder allerhöchstens mit Metallgerippe herstellte, ging Junkers konsequent seinen als richtig erkannten Weg. Das erste Junkers-Flugzeug trug die Typenbezeichnung J1, es war mit einem 120 PS starken Mercedes DII-Motor ausgerüstet. Und das Erstaunliche geschah: Es war kein besonders wendiges oder von den Leistungen her herausragendes Flugzeug, aber bei gleicher Motorenstärke flog es aufgrund seiner widerstandsarmen Konfiguration den Maschinen der Konkurrenz davon.

Das meistproduzierte Junkers-Kampfflugzeug des Ersten Weltkrieges war allerdings ein eher untypisches Junkers-Flugzeug: das als Doppeldecker ausgelegte gepanzerte Infanterieflugzeug J4, von dem 227 Exemplare gebaut wurden, und das sich bei den Besatzungen wegen seiner robusten Bauweise und relativen Schußunempfindlichkeit großer Beliebtheit erfreute.

Nach Kriegsende wurde in Dessau mit dem Bau eines Großverkehrs-Flugzeuges begonnen, das aber auf Einspruch der alliierten Siegermächte nicht fertiggestellt werden durfte. Den großen Durchbruch zum erfolgreichen Hersteller von Ganzmetall-Verkehrsflugzeugen schaffte Junkers 1919, als die von seinem Chef-Konstrukteur Otto Reuter geschaffene Junkers F13 ihren Siegeszug begann. Es war das erste konsequent für die Bequemlichkeit der Passagiere konstruierte Kabinen-Verkehrsflugzeug mit von den Pilotensitzen getrennter Kabine, in der die vier Fluggäste komfortabel reisten.

Die Junkers F13 zählt zu den ganz großen Verkehrsflugzeugen – hier bei einer Flugschau auf dem Flughafen Tempelhof in Berlin.

Eines der gefürchtetsten Sturzkampfflugzeuge des Zweiten Weltkrieges war der Stuka Ju 87.

Junkers legte mit der F13 den Grundstock für eine Serie von erfolgreichen Verkehrsflugzeugen, die über die Typen F24, G31, W33/34 zur Ju52 und Ju52/3m als dem wohl am besten bekannten und am weitest verbreiteten Junkers-Verkehrs- und Transportflugzeug führten.

Das Großflugzeug G38, von dem bei Junkers zwei Exemplare gebaut wurden, war der Versuch, die Ideen von Hugo Junkers über die Unterbringung der Lasten im Tragflügel zu verwirklichen. Dies gelang nur teilweise, die Leistungen des Flugzeuges insbesondere hinsichtlich der Geschwindigkeit entsprachen nicht den Forderungen der Zeit. Dennoch flog die G38 bis kurz nach Kriegsausbruch im täglichen Liniendienst der Lufthansa und erfreute sich bei den Passagieren großer Beliebtheit.

Waren bis zur Ju52 alle Verkehrsflugzeuge in der bewährten Wellblechbeplankung aus Duralumin gebaut worden, so änderte sich das bei Junkers ab 1932, als die Ju60 fertiggestellt wurde. Das Flugzeug war hauptsächlich in Glattblechbauweise erstellt worden mit Wellblechbeplankung an nur wenigen Stellen. Alle folgenden Junkers-Typen wie Ju160, Ju86, Ju90 und Ju252, um bei den Verkehrsflugzeugen zu bleiben, entstanden in Glattblechbauweise. Die Entwicklung im militärischen Bereich verlief analog.

Um den Absatz seiner Verkehrsflugzeuge voranzutreiben, gründete Hugo Junkers den Junkers Luftverkehr, der in Deutschland in Konkurrenz zum Aero Lloyd flog, bis das Reich am 6. Januar 1926 aus der zwangsweisen Vereinigung beider Gesellschaften die Deutsche Lufthansa entstehen ließ, um so die bisher an beide Gesellschaften gezahlten Subventionen gezielter einsetzen zu können und die Konkurrenzsituation zu beenden. In zahlreichen europäischen und einigen außereuropäischen Ländern gründete Junkers ebenfalls Fluggesellschaften, die seine Flugzeuge benutzten.

Aber es waren nicht nur Flugzeuge aus den Junkers-Werken, die berühmt wurden, sondern auch die in den Flugzeugen eingebauten Junkers-Motoren trugen wesentlich zum Erfolg bei. Zeit seines Lebens gehörte die große Aufmerksamkeit von Hugo Junkers der Entwicklung leistungsfähiger Flugmotoren. Er konnte sogar eines seiner großen Ziele verwirklichen – die Schaffung des praktischen und einsatzfähigen Rohöl-Motors für den Luftverkehr. Zwar entsprach dann der praktische Wert nicht so ganz den in diesen Motor gesetzten Erwartungen, aber Flugzeuge mit Dieselmotoren flogen bei der Lufthansa beispielsweise in der F24, G38 und Ju86 im täglichen Verkehrseinsatz.

Die große Verwendung von Junkers-Flugmotoren kam ab 1919 mit dem Erscheinen der F13, die sich als Verkaufserfolg erwies und sich außer im deutschen auch im ausländischen Luftverkehr bewährte. Junkers scheute sich nicht, andererseits beispielsweise die Lizenzproduktion von BMW-Motoren aufzunehmen. 1923 gründete er in Dessau sein eigenes Motorenwerk – der erfolgreichste Motor der 20er Jahre war der L-5, mit dem beispielsweise Köhl, Fitzmaurice und von Hünefeld 1928 mit der »Bremen« den Atlantik erstmals in Ost-West-Richtung überquerten.

Ab 1933 änderte sich die Situation für Professor Junkers – die Nationalsozialisten waren an die Macht gekommen und drängten ihn aus allen Funktionen in seinen Werken hinaus und übernahmen die weltberühmten Dessauer Anlagen. Professor Junkers wurde zwar entschädigt, kehrte aber nie wieder nach Dessau zurück. Am 3. Februar 1935 starb er auf seinem Altersruhesitz in Gauting bei München.

Zu den Erfolgsflugzeugen im Klemm-Flugzeugbau zählt diese Maschine vom Typ KL 25.

Hanns Klemm

Der Name Hanns Klemm wird für immer mit der Schöpfung des erfolgreichen deutschen Leichtflugzeuges verbunden sein. Dabei hatte Hanns Klemm aufgrund seiner Ausbildung eine ganz andere Laufbahn als die eines Flugzeug-Industriellen ins Auge gefaßt. Aber bereits im Ersten Weltkrieg war er, der nach seinem Studium in Stuttgart Dipl.-Ing. und Regierungsbauführer, später Regierungsbaumeister war, mit dem Flugzeugbau in Berührung gekommen.

Geboren wurde Hanns Klemm am 4. April 1885 in Stuttgart. In den Jahren des Ersten Weltkrieges war er bei verschiedenen Flugzeugfirmen mit Konstruktionsaufgaben befaßt. Nach Kriegsende, das er beim Flugzeugbau von Daimler erlebte, war er dort im Karosseriebau tätig. Aber es dauerte nicht lange, und bei Daimler entstand das erste unmotorisierte Flugzeug L15, das von Hanns Klemm konstruiert worden war. Um den von den alliierten Siegermächten für Deutschlands Luftfahrt erlassenen Begriffsbestimmungen zu entgehen, entschloß Klemm sich, die L15 mit einem nur 7,5 PS starken Motor auszurüsten, der aus einem Motorrad stammte: das Leichtflugzeug war geboren.

Aber es war auch ein dornenreicher Weg, der noch zurückzulegen war, denn zunächst einmal gab es Bruch mit der L15, der zunächst den ganzen Flugzeugbau bei Daimler zum Stillstand kommen ließ. Da man den Flugzeugbau wegen der öffentlichen Versuche nicht mehr verheimlichen konnte, wurde er ganz eingestellt, und Klemm wandte sich erneut dem Karosseriebau zu. 1924 kam dann ein neues Klemm-Flugzeug auf den Markt, es war das Leichtflugzeug L20, das sich trotz wirtschaftlich nicht besonders guter Zeiten als Verkaufserfolg erwies. Übertroffen wurde es wohl nur noch von dem 1928/29 entstandenen Typ KL25, das bevorzugt als Schulflugzeug eingesetzt, aber auch von zahlreichen berühmten Fliegern gerne benutzt wurde.

Freiherr Friedrich Karl von König-Warthausen führte mit der KL 25 1928/29 einen Weltflug durch, der ihm den Hindenburg-Preis einbrachte. Weitere bekannte Flieger auf Klemm-Flugzeugen waren Elly Beinhorn, die bis nach Afrika flog, Ernst Udet mit seinen aufsehenerregenden Grönland- und Alpenflügen für einige damals sensationelle Abenteuerfilme, die auch heute noch gelegentlich im Fernsehen zu sehen sind, sowie die Piloten Schrank und von Langsdorff, sowie Gurlitzer – die 1924 und 1925 mit der L15 und der L20 Alpenflüge durchführten und dabei fünf internationale Welthöchstleistungen erzielten.

Schon die Klemm L20 stellte eine ausgereifte Konstruktion von einfacher Linienführung dar, das Flugzeug stand bis zum Herbst 1928 in der Serienfabrikation und wurde von der verbesserten L25, die praktisch in alle Welt exportiert werden konnte, abgelöst. Von der L25 dürften den noch vorhandenen Unterlagen nach etwa 1000 Exemplare gebaut worden sein. Allein 600 Exemplare erhielten den Hirth-HM 60-R-Motor mit einer Leistung von 80 PS eingebaut, der der L25 eine Höchstgeschwindigkeit von 160 km/h verlieh. Die Spannweite betrug wie bei der L20 dreizehn Meter, das Fluggewicht war aber auf 720 kg gestiegen. Neben dem Hirth-Motor fanden, je nach Kundenwunsch, auch andere Muster Eingang bei den Klemm-Flugzeugen.

Dr. Hanns Klemm erlernte übrigens selbst das Fliegen, eine Tatsache, die bei den Luftfahrt-Industriellen nicht immer an der Tagesordnung war.

Eine kleine Episode noch am Rande: mit der Klemm D608 »Marlott«, einer L20, konnte am 10. Mai 1930 der

Die Klemm 35 zählt zu den formschönsten Sportflugzeugen – einige fliegen heute noch.

15 000ste Flug durchgeführt werden. Und es waren keineswegs nur Flüge in der Hand geübter Piloten und Fluglehrer, nein, zahlreiche Flugschüler strapazierten das kleine Flugzeug, und es gab dabei »Bumslandungen« aus zehn Metern Höhe, daß den Zuschauern fast das Herz stehenblieb.

Mit der Machtübernahme der Nationalsozialisten in Deutschland änderte sich auch für Klemm einiges: Die Sportfliegerei wurde mehr und mehr reglementiert, er selbst trat der Partei bei, was ihm in späteren Jahren größte Schwierigkeiten bringen sollte, als er wieder austrat.

Was die Flugzeugtypen bei Klemm anbelangt, so begannen jetzt einige Typen zu erscheinen, die zu den anspruchsvollsten und optisch schönsten Flugzeugen überhaupt gehörten. In diesem Zusammenhang ist auch unbedingt die Einführung der Halbschalen-Bauweise bei den Klemm-Werken zu erwähnen, bei denen jeweils eine Rumpfhälfte gefertigt wurde, die dann nach dem Einbau von weiteren Einzelteilen zu einem ganzen Rumpf zusammengefügt wurden. Mit der Klemm 31 und Klemm 36 kamen erstmals Kabinenflugzeuge auf den Markt. Das formschönste Flugzeug aber war die Klemm 35, ein offener Zweisitzer mit Knickflügel und verkleidetem Fahrwerk, wodurch das Flugzeug ein ungemein sportliches Aussehen erhielt. Für die Klemm-Flugzeuge waren Exporte in aller Welt die Regel, und auch die Kl 35 fand Abnehmer in vielen Ländern der Erde.

1943 kam es zu den ersten schweren Auseinandersetzungen mit den damaligen Machthabern, als Klemm voller Bedenken die Produktion der Me 163 nicht für sein Werk akzeptieren wollte. Vollends in Lebensgefahr geriet er, als es 1944 zur Beschlagnahme seiner Werke kam, und er deshalb seinen Austritt aus der NSDAP erklärte und von der Gestapo in Schutzhaft genommen wurde.

Nach Kriegsende blieb vom Klemm-Flugzeugbau nur ein Trümmerhaufen am Flughafen Böblingen nach den Angriffen der alliierten Bomberverbände übrig.

Er versuchte zwar noch, eine Wiederauflage seiner Kl 107 zu erreichen, als Deutschland seine Lufthoheit wiedererlangte, es blieb aber eine Episode. Große Anstrengungen seitens der US-Hersteller wie Cessna, Piper und Beech, ihre Flugzeuge in Deutschland zu verkaufen, vereitelten die Pläne von Hanns Klemm.

Im Jahre 1955 kam es zu einer besonderen Ehrung von Hanns Klemm: die Stadt Böblingen verlieh ihm in Anbetracht seiner Verdienste um das Ansehen der Stadt die Ehrenbürgerwürde. Am 30. April 1961 verstarb Hanns Klemm auf seinem Landsitz in Fischbachau/Oberbayern. Die Erinnerung an seine Flugzeuge aber lebt fort, auf Sportfliegertreffen sieht man heute noch gelegentlich seine schönste Konstruktion fliegen, die Kl 35, von ihren Besitzern liebevoll betreut.

Otto Lilienthal

Der am 23. Mai 1848 in Anklam in Mecklenburg geborene Otto Lilienthal und sein am 9. Oktober 1849 geborener Bruder Gustav waren es, die der Menschheit ihren uralten Traum, dem Vogel gleich zu fliegen, erfüllen halfen. Ihre systematischen Beobachtungen an Vögeln, insbesondere den Störchen, die sie in ihrer mecklenburgischen Heimat durchführten, ermöglichten es ihnen, das Geheimnis des Fluges zu entschleiern.

Nach Besuch der heimatlichen Grundschule und des Gymnasiums ging Otto Lilienthal 1864 nach Potsdam und besuchte seinen technischen Neigungen entsprechend die dortige Provinzial-Gewerbeschule. 1866 übersiedelte er nach Berlin und wurde Praktikant in einer Maschinenfabrik. Aber bereits im Oktober 1867 finden wir Otto Lilienthal als Student an der Gewerbe-Akademie in Berlin. Die zu lösenden Probleme des Flugproblems ließen ihn und seinen Bruder nicht mehr los, in den Ferien wird 1868 in Anklam ein Flügelschlagapparat für erste Messungen des Auftriebs gebaut – der lange Weg des Experimentierens ist beschritten worden. Lange Zahlenreihen entstehen aufgrund ihrer Messungen, aber der Durchbruch läßt auf sich warten.

Otto Lilienthal lehrte der Menschheit das Fliegen. Sein Buch „Der Vogelflug als Grundlage der Fliegekunst" ist der große Klassiker der Luftfahrt-Literatur.

1870 beendete Otto Lilienthal sein Studium an der Gewerbe-Akademie. Als Kriegsteilnehmer erlebte er den deutsch-französischen Krieg 1870/71, anschließend arbeitete er in einer Maschinenfabrik, schaffte den Sprung in die höher dotierte Stellung eines Konstruktionsingenieurs und war erfolgreich bei der Konstruktion von Geräten für den Kohlebergbau. Privat wurde das Studium des Vogelfluges sein ihn immer mehr beanspruchender Lebensinhalt, die dabei gemachte Entdeckung der Bedeutung der gewölbten Flügelfläche ist von entscheidender Bedeutung für seine weiteren Studien. 1889 publizierte Otto Lilienthal sein Buch »Der Vogelflug als Grundlage der Fliegekunst«, ein Klassiker der Luftfahrt-Literatur.

Im Herbst 1881 hatte Otto Lilienthal eine kleine Werkstatt zur Herstellung eines von ihm erfundenen Schlangenrohrkessels in Berlin gegründet, in der er im Juni 1885 bereits 15 Arbeiter beschäftigt. 1889 führten beide Brüder in einem ersten Fluggerät Stehübungen aus, um sich mit der wechselnden Wirkung des Windes vertraut zu machen. 1890 begannen Laufübungen in Berlin-Lichterfelde als weiterer Schritt zum freien Flug, im Sommer 1891 konnte er bereits am Windmühlenberg in Drewitz Gleitflüge von 25 Meter Länge ausführen. 1893 wurden Gleitflüge in Berlin-Steglitz durchgeführt, später im Jahr in den Rhinower Bergen gelang es, Weiten von 250 Meter zu durchfliegen. Die Fachwelt und das Publikum wurden auf seine Versuche aufmerksam, 1894 konnte er seinen ersten Gleitflugapparat verkaufen. Ebenfalls wurde in Berlin-Lichterfelde der kegelförmige Fliegeberg aufgeschüttet, von dem aus in der Folgezeit zahlreiche Gleitflüge ausgeführt wurden.

Im Sommer 1894 baut Lilienthal sein Flugzeug Nr. 11, von dem in der Folgezeit eine Anzahl weiterer Exemplare hergestellt und verkauft werden – es ist das erste serienmäßig hergestellte Flugzeug der Welt. In jenes Jahr fallen auch die ersten Versuche mit einem Einzylinder-Kohlensäuremotor, die aber noch ohne nennenswerte Erfolge blieben. Otto Lilienthal befindet sich auf dem Weg zum motorisierten Flugzeug. Seine Gleitflüge werden immer erfolgreicher, 1895 kommt als neue Konstruktion ein Doppeldecker hinzu. Aus aller Welt besuchen die mit der Lösung des Flugproblems befaßten Wissenschaftler und Techniker Otto Lilienthal, der seine in den zahlreichen Gleitflügen erworbenen Erkenntnisse freimütig vermittelt.

Am 9. August 1896 ist er wieder in den Rhinower Bergen mit Flugversuchen beschäftigt. Bei einem Abflug vom Gollenberg wird sein Gleiter von einer Sonnenbö erfaßt, er kann das Gleichgewicht nicht mehr zurückgewinnen und

Das Lilienthal-Denkmal in Berlin.

stürzt aus einer Höhe von 15 Metern zu Boden. Bei dem Aufschlag bricht er sich den dritten Halswirbel, ärztliche Kunst vermag nichts mehr auszurichten. Er stirbt am 10. August 1896 in der Bergmannschen Klinik in Berlin.

Charles A. Lindbergh

Wenn je ein Flug die Menschheit elektrisiert hat, dann war es der des bis dahin unbekannten amerikanischen Postfliegers Charles A. Lindbergh von New York nach Paris am 20./21. Mai 1927. Der amerikanische Hotelier Orteig hatte ein Preisgeld in Höhe von 25 000 Dollar für den ersten Piloten ausgesetzt, dem dies gelingen würde. Der Atlantik war zwar bereits 1919 seitens der US Navy mit einem Curtiss-Flugboot auf der Strecke von Neufundland nach Portugal überquert worden, dieser Flug fand aber außerhalb aller Wettbewerbe statt.

Charles A. Lindbergh wurde am 4. Februar 1902 in Detroit/Michigan geboren. Sein Vater war Schwede, der in die USA ausgewandert war. In Minnesota wuchs der junge Lindbergh auf. Seine fliegerische Ausbildung erhielt er beim Army Air Corps auf verschiedenen Flugschulen speziell in Texas. Nach Verlassen des Militärs schlug er sich mit einer gebrauchten »Jenny« als Jahrmarktsflieger durch, bevor er eine Anstellung als Postpilot bei der sich im Aufbau befindlichen Luftpost-Organisation erhielt, wo er hauptsächlich auf der Strecke zwischen St. Louis und Chicago flog. Einige Male war er gezwungen, mit dem Fallschirm abzuspringen, da das Wetter sich so stark verschlechtert hatte, daß ein Weiterfliegen nicht mehr möglich war.

Mitte der 20er Jahre wurde die Überwindung des Atlantiks zu einer Prestige-Angelegenheit, an der sich die namhaftesten Piloten beteiligten. Alle scheiterten: einige hatten Glück und konnten aus den Wracks ihrer Flugzeuge befreit werden, andere wiederum verschwanden spurlos über dem Atlantik.

Auch den jungen Lindbergh packte das Verlangen, an dem Wettbewerb teilzunehmen, und er konnte eine Gruppe von Geschäftsleuten in St. Louis für sich gewinnen, die das Geld für ein Flugzeug zur Verfügung stellten. Nach mehreren Fehlschlägen mit anderen Herstellern wandte Lindbergh sich mit seinen Vorstellungen von einem Atlantik-Flugzeug an die kleine Firma von Claude Ryan im südkalifornischen San Diego und fand Interesse an seinen Plänen. In enger Zusammenarbeit zwischen Lindbergh und den Ingenieuren der Firma Ryan entstand der Typ »NYP« – es sollte eines der berühmtesten Flugzeuge aller Zeiten werden.

»Spirit of St. Louis« taufte Lindbergh das Flugzeug zu Ehren seiner Geldgeber. Bewußt forderte er ein einmotoriges Flugzeug, als Antrieb wählte er den seinerzeit zuverlässigsten Flugmotor des Musters Wright Whirlwind mit einer Leistung von 200 PS – und dieser Motor brachte ihn sicher an sein Ziel. Absolut korrekt und zuverlässig und bis ins kleinste Detail ausgearbeitet war Lindberghs Streckenvorbereitung.

Charles A. Lindbergh vor seiner „Spirit of St. Louis".

Schon sein Flug von San Diego via St. Louis nach New York erregte bei den Fachleuten Aufsehen. Nur eines gelang ihm nicht: sich vor dem großen Flug richtig auszuschlafen. Lediglich mit allergrößter Willensanstrengung gelang es ihm später bei dem Atlantikflug, wach zu bleiben.

Der Start zum Flug über den Atlantik vom Roosevelt Field auf Long Island bei New York fand am 20. Mai 1927 um 7.52 Uhr Ortszeit statt – der nächtliche Regen hatte die Startbahn aufgeweicht, und lediglich im letzten Augenblick konnte Lindbergh sein schwer mit Kraftstoff beladenes Flugzeug über einige Telegrafenleitungen am Platzrand hinwegziehen – aber er war gestartet. Der Motor lief während der nächsten 36 Stunden wie ein Uhrwerk, seine zeitlichen Berechnungen waren ihm Anhaltspunkt über die zurückgelegte und noch zurückzulegende Strecke – wohl neben der technischen Zuverlässigkeit von Flugzeug und Motor der wichtigste Aspekt bei den Flugvorbereitungen überhaupt. Als er am Abend des 21. Mai über Paris ankam und in Le Bourget landete, wartete eine unübersehbare Menge auf ihn – ein neuer Stern am Fliegerhimmel war aufgegangen.

Nach all den Empfangsfeierlichkeiten, die die nächsten Monate bestimmten, wandte er sich dem Aufbau des Luftverkehrs der USA zu, hatte doch sein Flug dazu beigetragen, daß plötzlich das Flugzeug in den USA als das zukunftsweisende Verkehrsmittel anerkannt wurde. Besonders eng arbeitete er mit dem Gründer der Pan American Airways, Juan T. Trippe, zusammen. Eine persönliche Tragödie überschattete 1932 sein Leben, als sein Sohn entführt und ermordet wurde.

Seine positiven Urteile über Deutschland vor Ausbruch des Zweiten Weltkrieges brachte ihm politische Feindschaft in den USA ein. Im Zweiten Weltkrieg flog er zahlreiche Einsätze im Pazifik. Nach Kriegsende gehörte er der PanAm als technischer Direktor an und nahm entscheidenden Einfluß auf die Schaffung der Boeing 747. Ein weiterer Schwerpunkt seiner Aktivitäten war sein Kampf für den Umweltschutz. Charles A. Lindbergh starb am 26. August 1974 auf Hawaii.

Lockheed

Sie schrieben sich nicht Lockheed, die beiden Brüder Allan (1889-1969) und Malcolm (1887-1958), als sie sich 1912 entschlossen, den Flugzeugbau aufzunehmen, vielmehr war es in späteren Jahren die phonetische Wiedergabe ihres Familiennamens Loughead, unter dem ihre Flugzeuge berühmt werden sollten.

1910 arbeitete Allan Loughead in Chicago bei einer Firma, die sich mit der Herstellung von Gleitflugzeugen befaßte. Bald durfte er seinen ersten Flug absolvieren. Das Flugfieber hatte ihn gepackt, und als Lehrer und Vorführpilot der International Aeroplane Manufacturing Company verdiente er sein Geld. Dabei stürzte er am 18. September 1911 mit einer Curtiss ab. Das zu schwach motorisierte Flugzeug, dessen Bespannstoff durch den Regen naß und schwer geworden war, kam beim Start über eine Telegrafenleitung nicht weg und machte Bruch. Der Pilot überlebte, ohne größere Verletzungen davonzutragen.

Er begann bald, sein eigenes Flugzeug zu entwerfen und ließ einige Teile dazu noch in Chicago herstellen. Im Frühjahr 1912 aber ging er zusammen mit seiner jungen Frau nach San Francisco zurück und konnte seinen Bruder Malcolm überreden, mit ihm gemeinsam das erste Flugzeug, das die Bezeichnung Model G trug, zu bauen. Es war ein Wasserflugzeug mit Zentralschwimmer und unter den Flächen angeordneten Stützschwimmern, das neben dem Piloten Platz für zwei Fluggäste bot. Während der 1915 in San Francisco durchgeführten Panama-Pazifik-Ausstellung beförderten sie an 50 Flugtagen 600 Passagiere über der Bucht von San Francisco. Weitere Typen folgten, so das zehnplätzige Flugboot F-1, an dem John K. Northrop konstruktiv mitarbeitete, der in späteren Jahren sein eigenes weltberühmtes Flugzeugwerk aufbauen sollte.

Am 28. März 1918 fand der Erstflug der F-1 statt, und das Flugboot wurde als so sicher angesehen, daß das belgische Königspaar, das sich auf einem Staatsbesuch in den USA aufhielt, damit einen Rundflug absolvieren konnte.

Für einige Zeit zogen sich die Brüder Loughead, die übrigens erstmals in einer 1920 veröffentlichten Anzeige auf die Sprechweise »Lock-Heed« verwiesen, aus dem Flugzeugbau zurück. Noch 1919 hatten Allan Loughead und Jack Northrop ein kleines Sportflugzeug mit der Bezeichnung S-1 gebaut, das sich zwar am Markt nicht durchsetzen konnte, jedoch einige bemerkenswerte konstruktive Ideen verwirklichte, die späteren Lockheed-Flugzeugen zum Erfolg verhalfen. Am herausragendsten war dabei die neue Methode der Schalenbauweise des hölzernen Rumpfes, die bei der S-1 zur Anwendung kam. Aber der finanzielle Aufwand für den Bau des Flugzeuges war zu hoch, zumal aus Militärbeständen

Zu den weltweit verbreiteten Transportflugzeugen zählt die Lockheed Hercules.

zahlreiche Flugzeuge für den Privatmann zu äußerst niedrigen Preisen auf den Markt geworfen wurden, und die kleine Firma Loughead wurde 1921 liquidiert. Malcolm Loughead hatte sich bereits vorher aus dem Luftfahrt-Geschäft zurückgezogen und eine erfolgreiche Fabrik zur Herstellung einer von ihm erfundenen hydraulischen Bremse gegründet.

Inzwischen aber hatte Jack Northrop unter Verwendung der von ihm entwickelten Schalenbauweise ein Flugzeug konstruiert, das Allan Loughead als erstes Produkt in seiner Ende 1926 neu gegründeten Firma Lockheed Aircraft Company herstellte. Das Flugzeug wurde in der Folgezeit ein voller Erfolg. Die Typenserie Lockheed 1, 2, und 5 Vega schrieb durch eine Reihe von Höhen- und Geschwindigkeitsrekorden Luftfahrt-Geschichte. Seitdem stand der Name Lockheed für eines von fortschrittlichen Ideen ausgehenden Herstellers von zivilen und später auch militärischen Hochleistungs-Flugzeugen bis auf den heutigen Tag. Von dem Muster Vega konnten in den verschiedenen Versionen 128 Exemplare gebaut werden, die bei Fluggesellschaften, als Reiseflugzeuge großer Firmen und für berühmte Piloten geliefert wurden.

Aufgrund dieses Erfolges entstanden weitere Typen in Anlehnung an das Grundmuster, die den Ruf des jungen Unternehmens Lockheed festigten, und die bei den Fluggesellschaften gerne eingesetzt werden, waren sie doch zumeist schneller und leistungsfähiger als die vergleichbaren Konkurrenzmuster. Air Expreß, Sirius, Altair, Orion sind die Namen der aus der Vega entwickelten Typen, zu deren berühmten Piloten Charles A. Lindbergh, Wiley Post und Amelia Earhard zählten. Insbesondere das Verkehrsflugzeug Orion hatte für die Entwicklung des europäischen Schnellverkehrs-Flugzeuges eine entscheidende Bedeutung. Die Swissair erhielt 1932 zwei Lockheed Orion, die in leuchtendem Rot lackiert waren und auf der Expreß-Strecke Zürich-München – Wien eingesetzt wurden. Mit ihrem einziehbaren Fahrwerk und aerodynamisch hervorragend durchgearbeiteten Form waren sie ein Erfolg für die Swissair und gaben den Ansporn für die Entwicklung der deutschen Schnellverkehrs-Flugzeuge der Typen Heinkel He 70 und He 111 sowie Junkers Ju 60 und Ju 160, mit denen bei der Lufthansa in der Folgezeit ein Schnellverkehrsnetz aufgebaut wurde.

Für Lockheed aber war es wieder einmal soweit, daß der Betrieb eingestellt werden mußte – die finanziellen Schwierigkeiten im Gefolge der Weltwirtschaftskrise zwangen zu dieser Maßnahme. Am 16. Juni 1932 meldete Lockheed Konkurs an. Aber nur fünf Tage später wurde die neue Firma Lockheed Aircraft Corporation durch eine Gruppe von vier Investoren ins Leben gerufen, die es sich zum Ziel gesetzt hatte, die bereits bestellten Flugzeuge – es handelte sich um vier Vegas, eine Altair und siebzehn Orion, bis 1934 an die Kunden auszuliefern, was auch gelang.

Bis zu diesem Zeitpunkt handelte es sich bei den Lockheed-Flugzeugen stets um einmotorige Muster, der Trend aber ging bei den Fluggesellschaften zu zweimotorigen Typen. Hierbei war die in Seattle beheimatete Firma Boeing mit der B247, einem Ganzmetalltiefdecker für zehn Passagiere, der Trendsetter. Bei Lockheed wurde ein zweimotoriges Verkehrsflugzeug mit der Bezeichnung Model 10 Electra entworfen, bei den Windkanalvermessungen machte ein junger Student der Universität von Michigan auf einige

Wenn auch bereits außer Dienst gestellt, so sind die Leistungen der Lockheed SR 71 noch immer geheim!

Schwachpunkte des Entwurfs aufmerksam, der in der Folgezeit zu den berühmtesten Konstrukteuren der Welt zählen sollte — sein Name: Clarence L. ‚Kelly' Johnson. Die Electra konnte sich bei den Fluggesellschaften gut bewähren und bildete wie bereits die Vega den Ausgangspunkt einer Reihe von Verkehrs- und Transportflugzeugen und von Bombern, die in großer Stückzahl während des Zweiten Weltkrieges gebaut wurden.

Aber nicht nur Verkehrsflugzeuge und Transporter entstanden bei Lockheed, auch eines der berühmtesten Jagdflugzeuge des Zweiten Weltkrieges, die P-38 Lightning, entstand hier. Es war eines der frühen Meisterstücke von Kelly Johnson und seines Kollegen Hall Hibbard. Die P-38 unternahm am 27. Januar 1939 ihren Erstflug in Burbank in Kalifornien. Trotz allem aber sank der Auftragsbestand bei Lockheed, als ein Großauftrag aus England über die Lieferung von 200 bis 250 Mehrzweckflugzeugen des Typs Hudson, einer Ableitung aus der Verkehrsmaschine Model 14 Super Electra, den endgültigen finanziellen und wirtschaftlichen Durchbruch für die Firma Lockheed brachte.

Nach Beendigung des Zweiten Weltkrieges lieferte Lockheed weiterhin Flugzeuge an die Streitkräfte in aller Welt, sowie an die Fluggesellschaften, die daran gingen, ein weltumspannendes Verkehrsnetz aufzubauen. Bei dem Namen Lockheed im Zusammenhang mit Verkehrsflugzeugen denkt wohl jeder auch heute noch unwillkürlich an die Constellation-Serie, die in verschiedenen Versionen in aller Welt Verbreitung fand.

Auf militärischem Gebiet waren es der erste operationelle Düsenjäger der US-Luftstreitkräfte P-80 Shooting Star und die daraus abgeleitete Trainerversion T-33, die dem Namen Lockheed weltweites Ansehen verschafften. Am 17. Mai 1945 flog erstmals der Prototyp des Langstrecken-Patrouillenflugzeuges und U-Boot-Jägers P2 V Neptune, der sich im späteren Einsatz hervorragend bewährte. Weniger Erfolg hingegen hatte Lockheed mit dem viermotorigen Typ Constitution, das lediglich in zwei Exemplaren für die US Navy gebaut worden ist, und deren kommerzieller Einsatz als Verkehrsflugzeug sich nicht realisieren ließ.

Ein weiteres erfolgversprechendes Lockheed-Flugzeug wurde der Jäger F-94 Starfire, der aus der P-80/T-33-Serie entwickelt worden war. Der ganz große Wurf von Kelly Johnson aber stand noch aus; als das Flugzeug am 28. Februar 1954 zu seinem kurzen Erstflug startete, war sein späterer Welterfolg auch noch nicht absehbar. Es handelt sich um den als leichten Abfangjäger konzipierten Typ F-104 Starfighter. Das Flugzeug war zwar ursprünglich für den Einsatz bei der US Air Force gedacht, die es aber wenig einsetzte. Umso stärker wurde es von den europäischen NATO-Luftwaffen sowie den japanischen Selbstverteidigungs-Streitkräften eingesetzt und bei den Luftfahrt-Industrien der jeweiligen Länder in großer Stückzahl produziert.

Am 2. Juli 1951 gewann Lockheed eine Ausschreibung der amerikanischen Luftwaffe über den Bau eines neuen taktischen Transporters, der in der Folgezeit zum wichtigsten, weltweit eingesetzten Flugzeug dieser Kategorie wurde. Es handelt sich um die C-130 Hercules, deren Produktion auch heute noch nicht beendet ist. Außer bei zahlreichen Luftwaffen fliegt der Transporter Hercules bei einer Reihe von Fluggesellschaften im Frachteinsatz. Zwei weitere strategische Transporter kamen in der Folgezeit aus den Lockheed-Werken, beide von vier Strahltriebwerken angetrieben: es sind die C-141 Starlifter und die riesige C-5 Galaxy, lange Jahre das größte Flugzeug der Welt überhaupt.

Als Nachfolgemuster der Neptune entstand das Patrouillen- und U-Boot-Bekämpfungsflugzeug Orion, das die US Navy mit einem sehr effektiven Waffensystem versah, das sich im weltweiten Einsatz befindet.

Die Orion war eine Ableitung aus dem Verkehrsflugzeug Electra, das trotz anfänglich guter Verkaufserfolge sich letztlich als Turboprop-Flugzeug gegenüber den nahezu zeitgleich erscheinenden Strahlverkehrs-Flugzeugen nicht so recht durchsetzten konnte. Die Electra aber konnte nach Umrüstung zum zivilen Frachter bei kleineren Fluggesellschaften hervorragende Dienste leisten. Ein weiteres Passagierflugzeug, auf das Lockheed große Hoffnungen setzte, entstand nach einer Ausschreibung der American Airlines, die ein Großraumflugzeug mit 250 Plätzen für Inlandstrecken forderte. Es war die Geburtsstunde des TriStar. Die Tatsache, daß das Flugzeug für Rolls-Royce-Triebwerke optimiert worden war, der Zusammenbruch der englischen Triebwerkfirma im Februar 1971 und das Erscheinen der Konkurrenzmuster DC-10 und des A300 veranlaßten Lockheed, die TriStar-Produktion 1984 einzustellen.

In die Grenzbereiche des Flugzeugbaus stieß Lockheed mit den Militärmustern U-2, SR-71, F-117 und F-22. Die U-2 wurde durch einen spektakulären Abschuß über der Sowjetunion weltweit bekannt, nachdem sie eines der bestgehüteten Geheimnisse der USA gewesen war. Jahrelang flogen diese Höhenaufklärer Einsätze über der Sowjetunion und andere kommunistische Staaten, ohne daß die Luftabwehr etwas gegen sie ausrichten konnte. Das Nachfolgemuster TR-1 mit verbesserten Leistungen befindet sich im aktiven Einsatz bei den US-Streitkräften. Wesentlich spektakulärer aber ist die SR-71, deren Leistungen selbst heute, da sie bereits außer Dienst gestellt worden ist, noch der Geheimhaltung unterliegen. In jüngster Zeit ist das Stealth-Flugzeug F-117 in den Mittelpunkt des Interesses gerückt, dessen ungewöhnliche Bauweise es gegen das Entdecken durch feindliche Radar-Geräte schützen soll. Die Produktion des Flugzeuges ist nach Auslieferung der 59. Maschine bereits wieder beendet worden. Im Juni 1981 flog die erste F-117 A, bis zum heutigen Tag sind die Leistungsdaten geheim, daran hat auch der Einsatz im Golf-Krieg nichts geändert.

Das neueste Kampfflugzeug von Lockheed ist das gemeinsam mit den Firmen Boeing und General Dynamics entwickelte Muster F-22, das sich in Konkurrenz zu der von Northrop und McDonnell Douglas entwickelten ATF-23 um den Großauftrag für die US Air Force befindet. In knapp 80 Jahren ist es Lockheed gelungen, sich von einem kleinen Flugzeughersteller zu einem der führenden Luftfahrtkonzerne der Welt zu entwickeln.

McDonnell-Douglas

Es ist eigentlich die Geschichte von zwei Flugzeugwerken, die sich im Jahre 1967 zusammentaten, als die Firma Douglas die finanziellen Verlust beim Bau von Verkehrsflugzeugen nicht mehr auffangen konnte. Die ältere Firma ist das von Douglas 1920 gegründete Douglas-Flugzeugwerk.. Es begann an allen möglichen Projekten zu arbeiten: sowohl Zivil- als auch Militärflugzeuge entstanden in bunter Reihenfolge. 1923 erhielt Donald W. Douglas den Auftrag über vier Maschinen des Typs Douglas World Cruiser, mit dem die Erde in sechs Monaten umrundet wurde. Eines dieser Flugzeuge ist heute im Museum der amerikanischen Luftwaffe bei Dayton/Ohio zu sehen.

1932 stieß der brillante Konstrukteur Ed Heinemann zur Firma Douglas, und er wurde zum Schöpfer einer Reihe von Kampfflugzeugen. Eines davon war der Dauntless-Sturzkampfbomber, der hauptsächlich von Flugzeugträgern aus zum Einsatz kam, weitere Typen waren die mittleren Bomber Boston und Havoc und die hervorragende A-26 Invader.

Auf dem zivilen Markt gab es den großen Wurf mit der DC-1, wobei DC für Douglas Commerical steht. Am 1. Juli 1933 flog die DC-1 erstmals. Es folgte die DC-2, die bald von der DC-3 abgelöst wurde, nachdem die DC-2 bereits bei vielen Gesellschaften im Einsatz stand. Die DC-3 flog erstmals am 17. Dezember 1935, sie war auf Wunsch der American Airlines entstanden. Mit diesem Flugzeug wurde eine Legende geboren, auch heute noch ist das Flugzeug in vielen Ländern der Erde im Einsatz und steht für Nostalgie-Flüge zur Verfügung – beispielsweise bei der Swissair.

Die DC-4 E war ein großes, von mehreren Gesellschaften der USA gemeinsam finanziertes Studienflugzeug, von dem

Die DC-3 wird in der Schweiz für Nostalgieflüge eingesetzt.

Die DC-7 C „Seven Seas" war das letzte Verkehrsflugzeug der Kolbenmotor-Ära. Hier eine Maschine der holländischen KLM.

Die DC-8, hier in ihrer gestreckten Version, fliegt weltweit. Auch hier ein Flugzeug der KLM.

aber lediglich das eine Exemplar gebaut wurde. Die DC-4, die im April 1942 erstmals flog, wurde in großer Stückzahl als C-54 für das Militär gebaut, die DC-5 hingegen war kaum bekannt. Es folgten danach die DC-6, DC-6B, DC-7 und DC-7C.

Nach dem Zweiten Weltkrieg wurden eine Reihe von militärischen Maschinen sowohl für die amerikanische Luft waffe, als auch für die Marine gebaut, zu nennen sind die B-66, die A-3 Skywarrior, der Skyraider sowie einige Forschungsflugzeuge für den Hochgeschwindigkeitsbereich. Transporter wie die C-74 Globemaster I und die C-124 Globemaster II wurden geliefert.

In der Zivilproduktion begann die Strahlturbine Einzug zu halten, das erste Flugzeug bei Douglas war die DC-9, heute noch in ihrer gestreckten Version in der Produktion, gefolgt von der vierstrahligen DC-8 mit ihren verschiedenen Versionen. Die DC-10 war das erste Großraumflugzeug von Douglas, neuestes Produkt ist die MD-11.

Die McDonnell-Douglas F 15 ist ein leistungsstarkes Jagdflugzeug, das weltweit im Einsatz ist.

James Smith McDonnell gründete seine Firma am 6. Juli 1939 in St. Louis und konzentrierte sich von Anfang an auf den Bau militärischer Typen. Sein erstes Flugzeug war die XP-67, die aber nicht in Serie ging. Gefolgt wurde diese Maschine von der FH-1 Phantom, die am 26. Januar 1945 erstmals flog. Einige Hubschrauber wurden ebenfalls bei McDonnell gebaut und getestet, aus diesem Gebiet zog sich die Firma aber bald zurück.

Ein Kampfflugzeug, das sich im Korea-Krieg auszeichnete, war die F2H Banshae. Es folgte die F101 Voodoo, die am 20. Oktober 1948 zum Erstflug startete. Das nächste Kampfflugzeug war die XFH3 H-1 Demon, die aber wegen Problemen mit dem Triebwerk von Westinghouse nicht weiter gebaut wurde. Lediglich 60 Exemplare entstanden von diesem Typ.

Einer der größten Erfolge von McDonnell flog erstmals am 27. Mai 1958 – die Phantom II, von der 5057 Exemplare gebaut wurden. Sie fliegt heute noch bei zahlreichen Luftwaffen. Ein Lizenzabkommen mit dem englischen Hersteller des Senkrechtstarters Harrier sicherte den Bau dieses Flugzeuges für das amerikanische Marine Corps. Das Flugzeug wurde jedoch bei McDonnell-Douglas stark überarbeitet, bevor es ausgeliefert wurde.

Ein weiteres bekanntes Flugzeug ist die F-15 Eagle, gefolgt von der F-18 Hornet.

Das aktuelle Projekt ist die YF-23, die gemeinsam mit Northrop gebaut wird und modernste Technologie beeinhaltet. Für die Zukunftsaufgaben scheint McDonnell-Douglas jedenfalls bestens gerüstet.

Willy Messerschmitt

Mit zwei Flugzeugtypen schrieb sich Professor Willy Messerschmitt in die Luftfahrt-Geschichte ein: mit der Me 109 und der Me 262. Außerdem entstanden zahlreiche weitere Typen in seinen Werken, die zwar nicht so populär wurden, ihre Aufgabe aber nichtsdestotrotz gut bewältigten.

Am 26. Juni 1898 wurde Willy Messerschmitt in Frank furt am Main geboren, er besuchte dann die Oberrealschule in Nürnberg und begann sich gemeinsam mit dem Regierungsbaumeister Harth für den Bau von Gleitflugzeugen zu interessieren. 1913 führte Messerschmitt seinen ersten Gleitflug durch. Er arbeitete weiter an Gleit- und Segelflugzeugen, trennte sich aber 1922 von Harth. An der Technischen Hochschule in München hatte Messerschmitt sein Studium aufgenommen, 1923 erwarb er dort sein Diplom.

1923 gründete Willy Messerschmitt in Bamberg eine kleine Flugzeugbaufirma, die die mit den Segelflugzeugen erworbenen Erfahrungen auf den Motorflug übertrug. Eine Reihe von Typen entstand, die im beginnenden Luftverkehr eingesetzt wurden. Theodor Croneiß, Begründer der Norddeutschen Verkehrsflug in Fürth, erwarb eine Flotte von M18 – Kleinverkehrsflugzeugen für seine Gesellschaft und setzte sie recht erfolgreich auf seinen Strecken ein. Wirtschaftlich war das kleine Flugzeug anderen Konkurrenzmustern überlegen.

Prof. Willy Messerschmitt gratuliert seinem Rekordpiloten Fritz Wendel.

Der erfolgreiche Betrieb der M18 führte zum Bau der M20, eines für acht bis zehn Passagiere oder 1000 kg Fracht ausgelegten Flugzeuges, von dem die Lufthansa seinerzeit 14 Exemplare anschaffte. Die M20 erreichte eine Höchstgeschwindigkeit von 220 km/h, die Reisegeschwindigkeit betrug 180 km/h. In den Folgejahren entstanden einige Sport- und Reiseflugzeuge unter der Federführung von Willy Messerschmitt, so die Muster M23 als offenes und M23c als Kabinenreiseflugzeug. Außerdem gab es die M27 und die M29, die 1932 erschienen.

Für den Kunstflug entwickelt wurde die M35, ein Einsitzer, mit dem Willi Stör die Deutschen Kunstflugmeisterschaften in den Jahren 1935 und 1936 gewann. Bereits 1934 war aber ein Flugzeug erschienen, das bahnbrechend für den Bau von Reiseflugzeugen wurde – die Me108 »Taifun«. Am 13. Juni 1934 erfolgte der Erstflug und bald darauf der Siegeszug des Flugzeuges. In fünfzehn Ländern auf vier Kontinenten ist die Me108 »Taifun« geflogen, einige werden heute noch, sorgsam von ihren Eigentümern gehegt, geflogen.

1935 erschien der Prototyp eines Jagdflugzeuges, das wohl das wichtigste Flugzeug der Bayerischen Flugzeugwerke (Bf) werden sollte. Denn so hießen die Werke noch, bis Willy Messerschmitt die Firma ganz übernehmen konnte und daraus die Messerschmitt AG wurde. Von der Me109 wurden in den verschiedensten Versionen rund 35000 Exemplare gebaut – in der Hauptsache für die deutsche Luftwaffe, aber das Flugzeug fand ebenfalls Eingang bei den Luftwaffen damals befreundeter Staaten.

Lange Zeit hat es übrigens gedauert, bis von dem Prototyp, der noch die zivile Kennung D-IABI trug, ein authentisches Foto beigebracht werden konnte, das auf der Erprobungsstelle Rechlin entstanden war.

1936 erschien die Me110, ein zweimotoriger Zweisitzer, der als Zerstörer gedacht war, aber in seinen Leistungen nicht voll befriedigte. Als Bomberversion der Me110 kam 1937 das Muster Me162 »Jaguar« heraus, von dem aber nur drei Exemplare gebaut wurden. Dennoch wurden von den verschiedenen Me110-Versionen etwa 6000 Flugzeuge gebaut.

Zu einem sensationellen Erfolg für die Messerschmitt-Werke kam es am 26. April 1939, als eine für die Öffentlichkeit als Me109 getarnte Rekordmaschine Me209 den

Mit Schwimmern ist dieser BK 117-Hubschrauber ausgestattet.

absoluten Geschwindigkeitsrekord errang. Dieser Rekordflug ergab eine Geschwindigkeit von 755 km/h und bestand 30 Jahre lang, bis er von einem Amerikaner auf einer speziell hergerichteten Rennmaschine gebrochen werden konnte.

1939 entstand als Langstrecken-, Kurier- und Postflugzeug der Typ Me 261, dem 1942 die Me 264 als Langstreckenbomber und Fernaufklärer folgte. Zwar gelang mit der Me 261 im Jahre 1943 ein Flug über eine Entfernung von 4500 Kilometer, beide Muster gingen aber nicht in Serie.

Zwei Flugzeuge sind jedoch besonders eng mit dem Namen Messerschmitt verbunden: zum einen der von Professor Lippisch, der mit seiner Mannschaft am 2. Januar 1939 der Messerschmitt AG beigetreten war, entworfene Raketenjäger Me 163, der in Großserie gebaut wurde und sich im Kampf gegen die einfliegenden alliierten Bomberverbände ab 1944 bewährte, wenn auch am Kriegsausgang nichts mehr geändert werden konnte.

Als Antrieb diente ein Walter-Raketentriebwerk, das dem kleinen Flugzeug eine fast 1000 km/h betragende Geschwindigkeit verlieh. Heini Dittmar überschritt 1941 mehrmals (inoffiziell) die 1000 Kilometermarke.

Das nächste bekannte Messerschmitt-Flugzeug ist der Strahljäger Me 262 mit zwei Strahltriebwerken unter den Tragflächen; zunächst wurde die Zelle mit dem Jumo 210-Motor erprobt, am 17. Juli 1942 flog die Me 262 V3 erstmals mit Strahlantrieb. In dem Flugzeug kam das Jumo 004-A-TL-Turbostrahltriebwerk zum Einbau, mit dem die Me 262 den Jägern der Alliierten weit überlegen war.

Ein für Messerschmitt eigentlich untypisches Flugzeug entstand 1941, es war der Lastengroßsegler Me 321, der auf Höhe geschleppt werden mußte und dann ausgeklinkt wurde, um in sein Zielgebiet zu fliegen. Die motorisierte Version Me 323 »Gigant«, der als sechsmotoriger Großraumtransporter eigenstartfähig war, besaß eine Spannweite von 55 Meter, zählt also sogar heute noch mit zu den großen Transportern.

Mit dem sich dem Ende zuneigenden Zweiten Weltkrieg waren es nur noch wenige Typen, die bei Messerschmitt

Der zukünftige Jäger 90, an dessen Verwirklichung gearbeitet wird, seine Zukunft ist aber noch ungewiß.

projektiert wurden. Eines davon war der Strahljäger P-1101, der das Strahltriebwerk unter dem Rumpf angeordnet hatte. Das Flugzeug wurde bis zum Kriegsende nicht mehr ganz fertiggestellt, die einrückenden amerikanischen Truppen fanden es in einem ausgelagerten Betrieb in den Alpen.

Nach der Zwangspause nach dem Krieg arbeitete Willy Messerschmitt für das Ausland. Für Spanien entwarf er das Strahlflugzeug HA (Me) 200, das dort in Serie gebaut wurde. Auch für Ägypten entwarf Prof. Willy Messerschmitt ein Jagdflugzeug, bei dem es sich um einen der leichtesten Mach-2-Jäger der damaligen Zeit handelte. Leider ging allerdings auch dieses Flugzeug nicht in den Serienbau.

Nach Wiedererlangung der Lufthoheit arbeitete Messerschmitt gemeinsam mit den Firmen Bölkow und Heinkel im Entwicklungsring Süd und schuf den Senkrechtstarter VJ101, der aber nicht in Serie ging. Professor Willy Messerschmitt arbeitete bis ins hohe Alter an einem »Rotorjet«, einem Senkrecht- und Kurzstartflugzeug mit Kippflügel, das damals nicht verwirklicht werden konnte, die Technologie wurde aber in mehreren Programmen in Kanada und den USA bis zur Bell-Boeing X-22 von heute erfolgreich getestet. Bei der Gründung der Firma Messerschmitt-Bölkow-Blohm im Mai 1969 brachte Messerschmitt seinen geachteten Namen in die deutsche Nachkriegsluftfahrt ein. Professor Willy Messerschmitt starb nach einem arbeitsreichen Leben am 15. September 1978.

Die MiG-Flugzeuge

Seit zu Beginn der 50er Jahre während des Korea-Krieges plötzlich ein modernes sowjetisches Jagdflugzeug mit gepfeilten Flächen unter der Typenbezeichnung MiG15 auftauchte, ist das Kürzel MiG der Öffentlichkeit für Jagdflugzeuge aus der UdSSR geläufig.

Die ersten noch propellergetriebenen Flugzeuge, wie die MiG1, einem einmotorigen Jäger, bildeten die Ausgangsbasis für die folgenden Typen MiG3, einem Höhenjäger, von dem trotz gewisser Mängel 3322 Maschinen gebaut wurden und der eine Maximalgeschwindigkeit von 656 km/h besaß. Das nächste Flugzeug des MiG-Kollektivs war die MiG5, ein zweimotoriger Begleitjäger, der aber nur in zwei Exemplaren gebaut wurde, bevor wegen geänderter Einsatz-Konzeptionen die Produktion eingestellt wurde. Die Höchstgeschwindigkeit betrug 610 km/h, die Besatzung bestand aus einem Piloten.

Die MiG9 war wieder ein einmotoriger Jäger, der 1942 erschien und 670 km/h Geschwindigkeit erzielte, aber auch dieses Flugzeug kam über den Bau einer kleinen Vorserie nicht hinaus. Als Antrieb diente ein 1360 PS starker Kolbenmotor. Die MiG11 war eine einmotorige Jagdmaschine, die aber auch zugunsten anderer bereits vorhandener Jäger nach dem Bau von lediglich zwei Maschinen eingestellt wurde.

Als MiG8 Utka entstand 1945 ein Flugzeug in Entenbauweise mit Heckantrieb, von dem viele Erkenntnisse in die später gebauten Pfeilflügler des MiG-Kollektivs flossen. Die Geschwindigkeit der MiG8 belief sich auf 205 km/h, insbesondere Stabilitätseigenschaften und das Steuerverhalten der

Die MiG 15 zählte lange zu den sowjetischen Standardjägern.

Mit dieser MiG E 166 stellte die Sowjetunion eine Reihe von Rekorden ein. Das Flugzeug steht jetzt im Luftwaffen Museum in Molino bei Moskau.

Pfeilflügler wie der MiG15 wurden an diesem Flugzeug studiert. 1947 wurde der zweistrahlige Jäger MiG9 getestet und danach bis 1948 in Serie gebaut. Die beiden Triebwerke waren unterhalb des Rumpfes paarweise angeordnet, in dem geteilten Lufteinlaß befand sich in der Mitte eine 37 mm-Maschinenkanone N-37 sowie unterhalb des Rumpfes zwei des Musters NS-23. Die Spannweite betrug 10, die Länge 9,75 Meter.

Auch ein raketengetriebener Objektschutzjäger entstand im MiG-Kollektiv, der mit der Bezeichnung I-270 in zwei Exemplaren gebaut und erprobt wurde, danach wurde das Programm eingestellt.

Die MiG15 war das Jagdflugzeug, mit dem die beiden Konstrukteure Mikojan und Gurewitsch sich in die Annalen der Luftfahrt-Geschichte eintrugen, wie bereits in der Einleitung kurz erwähnt. Dieser Jäger gehörte auch zum Inventar der Luftstreitkräfte des Ostblocks. Das Flugzeug wurde in einer ganzen Reihe von Varianten gebaut. Auf der Grundlage der MiG15 entstanden die Weiterentwicklungen MiG17, und ebenfalls in einer Reihe von Varianten die MiG19.

Die Studien über einen Überschalljäger führten im MiG-Büro zur MiG21, die in ihren zahlreichen Versionen zur Standardausrüstung der sowjetischen und der Ostblock-Luftwaffen gehörte. Es ist ein Deltaflügler mit separatem Leitwerk. Die MiG21 war in ihrer Bedeutung dem Lockheed Starfighter gleichzusetzen. Mit der MiG23 schuf das Team Mikojan/Gurewitsch erstmals ein Flugzeug mit veränderlicher Tragflügel-Geometrie, der Schwenkflügler besitzt dank seiner Technik hervorragende Manövriereigenschaften. Die MiG23 war auch das letzte noch unter Artjom Mikojan verwirklichte Flugzeug. Erstmals öffentlich vorgestellt wurde die MiG23 am 9. Juli 1967 auf der großen Luftparade in Moskau-Domodedowo. Auch von der MiG23 gibt es zahlreiche Varianten, das Flugzeug wurde von den anderen Ostblock-Luftwaffen ebenfalls geflogen. Eine interessante Variante war die MiG23 UWP, die als Hubtriebwerk-Kurzstarter erprobt wurde. Hinter dem Cockpit waren zwei Hubtriebwerke eingelassen, es gab allerdings keinen Serienbau dieses Flugzeuges.

Die MiG25 wurde als Einsitzer gebaut. Es ist ein zweistrahliges Langstreckenkampfflugzeug. Mit verschiedenen Versionen wurden zwischen 1965 und 1973 neunzehn Weltrekorde erflogen. Auch heute wird über die Leistungsdaten des Flugzeuges nichts veröffentlicht, alle Angaben beziehen sich auf Vergleiche mit den Weltrekordflugzeugen.

Die MiG27 basiert auf den mit der MiG23 gemachten Erfahrungen, und von den Bauvorrichtungen der MiG23 wurden etwa 70 Prozent für die MiG27 übernommen. Auch hier handelt es sich um einen Schwenkflügler, der außer in der Sowjetunion bei anderen Luftwaffen des Ostblocks zum Einsatz kommt.

Einer der größten Entwürfe des MiG-Kollektivs aber dürfte die MiG29 sein, ein zweistrahliges Kampfflugzeug, das auf den westlichen Luftfahrtschauen durch sein verblüffendes Kobra-Manöver sowohl die Fachleute als auch das Publikum erstaunte. Bei diesem Manöver wird das Flugzeug aus dem Schnellflug hochgerissen, so daß es auf dem Strahl seiner Turbinen reitet, danach wird es wieder niedergedrückt und der Normalflug fortgesetzt. Das vorläufig letzte bekannt gewordene MiG-Flugzeug ist die MiG31, ein zweisitziger Langstreckenjäger. Auch von diesem Typ existieren mehrere Varianten, Leistungsdaten allerdings wurden noch nicht veröffentlicht.

Die Brüder Montgolfier

Ein Bruderpaar war es, das der Menschheit den Weg zum Himmel zeigte: das Datum war der 5. Juni 1783. An diesem Tag stieg erstmals ein von Etienne und Joseph Montgolfier erbauter Heißluftballon zum Himmel empor. Das Geheimnis lag seit Urzeiten offen zutage, nämlich, daß warme Luft nach oben steigt. Und dennoch kam niemand, in all den voraufgegangenen Jahren auf die Idee, einen Behälter zu bauen, ihn mit heißer Luft über einem Feuer zu füllen und entweder unbemannt oder bemannt damit aufzusteigen.

Der erste unbemannte Aufstieg eines Ballons fand in der Heimatstadt der Montgolfiers statt, in Annonay nahe Lyon, wo sie eine Papierfabrik betrieben. Die Kunde von diesem Ereignis verbreitete sich schnell bis nach Paris, wo die gelehrten Herren der Akademie es zunächst nicht glauben wollten, daß es zu diesem epochalen Ereignis in der Provinz gekommen war. Also lud man die Brüder Montgolfier nach Paris ein, um dort ihre Erfindung vorzuführen.

Am 19. September 1783 kam dann der große Tag, an dem erstmals Lebewesen mit einem von Menschen erbauten Fluggerät die Erde verließen – ein Hahn, eine Ente und ein Schaf entschwebten in dem wunderschönen Ballon, versehen mit den Insignien des Königs und in königlichem Blau gen Himmel. Als der Ballon, der im Beisein der königlichen Familie gestartet war, nach acht Minuten wieder sanft aufsetzte, waren die Brüder Montgolfier die gefeiertsten Menschen in Paris.

Als nächstes erhob sich die große Frage, wann erstmals Menschen mit einem Ballon aufsteigen würden. Der französische König entschied zunächst, daß zwei Verbrecher die ersten Menschen sein sollten, die in einem Ballon aufsteigen sollten, und denen nach geglückter Landung die Strafe erlassen werden sollte. Mit dieser Entscheidung aber stieß er auf den einhelligen Protest des Adels, dessen Argumente ihn schließlich überzeugten, und so wurde der 21. November 1783 zum weltgeschichtlich historischen Tag, als Pilatre de Rozier und der Marquis d'Arlande als erste Menschen in einem Ballon aufstiegen. Die Montgolfiere war ein Traum: der Ballon hatte ein Volumen von 3000 m^3, einen Umfang von 16 Metern und am unteren Ende herum eine aus Weiden geflochtene Galerie, die einen Meter breit und 1,30 Meter hoch war. Bemalt war die Hülle wieder in königlichem Blau mit den Insignien des Königshauses und allerlei Schnörkelwerk.

Im Garten des Schlosses »La Muette« war alles für den Aufstieg wohlvorbereitet: Um 12.08 Uhr wurde mit der Füllung des Ballons begonnen, leider gab es zunächst einen Fehlstart, da der Wind den Ballon gegen einige Bäume trieb, wobei Risse in der Hülle entstanden, die aber nach zweistündiger fieberhafter Arbeit abgedichtet werden konnten.

Mit der Montgolfiere begann die Eroberung des Himmels durch den Menschen.

Um 13.45 Uhr starteten endlich die beiden Aeronauten, etwa 1000 Meter Höhe wurden erreicht, und nach 25 Minuten erfolgte eine glatte Landung. Der spätere amerikanische Präsident Benjamin Franklin war Zeuge des weltgeschichtlichen Augenblicks und unterschrieb als Augenzeuge das Protokoll.

Von den Brüdern Montgolfier nahm nur Joseph an einem Aufstieg mit dem Riesenballon »La Flesselles« am 19. Januar 1784 teil, Etienne hingegen ist nie mit seiner Erfindung mitgefahren.

Übrigens darf nicht unerwähnt bleiben, daß die Brüder Montgolfier in dem Glauben waren, ein neues Gas entdeckt zu haben, die Aufstiege ihrer Ballone führten sie nicht auf das von ihnen richtig erkannte Prinzip zurück, nachdem ein mit warmer Luft gefüllter Körper in der umgebenden kälteren Luft aufsteigt.

Wie immer, wenn große Erfindungen die Menschen stark bewegen, kam es auch bald zu Übertreibungen auf modischem Gebiet: Hüte und alle möglichen Kleidungsgegenstände kamen in Ballonform auf den Markt und gaben schnell Stoff für die Karikaturisten ab.

Das Militär war nach anfänglicher Begeisterung enttäuscht, da der Ballon sich nicht lenken läßt und ein Spielball des Windes bleibt. Für die Wissenschaftler aber wurde er zu einem großartigen Hilfsmittel bei der Erforschung der Atmosphäre, und auch heute noch ist der Ballon ein beliebtes Sportgerät geblieben, dessen Erscheinen am Himmel immer wieder bewundert wird.

Joseph Montgolfier lebte vom 26. August 1740 bis zum 26. Juni 1810, Etienne vom 7. Januar 1745 bis zum 2. August 1799.

North American/Rockwell

Die Firma North American Aviation wurde am 6. Dezember 1928 gegründet und avancierte rasch zu einem der großen amerikanischen Herstellerwerke. Eines der ersten Flugzeuge, das bei North American entwickelt und gebaut wurde, war das Muster GA-43, ein Transportflugzeug sowie das Beobachtungsflugzeug O-47. Dutch Kindelberger war der dynamische Chef von North American Aviation, unter seiner Führung wuchs die Firma und wurde ein führender Hersteller von Trainings-Kampfflugzeugen, die teilweise im Zweiten Weltkrieg großen Anteil am Ausgang des Krieges hatten.

Ein wichtiges Flugzeug war der Trainer T-S Harvard mit seinem bulligen Motor, der auch von der Bundeswehr noch für die Pilotenausbildung eingesetzt wurde. Es war eine ganze Trainerfamilie, die ab 1937 entstand: zunächst als Basistyp die BT-9, die Yales, AT-S, SNJ, Harvard, Texan und andere Namen. Mit Lizenzproduktion wurden 20950 Einheiten dieser Trainerfamilie gebaut.

Ein weiteres Kampfflugzeug, das im Zweiten Weltkrieg an fast allen Fronten zum Einsatz gelangte, war der zweimotorige mittlere Bomber B-25 Mitchell, von dem 9817 Exemplare gefertigt wurden. Mit diesem Flugzeug kam es zu jenem berühmten Angriff auf Tokio, bei dem unter Führung von Jimmy Dolittle eine Gruppe B-25 von einem Flugzeugträger aus startete, Tokio bombardierte und nach China weiterflog, wo die Maschinen fast alle zu Bruch gingen. Was zählte, war die moralische Wirkung auf die japanische Führung und Bevölkerung.

Eines der großen Jagdflugzeuge war das Muster P-51 Mustang, von dem 15586 Exemplare gebaut wurden, und von denen sich heute noch einige in Privatbesitz befinden, die von ihren Eigentümern auf Luftfahrtschauen vorgeflogen werden. Das kurioseste Flugzeug war die Twin-Mustang, bei der zwei Maschinen, versehen mit einem neuen Zwischenflügel, ausgerüstet waren. Im Koreakrieg fand dieses Flugzeug mit der Typenbezeichnung F-82 Verwendung.

Nun folgt eines der klassischen Kampfflugzeuge der 50er Jahre, die F-86 Sabre mit ihrem um 35 Grad gepfeilten Tragflügel, deren Prototyp am 1. Oktober 1947 erstmals flog. 6933 Sabres wurden von North American Aviation gebaut, weitere 2458 Exemplare von anderen Firmen unter Lizenz. Auch die deutsche Bundeswehr setzte in den ersten Jahren ihres Bestehens diesen Typ ein, der bei Canadair in Montreal in Lizenz gebaut worden war.

Der nächste große Wurf war die F-100 Super Sabre, das erste Kampfflugzeug, das im normalen Flug in den Überschallbereich vordringen konnte. Es folgten eine Reihe von weiteren Kampfflugzeugen wie die A3J Vigilante, die T-2 Buckeye als Trainer für Einsätze von Flugzeugträgern aus

Die P-51 Mustang war eines der kampfstärksten Jagdflugzeuge des Zweiten Weltkrieges.

und die OV-10 Bronco, von der die Bundeswehr mehrere für Zieldarstellungsaufgaben im Einsatz hatte.

Eines der wenigen Flugzeuge von North American Aviation, das Eingang in den Zivilmarkt fand, war das Muster Sabreliner für zwei Piloten und maximal zehn Passagiere. Die größere Anzahl der Sabreliner allerdings wurde für die Streitkräfte gefertigt.

Eines der von den Leistungen her interessantesten Forschungsflugzeuge war die X-15, die bis zu sechsfache Schallgeschwindigkeit erreichte und das Wissen um diesen Flugbereich im hohen Machgebiet wesentlich erweitern half. Ein weiteres spektakuläres Flugzeug war die XB-70 Valkyrie, als Bomber geplant mit dreifacher Schallgeschwindigkeit, dann aber in lediglich zwei Exemplaren für Forschungsauf-

Der Schwenkflügelbomber North American/Rockwell B-1 bildet das Rückgrat der amerikanischen Bomberflotte.

Zu den exotischen Flugzeugen der USA zählt die XB-70 Valkyrie, von der nur zwei Maschinen gebaut wurden. Ein Flugzeug ging durch Kollision mit einem Starfighter verloren.

gaben gebaut. Eines dieser Flugzeuge kollidierte bei einem Fotoflug, der von dem Triebwerkhersteller General Electric als Werbeflug für die Triebwerke dieser Firma arrangiert worden war, durch die Disziplinlosigkeit des begleitenden Starfighter-Piloten, der dabei ums Leben kam. Der Starfighter riß dabei das rechte Seitenleitwerk der XB-70 ab, die daraufhin abstürzte. Die verbliebene XB-70 Valkyrie befindet sich im USAF-Museum auf der Wright-Patterson Air Base nahe Dayton/Ohio. Es ist auch heute noch ein sehr beeindruckendes Flugzeug. Nach der Fusion von North American Aviation mit der Rüstungsfirma Rockwell ist es der Schwenkflügelbomber B-1, der das wichtigste Produkt im Flugzeugbau darstellt und für das das Werk in Los Angeles zuständig ist.

Gegenwärtig wichtigstes Programm ist der Bau der Raumfähren für die NASA. Nach dem Verlust des Space Shuttle »Challenger« werden weitere Raumfähren gefertigt, die bei ihren Flügen in den Weltraum unser Wissen um den Welt raum erweitern helfen.

Northrop

Wie es in den Anfangsjahren der Luftfahrt-Industrie in den USA üblich war, arbeitete auch John K. »Jack« Northrop mit den anderen Konstrukteuren in Kalifornien zusammen und half beim Entwurf von Flugzeugen, ohne dabei namentlich erwähnt zu werden.

Das änderte sich erst, als John Northrop 1939 in Hawthorne, Kalifornien, seine eigene Firma gründete. Zunächst von einem Hotelzimmer aus geleitet, bis die eigenen Gebäude fertig waren, wurde die neue Firma bald mit interessanten Aufgaben betraut.

Das erste bei Northrop entworfene und gebaute Flugzeug war ein Schwimmerflugzeug mit der Bezeichnung N-3 PB, von dem Norwegen 24 Exemplare bestellte. Es war ein Zweisitzer, angetrieben von einem 1200 PS starken Wright-Motor.

Bereits 1940 folgte ein Flugzeug in der von Northrop Zeit seines Lebens bevorzugten Nurflügel-Konfiguration, es trug die Bezeichnung N-1 M und wurde von zwei je 120 PS starken Franklin-Motoren angetrieben. Über 200 Flüge wurden mit dem Fliegenden Flügel auf der Muroc Army Air Base durchgeführt, um wichtige Daten über das Flugverhalten von Nurflüglern zu gewinnen.

1942 kam der größere Fliegende Flügel heraus, die N-9 M, Vorläufer der in einigen Jahren folgenden B-35 und B-49-Bomber. Zwei Franklin-Motoren von je 300 PS dienten als Antrieb, die Besatzung bestand nur aus dem Piloten. Von diesem Typ wurden vier Exemplare gebaut. Aber der Zweite Weltkrieg forderte andere Flugzeuge als einige Testmaschinen eines neuen Flugzeugkonzepts, und so wurde 1942 die P-61 Black Widow für die amerikanischen Luftstreitkräfte gebaut, ein dreisitziger Nachtjäger mit Doppelrumpf und schwerer Bewaffnung. Es war eines der ersten mit Radar ausgerüsteten Flugzeuge der amerikanischen Streitkräfte. Als Antrieb dienten zwei Pratt & Whitney-Motoren von je 2100 PS Leistung. Mehr als 700 Maschinen dieses Typs wurden gebaut. Der Bordschütze saß mit gutem Schußfeld in einer nach hinten gerichteten Glaskanzel.

1943 gab es wieder einen Fliegenden Flügel, die XP-56, angetrieben von einem Pratt & Whitney-Motor, der eine Leistung von 2000 PS besaß, und der die beiden gegenläufigen Luftschrauben am Heck antrieb.

1944 wurde abermals ein Nurflügler mit der Bezeichnung MX-32 gebaut. Es war das erste raketengetriebene Forschungsflugzeug in Amerika. Der Pilot lag im Cockpit, um die hohe Beschleunigung besser zu überstehen. Als Antrieb diente ein Aerojet XCAL-Raketenmotor. Erst 1947 wurde die Existenz dieses Flugzeugs bekanntgegeben.

1945 gab es erneut einen Fliegenden Flügel, die XP-79. Dieses Flugzeug war als Rammjäger ausgelegt mit starker, aus Magnesiumplatten bestehenden Flügelvorderkante, um damit feindliche Flugzeuge im Rammstoß das Leitwerk abzuschneiden und sie auf diese Weise zum Absturz zu bringen. Als Antrieb dienten zwei Westinghouse 198-Strahltriebwerke. Zum scharfen Einsatz kam das Flugzeug nicht mehr.

Der amerikanische Flugzeugkonstrukteur Jack Northrop verfolgte jahrelang das Nurflügel-Konzept. Hier die B-35 des Jahres 1946.

Jetzt folgte ein für Northrop völlig untypisches Flugzeug: das Muster N-23 Pioneer, ein dreimotoriger Schulterdecker mit Kurzstarteigenschaften. Das Flugzeug besaß ein nicht einziehbares konventionelles Fahrwerk, als Antrieb dienten drei Wright 1820-Motoren. 1949 nahm Northrop das Konzept noch einmal auf, es entstand das Muster C-125 Raider, von dem die amerikanischen Luftstreitkräfte 23 Exemplare in Auftrag gaben. Haupteinsatzaufgaben waren Such- und Rettungsflüge in arktischen Gebieten.

1946 erfüllte sich endlich der Traum von Jack Northrop, einen großen Bomber als Fliegenden Flügel zu bauen. Die

Der Northrop YB-49 Nurflügel-Bomber war eine strahlgetriebene Version des B-35 Nurflüglers. Mit den gleichen Ausmaßen wurde die YB-49 von acht General Electric, aber von Allison gebauten TG-180 Turbojets angetrieben, die etwa 32 000 PS entwickelten. Die YB-49 wurde als der stärkste Bomber angesehen, als er im Oktober 1947 seinen Erstflug unternahm. Ein Nonstop-Rekord für Strahlflugzeuge wurde aufgestellt, als es 9,5 Stunden in der Luft blieb und dabei über 3 458 Meilen zurücklegte. Der Flug wurde in Höhen von 35 000 bis 40 000 Fuß durchgeführt.

Typenbezeichnung lautete B-35. Das Flugzeug wurde von vier Pratt & Whitney Wasp Major-Motoren angetrieben, von denen jeder 3000 PS leistete. Die Besatzung bestand aus sieben Mann: dem Piloten, dem Copiloten, Flugingenieur, Bombenschützen, dem Navigator und zwei Bordschützen. Die Effizienz des Nurflüglers gegenüber einem herkömmlichen Flugzeug gleicher Größe wurde als 25 Prozent höher ermittelt. 1947 kam eine von acht General Electric TG-180-Strahltriebwerken angetriebene Version als YB-49 heraus, die im Oktober 1947 zum Erstflug startete. Das Flugzeug stellte einen Nonstop-Rekord auf, als es bei einem Testflug 9,5 Stunden in der Luft blieb.

Dennoch mußten alle fertiggestellten B-35/49-Maschinen in einer Blitzaktion demontiert werden, auch alle Konstruktionsunterlagen wurden vernichtet.

1948 wurde das zweisitzige Kampfflugzeug F-89 Scorpion für die USAF geliefert, der zu diesem Zeitpunkt am stärksten bewaffnete Abfangjäger, der hauptsächlich zur Verteidigung von Alaska bis Grönland zum Einsatz gelangte. Das Flugzeug stand zehn Jahre lang im Einsatz, über 1000 F-89 wurden produziert.

1959 erschien die T-38 Talon, der erste Überschalltrainer für die USAF, von dem über 1150 Maschinen geliefert wurden. Als Ableitung kam 1963 das einsitzige Kampfflugzeug F-5 heraus, welches ebenfalls in großer Stückzahl geliefert wurde und bei zahlreichen Luftwaffen in aller Welt neben der USAF zum Einsatz kam. Die letzte Version dieser Baureihe, die F-20 Tigershark, wurde von der USAF nicht mehr akzeptiert.

Gegenwärtig schließt sich der Kreis von den Nurflügel-Bombern der 40er Jahre — in der Erprobung befindet sich der Stealth-Bomber B-2, der vom Radar nicht zu erfassen sein soll, und von dem die USAF 132 Exemplare beschaffen will. Kurz vor seinem Tod, am 18. Februar 1981, im Alter von 86 Jahren wurde Jack Northrop noch in einem Treffen im Verteidigungsministerium die Genugtuung zuteil, daß der nächste Bomber der USAF, die B-2, ein auf seinen Arbeiten beruhender Nurflügler sein wird.

Hermann Oberth

Am 25. Juni 1894 wurde Hermann Oberth in Hermannstadt in Siebenbürgen als Sohn eines Arztes geboren. Zwei Jahre später siedelte die Familie nach Schäßburg über, wo Hermann Oberth die Schule besuchte und sein Abitur ablegte. 1913 begann er mit dem Medizin-Studium in München. Nach dem Krieg setzte er das Medizin-Studium nicht fort, er wandte sich stattdessen den Fächern Physik, Mathematik, Chemie, Meteorologie und Astronomie zu, die er abwechselnd in München, Göttingen und Heidelberg studierte.

Angeregt durch die Lektüre von Jules-Verne-Romanen in seiner Kindheit begann er, sich mit dem Problem der Weltraumfahrt auseinanderzusetzen und schrieb eine Dissertation zu dem Thema »Die Rakete zu den Planetenräumen«, eine mathematische-physikalische Untersuchung der in Frage kommenden Kriterien. Diese wohldurchdachte Dissertation aber wurde an der Universität Heidelberg als nicht geeignetes Thema abgelehnt; als sie 1923 in Buchform erschien, war der Klassiker der Weltraumfahrt geboren. Die Reaktionen nach der Veröffentlichung reichten von völliger Ablehnung bis zu begeisterter Zustimmung. Vor allem kam Oberth jetzt in Kontakt mit Forschern, die sich gleich ihm dieser Frage widmeten.

Zunächst jedoch ging Oberth zurück nach Schäßburg und übernahm dort eine Stellung als Gymnasialprofessor an seiner alten Schule. Dann aber trat ein Mann in das Leben Oberths, der mit Raumfahrt und Raketenbau gar nichts zu tun hatte: Der legendäre Film-Regisseur Fritz Lang engagierte ihn als wissenschaftlichen Berater für den UFA-Film »Frau im Mond«. Als besonderen Werbegag hatte sich Lang für den Tag der Filmpremiere einen Raketenstart ausgedacht. Endlich bekam Oberth für seine Arbeit an der von ihm theoretisch durchgearbeiteten Flüssigkeit-Rakete Geld in die Hand. Die Zeit aber war für das Vorhaben zu knapp, die Filmpremiere mußte ohne den geplanten Raketenstart vorgenommen werden. Das wertvollste Ergebnis seiner wissenschaftlich-technischen Beratertätigkeit war eine einwandfrei arbeitende Raketenbrennkammer, in der sich Benzin und Sauerstoff mischten und ohne Explosion verbrannten. Diese als Kegeldüse bekannt gewordene Konstruktion ist einer der wichtigsten Meilensteine auf dem Weg zur Rakete unserer Tage.

1929 erscheint in wesentlich erweiterter Form das Buch »Wege zur Raumschiffahrt«, in der Hermann Oberth seine 1923 aufgestellten Themen ausführlich darstellt:

»1. Beim heutigen Stand der Wissenschaft und Technik ist der Bau von Maschinen möglich, die höher steigen können, als die Erdatmosphäre reicht;

Der in Siebenbürgen gebürtige Hermann Oberth legte die wissenschaftlichen Grundlagen der heutigen Raumfahrt.

2. Bei weiterer Vervollkommnung vermögen diese Maschinen derartige Geschwindigkeiten zu erreichen, daß sie – im Ätherraum sich selbst überlassen – nicht auf die Erdoberfläche zurückfallen müssen und sogar imstande sind, den Anziehungsbereich der Erde zu verlassen;

3. Derartige Maschinen können so gebaut werden, daß Menschen (wahrscheinlich ohne gesundheitliche Nachteile) mit emporfahren können;

4. Unter gewissen wirtschaftlichen Bedingungen kann sich der Bau solcher Maschinen lohnen. Solche Bedingungen können in einigen Jahrzehnten auftreten.«

Selten wohl ist ein Forscher so großartig durch die Praxis bestätigt worden wie Hermann Oberth, denn alle Satelliten, alle Raketen, alle Raumfähren verhalten sich nach den von ihm 1923 beschriebenen Gesetzen. Nachdem es durch eine Anzahl von Raketen-Enthusiasten in Berlin-Reinickendorf zur Gründung des ersten Raketen-Flugplatzes kam, begann sich alsbald das Militär für die neuen Entwicklungen zu interessieren, sie sahen in der Rakete vorzugsweise eine weittragende Waffe. Nach der Machtübernahme in Deutschland durch die Nationalsozialisten standen den Raketenforschern ungeahnte Mittel zur Verfügung, in Peenemünde entstand eine großzügig bemessene Forschungsanstalt.

Hermann Oberth, der noch nicht die deutsche Staatsbürgerschaft besaß, wurde im Rahmen von Universitätsverpflichtungen zu Fragen über Flüssigtreibstoff und später über Kraftstoff-Förderpumpen in die Forschungsarbeiten eingebunden. 1941 erhielt er die deutsche Staatsbürgerschaft und wurde direkt nach Peenemünde verpflichtet, wo er unter seinem ehemaligen Schüler Wernher von Braun, dem Chef des Raketenversuchsprogramms, an der Entwicklung der ersten Großrakete A 4, die aus Propagandagründen als V 2 bezeichnet wurde, mitarbeitete. Nach Kriegsende arbeitete Oberth in der Schweiz und in Italien. Nach Beendigung dieser Arbeiten kehrte er nach Deutschland zurück und verfaßte weitere Bücher zu Themen der Raumfahrt.

1955 wurde er von Wernher von Braun nach Huntsville, Alabama, geholt, um an den sich abzeichnenden amerikanischen Weltraum-Programmen mitzuarbeiten. 1958 kehrte Oberth nach Deutschland zurück und betätigte sich weiter schriftstellerisch mit Fragen der zukünftigen Weltraumfahrt. Wissenschaftliche Auszeichnungen aus aller Welt wurden ihm verliehen, sein Wohnsitz Feucht bei Nürnberg, wo es ein Oberth-Museum gibt, in dem seine Arbeiten und Voraussagen in Bild und im Modell vorgestellt werden, wurde zum Wallfahrtsort aller in der Raumfahrt tätigen Wissenschaftler.

Auch im hohen Alter begab er sich auf Reisen in die USA und in die Sowjetunion. So erlebte Hermann Oberth den ersten Start des Space Shuttle und konnte die Erfüllung seiner dritten und auch der vierten Voraussage mit Genugtuung und eigenen Augen sehen. Den zahllosen Besuchern seines Museums in Feucht erklärt er immer wieder seine Ideen und warb für die friedliche Weltraumfahrt. Hermann Oberth starb am 28. Dezember 1989 in Nürnberg.

Freiherr von Richthofen

Manfred Freiherr von Richthofen, Deutschlands bekanntester Jagdflieger des Ersten Weltkrieges, wurde am 2. Mai 1892 in Kleinburg bei Schweidnitz geboren. Er fiel unter nie ganz geklärten Umständen am 21. April 1918 im Luftkampf an der Westfront.

Von Richthofen wurde zunächst auf der Flugschule Großenhain in Sachsen zum Beobachter ausgebildet. Er flog auf zweimotorigen Großflugzeugen, zu einer Feindberührung kam es kaum. Am 1. September 1915 hatte er seinen ersten Luftkampf im Großflugzeug, aber weder sein noch das Flugzeug des Gegners wurden dabei getroffen. Der Franzose drehte ab und flog über die eigenen Linien davon.

Ende August wurde Richthofen von Hauptmann Boelcke, der auf ihn aufmerksam geworden war, in dessen Jagdstaffel geholt und erhielt seine Pilotenausbildung. 25 Schulflüge waren nötig, dann durfte er am 10. Oktober 1915 seinen ersten Alleinflug durchführen, der aber mit einem Kopfstand des Flugzeuges endete. Es sollte noch etwas dauern, bis er Pilot werden würde. Boelcke, der bereits den Pour le mérite als höchste deutsche Tapferkeitsauszeichnung des Ersten Weltkrieges trug, nahm ihn unter seine Fittiche und brachte ihm das Fliegen richtig bei. Leider stürzte Boelcke nach einem Zusammenstoß in der Luft tödlich ab. Manfred Freiherr von Richthofen aber begann seine Abschußserie an der Westfront, die ihn schnell zum bekanntesten deutschen Jagdflieger werden ließen. Als Staffelführer kam er auf die Idee, seinen Fokker-Dreidecker knallrot anzustreichen, was ihm prompt den Namen »Der rote Baron« eintrug. Als solcher war er an der gesamten Front bekannt und gefürchtet.

Nun wurde es ihm bald klar, daß auch seine Gegner wußten, wer in der roten Maschine saß, und aus diesem Grunde ließ er alle Flugzeuge seiner Jagdstaffel rot anstreichen. Mehrmals täglich startete er zu Feindflügen, befragt, ob das nicht für ihn auf Dauer zu anstrengend sei, gab er zu, am Abend ganz schön müde zu sein.

Am 22. März 1917 wurde er außerhalb der Reihe zum Oberleutnant befördert. Am 27. März 1918 schießt er abermals drei feindliche Flugzeuge ab. Am 21. April 1918 wurde ein Angriffsbefehl erteilt, da die Luftaktivitäten des Feindes an der westlichen Front stark zugenommen hatten. Auf der englischen Seite ist es ein Jagdgeschwader, daß sich unter dem Kommando von Captain Roy Brown befindet. Es kommt zu einem harten Luftkampf, in dessen Verlauf Manfred Freiherr von Richthofen von seinen Kameraden abgedrängt wird – ein tödlicher Fehler. Allerdings konnte eigentlich bis auf den heutigen Tag nie ganz zweifelsfrei geklärt werden, ob er nun durch Captain Brown, oder einem Treffer vom Boden her sein Leben verlor. Der tödliche Schuß ging durch die rechte Schulter ins Herz und setzte seinem Leben

Manfred Freiherr von Richthofen fiel im Ersten Weltkrieg unter bis heute nicht einwandfrei geklärten Umständen.

sofort ein Ende. Er starb in einem gerade gelieferten roten Doppeldecker, der die Nummer 200, trug, und von dem mancherlei Teile als Andenken in den Händen seiner Bezwinger blieben.

Die Überführung der sterblichen Überreste nach Deutschland fand am 21. November 1925 statt, die Beisetzungsfeier wurde unter großer Anteilnahme von offiziellen Stellen und der Bevölkerung auf dem Invalidenfriedhof in Berlin durchgeführt.

Unmittelbar nach seinem Tode begann eine Legendenbildung, die bis heute anhält. Sein Jagdgeschwader 1 wurde von Hermann Göring übernommen und in seinem Geiste weiterbefehligt. Neben seinem eigenen Erinnerungsbuch »Der rote Kampfflieger«, das große Auflagen erlebte, erschienen ungezählte Biografien mit mehr oder weniger großem Anspruch, auch werden weiterhin Forschungen darüber angestellt, ob er nun im Luftkampf von Roy Brown abgeschossen wurde, oder ob es ein von den Bodentruppen abgefeuerter Schuß war, der sein Leben beendete. Es wird wohl nie zweifelsfrei zu klären sein...

Vickers

Das erste Luftfahrt-Produkt der Schiffswerft und Waffenfirma Vickers war das Luftschiff »Mayfly« – ein richtig gewählter Name, denn noch vor dem ersten Aufstieg wurde das Luftschiff bereits in einem Sturm zerstört.

Im Ersten Weltkrieg wurden zahlreiche Kampfflugzeuge gebaut, so der Vickers Gunbus sowie die S.E.5 A, die in großer Stückzahl – über 1000 Exemplare –, an die britischen Luftstreitkräfte geliefert wurden. Am 30. November 1917 flog erstmals der zweimotorige Transporter Vickers Vimy, der 1919 berühmt wurde, als es den Piloten Alcock und Whitten-Brown gelang, zwischen Neufundland und Irland den Atlantik zu überqueren. Das Flugzeug befindet sich jetzt im Science Museum zu London. Auf der Basis der Vimy entstanden eine Reihe von Truppentransportern, wie die Virginia und Valentia, die in den 20er und 30er Jahren lange Zeit im Einsatz standen. Zum Teil wurden Flugzeug dieser Baureihe auch im beginnenden Luftverkehr eingesetzt.

Chefkonstrukteur Barnes Wallis war für unorthodoxe Konstruktionsmethoden bekannt, so entwickelte er die geodätische Bauweise, die eine Art von Gitterwerk für die Flugzeuge bildete, das sich zwar in der Praxis als recht brauchbar erwies, von anderen Firmen aber nicht übernommen wurde. Außer in einigen späteren Luftschiffen war das bekannteste Flugzeug in der geodätischen Bauweise der mittlere Bomber Vickers Wellington, von dem 2515 Exemplare gebaut wurden, und dessen Prototyp am 15. Juni 1936 erstmals flog.

Es muß jedoch auch auf ein Jagdflugzeug hingewiesen werden, das entscheidend an der Niederschlagung der geplanten deutschen Invasion in der Luftschlacht um England beteiligt war: Die Vickers-Supermarine Spitfire, von der 1000 Maschinen gebaut wurden.

Die in Weybridgte unweit von London angesiedelten Vickers-Werke konnten nach dem Kriege einige großartige Verkehrsflugzeuge bauen, so die Typen Viking, Viscount, Vanguard und den vierstrahligen Jetliner VC-10 mit am Heck angeordneten Triebwerken.

Konnten von der Viking schon zahlreiche Maschinen gebaut werden, so wurde die Vickers Viscount mit 432 in verschiedenen Versionen gebauten Maschinen der größte Erfolg im englischen Verkehrsflugzeugbau.

Auf militärischer Seite entstanden das Kampfflugzeug Scimitar sowie der V-Bomber Valiant bei Vickers. Die Valiant gehörte zum Trio der englischen V-Bomber, die anderen Typen waren der Avro Vulcan und der Handley-Page Victor.

Auf der zivilen Seite konnte der Erfolg der Viscount leider nicht wiederholt werden. Von der Vanguard wurden lediglich 43 Flugzeuge verkauft, die Maschine, die am 23. Juli 1959 erstmals flog, und von der damaligen British European

„Mayfly" wurde dieses aus Holz gebaute Luftschiff genannt, und die Leute hatten Recht: Es wurde in einem Sturm an seiner Verankerung zerstört.

Mit der Vickers Vinny wurde der Atlantik überflogen, das Flugzeug befindet sich heute im Science Museum in London.

Zu den formschönsten Flugzeugen zählt die Vickers VC-10.

Die Spitfire ist eines der elegantesten Jagdflugzeuge. Einige fliegen heute noch.

Airways und Trans Canada Airlines beschafft wurde, kam gegenüber den Strahlflugzeugen zu spät.

Auch mit der VC-10 konnte kein großer Erfolg erzielt werden. Dieses Flugzeug flog erstmals am 29. Juni 1962 in Weybridge, die letzte Super VC-10, wie die gestreckte Version genannt wurde, verließ die Montagehallen im Jahre 1970. Bei der englischen Luftwaffe fliegen heute noch einige der VC-10 als VIP-Transporter und Tanker. Bei den Fluggesellschaften waren es die damalige BOAC, die British United und Ghana Airways, die sich für das Flugzeug entschieden. 1959 kam es zu einem Konzentrationsprozeß in der englischen Luftfahrt-Industrie, es entstand die Hawker Siddeley-Gruppe und das Vickers/English Electric-Konsortium, später folgte die British Aircraft Corporation in einem nochmaligen Konzentrationsprozeß. Das bekannteste Flugzeug war die BAC1-11 mit über 200 verkauften Maschinen. Auch bei der BAC gab es wiederum eine Reihe von Militärmaschinen. Gemeinsam mit der französischen Firma Breguet wurde das Kampfflugzeug Jaguar gebaut, das heute noch im Einsatz ist. Auch die Concorde entstand unter der Federführung der BAC gemeinsam mit der französischen Aerospatiale in Toulouse.

Heute gehört die BAC zur Gruppe der British Aerospace und ist in zahlreiche Programme, wie Tornado, Lenkwaffen und (das inzwischen fragliche) Projekt Jäger 90 eingebunden.

Chuk Yeager

Am 14. Oktober 1947 durchbrach der damals 24 Jahre alte Pilot der amerikanischen Luftwaffe Charles »Chuck« Yeager mit seinem orange-rot lackierten Raketenflugzeug Bell X-1, dem er den Namen seiner Frau »Glamouros Glennis« gegeben hatte, mit einer Geschwindigkeit von 1547 km/h erstmals offiziell die Schallmauer. Das kleine Flugzeug wurde von einer Boeing B-29 auf Höhe geschleppt, und dann klinkte die Rekordmaschine aus. Chuck Yeager ließ sich einfach fallen, zündete das Raketentriebwerk der Bell X-1 und flog mit Überschallgeschwindigkeit, während die B-29 zur Edwards Air Force Base zurückkehrte.

Chuck Yeager, geboren am 13. Februar 1923, kam 1941 zur amerikanischen Luftwaffe und erwarb rasch sein Flugzeugführer-Zertifikat. Während des Krieges war er auf dem europäischen Kriegsschauplatz im Einsatz, später im Pazifik. Nach dem Krieg war er zeitweilig in Deutschland stationiert.

Mit dem Mach-1-Flug an Bord der Bell X-1 waren seine Hochgeschwindigkeitsflüge noch nicht beendet: Am 12. Dezember 1953 schaffte er mit der Bell X-1 A sogar 2600 km/h, also die zweieinhalbfache Schallgeschwindigkeit.

Während des Zweiten Weltkrieges flog Chuck Yeager fast alle Jagdflugzeuge, einschließlich der erbeuteten deutschen und japanischen Jäger.

1942 erprobte er den ersten amerikanischen Strahljäger, die Bell P-59, die damals in aller Heimlichkeit über Kalifornien getestet wurde.

Später war es die Lookheed P-80 »Shooting Star«, die er ebenfalls über Kalifornien testete. Einige Zeit später konnte er eine erbeutete deutsche Messerschmitt Me 262 gegen die »Shooting Star« testen. Im Laufe seiner langen Karriere in der amerikanischen Luftwaffe, wo Chuck Yeager es bis zum Brigade-General brachte, flog er wohl bis zur Northrop F-20 »Tiger Shark«, die zwar nicht in Serie ging, aber ein sehr anspruchsvolles Flugzeug war, alle Maschinen der amerikanischen Luftwaffe, wie bereits weiter oben erwähnt. Für die Firma Northrop trat er auch als deren Repräsentant auf Luftfahrtschauen und bei den Dienststellen und Behörden auf.

Für seinen Flug mit der Bell X-1 A erhielt Chuck Yeager im Frühjahr 1954 aus der Hand von Präsident Eisenhower die Harmon International Trophy, eine der höchsten Luftfahrt-Auszeichnungen.

1976 erhielt Chuck Yeager aus der Hand von Präsident Gerald Ford eine weitere hohe Auszeichnung: die Peacetime Congressional Medal of Honor, die vom amerikanischen Kongreß verliehen wird. Sein Rekordflugzeug Bell X-1 »Glamouros Glennis« ist in der Eingangshalle des Nationalen Luft- und Raumfahrt-Museums in Washington, D.C. ausgestellt.

30 Jahre danach:

Charles E. (Chuck) Yeager 1977 im Cockpit eines Starfighters am Jahrestag seines spektakulären Rekordflugs. Links im Bild Thomas B. Stafford, damaliger Leiter des Air Force Flight Test Center.

Eines der frühen Flugzeuge der Gebrüder Orville und Wilbur Wright.

Orville und Wilbur Wright

Der 17. Dezember 1903 wird für alle Zeiten als der Beginn des motorisierten Menschenflugs angesehen werden, schafften es doch an diesem denkwürdigen Tag, die beiden aus Dayton/Ohio in den USA stammenden Fahrrad-Mechaniker Orville und Wilbur Wright, in den windgepeitschten Dünen von Kitty Hawk im Bundesstaat North Carolina, den ersten voll kontrollierten Motorflug in der Geschichte der Menschheit durchzuführen. Nur zwölf Sekunden dauerte der erste Flug, 59 Meter wurden zurückgelegt, aber was für ein Triumph für die beiden Brüder: Sie verwiesen ihre finanziell und von der Ausbildung her wesentlich besser ausgestatteten Konkurrenten auf ihre Plätze. Zwar gelangen einigen ihrer Konkurrenten einige unbedeutende Hopser, die aber nicht die Kriterien eines kontrollierten Fluges erfüllten.

Auch die Brüder Wright bauten auf den Erfahrungen von Otto Lilienthal auf, dessen Arbeiten über den Vogelflug und dessen Versuchsserien ihre Ausgangsbasis darstellten, bis sie beim Nachmessen der Kurven auf einige Ungenauigkeiten stießen. In langen Versuchsserien, unter der Zuhilfenahme eines eigens hergestellten kleinen Windkanals, gelangten sie zu eigenen Ergebnissen. Entscheidend waren ihre in den Dünen von Kitty Hawk durchgeführten, zunächst unbemannten, dann bemannten Gleitflüge, bei denen sie sich einen großen Erfahrungsschatz aneignen konnten. Als sie dann am 17. Dezember 1903 ihre bemannten Flüge durchführten, deren längster 59 Sekunden dauerte, ernteten sie die Früchte jahrelanger und systematischer Arbeit.

Mit dem Ergebnis des Tages hochzufrieden, sandten sie ein Telegramm an ihren Vater, teilten ihm den Erfolg mit und kündigten ihre Heimkehr an. Die Station in Kitty Hawk wurde für den Winter hergerichtet, und Wilbur und Orville fuhren nach Dayton zurück. Interessant ist, daß ihr »Flyer«, wie sie ihr Flugzeug nannten, nicht über ein Fahrgestell verfügte, und nicht eigenstartfähig war, vielmehr über eine hölzerne Laufschiene durch ein an einem Turm angebrachtes Gewicht sozusagen in die Luft katapultiert wurde. Auch in den späteren Jahren, als sie ihre großen Erfolge hatten, wichen sie nicht von diesem Prinzip ab, und erst als einige der frühen Flugpioniere sich ein Wright-Flugzeug anschafften, bauten sie ein Fahrwerk ein, um von der umständlichen Startmethode freizukommen.

Eine der wichtigsten Erfindungen der Brüder Wright war die Verwindung der Tragflächenenden, durch die der Steuervorgang für den Kurvenflug erst praktisch ermöglicht wurde, so daß die seit Lilienthal praktizierte Verlagerung des Körpergewichts bei Richtungsänderung nicht mehr nötig war. Interessant ist übrigens, daß die Brüder Wright, obwohl sie in den folgenden Jahren in der Nähe ihrer Heimatstadt Dayton zahlreiche Flüge durchführten, mit ihren ständig weiterentwickelten Flugzeugen wenig Aufmerksamkeit erregten, obwohl die Flüge in aller Öffentlichkeit durchgeführt wurden.

In Europa glaubte den Berichten aus den USA über die Flüge der Brüder sowieso niemand, man machte sich vielmehr den Spaß aus den »fliegenden« die »lügenden« Brüder zu machen. Und das trotz der Tatsache, daß sie bereits mit ihrem dritten Flugzeug am 5. Oktober 1905 über 38 Minuten lang in der Luft blieben.

Natürlich versuchten die Brüder Wright aus ihrer Erfindung Kapital zu schlagen und boten es dem Kriegsministerium zum Ankauf an, wurden aber vorerst abgewiesen. Erst 1908 konnte ein Vertrag über den Ankauf eines Wright-Flugzeuges geschlossen werden. Bei einem Testflug mit Orville am Steuer und Lieut. Selfridge als Passagier stürzte das Flugzeug ab, Selfridge kam dabei als das erste Opfer des motorisierten Menschenfluges ums Leben. Aber der Bann war dennoch gebrochen. Im Jahre 1908 fuhr Wilbur mit einem Flugzeug nach Europa, um zunächst in Frankreich eine Serie von sensationellen Flugdemonstrationen vorzunehmen, die dann in Italien und Deutschland fortgesetzt wurden und die die gesamte Luftfahrt-Elite Europas mit Staunen und Bewunderung erfüllte. So etwas hatte man noch nicht erlebt, dagegen waren alle bisherigen in Europa durchgeführten Flugversuche mit ihren bescheidenen Ergebnissen nicht von Bestand. Der Triumph der Brüder Wright war unvorstellbar. Orville kehrte 1909 nach Deutschland für weitere Vorführungen zurück. Sein Flugzeug befindet sich heute im Deutschen Museum zu München. Das erste Flugzeug der Brüder Wright existiert ebenfalls noch: es steht in der Eingangshalle des Nationalen Luft- und Raumfahrt-Museums in Washington, D.C.

Zum Abschluß die Lebensdaten der Brüder Wright: Orville wurde am 19. August 1871 in Dayton geboren und starb dort am 30. Januar 1948; Wilbur wurde am 16. April 1867 in Millville, Indiana, geboren und starb am 30. Mai 1912 in Dayton an Typhus.

Ferdinand Graf Zeppelin

Reitergeneral, Diplomat und vor allem Luftschiff-Erbauer, das war Graf Zeppelin.

Es kommt nicht häufig vor, daß der Name eines Erfinders im Laufe der Zeit gleichgesetzt wird mit dem Gegenstand seiner Erfindung. Das beste Beispiel hierfür ist der ‚Zeppelin'. Noch heute wird jedes Luftschiff als ‚Zeppelin' bezeichnet, obwohl es mit der eigentlichen Erfindung des Grafen Zeppelin, dem Starrluftschiff nämlich, gar nichts mehr zu tun hat.

Am 8. Juli 1838 wurde Ferdinand Graf von Zeppelin in Konstanz am Bodensee geboren, und nichts deutete in seiner ersten Lebenshälfte darauf hin, daß er einmal zu den großen Pionieren der Luftfahrt zählen würde. Seine Jugend verlief in den Bahnen einer adeligen Familie: er erhielt Privatunterricht, trat 1855 in die Kriegsschule im württembergischen Ludwigsburg ein und wurde nach Beendigung der Ausbildung als Leutnant in die Königlich Württembergische Armee übernommen. Nach Ausbruch des amerikanischen Bürgerkrieges 1861 erwirkte er seine Beurlaubung, um als Beobachter des Kriegsgeschehens weitere militärische Studien zu betreiben.

1863 erreichte er Amerika und besuchte, versehen mit einem Empfehlungsschreiben des Präsidenten Lincoln, verschiedene Truppenteile. Erstmals kam er mit dem Fesselballon als Aufklärungsinstrument in Berührung, ohne daß gesagt werden kann, hier lägen die Wurzeln seines späteren Interesses an der Luftschiff-Entwicklung. Ende 1863 verließ er Amerika und trat kurze Zeit später beim König von Württemberg als Adjutant in Dienst.

Ein verwegener Erkundungsritt im deutsch-französischen Krieg 1870/71 machte den Grafen auch in der Öffentlichkeit bekannt. Bei der Belagerung von Paris erlebt Zeppelin, wie Freiballone mit Post und wichtigen Persönlichkeiten an Bord aufsteigen und über die Belagerer hinwegzogen. Er erkannte aber auch die Schwachstelle des Ballons für Einsätze dieser Art: sie sind nämlich nicht lenkbar.

Weitere Beförderungen folgten, im Jahre 1883 wurde er zum Königlich-Württembergischen Gesandten in Berlin ernannt. 1890 übernahm er das Kommando der 30. Kavallerie-Brigade in Saarburg. Nach einem Manöver wurde an seiner Führung Kritik geübt, die auch von seinen Kameraden als ungerechtfertigt angesehen wurde. Da er deswegen kein Divisionskommando erhielt, nahm er Abschied vom Militär und zog sich ins Privatleben zurück.

Nun entsprach es aber nicht seiner Art, mit 52 Jahren ein geruhsames Leben auf dem Lande zu führen. Als er 1874 einen Vortrag des Generalpostmeisters Dr. Heinrich von Stephan zum Thema »Weltpost und Luftschiffahrt« kennenlernte, machte er sich zu diesem Thema seine eigenen Gedanken und führte in einer Tagebuch-Eintragung vom 25. März 1874 erstmals die Grundzüge eines Luftschiffes aus, wie er es viele Jahre später verwirklichen würde. Der entscheidende Tagebuch-Eintrag lautet: »Das Fahrzeug würde auf die Dimension eines großen Schiffes auszurechnen sein. Die Gasräume so berechnet, daß das Fahrzeug bis auf ein geringes Übergewicht getragen wird... Die Gasräume sollten womöglich in Zellen geteilt sein, welche einzeln gefüllt und geleert werden können.«

In diesen Sätzen sind die wichtigsten Grundzüge seines Starrluftschiffes enthalten: Es muß sehr groß sein, um eine entsprechende Nutzlast befördern zu können, und die Gaszellen sind einzeln anzuordnen. Denn das ist der entscheidende Unterschied zwischen dem Starrluftschiff, wie es Graf Zeppelin vorschwebt, und den kleinen Prall-Luftschiffen, bei denen die Hülle das Gas aufnimmt und dadurch sowohl den Auftrieb bedingt, als auch die Form beibehält. Graf Zeppelins Luftschiff soll aus einem starren Gerüst bestehen, das mit Leinwand bespannt ist, und das im Innern die Gaszellen eingehängt bekommt.

Sein erster Entwurf, der von Ing. Theodor Kober in Stuttgart ausgearbeitet wurde, wurde von den militärischen Stellen abgelehnt. Mit eigenen Mitteln begann er mit dem Bau eines Luftschiffes. Am Bodensee bei Friedrichshafen wurde ihm in der Bucht von Manzell durch den König von Württemberg ein Baugelände zur Verfügung gestellt. Die Montage erfolgte in einer in der Bucht verankerten Halle, die den Vorteil bot, jederzeit mit dem Wind zu drehen. Aufsehenerregend sind die Ausmaße: 128 Meter lang, der Durchmesser betrug 11,2 Meter. Als Antrieb dienen zwei Daimler-Motoren von je 15 PS. 17 Gaszellen befanden sich in dem Gerippe. Am Bug und Heck gab es kleine Steuerruder, ein an einer Kette herunterhängendes Laufgewicht sollte das Auf- und Absteigen unterstützen.

Ende Juni 1900 ist alles fertig zum ersten Aufstieg. Die Besatzung in den beiden Gondeln wird auf ihre Aufgaben vorbereitet. Rund um den Bodensee haben sich tausende Zuschauer eingefunden, auf dem Wasser drängen sich die Boote. Am 2. Juli endlich ist es dann so weit: gegen 19 Uhr wird das Luftschiff aus der Halle gezogen, und der Aufstieg beginnt. Es dauert nur 17 Minuten — aber der Beweis ist erbracht, daß ein Luftschiff nach den von Graf Zeppelin erdachten Grundsätzen in der Lage ist, aufzusteigen, sich als lenkbar erweist und eine Nutzlast mitnehmen kann. Aber die offizielle Anerkennung bleibt ihm versagt. Die Geldmittel sind bald erschöpft — nur noch zweimal kann das Luftschiff LZ1 aufsteigen, dann muß es demontiert werden. Vieles ist noch zu tun, die Männer um Graf Zeppelin stehen erst ganz am Anfang.

Erst am 17. Januar 1906 kann das zweite Luftschiff LZ2 aufsteigen. Es bleibt sein einziger Aufstieg: die Steuerorgane erleiden einen Schaden, aufkommender Sturm treibt das Luftschiff über Land; es landet zwar ohne größere Beschädigungen, der in der Nacht stärker werdende Sturm zerstört es aber völlig. Alles lacht über den »verrückten Grafen« und sein Luftschiff.

Es gelingt ihm, ein drittes Luftschiff zu bauen. Am 9. Oktober 1906 erhebt sich LZ3 — und siehe da: es erweist sich als gut steuerbar und erzielt eine Geschwindigkeit von 47 km/h. Weitere Aufstiege folgen, im September 1907 bleibt das Luftschiff acht Stunden in der Luft und legt 350 Kilometer zurück. Der Bann ist gebrochen — eine Idee hat gesiegt. Das deutsche Reich will ein Luftschiff des Grafen Zeppelin für das Heer erwerben, als Bedingung aber wird die Durchführung einer 24-Stunden-Fahrt gefordert. Mit den zur Verfügung gestellten Geldmitteln baut Graf Zeppelin ein viertes Luftschiff, um diese Bedingungen zu erfüllen.

Am 4. Januar 1908 beginnt die große Fahrt, die über den Bodensee nach Straßburg, Speyer und Worms führt. Dort muß es wegen eines Motorschadens zur Reparatur auf dem Rhein niedergehen. Anschließend setzt es die Fahrt fort, wendet nachts über Mainz zur Rückkehr. Abermals tritt ein Motorschaden auf, der am frühen Morgen zur Landung in Echterdingen in der Nähe von Stuttgart zwingt. Monteure des nahegelegenen Daimler-Werkes sollen den Motor in Ordnung bringen.

Eine wahre Völkerwanderung zum Landeplatz beginnt, nichts deutet auf kommendes Unheil hin. Am Nachmittag aber zieht eine schwarze Gewitterfront am Horizont auf, eine plötzliche Bö springt auf und entreißt das Luftschiff den Haltemannschaften, es treibt ab und wird ein Raub der Flammen. Jeder glaubt, das sei das endgültige »Aus« für die Zeppelin-Luftschiffe. Aber so groß ist mittlerweile sein Ansehen in der Bevölkerung geworden, daß in einer spontanen Sammelaktion in kürzester Zeit über sechs Millionen Mark gespendet werden, die den Luftschiffbau retten.

Graf Zeppelin ist nun 70 Jahre alt, trotz aller Rückschläge erlebt er, wie sein Lebenswerk anerkannt wird. Das Heer übernimmt zwei Luftschiffe. Am 16. November 1909 wird als erste Fluggesellschaft der Welt die Deutsche Luftschiff-fahrts-Aktiengesellschaft, kurz DELAG genannt, gegründet. Diese führt bis zum Ausbruch des Ersten Weltkrieges mit insgesamt sieben Luftschiffen viele Fahrten durch und befördert dabei 10197 zahlende Passagiere. Es ist noch kein Linienverkehr, alle Passagiere werden auf zweistündigen Rundfahrten befördert.

Zu Beginn des Ersten Weltkrieges setzte das Militär große Hoffnungen auf die Luftschiffe für Beobachtungsaufgaben und Bombenangriffe. Zunächst gab es auch Erfolge. Die Zeppeline beobachteten in der Nord- und Ostsee, sowie über den Fronten den Feind und bombardierten London und andere Städte in England. Bald aber entstand dem Luftschiff im Flugzeug mit neu entwickelter Brandmunition ein tödlicher Gegner. Immer mehr Luftschiffe werden abgeschossen und am Ende des Krieges hat das Luftschiff als Waffe ausgedient. Graf Zeppelin starb am 8. März 1917 in Berlin — seine Idee aber lebte weiter.

In vielen Darstellung des Lebenswerkes des Grafen Zeppelin wird nicht berücksichtigt, daß er auch der Entwicklung des Flugzeuges absolut aufgeschlossen gegenüberstand. Auf seine Veranlassung hin entstanden beim »Versuchsbau Gotha Ost« unter Mithilfe des Industriellen Robert Bosch die Großflugzeuge der VGO-Serie, denen sich dann die von Professor Baumann entwickelten und in der Zeppelin-Werft Berlin-Staaken gebauten Staakener Riesenflugzeuge anschlossen.

Rekorde und Ereignisse

Jahr	Datum	Ereignis
1855		Joseph Pline führt das Wort »Aeroplane« ein
1863		Gabriel de la Landelle benutzt erstmals das Wort »Aviation«
1890	9.10.	Aders »Eole« hebt vom Boden ab
1891		Otto Lilienthals erster Flug in den Rhinower Bergen/Berlin
1893	9. 8.	Otto Lilienthal stürzt mit seinem Gleiter an seinem Fliegeberg bei Berlin ab und erliegt am 10. 8. den erlittenen Verletzungen
1900	1. 7.	Graf Zeppelins LZ-1 startet zur ersten Fahrt aus der Schwimmhalle in Friedrichshafen-Manzell
1901	14. 8.	Gustav Weißkopf (Gustave Whitehead) fliegt vor den Gebrüdern Wright mit einem dampfgetriebenen Eigenbau in Connecticut
1903	17.12.	Erstflug der Gebrüder Wright in den USA
	18. 8.	Karl Jatho macht erste motorgetriebene Luftsprünge mit seinem Eigenbau-Flugapparat bei Hannover
1904	16.10.	Erster offizieller Flug in England (S. F. Gody)
1905	14.10.	Gründung der FAI (Federation International Aeronautique)
1908	13. 1.	Henry Farman fliegt auf Voisin erstmals geschlossenen Kreiskilometer in 1:20 min
	28. 3.	Erster europäischer Passagierflug von Leon Delagrange und Henry Farman
	27.10.	Erste Flugversuche von Hans Grade mit Motor-Eigenbau
1909	12. 6.	Louis Bleriot fliegt auf seinem Eindecker XII in Issy mit zwei Passagieren 250 m weit
	25. 6.	Louis Bleriot überquert den Ärmelkanal Calais-Dover in 32 Minuten
	5.10.	Erste bayerische Luftpost
	30.10.	Hans Grade gewinnt mit Eigenbau Lanz-Preis der Lüfte (40 000 Goldmark) für ersten deutschen Motorflug über zwei Kilometer Strecke
	16.11.	Gründung der ersten Luftverkehrsgesellschaft der Welt, der deutschen DELAG
1910	1. 2.	August Euler erhält den deutschen Flugzeugführerschein Nr. 1
	10. 3.	Erster Flugzeugnachtflug durch Emil Aubrun
	14. 4.	Louis Paulhan fliegt von Orleans nach Trois über 146 km gerade Strecke
	27. 8.	Erster erfolgreicher Boden-Bord-Funkverkehr durch James McCurdy in den USA
	23. 9.	Leo Georges Chavez überfliegt auf Bleriot-Eindecker als Erster die Alpen Brieg – Domodossola (Preis 70 000 Franken), wird bei der Landung schwer verletzt und stirbt am 27. 9. 1910
1911	18. 1.	Eugene Ely startet in der San Francisco-Bucht mit Curtiss-Doppeldecker erstmals vom Deck der USS »Pennsylvania«, nachdem er zuvor an Deck der USS »Birmingham« gelandet war
1912	13. 1.	Jules Vedrines fliegt Weltrekord mit 145,177 km Strecke in Pau
	1. 3.	Berry springt in den USA erstmals mit dem Fallschirm aus einem Flugzeug ab
	4. 3.	Erstfahrt der LZ. 12 »Königin Luise« der DELAG
	5.12.	Erster Schneider Cup-Wettbewerb (Coupe d'Aviation Maritime Jacques Schneider, 278 km über offener See), Sieger erreicht 72,6 km/h mit 160 PS
1913	17. 5.	Erstes französisches Luftverkehrsgesetz
	23. 6.	Erstflug des russischen Riesenflugzeugs Sikorsky »Ilya Muromez«
	23. 9.	Roland Garros überquert erstmals das Mittelmeer
1914	1. 1.	Erster planmäßiger täglicher Flugdienst mit Flugboot Benoist Typ XIV von St. Petersburg nach Tampa, Fla. durch Benoist Company
1916	5.10.	Gründung erste britischer Airline Aircraft Transport & Travel Ltd von George Holt Thomas
1917	13.12.	Luftverkehrsbeginn in Deutschland mit Gründung der DLR (Deutsche Luft-Reederei)
1919	5. 2.	Erste deutsche Luftverkehrsstrecke Berlin – Leipzig – Weimar der DLR
	6. 2.	Erste Reichspost-Luftpostlinie Berlin – Weimar (Nationalversammlung)
	24. 4.	Gründung der Hugo Junkers Flugzeugwerke AG in Dessau
	22. 5.	Hotelier Raymond Orteig stiftet 25 000 Dollar für Nonstop-Transatlantikflug USA – Frankreich, den Lindbergh 1927 gewinnt
	14. 6.	Erste Ost-West-Nordatlantiküberquerung durch John Alcock und Arthur W. Brown mit Vickers »Vimy«
	25. 6.	Erstflug des ersten Ganzmetallflugzeugs Junkers F. 13 (D-1)
	25. 8.	Erster planmäßiger internationaler Luftverkehr London – Paris durch Air Transport & Travel Ltd
	28. 8.	Gründung der IATA (International Air Traffic Association) in Den Haag
	23. 9.	DELAG beginnt ersten planmäßigen Passagierverkehr der Welt von Frankfurt – München – Berlin bis Stockholm
1920	6.10.	Erste Überquerung Kanadas Halifax – Vancouver durch Piloten der RCAF (Royal Canadian Air Force)
	20. 9.	Vierter Schneiderpokal-Wettbewerb in Venedig, Sieger: Luigi Bologne auf Savoia S. 19 mit 172,5 km/h
	20.10.	Beginn des Post- und Passagierflugverkehrs in München-Riem mit umgebauter Rumpler C. 1 Kriegsflugzeugen
1921	5.12	West Australian Airways beginnt planmäßigen Luftverkehr in Australien
1922	1. 5.	DERULUFT eröffnet Luftverkehrsstrecke Berlin – Königsberg – Moskau
	4. 9.	Erster US-Küste-zu-Küste-Flug Florida – Kalifornien von James »Jimmy« H. Doolittle auf De Havilland DH-4 B, 3480 km in 22 Stunden
1923	9. 1.	Erstflug Juan de la Ciervas C. 4 Autogiro bei Madrid
	23. 2.	Gründung der sowjetischen Staatsgesellschaft Aeroflot
	26. 6.	Erste Flugbetankung über San Diego
	27. 9.	Siebte Schneider-Cup-Rennen, Sieger: D. Rittenhouse auf Curtiss Racer mit 285,4 km/h
1924	1. 4.	Gründung der britischen nationalen Fluglinie Imperial Airways
	6. 4.	Vier Marineflugzeuge Douglas DWC starten zum Weltflug, sie legen 49 561 km in 175 Tagen zurück (66 Flugtage)
		Flugbetriebsaufnahme der Deutschen Lufthansa
	1. 7.	Erster transamerikanischer Luftpostverkehr
	13. 9.	Zulassung des dreimotorigen Ganzmetall-Verkehrsflugzeugs Junkers G. 24
		Dr. Eckener überführt LZ-126/ZR. 3 als »Los Angeles« zur US Marine nach Lakehurst, erste Zeppelinfahrt nach USA
	4.12.	Zwei Junkers-Maschinen überfliegen die Anden
1925	29. 9.	Abe und Kawashi fliegen in vier Tagen auf Breguet XIX Paris – Tokio (15 000 km)
	5.10.	Erster Verkehrsflug der Dornier »Komet III« München – Mailand über die Alpen
1926	6. 1.	Zusammenschluß deutscher Luftlinien (Deutscher Aero-Lloyd AG/Junkers Luftverkehrs-AG) und Gründung der Deutschen Luft-Hansa AG
	4. 3.	Erste Luftverkehrslinie Buenos Aires – Montevideo mit Junkers F. 13
	1. 5.	Erster DLH-Passagiernachtlinienflug Berlin – Königsberg/Ostpreußen
	9. 5.	Erster Nordpolüberflug Floyd Bennets mit Evelyn Byrd auf Fokker Fo. VII/3 m
	12. 5.	Roald Amundson überfliegt mit dem Luftschiff den Nordpol
	26. 5.	Junkers liefert als tausendstes Flugzeug eine G. 31 aus
	23. 6.	DLH startet mit Junkers G. 24 zur Streckenerkundung Berlin – Peking – Berlin
	25. 6.	Erster »Schlafwagenflug« mit einer Albatros-Maschine auf der Route Berlin – Königsberg
	10.10.	Wiedereintritt Deutschlands in die FAI
1927	21. 3.	Inbetriebnahme der ersten Luftlinie Berlin – Wien
	21. 5.	Charles Lindbergh überquert Atlantik West-Ost in Ryan »Spirit of St. Louis« und landet in Paris

Jahr	Datum	Ereignis
	18. 6.	Tschkalow, Baidukow und Beljakow fliegen auf Tupolew ANT-25 nonstop 9130 km Moskau – Nordpol – Portland/USA
	26. 9.	J. Burtin auf Breguet XIX fliegt 8069 km Weltrekord mit 1000 kg Nutzlast
	14.10.	Erster Nonstop-Südatlantiküberflug D. Costes/I. Le Brix mit Breguet XIX »Nungesser-Coli«
1928	30. 3.	De Bernardi überschreitet die 500 km/h
	12. 4.	Erster Ost-West-Transatlantikflug Hermann Köhls mit Junkers W. 33 »Bremen« (D-1167) über 3600 km nach Greenly Island 36.75 Stunden
	31. 5.	Charles Kingsford-Smith überquert auf Fokker Fo. VII/3 m »Southern Cross« den Pazifik San Francisco – Honolulu – Fidschis – Brisbane – Sydney
	11. 6.	Stamers Erstflug mit Raketengleiter
	2. 9.	Lufthansa Junkers W. 33 landet auf Berlin-Tempelhof nach 12 300 km Flug in 76.15 Stunden aus Irkutsk/Sibirien kommend
	8. 9.	Start zur Weltfahrt des LZ-127 »Graf Zeppelin«
1929	7. 1.	Major Carl Spaatz und Capt. Ira C. Eaker stellen luftbetankt auf Fokker Fo. C Z-3 »Question Mark« einen Dauerflugrekord von 150:40.15 Stunden auf und legen dabei 18 000 km zurück
	21. 5.	Erste DLH-Reichspostluftlinie Berlin – London
	22. 6.	Lufthansa-Flugzeug startet mit Vorausluftpost von Bord des Schnelldampfers »Bremen« nach New York
	12. 7.	Erstflug des zwölfmotorigen Riesenflugbootes Dornier Do-X in Friedrichshafen
	7. 9.	Elftes Schneiderpokalrennen (7x50 km), Sieger: H. R. Waghorn auf Supermarine S. 6 l mit 528,765 km/h
	24. 9.	James H. Doolittle führt auf dem Mitchel Field den ersten Vollinstrumentenflug und -landung durch
	27. 9.	Cortes und Bellconte stellen den Reichweitenrekord Paris – Tsitsikar/Mandschurei mit 7905,140 km ein, auf dem Rückflug Hanoi – Paris brauchen sie vier Tage und 11.30 Stunden (zuvor vier Tage und 18 Stunden)
	30. 9.	Fritz von Opel fliegt mit seinem Rak-Flugzeug in 30 m Höhe drei Kilometer mit 150 km/h in 80 Sekunden
	21.10.	Erster Flug der Dornier Do-X mit 100 Passagieren
	9.11.	Erstflug des damals über ein Jahrzehnt größten Landflugzeugs, Junkers G. 38
	28.11.	Erster Südpolüberflug Bernt Balchens mit Fokker Fo. VII/3 m »Floyd Bennet«
1930	30. 1.	US Marine testet Mitnahme und Start von Flugzeugen an/von Bord des Luftschiffs »Los Angeles« (LZ-126), zunächst mit »Prüfling«-Gleiter
	Mai	Erste planmäßige Südamerikafahrten des LZ-127 »Graf Zeppelin« Frankfurt/Rhein-Main – Rio
	15. 5.	Der Welt erste Luftstewardess war Ellen Church beim Boeing Air Transport in den USA
	2. 9.	Costes und Bellonte fliegen Paris – New York
	13.10.	Erstflug der Junkers Ju-52/1 m in Dessau
1931	4. 1.	Bobby Trout und Edna Cooper stellen Damenrekord mit 122 Stunden auf Curtiss »Robin« in Los Angeles auf
	26. 3.	Gründung der Swissair (aus Balair und Ad Astra)
	3. 5.	Einweihung des Flugplatzes München-Oberwiesenfeld
	1. 6.	Erster »Luftbus«-Dienst Köln – Frankfurt/Main (fünf mal täglich)
	4. 6.	Erste Ost-West-Südatlantiküberquerung der Dornier Do-X
	23. 6.	Wiley Post und Gatty fliegen auf Lockheed »Vega« (»Winnie Mae«) nach West-Ost-Atlantik-Überquerung in 8 Tagen 15.51 Stunden um die Erde
	13. 9.	Zwölftes und letztes Rennen um den Schneider-Pokal, Sieger: J. N. Boothman auf Supermarine S. 6 B (2350 PS) mit 547,6 km/h
	2.10.	Erstflug des Höhenforschungsflugzeugs Junkers Ju-49
	3.10.	Clyde Pangborn und Hugh Herdon überqueren den Pazifik Japan – USA auf einer Bellanca
1932	21. 5.	Amelia Earhart startet zur ersten Damensolo-Nordatlantiküberquerung Neufundland – Irland
	22. 7.	Wolfgang von Gronau startet auf Do-Wal zum Weltflug
	1.12.	Erstflug des Schnellverkehrsflugzeugs Heinkel He-70 »Blitz«
1933		Gründung der Air France
	16. 1.	Mermoz und Couzinet überqueren mit »Arcen-Ciel« in 14.30 Stunden den Südatlantik
1934	1. 2.	Erster planmäßiger Liniendienst der Deutschen Lufthansa nach Südamerika
	13. 6.	Erstflug des Reiseflugzeugs Messerschmitt Me-108 »Taifun«
	15. 6.	Aufnahme des Vierecklinienverkehrs mit Heinkel He-70 »Blitz« der DLH Berlin – Hamburg – Köln – Berlin
	28. 9.	Erster Fluggastmillionär der Lufthansa seit 1926
	23.10.	Francesco Angello stellt auf Macchi MC. 72 mit 709,209 km/h Weltrekord für Seeflugzeuge auf
	8.12.	Erster planmäßiger Luftpostdienst England – Australien
1935	22. 3.	Gründung der Deutschen Zeppelin-Reederei in Berlin
	13. 4.	Erste Passagierflüge England – Australien
	17.12.	Erstflug der Douglas DC-3 »Dakota«
1936	26. 6.	Erster Freiflug des Hubschrauber Focke-Achgelies Fw-61 mit Ewald Rohlfs in Bremen
	8. 7.	Einweihung des Flug- und Luftschiffhafens Rhein-Main in Frankfurt (Südteil seit Mai 1936 in Betrieb), 1. Landung einer Ju-52/3 m und LZ-129 »Hindenburg«
	22. 8.	Nonstopflug Junkers Ju-86 Dessau – Bathurst (6000 km) in 18 Stunden
1937	6. 5.	LZ-129 »Hindenburg« verbrennt in Lakehurst
	21. 5.	Michail Wodopjanow landet mit Tupolew ANT-6 am Nordpol
	26. 6.	Rohlfs fliegt mit Fw-61 Hubschrauber-Höhenweltrekord mit 2439 Meter und über 30 km mit 122 km/h
	12. 7.	Gromow, Danilin und Jumaschew auf ANT-5 fliegen Moskau – Nordpol – Kalifornien erstmals 10 148 km weit
	27. 7.	Erstflug der Focke-Wulf FW-200 »Condor« mit seinem Konstrukteur Kurt Tank in Bremen
	28. 7.	Erstflug der viermotorigen Junkers Ju-90 V 1 (D-AALU) in Dessau (40 Passagiere)
	24. 8.	DLH startet Streckenerkundungsexpedition zum Pamier mit Junkers Ju-52/3 m
	11.11.	Chefpilot Dr. Hermann Wurster fliegt auf Messerschmitt Me-109 R (V 13) mit 611,95 km/h erstmals für Deutschland Weltrekord für Landflugzeuge
1938	4. 6.	Höhenweltrekord des Junkers Ju-90 Großverkehrsflugzeugs mit fünf Tonnen Nutzlast 9132 Meter
	5. 6.	Weltrekord der Heinkel He-100 V 8 mit 634,73 km/h
	20. 6.	Ing. Rohlfs fliegt mit der Fw-61 230 km weit
	9. 7.	Howard Hughes umfliegt die Erde in 91 Tagen und 16 Stunden
	20. 7.	Erster Nachtluftpostflug einer Short »Mayo« nach Huckepack-Start von Bord einer Short »Sunderland«
	10. 8.	Nonstopflug der FW-2100 »Condor« Berlin – New York
	22.10.	Mario Pezzi steigt auf Rekordhöhe 17 803 Meter
1939	29. 1.	Flugkapitän Hanna Reitsch fliegt auf Focke-Achgelies Fw-61 Hubschrauber-Höhenweltrekord mit 3427 Meter
	16. 3.	Aufnahme des ersten planmäßigen Liniendienstes auf dem Südatlantik mit Dornier Do-26 Flugbooten
	30. 3.	Weltrekordflug Hans Dieterles auf Heinkel He 100 V 8 mit 746,604 km/h
	22. 4.	Junkers Ju-52/3 m startet zur Streckenerkundung Berlin – Tokio
	25. 4.	Kokkinaki fliegt mit Ilyushin ZKB-30 von Moskau über Grönland in 22.56 Stunden nach New York (8000 km)
	26. 4.	Fritz Wendel fliegt Weltrekord auf Messerschmitt Me-209 V 1 mit 755,138 km/h
	20. 6.	Erstflug des Raketenflugzeugs Heinkel He-176 mit Erich Warsitz in Peenemünde
	27. 6.	Erster Südatlantiküberflug eines Landflugzeugs mit Focke-Wulf Fw-200 »Condor« nach Südamerika
	21. 8.	Dreifachsieg von Savoia-Marchetti SM-79 »Sparviero« im Luftrennen Istres – Damaskus – Paris

Jahr	Datum	Ereignis
	27. 8.	Erstflug des ersten Turbinenflugzeugs der Welt, Heinkel He-178, mit Erich Warsitz in Rostock-Marienehe
1940	2. 4.	Erstflug des ersten Twinjetjägers Heinkel He-280 V1 mit Fritz Schäfer in Rostock-Marienehe
	7. 9.	Erstflug des damals größten Flugboots der Welt, Blohm & Voss BV-222 »Wiking«, das 1937 von der Lufthansa für den Transatlantikdienst bestellt wurde (46 Meter Spannweite)
	11.10.	Erster Prüfstandslauf des Junkers Jumo 004 Axialstrahltriebwerks in Dessau
	23.12.	Erstflug des »Antipoden«-Flugzeugs Messerschmitt Me-261 »Adolphine« (11 000 km Reichweite)
1941	25. 2.	Erstflug des Großlastenseglers Messerschmitt Me-321 »Gigant« (55 Meter Spannweite, 35 Tonnen)
	8. 1.	Erstflug des ersten britischen Jets, den Gloster E. 28/39 mit Whittle Radialturbine
	10. 5.	Der bekannte Segelflieger Heini Dittmar fliegt auf einer Messerschmitt Me-163 A »Komet« als erster Mensch 1003 km/h
	23. 5.	Erstflug des Reiseflugzeugs Siebel Si-204
1942		Erster lebensrettender Schleudersitzausstieg (Schwärzler-Heinkel-Sitz) aus He-280 in Rechlin
	18. 7.	Erstflug des ersten zweistrahligen Einsatzjägers der Welt, Messerschmitt Me-262 V3 mit Jumo 004 Axialturbinen in Leipheim
	1.10.	Erstflug des ersten amerikanischen Twinjet-Jägers Bell XP-59 A »Airacomet« mit Bob Stanley in Muroc AFB
	3.10	Erfolgreicher Erstabschuß der Fernrakete A-4 (V-2) in Peenemünde
1943	5. 3.	Erstflug ersten britischen Twinjets Gloster F. 9/40 »Meteor«
	1.10.	Erprobungsbeginn der Junkers Ju-252 in Fritzlar
	20.10.	Erstflug des sechsmotorigen Großflugzeugs Junkers Ju-390 V1
1944	3.10.	Ersteinsatz der Messerschmitt Me-262 in der Reichsverteidigung
	10. 3.	Erstflug des größten Flugboots der Welt, der sechsmotorigen Blohm & Voss VB-238
	6.12.	Erstflug des binnen drei Monaten fertiggestellten Strahlflugzeugs Heinkel He-162 »Salamander« (Volksjäger)
1945	13. 2.	Zerstörung Dresdens durch 773 RAF- und 311 USAF-Bomber
	29. 5.	Gründung der SNECMA (Societe Nationale d'Exploitation et de Constructions des Moteurs Aeronautiques)
	6. 8.	Erster Atombombenabwurf auf Hiroshima
1947	14.10.	Charles »Chuck« Yeager durchbricht mit Bell XS-1 mit Mach 1,04 erstmals die Schallmauer
	20.12.	Erstflug des ersten sowjetischen Strahljägers Mikoyan MiG-15 Fagot (Rolls-Royce Nene Radialturbine)
1949	12. 5.	Ende der sowjetischen Berlinblockade
	27. 7.	Erstflug des vierstrahligen Jetliners De Havilland DH-106 »Comet«
	30. 9.	Offizielles Ende der Berliner Luftbrücke nach 277 264 Versorgungsflügen
1950	29. 7.	Start des Linieneinsatzes der Vickers »Viscount« bei BEA (British European Airways)
1951	2. 5.	Erstflug des Experimental-Ramjets Leduc 016
	7. 8.	Bill Bridgeman erreicht auf Douglas D-558-2 Mach 1,86
1952	2. 5.	Erster Linienflug der »Comet I« London – Johannisburg/Südafrika
1953	6. 1.	Gründung der AG für Luftverkehrsbedarf (Luftag), dem Vorläufer der Nachkriegs-Lufthansa, in Köln
	3. 3.	»Comet I« stürzt bei Karachi ab
	18. 5.	Jacqueline Cochran fliegt als erste Frau Mach 1
	20.11.	Scott Crossfield erreicht auf Douglas D-558-2 »Skyrocket« Mach 2,005
1954	2. 1.	W. W. Mullikan überquert die USA (Los Angeles – New York, 4071 km) auf F-86 »Sabre« in 5:39.21,7 Stunden = 959,027 km/h
	7. 2.	Erstflug der Lockheed XF-104 »Starfighter« mit Tony LeVier in Palmdale, Ca.
	10. 2.	Atombomber Boeing B-52 fliegen Langstreckenrekord mit 20168 km ohne Luftbetankung
		Comet I zerplatzt über der Insel Elba
	2. 6.	Erste Senkrechtstart/Landung mit Lockheed XFY-1 »Pogo«
	15. 7.	Erstflug der Boeing B-707-B 0 »Stratoliner« mit »Tex« Johnston
	6. 8.	Nachkriegs-Neugründung der Deutschen Lufthansa AG in Köln
	15. 8.	Der Schweizer Gilbert und der Amerikaner W. Judo überfliegen mit einer Cessna C-180 in 30 Stunden den Atlantik
	23. 8.	Erstflug des PTL-Transporters Lockheed YC-130 »Hercules«
	26. 8.	A. Murray steigt auf Bell X-1 A von einer B-29 aus auf 30 000 Meter
	4. 9.	Erstflug des Versuchsraketenjägers SO-9000 »Trident«
	6.10.	Erstflug des Überschall-Experimentalflugzeugs Fairey »Delta-II«
	15.11.	Erster Nordpolar-Passagierflug der SAS
1955	27. 5.	Erstflug des Twinjetliners SE-210 »Caravelle« in Toulouse
	17. 6.	Erstflug des ersten sowjetischen Twinjetliners »Tupolew Tu-104
	16. 9.	Erstlinienflug einer Ilyushin IL-14 Berlin-Schönefeld – Moskau der späteren Interflug
	20. 9.	Erstflug des französischen Ramjet-Versuchsjägers »Griffon I«
1956	17. 2.	Erstflug der Lockheed YF-104 »Starfighter
	25. 7.	Bell X-2 fliegt 3300 km/h schnell
	15. 9.	Linienflugbeginn der Tu-104 bei der Aeroflot
1957	30. 9.	Gründung der AUA (Austrian Airlines) in Wien
	4.10.	Der erste künstliche Satellit, »Sputnik 1« (84 kg) wird vom Raumfahrtzentrum Baikonur in einen 800 km-Orbit geschossen Wiederaufnahme des Transatlantikverkehrs mit der verbesserten De Havilland DH. 106 »Comet IV«
	19.12.	Beginn von Transatlantikflügen mit PTL-Airlinern
1958	27. 4.	Erstflug der Douglas DC-8
	16. 5.	Lockheed F-104 »Starfighter« fliegt Weltrekord mit 2259 km/h
	12. 9.	Erstflug des Lockheed L-188 »Electra« PTL-Liners
	1.10.	Gründung der amerikanischen NASA (National Aerospace Agency)
	27.10.	Staustrahlexperimentaljäger »Griffon II« fliegt Mach 2,05
1959	8. 3.	Erstflug des Transporthubschraubers Sikorsky S-58/H-34
	11. 3.	Erstflug des Hubschraubers Sikorsky S-61 »Seaking«
	8. 6.	Erster Freiflug der North American X-15
	18. 9.	Offizielle Gründung der DDR-Fluggesellschaft Interflug in Berlin-Schönefeld
1960	2. 5.	U-2 Abschuß mit Major Gary Powers über Swerdlowsk durch sowjetische SA-2 Guideline Fla-Rakete
	16. 6.	Joseph W. Kittinger springt im Druckanzug aus US-Ballon »Excelsior III« in 31 360 Meter Höhe mit dem Fallschirm ab
	18. 8.	Erste Bergung der Raumkapsel »Discoverer-14« mit dem Flugzeug
	19.11.	Erster Schwebeflug des VTOL-Jägers Hawker-Siddeley P. 1127 »Kestrel« (Harrier-Vorläufer)
1961	25. 2.	Erstflug des deutsch-französischen Transporters TransAll C-160 F-01
	12. 4.	Erster bemannter Raumflug mit Major Yuri Gagarin in Wostok-1, der erste Mensch im All
	28. 4.	Höhenrekord Mossolows mit 34 714 Meter
	5. 6.	Erster ballistischer US-Raumflug mit Alan Shepard in der »Mercury-7«-Kapsel
	16. 8.	Erstflug des Mehrzweckhubschraubers Bell 205/UH-1 D in Fort Worth, Texas
1962	11. 1.	Streckenrekord Evelys mit 20168 km
	4. 5.	German Titow umfliegt als zweiter Kosmonaut die Erde
	10. 7.	Start des ersten kommerziellen Nachrichtensatelliten »Telstar«
	27. 9.	Der Welt erste automatische Landung mit einer SE-210 »Caravelle«
1963	10. 4.	Erster Schwebstart des Überschallexperimentaljägers EWR Vj-101 X-1 in Manching
	16. 6.	Als erste Frau ist Valentina Tereschkowa mit »Wostok-6« im Erdorbit
	22. 8.	Jim Walker steigt mit X-15 auf 107 950 Meter
1964	9. 2.	Erstflug der Boeing B-727
	21. 4.	Erstflug der Hamburger Flugzeugbau HFB-320 »Hansajet«
	21. 9.	Erstflug des Mach 3-Bombers XB-70 »Valkyrie«
	19.10.	Erstflug des Transporthubschraubers Sikorsky CH-53 A

Jahr/Datum		Ereignis
1965	6. 1.	Erstflug des Schwenkflügelbombers YF-111
	25. 2.	Erstflug der Douglas DC-9 Twinjet
	27. 2.	Erstflug des Großtransporters Antonow AN-22 »Anthei«/Cock
	16. 3.	Kosmonaut Alexej Leonow (Woshod 2) macht ersten »Spaziergang im All«
	1. 5.	Stephens fliegt mit YF-12 A horizontal 24 462,596 Meter bei 3331,507 km/h
	25. 7.	Offizieller Start des Airbus-Programms
1966	20. 6.	Britin Sheila Scott fliegt (Damenrekord) in 33 Tagen um die Welt
	18.11.	W. J. Knight erreicht mit X-15 Mach 6,33
1967	10. 2.	Erstflug des ersten S/VTOL-Strahltransporters der Welt, Dornier Do-31 E-1 (D-9530) in Oberpfaffenhofen
	16. 2.	Erstflug des Bölkow Bo-105 V 2 Hubschraubers (MBB)
	3.10.	W. J. Knight fliegt nach Start von einer B-52 mit dem Raketenexperimentalflugzeug X-15-3 7279 km/h
	24.11.	Frankreich, Deutschland und England beschließen den Bau des Airbus A-300
	11.12.	Rollout der »Concorde« 01 in Toulouse
	16.12.	Erstflug des S/VTOL-Strahltransporters Do-31 E-3
1968	1.10.	Boeing gibt das SST-Projekt auf
	24.12.	Erste US-Mondmission mit Apollo 8, Astronauten Borman, Lovell und Anders umkreisen den Erdtrabanten
	31.12.	Erstflug des Überschallflugzeugs Tupolew Tu-144
1969	9. 2.	Erstflug des Jumbojets Boeing B-747
	2. 3.	Erstflug der »Concorde« 01, Beginn des Überschall-Zeitalters im Luftverkehr
	14. 5.	Gründung der Messerschmitt-Bölkow-Blohm GmbH in Ottobrunn
	29. 5.	Deutsch-französischer Airbus A-300 Kooperationsvertrag
	11. 7.	Gründung der MTU (Motoren- und Turbinenunion GmbH) in München (heute DASA)
	20. 7.	Astronauten Neil Armstrong und Edwin »Buzz« Aldrin betreten nach Mondlandung von »Apollo 11« als erste Menschen den Mond
	16. 8.	Darryl Greenemeyer auf frisierter Grumman F 8 F-2 »Bearcat« bricht den 30 Jahre bestehenden absoluten Motorflugzeugweltrekord der Me-209 R (755 km/h) mit 776,449 km/h in Edwards AFB, Ca.
	1.10.	Überschall-Airliner »Concorde« durchbricht erstmals die Schallmauer
	Nov.	Letzte Mondmission mit »Apollo 12«
1970	29. 8.	Erstflug des Wide Body McDonnel Douglas DC-10
	16.11.	Erstflug des Jumbojets Lockheed L-1011 »TriStar«
	18.12.	Gründung der Airbus Industries in Toulouse (Aerospatiale/MBB)
1971	14. 4.	»Soyuz-11« dockt an Raumstation »Salyut-1« an, bei Rückkehr zur Erde kommen drei Kosmonauten durch Dekompression der Kapsel ums Leben
	14. 7.	Erstflug der VFW-614, des ersten deutschen Nachkriegsjetliners, in Bremen
	10. 9.	Erstflug des S/VTOL-Versuchsjägers VFW VAK-191 B-V1 in Bremen
	1.10.	Die sowjetische Raumstation »Salyut 1« verglüht in der Erdatmosphäre
	1.11.	Erster Überschall-Linienflug der Tupolew Tu-144 Moskau – Alam Ata (3700 km), UdSSR
	14.11.	US-Raumsonde »Mariner 9« umrundet den Mars
	18.11.	Sowjetische Mondsonde Lunar 17 mit Mondfahrzeug Lunochod landen auf dem Erdtrabanten
1972	1. 2.	Wiedereröffnung des Luftverkehrs Frankfurt – Moskau durch Lufthansa und Aeroflot
	21. 6.	Jean Boulet stellt mit SA-315 »Lama« in Istres mit 12 442 Meter Hubschrauberhöhenrekord auf
	26.10.	Erstflug des Airbus A-300 in Toulouse
	7.12.	Letzte Apollo 17-Mission zum Mond
1973	25. 5.	Start der ersten »Skylab«-Raumstation
	3. 6.	Absturz der Tupolew Tu-144 beim Aerosalon Le Borget in Paris

Jahr/Datum		Ereignis
1974	9. 1.	Erstflug des (deutschen) Alpha Jets 02 mit Dieter Thomas in Oberpfaffenhofen
	20. 6.	Erster Testlauf des Gemeinschafts-Turbo-Fan-Triebwerks SNECMA/General Electric CFM-56
	10.12.	Start der deutsch-amerikanischen Sonnensonde »Helios-A« (MBB)
	23.12.	Erstflug des ersten Überschall-Schwenkflügelbombers der Welt Rockwell B-1 A
1975	30. 5.	Gründung der ESA (European Space Agency) in Paris
1976	15. 1.	Start der ersten deutsch-amerikanischen Sonnensonde »Helios-B« (MBB)
	21. 1.	Beginn regelmäßigen Passagierlinienverkehrs mit »Concorde« 01 durch Air France und British Airways
	26. 9.	Erster Passagierüberschall-Linienflug der »Concorde« von Paris nach Washington, D. C in 3.33 Stunden
1977	27. 3.	Bisher schwerste Flugzeugkatastrophe in Los Rodeos/Teneriffa durch Bodenzusammenstoß zweier Jumbojets der KLM und PanAm (583 Tote)
	22.11.	Beginn der planmäßigen Transatlantikflüge London – New York – London der »Concorde« von Air France und British Airways
	23.11.	Erster europäischer Wettersatellit Meteosat in geostationäre Umlaufbahn geschossen
	14.12.	Erstflug des größten Hubschraubers der Welt, Mil Mi-26 Halo
1978	12. 7.	Start des Airbus A-320-Programms
1979	13. 6.	Erstflug des Mehrzweckhubschraubers BK-117 (MBB-Kawasaki)
	16.12.	»Concorde« der British Airways stellt Streckenrekord New York – London mit 2.58 Stunden auf
	24.12.	Erster erfolgreicher Start der europäischen Trägerrakete »Ariane« in Kourou
1981	26. 9.	Erstflug des Boeing Wide Body B-767
1982	3. 4.	Erstflug des Airbus A-310 in Toulouse
1983	11. 3.	Erstzulassung des Airbus A-310
	26. 5.	Erster Twinjetliner-Transatlantikflug des Airbus A-310
	8. 7.	Erstflug des »gestreckten« Airbus A-300-600
	19.10.	Erster kommerzieller Start der europäischen Trägerrakete »Ariane« in Kourou
	28.11.	Erste »Spacelab«-Mission mit Space Shuttle »Columbia«
1984	7. 2.	Bruce McCandler schwebt erstmals ohne »Nabelschnur« frei im Weltraum (EVA = Extra-Vehicular Activity)
	2. 3.	Beginn des Airbus A-320-Programms
	16. 8.	Erstflug des Regionaljets ATR-42 in Toulouse
1985	8. 7.	Erstflug des Airbus A-310
	18.10.	Entwicklungsbeginn des europäischen Raumgleiters »Hermes«
	30.10.	Start erster deutscher D 1-Spacelab-Mission
1986	28. 1.	Space Shuttle »Challenger« explodiert nach dem Start in Cape Canaveral, sieben Astronauten kommen ums Leben
	4.12.	Erstflug McDonnel Douglas MD-87 in Long Beach, Fla.
1987	22. 2.	Erstflug des Airbus A-320 in Toulouse Programmstart für große Airbusse A-330/A-340
	9.11.	Den Haag-Euro-Konferenz beschließt Entwicklung der Trägerrakete »Ariane 5«, des Raumgleiters »Hermes« und der Raumstation »Columbus«
	20.11.	Start des ersten Fernsehsatelliten TV-1
1988	3. 8.	Entwicklungsbeginn des Dornier Do-328 Regionaljets
	1.10.	US-Northwest Airlines ordert 100 Airbus A-320-200
	29. 9.	Wiederaufnahme der Space Shuttle-Flüge (nach der »Challanger«-Katastrophe 1986) mit dem Start der »Discovery«
	27.10.	Erstflug des ATR-72 (Avion Transport Regional)
1989	18. 5.	Gründung der DASA (Deutsche Aerospace AG = Daimler-Benz, MBB, Dornier, MTU, TFT)
	Juni	500. Airbus ausgeliefert
	17. 7.	Erstflug des Northrop B-2 »Stealth«-Bombers
	27.11.	Beginn des Airbus A-321-Programms
1990	11.10.	Erstflug des deutsch-amerikanischen Forschungsflugzeugs X-31 A mit John »Tack« Nix in Palmdale, Ca.
	19.10.	Offizieller Erstflug des neuen »Stealth«-Bombers, Northrop B-2 in Palmdale, Ca.